Kommunikation von Aufsichtsratsvorsitzenden

Sandra Binder-Tietz

Kommunikation von Aufsichtsratsvorsitzenden

Grundlagen – Strukturen – Ziele – Management

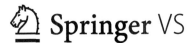 Springer VS

Sandra Binder-Tietz
Berlin, Deutschland

ISBN 978-3-658-37716-8   ISBN 978-3-658-37717-5   (eBook)
https://doi.org/10.1007/978-3-658-37717-5

Die Deutsche Nationalbibliothek verzeichnet diese Publikation in der Deutschen Nationalbibliografie; detaillierte bibliografische Daten sind im Internet über http://dnb.d-nb.de abrufbar.

Planung/Lektorat: Stefanie Eggert
Springer VS ist ein Imprint der eingetragenen Gesellschaft Springer Fachmedien Wiesbaden GmbH und ist ein Teil von Springer Nature.
Die Anschrift der Gesellschaft ist: Abraham-Lincoln-Str. 46, 65189 Wiesbaden, Germany

www.aufsichtsrat-kommunikation.de

Geleitwort von
Prof. Christian P. Hoffmann

Die zunehmende Bedeutung der externen Kommunikation von Aufsichtsratsvorsitzenden ist ein Befund, der Kommunikationsverantwortliche, Journalisten,
Investoren, und natürlich Aufsichtsratsvorsitzende selbst nicht überraschen wird.
Zu sehr häufen sich Anfragen für Hintergrundgespräche, zu intensiv ist inzwischen der Investorendialog, zu prägnant auch die Medienpräsenz der Aufsichtsräte. Und doch findet sich auf Seiten der kommunikationswissenschaftlichen
Forschung zu diesem Phänomen vor allem: eine Lücke.

Sandra Binder-Tietz betritt mit ihrer vorliegenden umfassenden Analyse der
Kommunikation von Aufsichtsratsvorsitzenden somit Neuland. Dies verspricht
einen hohen Erkenntnisgewinn und einen substanziellen Beitrag zum Stand der
Forschung. Ja mehr noch, die vorliegende Studie hat das Zeug dazu, sich als
Standardwerk zu etablieren, da hier erstmals die kommunikative Rolle von
Aufsichtsratsvorsitzenden systematisch erschlossen wird.

In der Forschung zu Unternehmenskommunikation, Kommunikationsmanagement und strategischer Kommunikation werden Kommunikatoren durchaus seit
vielen Jahren mit Interesse beobachtet – vorweg Verantwortliche für Public
Relations und zunehmend auch weitere Kommunikationsfunktionen. Seit wenigen Jahren richtet sich der Blick auch auf Unternehmenslenker, insbesondere
den Vorstandsvorsitzenden. Doch Mitglieder des Aufsichtsrats, und insbesondere
Aufsichtsratsvorsitzende, blieben bisher ein blinder Fleck.

Die rechtswissenschaftliche Literatur beleuchtet durchaus kommunikative
Verantwortlichkeiten des Aufsichtsratsvorsitzenden, und die betriebswirtschaft-
liche Forschung erkundet aus Perspektive der Corporate Governance seine
Informations- und Berichtspflichten. Im Mittelpunkt steht dabei die interne
Kommunikation. Wie Sandra Binder-Tietz überzeugend erläutert, mausert sich

der Aufsichtsratsvorsitzende in Zeiten der Medialisierung, Digitalisierung und Globalisierung jedoch auch zu einem vielbeachteten externen Kommunikator.

Besonders spannend ist diese neue kommunikative Rolle aus Sicht eines strategischen Kommunikationsmanagements: Wird die Kommunikation von Aufsichtsratsvorsitzenden gesteuert – geplant und evaluiert? Wenn ja, durch wen und wie? Welche Prozesse und Ressourcen unterliegen der Kommunikation von Aufsichtsratsvorsitzenden? Welche Ziele verfolgt sie?

Die vorliegende Arbeit bietet Antworten auf diese ebenso offenen wie drängenden Fragen. Sie zeigt auch: bei genauer Betrachtung stellt die Kommunikation des Aufsichtsratsvorsitzenden eine beachtliche Herausforderung für das Kommunikationsmanagement dar. Drei Elemente seien hier hervorgehoben:

Erstens ist keineswegs klar, wie die Ziele der Kommunikation von Aufsichtsratsvorsitzenden zu bestimmen sind. Die übliche Antwort des strategischen Kommunikationsmanagement lautet: sie sind aus der Unternehmensstrategie abzuleiten. Nur, der Aufsichtsratsvorsitzende untersteht nicht der Unternehmensstrategie, er – bzw. der Aufsichtsrat – schafft die Voraussetzungen und Rahmenbedingungen für die Entwicklung und Realisierung der Unternehmensstrategie. Sandra Binder-Tietz beleuchtet diese ungewöhnliche Ausgangslage – und entwickelt Vorschläge für die systematische Ableitung von Zielen für die Kommunikation von Aufsichtsratsvorsitzenden.

Zweitens ist bei einer zunehmenden Verantwortung des Aufsichtsratsvorsitzenden für die externe Kommunikation zu klären, wie sich dessen Verhältnis zu den Kommunikationsabteilungen des Unternehmens gestaltet. Unternehmenskommunikation und Investor Relations unterstehen dem Vorstand. Kann der Aufsichtsratsvorsitzende dennoch auf sie zugreifen? Was, wenn die Interessen von Aufsichtsrat und Vorstand divergieren? Wie verhalten sich Kommunikationsverantwortliche in solchen Spannungssituationen? Auch hier bietet die vorliegende Arbeit Ansätze für ein Überdenken der Einbettung des Aufsichtsratsvorsitzenden in die organisationalen Strukturen und Prozesse der Unternehmenskommunikation.

Drittens handelt es sich bei der externen Kommunikation des Aufsichtsratsvorsitzenden um ein emergentes Phänomen. Es ist jung und entwickelt sich dynamisch. Wenig überraschend fehlen daher Routinen im Management dieser Kommunikation (wie auch Ressourcen). Von einem systematischen Management der Kommunikation von Aufsichtsratsvorsitzenden kann in der Praxis bisher kaum gesprochen werden. Doch angesichts der Bedeutung dieses Akteurs und seiner kommunikativen Beziehungen wäre es zweifellos notwendig. Die vorliegende Studie bietet wichtige Anhaltspunkte für die Etablierung eines Kommunikationsmanagements für Aufsichtsratsvorsitzende.

Häufig stellen wir fest, dass die Mühlen der Forschung langsam mahlen, und dass der Forschungsstand der gelebten Praxis stets einen Schritt hinterherläuft. Auch im vorliegenden Fall musste sich die neue kommunikative Rolle des Aufsichtsratsvorsitzenden in der Praxis erst herauskristallisieren, bevor sie zum Gegenstand einer systematischen Analyse werden konnte. Bemerkenswert ist aber, dass die vorliegende Arbeit in ihren Implikationen und Empfehlungen dem Stand der Praxis spürbar – mindestens – einen Schritt vorauseilt. Sie erklärt die kommunikative Rolle des Aufsichtsratsvorsitzenden, sie begründet die Notwendigkeit, diese im Kommunikationsmanagement des Unternehmens zu berücksichtigen, und sie entwickelt Vorschläge, wie dies geschehen könnte, die deutlich über den Stand der gelebten Praxis hinausweisen.

Zusammenfassend gelingt der vorliegenden Studie damit der seltene Erfolg, zugleich hohe Relevanz für Forschung und Praxis aufzuweisen. Verantwortliche für Unternehmenskommunikation ebenso wie Aufsichtsratsvorsitzende und auch Berater tun gut daran, die hier präsentierten Überlegungen zum strategischen Kommunikationsmanagement für Aufsichtsratsvorsitzende zu erschließen und beachten. Zugleich ist klar: künftige Studien zur Kommunikation von Aufsichtsratsvorsitzenden kommen an der vorliegenden Arbeit nicht vorbei. Sie legt ein Fundament, auf dem hoffentlich viele weitere Autoren aufbauen werden, um die ebenso komplexe und faszinierende kommunikative Rolle von Aufsichtsratsvorsitzenden vertieft zu beleuchten.

Der Autorin ist zu ihrer Leistung zu gratulieren und für die durch sie ermöglichten Erkenntnisse zu danken. Dem vorliegenden Werk ist eine breite und intensive Rezeption zu wünschen – in Forschung und Praxis.

Leipzig   Prof. Christian Pieter Hoffmann
im März 2022

Geleitwort des DIRK

Der DIRK – Deutscher Investor Relations Verband ist der größte europäische Fachverband für die Verbindung von Unternehmen und Kapitalmärkten. Als unabhängiger Kompetenzträger optimieren wir den Dialog zwischen Emittenten, Kapitalgebern sowie den relevanten Intermediären und setzen hierfür professionelle Qualitätsstandards. Aus Sicht von Investoren, die den Aufsichtsrat als Vertreter ihrer Interessen wählen, sind Aufsichtsratsvorsitzende legitime Ansprechpartner in den Unternehmen. Ein Dialog zwischen Aufsichtsratsvorsitzenden und Investoren ergänzt die fortlaufende Kommunikation mit dem Vorstand und Investor Relations um eine weitere wichtige Perspektive. Er gehört deshalb bereits seit langem zu der gelebten Praxis zahlreicher kapitalmarktorientierter Unternehmen. Daher haben wir die Aufnahme der Anregung zum Investorendialog von Aufsichtsratsvorsitzenden in den Deutschen Corporate Governance Kodex im Frühjahr 2017 begrüßt. Doch es blieb unklar, ob und wenn ja, wie diese Kommunikation von den Unternehmen konkret ausgestaltet wird.

Die vorliegende Dissertation von Sandra Binder-Tietz beschäftigt sich nun erstmals umfassend wissenschaftlich mit der Kommunikation von Aufsichtsratsvorsitzenden. Die Forschungsarbeit legt dabei sowohl Grundlagen für die Kommunikation des Aufsichtsrats, zeigt die Rolle von Investor Relations und Kommunikationsabteilungen auf und gibt konkrete Ansatzpunkte für eine professionelle Investor Relations-Arbeit in diesem Zusammenhang. Der DIRK hat dieses interessante Thema gerne unterstützt. Die Arbeit verdeutlicht, wofür der DIRK einsteht: Ein Dialog von Aufsichtsratsvorsitzenden mit Investoren gehört zu einem festen Bestandteil transparenter Kapitalmarktkommunikation und guter Corporate Governance.

Die Dissertation von Sandra Binder-Tietz zeigt auf, dass Aufsichtsratsvorsitzende zu Kommunikatoren von börsennotierten Unternehmen in Deutschland geworden sind. Die Kommunikation des Aufsichtsrats wird von den Kommunikationsfunktionen der Unternehmen unterstützt. So liegt beispielsweise die zentrale Verantwortung für die Publizitätspflichten von Unternehmen – auch die des Aufsichtsrats – häufig bei Investor Relations. Doch die Entwicklung geht weiter, da sich mit dem freiwilligen Investorendialog von Aufsichtsratsvorsitzenden interne Strukturen und Prozesse des Kommunikationsmanagements verändert haben.

Aus den Ergebnissen der umfangreichen empirischen Analysen in der vorliegenden Forschungsarbeit können IR-Verantwortliche einen großen Erkenntnisgewinn mitnehmen. Einerseits wird aus einer externen Perspektive deutlich, welche konkreten Anforderungen die verschiedenen befragten Kapitalmarktteilnehmer, wie Investoren, Aktionärsschützer, Stimmrechtsberater und Journalisten an die Kommunikation von Aufsichtsratsvorsitzenden und auch ganz konkret an die Arbeit von IR-Verantwortlichen haben. Andererseits wird aus unternehmensinterner Perspektive verdeutlicht, welche zentrale Rolle Investor Relations bei der Kommunikation von Aufsichtsratsvorsitzenden einnimmt.

Weiterhin verdeutlichen die Ergebnisse auch die Professionalisierung der IR-Arbeit, die der DIRK als Verband vorantreibt: So wird beispielsweise die Informationsversorgung des Aufsichtsrats durch verschiedene regelmäßige, aber auch anlassbezogene Briefings zu den Entwicklungen und Erwartungen des Kapitalmarkts durch Investor Relations sichergestellt. Dies stellt eine wichtige Entscheidungsgrundlage für die Arbeit des Aufsichtsrats dar. Weiterhin zeigt die Dissertation aber auch auf, dass IR-Verantwortliche, im Gegensatz zu ihren Kommunikationskollegen, hinsichtlich einer beratenden Rolle für den Aufsichtsrat häufig eher zurückhaltend sind. Das ist bemerkenswert und regt zum Nachdenken an, da Investor Relations den wichtigsten Vermittler zwischen dem Kapitalmarktakteuren und dem Vorstand, aber mittlerweile auch dem Aufsichtsrat, darstellt.

Und schließlich bietet die Arbeit konkrete Ansatzpunkte für die Weiterentwicklung der eigenen IR-Arbeit in Bezug auf die Kommunikation von Aufsichtsratsvorsitzenden. Dazu gehören u. a. die Definition von Verantwortlichkeiten für die Aufsichtsratskommunikation innerhalb der IR-Abteilung, die Überprüfung der Bereitstellung des Informationsangebots an den Aufsichtsrat durch die IR-Abteilung sowie die konkreten Anforderungen der Kapitalmarktteilnehmer an den Investorendialog. Diese Einblicke bieten die Möglichkeit die eigene IR-Arbeit zu überprüfen und Best Practices zu kennen und zu etablieren.

Die enge Zusammenarbeit von Wissenschaft und Praxis für das Thema Investor Relations ist für den DIRK von großer Bedeutung. Wir danken der Universität Leipzig und dabei insbesondere dem Center for Research in Financial Communication, vertreten durch Prof. Christian P. Hoffmann, für die langjährige Kooperation, die zahlreiche praxisrelevante Studien hervorgebracht hat.

Ebenso danken wir der Autorin, Sandra Binder-Tietz, für ihr Engagement beim DIRK, u. a. beim Aufbau von IR-Next, einer Plattform für die IR-Manager der nächsten Generation. Wir wünschen ihren Forschungsergebnissen eine breite Rezeption. Ihre Erkenntnisse sind aus unserer Sicht sowohl für kapitalmarktorientierte Unternehmen als auch für die verschiedenen Akteure der Financial Community absolut lesenswert und gewinnbringend und tragen zu ihrer Tätigkeit einen wichtigen Mehrwert bei.

Die Anforderungen an die Investor Relations in Deutschland verändern sich weiter, in Bezug auf Themen wie Nachhaltigkeit, digitale Formate, aber eben auch neue Kommunikatoren, allen voran Aufsichtsratsvorsitzenden. Wir freuen uns, diese Zukunft gemeinsam mit unseren Mitgliedern zu gestalten. Wir wünschen der vorliegenden Publikation, dass sie viele begeisterte Leser und IR-Manager anspricht und die Rolle der Investor Relations bei der Kommunikation von Aufsichtsratsvorsitzenden verständlich macht.

Frankfurt
im März 2022

Dennis Weber
DIRK-Präsident

Kay Bommer
DIRK-Geschäftsführer

Danksagung

„Der höchste Lohn für unsere Bemühungen ist nicht das, was wir dafür bekommen, sondern das, was wir dadurch werden." (John Ruskin)

Eine Promotion ist ein Langzeitprojekt mit Höhen und Tiefen, das war mir von Anfang an bewusst. Der Weg war zu Beginn geprägt von großer Neugierde. Zwischendurch gab es natürlich auch Momente des Zweifelns. Die Begeisterung für mein Thema – der Kommunikation von Aufsichtsratsvorsitzenden – ist jedoch bis zum Ende geblieben. Denn aus den vielen Fragen, die am Anfang meiner Forschung standen, wurden zum Schluss neue, eigene Antworten. Diesem Wissensdrang in meinem Promotionsvorhaben nachzugehen hat mir viel Freude bereitet. An dieser Herausforderung bin ich gewachsen. Glücklicherweise wurde ich auf diesem Weg begleitet. Für die wertvolle professionelle und persönliche Unterstützung möchte ich mich daher an dieser Stelle bedanken.

Allen voran möchte ich mich von ganzen Herzen bei meinen beiden Doktorvätern bedanken. Prof. Christian P. Hoffmann hat sich auf das Abenteuer eingelassen, dass wir gemeinsam das Center for Research in Financial Communication aufbauen. In den vergangenen Jahren konnten wir thematisch vielfältige Studien im Bereich der Finanzkommunikation und Investor Relations zusammen umsetzen, nationale und internationale Konferenzen besuchen und mit interessanten Veranstaltungen den Austausch zwischen Wissenschaft, Praxis und Studierenden initiieren. Ein herzliches Dankeschön für die intensive und vertrauensvolle Zusammenarbeit, die von einer gezielten Förderung, gegenseitiger Wertschätzung und hohen Flexibilität geprägt ist. Zudem möchte ich mich für das konstruktive Feedback, die hilfreichen Denkanstöße und den fachlich wertvollen Austausch im Rahmen meiner Promotion bedanken.

Prof. Bernd Schuppener begleitet mich bereits, seit wir uns das erste Mal in seinem Master-Seminar an der Universität Leipzig im Jahr 2008 kennengelernt haben. Er hat mir den richtigen Anstoß gegeben, nach meinem Studium in die Beratung zu gehen. Er war der Erste, dem ich erzählt habe, dass ich nach fünfjähriger Beraterzeit eine Dissertation in Angriff nehmen möchte, und hat mich von Anfang dazu ermutigt und während der gesamten Zeit unterstützt. Und das nicht nur in fachlicher, sondern vor allem auch in menschlich überragender Art und Weise.

Des Weiteren möchte ich besonders Hering Schuppener Consulting (heute Finsbury Glover Hering) danken für fünf spannende und herausfordernde Jahre in Frankfurt und New York, in denen ich meine Leidenschaft für komplexe Themen und strategische Kommunikation ausleben sowie in einem großartigen Team wachsen durfte. Besonders herausheben möchte ich dabei Matthias Poth und Harald Kinzler, die mich intensiv gefördert aber auch gefordert haben. Ihre Loyalität hat mich nachhaltig geprägt. Zudem gilt ein besonderer Dank Alexander Geiser, Dr. Brigitte von Haacke und Dr. Phoebe Kebbel, die durch die Förderung im Rahmen des Promotionsstipendiums ganz wesentlich dazu beigetragen haben, dass ich mich voll auf meine Dissertation und die Forschung im Rahmen des Center for Research in Financial Communication konzentrieren konnte.

Für diese Arbeit waren vor allem die Gespräche mit den Expertinnen und Experten besonders wertvoll. Sie haben mir durch ihre kostbare Zeit und beeindruckende Offenheit einzigartige Eindrücke in die Kommunikation von Aufsichtsratsvorsitzenden gewährt. Ihre Erfahrungen und Einschätzungen haben diese Arbeit wesentlich geprägt und bereichert. Dafür herzlichen Dank.

Ein großes Dankeschön geht auch an das Team des Deutschen Investor Relations Verband (DIRK), allen voran seinen Geschäftsführer Kay Bommer, für das große Interesse an meiner Forschung, den zahlreichen Möglichkeiten als Referentin bei ihren Veranstaltungen sowie dem gemeinsamen Aufbau von IRNext, einer Nachwuchsplattform für IR-Verantwortliche.

Weiterhin möchte ich Prof. Ansgar Zerfaß und Prof. Cornelia Wolf für die fortwährenden konstruktiven Diskussionen und hilfreichen Ratschläge in den DoktorandInnen-Kolloquien danken. Zudem ein großes Dankeschön an meine Kolleginnen und Kollegen am Institut für Kommunikations- und Medienwissenschaft der Universität Leipzig für den fachlichen und persönlichen Austausch während meiner Zeit als Doktorandin.

Selbstverständlich geht ein tief empfundener Dank auch an meinen Vater Hans-Jürgen und seine Frau Sabine sowie meine Mutter Susanne und ihren Mann Hans. Meine Familie hat mir das Vertrauen geschenkt meinen eigenen Weg zu finden und gehen zu können. Meinen Freundinnen und Freunden danke ich für die viel zu seltenen, aber dafür umso fröhlicheren gemeinsamen Momente in diesem Lebensabschnitt.

Der größte Dank gilt meinem Mann Alwin, der in jedem einzelnen Moment dieser aufregenden Promotionszeit an meiner Seite war. Er hat mir die Kraft und Ruhe zum Schreiben gegeben, mich bedingungslos unterstützt und gleichzeitig an zahlreiche wundervolle Orte geführt. Unser Tochter Amalia Emma und ihm widme ich diese Arbeit.

Berlin   Sandra Binder-Tietz
im März 2022

Inhaltsverzeichnis

Abkürzungen

Abs.	Absatz
AG	Aktiengesellschaft
AktG	Aktiengesetz
ARV	Aufsichtsratsvorsitzende(r)
bspw.	beispielsweise
CCO	Chief Communication Officer (Kommunikationschef)
CEO	Chief Executive Officer (Vorstandsvorsitzender)
CFO	Chief Financial Officer (Finanzvorstand)
CSR	Corporate Social Responsibility
DAX	Deutscher Aktienindex
DCGK	Deutscher Corporate Governance Kodex
d. h.	das heißt
DSW	Deutsche Schutzvereinigung für Wertpapierbesitz e. V.
DVFA	Deutsche Vereinigung für Finanzanalyse und Asset Management
ebd.	ebenda (wie vorgenannt)
erw.	erweitert/e
ESG	Environmental, Social, Governance (Umwelt, Soziales, Unternehmensführung)
et al.	et alii (lat. und andere)
etc.	et cetera (lat. und die Übrigen; steht für: und so weiter)
ETF	Exchange Traded Funds
f.	folgende (Seite)
ff.	folgende (Seiten)
HGB	Handelsgesetzbuch
IK	Interne Kommunikation
IR	Investor Relations

KGaA	Kommanditgesellschaft auf Aktien
M&A	Mergers & Acquisitions (englischer Sammelbegriff für Transaktionen im Unternehmensbereich)
MDAX	Mid-Cap-DAX
MitbestG	Mitbestimmungsgesetz
PR	Public Relations
S.	Seite
SdK	Schutzgemeinschaft der Kapitalanleger e. V.
SE	Societas Europaea (Europäische Aktiengesellschaft)
SEAG	SE-Ausführungsgesetz
sog.	sogenannte
überarb.	überarbeitete
u. a.	unter anderem
vgl.	vergleiche
z. B.	zum Beispiel

Abbildungsverzeichnis

Tabellenverzeichnis

Einleitung 1

Wenige Tage vor der außerordentlichen Hauptversammlung der Lufthansa Group im Juli 2020, bei der über das staatliche Rettungspaket der Fluggesellschaft abgestimmt wurde, gab der Aufsichtsratsvorsitzende Karl-Ludwig Kley ein mehrseitiges Interview im Handelsblatt. Es ist bemerkenswert, dass sich der Aufsichtsratsvorsitzende (ARV) – und nicht der Vorstandsvorsitzende – dabei ausführlich über die Verhandlungen zum Rettungspaket, den geplanten Verkauf von Konzernteilen und die notwendige Neubesetzung des Aufsichtsratsgremiums äußert (Brors & Koenen, 2020). Die mediale Aufmerksamkeit, insbesondere in Sondersituationen, fokussiert sich nicht mehr allein auf den Vorstand, sondern hat sich auf den Aufsichtsrat erweitert, vor allem in der Frage der sachgerechten Kontrolle. Denn der Aufsichtsrat als Überwachungsorgan trägt „die Letztverantwortung für das Wohl des Unternehmens" (Mahlert, 2014, S. 106).

Bereits im Frühjahr 2017 wurde folgende Anregung in den Deutschen Corporate Governance Kodex (DCGK) aufgenommen:

> „Der Aufsichtsratsvorsitzende sollte in angemessenem Rahmen bereit sein, mit Investoren über aufsichtsratsspezifische Themen Gespräche zu führen" (DCGK, Anregung A.3)[1].

Nach der Begründung der Regierungskommission Deutscher Corporate Governance Kodex (2017, S. 3) sei ein solcher Investorendialog international und auch in Deutschland bereits vielfach gelebte Praxis. Damit kommt Aufsichtsratsvorsitzenden im Rahmen der normativen Selbstverpflichtung (sog. soft law) der deutschen Wirtschaft nun eine erweiterte externe Sprecherrolle zu. Aus Sicht der

---

[1] In dieser Arbeit werden alle Originalzitate, die mehr als zwei Standardtextteilen im vorliegenden Seitenformat überschreiten, mit gesonderter Formatierung dargestellt.

S. Binder-Tietz, *Kommunikation von Aufsichtsratsvorsitzenden*,
https://doi.org/10.1007/978-3-658-37717-5_1

Investoren, die den Aufsichtsrat als Vertreter ihrer Interessen wählen, werden Aufsichtsratsvorsitzende[2] somit zum Ansprechpartner. Unklar bleibt jedoch, ob und wenn ja, wie diese Kommunikation von den Unternehmen konkret ausgestaltet wird.

Beide Beispiele zeigen, dass sich die Rolle von Aufsichtsratsvorsitzenden deutlich verändert. Einerseits scheinen verschiedene Anspruchsgruppen[3], wie Investoren oder Medien, eine aktivere Kommunikation von Aufsichtsratsvorsitzenden (ARV-Kommunikation) zu erwarten. Andererseits stellt dies einen Umbruch für die Unternehmen dar, da sich interne Strukturen sowie die Prozesse des Kommunikationsmanagements verändern, wenn Aufsichtsratsvorsitzende als Kommunikatoren für das Unternehmen agieren.

Aufsichtsratsvorsitzende wurden bisher wissenschaftlich kaum als Kommunikatoren wahrgenommen. Im Rahmen der Auseinandersetzung mit Corporate Governance ist der Aufsichtsrat zwar seit langem ein viel beachteter Untersuchungsgegenstand in den Wirtschafts- und Rechtswissenschaften (Grundei & Zaumseil, 2012; Hommelhoff, Hopt, & v. Werder, 2009; Metten, 2010; Welge & Eulerich, 2014). Das dualistische System der Unternehmensführung ist durch die institutionelle Trennung der Unternehmensleitung (Vorstand) und -kontrolle (Aufsichtsrat) gekennzeichnet. Die zahlreichen Anstrengungen zur Professionalisierung der Aufsichtsratsarbeit sind im Zuge der akademischen und praxisorientierten Corporate-Governance-Diskussion in den Fokus gerückt und haben die Anforderungen an die Mandatsträger erhöht (Werder, 2009a, S. 4). Der Bedeutungsanstieg der Überwachungsgremien führt dazu, dass deren Aufgaben nicht mehr nur formal, sondern auch faktisch wahrgenommen werden – so trägt der Aufsichtsrat erhebliche Mitverantwortung für den Erfolg und Misserfolg eines Unternehmens (Thümmel, 2015, S. 126). Der Aufsichtsrat ist damit Repräsentant und Adressat guter Corporate Governance.

Die Diskussion rund um die Professionalisierung der Aufsichtsräte geht von einem veränderten Aufgabenprofil aus, bei dem sich die Entwicklung von einer eher passiven Aufsichtsratstätigkeit zu einer vermehrt aktiven Rolle vollzieht. Dabei wird die Funktion des Aufsichtsrats in Bezug auf die Herstellung von Transparenz und Vertrauen in die Unternehmensführung betont sowie die dafür notwendigen Strukturen im Gremium und Kompetenzen etabliert (Kuck, 2006).

---

[2] In dieser Arbeit wird aus Gründen der besseren Lesbarkeit auf die gleichzeitige Verwendung männlicher und weiblicher Formulierungen verzichtet und stattdessen geschlechtsneutrale Formulierungen bzw. ein generisches Maskulinum verwendet. Jegliche Formen sind als geschlechtsneutral zu verstehen.

[3] Die Begriffe Anspruchsgruppen und Stakeholder werden im Verlauf der Arbeit synonym verwendet.

Jedoch bleiben Themen wie die Vergütung, Zusammensetzung und Informationsversorgung innerhalb des Gremiums im Zentrum der Debatte. Hinsichtlich der kommunikativen Aufgaben des Aufsichtsrats wird ausschließlich auf die gesetzlich festgelegten Publizitätspflichten verwiesen. Aufsichtsratsvorsitzenden, als gewählte Sprecher des Aufsichtsratsgremiums, kommt dabei eine besondere Rolle zu: Sie koordinieren und leiten die Tätigkeiten des Gremiums, repräsentieren aber auch den Aufsichtsrat intern gegenüber dem Vorstand sowie extern gegenüber den Anteilseignern bei der jährlichen Hauptversammlung (Peus, 1983, S. 16 ff.). Aus dieser Repräsentationsfunktion resultieren kommunikative Aufgaben sowie ein klar abgegrenztes kommunikatives Vertretungsmandat für das Unternehmen. Die Rolle als Kommunikatoren für die Unternehmen wurden bislang nicht wissenschaftlich betrachtet. Demzufolge gibt es bis dato

„keinen skalierbaren Handlungsrahmen oder ein Organisationsmodell, welches mögliche Regelungen, Vorgehensweisen und Handlungsoptionen [für Aufsichtsratsvorsitzende] in kommunikativer Hinsicht beschreibt" (Scherer, 2014, S. 149).

Doch die Überwachungstätigkeit des Aufsichtsrats und damit Corporate-Governance-Themen von Unternehmen können nur extern wahrgenommen werden, wenn sie durch geeignete Kommunikationsmaßnahmen gegenüber allen Stakeholdern vermittelt werden. Daher ist eine kommunikationswissenschaftliche Betrachtung der Kommunikation von Aufsichtsratsvorsitzenden notwendig, um das Verständnis seiner kommunikativen Aufgaben herzuleiten und die Maßnahmen umfassend dazustellen zu können.

Das empirische Phänomen der ARV-Kommunikation befindet sich sowohl innerhalb der Unternehmen als auch in Bezug auf externe Anspruchsgruppen im Wandel. Erstens verändert sich innerhalb der Unternehmen die Kommunikation, da aufgrund der Professionalisierung der Aufsichtsratstätigkeit eine steigende Informationsversorgung und eine zunehmend beratende Rolle im Austausch mit dem Vorstand etabliert wird (Grundei & Zaumseil, 2012; Welge & Eulerich, 2014). Darüber hinaus gehende interne Kommunikationsmaßnahmen werden jedoch wissenschaftlich noch nicht betrachtet.

Die externe Kommunikation des Aufsichtsrats(vorsitzenden) ist bislang durch die Regelungen des Aktiengesetzes (AktG) geprägt. So gibt es verschiedene, vor allem schriftliche, Publizitätspflichten des Aufsichtsrats, z. B. den Aufsichtsratsbericht (§ 171 Abs. 2 AktG). Der Aufsichtsratsbericht wird zwar auf der Hauptversammlung vom Aufsichtsratsvorsitzenden erläutert, insgesamt sieht das Aktienrecht jedoch nur eine eingeschränkte Kommunikationsrolle des Akteurs vor. Die Publizitätspflichten werden im Rahmen der Regelkommunikation von

Unternehmen umgesetzt. Dabei stellt sich die Frage, ob und inwieweit diese Kommunikationsmaßnahmen auch Teil des Kommunikationsmanagements des Unternehmens sind.

Schließlich ist der Wandel der ARV-Kommunikation auch dadurch bedingt, dass verschiedene Anspruchsgruppen ihre individuellen Kommunikationsbedürfnisse und den Wunsch nach dialogorientierten Kommunikationsbeziehungen an Unternehmen herantragen (Zerfaß, 2014). Eine freiwillige Kommunikation von Aufsichtsratsvorsitzenden könnte dabei einen Einfluss auf die Wahrnehmung und Reputation des Unternehmens haben (Eisenegger, 2005).

Die Kommunikation von Aufsichtsratsvorsitzenden befindet sich sowohl innerhalb des Unternehmens als auch in Bezug auf externe Anspruchsgruppen im Wandel, dennoch findet bisher weder in der Kommunikationswissenschaft noch in der wirtschafts- und rechtswissenschaftlichen Corporate-Governance-Forschung eine Auseinandersetzung mit der kommunikativen Dimension der Aufsichtsratstätigkeit statt. Vor allem aus Perspektive der Forschung zur Unternehmenskommunikation sowie zum Kommunikationsmanagement besteht damit eine Forschungslücke, schließlich sind Aufsichtsratsvorsitzende als Sprecher des Aufsichtsratsgremiums sichtbare und bedeutende Kommunikatoren für das Unternehmen. Daher stellt sich die Frage, wie sich die Strukturen im Unternehmen sowie die Prozesse des Kommunikationsmanagements verändern, wenn Aufsichtsratsvorsitzende verstärkt als Kommunikatoren für Unternehmen agieren.

Da der Aufsichtsrat als Überwachungsgremium nicht Teil der strategischen Unternehmensführung ist, sondern vielmehr die Rahmenbedingungen für das Unternehmenshandeln setzt, können bestehende Konzepte der Kommunikationsmanagement-Forschung jedoch nicht einfach auf die ARV-Kommunikation übertragen werden. Die Sprecherrolle von Aufsichtsratsvorsitzenden sowie das Management dieser Kommunikation stellen demnach eine Herausforderung für die Forschung zum Kommunikationsmanagement dar.

Zwei Perspektiven auf die Kommunikation von Aufsichtsratsvorsitzenden

Die Kommunikation von Aufsichtsratsvorsitzenden verändert sich sowohl innerhalb der Unternehmen als auch in Bezug auf externe Anspruchsgruppen. Daher soll das Forschungsthema aus zwei Perspektiven betrachtet werden:

- *Externe Perspektive,* indem die Anforderungen an die Kommunikation von Aufsichtsratsvorsitzenden analysiert werden.
- *Interne Perspektive,* indem die Strukturen der Kommunikation von Aufsichtsratsvorsitzenden innerhalb der Unternehmen konzeptualisiert, die Bandbreite der

Kommunikationsmaßnahmen dargestellt und die Kommunikation innerhalb des Kommunikationsmanagements verortet werden.

Die interne und externe Perspektive auf die Kommunikation von Aufsichtsratsvorsitzenden konstituiert dabei sowohl den theoretisch-konzeptionellen als auch den empirisch-analytischen Teil der Arbeit.

Bei der externen Perspektive ist das Verhältnis von Unternehmen und seiner Umwelt von besonderem Interesse. Denn es stellt sich die Frage, welchen Einfluss die Unternehmensumwelt hat, wie Austauschprozesse beschrieben werden können und wie die Koordination dieser Umweltbeziehungen erfolgt (Jarren & Röttger, 2009, S. 33). Daher sollen aus externer Perspektive die Anforderungen von relevanten Anspruchsgruppen an die Kommunikation von Aufsichtsratsvorsitzenden analysiert werden. Anforderungen können zu (unerkannten) Handlungsbedingungen für die Aufsichtsratsvorsitzenden und Kommunikationsverantwortlichen im Unternehmen werden.

Der Fokus der externen Betrachtung liegt auf denjenigen Akteuren, die sich in ihrem Handeln auf die Kommunikation von Aufsichtsratsvorsitzenden beziehen. Unternehmen bewegen sich in unterschiedlichen Öffentlichkeitsarenen, die durch verschiedene Akteure, Themen und Sinnrationalität gekennzeichnet sind (Gerhards & Neidhardt, 1991; Hilgartner & Bosk, 1988). Für das Forschungsthema werden die Kapitalmarktöffentlichkeit und die gesellschaftspolitische Öffentlichkeit sowie die darin agierenden Akteure eingeführt. Als zentrale externe Anspruchsgruppen an die ARV-Kommunikation werden dabei Investoren, Analysten, Stimmrechtsberater und Journalisten etabliert, deren Erwartungen analysiert werden sollen.

Die Veränderung der Erwartungen von externen Anspruchsgruppen kann an zwei Beispielen illustriert werden: Erstens kündigte Larry Fink, CEO von BlackRock, im Jahr 2018 in seinem jährlichen offenen Brief an die Vorstandsvorsitzenden (englisch = Chief Executive Officer (CEO)) großer Unternehmen weltweit ein neues Governance-Modell an. Dieses sieht eine aktive Rolle von Investoren zur Sicherung einer langfristigen erfolgreichen Unternehmensentwicklung vor:

> „The time has come for a new model of shareholder engagement – one that strengthens and deepens communication between shareholders and companies that they own" (Fink, 2018, S. 2).

Der weltweit größte Vermögensverwalter will sich demnach nicht mehr auf die Abstimmung auf jährlichen Aktionärsversammlungen beschränken, sondern verstärkt als aktivistischer Aktionär auftreten. Diese Veränderung in der Rolle und dem

Auftreten von Investoren stellt eine Herausforderung für die Führung von Unternehmen dar. Daraus folgt zudem, dass Investoren immer häufiger auch mit dem Aufsichtsrat als gewählten Vertreter ihrer Interessen sprechen wollen – daher verändern sich die Erwartungen an die Kommunikation von Aufsichtsratsvorsitzenden. Zweitens zeigt sich auch in den Wirtschafts- und Finanzmedien eine intensive Rezeption der Arbeit des Aufsichtsrats. So verteidigt der Aufsichtsratsvorsitzende der Continental AG, Wolfgang Reitzle, die Schließung eines Reifenwerks in Aachen und räumt ein, dass das Unternehmen die Schließungspläne nicht gut kommuniziert habe. Dabei kommentiert er auch, dass es falsch sei, die Krise mit Fehlern des Vorstands in Verbindung zu bringen (Steingart, 2020). Bisher ist jedoch wissenschaftlich nicht untersucht, inwiefern Äußerungen von Aufsichtsratsvorsitzenden in der Medienberichterstattung rezipiert werden. Mithilfe der Analyse der externen Perspektive auf die Kommunikation von Aufsichtsratsvorsitzenden sollen die Anforderungen dieser Stakeholder expliziert werden.

Das Herzstück der vorliegenden Arbeit ist dann die Analyse der internen Perspektive der Unternehmen. Dafür wird die Unternehmensöffentlichkeit mit seinen relevanten Akteuren und formalen Strukturen des dualistischen Systems der Unternehmensführung eingeführt. In Bezug auf die ARV-Kommunikation stellt sich dann die Frage nach dem Modi und Prozessen der unternehmensinternen Kooperation, Koordination und Steuerung (Jarren & Röttger, 2009, S. 32) zwischen den Aufsichtsratsvorsitzenden und Kommunikationsverantwortlichen.

Für die Arbeit wird die Strukturationstheorie nach Giddens (1997) als theoretisches Fundament gewählt. Sie bietet einen begrifflichen Rahmen auf deren Basis unternehmensinterne und -externe Akteure mit ihren Handlungen beschrieben werden können. Mit dem Verständnis von Strukturen als Regeln, die im Zusammenspiel mit Ressourcen das Handeln sozialer Akteure steuern, ermöglichen oder einschränken (Giddens, 1997, S. 45), kann die Kommunikation von Aufsichtsratsvorsitzenden als soziale Praxis konzeptualisiert werden. Strukturen sind in der Regel recht stabil, können aber geändert werden, insbesondere, wenn Akteure beginnen anders zu handeln und damit Strukturen modifizieren. Basierend auf der strukturationstheoretischen Perspektive werden die theoretischen Erkenntnisse aus der Corporate-Governance-Forschung und Kommunikationswissenschaft zu einem Analyserahmen zusammengeführt, auf dessen Grundlage die Strukturen der ARV-Kommunikation innerhalb der Unternehmen konzeptualisiert werden.

Darüber hinaus soll durch die theoretische Herleitung sowie die empirische Analyse der internen und externen Kommunikationsmaßnahmen von Aufsichtsratsvorsitzenden gezeigt werden, mit welchen Anspruchsgruppen, wie oft und in welcher Form eine Kommunikation von Aufsichtsratsvorsitzenden stattfindet. Die Kenntnis über die Strukturen und die Maßnahmen der ARV-Kommunikation bildet die

Basis dafür, die Einbindung der Kommunikation im Kommunikationsmanagement diskutieren zu können.

Um die Kommunikation von Aufsichtsratsvorsitzenden im Kommunikationsmanagement verorten zu können, müssen zunächst einige Grundannahmen der bisherigen Forschung zum Kommunikationsmanagement hinterfragt werden. Aufgrund seiner formal-strukturellen Position lässt sich etwa das Verständnis, dass die Ziele für Kommunikation aus der Unternehmensstrategie abgeleitet werden (Gregory, 2018; Zerfaß & Viertmann, 2017) nicht auf die ARV-Kommunikation übertragen. Daher werden die Ziele für die ARV-Kommunikation theoretisch aus der Überwachungsfunktion abgeleitet und empirisch überprüft. Dazu kommt, dass es klare Verantwortlichkeiten für die ARV-Kommunikation braucht, um Interessenkonflikte für die Kommunikationsfunktionen in der Zusammenarbeit mit Vorstand und Aufsichtsrat zu vermeiden.

Ziele der Dissertation

Basierend auf den zwei Perspektiven auf den Untersuchungsgegenstand der ARV-Kommunikation verfolgt die Dissertation die folgenden vier Ziele:

(1) Das Phänomen der Kommunikation von Aufsichtsratsvorsitzenden soll aus Perspektive der Kommunikationswissenschaft, insbesondere der Kommunikationsmanagement-Forschung, sowie Corporate-Governance-Forschung konzeptionell erschlossen werden, um ein Verständnis von Rahmenbedingungen, Anforderungen und Aufgaben zu erhalten.

(2) Auf dieser Basis wird die Kommunikation von Aufsichtsratsvorsitzenden im Rahmen der Kommunikationsmanagement-Forschung konzeptionell verortet. Aufgrund der spezifischen formal-strukturellen Position von Aufsichtsratsvorsitzenden, die in (1) erarbeitet wurde, stoßen die bestehenden Konzepte der Kommunikationsmanagement-Forschung jedoch an Grenzen.

Daher wird (3) auf Basis der strukturationstheoretischen Perspektive ein Analyserahmen entwickelt, der die unternehmensinternen Strukturen der Kommunikation von Aufsichtsratsvorsitzenden abbildet. Zudem werden theoretisch die Kommunikationsmaßnahmen sowie Ziele der Kommunikation aus der Funktion des Aufsichtsrats hergeleitet.

Schließlich wird (4) die Kommunikation von Aufsichtsratsvorsitzenden in drei methodischen Schritten empirisch untersucht: Die ersten beiden Schritte beziehen sich dabei auf die Anforderungen der externen Anspruchsgruppen an die ARV-Kommunikation. Im dritten Schritt werden die unternehmensinternen Strukturen, die Bandbreite der internen und externen Kommunikationsmaßnahmen und das Management der Kommunikation von Aufsichtsratsvorsitzenden adressiert.

Die Arbeit nimmt eine analytisch-nomologische Position ein. So sollen bestimmte Situationen oder Handlungen auf der Grundlage von typischen Konstellationen so objektiv wie möglich beschrieben und erklärt werden (Zerfaß, 2010, S. 25). Mit dieser Vorgehensweise sollen neue theoretische Erkenntnisse gewonnen werden, die dann auf praktische Fragestellungen angewandt werden. Die vorliegende Forschung steht damit in der Tradition von Arbeiten, die zugleich kommunikationswissenschaftliche Grundlagenforschung und Erkenntnisse für die Kommunikationspraxis als möglich erachten (Stehle, 2015, S. 38; Zerfaß, 2010, S. 23). In Anlehnung an Zerfaß (2010, S. 23) soll diese Arbeit dazu beitragen, dass Wissenschaft auch den Zweck verfolgen soll, „praktische Probleme zu erfassen und zu lösen". Mit Blick auf die beschriebene Forschungslücke liegt daher ein Schwerpunkt zunächst auf der theoretischen und konzeptionellen Grundlegung der ARV-Kommunikation. Die theoretische Argumentation wird im empirischen Teil der Arbeit immer wieder aufgegriffen und vertieft damit die Erkenntnisse.

Forschungsfragen

Aus den Zielen dieser Dissertation lassen sich die Forschungsfragen für den empirischen Teil der Arbeit ableiten. Die Forschungsfragen werden im Verlauf des theoretisch-konzeptionellen Teils hergeleitet und mit Unterfragen ergänzt. An dieser Stelle werden sie im Überblick gezeigt.

Basierend auf dem strukturationstheoretischen Fundament und der externen und internen Perspektive auf das Thema ergeben sich zwei sich ergänzende und in wechselseitig Bezug stehende Vorgehensweisen: die institutionelle Analyse und die strategische Analyse (Giddens, 1997, S. 342). Ausgehend von der doppelten Hermeneutik, verstanden als gegenseitige Durchdringung des sozialwissenschaftlichen und lebensweltlichen Bezugsrahmens (Giddens, 1997, S. 338), kann so ein Zugang zum Untersuchungsgegenstand, also der sozialen Praxis der Kommunikation von Aufsichtsratsvorsitzenden, geschaffen werden.

Bei der institutionellen Analyse werden die Strukturmomente aufgeschlüsselt, auf die die handelnden Akteure weitgehend unbewusst zurückgreifen. Damit sollen theoretisch gehaltvolle Erkenntnisse generiert werden können (Walgenbach, 2006, S. 416 f.). In dieser Arbeit werden dafür zwei methodische Schritte für die Analyse der Anforderungen aus der externen Perspektive durchgeführt: Als Erstes wird mithilfe einer Inhaltsanalyse analysiert, wie die öffentliche Kommunikation von Aufsichtsratsvorsitzenden von den zentralen Vermittlern innerhalb der Kapitalmarktöffentlichkeit (Analysten, Journalisten) und der gesellschaftspolitischen Öffentlichkeit (Journalisten) rezipiert wurde.

Forschungsfrage 1: Wie wurde in den Jahren 2016 und 2017 in deutschen Tages- und Wirtschaftsmedien und Analystenreports über Aufsichtsratsvorsitzende berichtet?

Durch die Betrachtung über einen Zeitraum von zwei Jahren, in den auch die regulatorische Änderung zum Investorendialog im DCGK fällt, soll überprüft werden, ob es zu einer Veränderung der Berichterstattung gekommen ist. Somit können die Diskurse und insbesondere die Bedeutung von Corporate-Governance-Themen in den beiden relevanten Öffentlichkeitsarenen aufgezeigt werden. Diese Themen liegen im Aufgabenbereich des Aufsichtsratsgremiums, sodass daraus die Relevanz der ARV-Kommunikation abgeleitet werden kann.

Die Erkenntnisse aus der Inhaltsanalyse sollen mithilfe eines zweiten methodischen Schritts vertieft und weiter differenziert werden. Durch Experteninterviews mit unterschiedlichen externen Stakeholdern, die aus den theoretischen Ausführungen sowie der Medienanalyse identifiziert werden konnten, sollen die Erwartungen an die Kommunikation von Aufsichtsratsvorsitzenden detailliert erfasst und analysiert werden. Es handelt sich dabei um die Erwartungen, die von außen an die Unternehmen und die Aufsichtsratsvorsitzenden gestellt werden. Dies geschieht in dem Bewusstsein, dass Erwartungen nicht nur exogen, sondern auch von innen kommen können.

Forschungsfrage 2: Welche Erwartungen haben Stakeholder an die Kommunikation von Aufsichtsratsvorsitzenden?

Durch die Kombination der beiden Analysen soll gezeigt werden, wie die Rezeption der öffentlichen Äußerungen von Aufsichtsratsvorsitzenden und die Erwartungen der Stakeholder zu Anforderungen für die ARV-Kommunikation werden. Diese Anforderungen können als (unerkannte) Handlungsbedingungen einen Einfluss auf die Kommunikation von Aufsichtsratsvorsitzenden nehmen.

Die strategische Analyse stellt dagegen die interne Perspektive der Akteure im Unternehmen in den Mittelpunkt, wobei die Handlungen der Akteure verstehend rekonstruiert werden. Das Wissen über die Strukturen stellt eine Bedingung für das jeweilige Handeln dar, kann es jedoch ebenso einschränken. Kießling (1988a, S. 184) spricht in diesem Zusammenhang von „strukturell beschränkten handlungspraktischen Wissen".

Für die strategische Analyse werden Experteninterviews mit Aufsichtsratsvorsitzenden geführt, die durch Gespräche mit Investor-Relations- und Public-Relations-
Verantwortlichen der Unternehmen ergänzt werden. Mithilfe des entwickelten
strukturationstheoretischen Analyserahmens können dann die Strukturen der ARV-
Kommunikation im Unternehmen konzipiert werden. Zudem wird durch die
Analyse der internen und externen Kommunikationsmaßnahmen gezeigt, mit welchen Anspruchsgruppen, wie oft und in welcher Form die ARV-Kommunikation
stattfindet.

**Forschungsfrage 3: Was sind Strukturen und Maßnahmen der Kommu-
nikation von Aufsichtsratsvorsitzenden?**

Die Kenntnis über die Strukturen und die Maßnahmen der ARV-Kommunikation
bildet die Basis dafür, im nächsten Schritt die Einbindung der Kommunikation im Kommunikationsmanagement diskutieren zu können. Die bisherige
Kommunikationsmanagement-Forschung basiert auf einigen Grundannahmen, wie
etwa die Ableitung der Kommunikationsstrategie und -ziele aus der Unternehmensstrategie, die aufgrund der formal-strukturellen Position des Aufsichtsrats nicht auf
die ARV-Kommunikation übertragbar sind. Daher wird sowohl theoretisch als auch
empirisch analysiert, wie sich die Kommunikation von Aufsichtsratsvorsitzenden
im Kommunikationsmanagement verorten lässt.

**Forschungsfrage 4: Wie lässt sich die Kommunikation von Aufsichtsrats-
vorsitzenden im Kommunikationsmanagement verorten?**

Auf Basis dieser Forschungsfragen soll das Phänomen der Kommunikation von
Aufsichtsratsvorsitzenden erstmalig umfassend beschrieben und analysiert werden.
   Der Aufsichtsrat ist ein Phänomen des dualistischen Systems der Unternehmensführung, das seinen Ursprung in Deutschland hat und dort das bis heute
praktizierte Leitungsmodell darstellt. Die Untersuchung stellt damit die gesetzlich vorgeschriebenen Aufsichtsratsgremien von deutschen Aktiengesellschaften
(Lutter, Krieger, & Verse, 2014, S. 5) in den Mittelpunkt. Die vorliegende Arbeit
fokussiert auf die Unternehmen, die im Prime Standard der Frankfurter Wertpa-
pierbörse gelistet sind. Der Prime Standard stellt europaweit das Segment mit den
höchsten Transparenzanforderungen dar (Deutsche Börse AG, 2020a) und ist Voraussetzung für die Aufnahme in einen der Auswahlindizes der Deutschen Börse
(DAX, MDAX, SDAX, TecDAX).

Bei den empirischen Schritten in dieser Arbeit werden die Unternehmen aus dem DAX, den 30 größten börsennotierten deutschen Unternehmen, und MDAX[4], den folgenden 50 größten börsennotierten Unternehmen gemessen an Marktkapitalisierung und Börsenumsatz, analysiert. Aufgrund ihrer Zugehörigkeit zu den beiden wichtigsten Indizes in Deutschland kann davon ausgegangen werden, dass verschiedene Eigenschaften als plausibel für alle betrachteten Fälle angenommen werden können. Dazu gehören ein öffentliches Interesse an den Unternehmen aufgrund ihrer Größe und Zugehörigkeit zu den Indizes sowie institutionalisierte Abteilungen für Unternehmenskommunikation und Investor Relations, die ein Kommunikationsmanagement für die Steuerung ihrer Kommunikation einsetzen. Diese Eigenschaften sind mit Blick auf das Forschungsinteresse relevant, da dadurch eine grundsätzliche Vergleichbarkeit der Fälle gewährleistet werden kann. Zusammenfassend beziehen sich die Aussagen in dieser Arbeit also stets auf Aufsichtsratsvorsitzende von DAX- und MDAX-Unternehmen in Deutschland.

Gang der Untersuchung
Die Arbeit ist unterteilt in einen theoretisch-konzeptionellen und empirisch-analytischen Teil. Abbildung 1.1 stellt den Gang der Untersuchung der Kommunikation von Aufsichtsratsvorsitzenden im Überblick dar. Die Inhalte der einzelnen Kapitel werden nun kurz vorgestellt.

Der theoretisch-konzeptionelle Teil beginnt mit einer grundlegenden theoretischen Verortung der Arbeit anhand der Strukturationstheorie von Giddens (1997). Dabei wird der begriffliche Rahmen eingeführt, um die Handlungen von unternehmensinternen und -externen Akteuren und die Strukturen der ARV-Kommunikation zu beschreiben. Auf dieser Basis können im weiteren Verlauf der Arbeit dann strukturationstheoretische Einsichten abgeleitet werden (Kapitel 2).

Da die Forschungslücke an der Schnittstelle zwischen Corporate-Governance-Forschung und Kommunikationswissenschaft liegt, sollen diese Forschungstraditionen erschlossen werden, um ein Verständnis von Rahmenbedingungen, Anforderungen und Aufgaben von Aufsichtsratsvorsitzenden zu erhalten. In Kapitel 3 werden daher die Grundlagen aus dem Forschungsfeld zur Corporate Governance gelegt. Dabei werden zunächst die theoretischen Grundlagen von Corporate Governance eingeführt, insbesondere die Principal-Agent-Theorie sowie die Stewardship-Theorie (Abschnitt 3.1). Nach einer Diskussion der unterschiedlichen Governance-Systeme wird der Fokus auf das dualistische System der Unternehmensführung

---

[4] Im September 2018 trat eine Regeländerung der Deutschen Börse für die Indizes MDAX, SDAX und TecDAX in Kraft, nach der die Anzahl der Werte im MDAX von 50 auf 60 und im SDAX von 50 auf 70 Unternehmen stieg. Zu diesem Zeitpunkt waren die Inhaltsanalyse und Experteninterviews bereits abgeschlossen.

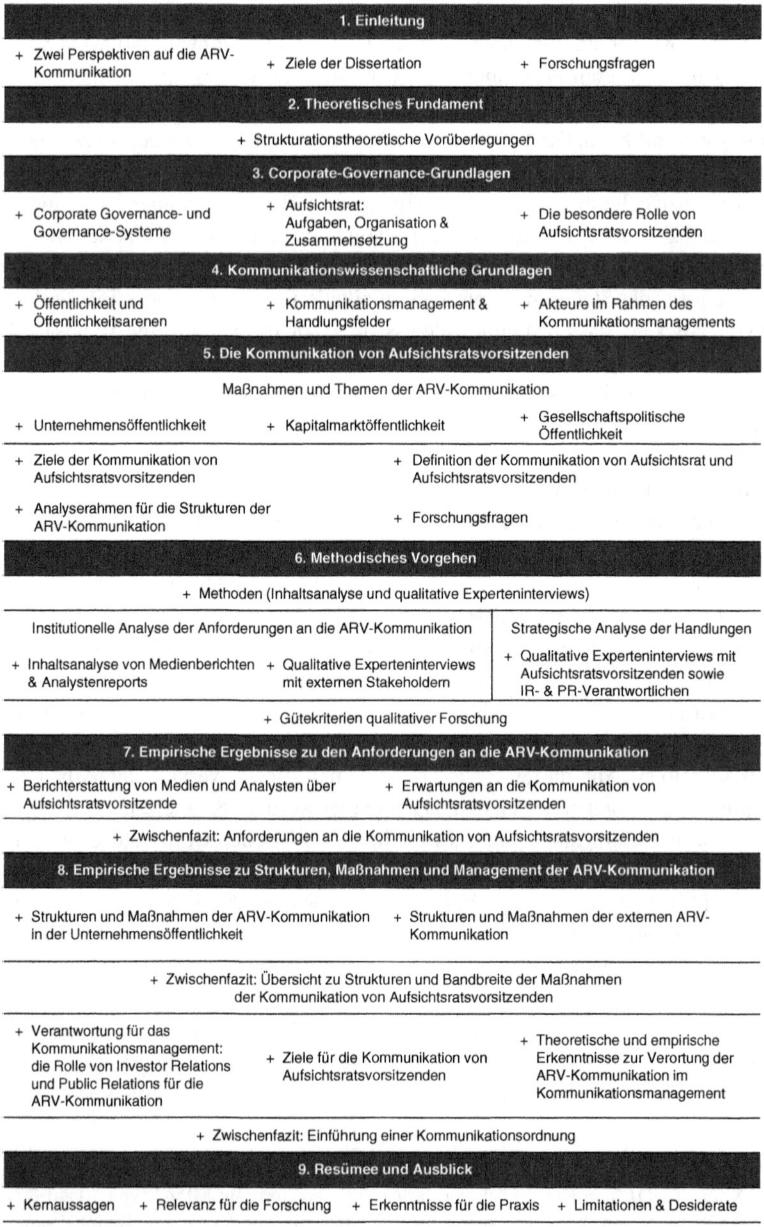

1. Einleitung

+ Zwei Perspektiven auf die ARV-Kommunikation   + Ziele der Dissertation   + Forschungsfragen

2. Theoretisches Fundament

+ Strukturationstheoretische Vorüberlegungen

3. Corporate-Governance-Grundlagen

+ Corporate Governance- und Governance-Systeme   + Aufsichtsrat: Aufgaben, Organisation & Zusammensetzung   + Die besondere Rolle von Aufsichtsratsvorsitzenden

4. Kommunikationswissenschaftliche Grundlagen

+ Öffentlichkeit und Öffentlichkeitsarenen   + Kommunikationsmanagement & Handlungsfelder   + Akteure im Rahmen des Kommunikationsmanagements

5. Die Kommunikation von Aufsichtsratsvorsitzenden

Maßnahmen und Themen der ARV-Kommunikation

+ Unternehmensöffentlichkeit   + Kapitalmarktöffentlichkeit   + Gesellschaftspolitische Öffentlichkeit

+ Ziele der Kommunikation von Aufsichtsratsvorsitzenden   + Definition der Kommunikation von Aufsichtsrat und Aufsichtsratsvorsitzenden

+ Analyserahmen für die Strukturen der ARV-Kommunikation   + Forschungsfragen

6. Methodisches Vorgehen

+ Methoden (Inhaltsanalyse und qualitative Experteninterviews)

Institutionelle Analyse der Anforderungen an die ARV-Kommunikation | Strategische Analyse der Handlungen

+ Inhaltsanalyse von Medienberichten & Analystenreports   + Qualitative Experteninterviews mit externen Stakeholdern | + Qualitative Experteninterviews mit Aufsichtsratsvorsitzenden sowie IR- & PR-Verantwortlichen

+ Gütekriterien qualitativer Forschung

7. Empirische Ergebnisse zu den Anforderungen an die ARV-Kommunikation

+ Berichterstattung von Medien und Analysten über Aufsichtsratsvorsitzende   + Erwartungen an die Kommunikation von Aufsichtsratsvorsitzenden

+ Zwischenfazit: Anforderungen an die Kommunikation von Aufsichtsratsvorsitzenden

8. Empirische Ergebnisse zu Strukturen, Maßnahmen und Management der ARV-Kommunikation

+ Strukturen und Maßnahmen der ARV-Kommunikation in der Unternehmensöffentlichkeit   + Strukturen und Maßnahmen der externen ARV-Kommunikation

+ Zwischenfazit: Übersicht zu Strukturen und Bandbreite der Maßnahmen der Kommunikation von Aufsichtsratsvorsitzenden

+ Verantwortung für das Kommunikationsmanagement: die Rolle von Investor Relations und Public Relations für die ARV-Kommunikation   + Ziele für die Kommunikation von Aufsichtsratsvorsitzenden   + Theoretische und empirische Erkenntnisse zur Verortung der ARV-Kommunikation im Kommunikationsmanagement

+ Zwischenfazit: Einführung einer Kommunikationsordnung

9. Resümee und Ausblick

+ Kernaussagen   + Relevanz für die Forschung   + Erkenntnisse für die Praxis   + Limitationen & Desiderate

Abbildung 1.1 Gang der Untersuchung (Eigene Darstellung)

gelegt, da der Aufsichtsrat darin das zentrale Überwachungsorgan darstellt. In Abschnitt 3.2 werden dann die Grundlagen zu den Aufgaben und Funktionen, der inneren Organisation und der Zusammensetzung des Aufsichtsrats vorgestellt. Im Anschluss wird die besondere Rolle von Aufsichtsratsvorsitzenden beleuchtet (Abschnitt 3.3). In Abschnitt 3.4 werden die umfangreichen Erkenntnisse aus der wirtschaftswissenschaftlichen und juristischen Corporate-Governance-Forschung für die weitere Analyse rekapituliert.

In Kapitel 4 werden dann die kommunikationswissenschaftlichen Grundlagen für die ARV-Kommunikation aufgezeigt. Da sich die öffentliche Kommunikation von Aufsichtsratsvorsitzenden im Wandel befindet, werden zunächst der Begriff sowie verschiedene Modelle von Öffentlichkeit diskutiert, wobei das Arenenmodell von Gerhards & Neidhardt (1991) am geeignetsten für die weitere Analyse betrachtet wird (Abschnitt 4.1). Im Anschluss werden die für die Kommunikation von Aufsichtsratsvorsitzenden relevante gesellschaftspolitische Öffentlichkeit (Abschnitt 4.1.1) sowie die Kapitalmarktöffentlichkeit (Abschnitt 4.1.2) analytisch hergeleitet sowie relevante Akteure und Themen darin beschrieben. Auf dieser Basis können im weiteren Verlauf die relevanten Anspruchsgruppen abgeleitet werden, um aus externer Perspektive die Anforderungen an die ARV-Kommunikation zu untersuchen. Im Anschluss wird die interne Perspektive eingenommen und die Unternehmensöffentlichkeit mit ihren Akteuren und Themen etabliert (Abschnitt 4.1.3). In Abschnitt 4.1.4 werden die zentralen Erkenntnisse zu den Öffentlichkeitsarenen rekapituliert, um sie für die ARV-Kommunikation nutzbar zu machen.

Die Arbeit beschäftigt sich mit der Kommunikation von Aufsichtsratsvorsitzenden als Teil der Kommunikation von Unternehmen. Ziel ist es, die ARV-Kommunikation aus unternehmensinterner Perspektive im Rahmen des Kommunikationsmanagements zu verorten. Daher wird zunächst die bisherige Forschung zu Kommunikationsmanagement (Gregory, 2018; Hallahan, 2013; Zerfaß, 2014; Zerfaß & Volk, 2020) deskriptiv dargestellt (Abschnitt 4.2). In diesem Zusammenhang wird auf die für die ARV-Kommunikation relevanten Handlungsfelder der Unternehmenskommunikation eingegangen, indem die jeweiligen Ziele, Anspruchsgruppen, Themen und Instrumente eingeführt werden. Die interne Kommunikation (Abschnitt 4.2.1) wird dabei mit einbezogen, um für die empirische Analyse interne Kommunikationsanforderungen und Maßnahmen identifizieren zu können, die über die Betrachtung der internen Informationsversorgung und Beratung mit dem Vorstand aus Corporate-Governance-Perspektive hinaus gehen. In Bezug auf die externe Kommunikation werden spiegelbildlich zu den Öffentlichkeitsarenen die darauf bezogenen Handlungsfelder Public Relations (Abschnitt 4.2.2) und Investor Relations (Abschnitt 4.2.3) dargestellt. Dies bildet die Grundlage für spätere Überlegungen, welche Rolle diese Kommunikationsfunktionen bei der

Kommunikation von Aufsichtsratsvorsitzenden spielen. In Abschnitt 4.2.4 werden die Erkenntnisse zum Kommunikationsmanagement und den Handlungsfeldern rekapituliert, um im weiteren Verlauf der Arbeit die ARV-Kommunikation im Kommunikationsmanagement verorten zu können.

Da die Aufgaben von Aufsichtsratsvorsitzenden ein kommunikatives Vertretungsmandat beinhaltet, sollen Aufsichtsratsvorsitzende zudem konzeptionell als Kommunikatoren für Unternehmen verortet werden (Abschnitt 4.3). Daher wird ein Blick auf die bisherige Kommunikatorforschung (Abschnitt 4.3.1) geworfen, die sich vor allem mit Journalisten und Kommunikationsverantwortlichen beschäftigt hat. Anschließend wird gezeigt, dass sich die Kommunikatorforschung innerhalb der Forschung zu Unternehmenskommunikation auch mit weiteren Sprechern für Unternehmen beschäftigt, insbesondere mit den Mitgliedern der Unternehmensführung. Dabei ist die CEO-Kommunikation bereits zu einem etablierten Forschungsfeld geworden. Kommunikation wird als Kernaufgabe von Führungspositionen und als Teilbereich der Unternehmenskommunikation gesehen. Die Kommunikation von CEO als auch des Finanzvorstands (englisch = Chief Financial Officer (CFO)) wird im Rahmen des Kommunikationsmanagements betrachtet (Hoffmann, Binder-Tietz, & Van Poele, 2020; Sandhu & Zielmann, 2010) (Abschnitt 4.3.2). Basierend auf der institutionellen Trennung im dualistischen System der Unternehmensführung werden dann auch Aufsichtsratsvorsitzende als Kommunikatoren für Unternehmen verortet (Abschnitt 4.3.3).

Mithilfe der Grundlagen der Corporate-Governance-Forschung und Kommunikationswissenschaft, insbesondere der Kommunikationsmanagement-Forschung, wird dann die Kommunikation von Aufsichtsratsvorsitzenden aus theoretischer Perspektive dargestellt. Zunächst werden die Maßnahmen und Themen der ARV-Kommunikation anhand der drei relevanten Öffentlichkeitsarenen erläutert. Bei der Kommunikation in der Unternehmensöffentlichkeit wird auf die Informationsversorgung des Aufsichtsratsgremiums, aber auch auf den Dialog von Aufsichtsratsvorsitzenden mit dem Vorstand sowie Führungskräften eingegangen (Abschnitt 5.1.1). In Bezug auf die Kommunikation mit der Kapitalmarktöffentlichkeit werden die Publizitätspflichten des Aufsichtsratsgremiums dargestellt und der im Deutschen Corporate Governance Kodex aufgenommene Investorendialog, die zentrale Neuerung in diesem Themenfeld, thematisiert (Abschnitt 5.1.2). Abschließend wird die freiwillige Kommunikation von Aufsichtsratsvorsitzenden mit Medien und mögliche Themen dieses Dialogs dargestellt (Abschnitt 5.1.3). In Abschnitt 5.1.4 werden die Erkenntnisse zu den Kommunikationsmaßnahmen von Aufsichtsratsvorsitzenden zusammengefasst, um sie anschließend empirisch überprüfen zu können.

Da einige Grundannahmen der bisherigen Kommunikationsmanagement-Forschung nicht auf die ARV-Kommunikation übertragen werden können, werden anschließend die Ziele der ARV-Kommunikation diskutiert und aus der Überwachungstätigkeit theoretisch hergeleitet (Abschnitt 5.2). Im Anschluss wird in Abschnitt 5.3 die in dieser Arbeit zugrunde liegende Definition zur Kommunikation des Aufsichtsrates sowie von Aufsichtsratsvorsitzenden eingeführt. Schließlich werden die strukturationstheoretischen Vorüberlegungen mit den verschiedenen Ansatzpunkten aus den kommunikations-, wirtschaftswissenschaftlichen und juristischen Grundlagen rekapituliert. Der dabei entwickelte Analyserahmen (Abschnitt 5.4) dient als Ausgangspunkt, um im empirischen Teil die Interdependenzen von Handlungen und Strukturen analysieren zu können. Abschließend werden in Abschnitt 5.5 die Forschungsfragen für die empirische Analyse aus den theoretischen Ausführungen rekapituliert.

Im nächsten Schritt wird das Forschungsdesign der empirischen Studie (Kapitel 6) vorgestellt. Dafür werden in Abschnitt 6.1 zunächst die in dieser Arbeit genutzten Methoden allgemein eingeführt. Mithilfe der Inhaltsanalyse werden sowohl Daten für die institutionelle Analyse erhoben als auch die Experteninterviews aus institutioneller und strategischer Analyse ausgewertet (Abschnitt 6.1.1). Daneben stellen qualitative Experteninterviews die zentrale Erhebungsmethode aus institutioneller und strategischer Analyse dar (Abschnitt 6.1.2).

Die institutionelle Analyse umfasst zwei methodische Schritte, um die Anforderungen an die Kommunikation von Aufsichtsratsvorsitzenden in Deutschland aus externer Perspektive aufzeigen zu können (Abschnitt 6.2). Dabei handelt es sich erstens um eine Inhaltsanalyse der Medienberichterstattung sowie von Analystenreports (Abschnitt 6.2.1). Ergänzend dazu werden qualitative Experteninterviews mit den Intermediären der beiden Kommunikationsarenen durchgeführt (Abschnitt 6.2.2), um deren Erwartungen an die Kommunikation von Aufsichtsratsvorsitzenden beschreiben zu können.

In der strategischen Analyse werden schließlich die Akteure selbst, also Aufsichtsratsvorsitzende ebenso wie Investor Relations- und Kommunikationsverantwortliche, in qualitativen Experteninterviews zu ihren Handlungen befragt (Abschnitt 6.3). Weiterhin wird auch auf die Gütekriterien qualitativer Forschung (Abschnitt 6.4) Bezug genommen.

Dann beginnt der empirisch-analytische Teil, in dem die Erkenntnisse zu Kommunikation von Aufsichtsratsvorsitzenden präsentiert werden. Als Erstes werden die Ergebnisse aus externer Perspektive zu den Anforderungen an die ARV-Kommunikation vorgestellt. In Abschnitt 7.1 wird gezeigt, wie in deutschen Tages- und Wirtschaftsmedien und Analystenreports über Aufsichtsratsvorsitzende von DAX- und MDAX-Unternehmen in den Jahren 2016 bis 2017 berichtet wurde.

Auf Basis einer Inhaltsanalyse hinsichtlich der Art der Äußerungen von Aufsichtsratsvorsitzenden sowie der Anlässe und Themen der Berichterstattung sollen
die Diskurse in der gesellschaftspolitischen Öffentlichkeit und Kapitalmarktöffentlichkeit aufgezeigt werden (Abschnitt 7.1.1). Damit soll die Bedeutung von
Corporate-Governance-Themen für die Vermittler in den beiden Öffentlichkeitsarenen dargestellt werden, denn diese Themen liegen im Aufgabenbereich des Aufsichtsratsgremiums. Als Zwischenergebnis dieses ersten Analyseschritts werden
fünf ereignisbezogene Typen der Kommunikation von Aufsichtsratsvorsitzenden
präsentiert (Abschnitt 7.1.2).

Mit den im Rahmen der Medienanalyse identifizierten Akteuren der Anspruchsgruppen wurden qualitative Experteninterviews durchgeführt, dessen Ergebnisse in
Abschnitt 7.2 präsentiert werden. In diesem methodischen Schritt sollen die Erkenntnisse aus der Inhaltsanalyse vertieft werden. Dabei galt es die Erwartungen an die
Kommunikation von Aufsichtsratsvorsitzenden zu erfassen. Denn diese Erwartungen können zu (unerkannten) Handlungsbedingungen für die ARV-Kommunikation
werden und damit einen Einfluss auf die Strukturen haben. Um die Erwartungen
der verschiedenen Stakeholder darstellen zu können, sollen sie zunächst differenziert vorgestellt werden (Abschnitt 7.2.1). Anschließend werden die Gründe für die
Veränderung der Erwartungshaltung diskutiert (Abschnitt 7.2.2).

In Abschnitt 7.3 werden die Kernergebnisse der beiden methodischen Schritte der
institutionellen Analyse dargestellt und die Anforderungen an die Kommunikation
von Aufsichtsratsvorsitzenden in einem Zwischenfazit zusammengefasst.

Anschließend werden die Ergebnisse der strategischen Analyse der Handlungen
aus interner Perspektive präsentiert (Kapitel 8). Zunächst wird auf die Erkenntnisse zu den Strukturen und Maßnahmen der ARV-Kommunikation eingegangen
(Abschnitt 8.1). Sie werden differenziert anhand der Unternehmensöffentlichkeit (Abschnitt 8.1.1) sowie der externen ARV-Kommunikation (Abschnitt 8.1.2).
In Bezug auf die externe Kommunikation wird auf die Publizitätspflichten des
Aufsichtsrats eingegangen (Abschnitt 8.1.2.1), dann folgen die Ergebnisse zum
Dialog von Aufsichtsratsvorsitzenden mit Akteuren der Kapitalmarktöffentlichkeit (Abschnitt 8.1.2.2), wobei hier zwischen dem Investorendialog nach dem
DCGK und Stimmrechtsberatern als relevanten Intermediären differenziert wird.
Im Anschluss werden die Strukturen und freiwilligen Kommunikationsmaßnahmen
mit Akteuren der gesellschaftspolitischen Arena vorgestellt (Abschnitt 8.1.2.3).
Dabei werden Interviews und Hintergrundgespräche mit Medien sowie Äußerungen von Aufsichtsratsvorsitzenden in Medien ohne Bezug zum Unternehmen
thematisiert. Darüber hinaus wurden in den Experteninterviews aber auch die
Nutzung von persönlichen Social-Media-Kanälen durch Aufsichtsratsvorsitzende
sowie in einem Fall der Dialog mit Kunden diskutiert. Schließlich wurden in den

Interviews auch persönliche Gespräche als Kommunikationsmaßnahme der ARV-Kommunikation mit Politikern identifiziert (Abschnitt 8.1.2.4). Daher wird die parlamentarische Öffentlichkeit als weitere relevante Öffentlichkeitsarena für die ARV-Kommunikation eingeführt.

In einem Zwischenfazit werden dann die Erkenntnisse zu den Strukturen sowie die Bandbreite der Kommunikationsmaßnahmen der Kommunikation von Aufsichtsratsvorsitzenden rekapituliert (Abschnitt 8.1.3). Dabei wird anhand der Ergebnisse gezeigt, mit welchen Anspruchsgruppen, wie oft und in welcher Form die ARV-Kommunikation stattfindet.

Auf dieser Basis kann im Anschluss gezeigt und diskutiert werden, inwiefern die Kommunikation von Aufsichtsratsvorsitzenden im Kommunikationsmanagement verortet werden kann (Abschnitt 8.2). Dafür soll zunächst geklärt werden, wer für das Kommunikationsmanagement der ARV-Kommunikation verantwortlich ist. Daher wird in Abschnitt 8.2.1 als Erstes die Rolle der Investor-Relations- und Public-Relations-Abteilung bei der ARV-Kommunikation anhand der empirischen Erkenntnisse aufgezeigt und kritisch diskutiert. Die theoretisch abgeleiteten Ziele für die ARV-Kommunikation werden in Abschnitt 8.2.2 mithilfe der empirischen Erkenntnisse überprüft sowie weitere Ziele anhand der Anspruchsgruppen der ARV-Kommunikation aufgezeigt. Schließlich wird anhand der empirischen Erkenntnisse für die fünf Phasen des Kommunikationsmanagements gezeigt, dass es bisher kaum ein systematisches Kommunikationsmanagement für die ARV-Kommunikation gibt (Abschnitt 8.2.3). In Ergänzung dazu werden daher anhand der theoretischen Ausführungen aus normativer Sicht die Aspekte vorgestellt, die notwendig für ein umfassendes Kommunikationsmanagement wären.

Abschließend wird in einem Zwischenfazit für das Management der ARV-Kommunikation die Einführung einer Kommunikationsordnung für den Aufsichtsrat vorgeschlagen und diskutiert (Abschnitt 8.2.4). Sie würde dabei eine optimale Ausgangsbasis für die Planung der Kommunikation von Aufsichtsratsvorsitzenden darstellen.

Kapitel 9 beinhaltet das Resümee zum Forschungsthema: Dafür werden noch einmal die Kernaussagen der Studie anhand der Forschungsfragen zusammengefasst (Abschnitt 9.1). Da die Kommunikation von Aufsichtsratsvorsitzenden in der wissenschaftlichen Forschung bisher wenig Beachtung gefunden hat, wird dann die Relevanz für die Corporate-Governance- sowie die kommunikationswissenschaftliche Forschung rekapituliert (Abschnitt 9.2). Die Handlungen von Aufsichtsratsvorsitzenden befinden sich weiter im Wandel, daher werden in Abschnitt 9.3 die Erkenntnisse für die Praxis verdichtet dargestellt. Schließlich werden mithilfe einer kritischen Reflexion die Grenzen sowie Ansatzpunkte für weitere Forschung aufgezeigt (Abschnitt 9.4).

Strukturationstheorie als theoretisches Fundament 2

Die Strukturationstheorie bildet in dieser Arbeit das theoretische Fundament für die Erklärung der Kommunikation von Aufsichtsratsvorsitzenden. In diesem Kapitel werden daher zunächst die Grundlagen der Strukturationstheorie dargelegt, um ein Grundverständnis für die Argumentation zu schaffen. Dabei werden Begrifflichkeiten eingeführt, wie (kompetente) Akteure bzw. Handelnde, der Struktur und der Strukturation, da auf deren Basis im weiteren Verlauf der Arbeit strukturationstheoretische Einsichten abgeleitet werden.

Im Jahr 1984 veröffentlichten Werk „Die Konstitution der Gesellschaft" (1997) legt der britische Soziologe und Sozialtheoretiker Anthony Giddens die Strukturationstheorie[1] dar, die dieser Arbeit als erkenntnisleitendes Konzept zugrunde liegt. Sie ist angelegt als eine Art Metatheorie (Ortmann & Sydow, 2001b) oder allgemeine Theorie, die auf Problemfelder aller Sozialwissenschaften angewendet werden kann. Giddens wendet sich damit einerseits gegen objektivistische Ansätze (systemtheoretische Ansätze, Strukturalismus, Funktionalismus), in denen die Gesellschaft oder eine Organisation (das Objekt) den Menschen bzw. sozialen Akteur (das Subjekt) beherrscht. Andererseits wendet er sich aber auch gegen subjektivistische Ansätze (handlungstheoretische Ansätze, Hermeneutik), in denen das Subjekt im Mittelpunkt der Betrachtung steht und strukturelle Einflüsse vernachlässigt werden.

---

[1] Die englische Terminologie *theory of structuration* wurde im Deutschen uneinheitlich als Strukturierungs- oder Strukturationstheorie bezeichnet. Hier wird der Begriff „Strukturation" verwendet. Die Basis der Theorie legte Giddens bereits 1976. In seiner Publikation „The constitution of society" (Giddens, 1984) sind die wesentlichen Überlegungen zusammengefasst. 1988 wurde dieses Werk ins Deutsche übersetzt. Die hier zitierte dritte Auflage von 1997 ist identisch mit der ersten Auflage.

© Der/die Autor(en) 2022
S. Binder-Tietz, *Kommunikation von Aufsichtsratsvorsitzenden*,
https://doi.org/10.1007/978-3-658-37717-5_2

Die Rezeption der Strukturationstheorie erstreckt sich über den Bereich der Soziologie und Sozialtheorie (Clark, Modgil & Modgil, 1990; Cohen, 1989; Kaspersen, 2000; Kießling, 1988a; Lamla, 2003) hinaus auf organisations-, managementtheoretische und betriebswirtschaftliche Forschungsfelder[2] (Empter, 1988; Ortmann & Sydow, 2001a; Schneidewind, 1998; Walgenbach, 2006). Darüber hinaus wurde die Strukturationstheorie auch in der Kommunikationswissenschaft, hier insbesondere auch in der Forschung zu Unternehmenskommunikation (Falkheimer, 2007; Röttger, 2010; Zerfaß, 2010; Zühlsdorf, 2002) rezipiert, sodass sie eine gute Ausgangsbasis für die vorliegende Arbeit darstellt.

Im Mittelpunkt der Strukturationstheorie steht der zentrale Begriff der *Dualität der Struktur*. Im Kern bedeutet dies, dass es keine Struktur ohne Handlung gibt und keine Handlung ohne Struktur. Die Dualität der Struktur basiert auf zwei Annahmen: der *Reflexivität* der Akteure und der *Rekursivität* der Handlungen:

- Bewusste soziale Akteure produzieren und reproduzieren in ihren und durch ihre Handlungen die Bedingungen (Struktur), die ihr Handeln ermöglichen.
- Strukturen sind sowohl das Medium als auch das Ergebnis sozialen Handelns (Röttger, 2010, S. 125; Walgenbach, 2006, S. 406; Zühlsdorf, 2002, S. 203).

Handlungen und Strukturen stehen sich nicht konkurrierend gegenüber, sondern setzen sich wechselseitig voraus. Dieser theoretische Rahmen integriert die prägende Kraft von Strukturen auf menschliches Handeln als auch den Prozess der Strukturbildung durch Handeln. Um diese zentralen Gedanken zu verdeutlichen, sollen die wichtigsten Grundelemente der Strukturationstheorie folgend dargestellt werden.

Handeln wird bei Giddens, anders als zum Beispiel bei Max Weber, zunächst unabhängig von Intentionen begriffen. Vielmehr stellt es das Vermögen dar, bewusst, aktiv und folgenreich in das Geschehen der Welt einzugreifen (Giddens, 1997, S. 60). Es wird zwischen zwei Grundlagen des Handelns unterschieden: *Handlungsvermögen* (capability) und *Handlungswissen bzw. -kompetenz*[3]

---

[2] Die bislang umfangreichste Bibliografie der Arbeiten von Giddens aus dem Zeitraum 1960 bis 2000 stammt von Bryant & Jary (2001). Dort findet sich auch eine gegliederte Bibliografie von Publikationen, die sich kritisch mit Giddens auseinandersetzen bzw. an sein Werk anschließen. Einen Überblick über organisations- und managementtheoretische Arbeiten geben Whittington (1992) und Pozzebon (2004).

[3] Der Begriff *knowledgeability* ist mit Übersetzungsproblemen behaftet. Seine Zusammensetzung aus *knowledge* (Wissen) und *ability* (Fähigkeit, Macht, etwas zu tun) bezieht sich sowohl auf das Wissen eines Akteurs als auch auf seine Reflexionsfähigkeit, dieses Wissen im Handeln zu mobilisieren. Giddens (1997) übersetzt den Begriff unzutreffend mit

(knowledgeability). Unter Handlungsvermögen wird die Fähigkeit verstanden, Ereignisse laufend zu beeinflussen, dies beinhaltet die grundsätzliche Existenz von Handlungsalternativen. Die Tatsache, auch anders handeln zu können, kennzeichnet den Unterschied zwischen Handeln und Verhalten. Unter Handlungskompetenz versteht Giddens die Fähigkeit, aus Erfahrungen Wissen zu generieren und für weitere Handlungen zu nutzen. Die Fähigkeit bewusst zu handeln oder eben nicht zu handeln, verweist darauf, dass Handlungen untrennbar mit der Ausübung von Macht verbunden sind (Giddens, 1997, S. 66 f.). Macht ist damit ein konstituierendes Element von Handeln und Voraussetzung von Autonomie (Röttger, 2010, S. 126). Giddens beschreibt, dass es Akteuren möglich ist durch Machteinsatz intendierte Handlungsergebnisse hervorzubringen, sodass diese als „Formen der Ermöglichung" (Giddens, 1997, S. 227) anzusehen seien. Wie für alle sozialen Strukturen gilt auch hierbei, dass es gleichzeitig ermöglichende und einschränkende Strukturen gibt (Miebach, 2014, S. 381).

Giddens betrachtet alle Akteure als sich ihrer selbst bewusste, reflexiv und kompetent Handelnde (knowledgeable actors). In Bezug auf den Forschungsgegenstand werden demnach Aufsichtsratsvorsitzende, aber auch alle anderen internen und externen Akteure als kompetent Handelnde gesehen.

Akteure beziehen aber auch andere Akteure und soziale Kontexte in das Handeln mit ein. Giddens unterscheidet dabei analytisch zwischen *praktischem Bewusstsein* (practical consciousness) und *diskursivem Bewusstsein* (discoursive consciousness), wobei die Grenzen in der konkreten Handlung fließend sind (Giddens, 1997, S. 57). Das diskursive Bewusstsein erlaubt dem Akteur, sein Handeln zu rationalisieren. Das praktische Bewusstsein, also jenes Wissen, das nicht unbedingt in Worte gefasst werden kann, wird vom Verständnis her ähnlich aufgefasst wie implizites Wissen bei Polanyi (1985). Es umfasst demnach zahlreiche Regeln und Taktiken, die im alltäglichen Leben relevant sind, deren Anwendung und Gründe durch den Handelnden aber nicht permanent reflektiert werden (Hahne, 1998, S. 186). Weiterhin gehört auch das Wissen über die sozialen Umstände und die Bedingungen des eigenen Handelns dazu. Es umfasst damit den größten Teil des Handlungswissens der Akteure. Das Alltagshandeln ist demnach durch ein hohes Maß an Routinisierung gekennzeichnet.

Bewusstsein. Kießling (1988a) übersetzt ihn treffend als *handlungsrelevantes Wissen*, jedoch verwendet er unglücklicherweise die gleiche Übersetzung für den Begriff *practical consciousness.* Becker (1996) verwendet den Begriff *Handlungswissen*, Neuberger (1995) und Röttger (2010) verwenden den Begriff *Einsichtsfähigkeit* – in diesen Übersetzungen wird jedoch die *ability*-Komponente vernachlässigt. In dieser Arbeit wird daher der Begriff Handlungswissen immer dann verwendet, wenn es sich auf das vorhandene Wissen der Akteure bezieht, ansonsten wird *knowledgeability* mit Handlungskompetenz übersetzt.

Der Begriff des praktischen Bewusstseins ist fundamental für die Strukturationstheorie, da mit ihm die klassisch enge Bindung von Handeln an Intentionen und Zielen aufgegeben wird. Dabei negiert Giddens die Existenz von intentionalem Handeln nicht. Zentral ist aber die Überlegung, dass Handeln immer auch unter unerkannten Handlungsbedingungen erfolgt. Zudem existieren vom Akteur unbeabsichtigte und nicht vorhergesehene Handlungsfolgen, darüber hinaus können die Ziele der Akteure auch ohne deren Mitwirkung erreicht werden (Hahne, 1998, S. 187; Kießling, 1988b, S. 289; Röttger, 2010, S. 127).

Handlungen sind durch die *Handlungsmotivation* mit den Bedürfnissen der Persönlichkeit des Akteurs verbunden, wobei Bedürfnisse im Unbewussten zu verorten sind. Als *Handlungsrationalisierung* wird die Fähigkeit beschrieben, dass Akteure im diskursiven Bewusstsein die Gründe und Kontexte des eigenen Handelns benennen können (Giddens, 1997, S. 56 f.). Auch das praktische Bewusstsein als stillschweigendes Wissen (tacit knowledge) kann durch Reflexionsbemühungen ins diskursive Bewusstsein geholt werden (Cohen, 1989, S. 27). Die Handlungsrationalisierung bildet die Grundlage für die *reflexive Steuerung des Handelns*. Diese umfasst die routinemäßige Kontrolle des Bezugsrahmens der Interaktion und richtet sich damit auf das Verhalten anderer Akteure. Trotz der Intentionalität und Reflexivität der Akteure können Handlungen auch unbeabsichtigte Folgen haben, die dann in einem systematischen Rückkopplungsprozess zu einer unerkannten Handlungsbedingung werden, die das weitere Handeln beeinflusst.

Handlungsmotivation, Handlungsrationalisierung und reflexive Steuerung des Handelns sowie die beschriebene Rückkopplung werden von Giddens als Stratifikationsmodell bezeichnet (Abbildung 2.1). Das Modell erklärt das Handeln von sozialen Akteuren auf der individuellen Ebene.

Giddens bezeichnet dies als Rekursivität des sozialen Lebens: Akteure beziehen sich in ihren routini(si)erten Handlungen auf Strukturen und produzieren und reproduzieren diese in ihren und durch ihre Handlungen fortlaufend. Strukturen haben demnach keine reale Existenz, sondern existieren nur im Handeln der Akteure und in ihren Erinnerungen und Erwartungen (Erinnerungsspuren) (Giddens, 1997, S. 77). Strukturen sind folglich gleichzeitig Medium und Ergebnis sozialer Handlungen (Walgenbach, 2006, S. 408). Diesen fortlaufenden Vorgang nennt Giddens Strukturation.

Die Gründe und Folgen von Handlungen sind für Akteure in der Regel nicht vollständig überschaubar. Die *ermöglichenden* (enabling) und gleichzeitig *einschränkenden* (constraining) *Bedingungen* des Handelns nennt Giddens Strukturen. Während der Strukturbegriff in der Sozialtheorie häufig als Einschränkung

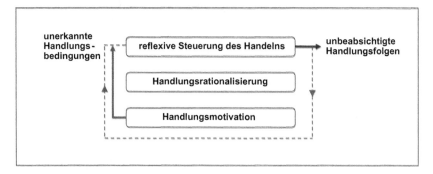

Abbildung 2.1 Stratifikationsmodell des Handelnden (Giddens, 1997, S. 56)

der Akteure gemeint ist, haben Strukturen bei Giddens „Werkzeugcharakter –
egal ob es sich um die Grammatik der Sprache, um Rechtsnormen oder materielle
Dinge handelt" (Lamla, 2003, S. 51). Strukturen existieren selbst nicht als eigen-
ständige Phänomene räumlicher und zeitlicher Natur, sondern immer nur in der
Form von strukturierten Handlungen der Akteure. Der Strukturbegriff ist dem-
nach das Pendant zum Handlungsbegriff. Struktur wird dabei nicht als stabiler
Zustand, sondern selbst als Strukturierungsprozess begriffen (Zühlsdorf, 2002,
S. 209).

Strukturen bestehen nach Giddens aus *Regeln* und *Ressourcen* (Giddens, 1997,
S. 45). Regeln fließen in das Handlungswissen der Akteure ein, während Res-
sourcen das Handlungsvermögen der Akteure begründen (Walgenbach, 2006,
S. 410).

Regeln werden als verallgemeinerbare Verfahrensweisen verstanden und nicht
als formalisierte Vorschriften. Hierzu zählen vor allem implizite, informelle
Regeln, die sich durch soziales Miteinander herausbilden und primär im praktischen Bewusstsein verankert sind. Nach Giddens müssen Regeln gelebt werden
(Giddens, 1997, S. 71). Regeln haben einen allgemeinen, situationsübergreifenden
Charakter, sodass der Akteur sie deutend beherrschen und einen eigenen Beitrag
leisten muss, um sie auf die spezifische Handlungssituation anzupassen. Akteure
kennen also Bedeutung und Sinn der Regeln, die sie anwenden, ohne diese zwingend abstrakt formulieren zu können (Empter, 1988, S. 79). Dies verdeutlicht
die Autonomie des Individuums und begründet, warum es im Zeitverlauf auch
zu Veränderungen der Regeln kommen kann. Lamla führt dazu das Bild eines
Schachspiels ein: „Mit einer begrenzten Anzahl von zulässigen Zügen lassen sich
unzählige konkrete Spielverläufe realisieren" (Lamla, 2003, S. 53).

Handeln hängt zudem von den zur Verfügung stehenden Ressourcen ab. Diese sind in der Realität höchst unterschiedlich verteilt und begründen die Entstehung von Macht und Abhängigkeit. Macht stellt jedoch an sich keine Ressource dar, sondern resultiert daraus, wenn Ressourcen in der konkreten Handlung angewandt werden (Empter, 1988, S. 81). Bei der Analyse sozialer Strukturen wird zwischen je zwei Arten von Regeln und Ressourcen unterschieden:

(1) *Regeln* beziehen sich auf die *Konstitution von Sinn (Signifikation)*. Sie tragen damit zur Verständigung bei und werden „zur Interpretation der Welt als Grundlage sinnvollen Handelns herangezogen" (Zühlsdorf, 2002, S. 226). Die Interpretationsschemata helfen demnach den Sinn herauszulesen, was Akteure sagen oder tun.

(2) *Regeln der Sanktionierung sozialen Handelns (Legitimation)* beziehen sich auf die normative Ordnung der Gesellschaft (regulative Regeln, Normen, Handlungsregeln), die vorgeben, welche Handlungen sozial erwartet, erlaubt und erwünscht sind. Die Nichtbefolgung von Regeln kann unterschiedlich stark sanktioniert werden. Formal festgehaltene Regeln in Organisationen bezeichnet Giddens nicht als Regeln, sondern als „kodifizierte Interpretationsregeln" (Giddens, 1997, S. 73).

(3) *Allokative Ressourcen* zur Machtausübung (*Herrschaft*) ermöglichen den Akteuren die Kontrolle in sozialen Situationen, die vor allem auf materiellen Aspekten beruht.

(4) *Autoritative Ressourcen* zur Machtausübung (*Herrschaft*) beziehen sich dagegen auf die Fähigkeiten und Fertigkeiten, Macht über andere Akteure auszuüben. Sie schaffen die Basis, um Beziehungen zwischen Menschen in der Gesellschaft zu gestalten und umzugestalten (Giddens, 1997, S. 316).

Abbildung 2.2 visualisiert den Systematisierungsansatz.

Die Strukturdimensionen Signifikation, Herrschaft und Legitimation sind nicht getrennt voneinander zu betrachten. Vielmehr nehmen sie wechselseitig Bezug aufeinander: „Signifikationsstrukturen müssen immer als in Verbindung mit Herrschaft und Legitimation stehend konzeptualisiert werden" (Giddens, 1997, S. 84). Auch die Entsprechungen auf der Handlungsebene Kommunikation, Ausübung von Macht und Bewertung von Verhalten (Sanktion) sind fest miteinander verwoben.

Zwischen der Struktur- und Handlungsebene ergänzt Giddens die *Strukturierungsmodalitäten*, mit denen die Dualität der Struktur verdeutlicht wird. „Akteure beziehen sich auf diese Modalitäten in der Reproduktion der Interaktionssysteme, und im selben Zug rekonstruieren sie deren Strukturmomente" (Giddens, 1997,

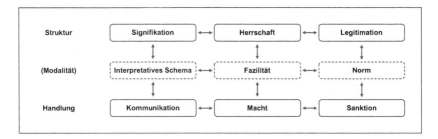

Abbildung 2.2 Dimensionen der Dualität von Struktur (in Anlehnung an Giddens, 1997, S. 81)

S. 81). In Interaktionsprozessen mobilisieren Akteure daher situative Modalitäten ihres Handelns. Wenn Akteure miteinander kommunizieren, beziehen sie sich reflexiv und rekursiv auf interpretative Schemata. Sie sanktionieren, indem sie ihr Handeln mit Normen unterlegen und das Handeln anderer auf der Basis von Normen bewerten und beurteilen. Durch die Ausübung von Macht beschränken oder ermöglichen Fazilitäten die Handlungsalternativen eines Akteurs (Miebach, 2014, S. 382).

Struktur ist der Grund dafür, dass soziale Praktiken über unterschiedliche zeitliche und räumliche Spannen hinweg identisch reproduziert werden und somit systemische Formen erhalten. Als soziales System können demnach kontinuierlich reproduzierte Beziehungen zwischen sozialen Akteuren bezeichnet werden, die sich als kontextgebundene, regelmäßig beobachtbare soziale Praktiken darstellen (Giddens, 1997, S. 77). Soziale Systeme können auf Gesellschaften, aber auch auf kleinere Einheiten wie Organisationen bezogen werden. Sie sind durch spezifische Strukturmomente und Integrationsmuster gekennzeichnet, wobei die Grenzen nicht klar und eindeutig definiert sind, sodass sie nicht als abgeschlossene Gebilde zu verstehen sind (Giddens, 1997, S. 218).

Organisationen in der Strukturationstheorie

Die Strukturationstheorie bietet einen Rahmen für ein dynamisches Organisationsmodell, das die Organisationswirklichkeit adäquater erfasst als bspw. strukturtheoretische Modelle (Miebach, 2014, S. 376). Dabei lassen sich Ansätze und Studien auf der individuellen Ebene, der Gruppenebene, der Organisationsebene sowie der interorganisationalen und regionalen Ebene unterscheiden (Ortmann, Sydow & Windeler, 2000, S. 342 f.).

Obwohl Giddens Handeln grundsätzlich an Individuen bindet, hält er es für sinn-voll, Kollektive als Akteure zu betrachten, wenn ein bedeutendes Maß an reflexiver Steuerung der Bedingungen für die soziale Reproduktion gegeben ist, wie bspw. bei Organisationen (Giddens, 1997, S. 256). In enger Anlehnung an Giddens definieren Ortmann et al. (2000) Organisationen als Systeme organisierten Handelns, die sich über das mehr oder weniger zweckgerichtete Handeln individueller Akteure repro-duzieren (Ortmann et al., 2000, S. 317). Definitionsgemäß sind Organisationen keine Strukturen, sondern besitzen Strukturen. Ortmann (1995) zeigt an einem Beispiel, dass sich im Organisationshandeln eine ganze Reihe rekursiv organisierter Regel- und Ressourcenkomplexe finden lassen, auf die sich die Organisationsmitglieder beziehen:

> „Es wird z. B. ein von allen geteiltes Organisationsvokabular verwandt (kognitive Ordnung), man wendet Handlungsprogramme, etwa bestimmte Verfahren der Inves-titionsrechnung, an (normative Ordnung), und es existieren spezifische Formen der Arbeitsorganisation (autoritative Ressourcen) und der Budgetverteilung (allokative Ressourcen). Dieser von allen Mitgliedern einer Organisation geteilte Bezug auf Struktur ermöglicht die Herausbildung regelmäßiger sozialer Praktiken. Nur so wird eine Verläßlichkeit des sozialen Lebens möglich, nur so können soziale Systeme entstehen und Stabilität aufweisen" (Ortmann, 1995, S. 56).

Abbildung 2.3 zeigt das Modell der Dualität von Struktur mit Beispielen aus der Unternehmenspraxis.

Organisationen weisen spezifische Strukturmomente auf, mit denen sie sich von der Umwelt abgrenzen und unterscheidbar werden. Formale Strukturen innerhalb einer Organisation werden als „kodifizierte Interpretationsregeln" (Giddens, 1997, S. 73) verstanden. In der Praxis kommt formalen Strukturen in Organisationen, wie etwa Hierarchien, jedoch eine große Bedeutung zu, da sie den Zugang zu Ressourcen definieren sowie eine normative Verhaltensordnung begründen. Eine Formalisie-rung zeigt sich auch bei den Rollen von Organisationsmitgliedern. Rollen sind stark formalisiert und weitgehend unabhängig von den konkreten Akteuren. Die mit der Rolle verbundenen Rechte, Pflichten und Merkmale werden in der Interaktion sicht-bar und relevant (Röttger, 2010, S. 135 f.). Das Handeln der Organisationsmitglieder ist jedoch nicht durch formale Charakteristika determiniert. Vielmehr orientieren sie sich an bestehenden Strukturen und können diese verändern, ergänzen und ersetzen.

Die Strukturationstheorie kann Handlungen von und in Organisationen erklären. Die Strukturierung des Handelns von Organisationsmitgliedern ist Teil der Repro-duktion der Organisation und findet auf verschiedenen, miteinander verbundenen Ebenen statt. Zunächst kann die Interaktion zwischen individuellen Akteuren und

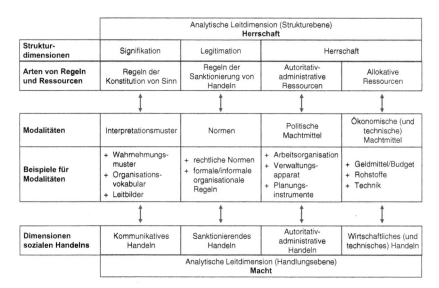

Abbildung 2.3 Erweitertes Modell der Dimensionen der Dualität von Struktur (modifiziert in Anlehnung an Ortmann, 1995, S. 60; Röttger, 2000, S. 138)

der Organisation betrachtet werden. Weiterhin kann die Reproduktion von Strukturen auf der Ebene der Teilsysteme der Organisation im Verhältnis zum Ganzen analysiert werden. Schließlich agieren Organisationen in übergreifenden Systemen, wie Branchen oder organisationalen Feldern, sowie auf der Ebene gesellschaftsweiter institutioneller Ordnungen, wo ihr Handeln als korporativer Akteur untersucht werden kann (Röttger, 2010, S. 137). Der Einfluss der individuellen Akteure sinkt dabei mit jeder Ebene.

Die Kommunikation von Aufsichtsratsvorsitzenden stellt ein Phänomen für (börsennotierte) Unternehmen dar, wobei sich die Frage stellt, ob und wie die Kommunikation etwa im Rahmen des Kommunikationsmanagements verortet wird. Die Strukturationstheorie bietet daher ein gutes Fundament, um das Phänomen auf mehreren Ebenen zu verorten. So können die individuellen Handlungen von Aufsichtsratsvorsitzenden betrachtet werden, ebenso wie ihre Interaktion mit weiteren Akteuren innerhalb des Unternehmens, wie etwa dem Vorstand oder Kommunikationsverantwortlichen. Aber auch organisationsexterne Akteure (z. B. Investoren, Medienvertreter) und ihre Handlungen können in die Analyse der Strukturen mit einbezogen werden.

Stabilität und Wandel

Bei der Strukturationstheorie handelt es sich um eine dynamisch angelegte Handlungstheorie. Die wechselseitige Beeinflussung von Handlung und Struktur führt dazu, dass der Prozess der Strukturation eine immanente Dynamik innehat. Das bedeutet, dass sowohl Veränderung als auch Stabilität von Strukturen das Ergebnis der Strukturation sind. „Sozialer Wandel lässt sich als Regelveränderung und Ressourcenverschiebung begreifen" (Zerfaß, 2010, S. 103).

Aufgrund dieser Dynamik bietet die Strukturationstheorie ein gutes Fundament, um die Kommunikation von Aufsichtsratsvorsitzenden zu erschließen. Das Phänomen unterliegt aus verschiedenen Gründen, z. B. regulatorischen Anforderungen durch die Aufnahme des Investorendialogs in den DCGK, einem Wandel, der sich auf die Strukturen der Kommunikation innerhalb der Organisation auswirkt.

Giddens widmet dem sozialen Wandel sogar ein eigenes Kapitel in „Die Konstitution der Gesellschaft", in dem er sich mit vorhandenen soziologischen Modellen des Wandels auseinandersetzt. Er führt dabei die Begriffe Episode und Weltzeit ein. Demnach sind Episoden Handlungsfolgen mit definiertem Anfang und Ende, die in der Weltzeit platziert sind (Giddens, 1997, S. 301; Miebach, 2014, S. 386). Wandel entstehe aus einmaligen Konstellationen, die auf vorangegangenen gesellschaftlichen Entwicklungen basieren. Giddens nimmt an, dass es „kritische Schwellen" (Giddens, 1997, S. 302) für den Wandel gibt, die für Übergänge zwischen gesellschaftlichen Strukturen charakteristisch sind. Veränderung sei aufgrund der Wirkmächtigkeit der Akteure jedoch nicht prognostizierbar:

> „Wenn alles soziale Leben kontingent ist, dann besteht jedweder soziale Wandel aus Koinzidenzen. Das heißt, daß er von der Koinzidenz von Umständen und Ereignissen abhängt, die, den Veränderungen des Kontextes entsprechend, ganz verschieden sein können, wobei Kontext (immer) die von den Handelnden bewußt betriebene Steuerung der Bedingungen, unter denen sie ‚Geschichte machen', beinhaltet" (Giddens, 1997, S. 301).

Wandlungsprozesse lassen sich anhand ihres Anfangszeitpunkts, ihrer Geschwindigkeit (Impuls), Richtung (Verlaufsbahn) sowie Intensität und Extension (Form) beschreiben. Vor allem die Ressourcen der Akteure und die damit einhergehende Herrschafts- und Machtkonstellation haben eine wichtige Bedeutung für die Stabilität bzw. für den Wandel von Strukturen (Giddens, 1997, S. 319).

Übertragen auf das Forschungsthema bedeutet dies, dass ein Wandel der sozialen Strukturen dann entstehen kann, wenn Aufsichtsratsvorsitzende ihre routinisierten Handlungsabläufe verlassen, indem sie z. B. mit externen Stakeholdern kommunizieren, und so die soziale Praxis verändern. Durch die Auflösung der bisherigen Routine können dann Rückschlüsse auf die Gründe für die Reproduktion erschlossen werden. Weiterhin können durch die reflexive Auseinandersetzung neue Routinen in Bezug auf das Management dieser Kommunikation innerhalb des Unternehmens aufgebaut werden. Dies ist möglich, da Akteure in und durch die Handlungen die Strukturen reproduzieren, die das Handeln ermöglichen (Giddens, 1997, S. 52).

Trotzdem kann die Veränderung einer sozialen Praxis nie das alleinige, bewusste Werk eines Akteurs sein, selbst wenn dieser Ziele verfolgt, Modifikationen konkret anstrebt und Macht besitzt. Denn soziale Praxis wird aus dem kontingenten Zusammenspiel verschiedener Akteure hervorgebracht, deren intendierten und nichtintendierten Handlungsfolgen sowie unerkannter Handlungsbedingungen. Aus Giddens Sichtweise lässt sich demnach beides, eine rasante Veränderung, aber auch die Trägheit von Organisationen darstellen (Ortmann et al., 2000, S. 335).

Giddens führt verschiedene Gründe für sozialen Wandel aus. So können äußere Einflüsse wie Naturkatastrophen oder Kriege Gesellschaften erschüttern, die in ihren Traditionen erstarrt sind. Ein zweiter Auslöser sieht er im „Aufkommen auseinanderlaufender ‚Interpretationen' bestehender Normen" (Giddens, 1995, S. 178), z. B. durch soziale Bewegungen. Drittens kann das grundsätzliche Infragestellen des Legitimationscharakters einer Tradition, etwa bei der Säkularisierung ehemals religiös geprägter Gesellschaften, ein zentraler Grund für die Entroutinisierung darstellen (Giddens, 1995, S. 178 f.). Weiterhin stellt Giddens auf Gesellschaftsebene verschiedene Faktoren dar, die sozialen Wandel bewirken können (Giddens, 1995, S. 183–189). Diese Faktoren werden von Giddens in späteren Werken zu einer Theorie der radikalen Modernisierung weiterentwickelt und auf den Begriff der Globalisierung angewendet (Miebach, 2014, S. 388).

Die Frage, wann die Bedingungen für sozialen Wandel vorliegen und was der Auslöser für die Veränderung darstellt, lässt sich jedoch nicht theoretisch beantworten, sondern kann erst im Nachhinein empirisch festgestellt werden. Erst dann lässt sich herausarbeiten,

„welche Handlungspotenziale wichtig sind, inwiefern also die historische Ressourcenverteilung den sozialen Wandel begünstigt oder behindert, und inwiefern sie durch die Veränderung von Schemata einem Wandel unterliegt" (Zerfaß, 2010, S. 103).

Um die kritischen Schwellen greifbar zu machen, ersetzen Barley & Tolbert (1997) in ihren Studien die abstraktere Vorstellung von Modalitäten mit sog. Skripten, die unabhängig von der Art des Akteurs oder der Analyseebene empirisch identifiziert werden können. Skripte werden dabei verstanden als „beobachtbare, wiederkehrende Aktivitäten und Interaktionsmuster, die für eine bestimmte Umgebung charakteristisch sind" (Barley & Tolbert, 1997, S. 98). Ein Skript besteht demnach aus verschiedenen Interaktionsepisoden, die sich innerhalb des untersuchten Kontextes ereignen. Im Zeitverlauf lassen sich dann mehrere Phasen der

Strukturation identifizieren. Die Übergänge zwischen den Phasen müssen empirisch belegt werden als Veränderungen, die von den Organisationsmitgliedern als bedeutend wahrgenommen wurden und durch externe Umstände angestoßen wurden (Barley & Tolbert, 1997, S. 105).

Kritik und Zwischenfazit
An dieser Stelle soll auch kurz auf die Kritik an der Strukturationstheorie eingegangen werden, die aus unterschiedlichen Perspektiven formuliert wurde. Die Anhänger einer objektivistischen Herangehensweise (Callinicos, 1985; Collins, 1992) kritisieren etwa das grundsätzliche hermeneutische Vorgehen von Giddens, das dem Subjekt einen überhöhten Stellenwert beimesse. Die Vertreter einer subjektivistischen Herangehensweise (Kießling, 1988a; Thompson, 1989) werfen der Theorie wiederum eine objektivistische Betonung vor, in der Strukturen mit ihrem zwingenden Charakter die Handlungen der Individuen einschränken würden. Wieder andere Autoren argumentieren, dass die Strukturationstheorie zwischen diesen beiden Positionen schweben würde (Gane, 1983).

Den Kritikern lässt sich entgegenhalten, dass durch die Komplexität der Strukturationstheorie versucht wird, einen breiten Raum für verschiedene Mechanismen der Reproduktion und Transformation sozialer Strukturen zu schaffen (Lamla, 2003, S. 154). Je nach Situation und Akteur können Strukturen die Handlungen unterschiedlich stark beeinflussen. Regeln müssen dabei stets interpretiert werden und Ressourcen sind variabel. Durch den Fokus auf soziale Praktiken gelingt Giddens der Kunstgriff, seine Theorie zwischen Subjekt und Objekt zu positionieren:

> „Strukturelle Merkmale müssen auf die Handlungsebene ‚übersetzt' werden und verlieren dadurch ihren determinierenden Charakter. Gleichzeitig rückt auch das Subjekt aus dem alleinigen Fokus des Interesses, ohne dabei zur Bedeutungslosigkeit degradiert zu werden" (Zühlsdorf, 2002, S. 203-204).

Ein wesentlicher Kritikpunkt ist die mangelnde Begriffsschärfe sowie der sprunghafte Schreibstil in Giddens Hauptwerk. Dies erkennt er selbst an: „This was not a particularly easy book to write and proved in some part refractory to the normal ordering of chapters" (Giddens, 1984, S. XXXV). Obwohl sein Werk das zentrale Thema der Dualität der Struktur in verschiedenen Facetten zu erläutern versucht, sind seine Überlegungen teilweise schwierig nachzuvollziehen, sodass es zu unterschiedlichen Interpretationen und Missverständnissen kommt. Dies kann auch ein Grund dafür sein, dass die Strukturationstheorie in deutschsprachigen Raum nur zögerlich rezipiert wurde (Walgenbach, 2006, S. 419 f.).

Trotz dieser Kritik stellt die Strukturationstheorie einen geeigneten konzeptuellen Ansatz dar, die Defizite rein objektivistischer und subjektivistischer Theorien zu überwinden. „Die Verknüpfungspunkte zwischen der Strukturationstheorie und empirischer Forschung liegen dann in der inhaltlichen Füllung der Kernbegriffe Handeln und Struktur" (Walgenbach, 2006, S. 422). Die jeweiligen wissenschaftlichen Disziplinen haben demnach die Aufgabe, die abstrakten Konzepte wie Regeln und Ressourcen inhaltlich zu konkretisieren. Zahlreiche kommunikationswissenschaftliche Autoren sehen die Strukturationstheorie als fruchtbare und vermittelnde Theorieperspektive an. Falkheimer bezeichnet die Strukturationstheorie als „ ‚third way public relations perspective' : between managerial, functionalistic and prescriptive traditions and critical and interpretative approaches" (Falkheimer, 2007, S. 292).

Zusammenfassend kann festgehalten werden, dass die Strukturationstheorie ein geeignetes theoretisches Fundament für die Fragestellung der Arbeit bietet. Die Einführung eines begrifflichen Rahmens legt die Basis dafür, einen konzeptionellen Analyserahmen für die Strukturen der Kommunikation von Aufsichtsratsvorsitzenden zu erarbeiten (Abschnitt 5.4), um daraus strukturationstheoretische Einsichten ableiten zu können.

Die Kommunikation von Aufsichtsratsvorsitzenden stellt ein Phänomen auf mehreren Ebenen dar. Im weiteren Verlauf der Arbeit wird dieses sowohl auf individueller Ebene, der individuellen Kommunikation von Aufsichtsratsvorsitzenden, aber insbesondere mit dem Fokus auf der Organisationsebene, in Bezug auf das Management der Kommunikation, analysiert werden. Darüber hinaus stellen weitere externe Akteure (Investoren, Journalisten etc.) Anforderungen an die Kommunikation von Aufsichtsratsvorsitzenden, sodass auch Ebenen außerhalb der Unternehmen in die Analyse mit einbezogen werden müssen. Ein geeigneter Analyserahmen muss in der Lage sein, dies konzeptionell zu erfassen. Die Strukturationstheorie berücksichtigt das rekursive Zusammenspiel der verschiedenen Ebenen nicht nur, sondern stellt es in den Mittelpunkt der Betrachtung.

Bei der Kommunikation von Aufsichtsratsvorsitzenden handelt es sich schließlich um ein Phänomen, das einem dynamischen Wandel unterliegt. Auch hier bietet die Strukturationstheorie das Fundament, um die Gründe für den sozialen Wandel zu identifizieren. Bisherige Routinehandlungen sowie der Aufbau von neuen Routinen können dargestellt werden. So kann das Spannungsfeld zwischen den unternehmensexternen Anforderungen sowie den unternehmensinternen Strukturen konzeptualisiert und empirisch analysiert werden – dieses ist Teil der zwei gewählten Perspektiven auf den Untersuchungsgegenstand.

Corporate-Governance-Grundlagen: Aufsichtsrat und Aufsichtsratsvorsitzende

3

Der Aufsichtsrat ist ein Phänomen des dualistischen Systems der Unternehmensführung, das eine institutionelle Trennung der Unternehmensleitung (Vorstand) und -kontrolle (Aufsichtsrat) vorsieht. Das Vertrauen der Anleger und der Öffentlichkeit in die Unternehmensführung und -überwachung wurde in den vergangenen Jahrzehnten durch zahlreiche Unternehmensskandale in den USA (z. B. Enron, WorldCom) und Deutschland (z. B. Siemens) erschüttert. Als Reaktion darauf begann eine intensive Diskussion unter dem Schlagwort *Corporate Governance*, in dessen Mittelpunkt in Deutschland die Kritik am Aufsichtsrat als Überwacher und dem Vorstand als Führungsorgan von Kapitalgesellschaften stand. In Deutschland wurden zahlreiche Initiativen vom Gesetzgeber ergriffen, um eine aktive Aufsichtsratsüberwachung zu etablieren (Welge & Eulerich, 2014, S. 1 ff.). Auf der Ebene des *soft law* haben Verhaltenskodizes, in Deutschland der Deutsche Corporate Governance Kodex, eine wichtige Bedeutung erlangt. Aber auch die letzte Finanz- und Wirtschaftskrise in den Jahren 2009/2010 scheint die Corporate Governance nachhaltig verändert zu haben, so waren Aufsichtsräte teilweise stark in unternehmensinterne Prozesse eingebunden, um als Sparringspartner des Vorstands zu agieren (Ruhwedel, 2012, S. 187). Das Aufgabenprofil des Aufsichtsrats befindet sich damit im Wandel.

Im Rahmen der Auseinandersetzung mit Aspekten der Corporate Governance ist der Aufsichtsrat(svorsitzende) schon seit langem ein viel beachteter Untersuchungsgegenstand in den Wirtschafts- und Rechtswissenschaften (Grundei & Zaumseil, 2012; Hommelhoff, Hopt & Werder, 2009; Metten, 2010; Welge & Eulerich, 2014). Dabei ist jedoch die kommunikative Rolle der Tätigkeit bisher vernachlässigt worden.

In der kommunikationswissenschaftlichen Forschung ist der Aufsichtsrat bisher nicht betrachtet worden. Aufsichtsratsvorsitzende sind daher neue Akteure, die für die Kommunikationswissenschaft eingeführt werden sollen. Aus diesem

© Der/die Autor(en) 2022
S. Binder-Tietz, *Kommunikation von Aufsichtsratsvorsitzenden*,
https://doi.org/10.1007/978-3-658-37717-5_3

Grund ist es notwendig, zunächst die juristischen und wirtschaftswissenschaftlichen Grundlagen zum Aufsichtsrat im Allgemeinen sowie zu Aufsichtsratsvorsitzenden im Speziellen ausführlich darzustellen. Durch die deskriptive Darstellung soll ein Verständnis für die Aufgaben und Organisation des Aufsichtsrats sowie der Tätigkeiten von Aufsichtsratsvorsitzenden etabliert werden. Auf dieser Basis können im weiteren Verlauf der Arbeit die kommunikativen Aufgaben von Aufsichtsratsvorsitzenden, aber auch relevante Ressourcen für die Kommunikation abgeleitet werden. Der Aufsichtsrat nimmt eine spezifische Rolle im dualistischen System der Unternehmensführung ein, daraus resultieren Anforderungen von externen Stakeholdern, insbesondere an eine transparente Kommunikation zu seinen Überwachungsaufgaben. Dieses Verständnis ist zentral dafür, Ziele der ARV-Kommunikation abzuleiten.

In diesem Kapitel werden dafür zunächst die theoretischen Grundlagen von Corporate Governance dargestellt, insbesondere die Principal-Agent-Theorie sowie die Stewardship-Theorie (Abschnitt 3.1). Nach einer Diskussion der unterschiedlichen Governance-Systeme (monistisch, dualistisch) wird der Fokus auf das dualistische System der Unternehmensführung gelegt. In Abschnitt 3.2 folgt eine ausführliche Darstellung des Aufsichtsrats mit seinen Aufgaben, der inneren Organisation sowie seiner Zusammensetzung. Im Anschluss wird die besondere Rolle von Aufsichtsratsvorsitzenden beleuchtet (Abschnitt 3.3). In Abschnitt 3.4 werden die Schlussfolgerungen aus den Grundlagen der juristischen und wirtschaftswissenschaftlichen Corporate-Governance-Forschung für die Arbeit rekapituliert.

3.1 Corporate Governance und Governance-Systeme

Das Thema Corporate Governance wird aus verschiedenen disziplinären Blickwinkeln theoretisch begründet und empirisch erforscht. Neue Institutionenökonomik, Rechtswissenschaft, Management, Soziologie, Politikwissenschaften und Philosophie beleuchten jeweils einen bestimmten Aspekt von Corporate Governance, sind jedoch nicht in der Lage das gesamte Spektrum der Akteure umfassend zu beschreiben und zu erklären (Welge & Eulerich, 2014, S. 9). Corporate Governance stellt damit ein umfangreiches analytisches Konzept dar, das eine Vielzahl unterschiedlicher ökonomischer Phänomene vereint. Es markiert heute eines der am meisten diskutierten Managementthemen (Werder, 2009a, S. 4). Eine Übertragung des Begriffs Corporate Governance in die deutsche Sprache ist bis heute nicht erfolgt, auch in der wissenschaftlichen Literatur hat sich die Verwendung des englischen Begriffs durchgesetzt.

Corporate Governance weist eine weitgehende Überschneidung mit dem Begriff der Unternehmensverfassung auf, was verdeutlicht, dass Fragen der Unternehmensführung in Deutschland eine lange Tradition haben (Werder, 2009a, S. 5). Die Forschung zur Unternehmensverfassung blickt jedoch primär auf den internen institutionellen Rahmen, der das richtige Gleichgewicht zwischen Gesellschaftsorganen schafft und gleichzeitig die effektivste Funktionsweise dieser Organe ermöglicht. Unter dem Begriff Corporate Governance werden hingegen auch die „Fragen der (rechtlichen und faktischen) Einbindung des Unternehmens in sein Umfeld" (Werder, 2009a, S. 4) adressiert. In der internationalen Literatur gibt es keine allgemeingültige Definition von Corporate Governance; in der interdisziplinären Diskussion finden sich hauptsächlich ökonomische und rechtswissenschaftliche Beiträge[1].

Hauptunterscheidungsmerkmal der verschiedenen Definitionsansätze ist, welche Gruppen bzw. Ansprüche berücksichtigt werden. Es kann zwischen dem *Shareholder-Value-Ansatz* und dem *Stakeholder-Value-Ansatz* unterschieden werden. Der Shareholder-Value-Ansatz hebt den Eigentümer (Shareholder) aus der Gruppe aller Anspruchsberechtigten hervor und stellt ihn mit seinen (finanziellen) Interessen in den Mittelpunkt der Betrachtung:

> „Corporate Governance deals with the ways in which suppliers of finance to corporations assure themselves of getting a return on their investment. [...] Our perspective on corporate governance is a straightforward agency perspective, sometimes referred to as separation of ownership and control" (Shleifer & Vishny, 1997, S. 737).

Der Stakeholder-Value-Ansatz kritisiert dies und weist darauf hin, dass unterschiedliche Gruppen mit individuellen Interessen für den Erfolg des Unternehmens verantwortlich sind. Die wohl am meisten zitierte Definition eines Stakeholders stammt von Freeman (1984):

> „A stakeholder of an organization is (by definition) any group or individual who can affect or is affected by the achievement of the organization's objectives" (Freeman, 1984, S. 46).

Neben Governance-Problemen zwischen Eigentümern und Management sollten demnach auch solche im Verhältnis zwischen Management und anderen Stakeholdern sowie zwischen verschiedenen Stakeholder-Gruppen thematisiert werden. Andere Definitionen beziehen daher die Interessen anderer Bezugsgruppen mit ein:

---

[1] Eine Übersicht der zahlreichen wissenschaftlichen Definitionen von Corporate Governance findet sich bei Grothe (2006, S. 14 ff.)

„Corporate Governance involves a set of relationships between a company's management, its board, its shareholders and other stakeholders" (OECD, 2015, S. 9).

Ressourcenorientierte Ansätze stellen das Unternehmen selbst in den Mittelpunkt und zielen auf eine effiziente Unternehmensführung und -kontrolle für die Wettbewerbsfähigkeit und Maximierung von Überschüssen:

„In essence, corporate governance is the structure that is intended (1) to make sure that the right questions get asked and (2) that checks and balances are in place to make sure that the answers reflect what is best for the creation of long-term, sustainable, renewable value" (Monks & Minow, 2015, S. XXII).

In der Literatur wird zwischen internen und externen Corporate-Governance-Mechanismen unterschieden (Diederichs & Kißler, 2008, S. 28 ff.; Hopt, 2000, S. 782 ff.; Weber, Lentfer & Köster, 2007, S. 54). *Interne Corporate-Governance-Mechanismen* blicken auf die inneren Strukturen des Unternehmens, wie Machtverteilung und Kontrolle. Dabei werden Fragestellungen der funktional zweckmäßigen Gestaltung der Unternehmensverwaltung thematisiert, im deutschen dualistischen Corporate-Governance-System ist dies die Aufgabenteilung zwischen Vorstand und Aufsichtsrat (ausführlich dazu Abschnitt 3.2). *Externe Corporate-Governance-Mechanismen* berücksichtigen unternehmensexterne Akteure und Marktkräfte sowie deren maßregelnden Einfluss auf die Unternehmensverwaltung (Abbildung 3.1). Dazu zählen zum einen die Veröffentlichungspflichten von Unternehmensinformationen im Rahmen der Unternehmenspublizität bzw. der Abschlussprüfung. Zum anderen wird darunter die externe Überwachung durch Aktionäre sowie der Markt für Unternehmenskontrolle, also Regelungen bei Unternehmensübernahmen, verstanden (Hopt, 2000, S. 787 ff.). Diese Unterteilung ist für diese Arbeit relevant, da die ARV-Kommunikation ebenfalls aus zwei Perspektiven untersucht wird: hinsichtlich der externen Anforderungen sowie der internen Strukturen, Maßnahmen und dem Management der Kommunikation.

Weiterhin lassen sich vier grundlegende Gestaltungsprinzipien von Corporate-Governance-Systemen unterscheiden (Metten, 2010, S. 21 f.; Mustaghni, 2012, S. 46 f.; Werder, 2009a, S. 18 f.):

- *Gewaltenteilung:* Durch die Gewaltenteilung werden Verfügungsrechte und Kompetenzen auf mehrere Akteure im Unternehmen verteilt. Ein Beispiel dafür ist die Aufteilung der Unternehmensleitungskompetenz auf Vorstand und Aufsichtsrat in deutschen Aktiengesellschaften.

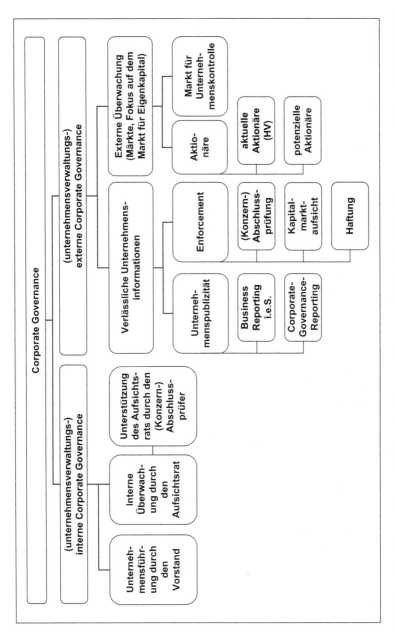

Abbildung 3.1   Systematisierung des deutschen Corporate-Governance-Systems (modifiziert übernommen aus Weber et al., 2007, S. 54)

- *Transparenz:* Um die Informationsasymmetrien zwischen den verschiedenen Akteuren zu verringern, wird mithilfe von Offenlegungsvorschriften des Publizitäts-, Kapitalmarkt- und Arbeitsrechts die Transparenz gefördert. Eine hohe Transparenz kann zum Vertrauen in die Unternehmensleitung beitragen – daher hat es eine besondere Relevanz für die ARV-Kommunikation.
- *Motivation der Akteure:* Governance-Regelungen sollen weiterhin auf die intrinsische und extrinsische Motivation der Akteure zu wertorientierten Verhalten einwirken. Dazu gehört die leistungsabhängige Vergütung ebenso wie Haftungsregelungen des Zivil- und Strafrechts.
- *Stabilität und Flexibilität des Systems:* Corporate-Governance-Systeme sollen ein Mindestmaß an Stabilität aufweisen, um eine langfristige Einschätzung der agierenden Interessengruppen vornehmen zu können. Gleichzeitig muss das System eine hinreichende Flexibilität aufweisen, um auf Veränderungen der Umweltbedingungen reagieren zu können.

Zwei zentrale theoretische Zugänge zu Corporate Governance sind die Neue Institutionenökonomik sowie die Stewardship-Theorie. Sie sollen im Folgenden näher beleuchtet werden, da sie den Aufsichtsrat als Überwachungsorgan hervorheben. Auf andere Facetten der Corporate-Governance-Forschung wird im Rahmen dieser Arbeit bewusst nicht weiter eingegangen.

Principal-Agent-Theorie

Eine zentrale Fragestellung der Neuen Institutionenökonomik ist, wie das Entscheidungsverhalten von Wirtschaftsakteuren durch den Einsatz von gesetzlichen oder vertraglichen Regelungen effizient koordiniert werden kann. Dabei blickt die Analyse einerseits auf Institutionen am Markt (Principal-Agent-Theorie, Property-Rights-Theorie, Transaktionskostentheorie) sowie andererseits auf Institutionen im politischen Sektor (Neue Politische Ökonomie, Verfassungsökonomik) (Mustaghni, 2012, S. 27).

Die Principal-Agent-Theorie[2] leistet den größten Beitrag zur Erklärung der Corporate Governance und schafft eine theoretische Basis für die Funktion des Aufsichtsrats als Überwachungsorgan. Nach Pratt & Zeckhauser (1985, S. 3) hat die Principal-Agent-Theorie das Potenzial, eine Vielzahl von Beziehungen innerhalb eines Unternehmens und mit dem Wirtschaftssystem zu beschreiben und ist auf verschiedene ökonomische Beziehungen anwendbar. Jensen (1983, S. 319) differenziert zwischen einem normativen und einem positiven Theoriezweig der

---

[2] Die Begriffe Principal-Agent-Theorie und Agency-Theorie werden im Folgenden synonym verwendet.

Agency-Forschung. In der normativen Theorie werden die entscheidungslogischen und formalanalytischen Ansätze beleuchtet, wobei es sich vor allem um die mathematische Modellierung von Verträgen handelt, die das Informationsniveau und die Risikoeinstellung der Vertragsparteien berücksichtigt. In der positiven Agency-Theorie wird demgegenüber versucht, die institutionelle Gestaltung von Auftragsbeziehungen weitestgehend ohne mathematische Modelle zu beschreiben und zu erklären (Grothe, 2006, S. 71 ff.; Jensen, 1983, S. 334 f.).

Die Grundlagen der Principal-Agent-Theorie wurden von Jensen & Meckling (1976) entwickelt. Arbeitsteilung und Kooperation sind zwei ökonomische Prinzipien, auf denen jede Unternehmung aufbaut. Bei arbeitsteiligen Beziehungen delegiert eine Partei (Principal) eine bestimmte Aufgabe an eine zweite Partei (Agent), die im Sinne des Auftraggebers eine bestimmte Tätigkeit durchführen oder eine bestimmte Entscheidung treffen soll. Sowohl Principal als auch Agent können individuelle oder korporative Akteure sein. Als zentrales Merkmal der Principal-Agent-Beziehung wird der Vertrag definiert,

> „under which one or more persons (the principal(s)) engage another person (the agent) to perform some service on their behalf which involved delegating some decision making authority to the agent" (Jensen & Meckling, 1976, S. 308).

Der Vertragsbegriff ist damit grundsätzlich weit ausgelegt und umfasst sämtliche Regelkomplexe, die geeignet sind, „die Entscheidungen des Agenten zu definieren, zu beeinflussen und zu koordinieren" (Jost, 2001, S. 13).

Grundlage aller Agency-Probleme sind die zwischen Principal und Agent vorherrschende unterschiedliche Risiko-, Informations- und Interessenverteilung (Grothe, 2006, S. 77 ff.; Jensen & Meckling, 1976; Lentfer, 2005, S. 35 ff.). Das Handeln der Akteure ist demnach durch ihre jeweiligen spezifischen Ziele und Interessen bestimmt. Ein individuelles Streben nach Nutzenmaximierung oder opportunistisches Handeln können zu Interessengegensätzen führen, wobei vor allem der Principal aufgrund von Informationsasymmetrien benachteiligt ist. Durch die Delegation von Aufgaben können verschiedene Probleme entstehen (Jost, 2001, S. 23 ff.; Mustaghni, 2012, S. 36 ff.), die wiederum zu Agency-Kosten führen, wie u. a. Überwachungs- und Kontrollkosten des Auftraggebers (Jensen & Meckling, 1976, S. 308).

Für Aktiengesellschaften ist die Trennung von Eigentum und Kontrolle charakteristisch. Anteilseigner delegieren ihre Entscheidungsbefugnisse,

> „da sie möglicherweise nicht über ein ausreichendes Fachwissen verfügen, um das Unternehmen zu leiten, oder da die gemeinschaftliche Führung durch zahlreiche Eigentümer zu große Koordinationsprobleme aufwirft" (Metten, 2010, S. 47).

Die Trennung kann jedoch zur Folge haben, dass die Manager von Aktiengesellschaften ihre eigenen Interessen verfolgen und nicht im Sinne der Aktionäre
handeln. Ein zentraler Ansatz zur Disziplinierung und Optimierung des Manager-
verhaltens besteht in der Anreizwirkung ergebnisabhängiger Vergütungssysteme
(Metten, 2010, S. 48).

Ein weiterer organisatorischer Ansatz ist die Kontrolle der Unternehmensleitung
durch ein Kontrollorgan – den Aufsichtsrat. Durch die Einführung solch eines institutionalisierten Gremiums entsteht eine *zweistufige Principal-Agenten-Beziehung*
(Lentfer, 2005, S. 149 ff.; Metten, 2010, S. 48 ff.).

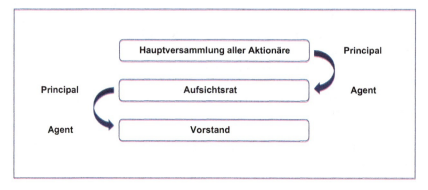

Abbildung 3.2 Zweistufige Principal-Agent-Beziehung im deutschen Corporate-
Governance-System (Welge & Eulerich, 2014, S. 19)

Auf der ersten Stufe sind die Aktionäre (Principal) – die Hauptversammlung stellt
das jährliche Zusammentreffen aller Aktionäre dar – und das Aufsichtsratsgremium
(Agent) (Abbildung 3.2). Auch in dieser Konstellation wird von Informationsasymmetrien und Interessenkonflikten ausgegangen. So halten die Mitglieder des
Aufsichtsrats nicht notwendigerweise Eigenkapital am Unternehmen und könnten daher motiviert sein, mit dem Vorstand zu kooperieren und die Interessen der
Aktionäre zu schädigen. Dies Principal-Agent-Beziehung konstituiert die Anforderungen, die Aktionäre an den Aufsichtsrat stellen, in Bezug auf ihre Funktion
und daraus folgend auch einer transparenten Kommunikation, die verdeutlicht, dass
diese Funktion in ihrem Sinne wahrgenommen wird.

Auf der zweiten Stufe steht der Aufsichtsrat (Principal) dem Vorstand (Agent)
gegenüber. Diese Beziehung weist erhebliche Informationsasymmetrien auf, da
die Mitglieder des Aufsichtsrats durch den Vorstand über aktuelle und strategische Unternehmensthemen informiert werden; eine Selektion und Manipulation

dieser Informationen können eine wirkungsvolle Überwachung erschweren. Daher hängt die „Effizienz der Kontrolle durch den Aufsichtsrat von Faktoren wie seiner Zusammensetzung, der fachlichen Eignung der Mitglieder sowie der Interessenunabhängigkeit der Mitglieder ab" (Welge & Eulerich, 2014, S. 19). Diese Tatsache ist vor allem für die interne Informationsversorgung des Aufsichtsrats relevant. Weiterhin stellt sich die Frage, wie das übergeordnete Ziel einer an den Aktionärsinteressen ausgerichteten Unternehmensführung sichergestellt werden kann (Grothe, 2006, S. 28).

Die Grundannahmen der Principal-Agent-Theorie sind in der Literatur insbesondere von der soziologischen Organisationstheorie kritisiert worden. Zentraler Kritikpunkt ist die negative Charakterisierung des Agentenverhaltens und das Menschenbild, das auf Eigeninteresse und Nutzenmaximierung ausgerichtet ist (Donaldson, 1990, S. 372 f.; Perrow, 1986). Waterman & Meier (1998) sehen die wesentliche Schwäche der Theorie in der Fixierung auf Vertragsfragen, in dessen Folge organisatorische Aspekte und soziale Beziehungen nicht berücksichtigt werden. In diesem Zusammenhang kommt Kiser (1999) zu dem Schluss, dass die Principal-Agent-Theorie eine Organisationstheorie ohne Organisation darstellt (Kiser, 1999, S. 150).

Stewardship-Theorie

Ein alternativer und in jüngerer Zeit an Bedeutung gewonnener Erklärungsansatz der Corporate Governance geht der Frage nach, wie die Beziehung zwischen Eigentümern und dem Management nach den Prinzipien von Kontrolle und Monitoring gestaltet werden kann. Dabei werden die Aspekte Kooperation und Vertrauen in den Corporate-Governance-Beziehungen hervorgehoben. Die Stewardship-Theorie wurde auf Basis der grundlegenden Beiträge von Donaldson (1990), Donaldson & Davis (1991) und Davis, Schoorman & Donaldson (1997) in den 1990er Jahren entwickelt und stellt einen modernen Ansatz zur Erklärung von Corporate Governance dar.

Anders als bei der Agency-Theorie wird die Trennung von Eigentum und Kontrolle nicht als Problem gesehen, sonders als positive und unvermeidbare Entwicklung, die ein effektives Management von komplexen Organisationen erst möglich macht (Learmount, 2002). Manager werden nicht mehr als opportunistisch, sondern vielmehr als motivierter Steward gesehen, der die Interessen des Principals verfolgt:

„Stewardship theory defines situations in which managers are not motivated by individual goals, but rather are stewards whose motives are aligned with the objectives of their principals" (Davis et al., 1997, S. 21).

Diese Perspektive stärkt die Rolle der Agenten bzw. Stewards, da diese ihre Fähigkeiten und Kompetenzen (Wissen, Engagement, Expertise) nur sinnvoll einsetzen können, wenn sie nicht zu stark in ihren Handlungsspielräumen beschränkt werden. Daher plädieren die Vertreter der Stewardship-Theorie für Corporate-Governance-Strukturen, die dem Management einen hohen Grad an Autonomie und Vertrauen gewährleisten (Davis et al., 1997, S. 26; Donaldson & Davis, 1991, S. 52).

Der Aufsichtsrat als internes Überwachungsorgan im dualistischen System der Unternehmensführung erscheint nach der Stewardship-Theorie entbehrlich, da nach diesem Verständnis der Vorstand generell die Ziele der Aktionäre verfolgt und versucht, mögliche Informationsasymmetrien zu reduzieren (Velte, 2010, S. 287). Die Stewardship-Theorie entwickelt ein anderes Verständnis von Aufgabe und Rolle des Aufsichtsratsgremiums. Die Kontrollfunktion rückt in den Hintergrund. Der Aufsichtsrat wird als unterstützende Beratungsinstanz gesehen, der optimale Rahmenbedingungen (Empowerment und Mentoring) für den Vorstand schaffe (Donaldson & Davis, 1991, S. 51 f.; Velte, 2010, S. 287). Aufsichtsräte sollen demnach eine aktive Rolle bei der Strategieentwicklung und -implementierung einnehmen, da dies positivere ökonomische Effekte nach sich ziehe als ein rein kontrollierendes Gremium (Hillman & Dalziel, 2003).

Tabelle 3.1 zeigt die zentralen Unterschiede zwischen der Principal-Agent-Theorie und der Stewardship-Theorie.

Tabelle 3.1 Unterschiede zwischen Principal-Agent-Theorie und Stewardship-Theorie. (Quelle: Velte, 2010, S. 287)

Kriterium	Principal-Agent-Theorie	Stewardship-Theorie
Motive der Unternehmensverwaltung	überwiegend finanziell (materialistisch; extrinsisch)	überwiegend nicht-finanziell (idealistisch; intrinsisch)
Messbarkeit der Motive	unmittelbar quantifizierbar	nur mittelbar quantifizierbar
Hauptziel der Unternehmensverwaltung	primär Erhöhung des persönlichen Einkommens, aber auch Minimierung des Arbeitsleids	Erhöhung der Reputation, Vertrauen, Verantwortung und des Engagements
Verhältnis der Managementziele zu den Interessen der Eigentümer	Zielkonflikt	Zielkonformität
Formen der Zusammenarbeit	Methodologischer Individualismus	Kollektivgedanke („Teamorientierung")
Philosophie der Verwaltungsorgane	kontrollorientiert; abgrenzend	beratungsorientiert; integrierend
Ausgestaltung der Corporate Governance	institutionelle Überwachungsmaßnahmen (z.B. Aufsichtsrat) im Vordergrund	Vertrauensbildende Maßnahmen gegenüber den Stakeholdern im Vordergrund
Machtausübung	institutionalisiert (offizielle Legitimation, basiert auf normativen Vorgaben)	personalisiert (Expertise, Charakter, soziale Integrationsfähigkeit)
Werte und Berufsethik	geringe Bedeutung	hohe Bedeutung
Zeithorizont	kurzfristig	langfristig

Vor einigen Jahren stellte die Stewardship-Theorie noch eine Herausforderung für die Corporate-Governance-Forschung dar (Learmount, 2002). Mittlerweile weisen zahlreiche empirische Studien in unterschiedlichen Governance-Systemen das veränderte Verständnis der Aufsichtsgremien, weg von einem kontrollorientierten hin zu einer beratungsorientierten Rolle, nach (Welge & Eulerich, 2014, S. 25). Die Strukturationstheorie ermöglicht in beiden Ansätzen, die Handlungen der Akteure zu erklären, indem die Regeln und Ressourcen analysiert werden können.

Governance-Systeme

Schneider (2000) unterscheidet zwischen der primären und der sekundären Unternehmensführung: Die primäre Unternehmensführung ist zuständig für die Leitung und Führung, indem sie „das Recht und die Pflicht zum unmittelbaren Eingreifen in die Geschäfte des Unternehmens" (Schneider, 2000, S. 26) sowie das Recht, „das Unternehmen nach außen hin zu vertreten" (Schewe, 2010, S. 68) hat. Sie besitzt also die volle und alleinige Verantwortung für die tägliche Führungsarbeit. Dem gegenüber hat die sekundäre Unternehmensführung „das Recht zur Mitentscheidung und Mitverantwortung bei den grundsätzlichen Fragen der Unternehmensführung" (Schneider, 2000, S. 27). Konkret handelt es sich dabei um die Bestellung und Überwachung der Geschäftsführung sowie der Mitwirkung bei der grundlegenden Ausrichtung der Geschäftspolitik.

Dieses theoretische Grundmodell der Unternehmensführung wird in der Praxis in unterschiedlichen Organisationsformen umgesetzt. Die formale Struktur von Leitung und Kontrolle innerhalb eines Unternehmens ist dabei ein zentrales Unterscheidungsmerkmal der Corporate-Governance-Systeme. Dabei steht insbesondere das Leitungsorgan (board) als Kernstück der internen Corporate Governance im Fokus. Es kann zwischen den zwei grundlegend verschiedenen Formen der *monistischen (one-tier board) und dualistischen (two-tier board) Systeme der Unternehmensführung* unterschieden werden. Dazwischen haben sich noch vielfältige Mischformen herausgebildet, wie das japanische Modell und das schweizerische Modell[3], auf die im Rahmen dieser Arbeit nicht weiter eingegangen wird.

Bezüglich der Entwicklung von Corporate-Governance-Systemen kann idealtypisch zwischen Koexistenz, Konvergenz und Konversion unterschieden werden. Bisher herrsche eine Koexistenz der Systeme, die vor allem auf nationalen Eigenheiten und Historie beruhe. Eine Konvergenz der Systeme liege vor, wenn sich verschiedene Systeme annähern und bestimmte Eigenschaften des anderen Systems

---

[3] Ausführliche Darstellung der verschiedenen Systeme der Unternehmensführung, insbesondere der Mischformen, in Böckli (2009, S. 264 f.) sowie Gerum (1998).

übernehmen. Bei einer Systemkonversion löst das eine Corporate-Governance-Modell das andere ab (Metten, 2010, S. 210). Aktuell liege eine Koexistenz der verschiedenen Systeme vor. Witt (2000) erwartet aufgrund der Globalisierung und Veränderung an den Kapitalmärkten eine Annäherung des dualistischen Modells an das monistische System.

Monistisches System der Unternehmensführung

Im monistischen System (one-tier board) gibt es keine institutionelle Trennung zwischen der Leitungs- und Kontrollaufgabe. Die zentralen Unternehmensorgane sind die Versammlung der Anteilseigner (Shareholders' Meeting), in dessen Kontrollkompetenz es liegt, das Direktorium (Board of Directors) zu bestellen und abzuberufen. Hinzu kommen Positionen besonders hervorgehobener Handlungsträger im Management (Officers). Es lassen sich kaum allgemeingültige Aussagen über die Einflussmöglichkeiten dieser Positionen treffen, da die konkrete Kompetenzabgrenzung weitgehend in der Satzung der Gesellschaft (Articles of Incorporation) oder deren Ergänzungen (Bylaws) verankert ist (Werder, 2015, S. 143).

Das einstufige System der Unternehmensführung ist das weltweit – insbesondere im angelsächsischen Raum – überwiegend anzutreffende Corporate-Governance-System (Böckli, 2009, S. 263). Aufgrund des unterschiedlichen Gesellschaftsrechts gibt es jedoch Unterschiede zwischen dem amerikanischen und dem britischen Modell (Zipperling, 2012, S. 37 f.), sodass es sich bei der nachfolgenden Betrachtung um das theoretische Modell der monistischen Unternehmensführung handelt, das hier nicht in all seiner Komplexität abgebildet wird.

Das Pflichtorgan der Gesellschaft ist das *Board of Directors*, das aus *Executive* und *Non-Executive Directors* sowie der Figur des *Independent Directors* besteht. Das Board of Directors übernimmt sowohl die Leitungsfunktion als auch die Kontrollfunktion des Unternehmens. Aus ihrer Mitte wählen die Board-Mitglieder den *Chief Executive Officer*, bei dem die Hauptverantwortung für die Leitung des Unternehmens liegt. Der CEO und die weiteren fest angestellten Executive Directors sind für die Leitung und Vertretung von Unternehmen nach außen zuständig und besetzen in Personalunion die Position eines Officers (Kuck, 2006, S. 17; Zipperling, 2012, S. 42). Im Gegensatz zum deutschen Vorstandsvorsitzenden ist der CEO im monistischen System den anderen Board-Mitgliedern hierarchisch übergeordnet (Charkham, 1994).

Die zweite nichtgeschäftsführende Gruppe sind die *Non-Executive Directors*, die über ihre Mitgliedschaft im Board hinaus keine Funktion innerhalb des Unternehmens wahrnehmen. Als Kontrollorgan des Managements sind sie u. a. für die Leistungsbewertung, Überwachung sowie die Bestellung und Abberufung der Executive Directors zuständig. Der oberste Non-Executive Director ist als sog.

Chairman of the Board für die Leitung des Boards verantwortlich und wird ebenfalls von den Board-Mitgliedern gewählt (Kuck, 2006, S. 17; Zipperling, 2012, S. 42). Die personelle Vereinigung der beiden Ämter Chairman und CEO ist im monistischen System möglich. Im Jahr 2016 war diese Doppelfunktion in den USA bei der Hälfte der S&P-500-Unternehmen vorzufinden (Spencer Stuart, 2016a), während es in Großbritannien nur bei einem der FTSE-150-Unternehmen der Fall war (Spencer Stuart, 2016b). Diese starke personelle Machtkonzentration wird allerdings kritisiert (Salzberger, 2004, S. 103). In diesem Zusammenhang sticht die Figur der *Independent Director* hervor, der den Chairman unterstützen soll und so gleichzeitig als interne Kontrolle hinsichtlich der personellen Trennung installiert wird. Unabhängigkeit wird dabei durch verschiedene Kriterien, wie das Anstellungsverhältnis, die Beziehungen zum Unternehmen, erfolgsabhängige Vergütung etc., charakterisiert (Zipperling, 2012, S. 42 f.).

Das Board of Directors nimmt eigenständig und ausschließlich sämtliche Befugnisse gegenüber den Aktionären wahr. Weiterhin fühlt es sich in der Regel vor allem dem Aktionärsinteresse verpflichtet (Baums & Scott, 2003, S. 4), was ein Grund für die nicht vorhandene institutionelle Verankerung von Arbeitnehmervertretern sein könnte.

Für die Board-interne Arbeitsteilung werden Ausschüsse (Committees) gebildet, denen bestimmte Aufgaben zugeteilt werden, die eine besondere fachliche Qualifikation erfordern und die Effizienz der Arbeit erhöhen sollen. In der Praxis sind (mehr oder weniger) einheitlich die folgenden Ausschüsse üblich: der Leitungsausschuss (Executive Committee), der Prüfungsausschuss (Audit Committee), der Vergütungsausschuss (Compensation Committee), der Finanzausschuss (Finance Committee) und der Nominierungsausschuss (Nominating Committee) (Werder, 2015, S. 144 f.). Vor allem die Besetzung des Audit Committees durch Independent Directors ist von zentraler Bedeutung für die Kontrolle des Unternehmens (Monks & Minow, 2015, S. 333 f.; Zipperling, 2012, S. 43).

Die Zusammenarbeit basiert auf einem kontinuierlichen Austausch, wobei die Gefahr besteht, dass die Grenzen zwischen den Aufgaben der Führung und Kontrolle verwischen. So können Non-Executive Directors durch bspw. eine intensive Beratung im hohen Maße an Führungsaufgaben involviert sein, obwohl sie eigentlich verpflichtet sind, die Unternehmensleitung zu kontrollieren. Diese Gratwanderung wird teilweise als Vorteil des Systems genannt, da durch eine höhere Sitzungsfrequenz und gute Einbindung der Non-Executive Directors eine bessere Überwachung gewährleistet sei (Kuck, 2006, S. 18 f.). Die korrekte und zeitgerechte Informationsversorgung der Non-Executive Directors durch den CEO bzw. die Executive Directors stellt jedoch auch in diesem System eine zentrale Herausforderung für die Wahrnehmung der Kontrollfunktion dar (Monks & Minow, 2015, S. 295 ff.).

Dualistisches System der Unternehmensführung

Das dualistische Modell (two-tier board) ist durch die institutionelle Trennung der Unternehmensleitung (Vorstand) und -kontrolle (Aufsichtsrat) gekennzeichnet. Als drittes Organ steht daneben die Hauptversammlung der Aktionäre. Dieses Modell wird neben Deutschland auch in Österreich, den Niederlanden, einer Minderheit der französischen Unternehmen sowie in einigen osteuropäischen Staaten angewendet (Lutter, 1995).

Seit der Aktienrechtsnovelle aus dem Jahr 1884 ist das dualistische System für die deutsche Aktiengesellschaft gesetzlich zwingend erforderlich[4]. Bei der seit 2001 eingeführten Europäischen Aktiengesellschaft (Societas Europaea, kurz SE) kann zwischen dem monistischen und dualistischen Leitungssystem gewählt werden (Theisen & Wenz, 2005; Werder, 2015)[5].

Im Aktiengesetz[6] sind die Funktionen und das Zusammenwirken der einzelnen Organe festgelegt. Während der Vorstand die Gesellschaft unter eigener Verantwortung leitet (§ 76 Abs. 1 AktG) und gerichtlich und außergerichtlich vertritt (§ 78 Abs. 1 AktG), kommt dem Aufsichtsrat als Primäraufgabe zu, die Geschäftsführung (Vorstand) zu überwachen (§ 111 Abs. 1 AktG).

In der *Hauptversammlung* üben die Aktionäre ihre Rechte und ihren Einfluss auf die Unternehmensführung aus (§ 118 Abs. 1 AktG). Im Wesentlichen bezieht sich das Aufgabenfeld der Hauptversammlung auf folgende Bereiche (§ 119 Abs. 1 AktG):

- Bestellung der Aufsichtsratsmitglieder der Anteilseignerseite
- Entscheidung über die Verwendung des Bilanzgewinns
- Entlastung der Aufsichtsrats- und der Vorstandsmitglieder
- Bestellung des Abschlussprüfers
- Entscheidung über Satzungsänderungen
- Beschlussfassung über Maßnahmen der Kapitalbeschaffung und -herabsetzung

---

[4] Ausführliche Darstellung der geschichtlichen Entwicklung des dualistischen Systems der Unternehmensführung in Bleicher, Leberl, & Paul (1989), Lutter (1995) und Lieder (2006).

[5] Die Wahl des Leitungssystems wird in der Satzung des Unternehmens festgehalten, damit gilt sie vor dem nationalen Gesellschaftsrecht. Die gesetzlichen Regelungen dazu finden sich im SE-Ausführungsgesetz (SEAG). Aufgrund der Ähnlichkeit mit der deutschen Aktiengesellschaft beinhaltet es nur wenige Regelungen in Bezug auf die dualistische Unternehmensverfassung, das monistische System erfährt dagegen in den §§ 20–49 SEAG eine ausführliche Normierung.

[6] Alle im folgenden Verlauf der Arbeit verwendeten Verweise beziehen sich auf das Aktiengesetz vom 6. September 1965 (BGBl. I S. 1089), das zuletzt durch Artikel 9 des Gesetzes vom 17. Juli 2017 (BGBl. I S. 2446) geändert worden ist; vgl. dazu immer Hüffer (2016).

- Bestellung von Sonderprüfern
- Entscheidung über eine mögliche Auflösung der Gesellschaft

Diese Kompetenzliste wird durch zahlreiche über das Aktienrecht verstreute Zuständigkeiten ergänzt (Werder, 2015, S. 92). Vor allem das in § 131 AktG normierte Auskunftsrecht der Aktionäre in der Hauptversammlung ist in diesem Zusammenhang relevant. Die Hauptversammlung tagt regelmäßig einmal im Geschäftsjahr.

Die Rechte und Pflichten des *Vorstands* sind im Einzelnen in den §§ 76–94 AktG geregelt. Der Vorstand leitet die Gesellschaft in eigener Verantwortung und unterliegt dabei keinerlei Weisung Dritter (§ 76 Abs. 1 AktG). Die Hauptversammlung ist in Geschäftsführungsaufgaben nur auf sein Verlangen entscheidungsbefugt (§ 119 Abs. 2 AktG) und die Geschäftsführung kann nach § 111 Abs. 4 Satz 1 AktG nicht auf den Aufsichtsrat übertragen werden. Nach § 78 Abs. 1 AktG hat der Vorstand eine Repräsentationsfunktion und vertritt die Gesellschaft gegenüber Dritten gerichtlich und außergerichtlich. Zudem hat der Vorstand nach § 90 AktG eine Informationspflicht gegenüber dem Aufsichtsrat, auf die im Folgenden noch detailliert eingegangen wird (Abschnitt 5.1.1).

Der Vorstand kann grundsätzlich aus einer oder mehreren Personen bestehen (§ 76 Abs. 2 AktG). Es gilt der Grundgedanke, dass alle Vorstandsmitglieder gemeinschaftlich für die Geschäftsführung verantwortlich sind (§ 77 Abs. 1 Satz 1 AktG). Die Anzahl der Mitglieder des Vorstands werden in der Satzung festgelegt und sind meist abhängig von der Größe der Gesellschaft (Kuck, 2006, S. 22 f.; Zipperling, 2012, S. 32). Der Aufsichtsrat kann ein Mitglied zum Vorstandsvorsitzenden ernennen (§ 84 Abs. 2 AktG). Eine herausgehobene Stellung des CEOs wie im monistischen System, ist im dualistischen Leistungsmodell jedoch nicht vorgesehen (Schewe, 2010, S. 85). Vorstandsvorsitzende haben weder ein Alleinentscheidungs- noch Vetorecht, jedoch haben sie eine Repräsentationsfunktion gegenüber der Öffentlichkeit (Gerum, 2007, S. 121).

Nach dem Mitbestimmungsgesetz (§ 33 MitbestG, § 13 MontanMitbestG) muss dem Vorstand ein Arbeitsdirektor angehören, der die Aufgaben des Personalwesens übernimmt. Der Vorstand kann sich eine Geschäftsordnung geben oder der Aufsichtsrat erlässt eine Geschäftsordnung (§ 77 Abs. 2 AktG), in der die Arbeit, insbesondere die Ressortzuständigkeit und erforderliche Beschlussmehrheiten geregelt sein sollen. In der Praxis ist es üblich, dass den Vorstandsmitgliedern einzelne Ressorts nach fachlichen, örtlichen oder funktionalen Kriterien zugewiesen werden (Gerum, 2007, S. 123 ff.). Die Vorstände werden vom Aufsichtsrat für maximal fünf Jahren bestellt (§ 84 Abs. 1 Satz 1 AktG).

Nachdem die Hauptversammlung und der Vorstand als Organe im dualistischen System der Unternehmensführung skizziert wurden, soll nun ausführlich auf den Aufsichtsrat als zentrales Organ für diese Arbeit eingegangen werden.

3.2   Der Aufsichtsrat: Aufgaben, Organisation und Zusammensetzung

Der Aufsichtsrat als Gremium an sich geht im dualistischen System auf die Einführung des Allgemeinen Deutschen Handelsgesetzbuches im Jahr 1861 zurück[7]. Einen gesetzlichen Pflicht-Aufsichtsrat haben alle Aktiengesellschaften, Genossenschaften sowie Gesellschaften mit beschränkter Haftung, die „der Montan-Mitbestimmung unterliegen oder Kapitalanlagegesellschaften (§ 18 KAGB) sind oder mehr als 500 (§ 1 Abs. 1 Nr. 3 DrittelbG) oder 2000 (§ 1 MitbestG) Arbeitnehmer haben" (Lutter et al., 2014, S. 5). Die folgenden Erläuterungen beziehen sich auf den Pflicht-Aufsichtsrat von Aktiengesellschaften.

Die Aufgaben sowie Rechte und Pflichten des Aufsichtsrats sind umfassend im Aktiengesetz (§§ 95 bis 116 AktG), im Handelsgesetzbuch (HGB) sowie den Mitbestimmungsgesetzen (MitbestG, DrittelbG, MontanMitbestG) geregelt. Darüber hinaus beschäftigt sich der im Jahr 2002 eingeführte Deutsche Corporate Governance Kodex[8] mit der Frage nach einer verbesserten und effektiveren Überwachung der Unternehmensleitung durch den Aufsichtsrat. Die Regierungskommission überprüft regelmäßig einen eventuellen Anpassungsbedarf der im Kodex formulierten Regelungen hinsichtlich der aktuellen Gesetzgebung und Unternehmenspraxis.

Die letzte Reform des DCGK erfolgte im Jahr 2019[9], dabei ist vor allem die Struktur grundlegend geändert worden. Die Struktur des Kodex orientierte sich zuvor an den Organen der Aktiengesellschaft, nun hat dieser eine eher funktionale Gliederung. Der DCGK ist neu aufgeteilt in: (A) Leitung und Überwachung der Gesellschaft, (B) Besetzung des Vorstands, (C) Zusammensetzung

---

[7] Ausführliche Darstellung zur Entstehungsgeschichte des Aufsichtsratsgremiums in Lieder (2006, S. 65 f.).

[8] Ausführliche Darstellung der Ziele, Entstehung und Inhalte des Deutschen Corporate Governance Kodex in Hommelhoff & Schwab (2009), Schewe (2010, S. 204 ff.) und Welge & Eulerich (2014, S. 136 ff.).

[9] Alle im folgenden Verlauf der Arbeit verwendeten Verweise beziehen sich auf die neueste Überarbeitung des Deutschen Corporate Governance Kodex vom 16. Dezember 2019. Sofern sich Passagen auf die vorherige Version vom 07. Februar 2017 beziehen, wird dies entsprechend mit DCGK (2017) hervorgehoben.

des Aufsichtsrats, (D) Arbeitsweise des Aufsichtsrats, (E) Interessenkonflikte, (F) Transparenz und externe Berichterstattung sowie (G) Vergütung von Vorstand und Aufsichtsrat. Neu ist zudem, dass 25 sog. Grundsätze die neue Struktur des Kodex prägen. Diese Grundsätze spiegeln dabei „wesentliche rechtliche Vorgaben verantwortungsvoller Unternehmensführung wider und dienen hier der Information der Anleger und weiterer Stakeholder" (DCGK 2019, Präambel Abs. 4 Satz 1). Zweitens umfasst er Empfehlungen, die durch die Verwendung des Wortes *soll* gekennzeichnet sind, sowie Anregungen, die mit *sollte* formuliert sind. Es ist eine jährlich zu veröffentlichende Entsprechenserklärung nach § 161 AktG von Vorstand und Aufsichtsrat vorgeschrieben, in der Abweichungen von den Soll-Empfehlungen zu begründen sind (comply or explain). Bei den Anregungen kann eine Abweichung ohne Begründung erfolgen. Eigentlich hatte die Kommission ein apply and explain-Vorgehen angestrebt, nach dem sich Unternehmen zu den einzelnen Grundsätzen erklären sollten. Dies wurde im Rahmen der Konsultation jedoch als zu bürokratisch ohne Mehrwert für die Stakeholder kritisiert und schließlich nicht übernommen (Linden, 2019, S. 1529).

Der DCGK ist selbst nicht gesetzlich verankert, sondern ein flexibles Instrument der freiwilligen Selbstregulierung der deutschen Wirtschaft. Die Einbindung des Kodex in das deutsche Aktienrecht erfolgt über § 161 AktG. Der Deutsche Corporate Governance Kodex verfolgt die Ziele, einerseits die deutsche Corporate-Governance-Struktur für inländische und ausländische Share- und Stakeholder transparent zu verdeutlichen (Kommunikation), sowie andererseits, Standards für gute und verantwortungsvolle Unternehmensführung und -kontrolle zu formulieren (Qualitätssicherung) (Gerum, 2007, S. 389 f.; Schewe, 2010, S. 217 f.).

Sowohl das Aktiengesetz als auch der DCGK stellen aus Sicht der Strukturationstheorie Normen dar, auf deren Basis analysiert werden kann, welche Handlungen von individuellen oder korporativen Akteuren sozial erwartet, erlaubt und erwünscht sind. Die Nichtbefolgung dieser Normen, als Teil der Regeln von Strukturen, kann von anderen Akteuren unterschiedlich stark sanktioniert werden.

Aufgaben und Funktion des Aufsichtsrats

Grundlegend lassen sich drei Funktionen des Aufsichtsrats unterscheiden: die Kontrollfunktion, Interessenausgleichsfunktion und Beratungsfunktion (Hutzschenreuter, Metten & Weigand, 2012, S. 719):

- *Kontrollfunktion:* Die primäre Aufgabe des Aufsichtsrats ist nach § 111 Abs. 1 AktG die umfassende Kontrolle und Überwachung des Vorstands sowie im Rahmen der Personalhoheit die Auswahl, Bestellung und Entlassung des Vorstands

(§ 84 AktG, § 31 MitbestG). Daraus lässt sich auch die Pflicht zu einer langfristigen Nachfolgeplanung ableiten (DCGK, Empfehlung B.2). Zudem entscheidet der Aufsichtsrat über die Vergütung des Vorstands (§ 87 AktG). Seit dem Gesetz zur Umsetzung der zweiten Aktionärsrechterichtlinie (ARUG II) im Jahr 2019 hat der Aufsichtsrat ein klares und verständliches Vergütungssystem für den Vorstand zu beschließen und dabei eine Maximalvergütung festzulegen. Die Hauptversammlung muss mindestens alle vier Jahre über das Vergütungssystem abstimmen und kann die Maximalvergütung herabsetzen (sog. Say on Pay). Der Beschluss ist aber nicht bindend (§ 120a Abs. 1 AktG).

Die Prüfung des Jahresabschlusses und des Lageberichts zählen gemäß § 171 AktG zu den Aufgaben des Aufsichtsrats. Nach § 111 Abs. 4 Satz 2 AktG hat die Satzung oder der Aufsichtsrat sicherzustellen, dass vom Vorstand beabsichtigte, gewichtige Geschäfte nur mit seiner Zustimmung vorgenommen werden dürfen. Durch die Aufstellung einer Liste von zustimmungspflichtigen Geschäften wird dem Kontrollorgan eine Art Vetorecht bzw. eine sog. unternehmenspolitische Kompetenz eingeräumt, mit der er aktiv auf die Geschäftsführung einwirken kann (Gerum, 2007, S. 264; Lutter et al., 2014, S. 57 ff.). Im Rahmen seiner Organisationskompetenz gemäß § 77 Abs. 2 AktG kann der Aufsichtsrat weiterhin eine Geschäftsordnung für den Vorstand erlassen.

In einer Krise ergibt sich eine Verdichtung der Pflichten des Aufsichtsrats, insbesondere durch eine umfassende Analyse der Krisenursachen sowie der Frage, ob der Vorstand aufgrund der Krise personell verändert werden muss (Schmittmann, 2012, S. 171 ff.).

- *Interessenausgleichsfunktion:* Der Aufsichtsrat übernimmt die Vertretung der Interessen der Anteilseigner und in mitbestimmten Aufsichtsräten auch die Interessensvertretung der Mitarbeitenden. Die Repräsentanz von Arbeitnehmern im Aufsichtsrat stellt eine Besonderheit des deutschen mitbestimmten Trennungsmodells dar und erweitert die Kontrollfunktion des Aufsichtsrats um die des Interessenausgleichs. Seit der gesetzlichen Einführung der Mitbestimmung im Jahr 1976 ist der Aufsichtsrat abhängig von der Rechtsform, der Anzahl der Mitarbeitenden und der Branchenzugehörigkeit (u. a. § 1 Abs. 1 Nr. 1 DrittelbG und § 1 Abs. 1 MitbestG) sowohl mit Vertretern der Anteilseigner als auch mit Vertretern der Arbeitnehmerseite zu besetzen (Schewe, 2010, S. 230 ff.). Gleichzeitig ist der Aufsichtsrat ein unabhängiges Gremium, das nicht persönliche oder Partikularinteressen bestimmter Gruppen wahrnehmen darf – vielmehr muss sich der Aufsichtsrat mit den Interessen der unterschiedlichen Stakeholder des Unternehmens beschäftigen und diese im übergeordneten Unternehmensinteresse zusammenführen (Schneider, 1995, S. 367).

- *Beratungsfunktion:* Noch vor 20 Jahren wurde die kontrollierende Aufgabe des Aufsichtsrats ausschließlich retrospektiv definiert; seitdem hat sich jedoch ein grundlegender Wandel im Funktionsverständnis des Aufsichtsrats vollzogen (Metten, 2010, S. 275). Heutzutage ist nach §§ 90, 111 AktG und durch den DCGK (Grundsatz 6) eine Beratungsfunktion des Aufsichtsrats vorgesehen. Ergänzend zu der Überwachung abgeschlossener und laufender Vorgänge, kann sich die Beratung damit auch auf grundsätzliche Fragen der künftigen Unternehmenspolitik beziehen, wie etwa der strategischen Grundausrichtung des Unternehmens oder der Erschließung eines neuen Geschäftsfelds (Gerum, 2007, S. 280 ff.). So ist bspw. die Strategieformulierung aus Sicht des Aufsichtsrats formal und inhaltlich zu überprüfen, sodass die anschließenden Phasen des Strategieprozesses kontrolliert werden können. Die präventive Ex-ante-Kontrolle ermöglicht dem Gremium eine gestaltende Einflussnahme auf die Unternehmensführung (Lutter et al., 2014, S. 32 f.).

Aus Sicht der Strukturationstheorie können diese Funktionen als Normen bewertet werden, da eine Nichteinhaltung dieser Aufgaben des Gremiums von anderen Akteuren sanktioniert werden kann. Darüber hinaus konstituieren sie aber auch Ressourcen, auf die sich die Aufsichtsratsmitglieder, aber auch andere Akteure im Unternehmen in der Interaktion beziehen. Die Entscheidungskompetenz hinsichtlich der Personalhoheit, aber auch die Beziehungen zum Vorstand im Rahmen der Beratungsfunktionen können dabei als autoritative Ressourcen verstanden werden.

Nach § 113 Abs. 1 AktG kann den Mitgliedern des Aufsichtsrats durch die Satzung oder den Hauptversammlungsbeschluss eine angemessene *Vergütung* der Tätigkeit gewährt werden. Die Vergütung kann sowohl feste (Festvergütung plus Zuschläge für Ausschusstätigkeiten und Sitzungsgelder) als auch variable, erfolgsorientierte Bestandteile enthalten (Lutter et al., 2014, S. 358 ff.). Die Höhe der Gesamtvergütung des Aufsichtsrats ist in den vergangenen Jahren kontinuierlich gestiegen und wird vor allem durch das erweiterte Aufgabenfeld argumentiert (Kienbaum, 2018).

Der Aufsichtsrat ist als Innenorgan ein Bestandteil der internen Corporate Governance. Seine Aufgaben beziehen sich fast ausschließlich auf das interne Geschehen der Gesellschaft (Lutter et al., 2014, S. 22). Das Gesetz erlaubt dem Aufsichtsrat nur in wenigen Ausnahmefällen den Gang in die Öffentlichkeit. So vertritt er die Gesellschaft gegenüber den Mitgliedern des Vorstands (§ 112 AktG), z. B. bei der Geltendmachung von Schadensersatzansprüchen, sowie dem Abschlussprüfer (§ 111 Abs. 2 Satz 3 AktG) gerichtlich und außergerichtlich, insbesondere beim Abschluss und der Aufhebung entsprechender Verträge.

Seine Kontroll- und Überwachungsaufgabe nimmt der Aufsichtsrat auf Basis der Berichte des Vorstands gemäß § 90 AktG wahr. Zudem helfen der Prüfungsbericht des Abschlussprüfers sowie Feststellungen der internen Revision dem Aufsichtsrat, die Wirtschaftlichkeit, Rechtmäßigkeit, Ordnungsmäßigkeit und Zweckmäßigkeit der Geschäftsführungsentscheidungen zu beurteilen (Diederichs & Kißler, 2008, S. 100 ff.). Der Zugang zu Informationen stellt damit eine allokative Ressource für die Tätigkeit und damit in Bezug auf die Entscheidungen zu einer externen Kommunikation des Aufsichtsrats dar. Eine ausführliche Darstellung der Informationsversorgung des Aufsichtsrats erfolgt in Abschnitt 5.1.1.

Aufsichtsratsmitglieder, die ihre Pflichten verletzen, unterliegen verschiedenen Sanktionen. In der Praxis kann zwischen drei Arten der *Haftung* unterschieden werden: strafrechtliche Haftung, Haftung gegenüber Dritten, Haftung gegenüber der Gesellschaft. Zur strafrechtlichen Haftung gehören z. B. falsche Angaben (§ 399 AktG), unrichtige Darstellung (§ 400 AktG), Verletzung der Geheimhaltungsverpflichtung (§ 404 AktG) sowie Untreue (§ 266 Abs. 1 StGB[10]).

Bei der Haftung gegenüber Dritten kann zwischen einer möglichen Schadensersatzhaftung gegenüber Aktionären, Kapitalanlegern, Gesellschaftsgläubigern und sonstigen Dritten unterschieden werden. Eine Haftung gegenüber Kapitalanlegern kann bspw. durch eine fehlerhafte oder unterlassene Entsprechenserklärung nach § 161 AktG entstehen (Lutter et al., 2014, S. 424). Die in der Praxis bedeutsamste Haftung ist die gegenüber der Gesellschaft. Dabei verweist § 116 Satz 1 AktG auf die Haftung der Mitglieder des Vorstands gemäß § 93 Abs. 2 AktG. Haftungsrisiken für Aufsichtsratsmitglieder sind dabei bspw. die fehlende Überwachung des Vorstands in der Unternehmenskrise, vorsätzliches oder grob fahrlässiges Unterlassen der Verhinderung von Betrugshandlungen durch den Vorstand, z. B. Verzögerung des Insolvenzantrags, oder nicht verfolgte Ansprüche auf Schadensersatz gegenüber Dritten und insbesondere gegenüber Vorstandsmitgliedern (Schmittmann, 2012, S. 174 f.). Zur Übernahme der Haftung gibt es in der Praxis sog. Directors-and-Officers-Versicherungen (D&O-Versicherungen).

Organisation des Aufsichtsrats

Für die effiziente Erfüllung seiner Überwachungsaufgaben muss sich der Aufsichtsrat eine entsprechende *Binnenorganisation* geben (§§ 107 ff. AktG), d. h. einerseits eine innere Ordnung anhand von besonderen Funktionsträgern (Vorsitzender, Ausschüsse) und andererseits die Organisation der Verfahrensabläufe. Soweit nicht

---

[10] vgl. BGH 3 StR 470/04 v. 21.12.2005: „Mannesmann-Urteil" : An Dritte, insbesondere an Vorstandsmitglieder, dürfen keine Leistungen durch den Aufsichtsrat beschlossen oder genehmigt werden, denen keine adäquate Gegenleistung gegenübersteht.

schon die Satzung Regelungen getroffen hat, kann der Aufsichtsrat sich selbst eine *Geschäftsordnung* geben und darin seine Organisation regeln (Lutter et al., 2014, S. 275). Der Kodex empfiehlt eine Geschäftsordnung für den Aufsichtsrat, die auch auf der Corporate Website veröffentlicht werden soll (Empfehlung D.1). Darin sind u. a. die allgemeinen Regeln für Aufsichtsratsbeschlüsse festzuhalten. Im Regelfall gilt eine einfache Mehrheit, bei mitbestimmten Unternehmen ist der Einsatz des Doppelstimmrechts des Vorsitzenden (§ 29 Abs. 2 MitbestG) zulässig.

Vor allem die *Bildung von Ausschüssen* birgt ein enormes Potenzial für eine effektive und effiziente Überwachungsarbeit (Gerum, 2007, S. 207 f.; Welge & Eulerich, 2014, S. 54 ff.). Nach § 107 Abs. 3 AktG kann der Aufsichtsrat Ausschüsse bestellen, um Verhandlungen und Beschlüsse vorzubereiten oder die Ausführung seiner Beschlüsse zu überwachen. Der DCGK empfiehlt insbesondere die Einrichtung eines Prüfungsausschusses (Empfehlung D.3) und eines Nominierungsausschusses zur Vorbereitung von Aufsichtsratswahlen (Empfehlung D.5). Darüber hinaus sieht das Gesetz bei paritätisch mitbestimmten Unternehmen einen Vermittlungsausschuss vor (§ 27 Abs. 3 MitbestG). In der Praxis finden sich häufig ein Prüfungs- bzw. Bilanzausschuss, ein Finanzausschuss, ein Nominierungs- bzw. Personalausschuss und ein Aufsichtsratspräsidium (Lutter et al., 2014, S. 326 ff.; Welge & Eulerich, 2014, S. 54 ff.). Aber auch weitere thematische Ausschüsse, z. B. für Strategie, Technologie oder Sonderthemen, finden sich immer häufiger (Welge & Eulerich, 2014, S. 54 ff.). Die Arbeitsweise von Aufsichtsratsausschüssen regelt § 109 AktG. Die innere Ordnung der Ausschüsse wird wiederum in einer Geschäftsordnung festgehalten, die Details zur Teilnahme, Beschlussfassung etc. regelt (Lutter et al., 2014, S. 336 ff.).

Der Aufsichtsrat muss zwei *Sitzungen* im Kalenderhalbjahr abhalten (§ 110 Abs. 3 Satz 1 AktG). Jedes Mitglied ist berechtigt und verpflichtet an den Sitzungen teilzunehmen. Im Aufsichtsratsbericht sollte dabei vermerkt werden, an wie vielen Sitzungen des Aufsichtsrats und der Ausschüsse die einzelnen Teilnehmer teilgenommen haben (DCGK, Empfehlung D.8). Der Aufsichtsratsvorsitzende trifft im Rahmen der Sitzungsleitung die Entscheidung, ob Vorstandsmitglieder an den Aufsichtsratssitzungen teilnehmen sollen (Lutter et al., 2014, S. 300 f.). Grundsätzlich sollen ausschließlich Personen, die dem Aufsichtsrat angehören, an den Sitzungen teilnehmen, jedoch können Sachverständige und Auskunftspersonen zur Beratung über einzelne Tagesordnungspunkte hinzugezogen werden (§ 109 Abs. 1 AktG).

Die Empfehlung D.13 des DCGK hält fest, dass der Aufsichtsrat regelmäßig die Effizienz seiner Tätigkeit überprüfen soll. Im Mittelpunkt der *Effizienzprüfung* stehen die Organisation und Verfahrensabläufe, aber auch die inhaltliche Seite der Aufsichtsratsarbeit. Die Vorbereitung dieser Prüfung liegt beim Aufsichtsratsvorsitzenden, wobei es möglich ist, externe Berater hinzuzuziehen (Lutter et al., 2014, S. 277).

Einer internationalen Entwicklung folgend, werden in größeren Unternehmen *Aufsichtsratsbüros* eingerichtet, die teilweise an die Funktion des Corporate Secretary anlehnen. Abhängig von den Aufgaben kann das Aufsichtsratsbüro (1) den Aufsichtsrat unterstützen, (2) den Vorstand bei der Informationsvermittlung an den Aufsichtsrat unterstützen oder (3) als Bindeglied zwischen den beiden Gremien agieren (Henning, 2014, S. 164 ff.). Die Möglichkeit bei der Aufsichtsratstätigkeit auf eine personelle Unterstützung zurückgreifen zu können, kann als autoritative Ressource (als Teil der Strukturen) angesehen werden. Schließlich können auf dieser Basis, die Beziehungen zwischen Akteuren innerhalb der Organisation (um)gestaltet werden. In Bezug auf den Untersuchungsgegenstand kann dabei zwischen der personellen Unterstützung eines Aufsichtsratsbüros sowie den Kommunikationsverantwortlichen des Unternehmens unterschieden werden.

Für die sachgerechte Erledigung der Aufsichtsratsaufgaben kann es sein, dass der Aufsichtsrat sachliche und persönliche Hilfsmittel (Sachverständige, Berater etc.) hinzuziehen möchte. Jedoch müssen diese Auslagen vom Vorstand gestattet werden, auch wenn Streit darüber besteht, ob er die Rechtmäßigkeit oder die Angemessenheit der jeweiligen Zahlung überhaupt prüfen darf (Schenck, 2013, S. 59; Scherb-Da Col, 2018). Das Thema *Budget für den Aufsichtsrat* wird in der Literatur unterschiedlich diskutiert (Lutter et al., 2014, S. 278 ff.; Schenck, 2013, S. 59 f.). Scherb-Da Col (2018) spricht sich dafür aus, den Aufsichtsrat als eigene Kostenstelle zu betrachten, dem jährlich ein eigenes Budget zugeordnet werden sollte, das konsequenterweise von der Hauptversammlung zu bewilligen sei – dies würde jedoch angesichts der überwiegenden Meinung in Theorie und Praxis eher auf Ablehnung stoßen. Ein Budget für den Aufsichtsrat würde eine allokative Ressource darstellen, etwa um kommunikative Fragestellungen mit Experten außerhalb des Unternehmens zu erörtern.

Zusammensetzung des Aufsichtsrats

Ein Aufsichtsratsmitglied muss nur gewisse persönliche Voraussetzungen erfüllen, so muss es nach § 100 Abs. 1 AktG eine natürliche, unbeschränkt geschäftsfähige Person sein. Nach dem DCGK soll der Aufsichtsrat konkrete Ziele für seine Zusammensetzung und das Kompetenzprofil erarbeiten (Empfehlung C.1) sowie eine Altersgrenze festlegen (Empfehlung C.2). Nach § 95 AktG ist der Aufsichtsrat ein Kollegialorgan mit mindestens drei und höchstens 21 Mitgliedern. Seine genaue Zusammensetzung und Höchstzahl ergeben sich aus §§ 95, 96 AktG, dem anzuwendenden Mitbestimmungsgesetz und der Anzahl der Mitarbeitenden des Unternehmens.

Es kann zwischen drei Formen der Unternehmensmitbestimmung unterschieden werden: Montanmitbestimmung, Drittelmitbestimmung und Mitbestimmungsgesetz (Jansen, 2013; Streeck, 2004). Das *Montanmitbestimmungsgesetz* (MontanMitbestG) gilt für Eisen und Stahl produzierende Unternehmen sowie Unternehmen des Bergbaus mit über 1.000 Mitarbeitenden. Es sieht eine paritätische Besetzung des Aufsichtsrats vor, hat aufgrund des Niedergangs der Montanindustrie jedoch stark an Bedeutung verloren (Jansen, 2013, S. 4). Grundlage für die Drittelmitbestimmung ist das *Drittelbeteiligungsgesetz* (DrittelbG) und gilt für Aktiengesellschaften und andere Rechtsformen mit 500 bis 2.000 Beschäftigten (§ 1 Abs. 1 DrittelbG). Der Aufsichtsrat muss danach zu einem Drittel mit Arbeitnehmern besetzt sein (§ 4 Abs. 1 DrittelbG). Bei Unternehmen über 2.000 Arbeitnehmern (§ 1 MitbestG) wird das *Mitbestimmungsgesetz* (MitbestG) angewendet. Es sieht eine paritätische Besetzung des Aufsichtsrats aus Arbeitnehmern und Kapitaleignern vor, wobei die Größe des Gremiums abhängig von der Arbeitnehmerzahl ist (§ 7 Abs. 1, 2 MitbestG).

Die *Mitbestimmung im dualistischen System* ist ein zentrales Unterscheidungsmerkmal zum monistischen System der Unternehmensführung. Nach der Agency-Theorie ergeben sich dadurch zwei gegenläufige Effekte. Einerseits stellt die Mitbestimmung eine weitere Form der Kontrolle des Managements dar. Andererseits steigen die Agency-Kosten, da verschiedene Interessen im Gremium vertreten sind, die in Widerspruch zueinanderstehen können (Metten, 2010, S. 50). Befürworter der Mitbestimmung argumentieren, dass die Arbeitnehmervertreter im Gremium zu einer stärkeren Betriebsnähe führen und dabei zudem eine weitere, möglicherweise unabhängige, Informationsquelle für die Diskussion und Entscheidungsfindung darstellen (Jansen, 2013, S. 284). Die empirische Forschung zur ökonomischen und sozialen Effektivität und Effizienz der Mitbestimmung hat eine lange Tradition, wobei Meta-Analysen darin übereinstimmen, dass sich statistisch sowohl positive als auch negative Effekte der Mitbestimmung feststellen lassen (Gerum, 2007, S. 48 f.).

Die *Wahl und Abberufung der Aufsichtsratsmitglieder* unterscheiden sich dahingehend, ob es sich um Vertreter der Arbeitnehmer oder Anteilseigner handelt. Die Wahl der Arbeitnehmervertreter sind im jeweiligen Mitbestimmungsgesetz geregelt. So erfolgt bspw. die Wahl nach dem Mitbestimmungsgesetz unmittelbar durch die Belegschaft oder mittelbar durch gewählte Delegierte (§ 9 MitbestG) des betreffenden Unternehmens oder Konzerns (§ 5 MitbestG). Für die Wahl der

Anteilseignervertreter ist nur die Hauptversammlung zuständig (§ 101 Abs. 1 AktG). Bestimmten Aktionären kann ein Entsenderecht eingeräumt werden, jedoch höchstens für ein Drittel der Anteilseignervertreter (§ 101 Abs. 2 Satz 4 AktG). Die Amtszeit beträgt nach dem Gesetz einheitlich für alle Aufsichtsratsmitglieder höchstens fünf Jahre (§ 102 Abs. 1 AktG).

Bei der Zusammensetzung des Aufsichtsratsgremiums ergeben sich weitere Herausforderungen. Um das sog. *Overboarding*, also die Häufung von Mandaten in Aufsichtsratsgremien, zu verhindern, ist nach § 100 Abs. 2 Nr. 1 AktG eine Anzahl von zehn Mandaten in gesetzlich zu bildenden Aufsichtsräten zulässig. Bei der Berechnung wird das Amt als Vorsitzender eines Aufsichtsrates doppelt angerechnet (§ 100 Abs. 2 Satz 4 AktG). Der DCGK verschärft diese Regelungen weiter und empfiehlt, dass Aufsichtsratsmitglieder künftig maximal fünf Aufsichtsratsmandate wahrnehmen sollen, wobei ein Aufsichtsratsvorsitz doppelt gezählt wird (Empfehlung C.4). Amtierende Vorstandsmitglieder von börsennotierten Gesellschaften sollen maximal zwei externe Aufsichtsratsmandate wahrnehmen, davon keinen Aufsichtsratsvorsitz (Empfehlung C.5).

Mit der sog. *Cooling-Off-Period* soll die Kollision zwischen den Aufgaben Leitung und Kontrolle ausgeschlossen werden. Vorstandsmitglieder sollen demnach erst nach Ablauf von zwei Jahren in den Aufsichtsrat wechseln. Nach § 100 Abs. 2 Satz 1 Nr. 4 AktG ist dies dennoch vorzeitig möglich, wenn die Wahl auf den Vorschlag von Aktionären mit mindestens 25 Prozent der Stimmrechte erfolgt. Die Diskussion zum Thema Cooling-Off-Phase hält an: Einerseits gibt es Stimmen (auch institutioneller Investoren) wonach ein direkter Wechsel im Einzelfall für das Unternehmen nützlich sein könne, andererseits wird angeführt, dass die Person als Aufsichtsrat schwerlich den Vorstand und Strategie kontrollieren könne, die sie als damaliges Vorstandsmitglied selbst beschlossen und verfolgt hat (Schenck, 2013, S. 137).

Auch *persönliche Verflechtungen* sollen vermieden werden. Darunter versteht man einerseits als Organintegrität, dass ein gesetzlicher Vertreter eines von der Gesellschaft abhängigen Unternehmens nicht im Aufsichtsrat der Obergesellschaft sein kann (§ 100 Abs. 2 Nr. 2 AktG). Umgekehrt ist es jedoch möglich und in der Praxis üblich, dass Vertreter der herrschenden Gesellschaft Aufsichtsratsmitglieder in das abhängige Unternehmen entsenden (Welge & Eulerich, 2014, S. 51 f.). Andererseits sollen Überkreuzverflechtungen vermieden werden, indem ein Vorstandsmitglied eines Unternehmens nicht in den Aufsichtsrat eines zweiten Unternehmens soll, dessen Vertreter bereits im Aufsichtsrat des ersten Unternehmens sitzen (§ 100 Abs. 2 Nr. 3 AktG). Der DCGK fordert weiterhin, dass Aufsichtsräte keine Organfunktionen oder Beratungsaufgaben bei wesentlichen

Wettbewerbern ausüben sollen (Empfehlung C.12). Hier wirkt auch das Transparenzbestreben der Corporate Governance: Potenzielle Interessenkollisionen durch die Mitgliedschaft in mehreren Aufsichtsräten oder vergleichbaren Kontrollorganen müssen gem. § 125 Abs. 1 Satz 5 AktG (sowie im Jahresabschluss gem. § 285 Nr. 10 HGB) zwingend offengelegt werden. Aufsichtsratsvorsitzende haben dann die Möglichkeit der Stimmenthaltung bzw. die Erteilung des Stimmverbotes, um Konflikte zu vermeiden (Zipperling, 2012, S. 34).

Qualifikationen und Diversität
Für ein funktionsfähiges Überwachungsgremium ist die Frage der Qualifikationen von wichtiger Bedeutung. Dabei kann zwischen den Individualqualifikationen der einzelnen Mitglieder und dem Qualifikationsprofil des gesamten Gremiums unterschieden werden. Über die notwendigen *Qualifikationen der Aufsichtsratsmitglieder* schweigt das Aktiengesetz weitgehend; explizit ist lediglich die unbeschränkte Geschäftsfähigkeit der betreffenden (natürlichen) Person gefordert (§ 100 Abs. 1 Satz 1 AktG). Die Rechtsprechung des Bundesgerichtshofs hat die gleichen Rechte und Pflichten der Aufsichtsratsmitglieder betont sowie das „Gebot persönlicher und eigenverantwortlicher Amtsausübung" mit der Folge,

> „daß ein Aufsichtsratsmitglied diejenigen Mindestkenntnisse und -fähigkeiten besitzen oder sich aneignen muß, die es braucht, um alle normalerweise anfallenden Geschäftsvorgänge auch ohne fremde Hilfe zu verstehen und sachgerecht beurteilen zu können" (BGH-Urteil v. 15.11.1982, BGHZ 85, S. 293, 295).

Werder (2009b) differenziert zwischen allgemeinen und Governance-spezifischen Kompetenzen über die Aufsichtsratsmitglieder verfügen sollten. Zu den allgemeinen Kompetenzen zählen professionelle Sachkompetenz, Lösungsorientierung, Strategie- und Veränderungskompetenz. Unter Governance-spezifische Kompetenzen werden eine positive Einstellung zur Gewaltenteilung, eine Ambiguitätstoleranz für die unterschiedlichen Ansprüche der Stakeholder sowie eine Bereitschaft zu Transparenz und vertrauensbildender Kommunikation subsumiert (Werder, 2009b, S. 336 f.). In Bezug auf die Kommunikation gehe es nicht um Eloquenz, sondern darum, eine positive Einstellung zur Transparenz zu haben, um legitime Informationsansprüche zu erfüllen (Werder, 2009b, S. 338). Eine kommunikative Kompetenz kann jedoch sowohl als autoritative als auch allokative Ressource von Aufsichtsratsmitgliedern konzipiert werden.
Aufgrund der Komplexität der Überwachungsaufgabe werde von keinem Mitglied verlangt, in allen für das Unternehmen relevanten Bereichen ein Experte zu sein. Daher solle ein *Kompetenzprofil für das Aufsichtsratsgremium* als Ganzes

erarbeitet werden (Werder, 2009b, S. 341 f.). Der DCGK enthält wesentliche Emp-fehlungen etwa für die Erarbeitung eines Kompetenzprofils des Gremiums sowie dessen Zusammensetzung in Bezug auf Fähigkeiten, Unabhängigkeit und Diversität (Empfehlung C.1).

So muss der Aufsichtsrat mindestens ein unabhängiges Mitglied haben, das über Fachexpertise auf dem Gebiet der Rechnungslegung oder Abschlussprüfung verfügt (§ 100 Abs. 5 AktG). Die Konkretisierung der fachlichen Anforderung an bestimmte Aufsichtsratsmitglieder, den sog. *Financial Expert*, hat den Zweck die Qualität und die Effizienz der Aufsichtsratsarbeit zu erhöhen (Weber-Rey, 2014). Hat der Auf-sichtsrat einen Prüfungsausschuss gebildet, so hat diesem mindestens ein Financial Expert anzugehören (§ 107 Abs. 4 AktG).

Der Begriff *Unabhängigkeit* ist jedoch bewusst nicht explizit definiert. Ein Schwerpunkt der Überarbeitung des DCGK bilden die Empfehlungen zur Unab-hängigkeit, wobei in mitbestimmten Aufsichtsräten nur noch die Unabhängigkeit der Anteilseignerseite betrachtet wird. Dies folgt zwei Überlegungen: (1) gehe es um die notwendige Distanz zur Gesellschaft und zum Vorstand; (2) solle ein kontrollie-render Aktionär zwar im Aufsichtsrat angemessen vertreten sein, gleichzeitig solle aber auch noch Raum für weitere, unabhängige Mitglieder bestehen (Linden, 2019, S. 1529). Dem folgend widmet sich gleich eine ganze Reihe, von teilweise neuen Empfehlungen (C.6-C.12, DCGK) der Unabhängigkeit der Aufsichtsratsmitglieder.

Zur *Diversität* (englisch = Diversity) im Aufsichtsratsgremium tragen aber auch andere Kriterien bei. Das Grünbuch der Europäischen Kommission „Europäischer Corporate Governance-Rahmen" (2011) hebt bspw. die berufliche, internationale und die geschlechtliche Diversität hervor:

> „Die Vielfalt in den Profilen der Mitglieder und ihres Werdegangs ermöglicht es dem Verwaltungsrat, eine Reihe von Wertvorstellungen, Ansichten und Kompetenzen zusammenzutragen. Dadurch können die Ressourcen und der Sachverstand ausgewei-tet werden. Unterschiedliche Erfahrungen mit Führungsqualitäten, nationalen oder regionalen Hintergründen bzw. geschlechterspezifische Erfahrungen können wirksam zum ‚Gruppendenken' beitragen und neue Ideen auf den Plan rufen. Unterschiede führen zu einer breiteren Diskussion, einer besseren Überwachung und größeren Her-ausforderungen auf der Verwaltungsratsebene" (Grünbuch EU, 2011, S. 6).

Die Diversity-Kriterien, wie Geschlecht, Alter, Internationalität, Bildungshinter-grund etc., müssen in einem sog. Diversity-Bericht nach § 289 f Abs. 2 Nr. 6 HGB veröffentlicht werden. Die Internationalität muss dabei im Kontext des konkreten Unternehmens stehen. Als Kriterien für die Zielbesetzung sind z. B. der Besitz einer ausländischen Staatsbürgerschaft ebenso wie nachweisbare Berufserfahrung im Ausland von nationalen Kandidaten denkbar (Mattheus, 2018, S. 4).

Auch das Thema Geschlechterquote ist mit dem Gesetz für die gleichberechtigte Teilhabe von Frauen und Männern an Führungspositionen in Deutschland seit dem Januar 2016 gesetzlich verankert. Eine Säule besteht aus einer festen 30-Prozent-Quote für das jeweils unterrepräsentierte Geschlecht bei neu zu besetzenden Aufsichtsratsposten in rund 100 börsennotierten und voll mitbestimmungspflichtigen Unternehmen. Wird die Quote nicht erfüllt, dann bleiben die für das unterrepräsentierte Geschlecht vorgesehenen Plätze rechtlich unbesetzt („leerer Stuhl") (BMFSFJ, 2017). Die zweite Säule besteht aus einer Zielgrößenverpflichtung zur Erhöhung des Frauenanteils in Aufsichtsräten, Vorständen und obersten Management-Ebenen für bestimmte börsennotierte oder mitbestimmungspflichtige Unternehmen (§§ 76 Abs. 4; 111 Abs. 5 AktG). Im Februar 2019 lag der Frauenanteil in Aufsichtsräten bei 30,2 Prozent, wobei die Arbeitgeberseite etwas häufiger von Frauen vertreten sein. Der Frauenanteil in den Vorständen der 160 deutschen börsennotierten Unternehmen lag jedoch nur bei 8,8 Prozent (Albright Stiftung, 2019, S. 5).

Das Thema Diversität und die Kompetenzen von Aufsichtsratsmitgliedern unterliegen dabei einem Wandel. Viele Unternehmen und Branchen müssen sich mit einer Disruption durch die Digitalisierung oder Themen wie Cyber Security ebenso auseinandersetzen wie mit Nachhaltigkeit, Transparenz und Corporate Purpose (Mattheus, 2018). Zukünftig wird es auch eine Anforderung an Aufsichtsratsmitglieder sein, diese Trends und Entwicklungen zu verstehen und ihre Auswirkungen auf das Unternehmen einzuschätzen (Albright Stiftung, 2019, S. 5).

Veränderte Anforderungen an den Aufsichtsrat in der Krise?
Die bisherige Beschreibung zeigt das Aufgabenfeld des Aufsichtsrats in einer normalen Unternehmenssituation. Es kann jedoch auch zu Sondersituationen für Unternehmen kommen, worunter in dem Zusammenhang Diskontinuitäten des Geschäfts verstanden werden, also z. B. Krisen, Übernahmen, Reorganisationen, etc. Auf die Publizitätspflichten im Rahmen einer Übernahme wird bspw. in Abschnitt 5.1.2 detailliert eingegangen. An dieser Stelle soll diskutiert werden, ob sich die Anforderungen an den Aufsichtsrat in einer Krise verändern. In der betriebswirtschaftlichen Forschung werden Unternehmenskrisen meist anhand der Ursache (endogen/exogen), Art (strategische Krise, Erfolgs-/Ergebniskrise, Liquiditätskrise) und Intensität der Krise (latent, Existenzbedrohung, Existenzvernichtung) differenziert (Grundei & Zaumseil, 2012, S. 166 ff.). Da für das Forschungsthema diese Differenzierungen nicht weiterführend relevant sind, wird an dieser Stelle nicht detaillierter auf die Forschungszweige eingegangen.

Der Aufsichtsrat hat in der Krise grundsätzlich keine anderen Kompetenzen als in einer normalen Unternehmenssituation. Er kann von seinem Einsichts- und Prüfrecht (§ 111 Abs. 2 Satz 1 AktG) Gebrauch machen, um sich über die Ursachen, den Umfang und die Maßnahmen zur Bewältigung der Krise zu informieren und diese zu bewerten. Weiterhin kann das Gremium zusätzliche Berichte des Vorstands einfordern (§ 90 Abs. 3 AktG) und externe Sachverständige hinzuziehen (§ 111 Abs. 2 Satz 2 AktG). Der Aufsichtsrat kann demnach auf keine weiteren Ressourcen zurückgreifen.

Im Rahmen der Personalkompetenz sollte der Aufsichtsrat prüfen, ob die Vorstandsmitglieder ihren Pflichten und Aufgaben nachkommen, die zur Überwindung der Krise geeignet sind oder abberufen werden müssen (Schilha, Theusinger, Manikowsky & Werder, 2018, S. 17). In Bezug auf die gremieninterne Organisation können zusätzliche Aufsichtsratssitzungen einberufen oder ein Sonderausschuss gebildet werden, der sich mit den Entwicklungen der Krise auseinandersetzt (Hasselbach, 2012, S. 41). Die Einbindung von Beratern gelte dabei als vertrauensbildend, da es signalisiere, dass die Krisensituation erkannt und angegangen werde (Witte, 2016, S. 1248).

Schilha et al. (2018, S. 18) beschreiben, dass sich in der Krise auch die Berichtspflichten des Aufsichtsrats gegenüber der Hauptversammlung (§ 171 Abs. 2 Satz 1 und 2 AktG) intensivieren würden, vor allem bezogen auf die genannten Prüfungsmaßnahmen. Die juristischen Einschätzungen zu einer externen Kommunikation des Aufsichtsrats in der Krise variieren jedoch stark: Einige Vertreter halten sie ausdrücklich für unzulässig (Vetter, 2014, S. 391), während andere dies aufgrund erhöhter Erwartungen als gerechtfertigt erachten (Dietlmaier, 2015).

Die Kommunikation des Aufsichtsrats in der Krise sei daher eine „kompetenzielle Gratwanderung" (Schilha et al., 2018, S. 18), da zu prüfen sei, ob die Themen auch in seine Sachkompetenz fallen und nicht die Kompetenzen des Vorstands einschränken. Hocker (2016, S. 58) argumentiert, der Aufsichtsrat sei in der Krise „Aufklärer, Kontrolleur und auch als Entscheider gefordert. […] Es gibt allerdings keinen Grund, offensiv nach außen zu gehen. Das ist Job des Vorstands."

3.3   Die besondere Rolle von Aufsichtsratsvorsitzenden

Die beschriebenen Aufgaben im Rahmen der Überwachung und Kontrolle des Aufsichtsrats richten sich an das Gremium als Ganzes. Der Aufsichtsrat ist jedoch verpflichtet, aus seiner Mitte einen Vorsitzenden und mindestens einen Stellvertreter zu wählen (§ 107 Abs. 1 AktG); grundsätzlich ist jedes Aufsichtsratsmitglied wählbar (Lutter et al., 2014, S. 280 f.). In der Praxis hat meist ein Vertreter der

Anteilseigner den Vorsitz inne und ein Arbeitnehmervertreter ist der Stellvertretende (Schenck, 2013, S. 133), wobei die Besetzung des Aufsichtsratsvorsitzes eine Machtfrage für die Anteilseigner darstellen kann (Gerum, 2007, S. 233 ff.). Der Stellvertretende übt die Aufgaben des Vorsitzenden nur im Verhinderungsfall aus (§ 107 Abs. 1 Satz 3 AktG).

Aufsichtsratsvorsitzende sind kein eigenständiges Organ. Im Aktiengesetz sind die Aufgaben von Vorsitzenden nur an wenigen Stellen erwähnt. Bis zur Überarbeitung im Jahr 2019 enthielt der DCGK (2017) ein ganzes Kapitel zu den Aufgaben und Befugnissen von Aufsichtsratsvorsitzenden (Ziffer 5.2). In der aktuellen Version zeigt sich an einzelnen Stellen die besondere Rolle (z. B. Grundsatz 7 & 16). Die gesetzlich festgelegten Kompetenzen stehen nicht im Verhältnis zur Bedeutung von Aufsichtsratsvorsitzenden in der Praxis. Der Aufsichtsrat als Gremium ist nicht permanent aktiv, sondern handelt im Wesentlichen im Rahmen der Sitzungen. Demgegenüber stehen Aufsichtsratsvorsitzende im ständigen Kontakt mit dem Vorstand, sodass sie laufend agieren und reagieren müssen. Daher werden Erfolg oder Misserfolg der Unternehmensentwicklung häufig entscheidend von der Person des Aufsichtsratsvorsitzenden mitbestimmt (Schenck, 2013, S. 132).

Die Aufgaben vom Vorsitzenden lassen sich in drei Bereiche aufteilen (Peus, 1983, S. 16 ff.). Die wesentlichen Aufgaben liegen erstens in der *Koordination und Leitung des Aufsichtsratsverfahrens*. Die Vorsitzenden berufen die Sitzungen des Aufsichtsrats ein (§ 110 Abs. 1 AktG), verantworten und erstellen die Tagesordnung und stimmen diese mit dem Vorstand ab. Sie leiten die Sitzungen, koordinieren die Ausschusstätigkeit und vieles mehr (z. B. §§ 107 Abs. 2 Satz 1, 109 Abs. 2 AktG).

In mitbestimmten Unternehmen haben Vorsitzende ein Zweitstimmrecht (§§ 29 Abs. 2, 31 Abs. 4 MitbestG), wenn ein bestimmter Beschluss zweimal abgestimmt worden ist und sich dabei jeweils eine Stimmgleichheit ergeben hat. Dies kann die Macht der Arbeitnehmervertreter trotz paritätischer Besetzung des Gremiums einschränken (Schenck, 2013, S. 149 ff.).

Die Vorsitzenden sind Mitglieder des Vermittlungsausschusses (§ 27 Abs. 3 MitbestG), sollten jedoch nicht den Vorsitz des Prüfungsausschusses übernehmen (DCGK, Empfehlung D.4). Die Prüfungsausschussvorsitzenden können als zweitwichtigste Personen im Aufsichtsrat gesehen werden, da sie wesentlich zur Entlastung des Vorsitzenden beitragen können (Schenck, 2013, S. 154). Aufsichtsratsvorsitzende sind in besonderer Weise gefordert, eine offene und sachliche Diskussionskultur im Gremium zu fördern und die im DCGK empfohlene Evaluation des Aufsichtsrats (Empfehlung D.13) zu moderieren (Werder, 2009b, S. 340). In dem Zusammenhang müssen sie die Mitglieder des Aufsichtsrats zur Mitarbeit motivieren, um eine unternehmerische Beratung und kritische Überwachung sicherzustellen (Schenck, 2013, S. 133).

Zweitens übernehmen Aufsichtsratsvorsitzende die *Vertretung der Gesellschaft* bei der Abgabe bestimmter Handelsregistererklärungen (z. B. §§ 184 Abs. 1, 188 Abs. 1, 195 Abs. 1, 223 AktG).

Drittens *repräsentieren die Vorsitzenden den Aufsichtsrat*, insbesondere gegenüber dem Vorstand und der Hauptversammlung. Aufsichtsratsvorsitzende sind die allgemeinen Ansprechpartner für den Vorstand und insbesondere für die Vorstandsvorsitzenden. Der DCGK betont dabei die Beratung hinsichtlich der Strategie, Geschäftsentwicklung, Risikolage, Risikomanagement und der Compliance zwischen Aufsichtsratsvorsitzenden und Vorstand (Empfehlung D.6). Ein regelmäßiger Austausch zwischen den Vorsitzenden der beiden Gremien ist daher essenziell. Gesetzlich sind die Aufsichtsratsvorsitzenden verpflichtet, die Aufsichtsratsmitglieder spätestens in der nächsten Aufsichtsratssitzung über diese Gespräche zu unterrichten (§ 90 Abs. 5 Satz 3). Aufsichtsratsvorsitzende müssen bereit und fähig sein, einerseits ihren Einfluss auf den Vorstand in den rechtlich definierten Grenzen zu halten, andererseits ihren Informationsvorsprung nicht gegenüber den einfachen Aufsichtsratsmitgliedern manipulativ auszuspielen (Werder, 2009b, S. 340).

Neben der Repräsentation des Gremiums gehört auch die interne Informationsvermittlung zu ihren Aufgaben: Aufsichtsratsvorsitzende empfangen die Vorstandsberichte (§ 90 Abs. 1 Satz 3 AktG) und leiten sie weiter (§ 90 Abs. 5 Satz 3 AktG). Durch diese Scharnierfunktion sind sie verantwortlich für ein prosperierendes Zusammenwirken der beiden Organe. Der Deutsche Corporate Governance Kodex stärkt die Rolle von Aufsichtsratsvorsitzenden und verschärft die Rechenschaftspflicht gegenüber dem Gesamtgremium:

> „Der Aufsichtsratsvorsitzende wird über wichtige Ereignisse, die für die Beurteilung der Lage und Entwicklung sowie für die Leitung des Unternehmens von wesentlicher Bedeutung sind, unverzüglich durch den Vorsitzenden bzw. Sprecher des Vorstands informiert. Der Aufsichtsratsvorsitzende hat sodann den Aufsichtsrat zu unterrichten und, falls erforderlich, eine außerordentliche Aufsichtsratssitzung einzuberufen" (DCGK, Grundsatz 16).

In der Praxis ist die Frage ihres Handlungsspielraums insbesondere bei Mergers & Acquisitions (M&A) von Bedeutung. Wenn im kleinsten Kreis mögliche Unternehmenszukäufe, Veräußerungen oder Zusammenführungen mit anderen Unternehmen diskutiert werden, wird meist auch der Austausch mit den Aufsichtsratsvorsitzenden gesucht. Seibt (2009, S. 406 f.) argumentiert, dass eine unverzügliche Unterrichtung des gesamten Aufsichtsrats nicht immer im besten Gesellschaftsinteresse sei und daher den Aufsichtsratsvorsitzenden ein entsprechender Beurteilungs- und Handlungsspielraum eingeräumt werden könne.

In der Hauptversammlung haben Aufsichtsratsvorsitzende den Bericht des Aufsichtsrats zu erläutern (§ 176 Abs. 1 Satz 2 AktG), zumeist wird ihnen durch die Satzung auch die Leitung der Hauptversammlung übertragen. Die Sprecherkompetenz von Aufsichtsratsvorsitzenden schränkt jedoch nicht das Recht jedes Aufsichtsratsmitglieds ein, auf der Hauptversammlung das Wort zu ergreifen und die persönliche Sicht der Dinge in eigener Verantwortung vortragen zu können. Der Aufsichtsrat kann für Ausnahmefälle festlegen oder ad hoc beschließen, dass eine bestimmte Erklärung nicht vom Aufsichtsratsvorsitzenden, sondern von einem anderen Aufsichtsratsmitglied abgegeben werden soll (Theisen, 2007, S. 202).

Zusammenfassend lässt sich jedoch festhalten, dass Aufsichtsratsvorsitzende die Belange des Aufsichtsrats nach außen wahrnehmen. Demnach sind die Vorsitzenden auch zuständig für etwaige Erklärungen des Aufsichtsrats an die Öffentlichkeit. Die Entscheidung zu solchen Erklärungen liegt in ihrer Verantwortung und es bedarf keiner besonderen Ermächtigung (Lutter et al., 2014, S. 290 f.). Im Frühjahr 2017 wurde im Deutschen Corporate Governance Kodex die Anregung A.3 zum Investorendialog von Aufsichtsratsvorsitzenden aufgenommen, auf den in Abschnitt 5.1.2 noch ausführlich eingegangen wird. Dadurch verändert sich die Kommunikation von Aufsichtsratsvorsitzenden, die jedoch bereits aufgrund ihrer Funktion relevante Kommunikatoren für die Unternehmen darstellen.

3.4 Schlussfolgerung

Da der Aufsichtsrat und Aufsichtsratsvorsitzende in der kommunikationswissenschaftlichen Forschung bisher nicht betrachtet wurden, wurden zunächst die juristischen und wirtschaftswissenschaftlichen Grundlagen aus der Corporate-Governance-Forschung eingeführt, um ein Verständnis für die Aufgaben und Organisation des Aufsichtsrats sowie der Tätigkeiten von Aufsichtsratsvorsitzenden zu etablieren.

Der Aufsichtsrat ist ein Phänomen des deutschen dualistischen Systems der Unternehmensführung, dass sich durch bestimmte Strukturmomente eindeutig vom monistischen System unterscheidet. Besonders ist dabei die institutionelle Trennung der Unternehmensleitung durch den Vorstand und der Unternehmenskontrolle durch den Aufsichtsrat hervorzuheben. Der Aufsichtsrat gibt als Kontrollorgan den Rahmen für die Corporate Governance und damit auch das Handeln des Vorstands vor, während der Vorstand für die strategische und operative Führung verantwortlich ist. So wird etwa die Unternehmensstrategie vom Vorstand entwickelt und umgesetzt, während der Aufsichtsrat eine beratende Rolle bei der Strategieentwicklung einnimmt. In Abschnitt 5.2 soll daher kritisch diskutiert werden, welche Verbindungslinien zwischen Corporate Governance und Unternehmensstrategie existieren. Auf dieser Basis wird gezeigt, dass die ARV-Kommunikation eine Herausforderung für die bisherige Kommunikationsmanagement-Forschung darstellt, da Aufsichtsratsvorsitzende nicht dem strategischen Handeln des Unternehmens unterstellt sind. Daraus folgend müssen die Ziele der ARV-Kommunikation aus den in diesem Kapitel beschriebenen Funktionen des Aufsichtsratsgremiums (Hutzschenreuter et al., 2012, S. 719) abgeleitet werden. Sowohl die Principal-Agent- als auch die Stewardship-Theorie lassen sich in diesem Zusammenhang als Grundlage für die Anforderungen der Stakeholder, insbesondere der Aktionäre, heranziehen.

Weiterhin wurde gezeigt, dass der Aufsichtsrat unterschiedliche Überwachungs- und Kontrollaufgaben wahrnimmt. Dafür werden Aufsichtsratsgremien gebildet, die etwa für die Personalauswahl oder die Abschlussprüfung verantwortlich sind. Aus diesen Aufgaben ergeben sich verschiedene Publizitätspflichten, damit die Anteilseigner über die Tätigkeit des Aufsichtsrats informiert werden. Bislang ist jedoch nicht wissenschaftlich untersucht worden, inwiefern diese Aufgaben und damit Corporate-Governance-Themen in der Öffentlichkeit rezipiert werden. Die Aufmerksamkeit und Rezeption dieser Themen sind relevant für die ARV-Kommunikation, da sich daraus verschiedene Informationsbedürfnisse der Stakeholder ergeben können. Daher soll im Rahmen dieser Arbeit analysiert werden, wie die Äußerungen von Aufsichtsratsvorsitzenden in verschiedenen Öffentlichkeitsarenen rezipiert werden (Abschnitt 6.2.1).

Die Ausführungen in diesem Kapitel verdeutlichen, dass das Aktiengesetz und der Deutsche Corporate Governance Kodex als normative Regeln angesehen werden müssen, die strukturbildend auf verschiedenen Ebenen wirken. So konstituieren sie auf der individuellen Ebene die Aufgaben der einzelnen Aufsichtsratsmitglieder und insbesondere von Aufsichtsratsvorsitzenden. Auf der Organisationsebene wirken diese Normen gleich in mehrere Hinsichten strukturierend. Der in dieser Arbeit betrachtete Pflicht-Aufsichtsrat von Aktiengesellschaften besteht, abhängig von der Größe, aus Arbeitnehmer- und Anteilseignervertreter. Durch die Zusammensetzung des jeweiligen Aufsichtsratsgremiums bringen bspw. die Arbeitnehmervertreter unterschiedliche Ressourcen in ihrem Handeln im Gremium ein als die gewählten Vertreter der Anteilseigner. Gleichzeitig bedingen diese normativen Regeln auch die Zusammenarbeit von Aufsichtsrat und Vorstand. Für die ARV-Kommunikation ist dabei vor allem die Informationsversorgung relevant, da der Zugang zu Informationen eine allokative Ressource ihre Arbeit und dadurch für die Kommunikation darstellt. Die Einhaltung der Normen, insbesondere in Bezug auf die Publizitätspflichten aus der Aufsichtsratstätigkeit sowie seit der Aufnahme auch die Anregung zum Investorendialog im DCGK, haben einen Einfluss auf die Strukturen der ARV-Kommunikation.

Aus dem Aktiengesetz sowie dem DCGK lassen sich die Kommunikationsaufgaben des Aufsichtsrats(vorsitzenden) ableiten, die einerseits aus gesetzlichen Publizitätspflichten aber im Falle der Anregung zum Investorendialog im DCGK auch aus einer freiwilligen Kommunikation mit externen Anspruchsgruppen bestehen können. Aus der externen Perspektive können daraus die Anforderungen von externen Stakeholdern an die Kommunikation abgeleitet werden. So kann gezeigt werden, welche kommunikativen Handlungen von Aufsichtsratsvorsitzenden von den Anspruchsgruppen erwartet werden. Diese Normen bilden auch die Grundlage dafür, dass eine nicht erfolgte Kommunikation sanktioniert werden kann, bspw. durch das Abstimmungsverhalten auf der Hauptversammlung oder sogar den Verkauf von Aktien. Die konkreten Erwartungen an die ARV-Kommunikation sind bislang nicht wissenschaftlich untersucht worden. Daher sollen die Erwartungen von verschiedenen Stakeholdern an die ARV-Kommunikation im Rahmen dieser Arbeit analysiert werden (Abschnitt 6.2.2). Erwartungen können zu (unerkannten) Handlungsbedingungen für die ARV-Kommunikation werden und damit zu einer Anforderung.

Das Aufsichtsratsgremium im Allgemeinen und Aufsichtsratsvorsitzende im Speziellen verfügen zudem über verschiedene Ressourcen. Die Entscheidungskompetenz hinsichtlich ihrer Kontroll- und Überwachungsaufgaben ist hier hervorzuheben. Darüber hinaus ist in der Corporate-Governance-Literatur eine sich wandelnde Diskussion in Bezug auf die personelle Unterstützung sowie ein Budget (Lutter et al., 2014, S. 278 ff.; Schenck, 2013, S. 59 f., Scherb-Da Col, 2018) für den Aufsichtsrat zu erkennen. Die personelle Unterstützung durch die Kommunikationsfunktion stellt eine autoritative Ressource und ein Budget eine allokative Ressource für die ARV-Kommunikation dar.

Insgesamt kann festgestellt werden, dass sich die Corporate-Governance-Forschung zwar mit den Strukturen der Arbeit des Aufsichtsratsgremiums beschäftigt, die kommunikativen Strukturen bislang aber nicht erforscht sind. Hier braucht es eine kommunikationswissenschaftliche Betrachtung, um diese Forschungslücke schließen zu können. Ein Ziel dieser Arbeit ist es daher, einen Analyserahmen zu entwickeln, der die unternehmensinternen Strukturen der Kommunikation von Aufsichtsratsvorsitzenden abbildet sowie die Strukturen empirisch zu untersuchen.

Schließlich wurde herausgearbeitet, dass Aufsichtsratsvorsitzenden eine besondere Rolle in der Aufsichtsratsarbeit und auch in der Außendarstellung des
Gremiums zukommt. Aufsichtsratsvorsitzende agieren als Sprecher für das Gremium und haben daher ein klar definiertes kommunikatives Vertretungsmandat
für das Unternehmen. Im weiteren Verlauf der Arbeit sollen Aufsichtsratsvorsitzenden daher als korporativer Sprecher für das Unternehmen verortet werden und
damit für die Kommunikationsforschung eingeführt werden.

Zusammenfassend wurden der Aufsichtsrat und Aufsichtsratsvorsitzende als
Akteure in diesem Kapitel aus Perspektive der Corporate-Governance-Forschung
konzeptionell erschlossen, um im weiteren Verlauf die Kommunikation in der
Kommunikationsmanagement-Forschung verorten zu können.

Kommunikationswissenschaftliche Grundlagen: Öffentlichkeitsarenen, Kommunikationsmanagement und seine Akteure

4

Mithilfe der juristischen und wirtschaftswissenschaftlichen Corporate-Governance-Forschung wurde zunächst ein Verständnis für die Aufgaben und Organisation des Aufsichtsrats, die Tätigkeiten von Aufsichtsratsvorsitzenden sowie erste Einblicke in die Anforderungen an die Aufsichtsratstätigkeit etabliert. In diesem Kapitel sollen nun die Rahmenbedingungen der Kommunikation von Aufsichtsratsvorsitzenden aus der kommunikationswissenschaftlichen Forschung abgeleitet werden.

An dieser Stelle ist es zunächst wichtig, auf das Verständnis von Kommunikation einzugehen. Viele Publikationen setzen den zugrunde gelegten Kommunikationsbegriff voraus und gehen nicht explizit darauf ein. Jedoch haben zahlreiche wissenschaftliche Disziplinen ein eigenes, angepasstes Kommunikationsverständnis:

> „Das Verständnis von Kommunikation (und damit auch ihre Definition) ist stets verbunden mit dem Erkenntnisinteresse und der damit zusammenhängenden (analytischen) Perspektive" (Burkart, 2003, S. 169).

Die Perspektive der vorliegenden Arbeit bezieht sich auf Unternehmen sowie der Kommunikationsmanagement-Forschung. Die Strukturationstheorie bietet den analytischen Rahmen, aus dem auch die zentralen Begriffe definiert werden. Kommunikation wird bei Giddens (1997, S. 82) verstanden als spezifische Form bzw. Bestandteil von Handlungen. Ein Akteur vollzieht kommunikative Handlungen, indem er sich auf Regeln und Ressourcen, z. B. Sprache, Symbole und Bedeutungen, bezieht. Die Strukturen werden im kommunikativen Handeln reproduziert, wobei jedoch die Möglichkeit besteht, diese zu beeinflussen und zu modifizieren (ausführlich in Kapitel 2). Handeln umfasst dabei das Handeln von Unternehmen als kollektive Akteure als auch ihren Unternehmensmitgliedern als

© Der/die Autor(en) 2022   67
S. Binder-Tietz, *Kommunikation von Aufsichtsratsvorsitzenden*,
https://doi.org/10.1007/978-3-658-37717-5_4

individuelle Akteure und dient der Verwirklichung spezifischer Interessen (Röttger, 2010, S. 134; Zerfaß, 2010, S. 88, 94). Kommunikation wird im Rahmen dieser Arbeit also sowohl als die sozialen Handlungen von Aufsichtsratsvorsitzenden (individuelle Akteure) als auch dem Unternehmen (kollektive Akteure) verstanden.

Der Untersuchungsgegenstand ist ein empirisches Phänomen im Wandel und von zunehmender Bedeutung. Die ARV-Kommunikation wird aus zwei Perspektiven betrachtet: Aus der externen Perspektive werden die Anforderungen von Stakeholdern an die Kommunikation analysiert. Aus der internen Perspektive geht es sowohl um die Strukturen, die Kommunikationsmaßnahmen als auch um die Verortung innerhalb des Kommunikationsmanagements. Innerhalb der Unternehmen wird aufgrund der zunehmenden Professionalisierung der Aufsichtsratstätigkeit, eine steigende Informationsversorgung und eine zunehmend beratende Rolle im Austausch mit dem Vorstand diskutiert (Grundei & Zaumseil, 2012; Welge & Eulerich, 2014). Daher soll sowohl die Kommunikation von Aufsichtsratsvorsitzenden innerhalb der Unternehmen als auch mit externen Anspruchsgruppen analysiert werden.

Aufgrund der Relevanz der vorliegenden Untersuchung aus der erweiterten öffentlichen Kommunikation von Aufsichtsratsvorsitzenden wird zunächst der Begriff der Öffentlichkeit eingeführt (Abschnitt 4.1). Dabei wird insbesondere das Arenenmodell von Gerhards & Neidhardt (1991) sowie Hilgartner & Bosk (1988) genutzt, um sich dem Begriff der Öffentlichkeit anzunähern. Weitergehend werden die für die Kommunikation von Aufsichtsratsvorsitzenden relevante gesellschaftspolitische Öffentlichkeit (Abschnitt 4.1.1) sowie die Kapitalmarktöffentlichkeit (Abschnitt 4.1.2) analytisch hergeleitet sowie relevante Akteure und Themen darin beschrieben. Auf dieser Basis können im weiteren Verlauf relevante Akteure und deren Anforderungen an die ARV-Kommunikation abgeleitet werden. Des Weiteren wird die interne Perspektive eingenommen und die Unternehmensöffentlichkeit mit ihren Akteuren und Themen etabliert (Abschnitt 4.1.3). In Abschnitt 4.1.4 werden die zentralen Erkenntnisse zu den Öffentlichkeitsarenen rekapituliert, um sie für die ARV-Kommunikation nutzbar zu machen.

Die Arbeit beschäftigt sich mit der Kommunikation von Aufsichtsratsvorsitzenden als Teil der Kommunikation von Unternehmen. Die ARV-Kommunikation soll aus unternehmensinterner Perspektive im Rahmen des Kommunikationsmanagements verortet werden. Daher wird anschließend die Kommunikationsmanagement-Forschung vorgestellt und dabei vertiefend auf den Annahmen zum Wertbeitrag sowie die Phasen des Managementprozesses eingegangen, da diese für die konzeptionelle Verortung und empirische Untersuchung maßgeblich sind (Abschnitt 4.2). Weiterhin wird auf die für die ARV-Kommunikation relevanten Handlungsfelder der Unternehmenskommunikation basierend auf den jeweiligen Zielen, Anspruchsgruppen, Themen und Instrumenten eingegangen. Die interne Kommunikation (Abschnitt 4.2.1) wird dabei mit einbezogen, um für die empirische Analyse interne Kommunikationsmaßnahmen identifizieren zu können, die über die Betrachtung der internen Informationsversorgung und Beratung mit dem Vorstand aus Corporate-Governance-Perspektive hinaus gehen. In Bezug auf die externe Kommunikation werden spiegelbildlich zu den Öffentlichkeitsarenen die darauf bezogenen Handlungsfelder Public Relations (Abschnitt 4.2.2) und Investor Relations (Abschnitt 4.2.3) dargestellt. Dies bildet die Grundlage für spätere Überlegungen, inwiefern diese Kommunikationsfunktionen bei der Kommunikation von Aufsichtsratsvorsitzenden involviert sind. In Abschnitt 4.2.4 werden die Erkenntnisse zum Kommunikationsmanagement und den Handlungsfeldern rekapituliert, um im weiteren Verlauf der Arbeit die ARV-Kommunikation im Kommunikationsmanagement verorten zu können.

Um Aufsichtsratsvorsitzende als Kommunikatoren im Rahmen der Kommunikation von Unternehmen einführen zu können, wird darüber hinaus ein Blick auf die bisherige Kommunikatorforschung (Abschnitt 4.3.1) geworfen, die sich vor allem mit Journalisten und Kommunikationsverantwortlichen beschäftigt hatte. Anschließend wird gezeigt, dass sich die Forschung zu Unternehmenskommunikation auch mit weiteren Kommunikatoren für das Unternehmen beschäftigt. Dabei ist insbesondere die CEO-Kommunikation bereits zu einem etablierten Forschungsfeld geworden (Abschnitt 4.3.2). Basierend auf der institutionellen Trennung im dualistischen System der Unternehmensführung werden dann auch Aufsichtsratsvorsitzende als Kommunikatoren für Unternehmen verortet (Abschnitt 4.3.3).

4.1 Öffentlichkeit und Öffentlichkeitsarenen

Um die Rahmenbedingungen der ARV-Kommunikation aus der kommunikationswissenschaftlichen Forschung ableiten zu können, werden in diesem Kapitel die Merkmale von Öffentlichkeit näher eingeführt. Öffentlichkeiten bzw. Kommunikationsarenen werden dabei als soziale Handlungsräume verstanden, die einen sinnstiftenden Rahmen für konkrete Kommunikationsprozesse bilden und deren Sinn, Spielregeln und Funktion mitbestimmen (Zerfaß, 2010, S. 195 ff.; Gerhards & Neidhardt, 1991, S. 15 ff.). Die dynamische Veränderung des Untersuchungsgegenstandes ergibt sich insbesondere durch eine Veränderung in Bezug auf die öffentliche Kommunikation. Daher sollen in diesem Kapitel zwei Öffentlichkeitsarenen vorgestellt werden, in denen die ARV-Kommunikation relevant

ist. Anhand dieser Kommunikationsarenen können einerseits die darin agierenden Akteure eingeführt werden, die als Stakeholder bestimmte Anforderungen
an die ARV-Kommunikation stellen. Zudem wird die Unternehmensöffentlichkeit vorgestellt, um im weiteren Verlauf der Arbeit Aufsichtsratsvorsitzende als
Akteure der öffentlichen Kommunikation von Unternehmen verorten zu können.

Öffentlichkeit wird als „eine der zentralsten Kategorien zum Verständnis von
Gesellschaft" (Donges & Imhof, 2010, S. 185) beschrieben. Der Begriff Öffentlichkeit wurde bereits im 18. Jahrhundert aus dem englischen *public sphere*
übertragen (Hölscher, 1979, S. 37 ff.). Das vom Adjektiv *öffentlich* abgeleitete
Substantiv bezeichnet zunächst „das Prinzip der Unbeschränktheit von Kommunikation in einem Personenkreis" (Pöttker, 2013, S. 252). Allen Konzepten von
Öffentlichkeit liegt der Gegensatz von *privat* und *öffentlich* zugrunde (Noelle-
Neumann, 2001, S. 88 f.). Im Laufe der Geschichte gab es verschiedene Formen
von Versammlungen, in denen öffentlich Themen und Meinungen diskutiert
wurden. Öffentlichkeit veränderte sich im Kontext der Kultur, Zivilisation und
Gesellschaft, war dabei aber stets ein Ort der Zustimmung und Kontrolle (Bentele & Nothhaft, 2010, S. 95). Öffentlichkeit ist mit verschiedenen Ansprüchen
verbunden, wodurch sich Forderungen an die Bedingungen und Formen öffentlicher Kommunikation ableiten lassen (Imhof, 2003, S. 193). Auf dieser Basis
können publizistische (Medien-)Produkte grundlegend von anderen Produkten
und Dienstleistungen unterschieden werden.

Modelle von Öffentlichkeit
In der deutschsprachigen kommunikationswissenschaftlichen Forschung haben sich
vor allem drei Modelle zur Beschreibung von Öffentlichkeit etabliert: das Diskursmodell von Habermas (1990), das Spiegelmodell von Luhmann (1992) und
das Arenenmodell von Gerhards & Neidhardt (1991). In allen Modellen verweist Öffentlichkeit „auf einen Kommunikationsprozess, der auf verschiedenen
gesellschaftlichen Komplexitätsebenen innerhalb bestimmter medialer Strukturen
abläuft" (Raupp & Wimmer, 2013, S. 307). Medien sind demnach wichtig für die
Entstehung von Öffentlichkeit. Durch den durch die Digitalisierung und andere technische Innovationen voranschreitenden Medienwandel haben sich jedoch sowohl die
Öffentlichkeit als auch die öffentliche Kommunikation verändert.

Mit der historisch-systematischen Arbeit von Jürgen Habermas (1990) über den
Strukturwandel der Öffentlichkeit wurden Öffentlichkeitstheorien fester Bestandteil
der Sozialwissenschaften. Das deliberative Modell oder *Diskursmodell* gilt heute
als einer der Klassiker der Kommunikationswissenschaft (Raupp & Wimmer, 2013,
S. 298). Habermas entwickelt am Beispiel der Entstehung bürgerlicher Öffentlichkeit ein normatives basisdemokratisch orientiertes Idealmodell von Öffentlichkeit.

Durch einen deliberativen Charakter, eine prinzipielle Gleichheit der Teilnehmer und anti-autoritären Strukturen kann eine öffentliche Meinung gebildet werden. Dabei unterscheidet Habermas zwischen einem sozialen Strukturwandel und einem politischen Funktionswandel der Öffentlichkeit. Beim politischen Funktionswandel komme es durch die von Massenmedien vorstrukturierte und beherrschte Öffentlichkeit zu einer Vermachtung, die von gut organisierten kollektiven Akteuren, wie Parteien und organisierten Interessengruppen der Wirtschaft, dominiert werde (Habermas, 1990, S. 275–342). Dies sei bedingt durch den sozialen Strukturwandel, bei dem sich das „kulturräsonierende" zu einem „kulturkonsumierenden" Publikum entwickele (Habermas, 1990, S. 252). Habermas definiert Öffentlichkeit und öffentliche Meinung wie folgt:

> „Die Öffentlichkeit lässt sich am ehesten als ein Netzwerk für die Kommunikation von Inhalten und Stellungnahmen, also von *Meinungen* beschreiben; dabei werden die Kommunikationseinflüsse so gefiltert und synthetisiert, dass sie sich zu thematisch gebündelten *öffentlichen* Meinungen verdichten" (Habermas, 1992, S. 436).

Die Arbeit zum Strukturwandel der Öffentlichkeit hat außerordentlich viele Debatten ausgelöst und ist inzwischen – auch von Habermas selbst – revidiert worden (Donges & Imhof, 2010, S. 201). Beim Blick auf die öffentliche Kommunikation von Wirtschaftsunternehmen ist zudem zu beachten, dass diese der Durchsetzung der eigenen Interessen dient und vor allem die öffentliche Meinung in Bezug auf die eigene Reputation im Blick hat (Raupp & Wimmer, 2013, S. 299). Dies steht im Gegensatz zu der am Gemeinwohl orientierten Kommunikation nach Habermas.

Neben dem Diskursmodell von Habermas ist das *Spiegelmodell* von Luhmann ein wichtiges Paradigma für die Sozialwissenschaft (Bentele, 2008, S. 610), dass die deutschsprachige Kommunikationsforschung stark beeinflusst hat (Raupp & Wimmer, 2013, S. 300). Beim systemtheoretisch geprägten Spiegelmodell ermöglicht Öffentlichkeit die Selbstbeobachtung und die Herstellung einer Selbstbeschreibung der Gesellschaft durch die Veröffentlichung von Themen. Öffentlichkeit wird von Luhmann als eigenes Funktionssystem verstanden, das die anderen Systeme beobachtet:

> „Öffentlichkeit ist im Zuge der funktionalen Differenzierung der Gesellschaft entstanden, um eine wechselseitige Beobachtung von Sinnsystemen zu ermöglichen und deren Fähigkeiten zur Selbstbeobachtung zu erhöhen" (Löffelholz, 2000, S. 203).

Entscheidend ist, dass in dem Spiegel der Öffentlichkeit alle Akteure und öffentlichen Meinungen abgebildet werden, sodass die Selbstbeobachtung nicht beeinträchtigt wird (Luhmann, 1993, S. 181 f.; Marcinkowski, 1993, S. 118). Das sog. Spiegelmodell gilt als „normativ anspruchslos" (Imhof, 2003, S. 202), weshalb es sich leichter auf andere Funktionssysteme, wie die Wirtschaft, anwenden lässt. Unternehmen beobachten bspw. die Öffentlichkeit, um zu erfahren, wie sie darin gesehen werden, das Kommunikationsmanagement stellt dafür verschiedene Analysetools zur Verfügung (Zerfaß & Volk, 2019, S. 27–88).

In der deutschsprachigen Kommunikationsforschung wurde zudem das Arenenmodell von Gerhards & Neidhardt (1991) intensiv rezipiert. Das Arenenmodell mit seinen verschiedenen Öffentlichkeitsebenen sowie Rollen wird im Folgenden detailliert dargestellt, da es als weitere theoretische Grundlage für diese Arbeit dient.

Arenenmodell der Öffentlichkeit

Die Soziologen Gerhards & Neidhardt (1991) entwickeln auf Basis einer funktional-systematischen Perspektive das sog. Arenenmodell der Öffentlichkeit. Öffentlichkeit wird dabei als ein Input-Output-System verstanden, das systemtheoretische und diskurstheoretische Öffentlichkeitskonzeptionen miteinander verknüpft (Raupp & Wimmer, 2013, S. 302). Moderne Öffentlichkeit wird dabei definiert als

> „relativ frei zugängliches Kommunikationsfeld, in dem ‚Sprecher' mit bestimmten Thematisierungs- und Überzeugungstechniken versuchen, über die Vermittlung von ‚Kommunikateuren' bei einem ‚Publikum' Aufmerksamkeit und Zustimmung für bestimmte Themen und Meinungen zu finden" (Neidhardt, 1994, S. 7).

Öffentlichkeit wird als ein Kommunikationsnetzwerk mit verschiedenen spezifischen Teilbereichen (Arenen) gesehen, die sich anhand innerer Relevanzkriterien unterscheiden (Habermas, 1992, S. 436). Der Begriff Arena wurde auch deswegen gewählt, da das passive Publikum von der Galerie aus, das kommunikative und strategische Handeln der Akteure – Sprecher und Vermittler – in der Arena beobachtet (Gerhards & Neidhardt, 1991, S. 57 f.). Dies lässt sich sowohl auf politische als auch nichtpolitische Arenen übertragen.

Nach Neidhardt (1994) erfüllt Öffentlichkeit beim Input Transparenzfunktionen, im Throughput (Auseinandersetzung) Validierungsfunktionen und beim Output Orientierungsfunktionen. Ähnlich bezeichnet Imhof (2008) dies als politisch-rechtliche, deliberative und integrative Funktion der Öffentlichkeit.

(1) Die *Transparenzfunktion* bzw. *politisch-rechtliche Funktion* bezieht sich auf den Zugang zur Öffentlichkeit, der nicht beschränkt sein darf. Dies impliziert auch eine prinzipielle Offenheit für Themen und Meinungen von kollektiver Bedeutung. In der dominierenden gesellschaftspolitischen Arena können zudem die Kommunikationsereignisse aller anderen Arenen Resonanz finden.

(2) Unter der *Validierungsfunktion* bzw. *deliberativen Funktion* wird die Diskursivität von Öffentlichkeit gefasst: Da Themen und Meinungen im Netzwerk von Arenen und Kommunikationsflüssen in ständiger Konkurrenz zueinanderstehen, entsteht ein argumentativer Druck, der möglicherweise zu inhaltlichen Anpassungen führt.

(3) Schließlich nimmt das Publikum aufgrund der *Orientierungsfunktion* bzw. *Integrationsfunktion* der Öffentlichkeit die – in der diskursiv betriebenen öffentlichen Kommunikation entstandenen – öffentlichen Meinungen idealerweise als überzeugend war und kann diese akzeptieren (Imhof, 2008, S. 70 ff.; Neidhardt, 1994, S. 8 f.).

Die Autoren unterscheiden zwischen drei Ebenen von Öffentlichkeit: (1) Encounter- oder Spontanöffentlichkeit, (2) Themen- oder Versammlungsöffentlichkeit und der (3) Medienöffentlichkeit (Donges & Imhof, 2010, S. 187–189; Gerhards & Neidhardt, 1991, S. 50–56) (Abbildung 4.1). Auf diesen Ebenen findet Kommunikation statt. Es handelt sich um Strukturen, in denen sich unterschiedliche Öffentlichkeiten zugleich verfestigen und reproduzieren können (Zerfaß, 2010, S. 204).

Das Fundament der, nach unten offenen und damit theoretisch unbegrenzten, Pyramide bilden einfache Interaktionssysteme, die spontan und an jedem Ort entstehen können (Gerhards & Neidhardt, 1991, S. 50). Luhmann charakterisiert dies als „Kommunikation au trottoir" (Luhmann, 1986, S. 75), Goffman (1961) spricht von *Encounter*. Auf dieser Ebene sind weder vermittelnde Medien noch eine Differenzierung zwischen Akteursrollen notwendig. Sie sind daher „meist räumlich, zeitlich und sozial beschränkt" (Donges & Imhof, 2010, S. 187). Ein Beispiel für diese Ebene ist das Gespräch im Zugabteil oder der Kaffeeküche. Demnach werden auf dieser Ebene vor allem die individuellen Handlungen der Akteure betrachtet. Eine Selektionsstufe verhindert, dass Themen ungefiltert die nächste Öffentlichkeitsstufe erreichen.

Auf der zweiten Ebene sind mit den *Themen- und Versammlungsöffentlichkeiten* sozial voraussetzungsvollere „thematisch zentrierte Interaktionssysteme" (Gerhards & Neidhardt, 1991, S. 52) zu finden. Dabei differenzieren sich erste Leistungs- und Publikumsrollen aus. Als Beispiele für diese Ebene sind öffentliche Veranstaltungen oder Demonstrationen zu nennen. Die Öffentlichkeit kann dabei spontan entstehen oder bereits einen relativ hohen Organisationsgrad aufweisen. Themen- und Versammlungsöffentlichkeiten können durch mediale Berichterstattung in das Interesse eines physisch nicht anwesenden Publikums rücken und so zur Medienöffentlichkeit aufsteigen (Godulla, 2017, S. 30).

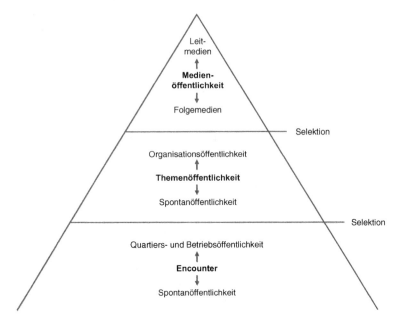

Abbildung 4.1   Ebenen der Öffentlichkeit (Donges & Imhof, 2010, S. 189, entwickelt nach Gerhards & Neidhardt, 1991)

Die dritte Ebene der *Medienöffentlichkeit* unterscheidet sich aus mehreren Gründen deutlich von den anderen Ebenen: Sie ist geprägt von den Logiken der institutionalisierten Medien, wobei sog. Leitmedien eine prominente Führungsrolle einnehmen. Ob ein Medium dabei als Leit- bzw. Folgemedium angesehen wird, ist von der jeweiligen Arena abhängig und nicht übergreifend festgelegt (Donges & Imhof, 2010, S. 188). Weiterhin kommt es zu einer Ausdifferenzierung und Professionalisierung der Leistungsrollen. Das Publikum wird abstrakter und größer, ist nicht mehr zwingend physisch präsent sowie in seinen Handlungsmöglichkeiten eingeschränkt (Gerhards & Neidhardt, 1991, S. 54). Im digitalen Zeitalter haben die journalistischen Medien jedoch kein Monopol mehr darauf inne, welche Themen die Selektionsstufe zur Medienöffentlichkeit überschreiten. Im Social Web setzt somit ein theoretisch unbegrenztes Spektrum von Akteuren Themen für die öffentliche Kommunikation (Godulla, 2017, S. 31).

Die Ebenen sind durch eine „dreifache Interdependenz" (Zerfaß, 2010, S. 207) gekennzeichnet. Erstens muss davon ausgegangen werden, dass sich einzelne Teilöffentlichkeiten überlappen, sodass konkrete Kommunikationsanlässe nicht eindeutig eine der drei Ebenen zugeordnet werden können. Zweitens kann eine Kommunikationsarena durch das Zusammenspiel verschiedener Ebenen entstehen, etwa durch Fachzeitschriften, Tagungen und persönlichen Diskussionen, sodass sich die Vor- und Nachteile der einzelnen Ebenen ergänzen können. Drittens ist wichtig, dass sich in den einzelnen Ebenen verschiedene Öffentlichkeiten verfestigen und reproduzieren können. Ein Gespräch unter Kollegen kann also eine bestimmte Organisationsöffentlichkeit ebenso wie einen Ausschnitt der gesellschaftspolitischen Arena abbilden (Zerfaß, 2010, S. 207).

In Bezug auf die ARV-Kommunikation könnte auf der Encounter-Ebene etwa eine Interaktion zwischen dem Aufsichtsratsvorsitzenden und einem Kommunikationsverantwortlichen des Unternehmens stattfinden, wenn sich die Personen zufällig in der Kaffeeküche treffen und über die aktuelle Medienberichterstattung zum Unternehmen austauschen. Die Aufgaben des Aufsichtsratsgremiums können Themen in der Organisations- bzw. Unternehmensöffentlichkeit sein, wenn z. B. eine Vorstandsposition neu besetzt wird. Auf der Ebene der Medienöffentlichkeit kann der Aufsichtsratsvorsitzende im Rahmen der Publizitätspflichten oder auch einer freiwilligen Kommunikation als Sprecher des Gremiums agieren.

Akteure und Rollen in der Öffentlichkeit

In den Kommunikationsforen der Öffentlichkeit kann zwischen verschiedenen Akteuren und Rolleninhabern unterschieden werden: *Sprechern, Vermittlern* und dem *Publikum.* Der Vorteil davon, Akteure und Kommunikationsrollen analytisch voneinander zu unterscheiden, liegt darin, die Dynamik von Öffentlichkeit aufzeigen zu können. Nur Akteure können ihre Rollen wechseln; sie werden, wie bei Giddens, als sich ihrer selbst bewusste, reflexiv und kompetent Handelnde verstanden. Dagegen bleibt das Publikum immer Publikum, da es als Kollektiv nicht handlungsfähig ist. Akteure können in der Öffentlichkeit sowohl als Sprecher auftreten, als Vermittler zwischen Sprechern und Publikum agieren sowie als Mitglieder des Publikums zu den Zuhörern zählen (Donges & Imhof, 2010, S. 189 f.). Demnach können Kommunikationsrollen unabhängig von Öffentlichkeitsakteuren existieren und prinzipiell situativ übernommen werden (Raupp, 1999, S. 120).

Die erste und wichtigste Gruppe ist das *Publikum,* da sich erst durch dessen Anwesenheit eine Öffentlichkeit konstituiert. Allgemeine Merkmale des Publikums sind, dass es sich (1) überwiegend aus Laien zusammensetzt, (2) es sozial heterogen ist und (3) einen schwach ausgeprägten Organisationsgrad aufweist (Neidhardt, 1994, S. 13). Das Publikum kann nicht als kollektiver Akteur angesehen werden, da es nicht organisiert ist und so weder Ziele formulieren noch diese strategisch verfolgen kann (Donges & Imhof, 2010, S. 191). Zu den Handlungsoptionen gehört es demzufolge zu kommen oder zu gehen, hinzuhören oder abzuschalten, zu kaufen oder nicht zu kaufen (Gerhards & Neidhardt, 1991, S. 65). Dadurch unterscheidet sich die Publikumsrolle grundsätzlich von den beiden anderen Rollen, da sie stets allen offensteht, latent ist, nur zeitweise aktiviert wird und kaum Regeln kennt (Raupp, 1999, S. 119). Sie ist demnach keine Leistungsrolle (Stichweh, 1988, S. 268), sondern eine Abnehmerrolle.

Als *Vermittler* werden vor allem die Journalisten bezeichnet. Diese agieren als Personen, sind jedoch aufgrund der Spezialisierung ihrer Rollen meist innerhalb fester Organisationsstrukturen wie Redaktionen tätig. Abhängig vom publizistischen Programm der Medienorganisation beobachten sie Entwicklungen und Themen auf allen Öffentlichkeitsebenen, greifen Themen basierend auf journalistischen Selektionsregeln auf und kommentieren diese (Donges & Imhof, 2010, S. 190). Durch die Vermittler steigt die Reichweite der Sprecher und die Größe des Publikums kann erheblich steigen: „Öffentliche Kommunikation wird zur Massenkommunikation[1]" (Neidhardt, 1994, S. 10). Vermittler haben somit eine „spezifische Leistungsrolle, die akzidentell eingenommen werden kann" (Raupp, 1999, S. 120). In Abschnitt 4.1.2 wird aufgezeigt, dass in der Kapitalmarktöffentlichkeit neben Journalisten noch weitere Akteure eine Vermittlerrolle bei der ARV-Kommunikation einnehmen.

Sprecher sind Angehörige kollektiver oder korporativer Akteure, die sich in der Öffentlichkeit zu bestimmten Themen äußern. Unter bestimmten Bedingungen werden diese Äußerungen zu Themen der öffentlichen Kommunikation. Dabei können Sprecher verschiedene Rollen einnehmen (Neidhardt, 1994, S. 14; Peters, 1994, S. 57–59):

(1) Repräsentanten, die als Vertreter von gesellschaftlichen Gruppierungen und Organisationen sprechen,

(2) Advokaten, die keine politische Vertretungsmacht für Gruppierungen innehaben, aber deren Interessen vertreten,

(3) Experten als Vertreter spezialisierter Professionen oder wissenschaftlicher Disziplinen, die ihre fachliche Reputation bzw. Expertise in die Öffentlichkeit einbringen,

---

[1] Massenkommunikation wird dabei nach Maletzke als jene Form der Kommunikation definiert, „bei der Aussagen öffentlich durch technische Verbreitungsmittel indirekt und einseitig an ein disperses Publikum vermittelt werden" (Maletzke, 1963, S. 32).

(4) Intellektuelle, verstanden als Experten, die sich sozialmoralischen Sinnfragen annehmen, oder

(5) Kommentatoren, hier verstanden als Journalisten, die nicht nur zu öffentlichen Angelegenheiten berichten, sondern sich mit eigenen Meinungen zu Wort melden.

Sprecher und Vermittler möchten Aufmerksamkeit für ihre Äußerungen vom Publikum erhalten. Dabei stehen sie vor der Herausforderung, ihre Themen einfach und verständlich für das Publikum anzupassen, wobei unklar bleibt, wer ihr Publikum eigentlich ist. Wenn korporative Akteure, wie Redaktionen oder Kommunikationsabteilungen, Leistungsrollen in der Öffentlichkeit übernehmen, dann verfestigen sich Routinen und damit Strukturen, sodass diese Leistungsrollen dauerhaft eingenommen werden können (Raupp, 1999, S. 120). Vor allem den Leitmedien kommt eine hohe Relevanz zu, da sie die Ereignisse aus den Arenen aufnehmen, kanalisieren und dadurch dauerhaft und gesellschaftsweit beobachtbar machen (Imhof, 2008, S. 74).

Basierend auf ihrer Position als Repräsentanten des Aufsichtsrats und in Bezug auf die spezifischen Aufgaben sollen Aufsichtsratsvorsitzende im weiteren Verlauf der Arbeit als Sprecher von Unternehmen verortet werden. Dabei soll auch untersucht werden, ob sie darüber hinaus weitere Sprecherrollen wahrnehmen. Aus externer Perspektive werden zudem die Anforderungen an Aufsichtsratsvorsitzende als Sprecher analysiert.

Öffentlichkeitsarenen

Mit dem Konzept von öffentlichen Arenen versuchen Hilgartner & Bosk (1988) die Entstehung und den Verlauf von sozialen Problemen zu erklären. Dabei steht die Frage im Mittelpunkt, warum aus einer Vielzahl an potenziellen Problemen und Themen nur wenige tatsächlich öffentliche Aufmerksamkeit erlangen. Mit dem Begriff Arena meinen sie institutionell verfestigte Bereiche der Gesellschaft wie das Parlament, Gerichte, die Presse, die Kirche, der Wissenschaftsbetrieb und andere (Hilgartner & Bosk, 1988, S. 58–59). Die in einer Arena behandelten Themen werden anhand bestimmter Selektionskriterien ausgewählt, mit denen sich auch die Nachrichtenwertforschung beschäftigt:

„The intense competition for prime space; the need for drama and novelty; the danger of saturation; the rhythm of organizational life; cultural preoccupations; and political biases" (Hilgartner & Bosk, 1988, S. 61).

Diese Selektionskriterien gelten für sämtliche Arenen, gleichzeitig seien die Arenen aber auch mehr oder weniger politisiert und durch Kultur miteinander verbunden (Hilgartner & Bosk, 1988, S. 71). Zudem sei die Anzahl der Themen limitiert, die Eingang in die jeweilige Arena finden. Die „carrying capacities" (Hilgartner & Bosk, 1988, S. 59) einer Arena, wie z. B. Zeit, Budget oder auch Wissen, seien unterschiedlich stark ausgeprägt und schränken kollektive wie individuelle Akteure in ihrem Handeln ein.

Öffentlichkeit kann also als Kommunikationsnetzwerk verschiedener Öffentlichkeitsarenen verstanden werden. Diese Öffentlichkeitsarenen unterscheiden sich in *sozialer, sachlicher, zeitlicher* und *sozialräumlicher Hinsicht* (Tobler, 2010, S. 50). In sozialer Hinsicht finden sich in den Arenen spezifische Akteure in entsprechenden Leistungs- und Publikumsrollen (Neidhardt, 1994). In der sachlichen Dimension unterscheiden sich die Arenen durch ihre Sinnrationalität, wie Themen selektiert und Debatten geführt werden. In zeitlicher Hinsicht variieren die Zusammensetzung der Akteure und die Rationalität der Diskurse. In sozialräumlicher Hinsicht erreichen die Debatten über Versammlungsöffentlichkeiten oder systemeigene Medien das jeweilige Publikum der Arena (Tobler, 2010, S. 50).

Weiterhin können Öffentlichkeitsarenen in *funktionaler, segmentärer* und *stratifikatorischer Hinsicht* differenziert werden (Imhof, 2006, S. 192). Im Hinblick auf die funktionale Differenzierung lassen sich die Öffentlichkeitsarenen der verschiedenen gesellschaftlichen Teilsysteme unterscheiden. Beispiele hierfür sind die Wirtschaft, Politik oder auch die Wissenschaft mit ihren spezifischen Akteuren, Themen und Publika (Imhof, 2006, S. 196). Segmentär differenzierte Öffentlichkeitsarenen können z. B. religiöser oder ethnischer Art sein (Tobler, 2010, S. 51). Zudem ist jede Öffentlichkeitsarena auch stratifikatorisch differenziert, da nicht alle kollektiven oder individuellen Akteure die gleiche Chance haben, sich Gehör zu verschaffen – dies gilt insbesondere für die gesellschaftspolitische Arena (Imhof, 2006, S. 205).

Unternehmen bewegen sich in verschiedenen Öffentlichkeiten, daher sollen hier Kommunikationsarenen betrachtet werden, die nach funktionaler Hinsicht differenziert sind. Zunächst soll die gesellschaftspolitische Öffentlichkeit betrachtet werden (Abschnitt 4.1.1), die als Verbindungspunkt zwischen verschiedenen funktional differenzierten Arenen gilt. Ihr kommt ein besonderer Stellenwert zu, da die Themen und Impulse aus anderen Arenen aufgenommen und zu einer übergreifenden gesellschaftlichen Arena verdichtet werden (Zerfaß, 2010, S. 201).

Im Fokus dieser Arbeit stehen Aufsichtsratsvorsitzende von börsennotierten Unternehmen in Deutschland. Unternehmen werden als Bestandteile des Wirtschaftssystems gesehen. Mit der Kommunikation werden sowohl Mitarbeitende, Kapitaleigner sowie nach Kaufkraft-, Bildungs- und Lebensstilgruppen unterscheidbare Kunden angesprochen. Im Rahmen von Krisenkommunikation kommt zudem eine Ansprache weiterer Stakeholder dazu, vor allem um die Reputation zu schützen oder wiederherzustellen (Imhof, 2008, S. 75). Die Herausbildung von Öffentlichkeitsarenen mit spezifischen Sprechern und Themen ist aufgrund der Komplexität großer Öffentlichkeiten unvermeidbar (Peters, 1994, S. 72). Aus diesem Grund wird im Folgenden die Kapitalmarktöffentlichkeit, als Teil des Wirtschaftssystems, eingeführt und detailliert erläutert (Abschnitt 4.1.2).

Schließlich wird die Unternehmensöffentlichkeit dargestellt, die sich im Gegensatz zu den anderen beiden Arenen, auf die Öffentlichkeit innerhalb des Unternehmens bezieht (Abschnitt 4.1.3). Diese interne Perspektive wird im weiteren Verlauf durch Erkenntnisse zum Kommunikationsmanagement ergänzt, um ein vollständiges Bild der ARV-Kommunikation in den Unternehmen darstellen zu können. Für die drei Öffentlichkeitsarenen werden jeweils die relevanten Akteure sowie zentrale Themen dargestellt. Auf dieser Basis können relevante Anspruchsgruppen der ARV-Kommunikation etabliert werden

Da sich der Wandel des Untersuchungsgegenstands als empirisches Phänomen vor allem in Bezug auf die Kommunikation mit Investoren (Kapitalmarktöffentlichkeit) und Medien (gesellschaftspolitische Öffentlichkeit) beobachten lässt, sollen weitere Öffentlichkeitsarenen, die sich auf eine externe Kommunikation des Gremiums bzw. des Unternehmens beziehen, wie etwa die politisch-administrative oder kommunale Öffentlichkeit, im Rahmen dieser Arbeit bewusst nicht weiter betrachtet werden.

4.1.1 Gesellschaftspolitische Öffentlichkeit

Der Wandel des empirischen Phänomens der Kommunikation von Aufsichtsratsvorsitzenden zeigt sich aus externer Perspektive u. a. anhand einer sich intensivierenden medialen Thematisierung von Aufsichtsratsthemen sowie von vermehrten Äußerungen von Aufsichtsratsvorsitzenden in den Medien. Mithilfe der Darstellung der gesellschaftspolitischen Öffentlichkeitsarena sollen die wichtigen Akteure darin eingeführt werden sowie Themen aufgezeigt werden, die Anforderungen an die ARV-Kommunikation begründen können.

Die gesellschaftspolitische Arena ist ein „Knotenpunkt" (Zerfaß, 2010, S. 201) zwischen verschiedenen funktional differenzierten Öffentlichkeitsarenen. Sie ist grundsätzlich für jedes Mitglied der Gesellschaft offen. Diese Arena kann durch territoriale Grenzen und rechtlich-politische Rahmenbedingungen abgegrenzt werden, daher beziehen sich die Ausführungen in dieser Arbeit auf die gesellschaftspolitische Öffentlichkeit in Deutschland, da sich die Arbeit auf die Kommunikation von Aufsichtsratsvorsitzenden von börsennotierten Unternehmen in Deutschland fokussiert.

Akteure in der gesellschaftspolitischen Öffentlichkeit
Das *Publikum* in der gesellschaftspolitischen Öffentlichkeitsarena ist prinzipiell offen, divers und besteht aus allen Mitgliedern der Gesellschaft. Sie müssen nicht zwingend anwesend sein, sondern können auch über die Massenmedien erreicht werden (Gerhards & Neidhardt, 1991, S. 45 f.). Das Publikum wird demnach nicht als kollektiver Akteur gesehen, da keine reflexive Steuerung der Bedingungen für die soziale Reproduktion ihrer Strukturen vorliegt (Giddens, 1997, S. 256). Die individuellen Akteure innerhalb des Publikums sind dagegen bewusst Handelnde, als Teil des Publikums beschränken sich ihre Handlungsoptionen jedoch z. B. darauf hinzuhören oder abzuschalten (Gerhards & Neidhardt, 1991, S. 65). Sie können also bewusst entscheiden, ob sie Teil des Publikums sind oder nicht. Auf dieser Basis ist es schwer, konkrete Anforderungen an die ARV-Kommunikation zu identifizieren.

Aus diesem Grund kommt den Massenmedien als *Vermittlern* in der gesellschaftspolitischen Arena eine besondere Bedeutung zu. Innerhalb der Arenen lassen sich sog. *Leitmedien* identifizieren. Unter Leitmedien können jene Massenmedien verstanden werden, denen gesellschaftlich eine anleitende Funktion zukommt und ein Einfluss auf die Gesellschaft und anderen Medien zugeschrieben wird (Wilke, 2009, S. 29). Charakteristische Merkmale für Leitmedien sind z. B. die Verbreitung und Reichweite (bei der Elite), sowie die Mediennutzung durch andere Journalisten und die Zitierhäufigkeit (Wilke, 2009, S. 32–43). Leitmedien sind abhängig von der Öffentlichkeitsarena und nehmen in ihr eine führende Stellung ein. Sie ermöglichen zudem Anschlusskommunikation, d. h. andere (Folge-)Medien orientieren sich in ihrer Berichterstattung an ihnen (Donges & Imhof, 2010, S. 188).

In der gesellschaftspolitischen Öffentlichkeit sind vor allem die überregionalen Medien von Bedeutung und damit als Leitmedien anzusehen, da sie sowohl die politischen und wirtschaftlichen Eliten, die Journalisten im In- und Ausland als auch die Masse ihrer Leser adressieren. Sie können als Verstärker angesehen werden, da sie durch ihre Themensetzung eine Leserschaft erreichen, die größer ist als ihre eigentliche Auflage oder Reichweite (Kepplinger, 2009, S. 18). In Deutschland wird in diesem Zusammenhang häufig auf die Frankfurter Allgemeine Zeitung, die Süddeutsche Zeitung und das Handelsblatt verwiesen (Kepplinger, 2009, S. 19; Wilke, 2009). Auch wenn Social Media in den Kommunikationsarenen eine zunehmende Bedeutung haben, repräsentieren die traditionellen Medien in besonderem Maße eine legitimierte Form der veröffentlichten Meinung (Coombs & Holladay, 2012, S. 408).

Leitmedien wählen als Vermittler nicht nur unterschiedliche Themen und Informationen aus, sondern machen auch gesellschaftliche Positionen sichtbar. Dazu gehört die Kommentierung von und das Einwirken auf gesellschaftliche Diskurse durch eigene Positionsbezüge von Journalisten oder auch Gastbeiträge relevanter Persönlichkeiten.

Es entsteht eine Austauschbeziehung zwischen Medien als Vermittlern, Sprechern und Publikum. Kollektive wie individuelle *Sprecher* haben ein Interesse daran, Aufmerksamkeit und Zustimmung für ihre ökonomischen oder politischen Interessen beim Publikum zu erlangen. Franck (1998) unterscheidet die öffentliche Aufmerksamkeit aus einer makroökonomischen und mikroökonomischen Perspektive. Auf der makroökonomischen Ebene gebe es einen Überfluss an Informationen, der nicht mehr zu bewältigen sei. Aufmerksamkeit werde zum knappen Gut, welches ausgegeben und akkumuliert werden könne und damit sogar dem Geld als ökonomisches Tauschmittel den Rang ablaufe (Franck, 1998, S. 49 ff.). Der Einzelne beurteile den Wert einer Information daran, wie viel Aufmerksamkeit ihr zuteilwird. Auf mikroökonomischer Ebene gehe es um den Austausch von Aufmerksamkeit mit anderen Menschen: „die unwiderstehlichste aller Drogen" (Franck, 1998, S. 10). Akteure streben nach einer Identität, die für die medial vermittelte Kommunikation möglichst attraktiv sei (Franck, 1998, S. 218). Dafür müssen Sprecher das soziale Kapital von Prestige, Reputation, Prominenz oder gar Ruhm erlangen (Franck, 1998, S. 118–119; Neidhardt, 1994, S. 16) – das Resultat von vorangegangener Kommunikation. Reputation wird dabei verstanden als Beachtung, die sich auf spezifischen Leistungen begründet, während Prominenz eine Klasse an Personen darstellt, deren Namen und Funktion allgemein bekannt ist, der ursprüngliche Grund dafür aber zweitrangig (Franck, 1998, S. 118).

Im Fokus dieser Arbeit stehen Aufsichtsratsvorsitzende von börsennotierten Unternehmen in Deutschland. Börsennotierte Unternehmen werden dabei als kollektive Akteure verstanden, da sie Systeme organisierten Handels darstellen (Ortmann et al., 2000, S. 317). Innerhalb der Unternehmen können sowohl Mitglieder der Unternehmensführung, z. B. der CEO, als auch Verantwortliche der Kommunikationsabteilungen eine Sprecherrolle einnehmen. Im weiteren Verlauf der Arbeit werden auch Aufsichtsratsvorsitzende als korporative Sprecher für Unternehmen verortet (ausführlich dazu Abschnitt 4.3.2).

Darüber hinaus agieren in der gesellschaftspolitischen Öffentlichkeit auch einzelne „ökonomisch potente und prominente Akteure" (Zerfaß, 2010, S. 202) als individuelle Sprecher, die versuchen ihre Meinungen zu Themen darzustellen und durchzusetzen. Inwiefern auch Aufsichtsratsvorsitzende zu diesen Akteuren zählen, soll im weiteren Verlauf aus externer Perspektive empirisch erhoben werden – auf dieser Basis kann dann überprüft werden, wie sich diese Kommunikation rationalisieren lässt.

Themen in der gesellschaftspolitischen Öffentlichkeit
Die Themen in der gesellschaftspolitischen Öffentlichkeit können sehr unterschiedlich sein, dadurch haben nicht alle die gleiche Chance, selektiert zu werden. Daher ist diese Öffentlichkeitsarena im besonderen Maße auf die Vermittlungsleistung der Massenmedien angewiesen (Gerhards & Neidhardt, 1991, S. 45 f.; Peters, 1994, S. 58 f.). Indem Impulse aus anderen Kommunikationsarenen aufgenommen werden, entsteht eine übergreifende Agenda mit aktuellen Themen der Gesellschaft (Zerfaß, 2010, S. 202).

Rücken bestimmte Themen in den Fokus des gesellschaftlichen Diskurses, können sich *öffentliche Meinungen* herausbilden. Dieser komplexe Begriff bezeichnet vereinfacht „Phänomene und Prozesse kollektiver Meinungsbildung im öffentlichen Austausch über Themen von öffentlichem Interesse" (Pfetsch & Bossert, 2013, S. 249). Die Bildung von öffentlichen Meinungen ist unmittelbar an die verschiedenen Ebenen der Öffentlichkeit gekoppelt, so muss ein Thema z. B. erst die (mediale) Selektionsstufe zwischen der Themenöffentlichkeit und der Medienöffentlichkeit überwinden.

In der gesellschaftspolitischen Öffentlichkeit kann sich dann eine öffentliche Meinung zu einem bestimmten Thema durchsetzen. Diese stellt aber stets nur einen Ausschnitt aus dem breiten Spektrum von Meinungsäußerungen dar, die tatsächlichen Ansichten der Individuen können davon abweichen (Gerhards & Neidhardt, 1991, S. 42). In Bezug auf die Aufgaben des Aufsichtsrats könnte sich z. B. eine öffentliche Meinung zum Thema Vorstandsvergütung ausbilden.

Die Themen und öffentlichen Meinungen der gesellschaftspolitischen Öffentlichkeit sind von besonderer Bedeutung, da sie in allen anderen Kommunikationsarenen wahrgenommen werden (Peters, 1994, S. 58 f.) und damit einen Einfluss auf die Debatten in diesen Arenen haben (Zerfaß, 2010, S. 202). Dies führt dazu, dass sich im Zuge der sog. Medialisierung die „Akteure in Politik, Wirtschaft, Wissenschaft und zahlreichen anderen gesellschaftlichen Subsystemen an die Erfolgsbedingungen der Medien" (Kepplinger, 2008, S. 327) anpassen können. Das heißt, Akteure richten ihr Handeln immer stärker nach den Regeln der medialen Logik aus. Daraus können Handlungsfolgen für die ARV-Kommunikation resultieren, auf die sich Aufsichtsratsvorsitzende und Kommunikationsverantwortlichen bewusst oder unbewusst beziehen.

Die Medienlogik setzt sich aus verschiedenen technologischen, organisatorischen und kulturellen Elementen zusammen (Mazzoleni, 2014, S. 3052 f.): Auf der technischen Ebene handelt es sich um Innovationen und Weiterentwicklungen bestehender Medientechnologien. Auf organisatorischer Ebene sind es vor allem ökonomische Bedingungen, wie die Deregulierung der Medien (Imhof, 2006, S. 200) und die Kommerzialisierung, die zu einer Standardisierung von Medieninhalten führt (Mazzoleni, 2014, S. 3053). Die kulturelle Ebene stellt den Kern der Medienlogik dar, indem Selektions-, Organisations- und Wahrnehmungsregeln von Informationen thematisiert werden. Die Nachrichtenwerttheorie setzt sich ausführlich damit auseinander (Schulz, 1976). Veränderungsprozesse in diesen drei Bereichen können die Medialisierung von unterschiedlichen Gesellschaftsbereichen prägen.

Die gesellschaftspolitische Öffentlichkeit kann also auch als Mediengesellschaft bezeichnet werden, da die Medienkommunikation „eine allgegenwärtige und alle Sphären des gesellschaftlichen Seins durchwirkende Prägekraft entfaltet" (Saxer, 1998, S. 53). Medien durchdringen dabei alle Bereiche der Gesellschaft mit der Folge, dass gesellschaftliche Akteure, Organisationen wie Individuen ständig mit einer Berichterstattung rechnen und sich darauf einstellen (Donges, 2005, S. 322). Auf Unternehmensseite hat dies weitreichende Folgen und führt u. a. zu einer Professionalisierung und zum Ausbau der Kommunikationsabteilung(en) (Abschnitt 4.2). Inwiefern dies jedoch auch auf die ARV-Kommunikation zutrifft, soll anhand der Strukturen untersucht werden.

4.1.2 Kapitalmarktöffentlichkeit

Aus der externen Perspektive markiert die Aufnahme des Investorendialogs in den DCGK eine wichtige Entwicklung für den Wandel der Kommunikation von Aufsichtsratsvorsitzenden. Basierend auf der Darstellung der Kapitalmarktöffentlichkeit sollen sowohl Investoren, aber auch andere zentrale Akteure eingeführt und dargestellt werden. Zudem werden die Themen in der Kapitalmarktöffentlichkeit aufgezeigt. Auf dieser Basis sollen im weiteren Verlauf der Arbeit Anforderungen an die ARV-Kommunikation empirisch untersucht werden.

Unternehmen sind Teil des Wirtschaftssystems und kommunizieren mit einer Vielzahl von Stakeholdern, u. a. Kunden, Mitarbeitenden und Kapitalgebern. Für börsennotierte Unternehmen, die im Rahmen dieser Arbeit untersucht werden, spielt die Kommunikation mit den Kapitalmarktakteuren eine wichtige Rolle. Tobler (2004) modelliert die Börse nicht nur als Handelsplattform, sondern als funktional differenzierte Öffentlichkeitsarena. Im Folgenden soll von der Kapitalmarktöffentlichkeit gesprochen werden, da sich die Themen in dieser Arena nicht ausschließlich auf die Entwicklungen an der Börse fokussieren, sondern im weiteren Sinne auch das wirtschaftliche Handeln und Corporate Governance (Abschnitt 3.1) von Unternehmen sowie die Entwicklungen an den globalen Finanzmärkten betreffen.

Akteure in der Kapitalmarktöffentlichkeit
In den Leistungsrollen agieren in der Kapitalmarktöffentlichkeit in erster Linie börsennotierte Unternehmen als *Sprecher*. Als *Vermittler* sind Banken, Ratingagenturen und in der medialisierten Kapitalmarktarena auch Finanzanalysten, Stimmrechtsberater und Wirtschaftsjournalisten anzusehen. Die *Publikumsrolle* übernehmen Käufer und Verkäufer von Wertpapieren und Anleihen (Tobler, 2004, S. 234). Die Akteure sollen im Folgenden dargestellt werden.

Die deutsche Wirtschaft galt lange Jahre als „Prototyp eines stakeholderorientierten, insiderkontrollierten und bankzentrierten Systems" (Gerke, Mager & Förstemann, 2009, S. 506). Die sog. Deutschland AG war charakterisiert durch ein Netzwerk aus sich gegenseitig kontrollierenden Großunternehmen mit *Banken und Versicherungen* im Zentrum. Dies war begründet durch eine aktive staatliche Wirtschafts- und Industriepolitik nach dem Zweiten Weltkrieg; traditionelle Finanzintermediäre wurden dabei gezwungen, Kredite an strategisch wichtige Industrieunternehmen zu vergeben. Die Kredite wurden später in Eigenkapital umgewandelt. Die starke Rolle der Banken führte u. a. zu mangelnden Publizitätspflichten der Unternehmen und einer geringen Attraktivität des deutschen Kapitalmarkts (Gerke et al., 2009, S. 506 f.; Sautner & Villalonga, 2010, S. 12 f.).

Das beschriebene traditionelle deutsche System hat im Rahmen der europäischen Integration und Internationalisierung eine tiefgreifende Transformation erfahren. Die Ursachen liegen in einer fortwährenden Liberalisierung und Deregulierung der Kapitalmärkte, der Harmonisierung der Finanzmarktregulierung, der Konsolidierung im Finanzsektor und wachsenden Risiko- und Rentabilitätserwartungen (Metten, 2010, S. 201). Dieser Prozess hat zu einer zunehmenden Integration der weltweiten Finanzmärkte geführt. Seit der zweiten Hälfte der 1990er Jahre setzen deutsche Unternehmen verstärkt auf eine Finanzierung durch Aktien, Unternehmensanleihen oder die Privatplatzierung von Schuldscheindarlehen (Metten, 2010,

S. 206). Dies hat zu einer deutlichen Veränderung der Aktionärsstruktur bei den börsennotierten Unternehmen in Deutschland geführt. So haben in den Jahren 2000 bis 2006 die Beteiligungen von Banken (−54 %), Versicherungen (−61 %) und des Staates (−40 %) deutlich abgenommen, während institutionelle Anleger (+61 %) am stärksten dazugekommen sind (Sautner & Villalonga, 2010, S. 40). Die Bedeutung von Banken und Versicherungen als Vermittler in der Kapitalmarktöffentlichkeit ist daher gesunken; ihre Rolle kann im weiteren Verlauf der Arbeit zurückgestellt werden.

Auch *Ratingagenturen* können als wichtige Vermittler zwischen Kapitalgebern und Kapitalnehmern angesehen werden. Der weltweite Ratingmarkt wird von wenigen Agenturen – Moody's, Standard & Poor's und Fitch Ratings – dominiert, wobei sich ein Oligopol aus Moody's und Standard & Poor's mit einem Marktanteil von 80 Prozent herausgebildet hat (Buschmeier, 2011, S. 176 f.). Ratingagenturen sind privatwirtschaftliche, gewinnorientierte Unternehmen, die im Rahmen von schriftlichen Studien die Kreditwürdigkeit von Unternehmen oder deren Anleihen, aber auch von Staaten, beurteilen. Dadurch soll die asymmetrische Informationsverteilung zwischen Kreditnehmern und Kreditgebern abgebaut werden. Auf der Basis der Ratings können Kapitalgeber eigenständig Anlageentscheidungen treffen. Die Ratingnote (in der Regel zwischen AAA für beste Qualität und D für zahlungsunfähig) hat eine Signalwirkung an die Kapitalmarktakteure und die Öffentlichkeit (Buschmeier, 2011, S. 8). Der Auftrag für ein Rating geht überwiegend von den Emittenten aus, sodass die Bonitätseinstufung als Dienstleistung kostenlos zur Verfügung gestellt wird (Buschmeier, 2011, S. 171). Der Anreiz, korrekte Informationen zu produzieren und zu veröffentlichen, liegt vor allem in einer guten Reputation der Ratingagenturen (Buschmeier, 2011, S. 8). Die methodischen Grundlagen für das Rating werden jedoch nicht offengelegt, was bei Fehleinschätzungen in der Vergangenheit zu Kritik an Ratingagenturen geführt hat. Die Vermittlerrolle von Ratingagenturen im Kapitalmarkt soll im Rahmen der Arbeit nicht weiter betrachtet werden, da diese vor allem auf die Bonität von Unternehmen zielt, was als operatives finanzielles Thema beim Finanzvorstand und nicht beim Aufsichtsrat zu verorten ist.

Für das Phänomen der ARV-Kommunikation können vor allem *Finanzanalysten, Wirtschaftsjournalisten* (Achleitner, Bassen & Fieseler, 2008, S. 271 ff.) und seit einiger Zeit auch *Stimmrechtsberater* als relevante Vermittler in der Kapitalmarktöffentlichkeit angesehen werden. Sie sollen daher im Folgenden dargestellt werden, um daraus im weiteren Verlauf spezifische Anforderungen an die ARV-Kommunikation ableiten zu können.

Die Deutsche Vereinigung für Finanzanalyse und Asset Management (DVFA) beschreibt *Finanzanalysten* als Personen, die auf Basis von öffentlich zugänglichen Informationen und speziellen Vorkenntnissen eine Analyse und Bewertung von Finanzinstrumenten, wie Wertpapieren oder deren Derivate, durchführen (DVFA, 2018, S. 4). In ihren schriftlichen Studien (Research Reports) veröffentlichen sie Empfehlungen (Kaufen, Verkaufen, Halten etc.) zu Einzelunternehmen, aber auch Märkten oder Branchen. Ziel dabei ist es, mögliche aktuelle Fehlbewertungen aufzudecken, die Investoren als Grundlage für ihre Anlageentscheidungen nutzen können (Friedrich, 2007, S. 39). Finanzanalysten können institutionell in Buy-Side- und Sell-Side-Analysten unterschieden werden. Zu den Buy-Side-Analysten zählen Angestellte von institutionellen Investoren (Investmentfonds, Pensionsfonds etc.), deren Studien die Basis für die Anlageentscheidungen ihrer Arbeitgeber für deren Wertpapierfonds oder Eigenhandel darstellen; ihre Studien werden demnach nur innerhalb der Organisation verwendet. Sell-Side-Analysten sind dagegen für Banken (Universalbanken, Investmentbanken, Brokerhäuser) tätig; ihre Research Reports richten sich an externe Adressaten (Binder-Tietz & Frank, 2021, S. 5; Friedrich, 2007, S. 40). Da die Empfehlungen von Buy-Side-Analysten meist nicht in den Datenbanken verfügbar sind und auch nicht öffentlich bzw. von den Medien wahrgenommen werden, beziehen sich die folgenden Ausführungen in dieser Arbeit ausschließlich auf die Arbeit von Sell-Side-Analysten. Analysten kommt eine relevante Vermittlerrolle zu, da sie unabhängig und regelmäßig Aufmerksamkeit auf unterschiedliche Unternehmen und Entwicklungen lenken. Die Berichterstattung über Analystenreports in den Wirtschaftsmedien und mögliche Marktreaktionen sind bislang nur vereinzelt untersucht worden (Groth, 2005). Aus der externen Perspektive wird im Rahmen der Arbeit empirisch analysiert, inwiefern sich Anforderungen an die ARV-Kommunikation in den Analysten-Reports aufzeigen lassen.

Neben den Finanzanalysten spielen heute die *Stimmrechtsberater* (englisch = Proxy Advisors) eine wichtige Rolle als Informationsintermediäre in der Kapitalmarktöffentlichkeit. Stimmrechtsberater sammeln im Auftrag von institutionellen Anlegern eine Vielzahl von öffentlich verfügbaren Informationen, werten diese aus und geben auf deren Grundlage eine Empfehlung zur Stimmrechtsausübung auf der Hauptversammlung ab (Schwarz, 2013, S. 29). Der Markt für Stimmrechtsberatung wird dabei maßgeblich von zwei US-amerikanischen Unternehmen – ISS und IVOX Glass Lewis – dominiert. Die Gründe, warum Stimmrechtsberater als Experten herangezogen werden, sind u. a. die wachsenden Portfoliogrößen von institutionellen Anlegern, der zunehmende Druck zur Wahrnehmung von Aktionärsrechten, eine Professionalisierung der Stimmrechtsausübung sowie als vorbeugender Schutz vor

Haftungen und Kritik von Regulatoren (Fleischer, 2012, S. 2 f.; Schockenhoff & Nußbaum, 2019, S. 167 f.; Schwarz, 2013, S. 132–183).

Stimmrechtsberater spielen durch ihre Abstimmungsempfehlungen und damit Einflussnahme auf die Hauptversammlungsbeschlüsse eine wichtige Rolle für die Corporate Governance. Es mehren sich anekdotische Belege dafür, dass Stimmrechtsberater im Stande sind, die Abstimmungsergebnisse gerade bei umstrittenen Sach- und Personalfragen bei Unternehmen mit einem hohen Streubesitz zu beeinflussen (Fleischer, 2012, S. 4). Hinzu kommt ein möglicher Einfluss, den sie durch persönliche Gespräche mit Managern von Unternehmen ausüben – dies ist empirisch jedoch noch nicht untersucht (Schwarz, 2013, S. 88 f.). Dementsprechend kritisch werden Stimmrechtsberater von Emittenten und der Wirtschaftspresse betrachtet. Dabei werden vor allem Interessenkonflikte angeführt, da neben der Stimmrechtsberatung meist auch eine Beratung für Emittenten angeboten werde. Weitere Kritikpunkte sind Ungenauigkeiten bei Stimmrechtsempfehlungen und fehlende Transparenz, wenn Stimmrechtsberater im Vorfeld von Hauptversammlungen mit Emittenten kommunizieren (Fleischer, 2012, S. 4; Schockenhoff & Nußbaum, 2019, S. 168 ff.; Schwarz, 2013, S. 31).

Stimmrechtsberater nehmen heute eine wichtige Vermittlerfunktion in der Kapitalmarktöffentlichkeit ein. Sie veröffentlichen im Vorfeld von Hauptversammlungen ihre Stimmrechtsempfehlungen, die insbesondere bei konfliktträchtigen Entscheidungen von den Wirtschaftsmedien aufgegriffen werden. Dies kann sowohl das Handeln der anderen Aktionäre, aber auch der Unternehmen selbst beeinflussen (Schockenhoff & Nußbaum, 2019, S. 165).

Schließlich spielen die *Medien* eine wichtige Vermittlerfunktion. Die Ausbildung einer medialisierten Kapitalmarktöffentlichkeit ist nach Tobler (2004) auf zwei Prozesse zurückzuführen: Einerseits stellt sie eine weitere Etappe des Strukturwandels der Öffentlichkeit durch eine steigende massenmediale Fokussierung auf Themen zur Wirtschaft und Börse dar. Andererseits ist dies durch die strukturelle Expansion und Liberalisierung der Finanzmärkte seit den 1980er Jahren bedingt. Beide Entwicklungen haben zu einem deutlichen Anstieg von Komplexität geführt, sodass insbesondere das Publikum auf die Übersetzungsleistung der Medien angewiesen sei (Tobler, 2004, S. 234). Die medial konstituierte Kapitalmarktarena gebe den Unternehmen die Aufmerksamkeit und Bühne, die zum Erwartungsmanagement und der Kurspflege notwendig seien (Tobler, 2004, S. 236). Aufgrund der Medienlogik (Abschnitt 4.1.1) konzentrieren sich Wirtschaft- und Finanzjournalisten regelmäßig auch auf das Führungspersonal des Unternehmens, die internen Unternehmensbeziehungen sowie die Beziehungen zu relevanten externen Stakeholdern. Zudem gewinnen Nachhaltigkeitsthemen an Bedeutung in der Berichterstattung (Fieseler, Hoffmann & Meckel, 2008, S. 334).

Wirtschafts- und Finanzjournalisten als relevante Akteure richten sich sowohl an ein breites Publikum als auch an Entscheider. Für Entscheider sind spezialisierte Wirtschaftsangebote neben Universalmedien wichtig, dabei werden Printmedien in Kombination mit Online-Angeboten bevorzugt. Dagegen variieren die Leitmedien des Wirtschaftsjournalismus für die Bevölkerung stärker zwischen regionalen Tageszeitungen, Publikumszeitschriften und überregionalen Tageszeitungen (Mast, 2012, S. 142). In der Kapitalmarktarena spielen als Leitmedien vor allem die Wirtschaftszeitungen eine Rolle, in diesem Zusammenhang werden insbesondere die Tageszeitung Handelsblatt und die Börsen-Zeitung als Fachmedien genannt (Mast, 2012, S. 105). Als Folgemedien sind Anlegermagazine, aber auch Fachmessen oder Internetplattformen anzusehen. Wie auch in der gesellschaftspolitischen Öffentlichkeit kommt Medien also eine zentrale Rolle als Vermittler zu, die im Rahmen der Analyse der Anforderungen an die ARV-Kommunikation aus externer Perspektive untersucht wird.

Besondere Rolle von institutionellen Investoren
Das Publikum der Kapitalmarktöffentlichkeit sind die Käufer und Verkäufer von Wertpapieren und Anleihen. Dabei muss zwischen *Privatinvestoren* und *institutionellen Investoren* unterschieden werden.

Privatinvestoren sind eine heterogene und zahlenmäßig große Gruppe, die jedoch über das geringste Anlagekapital pro Kopf verfügen (Kirchhoff & Piwinger, 2014, S. 1086). In Deutschland besaßen 2019 nur 15,2 Prozent der Bevölkerung – insgesamt 9,7 Millionen Menschen – Aktien von Unternehmen oder Aktienfonds (DAI, 2020, S. 2). Private Investoren hielten im Jahr 2018 rund 10 Prozent am Aktienbestand von DAX-Unternehmen (EY, 2019, S. 9). Mit der Deutschen Schutzvereinigung für Wertpapierbesitz (DSW) und der Schutzgemeinschaft der Kapitalanleger (SdK) existieren jedoch Interessensvertretungen der Privatanleger. Auf sie wird im Laufe der Arbeit eingegangen, wenn es um die Privataktionäre als Publikum der Kapitalmarktöffentlichkeit geht.

Institutionelle Investoren sind dagegen eigenständige juristische Personen, die eigene oder Gelder Dritter professionell in Aktien investieren, wobei ihre Portfolios überdurchschnittlich hohe Volumina aufweisen (Schwarz, 2013, S. 34 f.). Grundsätzlich kann zwischen strategischen Investoren, die im Zusammenhang mit der Stärkung oder dem Ausbau von Geschäftsfeldern des Unternehmens stehen, und Finanzinvestoren unterschieden werden. Für Finanzinvestoren stellt die Anlage von Geldern den Kern der Geschäftstätigkeit dar. Sie lassen sich weiter in Investmentgesellschaften (z. B. Publikumsfonds, Pensionsfonds, Staatsfonds), Versicherungen, Stiftungen, Private-Equity-Gesellschaften und Hedgefonds unterscheiden (Faber, 2009, S. 220 f.). Die Gesellschaften verfolgen dabei unterschiedliche Interessen,

Anlagehorizonte sowie Renditeerwartungen (Binder-Tietz & Frank, 2021, S. 3). Institutionelle Investoren bilden bei den meisten Aktiengesellschaften die größte Aktionärsgruppe; im Jahr 2018 hielten institutionelle Investoren durchschnittlich 63 Prozent der Aktien der DAX-Unternehmen, während strategische Investoren rund 12 Prozent der Wertpapiere hielten (EY, 2019, S. 9). Beachtlich ist zudem der erhebliche Anteil ausländischer Aktionäre: Dieser entsprach im Jahr 2018 55 Prozent der Aktien der DAX-Unternehmen, wobei es sich vor allem um institutionelle Anleger handelte (EY, 2019, S. 4).

In diesem Zusammenhang sind die Entwicklungen rund um aktivistische Investoren bemerkenswert: Aktivistische Investoren versuchen mit öffentlichkeitswirksamen Maßnahmen, wie Briefen oder Interviews in den Medien, vor und während der Hauptversammlung, Aufmerksamkeit für ihre Ideen oder Kritik an der Corporate Governance zu erlangen (Faber, 2009, S. 227). Shareholder Activism kann als globale Entwicklung angesehen werden, die in den vergangenen Jahren auch in Deutschland zu einigen kontroversen öffentlichen Fällen geführt hat, wie etwa bei der Deutschen Börse AG/The Children's Investment Fund oder Stada Arzneimittel AG/Active Ownership Capital (Engert, 2019).

Institutionelle Investoren stellen damit nicht das disperse Publikum dar, dessen Handlungsoptionen darin beschränkt sind zu kaufen oder verkaufen (Gerhards & Neidhardt, 1991, S. 65). Mit ihren Stimmrechten nehmen sie Einfluss auf Unternehmensentscheidungen. Zudem werden sie zu Sprechern, wenn sie ihre Interessen vertreten, z. B. im Rahmen von aktivistischen Kampagnen. Daraus folgend stellen verschiedene Investorengruppen auch unterschiedliche Anforderungen an die ARV-Kommunikation, die im weiteren Verlauf der Arbeit analysiert werden sollen.

Themen in der Kapitalmarktöffentlichkeit
Nach Tobler (2004) ist die Sinnrationalisierung der Kapitalmarktöffentlichkeit vor allem vom Diskurs über Renditeerwartungen (Gewinn/Verlust) bestimmt (Tobler, 2004, S. 234). Die vergangenen Jahrzehnte waren jedoch von zahlreichen Ereignissen geprägt, die die Themen in dieser Öffentlichkeitsarena erweitert haben. Bedingt durch die Liberalisierung des Banken- und Kreditwesens, hat die Internationalisierung der Finanzmärkte den Aktiengesellschaften finanzielle Optionen eröffnet. Aufgrund dieser Entwicklungen sowie internationaler Zahlungsflüsse und grenzüberschreitender Transaktionen kann heute von einem globalen Finanzmarkt gesprochen werden. Aktien sind frei handelbar, sodass es zu einer Verschiebung von konservativen Anlageoptionen zu risikoreicheren Aktieninvestments gekommen ist (Welge & Eulerich, 2014, S. 1). Meilensteine dieser Entwicklung waren u. a. der Börsengang der Deutschen Telekom im Jahr 1996 mit seiner Vermarktung

als Volksaktie sowie der Aufstieg des sog. Neuen Markts (englisch = New Economy). Das Platzen der New-Economy-Blase und die Verluste vieler Kleinanleger markieren das Ende des Aktienbooms in Deutschland (Mast, 2012, S. 34; Tobler, 2004). Seitdem gab es immer wieder Ereignisse, die die wirtschaftspolitischen Rahmenbedingungen veränderten und zu Einbrüchen an den globalen Aktienmärkten führten: Zuletzt die weltweite Finanzkrise, die im Oktober 2008 fast zum Zusammenbruch des weltweiten Finanzsystems geführt hat. Der Fokus der medialisierten Kapitalmarktöffentlichkeit liegt daher zugleich auf den globalen Entwicklungen wie auch deren Auswirkungen auf dem heimischen Aktienmarkt.

Die Entwicklungen an den Kapitalmärkten erzeugen einen gewissen Druck auf das deutsche Corporate-Governance-System (ausführlich zu Corporate-Governance-Systemen in Abschnitt 3.1). Theisen (2005) warnt daher, Vorgaben und Regelungen der angelsächsischen Kapitalmärkte auf Deutschland zu übertragen. Ein globaler Kapitalmarkt sei

> „sicherlich Realität, aber die nationalen Unterschiede des Kapitalmarktzugangs sowie der Kapitalmarktvertrautheit und -inanspruchnahme sind weitere wichtige Voraussetzungen für eine entsprechend orientierte Überwachungsstruktur und deren Akzeptanz bei den Betroffenen wie Beteiligten gleichermaßen" (Theisen, 2005, S. 534).

Corporate Governance ist damit zu einem wichtigen Thema innerhalb der Kapitalmarktöffentlichkeit geworden, denn ein glaubwürdiges und funktionsfähiges Kontrollsystem ist die Grundlage dafür, dass Investoren Kapital zur Verfügung stellen (Metten, 2010, S. 202). Diese beiden Entwicklungen werden damit zu Handlungsfolgen, auf die sich Aufsichtsratsvorsitzende und Investor-Relations-Verantwortliche bewusst oder unbewusst in ihren Handlungen beziehen. In diesem Zusammenhang wird auch relevant, ob die Kommunikation von Aufsichtsratsvorsitzenden im Rahmen des Kommunikationsmanagements verortet ist. Denn so könnten die Entwicklungen in der Kapitalmarktöffentlichkeit systematisch beobachtet werden, um sich verändernde Anforderungen an die ARV-Kommunikation aufzunehmen und entsprechend Handlungen zu modifizieren.

4.1.3 Unternehmensöffentlichkeit

Die ARV-Kommunikation von börsennotierten Unternehmen in Deutschland soll im Rahmen der Arbeit sowohl aus externer Perspektive, in Bezug auf die Anforderungen, als auch aus interner Perspektive untersucht werden. Die interne Perspektive soll es einerseits ermöglichen, die Strukturen und Bandbreite der

Maßnahmen der ARV-Kommunikation abzubilden und diese andererseits im Kommunikationsmanagement zu verorten. Die Erkenntnisse aus der Corporate-Governance-Forschung (Kapitel 3) werden dafür auf die Unternehmensöffentlichkeit übertragen, um die Akteure innerhalb der Unternehmen darzustellen, die für die ARV-Kommunikation relevant sind. Indem relevante Sprecher und Vermittler im Unternehmen identifizieren werden, können im weiteren Verlauf der Arbeit die Erkenntnisse der kommunikationswissenschaftlichen Forschung genutzt werden, um auch Aufsichtsratsvorsitzende als Sprecher für Unternehmen einführen zu können.

Im ursprünglichen Arenenmodell von Gerhardt & Neidhart (1991, S. 52–54) werden öffentliche Veranstaltungen bzw. Themenöffentlichkeiten als zweite Ebene zwischen den Encountern und der Medienöffentlichkeit eingeführt (Abschnitt 4.1). Donges & Imhof (2010, S. 188) fassen unter diesen thematisch zentrierten Interaktionssystemen sowohl Spontanöffentlichkeiten als auch die Organisationsöffentlichkeit zusammen. Diese Arbeit befasst sich mit börsennotierten Unternehmen in Deutschland als besondere Form von Organisationen. Unternehmen grenzen sich durch bestimmte Strukturmomente von der Umwelt ab, das Handeln der Unternehmensmitglieder lässt sich durch die spezifischen Interpretationsregeln erklären (Kapitel 2). Unternehmen bilden demnach „eigene Kommunikationsräume aus, in denen sich ein spezifischer Querschnitt von Themen und Strukturen" (Zerfaß, 2010, S. 201) anderer Öffentlichkeiten widerspiegelt. Diese Kommunikationsarena ist geprägt durch Mikro-Meso-Beziehungen, da sowohl das individuelle Handeln bei Unternehmensmitgliedern bei zufälliger informeller Kommunikation wie z. B. das Gespräch von Aufsichtsratsvorsitzenden mit einer Führungskraft in der Kaffeeküche, als auch thematisch strukturierte interne Veranstaltungen, wie Aufsichtsratsitzungen, betrachtet werden können.

Akteure in der Unternehmensöffentlichkeit
Bei der Unternehmensöffentlichkeit sind die Rollen ausgeprägter und werden seltener gewechselt. In der Leistungsrolle als *Sprecher* agiert die Unternehmensführung. Wie in Abschnitt 3.1 dargestellt ist bei deutschen Aktiengesellschaften der Vorstand das Organ der primären Unternehmensführung. Dem Vorstand als gesetzlichen Vertreter der Gesellschaft (§ 78 Abs. 1 AktG) und insbesondere dem Vorstandsvorsitzenden kommt demnach sowohl nach außen als auch nach innen in die Unternehmensöffentlichkeit eine herausgehobene Sprecherrolle zu. Die CEO-Kommunikation ist ein etabliertes Forschungsfeld der Unternehmenskommunikation, auf das in Abschnitt 4.3.2 noch einmal ausführlicher eingegangen wird. Aber auch andere Mitglieder des Vorstands können als Sprecher außerhalb und innerhalb der Unternehmensöffentlichkeit agieren.

Darüber hinaus ist der Aufsichtsrat als zweites Organ ein zentraler Bestandteil des dualistischen Systems der Unternehmensführung (Abschnitt 3.2). Aufsichtsratsvorsitzende als gewählte Sprecher repräsentieren das Gremium gegenüber dem Vorstand und der Hauptversammlung (Abschnitt 3.3), wodurch sich sowohl eine interne als auch externe Sprecherrolle ableiten lässt. Inwiefern Aufsichtsratsvorsitzenden darüber hinaus eine Sprecherrolle innerhalb der Unternehmensöffentlichkeit zukommt, soll im weiteren Verlauf der Arbeit analytisch hergeleitet und empirisch erhoben werden.

Die Hauptversammlung ist das dritte Organ der Aktiengesellschaft. Die Aktionäre des Unternehmens können jedoch nicht innerhalb der Unternehmensöffentlichkeit konzeptualisiert werden, da eine Kommunikation mit ihnen aufgrund des aktienrechtlichen Gleichbehandlungsgrundsatzes (§ 53a AktG) stets gleichzeitig und öffentlich stattfindet. Die Aktionäre finden sich jedoch als Publikum innerhalb der Kapitalmarktöffentlichkeit wieder (Abschnitt 4.1.2).

In der *Publikumsrolle* sind daher die Mitarbeitenden des Unternehmens. Im Unterschied zum Publikum in der gesellschaftspolitischen Arena können sich die Mitarbeitenden von Unternehmen jedoch organisieren: Die Koalitionsfreiheit im Grundgesetz (Art. 9, Abs. 3) gibt allen Beschäftigten das Recht, sich in Gewerkschaften zusammenzuschließen, die wiederum mit Arbeitgebern Tarifverträge verhandeln und abschließen können. Darüber hinaus können nach dem Betriebsverfassungsgesetz in Privatunternehmen mit „mindestens fünf ständigen wahlberechtigten Arbeitnehmern, von denen drei wählbar sind, [...] Betriebsräte gewählt" (§ 1 BetrVG) werden, die die Interessen der Belegschaft gegenüber dem Arbeitgeber vertreten. Damit können auch die Mitarbeitenden als kollektive Akteure angesehen werden, die Ziele, z. B. in Bezug auf deren Vergütung, formulieren und strategisch verfolgen können. Zu den Handlungsoptionen des einzelnen Mitarbeitenden gehört es etwa sich einer Gewerkschaft anzuschließen oder an den Betriebswahlen teilzunehmen (oder jeweils nicht).

Wie in Abschnitt 3.2 beschrieben, ist die Mitbestimmung ein zentrales Unterscheidungsmerkmal des dualistischen Systems der Unternehmensführung in Deutschland. Die Arbeitnehmervertreter im Aufsichtsrat sind meist Betriebsräte des Unternehmens oder Gewerkschaftsvertreter, der stellvertretende Aufsichtsratsvorsitzende ist in der Regel ein Arbeitnehmervertreter (Abschnitt 3.3). Die Mitbestimmung entspricht darüber hinaus den „kulturell verfestigten Erwartungen deutscher Arbeitnehmer, von ihrem Arbeitgeber umfassend informiert und gehört zu werden" (Streeck, 2004, S. 886). Daraus kann abgeleitet werden, dass bestimmte Erwartungen an die Kommunikation innerhalb der Unternehmensöffentlichkeit bestehen.

Auch in dieser internen Kommunikationsarena agieren verschiedene Akteure als *Vermittler*: Der *Betriebsrat* nimmt eine Vermittlerrolle ein, da er die Interessen der Belegschaft gegenüber dem Arbeitgeber vertritt (§ 80 BetrVG), so dürfen verschiedene Maßnahmen in sozialen und personellen Angelegenheiten (§ 87 BetrVG) nur getroffen werden, wenn der Betriebsrat ihnen zustimmt. Dies ist interessant, da die Mitbestimmung ein wichtiger Bestandteil für die Interessensausgleichsfunktion des Aufsichtsrats ist. Die Tatsache, dass der Aufsichtsrat verschiedene Interessen im Sinne des nachhaltigen Unternehmenserfolgs zusammenführt, ist für die interne Kommunikation relevant.

Als weitere Vermittler in der Unternehmensöffentlichkeit agieren die *Kommunikationsfunktion* und die *Führungskräfte*. Durch die Börsennotierung eines Unternehmens ergeben sich verschiedene Publizitätspflichten an die Kapitalmarktöffentlichkeit (Abschnitt 4.2.3), die einen Einfluss auf das kommunikative Handeln haben. Daher tendieren die Kommunikationsfunktionen bei börsennotierten Unternehmen zu einem zentralisierten Organisationsmodell mit Schwerpunkten hinsichtlich der Kommunikationsdisziplinen oder Divisionen (Zerfaß, Ehrhart & Lautenbach, 2014, S. 991). Im Rahmen des Kommunikationsmanagements werden die verschiedenen Kommunikationsprozesse in den Handlungsfeldern, wie interne Kommunikation, Public Affairs, Investor Relations etc., abgestimmt und gesteuert (ausführlich dazu in Abschnitt 4.2). Dem Kommunikationsmanagement kommt damit eine interne als auch externe Vermittlerrolle zu. Nach außen agieren etwa Verantwortliche für Investor Relations oder Media Relations als korporative Sprecher mit den Stakeholdern des Unternehmens. Innerhalb der Unternehmensöffentlichkeit spielt vor allem die Funktion der internen Kommunikation eine zentrale Vermittlerrolle. So können neben einer hierarchischen Top-down-Kommunikation von Unternehmensführung an die Mitarbeitenden auch dialogische oder persönliche Kommunikationsinstrumente eingesetzt werden (detailliert dazu in Abschnitt 4.2.1). Die Führungskräfte des Unternehmens agieren ebenfalls als Vermittler in der Unternehmensöffentlichkeit, da sie Informationen in den individuellen Kontext ihrer Mitarbeitenden übersetzen (Mast, 2014, S. 1138).

Aus den Aufgaben des Aufsichtsrats ergibt sich eine Kommunikation innerhalb der Unternehmensöffentlichkeit mit dem Vorstand. Für die Kontrollfunktion benötigt er umfangreiche Informationen vom Vorstand und im Rahmen der Beratungsfunktion geht es um einen Dialog zur grundsätzlichen Ausrichtung des Unternehmens (Abschnitt 3.2). Insbesondere dem Dialog zwischen Aufsichtsratsvorsitzenden und Vorstandsvorsitzenden kommt dabei eine wichtige Rolle zu (Abschnitt 3.3). Eine Kommunikation mit den Mitarbeitenden ergibt sich nicht direkt aus den Aufgaben des Aufsichtsrats. Inwiefern es einen Austausch zwischen

Aufsichtsratsvorsitzenden und den Führungskräften als Vermittlern gibt und welche Ziele ggf. damit verfolgt werden, soll im weiteren Verlauf der Arbeit untersucht werden.

Themen in der Unternehmensöffentlichkeit

Die Themen der Unternehmensöffentlichkeit sind spezifisch für das Unternehmen, die Branche und der Situation, in der es sich befindet, z. B. in einem Veränderungsprozess oder einer Krise. Mast & Huck-Sandhu (2019, S. 292) unterteilen das Themenspektrum der internen Kommunikation in fachliche Themen, z. B. Informationen in Bezug auf interne Prozesse, und soziale Themen, die geprägt sind durch die Mitarbeitenden selbst. Die spezifischen Themen sind dabei zunächst nur für die Akteure des Unternehmens relevant und interessant. Themen der Unternehmensöffentlichkeit können durch journalistische Berichterstattung die Selektionsstufe überspringen und zum Teil der Medienöffentlichkeit werden. So kann es vorkommen, dass interne Informationen an Journalisten weitergegeben werden. Dies verdeutlichen die folgenden zwei Beispiele in Bezug auf die ARV-Kommunikation: So berichtete die Frankfurter Allgemeine Sonntagszeitung, dass der Aufsichtsratsvorsitzende der Commerzbank Klaus-Peter Müller im Intranet der Belegschaft verkündet habe, dass es eine engere Auswahl von externen und internen Kandidaten für die Nachfolge des scheidenden Vorstandsvorsitzenden Martin Blessing gebe und die Nachfolge bis zur Hauptversammlung zwei Monate später geregelt sein solle (Meck, 2016, S. 25). Das Handelsblatt berichtete über den Neujahrsempfang der Führungskräfte der BMW AG, bei dem der Aufsichtsratsvorsitzende Norbert Reithofer gesagt habe, nach dem Verlust der Marktführerschaft an Mercedes dürfe er „von seinem Vorstand […] schon ‚mehr Siegeswillen' erwarten" (Fasse, 2017, S. 4). Beide Beispiele verdeutlichen, dass Äußerungen von Aufsichtsratsvorsitzenden innerhalb der Unternehmensöffentlichkeit zu einem Thema in der Medienöffentlichkeit werden können. Wie häufig dies vorkommt, kann im Rahmen der Analyse der Medienberichterstattung aufgezeigt werden.

Weiterhin kann aber auch ein Querschnitt von Themen aus den anderen Öffentlichkeitsarenen relevant in der Unternehmensöffentlichkeit werden. In Bezug auf die ARV-Kommunikation könnte dies z. B. die gesellschaftliche Diskussion um eine Frauenquote in Aufsichtsräten und Vorständen sein. Da es zu den Aufgaben des Aufsichtsrats gehört diese Posten zu besetzen (Abschnitt 3.2), ist es wichtig die Anforderungen, die von außen und innen herangetragen werden, zu verstehen und bei einer Neubesetzung entsprechend zu handeln. Inwiefern die Themen aus anderen Öffentlichkeitsarenen zu Anforderungen an die ARV-Kommunikation werden, soll im Rahmen der empirischen Analyse untersucht werden. Darüber hinaus stellt sich

u. a. die Frage, ob es eine systematische Ausgangsanalyse im Rahmen eines Kommunikationsmanagements für Aufsichtsratsvorsitzende gibt, damit solche Themen identifiziert werden können.

4.1.4 Schlussfolgerung

Das empirische Phänomen der Kommunikation von Aufsichtsratsvorsitzenden von börsennotierten Unternehmen in Deutschland wird im Rahmen der Arbeit aus zwei Perspektiven betrachtet. In Bezug auf die externe Perspektive werden die Anforderungen an die öffentliche ARV-Kommunikation betrachtet. Um diese konzeptionell erfassen zu können, wurden in diesem Kapitel das Arenenmodell von Gerhards & Neidhardt (1991) sowie Hilgartner & Bosk (1988) genutzt, um sich dem Begriff der Öffentlichkeit anzunähern. Zudem wird aus interner Perspektive die ARV-Kommunikation in Unternehmen analysiert, vor allem in Bezug auf die Strukturen und Verortung im Rahmen des Kommunikationsmanagements.

In diesem Kapitel werden die Erkenntnisse zu den Öffentlichkeitsarenen rekapituliert, um die für die weitere Arbeit nutzbar zu machen. Es wurden die relevanten Kommunikationsarenen für Aufsichtsratsvorsitzende vorgestellt. Dabei handelt es sich um die gesellschaftspolitische Öffentlichkeit, die Kapitalmarktöffentlichkeit sowie die Unternehmensöffentlichkeit mit ihren zentralen Akteuren und Themen. Die Verflechtung der Öffentlichkeitsarenen wird in Abbildung 4.2 vereinfacht schematisch dargestellt.

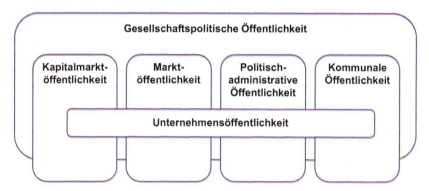

Abbildung 4.2 Kommunikationsarenen in modernen Gesellschaften (modifiziert in Anlehnung an Zerfaß 2010, S. 201)

Die gesellschaftspolitische Öffentlichkeit ist ein „Knotenpunkt" (Zerfaß, 2010, S. 201) zwischen verschiedenen funktional differenzierten Öffentlichkeitsarenen. Sie kann durch territoriale Grenzen und rechtlich-politische Rahmenbedingungen abgegrenzt werden, daher beziehen sich die Ausführungen in dieser Arbeit auf die gesellschaftspolitische Öffentlichkeit in Deutschland. Dem gegenüber ist die Kapitalmarktöffentlichkeit eine funktional differenzierte Öffentlichkeitsarena. Als weitere Beispiele sind für Unternehmen z. B. die Markt-, politisch-administrative oder kommunale Öffentlichkeit relevant, sie werden im Rahmen der Arbeit jedoch nicht weiter betrachtet, da diese nicht für die Aufgaben des Aufsichtsrats relevant erscheinen.

Die gesellschaftspolitische Öffentlichkeit ist ein „Resonanzboden für gesellschaftsweite Probleme und Lösungsvorschläge" (Zerfaß, 2010, S. 201). Daraus folgt, dass in dieser Arena die Impulse aus anderen Öffentlichkeitsarenen aufgenommen werden und zu einer übergreifenden Agenda verdichtet werden. Dabei ist sie insbesondere auf die Vermittlungsleistung der Medien angewiesen.

Die Kapitalmarktöffentlichkeit weist dagegen davon abgegrenzte spezifische Akteure und Themen auf. Die Themen aus der Kapitalmarktarena müssen nicht zwingend Einklang in der gesellschaftspolitischen Öffentlichkeit finden, da die gesellschaftspolitische Agenda viele andere, z. B. ökonomische, außenpolitische oder kommunale, Aspekte umfassen kann. Unternehmen wiederum bilden eigene Kommunikationsräume, „in denen sich ein spezifischer Querschnitt von Themen und Strukturen anderer Sphären widerspiegelt" (Zerfaß, 2010, S. 201).

Die Kommunikationsarenen unterscheiden sich also durch die spezifischen Akteure in ihren Leistungs- und Publikumsrollen sowie der Sinnrationalität, wie Themen selektiert und diskutiert werden. Mithilfe der Strukturationstheorie kann das Handeln von individuellen und kollektiven Akteuren darin analysiert werden.

Die theoretischen Erkenntnisse bilden die Grundlage, um aus externer Perspektive die zentralen Anspruchsgruppen dazustellen und im Rahmen dieser Arbeit ihre Anforderungen an die öffentliche ARV-Kommunikation empirisch untersuchen zu können. In Abbildung 4.3 werden die Akteure in der gesellschaftspolitischen Öffentlichkeit und Kapitalmarktöffentlichkeit in vereinfachter Form visualisiert und im Folgenden noch einmal rekapituliert.

Während in der gesellschaftspolitischen Öffentlichkeit das Publikum prinzipiell aus allen Bürgern der Gesellschaft besteht, in dieser Untersuchung also die deutsche Bevölkerung, sind dies bei der Kapitalmarktöffentlichkeit die privaten und institutionellen Investoren, die Anteile an im Prime Standard notierten Unternehmen halten.

Abbildung 4.3 Schematische Darstellung der relevanten Akteure in der gesellschaftspolitischen Öffentlichkeit und Kapitalmarktöffentlichkeit (Eigene Darstellung)

Die Handlungsoptionen des Publikums bestehen z. B. darin, Medien zu lesen oder nicht zu lesen (gesellschaftspolitische Öffentlichkeit) oder Aktien zu kaufen oder verkaufen (Kapitalmarktöffentlichkeit) (Gerhards & Neidhardt, 1991, S. 65). Die Handlungsoptionen von institutionellen Investoren, als Teil des Publikums, erscheinen jedoch weniger beschränkt, da sie im Falle von größeren Aktienpaketen mit ihren Stimmrechten einen Einfluss auf die Entscheidungen des jeweiligen Unternehmens nehmen können.

Medien stellen in beiden Arenen wichtige Vermittler dar. Die Rolle kann in der gesellschaftspolitischen Öffentlichkeit sogar noch herausgehobener betrachtet werden, da sie die einzige Vermittlerrolle einnehmen. In der Kapitalmarktöffentlichkeit agieren darüber hinaus weitere Vermittler, wobei vor allem Analysten und Stimmrechtsberater als relevant für die ARV-Kommunikation eingestuft werden, da sie als Informationsintermediäre spezifische Leistungen für die Anleger als Publikum erbringen.

Börsennotierte Unternehmen als kollektive Akteure agieren als Sprecher in beiden Arenen. Durch die Darstellung der Unternehmensöffentlichkeit wird deutlich, dass diese korporative Sprecherrolle von ranghohen Unternehmensvertretern, allen voran dem Vorstand, ausgeführt wird. Im weiteren Verlauf der Arbeit werden auch Aufsichtsratsvorsitzende als Repräsentanten des Aufsichtsratsgremiums und damit als Akteur der öffentlichen Kommunikation von Unternehmen verortet.

Darüber hinaus können Aufsichtsratsvorsitzende aber auch als Experten oder Intellektuelle (Neidhardt, 1994, S. 14; Peters, 1994, S. 57–59) ihre fachliche

Reputation bzw. Expertise zu Themen äußern, die nichts mit dem Unternehmen zu tun hat. Diese Rolle als individuelle Sprecher kann vor allem für die gesellschaftspolitische Öffentlichkeit angenommen werden. Im empirischen Teil der Arbeit soll diesbezüglich untersucht werden, ob dies der Fall ist und wenn ja, inwiefern die Aufsichtsratsvorsitzenden für diese Kommunikation auch auf die Ressourcen innerhalb der Unternehmen zurückgreifen.

In der Kapitalmarktarena sind als Sprecher zudem noch einzelne institutionelle Investoren relevant, wenn diese versuchen Aufmerksamkeit für ihre Interessen zu erlangen. Gleiches gilt für Aktionärsschutzvereinigungen, die das Interesse von Privatinvestoren vertreten.

Die Themen innerhalb der beiden Öffentlichkeitsarenen werden durch eine spezifische Sinnrationalität ausgewählt. In Bezug auf diese Arbeit erscheinen vor allem die Themen von Relevanz, die sich auf die Aufgaben und Funktionen des Aufsichtsratsgremiums beziehen (ausführlich dazu Abschnitt 3.2). So ist etwa Corporate Governance innerhalb der Kapitalmarktöffentlichkeit zu einem wichtigen Thema geworden, das heißt aber nicht, dass dies auch auf der gesellschaftspolitischen Agenda stehen muss. Es zeigt sich jedoch, dass einige aufsichtsratsratsbezogene Themen, wie z. B. die Vergütung von Vorständen oder die Diversität von Vorstands- und Aufsichtsratsgremien, in regelmäßigen Abständen auf die Agenda in beiden Öffentlichkeitsarenen gelangen.

Zusammenfassend verdeutlichen die theoretisch-konzeptionellen Erkenntnisse zu diesen beiden Öffentlichkeitsarenen, dass sich öffentliche Kommunikation von Aufsichtsratsvorsitzenden an verschiedene externe Anspruchsgruppen, das Publikum sowie die Vermittler, richten kann.

Bislang ist nicht untersucht worden, wie die öffentliche Kommunikation von Aufsichtsratsvorsitzenden von den Medien und Analysten als zentrale Vermittler rezipiert wird. Indem diese Akteure aufsichtsratsrelevanten Themen in ihren Handlungen, also in Medienberichten bzw. Analystenreports, aufnehmen, werden diese Themen Teil des Diskurses der jeweiligen Öffentlichkeitsarena. Aus den Handlungsfolgen von Medien und Analysten können dann (unbewusste) Handlungsbedingungen für die ARV-Kommunikation resultieren.

Aus der externen Perspektive wird daher im Rahmen der ersten Forschungsfrage adressiert, wie in deutschen Tages- und Wirtschaftsmedien und Analystenreports über Aufsichtsratsvorsitzenden von börsennotierten Unternehmen in Deutschland berichtet wurde. Da die Empfehlungen von Stimmrechtsberatern meist nicht öffentlich zugänglich sind, können sie in der empirischen Analyse nicht strukturiert erhoben und ausgewertet werden.

Für die externe Perspektive dieser Arbeit ermöglichen die Erkenntnisse zudem relevante Stakeholder in den beiden Öffentlichkeitsarenen zu identifizieren. Basierend auf Experteninterviews soll mit der zweiten Forschungsfrage die Erwartungen der relevanten Akteure an die ARV-Kommunikation untersucht werden. Dabei wird interessant sein, aus welchen Gründen sich die Erwartungen an die Kommunikation des Gremiums verändert haben, da Corporate-Governance-Themen auf die Agenda der beiden Öffentlichkeitsarenen gekommen sind.

Die Erkenntnisse in diesem Kapitel sollen im weiteren Verlauf auch genutzt werden, um aus interner Perspektive die Strukturen der ARV-Kommunikation zu analysieren. Als erste Basis dafür wurde in diesem Kapitel die theoretischen Grundlagen für die Unternehmensöffentlichkeit gelegt und die Akteure darin eingeführt. In Abbildung 4.4 werden die Akteure in der Unternehmensöffentlichkeit in vereinfachter Form visualisiert und kurz rekapituliert.

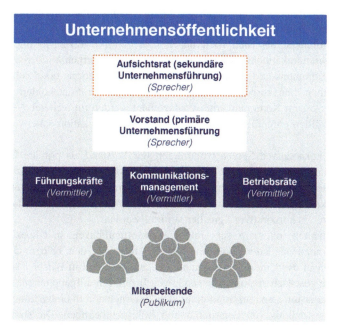

Abbildung 4.4 Schematische Darstellung der relevanten Akteure in der Unternehmensöffentlichkeit (Eigene Darstellung)

Beim Publikum der Unternehmensöffentlichkeit handelt es sich um die Mitarbeitenden der jeweiligen börsennotierten Unternehmen im Prime Standard. Die Handlungsoptionen des einzelnen Mitarbeitenden sind begrenzt. Durch die Möglichkeit, einen Betriebsrat zu bilden oder sich einer Gewerkschaft anzuschließen, können Mitarbeitende jedoch als kollektive Akteure innerhalb der Unternehmensöffentlichkeit angesehen werden, die Ziele formulieren und strategisch verfolgen können.

Betriebsräte nehmen eine wichtige Vermittlerrolle ein, da bestimmte Entscheidungen nicht ohne ihre Zustimmung getroffen werden können. Die Besetzung von mitbestimmten Aufsichtsratsgremien mit Arbeitnehmervertretern, meist Betriebsräten, verdeutlicht zudem die Interessensausgleichsfunktion des Aufsichtsrats. Auch den Führungskräften des Unternehmens kommt eine wichtige Vermittlerrolle zu, da sie Informationen in den individuellen Kontext ihrer Mitarbeitenden übersetzen.

Dem Kommunikationsmanagement, das idealtypisch die verschiedenen kommunikativen Handlungsfelder steuert, kommt sowohl innerhalb der Unternehmensöffentlichkeit als auch nach außen eine zentrale Vermittlerrolle zu. Die interne Kommunikationsfunktion stellt dabei u. a. die internen Medien bereit. Die externen Kommunikationsfunktionen, wie Investor Relations oder Public Relations nehmen eine korporative Sprecherrolle gegenüber Stakeholdern ein. Die Erkenntnisse zum Kommunikationsmanagement werden im weiteren Verlauf der Arbeit detailliert eingeführt, um auch die ARV-Kommunikation dabei verorten zu können.

In der korporativen Sprecherrolle agiert der Vorstand als primäre Unternehmensführung und dabei insbesondere der Vorstandsvorsitzende – nach außen, aber auch in die Unternehmensöffentlichkeit. Im weiteren Verlauf sollen mithilfe der kommunikationswissenschaftlichen Kommunikatorforschung auch Aufsichtsratsvorsitzende als korporativer Sprecher verortet werden.

Die Themen innerhalb der Unternehmensöffentlichkeit sind spezifisch für das Unternehmen. Jedoch können auch Themen aus den beiden Öffentlichkeitsarenen in das Unternehmen hineingetragen werden. Ein Beispiel könnte die anhaltende gesellschaftspolitische sowie von Investoren aufgenommene Nachhaltigkeitsdiskussion sein, aufgrund derer sich Unternehmen in einem zunehmenden Spannungsverhältnis von Legitimität und Effizienz befinden. Die strategischen Entscheidungen müssen dabei sowohl an ökonomischen als auch gesellschaftlichen Anforderungen ausgerichtet werden. Der Aufsichtsrat muss dabei die Entscheidungen des Vorstands überwachen, um die langfristige Existenz des Unternehmens zu sichern (Brugger, 2010, S. 25). Inwiefern diese Themen zu einer Norm der ARV-Kommunikation geworden sind, soll anhand der Strukturen der ARV-Kommunikation in der dritten Forschungsfrage untersucht werden.

4.2 Kommunikationsmanagement und Handlungsfelder der Kommunikation

Im vorangegangenen Kapitel wurden die gesellschaftspolitische Öffentlichkeit und die Kapitalmarktöffentlichkeit als relevante Öffentlichkeitsarenen für die Kommunikation von Aufsichtsratsvorsitzenden hergeleitet sowie die daran agierenden Akteure und Themen beschrieben. Auf dieser Basis können die Anforderungen der Akteure an die Kommunikation im weiteren Verlauf der Arbeit aus der externen Perspektive beschrieben werden.

Zudem wurde die Unternehmensöffentlichkeit von börsennotierten Unternehmen in Deutschland sowie deren Akteure dargestellt. Mithilfe dieser internen Perspektive sollen nun in diesem Kapitel weitere Grundlagen und Rahmenbedingungen für die ARV-Kommunikation gelegt werden. Die Arbeit beschäftigt sich mit der Kommunikation von Aufsichtsratsvorsitzenden als Teil der Kommunikation von Unternehmen. Daher soll im Folgenden die Erkenntnisse zur Forschung zu Kommunikationsmanagement eingeführt werden, um anschließend die ARV-Kommunikation darin verorten zu können. Dabei wird auch die bisherige Forschung zum Wertbeitrag von Kommunikation dargestellt, um im weiteren Verlauf kritisch diskutieren zu können, inwiefern dieser auf die ARV-Kommunikation angewendet werden kann. Basierend auf der Darstellung der Phasen des Kommunikationsmanagements kann im empirischen Teil der Arbeit untersucht werden, inwiefern bisher ein Kommunikationsmanagement für die ARV-Kommunikation stattfindet.

Weiterhin wird auf die Handlungsfelder der Unternehmenskommunikation mit ihren jeweiligen Zielen, Zielgruppen, Themen und Instrumente eingegangen, die für die ARV-Kommunikation als relevant erscheinen und im Rahmen des Kommunikationsmanagements gemeinsam gesteuert werden können. Die interne Kommunikation (Abschnitt 4.2.1) wird dabei mit einbezogen, um für die empirische Analyse interne Kommunikationsmaßnahmen identifizieren zu können, die über die Betrachtung der internen Informationsversorgung und Beratung mit dem Vorstand aus der bisherigen Corporate-Governance-Forschung hinaus gehen. In Bezug auf die externe Kommunikation werden spiegelbildlich zu den Öffentlichkeitsarenen die darauf bezogenen Handlungsfelder Public Relations (Abschnitt 4.2.2) und Investor Relations (Abschnitt 4.2.3) dargestellt. Dies bildet die Grundlage für spätere Überlegungen, inwiefern diese Kommunikationsfunktionen bei der Kommunikation von Aufsichtsratsvorsitzenden involviert sind.

Begriffliche Abgrenzung

Aus strukturationstheoretischer Perspektive nutzen Unternehmen als kollektive Akteure Kommunikation, neben anderen Ressourcen. Kommunikationsaktivitäten von Unternehmen sind symbolische Handlungen, die eine Verständigung sowie darauf aufbauend eine Beeinflussung zum Ziel haben. Verständigung und Beeinflussung stellen somit Regeln der Kommunikation dar. Durch die Handlungen werden bewusst bestimmte Ziele verfolgt. Sie stellen somit eine eigenständige Quelle der sozialen Integration dar (Zerfaß, 2010, S. 150 ff.). Kommunikation ist dabei stets eine soziale Handlung zwischen einem Kommunikator und einem Rezipienten. In der Arbeit werden die Kommunikationsaktivitäten von Aufsichtsratsvorsitzenden im Unternehmenskontext sowie dessen Einbindung in das Kommunikationsmanagement betrachtet werden.

Jarren & Röttger (2009, S. 35–45) beschreiben, dass eine organisationale Kommunikationsfunktion notwendig sei, um sog. Interpenetrationszonen zu etablieren: innerhalb der eigenen Organisation sowie mit anderen Akteuren in ihrer Umwelt. Mithilfe dieser Zonen der wechselseitigen Durchdringung können Unternehmen einerseits relevante Informationen in organisationale Entscheidungsprozesse einspeisen (Reflexierung). Andererseits würden Unternehmen mithilfe von Kommunikation so interne und externe Stakeholder beeinflussen, Handlungen koordinieren und Interessen klären (Steuerung). Diese Überlegungen bilden die Grundlage für die Kommunikationsfunktionen des Unternehmens, deren Handlungen im Rahmen eines Kommunikationsmanagements gesteuert werden können.

Da der Begriff Kommunikationsmanagement in der Literatur uneinheitlich verwendet wird, soll er im Folgenden eingeführt und von anderen Konzepten abgrenzt werden. Kommunikationsmanagement wird einerseits häufig als Oberbegriff für alle Arten von zielorientierter Kommunikation von Unternehmen, wie Public Relations, Unternehmenskommunikation oder strategische Kommunikation genutzt. Zweitens wird der Begriff vor allem in der europäischen Forschung als Äquivalent oder Ersatz für den Begriff Public Relations verwendet (Zerfaß & Volk, 2020).

Brønn (2014) und Gregory (2018) verstehen Kommunikationsmanagement als Steuerung und Umsetzung von Kommunikation, die zur Wertschöpfung von Organisationen beiträgt. Gregory (2018, S. 4–11) unterscheidet dabei vier Ebenen, auf denen Kommunikation gesteuert wird:

(1) Auf *gesellschaftlicher Ebene* würden Unternehmen durch Kommunikation anstreben, Legitimität für ihre Aktivitäten bzw. eine license to operate zu erhalten.

(2) Auf der *Organisationsebene* versuche die Unternehmensführung durch strategische und operative Entscheidungen ihre Mission für das Unternehmen umzusetzen.

(3) Auf der *Programmebene* liege die Verantwortung bei der Kommunikationsfunktion. Durch die Abstimmung mit der Unternehmensführung und anderen Unternehmensfunktionen könnten so die Ziele des Unternehmens verfolgt werden.

(4) Auf *individueller Ebene* bestimme die Kompetenz des einzelnen Kommunikators seine Fähigkeit die, aus den anderen Ebenen resultierenden, Aufgaben zu erfüllen.

Auch die Definition von Hallahan (2013) betont die Planung und Organisation von Kommunikation, sieht das Konzept jedoch als einen Oberbegriff für strategische Kommunikation. Zerfaß & Volk (2020)[2] definieren *Kommunikationsmanagement* als

> „steering communication processes in organizational contexts along the phases of analyzing, planning, organizing, executing, and evaluating with the aim of contributing to organizational goals and value creation" (Zerfaß & Volk, 2020).

Diese Definition von Kommunikationsmanagement ist im Folgenden grundlegend für diese Arbeit, denn das dadurch etablierte Verständnis grenzt sich von den Konzepten Public Relations, strategischer Kommunikation oder Unternehmenskommunikation ab. Charakteristisch für die Forschung zu Kommunikationsmanagement ist insbesondere die theoretische Orientierung an der Managementforschung und die empirische Reflexion darüber, wie professionelle Kommunikatoren die Kommunikation der Organisation mit Stakeholdern und der Öffentlichkeit steuern (Zerfaß & Volk, 2020).

Im Folgenden wird nun die Abgrenzung der Begriffe erläutert: Der Begriff Public Relations hat eine lange Tradition in den Vereinigten Staaten und wird verstanden als „management of communication between an organization and its publics" (Grunig & Hunt, 1984, S. 6). Len-Ríos (2011) zeigt, dass Public Relations in der Forschung aufgrund der breiten Definition auf verschiedene Arten interpretiert wurde, dabei

---

[2] Zerfaß & Volk (2020) geben den aktuell umfassendsten Überblick zu relevanten Begrifflichkeiten, deren Abgrenzung und Publikationen im Forschungsbereich Kommunikationsmanagement.

jedoch am häufigsten als Ziel die Generierung von Medienaufmerksamkeit verstanden wird. Zerfaß & Volk (2020) argumentieren, dass der Begriff aufgrund von negativen Konnotationen in Wissenschaft und Praxis an Popularität verloren habe. Der Begriff strategische Kommunikation wird von Wissenschaftlern mit unterschiedlichen disziplinären Hintergründen genutzt. Hallahan, Holtzhausen, Van Ruler, Verčič & Sriramesh (2007) verstehen strategische Kommunikation als zielgerichtete Nutzung von Kommunikation durch eine Organisation zur Erfüllung ihrer Mission. Zerfaß, Verčič, Nothhaft & Werder (2018) führen nach einer Analyse von Forschungsarbeiten der letzten zehn Jahre eine neue Definition ein, nach der strategische Kommunikation

> „encompasses all communication that is substantial for the survival and sustained success of an entity. Specifically, strategic communication is the purposeful use of communication by an entity to engage in conversations of strategic significance to its goals" (Zerfaß et al., 2018, S. 487).

Den Autoren folgend kann strategische Kommunikation eine klar definierte, institutionalisierte Unternehmensfunktion oder aber auch nur eine spezifische systematische Denkweise sein (Zerfaß et al., 2018, S. 499). In diesem Zusammenhang wird strategisches Kommunikationsmanagement als Prozess verstanden, „to manage the communication of strategic significance with regard to a focal entity" (Zerfaß et al., 2018, S. 487). Die Forschung zu strategischer Kommunikation kann demnach ebenfalls einen Kommunikationsmanagementprozess nutzen, um Kommunikationsprozesse zu betrachten, zielt dabei jedoch stärker auf die strategischen Themen der entsprechenden Organisation ab. Zerfaß & Düring (2016, S. 51) argumentieren, dass das Paradigma der strategischen Kommunikation dazu beigetragen habe, dass Kommunikation zunehmend als Wertschöpfungsfaktor angesehen werde und Unternehmen ihre Kommunikationsfunktion systematisch ausbauen würden.

Trotz der vielfältigen möglichen Anwendungsfelder des Kommunikationsmanagements hat es sich vor allem im Bereich der Unternehmenskommunikation durchgesetzt und seine Anwendung gefunden. Die Unternehmenskommunikation umfasst

> „alle gesteuerten Kommunikationsprozesse, mit denen ein Beitrag zur Aufgabendefinition und -erfüllung in gewinnorientierten Wirtschaftseinheiten geleitet wird und die insbesondere zur internen und externen Handlungskoordination sowie Interessenklärung zwischen Unternehmen und ihren Bezugsgruppen (Stakeholdern) beitragen" (Zerfaß, 2014, S. 23).

Dieser Definition liegt das sozialtheoretische Verständnis von Giddens (1997) zugrunde. Die Verschränkung von Handlungen und Strukturen lässt sich dabei auf verschiedenen Ebenen analysieren. Dazu zählen die wechselseitig bedingten Ebenen des gesamten Unternehmens, der Kommunikationsabteilung(en) sowie der Kommunikationsmanager als individuelle Akteure. Das Kommunikationsmanagement steuert und kontrolliert dabei die kommunikativen Prozesse der Unternehmenskommunikation, die sich systematisch in verschiedene Teilbereiche differenzieren lässt.

Um die idealtypische Rolle des Kommunikationsmanagements innerhalb eines Unternehmens besser verstehen zu können, soll nun auf das Zusammenspiel zwischen strategischer Unternehmensführung, Kommunikationsmanagement und Unternehmenskommunikation eingegangen werden. Darauf basierend kann die bisherige Perspektive der Forschung zu Kommunikationsmanagement auf die Ziele und damit den Wertbeitrag von Kommunikation dargestellt werden, der für die ARV-Kommunikation kritisch hinterfragt werden muss.

Rolle des Kommunikationsmanagements
Nach dem zuvor etablierten Verständnis trägt das Kommunikationsmanagement zu den Unternehmenszielen und der Wertschöpfung bei. Die Voraussetzungen für einen Wertbeitrag von Kommunikation werden dabei auf mehreren Ebenen geschaffen. Die Zusammenhänge und die Rolle des Kommunikationsmanagements sollen anhand Abbildung 4.5 verdeutlicht und erläutert werden. Der Aufsichtsrat als Organ für die Unternehmenskontrolle wird dabei neu integriert.

Wie in Abschnitt 3.1 beschrieben, ist das dualistische System der Unternehmensführung durch die institutionelle Trennung von Unternehmensleitung (Vorstand) und -kontrolle (Aufsichtsrat) gekennzeichnet. Der Aufsichtsrat als Organ der Unternehmenskontrolle überwacht und berät den Vorstand. Das Gremium hat damit u. a. die Verantwortung für die Einhaltung der Corporate-Governance-Prinzipien. Der Vorstand wiederum stellt dem Aufsichtsrat alle relevanten Informationen aus dem Unternehmen für deren Kontrollfunktion zur Verfügung (ausführlich in Abschnitt 5.1.1).

Dem Vorstand als strategische Unternehmensführung obliegt die Gesamtverantwortung für Unternehmensstrategie und Wertschöpfung des Unternehmens. Dabei gilt es die verschiedenen Interessen der Stakeholder des Unternehmens zu integrieren. Lange richtete sich die Unternehmensführung vor allem an den Interessen der Anteilseigner aus. Das Konzept der wertorientierten Unternehmensführung wurde in den 1980er Jahren durch das Buch „Creating Shareholder Value" (Rappaport, 1998) definiert. Heute ist das Konzept eher unter dem Stichwort Shareholder-Value-Ansatz

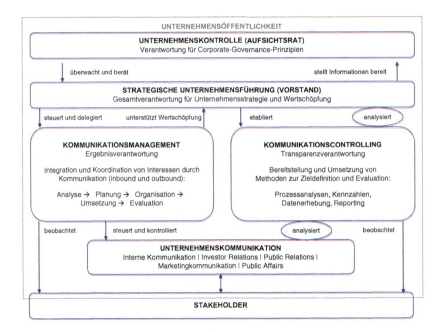

Abbildung 4.5 Zusammenhang von Unternehmensführung, Kommunikationsmanagement, Kommunikationscontrolling und Unternehmenskommunikation (modifiziert in Anlehnung an Zerfaß, 2014, S. 61)

bekannt. Anhand verschiedener Bewertungsfaktoren wird dabei eine Strategie formuliert, wobei als übergeordnetes Ziel die Wertsteigerung für die Anteilseigner gilt.

Die Konzentration auf Anteilseigner ist aus heutiger Sicht jedoch zu kurz gegriffen, da der Fortbestand des Unternehmens durch eine Vielzahl von Stakeholdern beeinflusst wird (Freeman, 1984). Demnach sollte die Steigerung des Stakeholder-Value im Vordergrund stehen, also die Verfolgung des nachhaltig wirtschaftlichen Erfolges mit gleichzeitig sozialer und politischer Verantwortung. Die Unternehmensführung muss sich demnach heute an ökonomischen, rechtlichen und moralischen Imperativen orientieren (Zerfaß, 2014, S. 27).

Die Aufgaben der Unternehmensführung lassen sich nach dem St. Galler Management-Modell in normative, strategische und operative Aspekte differenzieren (Rüegg-Stürm & Grand, 2020, S. 75–77): Die normativen Orientierungsprozesse beziehen sich auf die ethische Legitimation der unternehmerischen Tätigkeit und

Wahrnehmung von gesellschaftlicher Verantwortung. Dabei gilt es handlungslei-
tende Werte, Normen und Verhaltensmaximen zu definieren, die häufig in einer
Mission bzw. Vision zu finden sind. Im Rahmen des strategischen Managements
werden auf dieser Basis Ziele und Strategien entwickelt. Die Umsetzung dieser Strategien obliegt dem operativen Management, indem u. a. Ressourcen bereitgestellt
und die Geschäftsprozesse koordiniert werden.

Strategien stellen dabei den Weg zur Zielerreichung dar, wobei Ziele als „Beschreibung wünschenswerter und angestrebter zukünftiger Zustände" (Bamberger &
Wrona, 2012, S. 97) definiert werden können. In der Literatur zu strategischem
Management werden folgende allgemeine Ziele für den Unternehmenserfolg
beschrieben:

(1) strategische Dimension (Schaffung neuer und Sicherung bestehender Erfolgs-
    potenziale),
(2) operative Dimension (Erfolg, profitable Geschäftsmodelle) und
(3) finanzielle Dimension (Liquidität) (Gälweiler, 2005, S. 28).

Die Definition von Zielgrößen ist von zentraler Bedeutung für die strategische
Unternehmensführung, da sie als Steuerungsgröße die Basis für die Beurteilung
des Unternehmenserfolgs darstellt (Bamberger & Wrona, 2012, S. 99).

Da im Verständnis der Kommunikationsforschung die Kommunikationsstrategie
aus der Unternehmensstrategie abgeleitet werden sollte, soll ein kurzer Blick auf
das Thema Strategien erfolgen. In der Management-Literatur wie in der Praxis gibt
es unterschiedliche Vorstellungen von Strategien. Mintzberg versteht Strategie als
„a pattern in a stream of decisions or actions" (Mintzberg & Waters, 1985, S. 268),
also dem konkreten beobachtbaren Handeln des Unternehmens. Dagegen werden
Strategien häufig mit Plänen gleichgesetzt, die, öffentlich formuliert, eine Hand-
lungsorientierung, für die Unternehmensakteure darstellen (Bamberger & Wrona,
2012, S. 102–103). Rumelt betont in seiner Strategie-Definition die Dynamik mit
Blick auf die Zukunft als „how an organization will move forward" (Rumelt, 2011,
S. 6).

Ein Teil der Betriebswirtschaftslehre beschäftigt sich damit, wie eine Strategie
entwickelt werden sollte: Mintzberg, Ahlstrand & Lampel (1998) unterscheiden
zehn verschiedene Schulen und Zugänge zu diesem Thema. Ein anderer Teil der
Forschung betrachtet Strategie als Prozess und Ergebnis verteilter und dynamischer
Handlungen (Whittington, 2006). Aus dieser Perspektive sollte im Rahmen des
Strategiediskurses geklärt werden:

(1) was für das Unternehmen existenzrelevant ist und welche Ziele sich daraus ableiten lassen,
(2) nach welchen Erfolgskriterien die Qualität der aktuellen und zukünftigen Wertschöpfung eingeschätzt werden soll sowie
(3) welche Erfolgsvoraussetzungen mit Blick auf einen bestimmten Zeithorizont aufzubauen sind (Johnson, Langley, Melin & Whittington, 2007; Rüegg-Stürm & Grand, 2020, S. 90–92).

Unternehmen verfolgen mehrere Arten von Strategien, die eine Hierarchie bilden: Unternehmensstrategien, Geschäftsfeldstrategien und funktionale Strategien (Bamberger & Wrona, 2012, S. 106–135). Die grundsätzliche Ausrichtung des Unternehmens ist auch Teil der Beratungen zwischen dem Vorstand und Aufsichtsrat. Die Unternehmensstrategie und ggf. Geschäftsfeldstrategie werden in den Aufsichtsratssitzungen vorgestellt und beraten.

Die Kommunikationsstrategie stellt dabei eine funktionale Strategie dar, mit der die Unternehmens- bzw. Geschäftsfeldstrategie unterstützt wird. Die Kommunikationsaufgabe liegt sowohl beim Vorstand (vertiefend dazu in Abschnitt 4.3.2), wird jedoch zum großen Teil an die Kommunikationsfunktionen delegiert. Dem Kommunikationsmanagement als zentrale Steuerungsfunktion kommt die Ergebnisverantwortung für die Kommunikationsaktivitäten zu. Die zentrale Aufgabe ist dabei die Integration und Koordination von Interessen der internen und externen Stakeholder durch kommunikative Handlungen. Konkret vollzieht sich dies in den verschiedenen Handlungsfeldern der Unternehmenskommunikation, deren Kommunikationsprozesse vom Kommunikationsmanagement gesteuert und kontrolliert werden. Auf die Ziele, Anspruchsgruppen, Themen sowie Instrumente der drei Handlungsfelder Interne Kommunikation, Public Relations und Investor Relations, die für die ARV-Kommunikation relevant sind, wird in den Abschnitten 4.2.1 bis 4.2.3 ausführlich eingegangen. Auch die einzelnen Phasen des Kommunikationsmanagements werden im Folgenden detailliert beschrieben.

Weiterhin wird der arbeitsteilige Prozess des Kommunikationsmanagements von einem systematischen Kommunikationscontrolling unterstützt,

„indem Strategie-, Prozess-, Ergebnis- und Finanz-Transparenz geschaffen sowie geeignete Methoden, Strukturen und Kennzahlen für die Planung, Umsetzung und Kontrolle der Unternehmenskommunikation bereitgestellt werden" (Zerfaß, 2014, S. 59).

Beim Kommunikationscontrolling liegt somit die Transparenzverantwortung, die mithilfe verschiedener Methoden zur Zieldefinition und Evaluation, wie Prozessanalysen, Reporting etc., umgesetzt wird. Zerfaß (2014, S. 64–65) unterscheidet vier Handlungsfelder des Kommunikationscontrollings:

(1) Schaffung von Transparenz und Bereitstellung von Methoden für das Kommunikationsmanagement, um die Unternehmenskommunikation zu steuern;
(2) Steuerung und Kontrolle der Kommunikationsstrategie, indem durch Kommunikation geschaffene Werte, z. B. das Reputationskapital, verdeutlicht werden;
(3) Transparenz von Effizienz und Effektivität von Kommunikationsprogramme und -kampagnen sowie
(4) Methoden zur Steuerung und Kontrolle einzelner Kommunikationsmaßnahmen.

Die generierten Erkenntnisse und Kennzahlen können dann an die strategische Unternehmensführung zurückgespielt werden, um die Wertschöpfung durch Kommunikation zu verdeutlichen. Damit ist der Beitrag gemeint, den Kommunikation zur Erreichung der Unternehmensziele leistet. Das Kommunikationsmanagement und -controlling können organisatorisch in zentralen oder dezentralen Kommunikationsabteilungen gebündelt sein.

Phasen des Kommunikationsmanagements
Nachdem die Rolle und Funktion des Kommunikationsmanagements im Unternehmenskontext verdeutlicht wurde, soll nun detailliert auf die Phasen des Kommunikationsmanagements eingegangen werden. Auf dieser Basis soll im weiteren Verlauf der Arbeit empirisch überprüft werden, inwiefern die ARV-Kommunikation im Kommunikationsmanagement verortet ist.

Planungs- bzw. Konzeptionsmodelle für Kommunikation wurden historisch im angloamerikanischen Raum sowie in Deutschland vor allem von PR-Praktikern entwickelt (Bentele & Nothhaft, 2014, S. 609–610). Merten (2000) zeigt in einer Metaanalyse der deutschsprachigen Konzeptionslehre, dass sich die verschiedenen ausdifferenzierten Schritte von Konzeptionsmodellen auf fünf Grundbausteine zusammenfassen lassen: Analyse, Strategie, Taktik, Realisierung und Controlling/Evaluation. Das zugrunde liegende Verständnis von Kommunikationsmanagement orientiert sich bei der Steuerung der Kommunikationsprozesse entlang der Phasen Analyse, Planung, Organisation, Umsetzung und Evaluation (Zerfaß & Volk, 2020). Die Schritte Strategie und Taktik bei Merten werden demnach zu einem Komplex der Planung zusammengeführt. Der Schritt der Organisation wird aus einem ganzheitlichen Management-Verständnis ergänzt.

Gregory (2018, S. 9) argumentiert, dass die Vorlagen für die Planung und Steuerung von Kommunikationsprozessen nicht statisch, sondern aufgrund des dynamischen Kontextes von Kommunikation iterativ und flexibel verwendet werden sollten. Van Ruler (2015) spricht sich für eine agile Planung von Kommunikation aus, um der Geschwindigkeit und Unvorhersehbarkeit des Wandels gerecht werden zu können. Die fünf Phasen des Kommunikationsmanagements sind demnach als idealtypischer Ablauf zu verstehen, die eng miteinander in Verbindung stehen, und im Folgenden detailliert beschrieben werden (Abbildung 4.6).

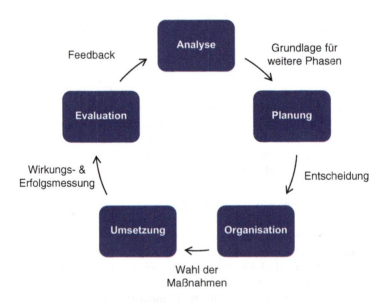

Abbildung 4.6 Phasen des Kommunikationsmanagements (Eigene Darstellung)

Analyse:
Bei der Analyse als erste Phase des Kommunikationsmanagements wird die Ausgangssituation erfasst, um ein vertieftes Verständnis für das Unternehmen und das Umfeld, in dem es agiert, zu erlangen. Die Analyse erfolgt dabei stets aus der strategischen und normativen Orientierung des Unternehmens heraus, d. h., sie ist selektiv bezogen auf die Ziele und Strategie des Unternehmens (Jarren & Röttger, 2009, S. 44). Grundsätzlich kann in dieser Phase zwischen der externen Analyse der Umwelt und der Analyse innerhalb des Unternehmens unterschieden werden.

Bei der *externen Analyse* wird das (kommunikative) Beziehungsgeflecht zwischen dem Unternehmen, den internen und externen Stakeholdern und der öffentlichen Meinungsbildung systematisch erfasst (Gregory, 2018, S. 10; Zerfaß, 2014, S. 68). So bietet etwa eine Stakeholder-Analyse oder Fokusgruppen einen tieferen Einblick in die Einstellungen, Meinungen und das Wissen der relevanten Stakeholder zum Unternehmen (Zerfaß & Volk, 2019, S. 32). Durch die steigende Bedeutung von Social Media gewinnen zudem Netzwerkanalysen an Bedeutung, mit deren Hilfe zentrale Akteure und Themen in relevanten Netzwerken identifiziert werden (Thiel, 2020). Mithilfe dieser Daten können dann die Einstellungen und Erwartungen der Stakeholder in Bezug auf das Unternehmen oder eines bestimmten Themas analysiert und visualisiert werden. Dies bildet die Grundlage dafür, in den weiteren Phasen die Kommunikationsmaßnahmen auf verschiedene Stakeholdergruppen aber auch einzelne Stakeholder zuschneiden zu können (Arthur W. Page Society, 2016, S. 7). Im Rahmen der externen Umfeldanalyse sollen auch Trends und Entwicklungen identifiziert werden, die zukünftig für das Unternehmen und seine Kommunikation relevant sein können. In diesem Zusammenhang stellt Kommunikation eine wichtige Ressource zur Umweltbeobachtung dar, die dabei helfen kann, Strategien anzupassen und das Unternehmen neu zu positionieren (Zerfaß & Viertmann, 2017, S. 72).

Die externe Analyse wird durch eine *interne Analyse* des Unternehmens ergänzt. Hierbei geht es vor allem um die Aufstellung und das Leistungspotenzial der Kommunikationsabteilung(en). Dadurch können u. a. das Personal und Budget als allokative Ressourcen der Kommunikation transparent gemacht werden. Zerfaß & Volk (2019, S. 55, 84) argumentieren jedoch, dass eine Kompetenzanalyse, als Tool aus dem Personalwesen, sowie die Budgetanalyse, als Tool aus dem Controlling, bisher selten im Kommunikationsmanagement genutzt würden. Auch eine Prozessanalyse, um Schwachstellen und Verbesserungspotenziale in den Kommunikationsabteilungen zu erkennen, würde bisher vor allem im Rahmen von Restrukturierungen und damit mit dem Ziel Kosten einzusparen eingesetzt (Zerfaß & Volk, 2019, S. 41). Darüber hinaus kann aber auch das unternehmensinterne Kommunikationsnetzwerk analysiert werden. So können Netzwerkanalysen etwa auch innerhalb des Unternehmens interessant sein, um z. B. bei Veränderungsprozessen diejenigen Mitarbeitenden zu identifizieren, die als potenzielle Meinungsführer den Wandel unterstützen können (Zerfaß & Volk, 2019, S. 74).

Auf der Basis der gesammelten externen und internen Informationen und Daten zum externen Umfeld und den internen Strukturen können dann die Chancen und Risiken der Kommunikation bewertet werden. Dies kann bspw. durch eine kommunikative SWOT-Analyse, einem Standardinstrument der strategischen Planung, geschehen. Dabei werden die spezifischen Herausforderungen der Kommunikation und deren Ergebnis berücksichtigt (Gregory, 2018, S. 10; Lurati & Zamparini, 2018). In Bezug auf Nachhaltigkeitsthemen hat sich zudem die Materialitäts- bzw. Wesentlichkeitsanalyse etabliert, die u. a. im Leitfaden der Global Reporting Initiative (GRI, 2016) gefordert wird.

Eine zentrale Aufgabe des Kommunikationsmanagements ist es dabei, insbesondere die Erkenntnisse zum Unternehmensumfeld so aufzubereiten, dass sie als entscheidungsrelevante Informationen im Unternehmen verstanden und genutzt werden können (Jarren & Röttger, 2009, S. 44). Die Sammlung und Einordnung der Wahrnehmungen und Erwartungen der verschiedenen Stakeholder ermöglicht es dem Unternehmen, seine Strukturen entsprechend zu modifizieren.

Zusammenfassend bilden die Ergebnisse der Analysephase die Grundlage für die weiteren Phasen des Kommunikationsmanagements. In Bezug auf die ARV-Kommunikation wird daher interessant sein, inwiefern eine Analyse der Ausgangssituation der Kommunikation von Aufsichtsratsvorsitzenden stattfindet, sodass die weiteren Schritte und Elemente des Kommunikationsmanagements darauf basieren können. Weiterhin wird relevant sein, inwiefern die Informationen aus der Analyse auch dem Aufsichtsrat als Informationsbasis für dessen Arbeit zur Verfügung gestellt werden.

Planung:

In der Planungsphase werden die Erkenntnisse aus der Analyse genutzt, um idealtypisch „goals, objectives, proposed tasks and actions, resource procurement, and resource allocations" (Bütschi, 2018, S. 1) zu definieren.

Der Startpunkt der Planung besteht in der Formulierung von konkreten *Kommunikationsstrategien*, wobei aus der übergreifenden Unternehmensstrategie oder der Geschäftsfeldstrategie systematisch Ziele für die Kommunikation abgeleitet werden sollen (Zerfaß & Volk, 2019, S. 89). Basierend auf einer Literaturanalyse differenzieren Volk & Zerfaß (2018, S. 443, 447) analytisch zwischen der Ausrichtung von Unternehmensstrategie und Kommunikationsstrategie (primary alignment) und der Kohärenz zwischen der Kommunikationsstrategie und den Kommunikationsaktivitäten (secondary alignment). Die Autoren zeigen dabei auch die Forschungslücke auf, die hinsichtlich der Verzahnung von Kommunikation und der Gesamtstrategie besteht, obwohl das Postulat der Verschränkung der Strategien keineswegs neu ist (grundlegend dazu: Zerfaß, 2010).

Die Kommunikationsstrategie stellt das zugrunde liegende Rationale dar, wie ein Thema kommunikativ angegangen wird, sodass konkrete Maßnahmen darauf aufgebaut werden können (Gregory, 2018, S. 10). Bentele & Nothhaft (2014, S. 625) unterscheiden zwischen fünf Parametern, die bei der Entwicklung von Kommunikationsstrategien zu berücksichtigen sind und in einem wechselseitigen Verhältnis zueinander stehen und im Folgenden erläutert werden:

- Kommunikationsziele
- Bezugsgruppen bzw. Stakeholder
- Positionierung
- Botschaften
- Medien/Themen

Kommunikationsziele zeichnen sich dadurch aus, dass sie „durch einen feststellbaren Soll-Zustand spezifiziert [werden], der sich direkt, zumindest aber indirekt durch Kommunikationsmaßnahmen herbeiführen lässt" (Bentele & Nothhaft, 2014, S. 626). Gregory (2018, S. 10) unterscheidet zwischen Ergebniszielen, d. h. messbaren kognitiven, affektiven oder konativen Veränderungen bei den Stakeholdern, und prozessbezogenen Zielen, die sich mit der Effizienz und Effektivität der Kommunikationsmaßnahmen befassen. Zerfaß & Viertmann (2017, S. 73) schlagen basierend auf einer interdisziplinären Literaturanalyse zwölf Kommunikationsziele vor, die auf vier Unternehmensziele einzahlen, und mit bekannten Key-Performance-Indikatoren gemessen werden können (Tabelle 4.1). In Abschnitt 5.2 soll diskutiert werden, inwiefern diese Kommunikationsziele auch auf die Kommunikation von Aufsichtsratsvorsitzenden übertragen werden können.

Tabelle 4.1 Übersicht von Kommunikationszielen (Eigene Übersetzung und Darstellung nach Zerfaß & Viertmann, 2017, S: 73)

Unternehmensziele	Kommunikationsziele
Unterstützung der Leistungserstellung	+ Bekanntheit / Publizität + Kundenpräferenz + Mitarbeiter-Commitment
Aufbau von immateriellen Kapital	+ Reputation + Marken + Unternehmenskultur
Sicherung von Handlungsspielräumen	+ Beziehungen + Vertrauen + Legitimität
Weiterentwicklung der Strategie	+ Themenführerschaft + Innovationspotenzial + Krisen-Resilienz

Weiterhin sollten die relevanten *Stakeholder* definiert werden, da diese durch unterschiedliche Maßnahmen und Kanäle angesprochen werden. Bei der Planung können, z. B. mithilfe des Tools „Zielhaus der Kommunikation" (Zerfaß & Volk, 2019, S. 99), die Kommunikationsziele in Relation zu den Stakeholdern visualisiert werden. Durch die Identifikation der Stakeholder resultiert auch, welche Öffentlichkeitsarenen für das Unternehmen relevant sind und welche Handlungsfelder der Unternehmenskommunikation aktiv werden.

Dann gilt es die *Positionierung* des Unternehmens zu definieren. Unter einer Positionierung wird ein „widerspruchsfreies System von Aussagen" (Bentele & Nothhaft, 2014, S. 628) zum Selbstverständnis des Unternehmens im Verhältnis zu anderen verstanden. Nach Zerfaß & Viertmann (2017) besteht die primäre Aufgabe der Kommunikationsfunktion darin, die Positionierung des Unternehmens in Markt und Gesellschaft mit kommunikativen Mitteln strategisch zu steuern und zu messen. Mithilfe einer Positionierungsmatrix, als bekanntes und häufig angewendetes Tool im Kommunikationsmanagements, können z. B. Ist- und angestrebte Soll-Positionierungen visualisiert werden (Zerfaß & Volk, 2019, S. 105). Auch die Positionierung von Vorständen (Zerfaß et al., 2016) gehört zu diesem Planungsschritt dazu.

Mit der Erarbeitung von *Botschaften* beginnt die inhaltliche Ebene der Planung, da sie ein „Scharnier zwischen Positionierung und Implementierung" (Huck-Sandhu, 2014, S. 652) darstellen. Sie können als Kernbotschaften, mit Bezug zur Grundpositionierung des Unternehmens, als Dachbotschaften, im Rahmen eines Kommunikationskonzepts, oder als Teilbotschaften formuliert werden.

Schließlich gehört die Planung von *Themen* und dazugehörige Auswahl von *Medien* ebenfalls zur Kommunikationsstrategie, wobei sie sowohl als Teil der strategischen als auch operativen Planung gesehen werden können. So wird mit der Entscheidung für bestimmte Medien auch eine Entscheidung über relevante Öffentlichkeitsarenen getroffen (Neidhardt, 1994). Bei der Themenplanung geht es sowohl um die eigene Themenagenda des Unternehmens, die u. a. an die Unternehmensentwicklung oder auch Börsennotierung gekoppelt ist, ebenso wie um die Identifikation aktueller oder neuer Themen, die für das Unternehmen relevant sein können. Bei abstrakten sowie emotional behafteten Themen bietet sich etwa die Entwicklung eines Storytelling-Ansatzes an (Huck-Sandhu, 2014, S. 664).

Ein weiterer Teil der Planungsphase ist auch die *Festlegung eines Gesamtbudgets* sowie Teilbudgets für einzelne Kommunikationsmaßnahmen (Zerfaß & Volk, 2019, S. 120) sowie *Kapazitäten innerhalb der Kommunikationsabteilung*. Beide stellen aus strukturationstheoretischer Perspektive allokative Ressourcen der Kommunikation dar. Auf Basis der Planung werden demnach Entscheidungen für die nächste Phase der Organisation getroffen.

Da im vorliegenden Verständnis das Kommunikationsmanagements zu den Unternehmenszielen und Wertschöpfung beitragen soll, ist es in der Phase der Planung von zentraler Bedeutung, die Kommunikationsprozesse zur Zielerreichung von der Initiierung bis zur potenziellen betriebswirtschaftlichen Wirkung zu analysieren, um so den Wertschöpfungsbeitrag bewerten zu können. Zur Systematisierung von Werttreibern kann z. B. der DPRG/ICV-Bezugsrahmen für Kommunikationscontrolling mit den vier Wirkdimensionen Input, Output, Outcome und Outflow herangezogen werden (DPRG & ICV 2011, S. 13–14): Die Input-Ebene beinhaltet den Einsatz von finanziellen und personellen Ressourcen für die Kommunikationsmaßnahme. Die Output-Ebene umfasst sowohl den internen Output wie Prozesseffizienz (z. B. Budgettreue) und die Qualität der Kommunikation (z. B. Readability), als auch externen Output, wie Reichweite (z. B. Visits, Share of Voice). Auf der Outcome-Ebene kann zwischen direktem Outcome, also der Beeinflussung von Wahrnehmungen und Wissen (z. B. Aufmerksamkeit) und indirektem Outcome, verstanden als der Beeinflussung von Meinungen und Einstellungen der Stakeholder (z. B. Kaufintention) unterschieden werden. Auf der Outflow-Ebene wird schließlich der Einfluss der Kommunikation auf die strategischen oder finanziellen Ziele des Unternehmens bzw. der materiellen und immateriellen Ressourcen gemessen (z. B. Reputations- oder Markenwert).

Zusammenfassend ist es durch eine detaillierte Planung (und entsprechende Evaluationstools) möglich, die Kommunikation an der Unternehmensstrategie auszurichten und den Wertbeitrag von Kommunikation zu analysieren und sichtbar zu machen. In Bezug auf die ARV-Kommunikation soll dabei zunächst konzeptionell geklärt werden, inwiefern dieses bisherige Verständnis auf die Kommunikation von Aufsichtsratsvorsitzenden, insbesondere in Bezug auf die Ausrichtung an der Unternehmensstrategie, übertragen werden kann (Abschnitt 5.2). Für die Phase der Planung ist in dem Zusammenhang besonders interessant, welche Ziele es für die ARV-Kommunikation gibt. Weiterhin soll empirisch überprüft werden, ob die bisherige ARV-Kommunikation ein Teil der Planungsphase des Kommunikationsmanagements ist.

Organisation:
Nach der Planung müssen verschiedene Entscheidungen in der darauffolgenden Phase der Organisation getroffen werden. Hierbei steht die Einbindung der Kommunikationsabteilung im Fokus. Die organisationalen Strukturen bilden den Korridor, in dem die Kommunikationsverantwortlichen agieren, da durch die Anwendung von Regeln und Ressourcen das Handeln ermöglicht oder begrenzt wird (Giddens, 1997, S. 81; Neuberger, 1995, S. 291). Das Thema der Organisation und Einbindung der Kommunikationsabteilung im Unternehmenskontext ist in der bisherigen Forschung

jedoch häufig vernachlässigt worden. Die vorhandenen kommunikationswissenschaftlichen Studien haben sich mit der Organisation der Kommunikationsabteilung vor allem im Kontext mit der organisatorischen Anbindung an das Top-Management beschäftigt: Eine Reporting-Linie zum Top-Management wird dabei als wichtige Voraussetzung für die Einbindung der Kommunikationsabteilung in unternehmerische Entscheidungsprozesse angesehen (Gregory, 2018; Grunig et al., 2002; Zerfaß & Franke, 2013).

Zerfaß et al. (2014, S. 989) unterscheiden grundsätzlich zwischen der *Aufbauorganisation und Ablauforganisation*. Bei der Aufbauorganisation werden die organisationalen Strukturen betrachtet, z. B. anhand eines Organigramms, die den Handlungsrahmen für die strategische Verankerung des Kommunikationsmanagements bilden. Demgegenüber definiert die Ablauforganisation die Prozesse zwischen und innerhalb der verschiedenen Kommunikationsfunktionen.

In Bezug auf die Aufbauorganisation gibt es nach Gregory (2018, S. 12) grundsätzlich drei Optionen, wie Kommunikationsabteilungen strukturiert sein können: (1) anhand von Funktionen, d. h. spezialisierte Fachbereiche für Media Relations, Finanzkommunikation, politische Kommunikation etc., (2) anhand von Aufgaben, d. h. Events, Publikationen, Design, etc., oder (3) im Rahmen von Projektteams, die analog zu einer internen Beratung, in lang- und kurzfristigen Projekten zusammen sowohl verschiedene Funktionen als auch Aufgaben bearbeiten.

Moss, Likely, Sriramesh & Ferrari (2017) veröffentlichen die bisher einzige groß angelegte internationale Studie zur Aufbauorganisation von Kommunikationsabteilungen und zeigen, dass es beachtliche Unterschiede beim Aufbau der Abteilungsstrukturen gibt. Dabei kristallisiert sich jedoch keine dominante Struktur heraus, vielmehr werde die Organisationsstruktur der Kommunikationsabteilung an die individuellen Gegebenheiten des Unternehmens angepasst.

Zerfaß et al. (2014, S. 990–991) argumentieren, dass das Geschäftsmodell und die Eigentümerstruktur wichtige Einflussfaktoren auf die Aufbauorganisation der Kommunikationsabteilung seien. Demnach würden Kommunikationsfunktionen bei börsennotierten Unternehmen, aufgrund der strengen kapitalmarktbezogenen Regularien, zu einem zentralisierten Organisationsmodell mit Schwerpunkten hinsichtlich der Kommunikationsfunktionen tendieren.

Die Kommunikation mit der Kapitalmarktöffentlichkeit (Abschnitt 4.1.2) stellt aufgrund der unterschiedlichen Stakeholder und Informationsbedürfnisse – und daraus folgenden Spezialisierung der Kommunikationsverantwortlichen – eine Besonderheit dar. Obwohl die kommunikationswissenschaftliche Forschung die Funktion der Finanzkommunikation mitdenkt, wird die Kommunikation mit der

Kapitalmarktöffentlichkeit in vielen Unternehmen von zwei Kommunikationsabteilungen vollzogen: der Finanzkommunikation auf Seiten der Unternehmenskommunikation sowie der Investor Relations, die sich meist als eine eigenständige Abteilung in börsennotierten Unternehmen etabliert hat und dabei überwiegend an den Finanzvorstand berichtet (Hoffmann & Tietz, 2018, S. 8). Zwischen diesen beiden Funktionen findet beim Thema Finanzkommunikation jedoch eine intensive, aber meist informelle und häufig anlassbezogene Abstimmung statt (Hoffmann & Tietz, 2019).

Die Aufbauorganisation der Kommunikationsabteilungen ist längerfristig im Organigramm des Unternehmens festgelegt und wird ggf. bei einer Restrukturierung oder dem Wechsel des Chief Communication Officers angepasst. Dagegen befindet sich die Ablauforganisation eher im Wandel. In Bezug auf die Ablauforganisation kann zwischen einer funktionsorientierten und prozessorientierten Organisation unterschieden werden (Zerfaß et al., 2014, S. 999): Bei der funktionsorientierten Ablauforganisation werden die Arbeitsabläufe in einzelne Arbeitsschritte zerlegt, sodass festgelegt werden kann, wer welche Tätigkeiten ausführt. Dies ist vor allem bei häufig wiederkehrenden und leicht standardisierbaren Aufgaben, wie Pressemitteilungen, der Fall. Die prozessorientierte Ablauforganisation betrachtet dagegen die Prozesse der Kommunikationsabteilungen, z. B. hinsichtlich der Einhaltung der Kommunikationsstrategie oder des Social-Media-Managements.

In der Phase der Organisation soll auch der konkrete *Einsatz der Kommunikationsverantwortlichen* betrachtet werden. Nach McKinney (2018, S. 3) muss dabei entschieden werden, ob Kommunikationsaufgaben durch Kommunikationsverantwortliche in den Unternehmen übernommen werden oder eine Kommunikationsberatung beauftragt wird bzw. einzelne Aufgaben ausgelagert werden. Bei den Personalentscheidungen würden sowohl Generalisten benötigt, die sich bei Bedarf spezialisieren können, als auch Fachspezialisten, die den verschiedenen Kommunikationsfunktionen zugeordnet seien. Die Forschung zum Kompetenzmanagement im Kommunikationsmanagement steht dabei jedoch noch am Anfang (Kiesenbauer, 2018). Auf die Kommunikatorforschung zu Kommunikationsverantwortlichen, aber auch in Bezug auf die Unternehmensführung, wird in Abschnitt 4.3 ausführlich eingegangen.

Zusammenfassend kann festgehalten werden, dass das Personal, also das professionelle Handeln der Kommunikationsverantwortlichen, eine allokative Ressource der Kommunikation darstellt. Daher wird relevant sein, inwiefern die Investor-Relations- und Public-Relations-Abteilungen die Verantwortung für die ARV-Kommunikation inne haben.

Umsetzung:
In der Phase der Umsetzung geht es schließlich um die konkrete Durchführung der geplanten Kommunikationsmaßnahmen. Dazu gehört die *Auswahl der relevanten Instrumente*, wobei das gesamte Spektrum an persönlicher, (massen-)medialer und interaktiver Kommunikation denkbar ist (Zerfaß, 2014, S. 69). Die Auswahl der Instrumente ist auch abhängig von den Informationsbedürfnissen der Stakeholder in den jeweiligen Öffentlichkeitsarenen. In den folgenden Kapiteln wird daher auf die wichtigsten Instrumente der Handlungsfelder Interne Kommunikation (Abschnitt 4.2.1), Public Relations (Abschnitt 4.2.2) und Investor Relations (Abschnitt 4.2.3) eingegangen. Mithilfe eines Maßnahmenportfolios können alle Kommunikationsaktivitäten visualisiert, aber auch priorisiert werden (Zerfaß & Volk, 2019, S. 148). Auch die Koordination der operativen Prozesse und Arbeitsabläufe fällt in diese Phase. Dazu können z. B. Checklisten oder als agile Methode das Communication Scrum genutzt werden (Zerfaß & Volk, 2019, S. 175, 179).

Zusammenfassend kann festgehalten werden, dass sich zahlreiche kommunikationswissenschaftliche Studien mit der Umsetzung von konkreten Kommunikationsmaßnahmen beschäftigen. Im Rahmen dieser Studie soll die Bandbreite der internen und externen Maßnahmen der ARV-Kommunikation empirisch überprüft werden. So kann gezeigt werden, mit wem und in welcher Frequenz eine Kommunikation stattfindet.

Evaluation:
Die Evaluation und Messung (E&M) von Kommunikation ist ein Dauerthema in der kommunikationswissenschaftlichen Forschung. Messung umfasst (quantitative und qualitative) sozialwissenschaftliche Methoden zur Erhebung und Analyse von Daten, während Evaluation als breitere Aktivität die systematische Beurteilung eines Wertes bzw. Aktivität umfasst. Beides zusammen bildet die Grundlage für die Beurteilung, ob und wie Kommunikationsaktivitäten zur Zielerreichung bzw. Strategie des Unternehmens beitragen (Buhmann & Likely, 2018, S. 653). Die Evaluation ist damit eng mit der Planung der Kommunikation verbunden, da bereits dort eine Entscheidung zu relevante Metriken und Methoden getroffen werden sollte.

Die Evaluation von Kommunikation geht bis auf die Anfänge der PR-Praxis in den USA in den frühen 1900er Jahren zurück, eine fokussierte Thematisierung in der Forschung begann jedoch erst Mitte der 1970er Jahre (Watson & Noble, 2014). Entsprechend umfangreich ist die wissenschaftliche Literatur zur Bedeutung sowie verschiedener Methoden und Implementierung von E&M, wie u. a. in den Analysen von Watson (2012), Likely und Watson (2013) sowie Volk (2016) ausführlich dargestellt wird. So zeigt Volk (2016) anhand einer Literaturanalyse von 40 Jahren PR-Evaluationsforschung, dass sich die dabei behandelten Fragen grob in die folgenden Bereiche gruppieren lassen: Analyse der Wirksamkeit von Kommunikation und Botschaften auf der Output-Ebene; Messungen auf der Outcome-Ebene, z. B. in Bezug auf Beziehungen und Reputation; Konzeptualisierung von immateriellen Werten und Wertschöpfung durch Kommunikation; Weiterentwicklung von Methoden zur Evaluation und Messung.

In den vergangenen Jahrzehnten wurden zahlreiche Evaluationsmodelle entwickelt, mit deren Hilfe verschiedene Evaluationsstufen, Metriken und Maßnahmen dargestellt werden. In ihrer Grundform unterscheiden die Modelle zwischen

(1) Inputs, also den einfließenden Ressourcen;
(2) Aktivitäten, die durchgeführt werden;
(3) Outputs, als Ergebnisse der Kommunikationsaktivitäten, und
(4) Outcomes, den kurz-, mittel- oder langfristigen Veränderungen, die durch die Kommunikation resultieren.

Der größte Unterschied zwischen verschiedenen Modellen ist die Anzahl der Stufen, auf denen gemessen wird (Buhmann & Likely, 2018, S. 657–658). Darauf aufbauend gab es in den vergangenen 10 Jahren verschiedene Projekte, um standardisierte Modelle, Metriken und Methoden für Evaluation und Messung voranzutreiben: dazu gehören u. a. die Barcelona Principles und das AMEC Integrated Evaluation Framework auf internationaler Ebene, das DPRG/ICV-Bezugsrahmen in deutschsprachigen Ländern sowie das GCS Framework in Großbritannien, wobei die Akzeptanz und Anwendung in der Kommunikationspraxis erheblich variieren (Buhmann, Macnamara & Zerfaß, 2019). Verschiedene weltweit durchgeführte Studien zum Stand von E&M in der Praxis zeigen jedoch, dass sich die Implementierung von Standards überwiegend auf den Outcome von Kommunikation fokussiert, während andere Ebenen der Kommunikationsmessung außen vor bleiben (Baskin et al., 2020; Macnamara & Zerfaß, 2017; Michaelson & Stacks, 2011; Zerfaß, Verčič & Volk, 2017).

Hinzu kommt, dass der bereits Anfang der 1980er Jahre von Jim Grunig geäußerte „cri dc coeur" über die mangelnde Evaluation in der Praxis der PR und Unternehmenskommunikation bis heute nachhallt (Grunig, 1983). Auch neuere Studien beschreiben einen Stillstand in der Evaluationspraxis (Gregory & Watson, 2008) bzw. konstatieren, dass die Praxis in einer Sackgasse in Bezug auf Evaluation gefangen sei (Macnamara, 2015). Die Suche nach den Ursachen für die mangelnde Einführung und konsequente Durchführung von E&M der Kommunikation offenbart verschiedene Gründe: ein Mangel an Zeit, Budget und Ressourcen;

fehlende Kompetenzen und Wissen der Kommunikationsverantwortlichen; Mangel an Methoden und Instrumenten für die Evaluation; fehlender Konsens über Industriestandards; sowie eine fehlende Einbindung in das strategische Management und damit Kennzahlen des Unternehmens (Buhmann et al., 2018, S. 3–4; Macnamara, 2015, S. 374–376).

In der Investor-Relations-Forschung ist das Thema E&M bisher kaum behandelt worden (Hoffmann et al., 2018, S. 300). Die existierenden Studien zeigen, dass IR-Verantwortliche eine Kombination aus quantitativen und qualitativen Methoden bevorzugen und dabei den größten Wert auf qualitative, nichtfinanzielle und beziehungsorientierte Metriken legen, um den Erfolg ihrer IR-Aktivitäten zu messen (Hoffmann & Tietz, 2018, S. 11, Ragas & Laskin, 2014; Ragas et al., 2014, S. 183–185). Als zentrale Herausforderungen für die Evaluation der IR werden die Zurechenbarkeit der Leistung der IR, die Effizienzmessung, die Verknüpfung von Kontrolle und Planung im Managementprozess sowie die Abdeckung aller Ebenen der Erfolgsmessung gesehen (Spitzer, Binder-Tietz, Biberacher & Hoffmann, 2019, S. 5–8).

Für diese Arbeit lassen sich in der fünften Phase des Kommunikationsmanagements zwei Grundtypen von Evaluation unterscheiden (Bentele & Nothhaft, 2014, S. 618–620; Buhmann & Likely, 2018, S. 655, Zerfaß, 2014, S. 69; Zerfaß & Volk, 2018, S. 182, 195, 199):

(1) *Formative Evaluation:* Die formative Evaluation ist die prozessbegleitende Überwachung und Steuerung der Kommunikation. Dazu gehört, dass bereits in der Phase der Analyse und Planung relevante Entscheidungen getroffen und alternative Handlungsoptionen ausgeblendet werden müssen. Im Rahmen der Prozessevaluation werden dann die laufenden kommunikativen Aktivitäten überwacht. Dazu gehört u. a. der externe Output (z. B. mediale Reichweite) oder direkte Outcome (z. B. die Aufmerksamkeit oder das Engagement zu einem Thema). Verschiedene Evaluationstools, wie etwa eine Medienresonanz- oder Sentiment-Analyse können geeignete Daten zur Verfügung stellen. Der Schwerpunkt der Prozessevaluation liegt auf der Bewertung, ob die Prozesse wie geplant laufen oder ob eine Anpassung der kommunikativen Handlungen erforderlich ist.

(2) *Summative Evaluation:* In der summativen Evaluation geht es um die abschließende Bewertung der Ergebnisse der Kommunikationsaktivitäten. Dazu gehört u. a., inwieweit die gesteckten Ziele im Rahmen der Kommunikationsstrategie durch die realisierten Kommunikationsaktivitäten erreicht werden. Dazu gehört auf der Ebene des Outflows auch, inwiefern mithilfe von Kommunikation die Ziele des Unternehmens unterstützt werden konnten. Auf dieser Basis können

Optimierungspotenziale identifiziert und Pläne und Budgets angepasst werden. Eine Communication Scorecard, eine Adaption der Balance Scorecard, kann z. B. ein geeignetes Tool für die Erfolgskontrolle und Darstellung des Wertbeitrags von Kommunikation darstellen. Die Ergebniskontrolle bildet die Grundlage für zukünftige Situationsanalysen und schließt damit den Kreislauf des Kommunikationsmanagements ab.

Zusammenfassend kann festgehalten werden, dass Evaluation sowohl eine Phase des Kommunikationsmanagement-Prozesses ist, aber auch ein fester Bestandteil der anderen Phasen des Kommunikationsmanagements darstellt. Daher wird für die ARV-Kommunikation interessant sein, wie die Kommunikationsaktivitäten von Aufsichtsratsvorsitzenden evaluiert werden.

Nachdem die Phasen des Kommunikationsmanagements ausführlich dargestellt wurden, kann die ARV-Kommunikation im weiteren Verlauf der Arbeit empirisch überprüft werden. Im Folgenden wird nun auf die Handlungsfelder der Unternehmenskommunikation eingegangen werden, deren Kommunikationsprozesse vom Kommunikationsmanagement gesteuert und kontrolliert werden.

Handlungsfelder der Unternehmenskommunikation
Wie bereits beschrieben, orientiert sich die Unternehmensführung nicht nur an den Interessen und Ansprüchen der Anteilseigner, sondern muss bei der Integration in Markt und Gesellschaft unterschiedlichen Stakeholdern gerecht werden. Daher hat sich die Kommunikationsfunktion in Unternehmen in verschiedene Aufgabenfelder ausdifferenziert. Dabei lassen sich grob drei Kerndimensionen unterscheiden, die jeweils voneinander abhängig sind: (1) Stakeholder, (2) Themen und Situationen und (3) Instrumente und Kanäle (Röttger, Preuße & Kobusch, 2018, S. 154 f.). In der Praxis haben viele Unternehmen innerhalb oder außerhalb einer zentralen Kommunikationsfunktion anhand ihrer Stakeholder spezialisierte Abteilungen mit eigenen Budgets und Schwerpunkten organisiert (Zerfaß & Dühring, 2014, S. 171).

Anhand der zugrunde liegenden Koordinationsmuster und Zielsetzungen unterscheidet Zerfaß (2014) zwischen der internen Kommunikation, Marktkommunikation und Public Relations (verstanden als gesellschaftsorientierte Kommunikation). Als weitere Detaillierung könne zudem die Finanzkommunikation und Public Affairs gesondert betrachtet werden. Eine ähnliche Differenzierung nutzt Wilbers (2004) und unterscheidet die Marktkommunikation weiter nach Kunden, Zulieferern und Wettbewerbern. Dyllick & Meyer (2004) grenzen die Mitarbeiterkommunikation von den drei externen Kommunikationsarenen der Marktkommunikation, Finanzkommunikation und Öffentlichkeitsarbeit ab.

Im Rahmen dieser Arbeit werden daher fünf Handlungsfelder der Kommunikation für börsennotierte Unternehmen systematisch unterscheiden:

- *Interne Kommunikation*: Kommunikation zwischen Unternehmensführung (hier verstanden als Vorstand und Aufsichtsrat), Führungskräften und Mitarbeitenden
- *Marktkommunikation*: Kommunikation mit Kunden, Zulieferern und Wettbewerbern
- *Public Relations*: Kommunikation mit Journalisten und anderen Meinungsführern (auch Influencern), gesellschaftlichen Gruppen und Nichtregierungsorganisationen
- *Investor Relations*: Kommunikation mit Anteilseignern, Wirtschafts- und Finanzjournalisten, Analysten, Stimmrechtsberatern sowie weiteren Akteuren des Kapitalmarkts
- *Public Affairs*: Kommunikation mit Politikern, Regulierungsbehörden und Staatsvertretern

Die Handlungsfelder haben gemeinsam, dass sie im Rahmen des Kommunikationsmanagements grundsätzlich zweckbezogen geplant und gesteuert werden können. Dazu ist es wichtig, dass sie im Rahmen der Unternehmenskommunikation miteinander abgestimmt sind. Für die Abstimmung von Kommunikationsmaßnahmen ist zu betonen, die sich in Erweiterung einer Systematik von Bruhn (2009) in inhaltlicher, formaler, zeitlicher und dramaturgischer Hinsicht integrieren lässt (Zerfaß, 2010, S. 413).

Im weiteren Verlauf der Arbeit soll detailliert auf die Handlungsfelder der internen Kommunikation (Abschnitt 4.2.1), Public Relations (Abschnitt 4.2.2) und der Investor Relations (Abschnitt 4.2.3) eingegangen werden. Dabei wird ein Schwerpunkt auf die Ziele und Stakeholder gelegt, aber auch die Themen und Instrumente eingegangen. Die Handlungsfelder der Marktkommunikation und Public Affairs werden dagegen nicht detailliert betrachtet, da es zunächst keine Ansatzpunkte aus dem Tätigkeitsfeld des Aufsichtsratsgremiums gibt.

4.2.1 Interne Kommunikation: Information und Orientierung für Führungskräfte und Mitarbeitende

Die Aufgaben des Aufsichtsrats als Organ des dualistischen Systems der Unternehmensführung richten sich vor allem in das Unternehmen hinein. Für seine Kontrollfunktion benötigt der Aufsichtsrat Informationen aus dem Unternehmen und für die Beratungsfunktion ist ein Austausch mit dem Vorstand vorgesehen (Abschnitt 3.2). Die Corporate-Governance-Forschung hat sich bisher jedoch nicht damit beschäftigt, ob dem Aufsichtsrat bzw. Aufsichtsratsvorsitzenden darüber hinaus eine kommunikative Leistungsrolle innerhalb des Unternehmens zukommt. Um dies zu klären sowie im Rahmen der empirischen Analyse interne Kommunikationsmaßnahmen identifizieren zu können, soll zunächst auf das Handlungsfeld der internen Kommunikation eingegangen werden. Nach einer Definition der internen Kommunikation werden die Zielgruppen und Ziele dargestellt werden, um später eine mögliche Kommunikationsaufgabe von Aufsichtsratsvorsitzenden verorten zu können. Die Unternehmensöffentlichkeit konstituiert sich durch die Rollen, aber auch die spezifischen Themen des Unternehmens, daher sollen im weiteren auch Inhalte und Instrumente der internen Kommunikation betrachtet werden, um das Verständnis für eine mögliche interne Kommunikationsmaßnahmen von Aufsichtsratsvorsitzenden zu schärfen.

Die interne Kommunikation (IK) ist ein Forschungsfeld im Wandel und hat in den vergangenen Jahren stark an Bedeutung gewonnen (Huck-Sandhu, 2016, S. 1). Das Thema wird sowohl aus der Perspektive der Organisationskommunikation (Theis-Berglmair, 2003, S. 18) als auch der Unternehmenskommunikation (Zerfaß, 2014, S. 23) erforscht. Szyszka & Malczok (2016) systematisieren unterschiedliche Verständnisse und Zugänge innerhalb der Forschungszweige und rekapitulieren interne Kommunikation als einen Dachbegriff, der sich auf „alle Prozesse formeller, informeller und darauf bezogener instrumenteller Kommunikation […] innerhalb der Strukturen eines Organisationssystems" (Szyszka & Malczok, 2016, S. 37) bezieht. In der Definition bleibt jedoch zunächst unklar, was sich hinter den Begriffen formelle, informelle und instrumentelle Kommunikation verbirgt. Mast (2014) definiert interne Kommunikation konkreter bezogen auf Unternehmen und aus Perspektive des Kommunikationsmanagements wie folgt:

> „Interne Unternehmenskommunikation umfasst sämtliche kommunikative Prozesse, die sich in einem Unternehmen zwischen Mitarbeitern der verschiedenen Abteilungen und Hierarchiestufen abspielen. Sie reicht von Alltags- bis zu Krisensituationen und sorgt dafür, dass Wissen, gemeinsame Werte und Unternehmensziele für alle Mitarbeiter zugänglich und erlebbar werden" (Mast, 2014, S. 1123).

Diese kommunikativen Prozesse umfassen gleichermaßen die „verfassungskonstituierenden Beziehungen" und „die laufende Strukturierung und Steuerung der Leistungsprozesse innerhalb des Verfassungsrahmens" (Zerfaß, 2010, S. 290, 2014, S. 45), also Entscheidungs- und Umsetzungsprozesse sowie ablaufenden Routinen.

Stakeholder und Ziele der internen Kommunikation

Freeman (1984, S. 216–219) verwehrt sich zunächst gegen den Begriff, stellt aber schließlich fest, dass auch von internen Stakeholdern gesprochen werden kann. *Interne Stakeholder* können anhand ihrer Stellung in der Unternehmenshierarchie differenziert werden, z. B. das Top-Management, Führungskräfte (oberes und mittleres Management, Team- oder Projektebene) sowie Mitarbeitende (Cheney & Christensen, 2008; Welch & Jackson, 2007, S. 184) oder anhand von Tätigkeitsbereichen, wie Vertrieb, Produktion oder Verwaltung (Mast, 2014, S. 1124). Der Aufsichtsrat als Spezifikum des dualistischen Systems der Unternehmensführung wird in dieser Betrachtung nicht explizit als interner Stakeholder benannt. Weiterhin kommen in Deutschland noch Betriebsräte und Gewerkschaften als Intermediäre in der Unternehmensöffentlichkeit dazu (Abschnitt 4.1.3).

Interne Kommunikation wird häufig mit Mitarbeiterkommunikation gleichgesetzt, jedoch kann auch die Führungskräftekommunikation darunter gefasst werden. Die Führungskräftekommunikation unterscheidet sich inhaltlich, medial und dramaturgisch deutlich von der Mitarbeiterkommunikation (Voß & Röttger, 2014, S. 1142); die Unterschiede werden folgend jeweils skizziert.

Im Rahmen der internen Kommunikation werden sowohl unternehmerische als auch mitarbeiterorientierte Zielsetzungen verfolgt. Klassische, aber eher instrumentell angelegte Ziele wie Information, Motivation/Commitment und Identifikation spielen dabei weiterhin eine wesentliche Rolle. Die zweiseitig angelegten Ziele, wie Orientierung für Mitarbeitende und Vertrauen in die Unternehmensführung, haben in den vergangenen Jahren an Bedeutung gewonnen (Huck-Sandhu, 2016, S. 7).

Die *Ziele und Funktionen der internen Kommunikation* werden im Folgenden kurz systematisiert und erläutert (Einwiller, Klöfer & Nies, 2008, S. 227–228; Fitz-Patrick, 2012, S. 276; Mast, 2014, S. 1132; Mast & Huck-Sandhu, 2019, S. 287–291; Welch & Jackson, 2007, S. 188–190), um die Relevanz für die ARV-Kommunikation bewerten zu können.

- *Information und Koordination*: Die zentrale Aufgabe der internen Kommunikation ist es, die Mitarbeitenden adäquat zu informieren. Das heißt, relevante und spezifische Informationen sollen angemessen und verständlich aufbereitet zum richtigen Zeitpunkt am richtigen Ort bzw. über den passenden Kanal zur Verfügung stehen. Kommunikation ermöglicht dann eine gezielte Steuerung, Vernetzung und Verbesserung von Arbeitsprozessen unterschiedlicher Unternehmensbereiche. Führungskräfte müssen dabei so mit Informationen ausgestattet werden, dass sie wiederum mit ihren Mitarbeitenden kommunizieren können. Dies gilt sowohl für Informationen einerseits zu Arbeitsprozessen als auch andererseits für Neuigkeiten, die bspw. im Entscheidungsbereich des Aufsichtsrats liegen, wie z. B. die Besetzung des Vorstands. So erfahren Mitarbeitende den Wechsel des Vorstands idealerweise über interne Medien oder von Führungskräften.

- *Motivation bzw. Commitment*: Mithilfe von interner Kommunikation sollen Unternehmenswerte vermittelt und ein Gemeinschaftsgefühl erzeugt werden, um Mitarbeitende an das Unternehmen zu binden und zu integrieren. Auf dieser Basis entsteht Motivation, sich für das Unternehmen und dessen Ziele einzusetzen. Commitment kann auch als eine Art Loyalität gegenüber dem Unternehmen betrachtet werden. Meyer & Allen (1997, S. 11–13) unterscheiden drei Arten von Commitment, wonach Mitarbeitende in der Organisation sind, weil sie (1) dort sein wollen (affective commitment), (2) weil sie dort sein müssen (continuance commitment) oder (3) weil sie sich verpflichtet fühlen dort zu sein (normative commitment). Ein persönlicher Austausch mit dem Aufsichtsratsvorsitzenden könnte z. B. zur Motivation von Führungskräften beitragen.
- *Identifikation und Außenwirkung*: Die interne Kommunikation will Mitarbeitende in die Lage versetzen, sich mit dem Unternehmen zu identifizieren, schließlich ist jede Person in ihrem Familien- und Bekanntenkreis ein wichtiger Botschafter für das Unternehmen. Gut informierte und sich mit dem Unternehmen identifizierende Mitarbeitende können eine immense Außenwirkung entfalten. Sie werden zu glaubwürdigen Botschaftern oder Influencern für das Unternehmen werden, wenn sie von internen Kommunikatoren entsprechend befähigt oder ermutigt werden. Mitarbeitende und im besonderen Maße Führungskräfte sollen unterstützt werden, überzeugend für das Unternehmen zu sprechen – und so eine Vielfältigkeit der Stimmen zu erzeugen (Christensen et al., 2008).
- *Vertrauen*: Vertrauen ist die Grundlage jeder (Arbeits-)Beziehung. Vertrauen kann jedoch nur langfristig mithilfe von glaubwürdiger und authentischer interner Kommunikation, vor allem der Führungskräfte, aufgebaut werden (Röttger & Voss, 2008). Vertrauen ist auch die Grundlage für das Commitment der Mitarbeitenden (Sparrow & Cooper, 2003, S. 2 f.). Insbesondere in Veränderungsprozessen ist das Vertrauen der Mitarbeitenden in die Unternehmensführung, sowohl in Vorstand und Aufsichtsrat, von zentraler Bedeutung.
- *Orientierung*: Huck-Sandhu (2013) betont zudem die Orientierungsfunktion der internen Kommunikation und rückt damit Mitarbeitende ins Zentrum der Betrachtung. Ziel der Kommunikation soll es dabei sein, den Mitarbeitenden und Führungskräften vielfältige Angebote für eine aus Sicht des Managements wünschenswerte Orientierung zu vermitteln. Dies kann auch auf die

Rolle des Aufsichtsrats als Hüter der Corporate Governance übertragen werden, die durch ihre Entscheidungen, etwa zur Besetzung des Vorstands, einen Orientierungsrahmen für das Handeln der Unternehmensakteure vorgeben. Insbesondere Führungskräfte nehmen eine wichtige Rolle ein, wenn sie sich selbst als Vermittler zwischen Unternehmensführung und Mitarbeitenden sowie als Informationsquelle und Berater für die Unternehmensführung sehen.

Quirke (2008, S. 236) vergleicht die Ziele der internen Kommunikation mit einer Rolltreppe, auf der Mitarbeitende durch interne Kommunikation Stufe für Stufe nach oben gelangen. Die beiden höchsten Stufen Involvement und Commitment stellen für ihn die entscheidende Einflussgröße der internen Kommunikation dar.

Themen und Instrumente der internen Kommunikation
Die *Themen der internen Kommunikation* hängen vom Unternehmen selbst ab, aber auch externe Entwicklungen können dabei aufgegriffen werden. Mast & Huck-Sandhu (2019, S. 292) unterteilen das Themenspektrum in fachliche und soziale Themen. Fachliche Themen umfassen demnach die Zielerreichung des Unternehmens und die Leistungserstellung, also bspw. Informationen zu internen Prozessen und Organisationsstrukturen. Soziale Themen sind von anderen Kommunikationsbedürfnissen geprägt, sodass die Mitarbeitenden selbst sowie das Umfeld des Unternehmens Beachtung finden. Die Interessen und Bedürfnisse der Kommunikationsinhalte sind wiederum u. a. abhängig von der hierarchischen Position, dem Arbeitsbereich und dem Ausbildungsstand des Mitarbeitenden (Einwiller et al., 2008, S. 236). Die Entscheidungen des Aufsichtsratsgremiums, wie etwa der Besetzung des Vorstands, könnten so ebenfalls Themen der internen Kommunikation sein.

Interne Kommunikation kann in unterschiedliche Richtungen stattfinden. Bei der – häufig zentral gesteuerten – Abwärtskommunikation (Top-Down-Kommunikation) werden die Informationsflüsse von der Unternehmensleitung zu den Mitarbeitenden betrachtet. Die horizontal verlaufende Kommunikation findet zwischen Personen auf einer Hierarchieebene statt und dient meist der Koordination. Die aufwärtsgerichtete Kommunikation (Bottom-up-Kommunikation) von Mitarbeitenden zu Führungskräften beinhaltet Feedback (Einwiller et al., 2008, S. 224). Mit Blick auf die ARV-Kommunikation an Führungskräfte und Mitarbeitende ist dabei zunächst vor allem eine Top-Down-Kommunikation denkbar.

Interne Kommunikation findet mithilfe von *vielfältigen Instrumenten* statt, wobei grundsätzlich zwischen persönlicher und medial vermittelter Kommunikation unterschieden werden kann. Medial vermittelte Kommunikation kann elektronisch, gedruckt oder online ablaufen, einmalig und monothematisch oder komplex und redaktionell gestaltet sein (Mast, 2014, S. 1127). Es ist zu erwarten, dass Social Media und digitale Medien im Intranet in den nächsten Jahren noch stärker an Bedeutung gewinnen werden. Auch die Relevanz von persönlicher Kommunikation wird weiter steigen, während gedruckte Medien weitgehend gleichbleiben (Huck-Sandhu, 2016, S. 8).

Die Stärken von digitalen Medien, wie dem Intranet, ist die Flexibilität und Aktualität. Mitarbeitende können Informationen selbstbestimmt nutzen, es bietet aber auch interessante Dialogmöglichkeiten (Einwiller et al., 2008, S. 245 f.). Die Bereitstellung des Zugangs für alle Mitarbeitenden, etwa in der Produktion, kann aber eine Herausforderung darstellen. Die Nutzung von Social-Media-Anwendungen in der internen Kommunikation hängt zudem häufig von der Haltung der Führungskräfte dazu ab und ist damit auch ein Ausdruck der Unternehmenskultur (Mast & Huck-Sandhu, 2019, S. 300 f.).

Gedruckte Medien, wie Mitarbeiterzeitschriften oder Flyer, enthalten aufgrund der Existenz digitaler Medien meist keine (tages-)aktuellen Informationen, sondern können sich anderen Themen des Unternehmens widmen. So können gedruckte Medien stärker Orientierung bieten, indem etwa Entscheidungen der Unternehmensführung ausführlicher erläutert werden. Sie werden somit zum Wegweiser in der internen Kommunikation (Mast & Huck-Sandhu, 2019, S. 302).

Das persönliche Gespräch oder andere Formate persönlicher Kommunikation werden häufig als wirksamste und effizienteste Kommunikationsform angesehen, da sie mehrere Funktionen wie Information, Interaktion und Orientierung erfüllen. Quirke (2008, S. 177) plädiert für den umfassenden Einsatz von persönlicher Kommunikation in der internen Kommunikation, die er in vier Stufen einteilt: (1) „Content" umfasst die (mediale) Infrastruktur, über die relevante Informationen an die internen Stakeholder gelangt, während beim (2) „context" die Rolle der Führungskräfte betont wird, die Hintergründe und Interpretationen zu den Informationen ergänzen. Unter (3) „conversation" wird die anschließende persönliche Kommunikation zu diesen Themen verstanden und (4) „feedback" dient als Rückkopplung, ob die Botschaften richtig verstanden wurden. Die Formate der persönlichen Kommunikation differenzieren sich dabei weiter aus und reichen vom persönlichen (Mitarbeiter-) Gespräch bis hin zu Events, Mitarbeiter- bzw. Betriebsversammlungen. Diese persönlichen Formate sind ebenfalls für die ARV-Kommunikation denkbar.

Als besonderes persönliches Format für Führungskräfte soll hier ein organisiertes Essen mit der Unternehmensführung herausgehoben werden. Bei Führungskräften kann dies zu Motivation und Wertschätzung führen, während das Top-Management die Chance erhält, informell und ohne Filter, informiert zu werden und Stimmungen aufzunehmen (Mast & Huck-Sandhu, 2019, S. 303).

Eine steigende Bedeutung der internen Kommunikation generell begründet sich jedoch u. a. auf der veränderten Stellung von Mitarbeitenden. Mitarbeitende können einen Wettbewerbsvorteil für Unternehmen darstellen, daher wird um qualifizierte Mitarbeitende und Führungskräfte konkurriert. Die besten Köpfe ans Unternehmen zu binden sowie optimale interne Kommunikationsabläufe sicherzustellen, stellen wichtige Herausforderungen für Unternehmen dar (Mast & Huck-Sandhu, 2019, S. 285). Die Erkenntnisse zur internen Kommunikationsforschung verdeutlichen insbesondere die Vermittlerrolle von Führungskräften in der Unternehmensöffentlichkeit.

Zusammenfassend kann festgehalten werden, dass aus Sicht der Corporate-Governance-Forschung der Vorstand, und dabei insbesondere Vorstandsvorsitzende, bisher der einzige interne Stakeholder für eine interne Kommunikation von Aufsichtsratsvorsitzenden ist. Dabei stehen einerseits die Informationsversorgung des Aufsichtsratsgremiums und andererseits die Beratungen zur Unternehmensentwicklung mit dem Vorstand im Vordergrund (Abschnitt 3.3). Wie dieser Dialog konkret stattfindet, wird im empirischen Teil der Arbeit analysiert.

Des Weiteren wird in der Corporate-Governance-Forschung auch ein Blick auf die Kommunikation innerhalb des Aufsichtsratsgremiums geworfen, z. B. in Bezug auf die Bildung von Gremien und Effizienz der Arbeit. Die Forschung zur internen Kommunikation ist bislang noch nicht auf die Kommunikation innerhalb des Gremiums eingegangen. Die Aufsichtsratsmitglieder lassen sich auch nicht als Stakeholder der internen Kommunikation verorten. Erstens sind sie keine Führungskräfte des Unternehmens und zweitens steht der Aufsichtsrat als Überwachungsgremium außerhalb des operativen Unternehmenshandelns. Aus Sicht der ARV-Kommunikation soll im empirischen Teil auf den Austausch innerhalb des Aufsichtsratsgremiums eingegangen werden.

Führungskräfte könnten daher ebenfalls eine relevante Stakeholdergruppe für die ARV-Kommunikation sein: Eine zentrale Aufgabe des Aufsichtsrats ist die Besetzung und damit Nachfolgeplanung des Vorstands. So könnten durch eine persönliche Kommunikation von Aufsichtsratsvorsitzenden mit den wichtigsten Führungskräften des Unternehmens, eventuell Nachfolgekandidaten für den amtierenden Vorstand gefunden werden.

Eine direkte Kommunikation zwischen Aufsichtsratsvorsitzenden und Führungskräften, aber auch Mitarbeitenden, ist jedoch auch kritisch zu betrachten, da dies bislang strukturell nicht vorgesehen ist. So berichten Führungskräfte hierarchisch an den Vorstand, dazu kommt, dass es generell kein Informationsrecht des Aufsichtsrats in Bezug auf Mitarbeitende gibt. Daher soll im Rahmen der Analyse des Kommunikationsmanagements für Aufsichtsratsvorsitzende empirisch überprüft werden, inwiefern es interne Kommunikationsmaßnahmen von Aufsichtsratsvorsitzenden mit Führungskräften oder allen Mitarbeitenden gibt.

4.2.2 Public Relations: Legitimität und die besondere Rolle von Media Relations

Die Aufgaben des Aufsichtsrats beziehen sich auf die Überwachung und Beratung des Unternehmens, eine Kommunikation dazu ist aus aktienrechtlicher Sicht nur zu definierten Anlässen vorgesehen (Abschnitt 3.2). Doch die Veränderung des empirischen Phänomens der Kommunikation von Aufsichtsratsvorsitzenden zeigt sich insbesondere anhand einer intensivierenden medialen Thematisierung von Corporate-Governance-Themen sowie vermehrten Interviews von Aufsichtsratsvorsitzenden. Um diese freiwillige Kommunikation von Aufsichtsratsvorsitzenden im Rahmen der Kommunikationsmanagements verorten zu können, soll im Folgenden das Handlungsfeld Public Relations (PR) eingeführt werden.

Public Relations agiert in verschiedenen Kommunikationsarenen des Unternehmens, u. a. der gesellschaftspolitischen Öffentlichkeit, in der Medien die zentrale Vermittlerrolle einnehmen (Abschnitt 4.1.1). Nach einer kurzen Darstellung des traditionsreichen Forschungsfelds der Public Relations, werden Ziele und Stakeholder der Public Relations dargestellt. Der Fokus wird dabei auf die Media Relations als wichtige PR-Form gelegt. Zudem wird bei den Themen ein vertiefter Blick auf Corporate Social Responsibility geworfen, die als Thema für die ARV-Kommunikation besonders relevant sein könnte. Auf dieser Basis kann dann in der empirischen Analyse überprüft werden, inwiefern die medial wahrnehmbaren freiwilligen Kommunikationsmaßnahmen von Aufsichtsratsvorsitzenden im Rahmen des Kommunikationsmanagements verortet werden können.

Für den Begriff Public Relations (deutsch meist mit Öffentlichkeitsarbeit übersetzt) existieren – wie für die meisten sozial- und kommunikationswissenschaftlichen Grundbegriffe – eine Vielzahl an Definitionen. Wie bereits erwähnt, wird PR teilweise mit Kommunikationsmanagement gleichgesetzt oder als Handlungsfeld des Kommunikationsmanagements beschrieben (Abschnitt 4.2). Die Definitionen und Begrifflichkeiten unterscheiden sich anhand der eingenommenen Perspektiven und Fragestellungen. „Public Relations has struggled with an identity crisis and has failed to adopt an accepted definition of what it is nor agreed to what it does" (L'Etang, 2008, S. 90). Eine erste Systematisierung der damals 472 PR-Definitionen stammt bereits von Harlow (1976). Der Autor liefert zugleich eine Meta-Definition von PR:

„Public relations is the distinctive management function which helps establish and maintain mutual lines of communication, understanding, acceptance and cooperation between an organization and its publics; involves the management of problems or issues; helps management to keep informed on and responsive to public opinion; defines and emphasizes the responsibility of management to serve the public interest; helps management keep abreast of an effectively utilize change, serving as an early warning system to help anticipate trends; and uses research and sound and ethical communication techniques as its principal tools" (Harlow, 1976, S. 36).

Diese Definition nennt bereits viele zentrale Merkmale und Funktionen von PR, wie etwa den zweiseitigen Prozess, die Ziele Verständnis und Akzeptanz und den Ausgleich von ökonomischen Zielen mit sozial verantwortlichem Verhalten. Jedoch werden Begriffe nur aufgezählt und nicht erklärt, zudem wird die externe Dimension der PR-Funktion vernachlässigt. Nach Fröhlich (2015) können PR-Definitionen in dreierlei Hinsicht systematisiert werden:

(1) Abgrenzung nach Quellen: Alltagsdefinitionen, Praxis- bzw. Berufsfelddefinitionen und wissenschaftliche Definitionen
(2) Abgrenzung anhand der Betrachtungsperspektive: Akteurs- (mikro), Organisations- (meso) oder Gesellschaftsperspektive (makro)
(3) Abgrenzung der PR von anderen Formen der öffentlichen Kommunikation wie Journalismus, Werbung/Marketing und Propaganda

Die meisten Ansätze analysieren Public Relations aus einer Meso-Perspektive als organisatorische Managementfunktion oder organisatorisches Subsystem (Wehmeier, 2008, S. 224). In dieser Arbeit wird Public Relations aus kommunikationswissenschaftlicher Sicht als Kommunikationsfunktion von Unternehmen betrachtet. Public Relations wird demnach verstanden als

„gemanagte Kommunikation nach innen und außen […], die das Ziel verfolgt, organisationale Interessen zu vertreten und Organisationen gesellschaftlich zu legitimieren. PR wird hierbei als Teilbereich der Organisationskommunikation bzw. der Unternehmenskommunikation angesehen, mittels derer die Kommunikationsbeziehungen zwischen Organisation und Umwelt hergestellt, gestaltet und auf Dauer gestellt werden sollen. Dabei spielen sowohl interne wie externe Stakeholder, d. h. Personen oder Gruppen, die das Organisationshandeln beeinflussen können oder von diesem tangiert werden, eine Rolle. Die externe PR-Kommunikation richtet sich insbesondere an das gesellschaftspolitische Umfeld der Organisation" (Röttger et al., 2018, S. 7).

Public Relations ist ein interdisziplinäres Forschungsfeld mit Beiträgen aus der Kommunikationswissenschaft, Betriebswirtschaft und Organisationssoziologie. Sandhu (2012, S. 33) systematisiert die Forschungsfelder und Grundfragen der PR anhand der einfachen und heute noch häufig zitierten Definition „PR is the management of communication between an organization and its publics" (Grunig & Hunt, 1984, S. 8). Das unterschiedliche Verständnis von Kommunikation und theoretische Perspektiven würden dazu führen, dass es kaum integrative Theorien gebe, die die Überlegungen miteinander verbinden. Demnach gebe es in der PR-Forschung keine dominierende theoretische Perspektive. Sandhu (2012, S. 29) schlägt basierend auf allgemeinen sozialwissenschaftlichen Paradigmen eine Systematisierung der PR-Theorien in funktionale, symbolisch-interpretative und kritisch-postmoderne Ansätze vor. Schließlich führen die verschiedenen Grundannahmen auch zu unterschiedlichen Funktionen bzw. Zielen der PR.

Die in dieser Arbeit gewählte funktional-positivistische Perspektive lässt sich anhand der Ansätze von Grunig & Hunt (1984) und Zerfaß (2010) illustrieren. Im Beitrag von Grunig & Hunt (1984) wird zwischen den vier Idealtypen Pressearbeit, Information, asymmetrische bzw. einseitige und symmetrische bzw. zweiseitige Kommunikation mit jeweils verschiedenen Zielen und Kommunikationsmodellen unterschieden. Trotz vielfacher Kritik, auf die hier nicht weiter eingegangen werden soll, kann das Modell als wichtiger Referenzpunkt für die (funktionale) PR-Forschung angesehen werden (Sandhu, 2012, S. 51).

Ziele und Stakeholder der Public Relations
Zerfaß (2010) integriert mithilfe der Strukturationstheorie kommunikations- und betriebswirtschaftliche Prämissen und entwickelt eine für das Management kompatible *Zielhierarchie für die PR* (Abbildung 4.7).

	Ausprägung der PR-Ziele		
dominantes PR-Ziel	kommunikative Integration im Nahbereich	kommunikative Strukturierung von sozialen Beziehungen	kommunikative Integration im Fernbereich
PR-Stil	Argumentation		Persuasion
	Information		
primäres PR-Ziel	intentionale Einflussnahme		situationsbezogene Einflussnahme
sekundäres PR-Ziel	Verständigung		

Abbildung 4.7 Klassifikation von PR-Zielen (Zerfaß, 2010, S. 349)

Die obersten Ziele sind demnach die Integration und die Strukturierung von sozialen Beziehungen (im Nah- bzw. Fernbereich). Nachgelagert finden sich als primäre PR-Ziele die intentionale bzw. situationsbezogene Einflussnahme sowie Verständigung als sekundäres PR-Ziel. Verschiedene Stile, verstanden als Argumentation, Persuasion und Information werden an diese Ziele gekoppelt.

Durch den Aufbau von Beziehungen verfolgt Public Relations das Ziel der Legitimität und Sicherung der „license to operate" (Zerfaß, 2014, S. 29) für Unternehmen. Legitimität wird verstanden als kollektive und generalisierbare Wahrnehmung von bestimmten Gruppen oder Publika innerhalb und außerhalb des Unternehmens (Sandhu, 2012, S. 176). Sie urteilen über die Handlungen bzw. Aussagen eines Unternehmens als Ganzes. Public Relations trägt durch Beobachtung zur Förderung und Stabilisierung von Kommunikationsbeziehungen bei. Indem intern und extern die Wahrnehmungen aufgenommen und geprägt werden, kann Legitimität geschaffen und gesichert werden (Röttger et al., 2018, S. 15). Hier zeigen sich Ansätze für die ARV-Kommunikation, da der Aufsichtsrat als zentrales Überwachungsorgan den Rahmen für die Corporate Governance setzt, die ebenfalls wichtig für die Einbindung des Unternehmens in sein Umfeld ist.

Public Relations agiert, im Gegensatz zu anderen Handlungsfeldern der Unternehmenskommunikation, in unterschiedlichen Kommunikationsarenen, sodass verschiedene *Stakeholder* angesprochen werden. Dies betrifft vor allem

* Akteure in der gesellschaftspolitischen Öffentlichkeit, also Bürger, gesellschaftspolitische Meinungsführer und die Medien, sowie
* weitere soziokulturelle Öffentlichkeiten und damit mit Stakeholdern wie etwa Anwohner, NGOs, Wissenschaftler etc. (Zerfaß, 2010, S. 105 f.).

Die zweite Gruppe wird mithilfe eines breiten Spektrums an direkten und massenmedialen Kommunikationsaktivitäten angesprochen. Public Relations kann dafür eigene Foren und Kommunikationskanäle schaffen, wie redaktionelle Angebote oder Dialogplattformen, oder bestehende Plattformen oder Veranstaltungen für ihre Zwecke nutzen (Zerfaß, 2014, S. 54). Ziel dabei ist es, zu beobachten und diese Erkenntnisse für eigene Strategien zu nutzen, aber auch die Interessen beider Seiten zu klären und den Aufbau von Vertrauen zu unterstützen.

Darüber hinaus nehmen Medien, wie bereits in Abschnitt 4.1.1 beschrieben, eine wichtige Vermittlerrolle in der gesellschaftspolitischen Öffentlichkeitsarena wahr. Auf Seiten der Unternehmen ist daher die Presse- und Medienarbeit (Media Relations) von besonderer Relevanz. Darunter verstanden werden

> „alle Steuerungsversuche gegenüber der Zwischenzielgruppe der Journalisten bzw. der journalistischen Medien, um damit indirekt die journalistischen Publika als eigentliche Zielgruppe der Unternehmenskommunikation zu erreichen" (Hoffjann, 2014, S. 680).

Themen und Instrumente der Media Relations als wichtige PR-Umsetzungsform

Das Spektrum der *Instrumente der Media Relations* reicht, neben der Beziehungspflege zu Journalisten über persönliche Kontakte und (Hintergrund-)Gesprächen, von Pressemitteilungen und -konferenzen über aufmerksamkeitsstarke Pseudo-Events oder Imagekampagnen (Röttger, 2018, S. 158; Zerfaß, 2014, S. 55). So werden z. B. Informationen zu Entscheidungen des Aufsichtsrats, wie etwa der Neubesetzung des Vorstands, als Pressemitteilung an Medien versendet.

Es gibt jedoch verschiedene Gründe, warum sich die klassische Presse- und Medienarbeit weiter verändert. Durch Social Media verändern sich journalistische Informationsquellen und die Mediennutzung jüngerer Zielgruppen (Hoffjann, 2014, S. 687). Dazu kommen neue Intermediäre, wie etwa Influencer, mit denen die Zusammenarbeit erst neu etabliert werden muss, um diese im Sinne der Unternehmen nutzen zu können (Schach & Lommatzsch, 2018).

Die *Auswahl von Themen in den Media Relations* orientiert sich primär an den eigenen unternehmerischen Interessen, und erst sekundär an den Interessen der relevanten Zielgruppen sowie tertiär an den journalistischen Interessen. Die Steuerung erfolgt konkreter mit dem Blick auf verschiedene Strategien in Bezug auf die Sach-, Sozial- und Zeitdimension (Hoffjann, 2014, S. 681–683). Auf der Sachebene versuchen die Media Relations sich den Arbeitsprozessen einer Redaktion anzunähern, das bedeutet z. B., dass Nachrichtenfaktoren, wie Personalisierung oder räumliche Nähe, sowie eine journalistische Sprache genutzt und Inhalte visualisiert werden, um die Übernahmewahrscheinlichkeit des Themas zu erhöhen. In der Sozialdimension werden der Status des Unternehmens sowie Exklusivitätsversprechen instrumentalisiert. Schließlich ist in der Zeitdimension eine Anpassung an den Redaktionsschluss sowie nachrichtenarme bzw. nachrichtenintensive Zeiten zu erkennen.

An dieser Stelle soll exemplarisch das Thema *Corporate Social Responsibility* (CSR) betrachtet werden, dessen Kommunikation häufig in der Public-Relations-Funktion verankert ist. Denn aufgrund neuer Prüfungspflichten des Aufsichtsrats kann es zukünftig relevant für seine (freiwillige) Kommunikation sein.

Die Globalisierung von Konzernen und die gleichzeitig ausdifferenzierten, lokal und kulturell verankerten Interessen verschiedener Stakeholder, insbesondere in Bezug auf externe Effekte wie Klima, Energie etc., haben den Legitimationsbedarf von Unternehmen weiter gesteigert. Die Kommunikation zur gesellschaftlichen Verantwortung, Corporate Social Responsibility, ist heute für alle Unternehmen von zentraler Bedeutung. CSR kann nach Carroll (1991, S. 42) im weiteren Sinne verstanden werden als Verantwortung von Unternehmen in den Teilbereichen ökonomische Verantwortung („be profitable"), juristische Verantwortung („obey the law"), ethische Verantwortung („be ethical") und philanthropische Verantwortung

(„be a good corporate citizen"). Die engere Definition von CSR der Europäischen Kommission gilt jedoch als Treiber der Debatte in Europa. Die 2011 veröffentlichte Definition streicht das vorherige Kriterium der Freiwilligkeit und definiert CSR als „die Verantwortung von Unternehmen auf ihre Auswirkungen auf die Gesellschaft", wobei

> „soziale, ökologische, ethische, Menschenrechts- und Verbraucherbelange in einer Zusammenarbeit mit den Stakeholdern in die Betriebsführung und in ihre Kernstrategie integriert werden" (EU-Kommission, 2011, S. 7).

Aus kommunikationswissenschaftlicher Perspektive nennen Schultz & Wehmeier (2010) vier Treiber für CSR-Aktivitäten und deren Kommunikation: Wettbewerb, regulative Normen, Berufsnormen und organisationsinterne Normen und öffentlicher Druck. Ziel sei dabei einerseits ein möglicher Wettbewerbsvorteil sowie andererseits die Unterstützung der Public-Relations-Ziele Reputation, Vertrauen und Legitimation.

Eisenegger & Schranz (2011, S. 87) halten drei Herangehensweisen in Bezug auf CSR-Kommunikation und Reputation fest: (1) CSR-Kommunikation als Teil der Reputation eines Unternehmens, also bspw. den Ruf sozial und ökologisch verantwortungsvoll zu sein; (2) CSR als zentraler Einflussfaktor auf die Reputation, hier können sich sowohl positive als auch negative Effekte zeigen; (3) die Wirkung von CSR-Aktivitäten auf die Reputation, wobei betont wird, dass sich ein Engagement insbesondere für Unternehmen auszahle, die bereits eine positive Reputation haben. Die Herstellung von Legitimation sei nicht Teil eines rationalen Diskurses, sondern vielmehr ein Aushandlungsprozess in der gesellschaftspolitischen Arena. Die Kommunikation der Aktivitäten in Bezug auf die gesellschaftliche Verantwortung von Unternehmen würden dabei ein bestimmtes Deutungsmuster bilden, das von den Akteuren der Arena verarbeitet werde (Raupp, 2011, S. 109).

Viele Unternehmen kommunizieren ihre CSR-Aktivitäten ausführlich auf der Corporate Website bzw. in spezifischen Publikationen. Zudem veröffentlichen fast alle deutschen Großunternehmen einen CSR- bzw. Nachhaltigkeitsbericht. Mit dem CSR-Richtlinie-Umsetzungsgesetz (CSR-RUG) sind kapitalmarktorientierte Unternehmen seit 2018 dazu verpflichtet ihre Lageberichterstattung, um eine nichtfinanzielle Erklärung zu erweitern oder einen gesonderten nichtfinanziellen Bericht zu veröffentlichen. Der Aufsichtsrat muss diese nichtfinanzielle Erklärung im Rahmen seiner Überwachungstätigkeit prüfen. Daraus kann sich eine Pflichtkommunikation, im Rahmen der definierten Veröffentlichungspflichten des Aufsichtsrats, ergeben, ebenso wie eine freiwillige Kommunikation in Interviews oder Hintergrundgesprächen, wenn Aufsichtsratsvorsitzende die Relevanz des Themas für das Gremium hervorheben möchten.

Zusammenfassend kann festgehalten werden, dass die Kommunikation mit Medienvertretern aus Sicht der bisherigen Corporate-Governance-Forschung zu Aufsichtsräten nicht mitgedacht wurde. Als empirisches Phänomen finden sich jedoch vermehrt Interviews mit Aufsichtsratsvorsitzenden. Dabei handelt es sich um eine freiwillige externe Kommunikation, die auf Unternehmensseite von der Public-Relations-Funktion unterstützt wird. Medien bzw. Journalisten können daher als relevante Stakeholdergruppe für die ARV-Kommunikation etabliert werden. Aus Sicht der Public bzw. Media Relations mit seinen vielfältigen Instrumenten sind für die ARV-Kommunikation vor allem Interviews oder Hintergrundgespräche denkbar. Im Rahmen der empirischen Analyse soll daher untersucht werden, welche freiwilligen Medienaktivitäten von Aufsichtsratsvorsitzenden es gibt und inwiefern diese im Rahmen des Kommunikationsmanagements verortet werden können. Zudem soll analysiert werden, welche Rolle der PR-Funktion für die ARV-Kommunikation einnimmt. Weiterhin stellt sich insbesondere die Frage, welche Ziele mit dieser freiwilligen Kommunikation verfolgt werden.

4.2.3 Investor Relations: Beziehungspflege zu Kapitalmarktakteuren

Der Aufsichtsrat als gewählte Vertretung der Aktionäre nimmt wichtige Überwachungsaufgaben für die Anteilseigner des Unternehmens wahr (siehe Principal-Agent-Theorie in Abschnitt 3.1). Für diese Aufgaben hat das Aktienrecht verschiedene Pflichtveröffentlichungen definiert, in denen der Aufsichtsrat über seine Tätigkeit Rechenschaft ablegen muss. Diese Veröffentlichungen werden im Rahmen der Unternehmenskommunikation umgesetzt (ausführlich dazu in Abschnitt 5.1.2). Zudem markiert die Aufnahme des Investorendialogs in den DCGK eine wichtige Entscheidung, die die Veränderung der Kommunikation von Aufsichtsratsvorsitzenden beeinflusst. Der Dialog mit Investoren liegt in der Verantwortung der Investor-Relations-Funktion, daher wird diese im Folgenden anhand ihrer Ziele und Stakeholder sowie Themen und Instrumente vorgestellt.

Der Begriff Investor Relations (IR) wurde 1953 erstmals von Ralph J. Cordiner, damaliger Aufsichtsratsvorsitzender des US-amerikanischen Unternehmens General Electric, eingeführt (Köhler, 2015, S. 1). Wie bereits in Abschnitt 4.1.2 beschrieben, hat sich in den vergangenen Jahren eine Globalisierung und Spezialisierung der Kapitalmärkte vollzogen und Investoren nehmen ihre Rechte aktiv wahr. Diese Entwicklung hat auf Seite der Unternehmen zur Etablierung der Investor Relations geführt. IR kann in vielen Ländern auch heute noch als

junge Unternehmensfunktion betrachtet werden, die ihre Verantwortlichkeiten und
Aufgaben hinterfragt – daher unterscheidet sich auch der Professionalisierungs-
grad deutlich (Hoffmann, Tietz & Hammann, 2018, S. 297). Investor Relations
beschreiben

> „die strategische Managementaufgabe, Beziehungen des Unternehmens zu bestehen
> und potenziellen Eigen- und Fremdkapitalgebern sowie zu Kapitalmarktintermedi-
> ären zu etablieren und zu pflegen" (DIRK, 2020).

Die Definition des weltweit größten US-amerikanischen IR-Berufsverband legt in
seiner Definition einen leicht anderen Schwerpunkt:

> „Investor relations is a strategic management responsibility that integrates finance,
> communication, marketing and securities law compliance to enable the most effec-
> tive two-way communication between a company, the financial community, and other
> constituencies, which ultimately contributes to a company's securities achieving fair
> valuation" (NIRI, 2003).

Die Begriffe Investor Relations, Finanzkommunikation oder Kapitalmarktkommunikation werden häufig synonym verwendet. Hoffmann & Tietz (2018) verorten
die Verantwortung für die relevanten Aufgaben in diesem Themengebiet in zwei
Unternehmensfunktionen: der Investor Relations und der Finanzkommunikation
als Teil der Unternehmenskommunikation. Im Großteil der börsennotierten Unternehmen in Deutschland hat sich eine eigenständig Investor-Relations-Abteilung
etabliert, die meist direkt an den Finanzvorstand berichtet (Hoffmann & Tietz,
2018, S. 8). Die Abstimmung zwischen den Funktionen bei Themen der Kapitalmarktkommunikation ist intensiv, aber meist informell und häufig anlassbezogen.
Trotz vieler Gemeinsamkeiten haben die Abteilungen aber unterschiedliche Prio-
ritäten, was vor allem durch die Erwartungen der jeweiligen Stakeholder sowie
unterschiedlichen disziplinären Hintergründe bedingt ist (Hoffmann & Tietz,
2019, S. 2).

Investor Relations ist ein interdisziplinäres Forschungsfeld, das von kommunikationswissenschaftlichen und wirtschaftswissenschaftlichen Beiträgen bestimmt
wird (Köhler, 2015, S. 15 ff.). Zunächst vor allem geprägt von Berichterstattungs-
pflichten (Fama, 1980; Jensen & Meckling, 1976), hat sich Investor Relations
schnell zu einer strategischen Kommunikationsfunktion entwickelt, die eine symmetrische Kommunikation mit den Anteilseignern sicherstellt (Kelly, Laskin &
Rosenstein, 2010), eine Vermittlerrolle einnimmt (Rao & Sivakumar, 1999) sowie
Beziehungen aufbaut und pflegt (Ledingham & Bruning, 1998). Auch Konzepte
aus der PR-Forschung, wie Reputation (Mazzola, Ravasi & Gabbioneta, 2006),
Image (Hoffmann & Fieseler, 2012) oder Sensemaking (Kuperman, 2003) wurden

erfolgreich in der IR-Forschung angewandt. Die Forschung und Praxis unterteilt Investor Relations in vier Phasen: Compliance, freiwillige Offenlegung und nicht-finanzielle Indikatoren, strategische Kommunikation und Beziehungsmanagement (Hoffmann, 2018).

Hoffmann et al. (2018, S. 297 ff.) identifizieren in einer systematischen Literaturanalyse fünf Schwerpunkte in der bisherigen Forschung zu Investor Relations und Finanzkommunikation: (1) Organisation der IR im Unternehmen, (2) Kommunikationsstrategien, (3) Instrumente der IR, (4) Inhalte der Finanzkommunikation und (5) Kommunikationseffekte. Es bestehen jedoch Forschungslücken auf der Mikro-Ebene in Bezug auf die Akteure und Rollen innerhalb der Investor-Relations-Abteilungen, der Meso-Ebene in Bezug auf den Austausch mit anderen Unternehmensfunktionen sowie der Rolle von Vorstand und Aufsichtsrat. Zudem gibt es nur wenige Erkenntnisse zum Kommunikationsmanagement im Bereich Investor Relations. Auch Forschung zu spezifischen Situationen wie Mergers & Acquisitions oder Shareholder Aktivismus steht noch am Anfang, ebenso wie komparative Forschung (Hoffmann, 2018; Hoffmann et al., 2018, S. 305 f.).

Ziele, Funktionen und Stakeholder der Investor Relations
Kirchhoff & Piwinger (2014) zählen *Ziele der Investor Relations* auf, wobei es kommunikationspolitischen Ziele gibt, mit deren Hilfe die finanzwirtschaftlichen Ziele erreicht werden sollen. Zu den *finanzwirtschaftlichen Zielen* zählen die Senkung der Eigenkapitalkosten, eine geringe Schwankung des Aktienkurses, die Beeinflussung der Aktionärsstruktur sowie der Zugang zu global verfügbarem Kapital. Weitere Ziele sind der Schutz vor feindlichen Übernahmen, die Unterstützung bei der Bewältigung von Unternehmenskrisen, die Implementierung von M&A-Strategien und ein hoher Aktienkurs als Akquisitionswährung (Kirchhoff & Piwinger, 2014, S. 1084–1085). Als *kommunikationspolitische Ziele* werden angeführt den wahren Unternehmenswert zu zeigen, den Bekanntheitsgrad zu steigern, das Unternehmen in der Branche zu positionieren und das Image positiv zu beeinflussen. Darüber hinaus sollen Informationsstandards verbessert werden, das Vertrauen bei der Financial Community aufgebaut und die Attraktivität für (neue) Mitarbeitende gesteigert werden (Kirchhoff & Piwinger, 2014, S. 1085–1086). Die genannten Ziele sind nur bedingt in ihrer Gänze empirisch untersucht.

Achleitner & Bassen (2001) stellen über die finanzwirtschaftlichen und kommunikationspolitischen Ziele der Investor Relations noch die langfristige maximale, faire Aktienbewertung sowie die Steigerung des Unternehmenswertes als Oberziele der Investor Relations (Abbildung 4.8). Der Aufsichtsrat vertritt die Gesamtheit der Interessen der verschiedenen Aktionäre, worunter die Steigerung des Unternehmenswertes und eine faire Aktienbewertung gefasst werden könnte. Umfassende

Informationen zum Unternehmen, auch zu den Entscheidungen des Aufsichtsrats, könnten zum Vertrauen und der Beziehungspflege mit den Investoren beitragen.

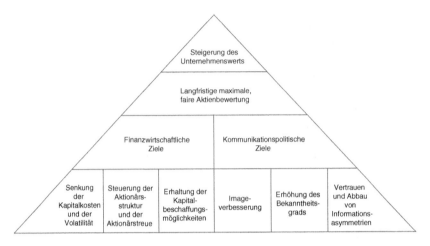

Abbildung 4.8   Ziele der Investor Relations (Achleitner and Bassen, 2001, S. 8)

Zur Systematisierung unterschiedlicher *Funktionen und Aufgaben innerhalb der Investor Relations* eignet sich die Typologie der Investor Relations von Köhler (2015). Dabei werden fünf Rollenverständnisse und Funktionen unterschieden:

- Unter der *Informationspflicht* wird primär die Erfüllung der regulatorischen Pflichten verstanden.
- Im Rahmen der *Kommunikationsfunktion* wird Investor Relations als Teil der Unternehmenskommunikation verstanden, mit dem Ziel langfristige Beziehungen zu Kapitalmarktakteuren aufzubauen und eine One-Voice-Policy sicherzustellen.
- Die *Marketingfunktion* beschreibt die Vermarktung der Aktie mit dem Ziel der Maximierung des Aktienkurses und eines positiven Unternehmensimages.
- Als *Finanzfunktion* wird der Beitrag der IR zur Refinanzierung, Kapitalaufnahme und Sicherstellung der Verfügbarkeit finanzieller Mittel für Investitionen verstanden. Indem Informationsasymmetrien zwischen Unternehmen und Kapitalmarkt abgebaut werden, können Kapitalkosten optimiert werden.
- Die *integrierte Funktion* steht für die IR als eigenständige Funktionseinheit im Unternehmen, die sowohl Finanz- und Kommunikationsfunktion als auch

Themen wie Strategie, M&A, Corporate Governance, Nachhaltigkeit oder Unternehmensentwicklung verbindet. Hierbei steht die interne Beraterfunktion der Investor Relations für die Unternehmensführung im Fokus, die auch dazu führt, dass IR-Verantwortliche als adäquate Ansprechpartner für Kapitalmarktakteure wahrgenommen werden (Köhler, 2015, S. 239).

Während der erstgenannte Typ reaktiv informiert, treten die anderen Typen proaktiv und über die gesetzlichen Anforderungen hinaus mit dem Kapitalmarkt in Interaktion. In Bezug auf den Investorendialog könnte der IR eine wichtige Funktion als Berater von Aufsichtsratsvorsitzenden zukommen, da die IR-Verantwortlichen die Aktionärsstruktur kennen und Erwartungen antizipieren können.

Die Investor Relations agieren als Bindeglied zwischen dem Unternehmen und den vielfältigen *Stakeholdern in der Financial Community* (Achleitner et al., 2008, S. 271–274; Kirchhoff & Piwinger, 2014, S. 1086–1088) – diese wurden bereits als Akteure in der Kapitalmarktöffentlichkeit in Abschnitt 4.1.2 ausführlich beschrieben und sollen daher nur noch einmal aufgezählt werden:

- Institutionelle Investoren
- Privatinvestoren
- Analysten
- Stimmrechtsberater
- Finanz- und Wirtschaftsmedien

Darüber hinaus sind interne Stakeholder, wie Vorstand und Aufsichtsrat sowie die Mitarbeitenden, relevante Zielgruppen für die IR-Arbeit (Hoffmann & Tietz, 2018, S. 6). Hinsichtlich der Anspruchsgruppen gibt es eine klare Aufgabenteilung zwischen der Investor-Relations-Abteilung und Finanzkommunikation als Teil der Abteilung Unternehmenskommunikation: Journalisten werden in rund 80 Prozent der deutschen Prime-Standard-Unternehmen vorrangig von der Unternehmenskommunikation bedient, während der Kontakt zu Analysten, Investoren und Stimmrechtsberatern der IR-Abteilung vorbehalten ist (Hoffmann & Tietz, 2019, S. 8).

Themen und Instrumente der Investor Relations
Ein großer Teil der IR-Arbeit ist von den *Publizitätspflichten* bestimmt, also gesetzlichen Anforderungen an die Kommunikation von börsennotierten Unternehmen. Für deutsche Aktiengesellschaften bzw. europäische Aktiengesellschaften, die an der Börse in Deutschland notiert sind, handelt es sich dabei sowohl um die Regelungen im deutschen wie europäischen Recht. Dazu zählen u. a. das

Aktiengesetz, die Marktmissbrauchsverordnung (MMVO), die zweite europäische Finanzmarktrichtlinie (Markets in Financial Instruments Directive – MiFID II), die Zulassungsfolgepflichten aus dem Börsengesetz oder der Deutsche Corporate Governance Kodex. Auf die relevanten Publizitätspflichten von Unternehmen im Rahmen der Corporate Governance bzw. für den Aufsichtsrat wird in Abschnitt 5.1.2 detailliert eingegangen. Diese Inhalte der wiederkehrenden Publizitätspflichten sind in erster Linie vergangenheitsbezogen und finden sich im Jahresabschluss und als Lagebericht im Geschäftsbericht oder Quartals-/Halbjahresberichten wieder (Kirchhoff & Piwinger, 2014, S. 1091). Andere Publizitätspflichten, wie etwa die Ad-hoc-Publizität oder Directors Dealings, sind ereignisbezogen und müssen so bald wie möglich oder mit bestimmten Fristigkeiten veröffentlicht werden, sodass kein Kapitalmarktteilnehmer bevorteilt oder benachteiligt wird.

Zudem spielen Prognosen und zukunftsgerichtete Informationen des Unternehmens eine wichtige Rolle. Dazu gehören u. a. Daten zu erwarteten Konjunktur- und Währungsentwicklungen auf den relevanten Märkten (Achleitner et al., 2008, S. 275). Auch die Bedeutung von Nachhaltigkeitsthemen im Rahmen der nichtfinanziellen Berichterstattung nimmt zu. Investoren möchten ein möglichst komplettes Bild aller Informationen erhalten, um die Zukunft des Unternehmens bestmöglich beurteilen zu können (Fieseler, 2008, S. 188; Fieseler, Hoffmann & Meckel, 2008, S. 331 f.). Die Relevanz von Nachhaltigkeitsthemen für den Aufsichtsrat besteht also sowohl für die Akteure der Kapitalöffentlichkeit als auch der gesellschaftspolitischen Öffentlichkeit und damit der Public Relations (Abschnitt 4.2.2).

Neben den gesetzlich vorgeschriebenen Instrumenten, wie Jahres- und Quartalsberichten, der Hauptversammlung sowie weiteren Publizitätspflichten, nutzt die Investor-Relations-Abteilung eine Vielzahl von *freiwilligen Instrumenten und Maßnahmen*, um ihre Ziele zu erreichen. Dazu gehören Instrumente der asymmetrischen Kommunikation, wie die IR-Website, Factbooks und Pressemitteilungen, oder Veranstaltungsformate, wie Conference Calls/Webcasts, One-on-Ones, Roadshows, Presse-, Analysten- und Investorenkonferenzen, die auch einen Dialog befördern (Achleitner et al., 2008, S. 277–280; Hoffmann & Tietz, 2018, S. 7). Während E-Mails den am häufigsten genutzten Kanal darstellen, spielen dialogische oder personalisierte Formate, wie IR-Newsletter, Social Media oder IR-Apps eine untergeordnete Rolle (Hoffmann, Tietz, Fetzer & Winter, 2018, S. 29). Auch im digitalen Zeitalter wird der persönlichen Kommunikation in der Investor-Relations-Abteilung ein hoher Stellenwert zugeschrieben (Hoffmann & Tietz, 2018, S. 7).

Zusammenfassend kann festgehalten werden, dass die Investor Relations eine zentrale Rolle bei der Kommunikation von Aufsichtsratsvorsitzenden spielen. Durch die Anregung zum Investorendialog im Deutschen Corporate Governance Kodex kommt Aufsichtsratsvorsitzenden eine Rolle als Sprecher im Rahmen der Investor-Relations-Aktivitäten von Unternehmen zu. Inwiefern dieser Dialog im Rahmen des Kommunikationsmanagements verortet werden kann, soll bei der empirischen Analyse überprüft werden. Dabei wird auch interessant sein, welche Instrumente konkret für den Investorendialog genutzt werden. Weiterhin stellt sich insbesondere die Frage, ob definierte Kommunikationsziele mit dem Investorendialog verfolgt werden.

4.2.4 Schlussfolgerung

Die Kommunikation von Aufsichtsratsvorsitzenden wird in dieser Arbeit aus zwei Perspektiven betrachtet: der externen und internen Perspektive. Bei der Darstellung der Öffentlichkeitsarenen in Abschnitt 4.1 wurde mit der gesellschaftspolitischen Arena und Kapitalmarktarena ein detaillierter Blick auf die externe Perspektive und unternehmensexternen agierenden Akteure gelegt. Zudem wurde auch die Unternehmensöffentlichkeit als interne Perspektive eingeführt. In Abschnitt 4.2 wurde nun das Kommunikationsmanagement und die Handlungsfelder der Unternehmenskommunikation eingeführt, um die kommunikationswissenschaftlichen Grundlagen für die interne Unternehmensperspektive der ARV-Kommunikation zu legen.

Mit dem in dieser Arbeit gewählten Blickwinkel des Kommunikationsmanagements sollen Kommunikationsprozesse in Unternehmen gesteuert werden, mit dem Ziel einen Beitrag zu den Unternehmenszielen und zur Wertschöpfung zu leisten (Zerfaß & Volk, 2020). Kommunikationsmanagement ist damit auch eine Managementfunktion, deren Handlungen im Gesamtkontext des Unternehmens analysiert werden können. Das dabei zugrunde liegende Verständnis ist, dass die Kommunikationsstrategie von der Unternehmensstrategie abgeleitet wird. Daraus lassen sich dann entsprechend Ziele ableiten, deren Beitrag auf verschiedenen Wirkungsstufen gemessen werden kann. Beim Bezugsrahmen der DPRG & ICV (2011, S. 14) ist dies, als ein Beispiel, auf der höchsten Ebene – des Outflows – der Einfluss der Kommunikation auf die strategischen oder finanziellen Ziele des Unternehmens bzw. der materiellen und immateriellen Ressourcen. Auch wenn diese Logik ein Fundament der Forschung zu strategischer Kommunikation und Kommunikationsmanagement darstellt, sind die empirischen Belege für die Verzahnung noch rar (Volk & Zerfaß, 2018).

Für die Kommunikation von Aufsichtsratsvorsitzenden lässt sich dieses Verständnis aus verschiedenen Gründen jedoch nicht übertragen. Im dualistischen

System der Unternehmensführung ist der Aufsichtsrat als Organ für die Unternehmenskontrolle und der Vorstand für die strategische und operative Unternehmensführung zuständig. Der Aufsichtsrat setzt demnach als Hüter der Corporate Governance den Rahmen für das Handeln des Vorstands. Auch die Unternehmensstrategie gehört zu den Beratungen zwischen den beiden Gremien. Der Aufsichtsrat hat jedoch keine Rolle in der Umsetzung der Strategie, vielmehr überwacht er die Implementierung fortlaufend. Eine seiner zentralen Handlungsoptionen ist dabei, den Vorstand so personell aufzustellen, dass dieser den langfristigen und nachhaltigen Erfolg des Unternehmens verfolgt und sicherstellt. Da der Aufsichtsrat demnach nicht der Unternehmensstrategie untersteht, können die Kommunikationsziele für Aufsichtsratsvorsitzende auch nicht aus der Unternehmensstrategie bzw. Kommunikationsstrategie abgeleitet werden. Vielmehr müssen Kommunikationsziele für Aufsichtsratsvorsitzende aus ihren Aufgaben abgeleitet werden. Daher wird in Abschnitt 5.2 theoretisch hergeleitet, welche Ziele es für die ARV-Kommunikation geben kann.

Im weiteren Verlauf der Arbeit wird die Kommunikation von Aufsichtsratsvorsitzenden aus der Perspektive des Kommunikationsmanagements betrachtet, indem die Kommunikationsprozesse anhand der Phasen Analyse, Planung, Organisation, Umsetzung und Evaluation gesteuert werden können.

Dafür wurden die Phasen des Kommunikationsmanagements dargestellt, um auf dieser Basis die ARV-Kommunikation darin verorten zu können. In der Analysephase geht es um die systematische Erfassung des (kommunikativen) Beziehungsgeflechts zwischen Unternehmen, internen und externen Stakeholdern und der öffentlichen Meinungsbildung in den relevanten Öffentlichkeitsarenen. Auch für die ARV-Kommunikation sollte es eine Analyse von relevanten aufsichtsratsspezifischen Themen und Trends geben. Dies wäre z. B. die Wahrnehmung zu Themen, wie Diversität oder Vergütung von Vorständen, um diese mit den unternehmenseigenen Strukturen abgleichen zu können. Auch die Erwartungen an die ARV-Kommunikation von den verschiedenen Anspruchsgruppen sollten systematisch erfasst werden. Als Beispiel könnte es, durch die Anregung zum Investorendialog im DCGK, die aus strukturationstheoretischer Perspektive eine Norm darstellt, zu einer Veränderung der Erwartungshaltung von Investoren gekommen sein. Weiterhin sollte das (kommunikative) Beziehungsnetzwerk von Aufsichtsratsvorsitzenden aus bisherigen Positionen erfasst werden. In dem Zusammenhang könnte auch die Fähigkeit zur Mobilisierung von Öffentlichkeit durch den ARV analysiert werden – beides stellt autoritative Ressourcen der ARV-Kommunikation dar. Zudem gehört zur Analyse, inwiefern Aufsichtsratsvorsitzende über allokative Ressourcen verfügen, z. B. eine personelle Unterstützung durch die Kommunikationsfunktionen. Im Rahmen der empirischen Analyse soll daher geklärt werden, inwiefern eine Situationsanalyse für die Kommunikation von Aufsichtsratsvorsitzenden stattfindet. Schließlich bilden die Erkenntnisse der Analysephase idealtypisch die Grundlage für die weiteren Phasen des Kommunikationsmanagements.

Die Planungsphase beinhaltet die Formulierung von konkreten Kommunikationsstrategien und daraus systematisch abgeleiteten Zielen für die Kommunikation. Da die ARV-Kommunikation nicht nach dem bisherigen Verständnis auf die Unternehmensstrategie einzahlen kann, soll daher zunächst theoretisch hergeleitet (Abschnitt 5.2) und dann auch empirisch untersucht werden, welche Ziele es für die Kommunikation von Aufsichtsratsvorsitzenden gibt. Ein weiterer Teil der Planungsphase ist die Definition einer angestrebten Positionierung, wobei hier überprüft werden soll, ob von den Unternehmen eine spezifische Positionierung für den Aufsichtsratsvorsitzenden verfolgt wird. Des Weiteren wird auch relevant sein, inwiefern der ARV-Kommunikation in der Planungsphase autoritative Ressourcen, wie ein Budget sowie personelle Kapazitäten, zugeordnet werden.

In der Phase der Organisation geht es um die Einbindung der Kommunikationsabteilungen. Hier soll empirisch überprüft werden, welche Verantwortlichkeiten die Investor-Relations- sowie die Public-Relations-Abteilungen bei der ARV-Kommunikation innehaben. Dabei ist z. B. interessant, ob es formelle oder informelle Wege für den Austausch zwischen den Kommunikationsfunktionen und den Aufsichtsratsvorsitzenden gibt. In Bezug auf die konkreten Kommunikationsmaßnahmen ist weiterhin interessant, inwiefern die Abteilungen bei der Umsetzung aktiv sind oder auch als Berater von Aufsichtsratsvorsitzenden agieren.

Schließlich soll in der Phase der Umsetzung empirisch erhoben werden, wie die Pflicht- sowie mögliche freiwillige Kommunikationsmaßnahmen für den Aufsichtsratsvorsitzenden konkret durchgeführt werden. Dazu gehört die Auswahl der jeweiligen Instrumente, also das persönliche Gespräch oder (massen-)mediale Kommunikation, ebenso wie die Koordination der operativen Prozesse, etwa beim neuen Investorendialog von Aufsichtsratsvorsitzenden.

In der fünften Phase der Evaluation wird mithilfe einer mitlaufenden Prozesskontrolle als auch Ergebniskontrolle überprüft, inwiefern die gesteckten Ziele durch Kommunikationsaktivitäten erreicht wurden. Daher soll empirisch überprüft werden, inwiefern eine Evaluation für die Kommunikationsmaßnahmen von Aufsichtsratsvorsitzenden stattfindet.

Dem Kommunikationsmanagement als zentrale Steuerungsfunktion kommt die Ergebnisverantwortung für die Kommunikationsaktivitäten des Unternehmens zu. Die Integration und Koordination der unterschiedlichen Interessen der

internen und externen Stakeholder vollzieht sich in den verschiedenen Handlungsfeldern der Unternehmenskommunikation. Diese Handlungsfelder unterscheiden
sich durch spezifische Strukturmomente, wie u. a. Stakeholder, Ziele, Themen
und Instrumente. Für die ARV-Kommunikation sind dabei die interne Kommunikation, die Public Relations sowie Investor Relations relevant. Ihre kommunikativen Handlungen richten sich auf die bereits in Abschnitt 4.1 vorgestellten
Öffentlichkeitsarenen.

In Bezug auf die interne Kommunikation von Aufsichtsratsvorsitzenden
ist vor allem der CEO bzw. der Vorstand hervorzuheben, der aus Sicht
der Corporate-Governance-Forschung der einzige interne Stakeholder für dessen Kommunikation ist. Dabei steht einerseits die Informationsversorgung des
Aufsichtsratsgremiums und andererseits die Beratungen mit dem Vorstand im
Vordergrund, in Abschnitt 5.1.1 wird dies detailliert dargestellt. Der Austausch
der beiden Gremien ist durch das Aktienrecht definiert, das in diesem Zusammenhang strukturationstheoretisch als Norm angesehen werden kann. Die interne
Kommunikationsfunktion nimmt dabei jedoch keine Rolle ein. Wie sich der Austausch zwischen den beiden Vorsitzenden konkret vollzieht, soll aber empirisch
analysiert werden.

Innerhalb des Aufsichtsratsgremiums beziehen sich die Akteure auf spezifische Regeln und Ressourcen, z. B. durch ihre Position als Betriebsrat des
Unternehmens oder Vorsitzender eines Aufsichtsratsgremiums. Im bisherigen
Verständnis der Forschung zu interner Kommunikation sind die Aufsichtsratsmitglieder jedoch keine internen Stakeholder, da sie keine Führungskräfte des
Unternehmens sind. Das Aufsichtsratsgremium ist zwar Teil des Unternehmens,
hat als Überwachungsorgan jedoch keinen Einfluss auf das operative Unternehmenshandeln. Der Austausch innerhalb des Aufsichtsratsgremiums sowie eine an
das Gremium gerichtete Kommunikation werden bisher nicht Teil der internen
Kommunikationsforschung untersucht.

Jedoch können Entscheidungen, die im Aufsichtsratsgremium gefällt werden,
z. B. ein (außer)planmäßiger Wechsel im Vorstand, wiederum eine Kommunikation im Handlungsfeld der internen Kommunikation nach sich ziehen. So ist
es durchaus als relevantes Ziel anzusehen, dass alle Mitarbeitenden, die grundsätzlich nicht als Anspruchsgruppe für die ARV-Kommunikation anzusehen sind,
über die Überwachungstätigkeit des Aufsichtsrats informiert werden. Aus diesem
Grund soll im weiteren Verlauf der Arbeit untersucht werden, wie die Schnittstelle zwischen Aufsichtsratsvorsitzenden und Kommunikationsverantwortlichen
in Bezug auf interne Kommunikation organisiert ist.

Die theoretischen Ausführungen zu internen Anspruchsgruppen und kommunikativen Zielen der internen Kommunikation erweitern den Blick auf die

Führungskräfte des Unternehmens als relevante Anspruchsgruppe der ARV-Kommunikation. Den Führungskräften kommt in der Unternehmensöffentlichkeit eine zentrale Vermittlerrolle zwischen der Unternehmensführung und den Mitarbeitenden zu. Diese Scharnierfunktion der Führungskräfte wurde aufgrund der hierarchischen Berichtswege in der bisherigen Forschung vor allem auf den Vorstand als primäre Unternehmensführung bezogen. Ein Austausch zwischen Führungskräften und Aufsichtsratsvorsitzenden ist in der Forschung bislang weder analytisch verortet noch empirisch untersucht worden. Ein punktueller, persönlicher Austausch könnte jedoch für die ARV-Kommunikation relevant sein: So ist die Besetzung und Nachfolgeplanung des Vorstands eine zentrale Aufgabe für den Aufsichtsrat, dafür sollte er die Führungskräfte unterhalb des Vorstands kennen, um diese für die Nachfolgeplanung beurteilen zu können. Im Rahmen der empirischen Analyse soll daher untersucht werden, inwiefern es interne Kommunikationsmaßnahmen von Aufsichtsratsvorsitzenden gibt, die sich an Führungskräfte oder auch alle Mitarbeitenden richten.

Die Betrachtung der Handlungsfelder Public Relations und Investor Relations, als nach außen gerichteten Kommunikationsfunktionen, verbindet die Analyse der Strukturen innerhalb des Unternehmens mit den Ebenen außerhalb des Unternehmens, die in den Öffentlichkeitsarenen in Abschnitt 4.1.1 und 4.1.2 beschrieben wurden.

Die Forschung zu Public Relations bestätigt, dass die Medien eine externe Anspruchsgruppe für die ARV-Kommunikation darstellen. Weitere Stakeholder der PR, z. B. soziokulturelle Öffentlichkeiten wie Anwohner oder NGOs, beziehen sich in ihren Handlungen vor allem auf die operative Unternehmenstätigkeit und damit primär auf den Vorstand. Die Medien nehmen eine zentrale Vermittlerrolle in der gesellschaftspolitischen Öffentlichkeit ein, sie nehmen Themen auf und verdichten diese zur öffentlichen Agenda. Vor diesem Hintergrund könnte es relevant sein, den Austausch mit Medienvertretern zu suchen, wenn eine Entscheidung des Aufsichtsratsgremiums erklärungsbedürftig und eine Kommunikation über andere PR-Instrumente, wie Pressemitteilungen, nicht ausreichend erscheint.

Darüber hinaus gibt es auch Themen der PR, die in den Aufgabenbereich des Aufsichtsrats fallen. Dazu gehört z. B. die Diskussion um Diversität von Vorständen und Aufsichtsräten. Aufsichtsratsvorsitzende sind dabei diejenigen Sprecher des Unternehmens, die Entscheidungen erläutern können. Auch Corporate Social Responsibility gehört dazu, da der Aufsichtsrat die nichtfinanzielle Erklärung des Unternehmens im Rahmen seiner Überwachungstätigkeit prüfen muss. Schließlich soll der Aufsichtsrat in seiner Überwachung- und Beratungsfunktion für eine langfristige, nachhaltige Entwicklung des Unternehmens im Interesse der Anteilseigner und weiterer Stakeholder sorgen. Im weiteren Verlauf soll daher analysiert werden, inwiefern Überwachungs-, Risiko- und Nachhaltigkeitsthemen zu einer normativen Regel für die ARV-Kommunikation werden. Insgesamt kann für das Handlungsfeld der Public Relations festgehalten werden, dass es sich bei der ARV-Kommunikation mit Medien stets um freiwillige Kommunikationsmaßnahmen handelt. Daher werden bei der empirischen Analyse insbesondere die dahinterliegenden Ziele der Kommunikation sowie die Rolle der PR-Abteilung interessant sein.

Die Erkenntnisse aus der Investor-Relations-Forschung zeigen, dass die Akteure in der Kapitalmarktöffentlichkeit zu den wichtigen externen Anspruchsgruppen der ARV-Kommunikation zählen. Dazu gehören insbesondere Investoren, da durch die Aufnahme des Investorendialogs in den DCGK eine neue Norm für die ARV-Kommunikation entstanden ist. Im weiteren Verlauf der Arbeit werden die daraus resultierenden Erwartungen aus externer Perspektive analysiert, um sie der internen Perspektive gegenüberzustellen. Dabei wird interessant sein, welche Bedeutung dem Dialog aus Unternehmenssicht zugeschrieben wird und welche Ziele sowohl vom Unternehmen als auch den Investoren als Stakeholdern damit verfolgt werden. Auch die Rolle der IR-Abteilung beim Investorendialog von Aufsichtsratsvorsitzenden soll empirisch betrachtet werden.

In Bezug auf die Themen und Instrumente der IR lässt sich festhalten, dass die Information der Anteilseigner zur Aufsichtsratstätigkeit in spezifischen Publizitätspflichten im Aktienrecht definiert wird. Auf diese soll in Abschnitt 5.1.2 detailliert eingegangen werden, da sie als Normen strukturierend auf die Kommunikation wirken. Im Verlauf der Arbeit wird empirisch untersucht, inwiefern Aufsichtsratsvorsitzende bei der Erstellung dieser Publikationen auf die personellen Ressourcen der Kommunikationsfunktionen zurückgreifen können.

Zusammenfassend können mithilfe der theoretischen Erkenntnisse aus diesem Kapitel die Einblicke in die Unternehmensöffentlichkeit erweitert werden. Die Abbildung 4.4 aus Abschnitt 4.1.4 zu den Akteuren der Unternehmensöffentlichkeit wird dabei hinsichtlich des Kommunikationsmanagements und der bisherigen Kommunikationswege (Pfeile) in Abbildung 4.9 erweitert.

Demnach ist der Vorstand als primäre Unternehmensführung ein zentraler Kommunikator im Unternehmen. Seine Hauptaufgaben sind sowohl die Entwicklung einer Strategie für das Unternehmen als auch deren operative Umsetzung. In diesem Zusammenhang kommuniziert er z. B. mit den Führungskräften, Mitarbeitenden und Betriebsräten des Unternehmens. An das Kommunikationsmanagement werden dabei die kommunikativen Aufgaben des Unternehmens delegiert, sodass hier die Ergebnisverantwortung für die interne und externe Kommunikation des Unternehmens liegt. Wie beschrieben wird das Kommunikationsmanagement anhand der fünf Phasen Analyse, Planung, Organisation, Umsetzung

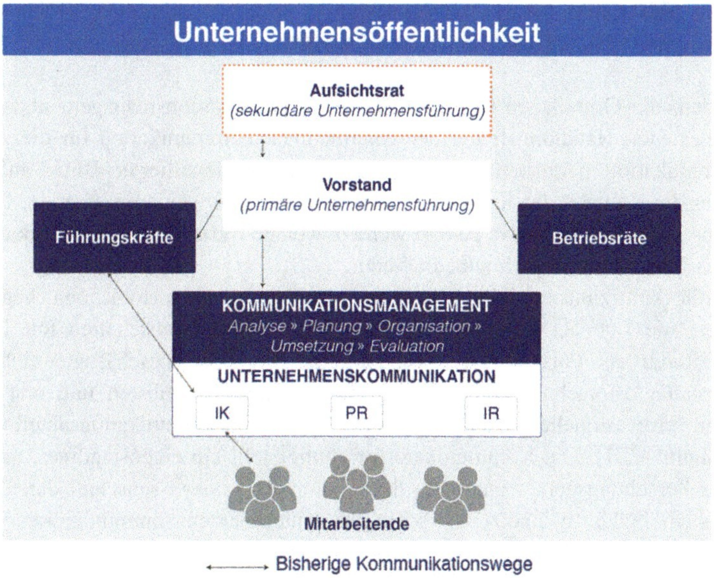

Abbildung 4.9 Schematische Darstellung der relevanten Akteure sowie Kommunikationsfunktionen in der Unternehmensöffentlichkeit (Eigene Darstellung)

und Evaluation gesteuert. Die Handlungsfelder der Unternehmenskommunikation werden im Rahmen des Kommunikationsmanagements zweckbezogen geplant und gesteuert. Dazu zählen für die Kommunikation von Aufsichtsratsvorsitzenden die Handlungsfelder interne Kommunikation, Public Relations und Investor Relations. Das Handlungsfeld der internen Kommunikation umfasst dabei grundsätzliche die Kommunikation mit den Mitarbeitenden aber auch den Führungskräften.

Die bisherige Kommunikationsforschung hat den Aufsichtsrat nicht betrachtet. Aufsichtsratsvorsitzende haben jedoch herausgehobene Aufgaben für die Arbeit des Gremiums (Abschnitt 3.3). Neben der Koordination der Aufsichtsratstätigkeit gehört dazu die Sprecherfunktion für das Gremium. Damit kommt Aufsichtsratsvorsitzenden auch eine Sprecherrolle für das Unternehmen zu. Mithilfe der Erkenntnisse aus der Kommunikatorforschung im Spannungsfeld mit der Forschung zu Kommunikationsmanagement und Unternehmenskommunikation sollen daher im Folgenden Aufsichtsratsvorsitzende als Sprecher für Unternehmen verortet werden.

4.3   Akteure im Rahmen des Kommunikationsmanagement

Nachdem die Grundlagen und Phasen des Kommunikationsmanagements sowie die relevanten Handlungsfelder der Unternehmenskommunikation für die ARV-Kommunikation dargestellt wurden, soll nun ein detaillierter Blick auf die Akteure im Rahmen des Kommunikationsmanagements geworfen werden. Dabei soll aus interner Perspektive geklärt werden, welche Akteure als Kommunikatoren für das Unternehmen nach außen agieren.

Dafür soll zunächst ein Überblick zur Kommunikatorforschung gegeben werden, die sich als Teilgebiet der Kommunikationswissenschaften mit Kommunikatoren als Forschungsgegenstand befasst. Jedoch beschäftigte sich die Kommunikatorforschung lange Zeit vor allem mit Journalisten und erst später mit professionellen Kommunikatoren in den Kommunikationsabteilungen (Abschnitt 4.3.1). Die Kommunikatorforschung stellt ein eigenständiges, umfassendes Forschungsgebiet innerhalb der Kommunikationswissenschaft dar. Dabei gibt es eine Schnittmenge zur Forschung zu Unternehmenskommunikation, wenn professionelle Kommunikatoren (zunächst PR-Praktiker, heute verstanden als Kommunikationsmanager) des Unternehmens betrachtet werden. Im Rahmen der Forschung zu Unternehmenskommunikation kann dies als Berufsfeldforschung eingeordnet werden.

Die Forschung zu Unternehmenskommunikation beschäftigt sich neben den Kommunikationsmanagern als professionelle Kommunikatoren, aber auch mit weiteren Kommunikatoren, die für Unternehmen relevant sind. Dazu gehören vor allem der Vorstand sowie Führungskräfte. So ist die Kommunikation von Vorstandsvorsitzenden bereits zu einem etablierten Forschungsfeld geworden. Die Erkenntnisse werden in Abschnitt 4.3.2 dargestellt, um aufzuzeigen, dass der Aufsichtsrat als sekundäre Unternehmensführung dabei bislang noch nicht betrachtet wurde. Aufsichtsratsvorsitzende haben als Repräsentanten des Gremiums jedoch eine Sprecherrolle für das Unternehmen inne. Durch den Investorendialog im DCGK kommt eine neue Norm und dadurch weitere Anforderungen der Anteilseigner als wichtige externe Stakeholdergruppe dazu. Daher sollen Aufsichtsratsvorsitzende in Abschnitt 4.3.3 als neuer Kommunikatoren innerhalb der Kommunikatorforschung als Teil der Unternehmenskommunikation verortet werden.

4.3.1 Überblick zur Kommunikatorforschung

Zunächst soll ein kurzer Überblick zur Kommunikatorforschung erfolgen, um die Schnittmenge der beiden Forschungsfelder der Kommunikatorforschung und Unternehmenskommunikation aufzeigen zu können. Dabei wurden vor allem Journalisten betrachtet, die eine relevante Anspruchsgruppen für die ARV-Kommunikation in der gesellschaftspolitischen wie auch Kapitalmarktöffentlichkeit darstellen. Später wurde durch die Forschung zu Unternehmens- und Organisationskommunikation der Blick auf die Kommunikationsverantwortlichen in den Organisationen erweitert. Ihre Verantwortung für die ARV-Kommunikation wird im Rahmen des Kommunikationsmanagement-Prozesses ebenfalls analysiert werden.

Die Kommunikatorforschung ist ein zentrales Teilgebiet der Kommunikationswissenschaften. Der Kommunikator ist das erste Element der Lasswell-Formel („Who says what to whom in which channel with what effect?" (Lasswell, 1948)), die einen großen Einfluss auf die amerikanische Disziplin ausgeübt hat und die einschlägigen Forschungsbereiche der Kommunikationswissenschaft in einem Satz zusammenfasst. Während sich die Journalistik mit den Medienschaffenden, Journalisten und Programmgestaltern als Kommunikatoren befasst, hat die Kommunikationswissenschaft die PR-Praktiker, heute eher Kommunikationsmanager genannt, in Unternehmen und Organisationen zum Forschungsgegenstand gemacht. Pürer (2014) definiert einen Kommunikator wie folgt:

> „Bezogen auf öffentliche Kommunikation versteht man unter dem Kommunikator eine Person, eine Gruppe von Personen oder eine Institution, die originärpublizistisch oder über ein Massenmedium Aussagen an eine unbegrenzte Zahl von Rezipienten mitteilt" (Pürer, 2014, S. 109).

Dabei handelt es sich um ein sehr breites Verständnis, das neben Journalisten auch Politiker, Unternehmensführer, wie z. B. Vorstände oder Aufsichtsratsvorsitzende, oder Priester einschließt. Einer einschlägigen engeren Definition von Maletzke (1963) zufolge versteht man unter einem Kommunikator

> „jede Person oder Personengruppe, die an der Produktion von öffentlichen, für die Verbreitung durch ein Massenmedium bestimmten Aussagen beteiligt ist, sei es schöpferisch-gestaltend oder selektiv oder kontrollierend" (Maletzke, 1963, S. 43).

Dabei führt Maletzke bestimmte Determinanten ein, die den Zeitpunkt von Aussagen, die eingesetzten Mittel, Form und Inhalt sowie den Verbreitungsumfang beeinflussen. Dazu zählen u. a. die Persönlichkeit des Kommunikators, sein

Selbstbild, die sozialen Beziehungen, die Einflüsse der Gruppe, der Organisation und der Öffentlichkeit selbst (Maletzke, 1963, S. 44–53).

Es muss festgehalten werden, dass beide Definitionen eine Nähe zu den Forschungssträngen der massenmedialen Kommunikation haben und der Begriff des Kommunikators insbesondere in Bezug zu den Akteuren der Massenmedien (Journalisten) verwendet wird. Dabei wird meist auf die Rolle des Kommunikators im Kommunikationsprozess verwiesen und damit auf Modelle, in denen eine Quelle (Kommunikator) mit einem Rezipienten in Verbindung gebracht wird, dazu zählt z. B. die Gatekeeper-Forschung (Lewin, 1947; Robinson, 1973; White, 1950).

Das in Abschnitt 4.1 beschriebene Arenenmodell von Gerhards & Neidhardt (1991) differenziert zwischen Leistungs- und Publikumsrollen. Journalisten kommt dabei eine besondere Rolle in Bezug auf die Herstellung von Öffentlichkeit zu, aber auch andere korporative und individuelle Kommunikatoren lassen sich in das Modell einordnen. Um Zugang zur Öffentlichkeit zu gelangen, seien Ressourcen und Kontaktnetzwerke zu den Akteuren der Öffentlichkeitsebenen notwendig, die jedoch ungleich verteilt seien (Gerhards & Neidhardt, 1991, S. 58). Die relevanten Akteure für die ARV-Kommunikation wurden für die gesellschaftspolitische Öffentlichkeit (Abschnitt 4.1.1) und Kapitalmarktöffentlichkeit (Abschnitt 4.1.2) bereits eingeführt.

Resümierend kann festgehalten werden, dass Kommunikatorforschung lange Zeit primär als Journalismusforschung bzw. Journalistenforschung betrachtet wurde. Im Fokus standen dabei u. a. die journalistische Professionalität, Legitimität, Rollenbilder oder Sozialisation (Löffelholz, 1997; Pürer, 1997). Böckelmann (1993) leitet in einem umfassenden Überblick zur deutschsprachigen Kommunikatorforschung den Begriff des professionellen Kommunikators ab, der neben Journalisten auch „Verleger, Intendanten und PR-Fachleute bzw. Mitarbeiter von Pressestellen" (Böckelmann, 1993, S. 25) einbezieht. Insgesamt kommt er jedoch zu dem Ergebnis, dass sich die meisten der damals 716 Studien auf Pressejournalisten beziehen. Mit dieser Fokussierung geht ein systematisches Problem einher, da publizistisch relevante Tätigkeitsfelder primär im Verhältnis zum Journalismus untersucht werden, wobei der Beruf dieser Gruppe häufig im Mittelpunkt steht. Doch durch die Entwicklung neuer Tätigkeitsfelder und Qualifikationen, z. B. im Online-Journalismus, tritt die berufliche Tätigkeit als Erklärungsansatz stark in den Hintergrund (Neuberger, 2000). Neben dem Beruf muss auch die normative Seite, also die Handlungsziele und Bedingungen, mit einbezogen werden. Saxer (1997) formuliert daraus die Mahnung:

„Nur wenn die *Kommunikatorforschung* ihren Focus in Richtung einer integralen Produktionsforschung und zugleich der Totalität gesellschaftsrelevanter Kommunikationsprozesse öffnet, vermag sie längerfristig die entscheidenden Strukturen und Veränderungen ihres Gegenstandes zu erfassen" (Saxer, 1997, S. 52, Hervorhebung im Original).

Bereits in den 1970er Jahren beschreibt Langenbucher (1974), dass sich ein, dem Mediensystem vorgeschaltetes, System der Informationssammlung und -bereitstellung gebildet habe, dass bei den jeweiligen gesellschaftlichen, politischen und wirtschaftlichen Akteuren angesiedelt sei. Aufgrund der zunehmenden Relevanz hätten sich dort berufliche Strukturen herausgebildet und entsprechende Kommunikationsabteilungen institutionalisiert. Ihm zufolge seien nicht die Journalisten die eigentlichen Kommunikatoren, sondern Werbe- und PR-Tätige (Langenbucher, 1974, S. 259). Dabei schlägt Langenbucher den Begriff des Mediators für Journalisten vor, der sich jedoch nicht durchgesetzt hat.

Zwei Jahre später führt Maletzke (1976) eine differenzierte Definition des Kommunikators ein: „Kommunikatoren sind Personen, Gruppen oder Institutionen (Organisationen), die Medienaussagen planen, herstellen und verbreiten" (Maletzke, 1976, S. 4). Dabei werden drei Kategorien von individuellen Kommunikatoren differenziert: (1) Kommunikatoren, die ihren Lebensunterhalt aus ihrer Tätigkeit in der Massenkommunikation beziehen, (2) „semi-professionelle" oder „nebenberufliche" Kommunikatoren (Wissenschaftler, Politiker, Lehrer, die häufig in den Massenmedien auftreten) und (3) „Gelegenheitskommunikatoren" (Interviewte, Quizteilnehmer, Jubilare etc.) (Maletzke, 1976, S. 31). Jedoch fehlen in dieser Differenzierung die hauptberuflich arbeitenden Kommunikatoren für Unternehmen als eigene Kategorie. Aufsichtsratsvorsitzende könnten hier, ebenso wie Vorstände, als semi-professionelle Kommunikatoren eingeordnet werden.

Die Kommunikatorforschung hat heute einen weiteren Blickwinkel, so werden Akteure einbezogen, die bestimmte Funktionen, wie die Generierung, Verarbeitung und Weiterverarbeitung von Informationen und öffentlich relevanten Themen, innehaben (Bentele, 1997, S. 183). Organisationen und die in ihnen agierenden PR-Kommunikatoren können und müssen demnach als Akteure mit eigenständigem Thematisierungspotenzial aufgefasst werden (Baerns, 1992; Jarren & Röttger, 2015). Dabei wurde zunächst die Rolle als extern ausgerichteter Kommunikator und die in diesem Zusammenhang von der PR erbrachten Beiträge der öffentlichen Kommunikation betrachtet. Die Forschungsarbeiten zu den Funktionen, Leistungen und Wirkungen von Kommunikatoren im organisationsinternen Kontext haben aber in den vergangenen Jahren zugenommen.

In Bezug auf ihre Funktion bezeichnen Aldrich & Herker (1977) Kommunikationsverantwortliche als sog. boundary spanner. Sie wehren die Informationsflut ab, wenn sie sowohl als Filter (filter) als auch als Vermittler (facilitator) agieren und wichtige Informationen für Entscheidungsträger aufbereiten. Sie benennen im Wesentlichen zwei boundary roles und deren Funktion für die jeweilige Organisation. Die Funktion der Informationsverarbeitung (information processing) ermögliche es der Organisation, externe Informationen aufzunehmen und umzusetzen. Im Rahmen der externen Repräsentation (external representation) werden verschiedene teilweise gegensätzliche Forderungen und Interessen der Stakeholder aufgenommen und das Unternehmen einheitlich nach außen repräsentiert (Aldrich & Herker, 1977, S. 218–221).

Die Erforschung von Berufsrollen in der PR hat insbesondere in den USA eine lange Tradition, die deutschsprachige Forschung hat sich nur am Rande damit beschäftigt. Aus einer explorativen Ausgangsstudie leiten Broom & Smith (1979, S. 48 ff.) zunächst fünf PR-Rollen ab, die von Broom (1982, S. 18) auf vier zentrale Rollenkonzepte reduziert werden:

- Der *communication technician* setzt PR-Maßnahmen mithilfe journalistisch-technischer und handwerklicher Fähigkeiten (Texten, Redigieren, Produzieren) um, die Entscheidungen liegen dabei ausschließlich beim Kunden.
- Der *expert prescriber* trifft die Entscheidungen in Bezug auf die PR-Maßnahmen für seinen Kunden, dabei stehen die Analyse und Entwicklung von Kommunikationsstrategien im Mittelpunkt.
- Der *communication facilitator* übernimmt die Aufgabe des Informationsaustauschs zwischen der Organisation und seinen Stakeholdern und schafft die Grundlage für zweiseitige Interaktionen.
- Der *problem-solving process facilitator* unterstützt das Management bei der Problemdefinition und -lösung unter Einbezug der gesamten Organisation. Die Voraussetzung dafür ist eine entsprechende hierarchische Stellung der PR und das Vertrauen des Managements.

Im Rahmen der empirischen Überprüfung ergaben sich starke Korrelationen zwischen den drei letztgenannten Rollen, die in der Folge als Rolle des Kommunikationsmanagers zusammengefasst und dem Kommunikationstechniker gegenübergestellt wurden (Dozier, 1984). Die Arbeiten hatten inhaltlich und methodisch weitreichenden Einfluss auf die PR-Berufsrollenforschung und haben zahlreiche Folgestudien angestoßen, die u. a. auf Arbeitszufriedenheit, Einkommen oder die Variable Geschlecht (Broom & Dozier, 1986; Dozier & Broom, 1995) zielen. Eine Vielzahl der Studien bestätigt prinzipiell die Manager-Techniker-Dichotomie, es ist jedoch davon auszugehen, dass in der Praxis häufig Mischformen anzutreffen sind. Leichty & Springston (1996) ermitteln eine sog.

Hybridrolle, die sich durch eine Kombination der typischen Manager- und Techniker-Aufgaben kennzeichnet.

Heutiges Verständnis des Kommunikationsmanagers

Neue Untersuchungen zeichnen ein deutlich differenzierteres Bild von Rollen und Kompetenzprofilen von Kommunikationsmanagern. So verlagern bspw. Grunig et al. (2002, S. 228) den Fokus von der Person auf die Abteilung und fragen nach den vorhandenen Expertisen. Dabei wird zwischen dem administrativen Kommunikationsmanager, der vor allem für einen reibungslosen Ablauf des Tagesgeschäfts sorgt, und dem strategischen Manager unterschieden, der die Kommunikation in den strategischen Planungsprozess des Unternehmens integriert. Nothhaft (2011) untersucht mithilfe einer Shadowing-Studie, was Kommunikationsmanager in der Praxis tatsächlich tun. Fieseler, Lutz & Meckel (2015) prüfen Rollenprofile anhand aktueller Daten und schlagen vor, psychologische und persönliche Aspekte zur Erklärung der Übernahme von Rollen hinzuzuziehen. Zusammenfassend zeigen heutige Studien, dass Kommunikatoren viele verschiedene Aufgaben innehaben und dabei strategische und operative Rollen gleichzeitig ausüben (Falkheimer, Heide, Simonsson, Zerfaß & Verhoeven, 2016).

Die Kommunikatoren der Investor Relations wurden dagegen bislang selten betrachtet. Bei der Berufsfeldforschung zu IR handelt es sich vor allem um Zustandsbeschreibungen (Hollstein, Maas & Bassen, 2015; Laskin, 2014; Marston & Straker, 2001). Erste Ansätze in Bezug auf relevante Kompetenzen von IR-Verantwortlichen stammen aus der Praxis (CNC, 2015). Welche Rolle die Kommunikationsmanager der IR und PR für die ARV-Kommunikation einnehmen wird Teil der empirischen Analyse dieser Arbeit sein.

Eine Sonderrolle kommt Kommunikationschefs (englisch = Chief Communication Officer (CCO)) zu, da neben der Kommunikationsexpertise auch ein weitreichendes Management- und Geschäftsverständnis benötigt werde. Die Position sei auch durch die Zusammenarbeit mit dem Vorstandsvorsitzenden bzw. obersten Repräsentanten des Unternehmens geprägt, wobei die Beziehung- bzw. Vertrauensebene eine zentrale Rolle spiele (Arthur W. Page Society, 2007, S. 29 f.; Zerfaß & Dühring, 2014, S. 175). Der CCO agiere dabei als Sprachrohr des Unternehmens bzw. als Zweitstimme des CEOs, Außenminister bzw. Frühwarnsystem sowie als qualifizierter interner Ratgeber (Will, Fleischmann & Fritton, 2011). Jedoch steht die Forschung zur Frage, wie Kommunikationsmanager die Führungsorgane im Umgang mit allen internen und externen Stakeholdern beraten und unterstützen (Zerfaß & Franke, 2013), ebenso wie zur Auswirkung unterschiedlicher Führungsstile des CCOs (Werder & Holtzhausen, 2009) noch am Anfang.

Trotz der vermeintlich engen Beziehung zwischen CEO und Kommunikationsleitung zeigen Studien, dass Kommunikation oft ein geringer Beitrag zum Unternehmenserfolg zugeschrieben wird. Vorstände verstehen Unternehmenskommunikation primär als operative Unterstützungsfunktion, die das Unternehmen positiv in den Medien platziert und Inhalte liefert (Brønn, 2014; Falkheimer et al., 2017). Dazu passt, dass auch die Verantwortlichen für Unternehmenskommunikation und Investor Relations einschätzen, dass es ihnen nicht immer gelingt, den Beitrag ihrer Abteilung zum Unternehmenserfolg zu vermitteln (Hoffmann et al., 2020, S. 20).

Als Teil dieser Arbeit soll im Rahmen des Kommunikationsmanagements, konkret im Prozessschritt der Organisation, analysiert werden, welche Verantwortung die Investor-Relations- und Public-Relations-Abteilung für die ARV-Kommunikation innehaben. Dabei wird der strategische und operative Beitrag dieser Kommunikationsfunktionen für dessen Kommunikation im Mittelpunkt stehen. Es wird nicht analysiert werden, inwiefern die Kommunikationsverantwortlichen bzw. -abteilung selbst sich dabei verändern.

Differenzierung von Kommunikatoren für Unternehmen
Die Kommunikatorforschung innerhalb der Unternehmenskommunikation beschäftigt sich im Rahmen der Berufsfeldforschung, wie gerade dargestellt, mit den professionellen Kommunikationsverantwortlichen des Unternehmens. Dabei werden jedoch auch weitere Kommunikatoren betrachtet, die für das Unternehmen sprechen können. Um Aufsichtsratsvorsitzende als neue Kommunikatoren für Unternehmen verorten zu können, sollen hier zunächst Möglichkeiten vorgestellt werden, Kommunikatoren für das Unternehmen zu differenzieren. Bentele (1997, S. 183) schlägt dazu drei Varianten vor:

(1) Anhand der Zugehörigkeit zu einem sozialen Subsystem könne zwischen *journalistischen Kommunikatoren*, *PR-Kommunikatoren* und *Fachkommunikatoren* (z. B. Politiker, Manager) unterschieden werden.

(2) In Bezug auf die berufliche Involvierung lassen sich *Berufskommunikatoren* (Journalisten und PR-Praktiker) von *funktionalen Kommunikatoren* (Politiker, Unternehmensführer, Wissenschaftler etc.) abgrenzen. Unter funktionalen Kommunikatoren sind Personen zu verstehen, die öffentlich in Nebenfunktion kommunizieren, während sie in ihrer Hauptfunktion andere Tätigkeiten und Rollen ausüben (Bentele, 1997, S. 187).

(3) Schließlich können *personale Kommunikatoren* von *korporativen Kommunikatoren* unterschieden werden. Personale Kommunikatoren, wie Pressesprecher,

seien in der Regel in einen organisatorischen Zusammenhang, die Kommunikationsabteilung oder den Vorstand, eingebettet, der die Rahmenbedingungen (Ziele, Budget, Instrumente) vorgibt.

Szyszka (2008) weitet die Rolle des Kommunikators aus, sodass alle Mitglieder einer Organisation als *natürliche Organisationskommunikatoren* gelten, da sie mit ihren Aussagen immer auch die Organisation repräsentieren. Nach Szyszka (2008) verfügen bestimmte Mitglieder der Organisation über kommunikative Rollenkompetenzen, die sie zur Kommunikation für das Unternehmen befähigen. Diese *organisationalen Kommunikatorrollen* lassen sich in formelle und informelle Organisationskommunikatoren unterscheiden (Szyszka, 2008, S. 318): Die *informellen Organisationskommunikatoren* sind grundsätzlich wie alle anderen Organisationsmitglieder, die sich zu Themen der Organisation äußern – jedoch unterstellen andere Akteure ihnen aufgrund ihrer Organisationszugehörigkeit, dass sie informiert sind. Inwiefern dies tatsächlich der Fall ist, hängt von ihrem Zugang zu Informationen ab. Informelle Organisationskommunikatoren werden häufig als besonders authentisch und glaubwürdig eingestuft. *Formelle Organisationskommunikatoren* sind diejenigen Akteure, die aufgrund eines Mandats zu kommunikativem Handeln autorisiert sind:

- *Fachkräfte für Kommunikationsmanagement* verfügen über das kommunikative Vertretungsmandat, das auf verschiedene Kommunikationsprozesse der Organisation begrenzt ist. In ihrer professionellen Rolle als Kommunikator haben sie einen herausgehobenen Zugang zu Informationen.
- *Mitglieder der Unternehmensführung* verfügen über ein allgemeines Vertretungsmandat für die Organisation, dass eine kommunikative Vertretung einschließt. Sie haben einen hohen Informationsstatus, ihr kommunikatives Verhalten muss aber nicht zwingend professionell sein (Szyszka, 2008, S. 318).

Dabei wird jedoch nicht zwischen den Mitgliedern der primären (Vorstand) und sekundären Unternehmensführung (Aufsichtsrat) unterschieden. Auch in der Systematisierung von Bentele (1997) finden sich die Akteure der Unternehmensführung zwar wieder, werden aber nicht explizit differenziert. Im folgenden Abschnitt 4.3.2 soll daher detaillierter auf die Mitglieder der Unternehmensführung als Kommunikatoren für das Unternehmen eingegangen werden. Auf dieser Basis sollen in Abschnitt 4.3.3 dann die vorgestellten Systematisierungen weiter differenziert werden, um auch Aufsichtsratsvorsitzende als Kommunikatoren verorten zu können.

4.3.2 Mitglieder der Unternehmensführung als Kommunikatoren

Neben Kommunikationsmanagern beschäftigt sich die Kommunikatorforschung als Teil der Unternehmenskommunikation auch mit den Mitgliedern der Unternehmensführung als relevante Kommunikatoren für das Unternehmen. Im folgenden Kapitel wird gezeigt, welche Akteure bereits in der bisherigen Forschung berücksichtigt wurden: Dabei handelt es sich vor allem um den Vorstandsvorsitzenden und Führungskräfte. Führung und Kommunikation sind eng miteinander verwoben, da Führungsaufgaben meist auch kommunikative Aufgaben mit sich bringen. Da das dualistische System der Unternehmensführung eine institutionelle Trennung der Unternehmensleitung (Vorstand) und -kontrolle (Aufsichtsrat) vorsieht, sollen Aufsichtsratsvorsitzende anschließend als neue Kommunikatoren dabei verortet werden und so die Kommunikatorforschung innerhalb der Unternehmenskommunikation erweitert werden.

Bei der Führungsforschung handelt es sich um ein interdisziplinäres Forschungsfeld mit Beiträgen aus den Bereichen Betriebswirtschaft, Organisationswissenschaft, Soziologie, Psychologie etc., die sich mit unterschiedlichen Fragestellungen rund um die Person der Führungskraft, um ihr Führungsverhalten sowie um situationsbedingte Aspekte beschäftigt (Yukl, 2013). Dabei können grob vier theoretische Strömungen identifiziert werden: Eigenschaftstheorien, Verhaltenstheorien, situative und transformatorische Ansätze (Berger & Meng, 2014, S. 18–23). Führung ist auch nach jahrzehntelanger Forschung ein unscharf definiertes Konzept (Yukl, 2013), jedoch spielt die Einflussnahme auf andere Personen eine zentrale Rolle: „Leadership is about one individual influencing a group to accomplish common goals" (Northouse, 2016, S. 6). In den zahlreichen Definitionen von Führung finden sich folgende Worte wieder, die das Handeln kennzeichnen:

> „informieren, kommunizieren, (Verhalten und/oder Wahrnehmungen) steuern, Interaktionen strukturieren, […] instruieren, motivieren, lenken, energetisieren, beeinflussen, begeistern, initiieren, (auf Ziele) ausrichten" (Blessin & Wick, 2014, S. 38).

Führung, Organisation und Kommunikation sind also eng miteinander verwoben (Bruhn & Reichwald, 2005). Kommunikation wird somit zum zentralen Element des alltäglichen Handelns von Managern (Clampitt, 2017; Kinter, Ott & Malogagas, 2009).

Im Rahmen dieser Arbeit ist es zielführend, die Kommunikation der Unternehmensführung von der Führungskräftekommunikation, als Handlungsfeld der internen Unternehmenskommunikation, abzugrenzen.

„Führungskräftekommunikation vermittelt einerseits zwischen der Leitung und den Führungskräften einer Organisation und vernetzt andererseits die Führungskräfte miteinander. Sie trägt dazu bei, dass Führung in einer Organisation gelingen kann: Die Führungskräfte werden dabei unterstützt, selber besser zu führen. Führungskräftekommunikation zielt darauf ab, Vertrauen in die Unternehmensführung zu schaffen. Sie überzeugt und informiert, befähigt, vernetzt und aktiviert die Führungskräfte" (Voß & Röttger, 2014, S. 1144).

Führungskräftekommunikation richtet sich demnach an die Führungskräfte auf den verschiedenen Unternehmensebenen; die Unternehmensführung ist dabei ein wichtiger Stakeholder. In der bisherigen Forschung wird unter der Unternehmensführung jedoch ausschließlich der Vorstand und nicht der Aufsichtsrat verstanden. Der Vorstand gibt also Informationen an die verschiedenen Führungsebenen weiter. Führungskräfte agieren als Navigatoren und Multiplikatoren der internen Kommunikation, indem sie die Informationen in den individuellen Kontext ihrer Mitarbeitenden übersetzen (Mast, 2014, S. 1138).

Die Begriffe Führung und Management werden häufig synonym verwendet. Führung betont jedoch vor allem die personale Ebene und Interaktionsaspekte, demgegenüber umfasst Management die strukturellen und institutionellen Aspekte der Leitung und Steuerung von Unternehmen – also die Unternehmensführung (Blessin & Wick, 2014, S. 113). Kalla (2005) differenziert zwischen den Begriffen Geschäfts-, Management-, Unternehmens- und Organisationskommunikation. Während es in der Geschäftskommunikation um die Elemente „knowing why and knowing how" (Kalla, 2005, S. 305) gehe, liege der Fokus der Managementkommunikation darauf, Wissen effektiv und effizient in der Führungsmannschaft zu teilen.

Auch die Begriffe Führung und Leadership werden teilweise gleichgesetzt, teilweise werden sie ins Verhältnis zueinander gesetzt. Leadership wird dabei meist stärker prozessual verstanden oder als eine spezifische Führungsqualität wahrgenommen (Voß & Röttger, 2014, S. 1148). In diesem Zusammenhang werden Leader als vorbildliche Führungskräfte beschrieben, die über bestimmte Fähigkeiten und Eigenschaften verfügen (Northouse, 2016; Yukl, 2013). Kommunikation wird als Grundlage für die Beziehung und Interaktion und damit für Leadership verstanden (Zerfaß & Huck, 2007, S. 114).

Im dualistischen System wird zwischen der primären (Vorstand) und sekundären (Aufsichtsrat) Unternehmensführung unterschieden, deren Aufgaben, Rechte und Pflichten im Aktiengesetz geregelt sind (Abschnitt 3.1). In der kommunikationswissenschaftlichen Forschung wurde bislang vor allem die Rolle des Vorstands in der Unternehmenskommunikation betrachtet. Dies zeigt sich

im etablierten Forschungsfeld der CEO-Kommunikation. Da die Kommunikation für CEOs im Rahmen des Kommunikationsmanagements gesteuert wird,
soll das Forschungsfeld kurz dargestellt werden, um ggf. Erkenntnisse für die
ARV-Kommunikation nutzbar machen zu können.

CEO-Kommunikation als Forschungsfeld
Vorstandsvorsitzende sind in der Praxis in vielen Fällen als öffentliche Personen
zum Gesicht des Unternehmens geworden. Diese Entwicklung basiert auf der
Notwendigkeit, die Komplexität in fragmentierten Gesellschaften zu reduzieren
(Szyszka, 2010, S. 103) und gleichzeitig auf der Individualisierung in vielen Kultu-
ren und damit einhergehenden Personalisierungstendenzen seitens der Medien, des
Publikums und der Unternehmen (Eisenegger, 2010).

      Kommunikation ist ein zentraler Teil der Führungsaufgabe und damit eine Kern-
aufgabe des CEO, die nicht delegiert werden kann (Deekeling & Arndt, 2014,
S. 1241). Die CEO-Kommunikation als Teil der Unternehmenskommunikation kann
definiert werden als

> „alle systematisch geplanten, durchgeführten und evaluierten Kommunikationsak-
> tivitäten der obersten Führungsebene (Vorstände, Geschäftsführer, Chief Executive
> Officers) einer Organisation mit ihren internen und externen Bezugsgruppen" (Zerfaß
> & Sandhu, 2006, S. 52).

Sandhu & Zielmann (2010, S. 214) fassen den Forschungsstand zur CEO-
Kommunikation zusammen, der sich bisher vor allem aus normativer, praxisori-
entierter Literatur zusammensetze, die entweder aus Kommunikationsberatungen
stamme (Deekeling & Arndt, 2006; Hiesserich, 2013; Immerschitt, 2009) oder sich
mit der Inszenierung bzw. Positionierung des CEOs auseinandersetze. Nur wenige
Autoren würden mit theoriegeleiteten Arbeiten das Feld systematisieren (Zerfaß
& Sandhu, 2006; Zerfaß, Verčič & Wiesenberg, 2016).

      Die CEO-Kommunikation kann im Rahmen des Kommunikationsmanagements
geplant und gesteuert werden (Sandhu & Zielmann, 2010, S. 215). In der Planungsphase wird aus der Unternehmensstrategie die Kommunikationsstrategie
abgeleitet (Abschnitt 4.2), sodass die CEO-Kommunikation dann Teil der übergeordneten Kommunikationsstrategie sein sollte. Eine mögliche Positionierung
von Vorstandsvorsitzenden ist dabei ebenfalls innerhalb der Strategie zu verorten.
CEO-Positionierung kann in dem Zusammenhang verstanden werden als

„specific communication strategy that uses both persuasive and collaborative communication activities to increase awareness of the highest representative of the organisation among all stakeholders and differentiate him or her from others in a credible way
in the public sphere" (Zerfaß et al., 2016, S. 39).

Ziel einer Positionierung sei es, die Unternehmenskomplexität zu reduzieren, indem
positive Merkmale des CEOs auf die Person und das Unternehmen übertragen werden, sodass dies sich dann in der Reputation beider niederschlagen soll (Szyszka,
2010, S. 103).

Die Kommunikation von anderen Vorstandsmitgliedern ist dagegen noch kaum
erforscht. Dem Finanzvorstand wird jedoch eine zentrale Rolle in der Kommunikation mit Kapitalmarktakteuren zugeschrieben: „CFOs today typically play an
indispensable role in interfacing with the investment community and a growing
role with the financial media" (Nolop, 2012, S. 23). Dabei kommuniziert auch der
CFO mit internen und externen Bezugsgruppen. Er ist der erste Ansprechpartner
für Investoren und Analysten, die den Austausch mit Unternehmen suchen (Nolop,
2012, S. 17; Schnorrenberg, 2008, S. 75 ff.). Gleichzeitig sind Mitarbeitende der verschiedenen Ressorts, für die der Finanzvorstand verantwortlich sein kann, auf seine
interne Kommunikation angewiesen. Auch der Dialog mit Gewerkschaften führt zu
höheren Anforderungen an die Kommunikation des CFOs, da Kostenmanagement
häufig auch Konfliktmanagement bedeutet (Hornung, 2008).

Hoffmann et al. (2020) zeigen, dass CEO und CFO gut sichtbar gegenüber
der Finanzöffentlichkeit positioniert sind und die Kommunikationsaufgaben nach
Themen und Zielgruppen differenziert werden. So ist der CEO intensiver in die
Medienarbeit eingebunden, während der CFO eher im Austausch mit Analysten
und Investoren steht. Die Kapitalmarktkommunikation beider Vorstände ist jedoch
bisher kaum in das Kommunikationsmanagement eingebunden.

Zusammenfassend lässt sich daher festhalten, dass die Kommunikation und
Positionierung des CEOs, CFOs und anderer Mitglieder der Unternehmensführung
eine Herausforderung für das Kommunikationsmanagement darstellt (Zerfaß, 2014,
S. 71). Zudem sind Äußerungen von Vorstandsvorsitzenden zu politischen Themen außerhalb ihrer eigentlichen Führungsaufgabe für das Unternehmen als ein
eher neues Phänomen anzusehen (Matthes, 2021), sodass dessen Einbindung in das
Kommunikationsmanagement noch kaum erforscht wurde.

Der Aufsichtsrat als sekundäre Unternehmensführung und insbesondere Aufsichtsratsvorsitzende wurden in diesem Zusammenhang bislang jedoch nicht
betrachtet. In der bisherigen Forschung zur Unternehmensführung als Kommunikatoren zeigt sich das Verständnis, dass die Ziele für die Kommunikation der
Vorstände aus der Unternehmensstrategie abgeleitet werden. Daher können die

Erkenntnisse aus der Forschung zur CEO-Kommunikation nur bedingt auf die ARV-Kommunikation übertragen werden.

4.3.3 Schlussfolgerung

In diesem Kapitel wurde gezeigt, welche Akteure des Kommunikationsmanagements bereits in der Forschung betrachtet wurden. Aufgrund der langen Tradition der Berufsfeldforschung zu PR-Praktikern (Broom & Dozier, 1986; Dozier & Broom, 1995) stehen hier vor allem die Kommunikationsmanager (u. a. Falkheimer et al., 2016) als professionelle Kommunikatoren im Fokus. Aber auch die Kommunikation und Positionierung des Vorstandsvorsitzenden (Zerfaß et al., 2016) ist zu einem etablierten Forschungsfeld geworden, dass sich langsam auch auf weitere Vorstandsmitglieder, wie den Finanzvorstand (Hoffmann et al., 2020), ausweitet.

Die Ausführungen verdeutlichen die Forschungslücke im Spannungsfeld von Kommunikatorforschung und der Forschung zu Kommunikationsmanagement und Unternehmenskommunikation: Aufsichtsratsvorsitzende als Sprecher des Aufsichtsratsgremiums von Unternehmen und damit als sichtbarer und bedeutender Kommunikator wurden bislang ausgeblendet. Aufgrund ihrer formal-strukturellen Position haben sie jedoch ein kommunikatives Vertretungsmandat, das sich nicht nur in das Gremium und an den Vorstand, sondern auch nach außen in verschiedene Öffentlichkeitsarenen richtet. Aus diesem Grund sollen Aufsichtsratsvorsitzende nun mithilfe der in Abschnitt 4.3.1 beschriebenen Systematisierungen als Kommunikatoren für Unternehmen verortet werden (Abbildung 4.10).

Die Klassifizierung von Szyszka (2008, S. 318) unterscheidet zunächst zwischen informellen und formellen Organisationskommunikatoren. Die formellen Organisationskommunikatoren, die aufgrund eines Mandats zu kommunikativem Handeln befugt sind, lassen sich wiederum in Fachkräfte für Kommunikationsmanagement und Mitglieder der Organisationsführung aufteilen. An dieser Stelle wird die bisherige Systematisierung erweitert, indem zwischen der primären und sekundären Unternehmensführung – also Vorstand und Aufsichtsrat – unterschieden wird. Beide Gremien verfügen über ein, unterschiedlich ausgestattetes, Vertretungsmandat für die Organisation. Der Aufsichtsrat verfügt bspw. über Entscheidungskompetenzen (Ressourcen) im Rahmen seiner Kontrollfunktion, z. B. die Besetzung und Vergütung des Vorstands (Abschnitt 3.2). Diese Entscheidungen, die eine relevante Information für externe wie interne Anspruchsgruppen darstellen, können nur durch den Aufsichtsrat kommuniziert werden.

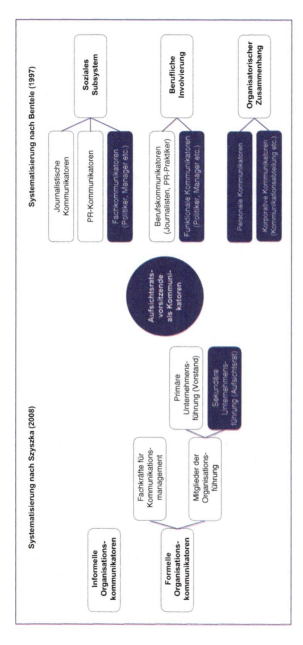

Abbildung 4.10 Einordnung von Aufsichtsratsvorsitzenden als Kommunikatoren in bestehende Systematisierungen (Eigene Darstellung in Anlehnung an Bentele (1997) und Szyszka (2008))

Bentele (1997, S. 183) schlägt drei Varianten zur Klassifizierung von Kommunikatoren vor, auch hier lassen sich Aufsichtsratsvorsitzende einordnen. In Bezug auf die Zugehörigkeit zum sozialen Subsystem können Aufsichtsratsvorsitzende als Fachkommunikatoren angesehen werden; sie sind Akteure im wirtschaftlichen Subsystem, wie auch die Mitglieder des Vorstands. Die berufliche Involvierung unterscheidet zwischen Berufs- und funktionalen Kommunikatoren. Aufsichtsratsvorsitzende sind demnach funktionale Kommunikatoren, da sie in ihrer Hauptfunktion andere Tätigkeiten und Rollen ausüben, die durch das Aktienrecht als Norm klar definiert sind. Aus diesen Aufgaben ergibt sich jedoch ein Informationsbedarf der Anspruchsgruppen, sodass sie in einer Nebenrolle auch öffentlich kommunizieren (können). So repräsentieren Aufsichtsratsvorsitzende das Gremium, insbesondere gegenüber dem Vorstand und der Hauptversammlung (Abschnitt 3.3).

Schließlich wird nach dem organisatorischen Zusammenhang in personale und korporative Kommunikatoren unterschieden. Diese Klassifizierung findet sich bereits in den Erkenntnissen zu den Sprechern in den Öffentlichkeitsarenen (Abschnitt 4.1.4). Aufsichtsratsvorsitzende können dabei beides sein: Sie agieren als korporative Kommunikatoren, wenn sie als Sprecher des Aufsichtsratsgremiums die Überwachungsaufgabe und damit zusammenhängende Entscheidungen, z. B. in Bezug auf die Personalhoheit, erläutern. Aufsichtsratsvorsitzende können prinzipiell aber auch als personale Kommunikatoren agieren, wenn sie sich außerhalb des Unternehmenskontexts äußern. Diese Äußerungen ohne Unternehmensbezug können vor allem für die gesellschaftspolitische Öffentlichkeit angenommen werden.

In diesem Kapitel wurde zudem das etablierte Forschungsfeld der CEO-Kommunikation dargestellt. Es zeigt, wie die Kommunikation der obersten Unternehmensrepräsentanten als Teil des Kommunikationsmanagements verstanden werden kann. In Verbindung mit den Erkenntnissen aus Abschnitt 4.2 kann für den weiteren Verlauf der Arbeit daher festgehalten werden, dass die ARV-Kommunikation ebenfalls als Teil der Kommunikation von Unternehmen verstanden wird. Demnach umfasst sie alle systematisch geplanten, durchgeführten und evaluierten Kommunikationsaktivitäten des obersten Repräsentanten des Aufsichtsratsgremiums mit den internen und externen Anspruchsgruppen. Daraus folgt, dass die ARV-Kommunikation im Rahmen des Kommunikationsmanagements geplant und gesteuert werden sollte. Inwiefern dies bereits der Fall ist und wer die Verantwortung für das Kommunikationsmanagement inne hat, soll im Rahmen dieser Arbeit empirisch erhoben werden.

Die Kommunikation von Aufsichtsratsvorsitzenden stellt jedoch eine Herausforderung für das Kommunikationsmanagement dar. Das Aktiengesetz und der

DCGK als zentrale Normen definieren, dass sich die Position und Aufgaben von Vorstandsvorsitzenden und Aufsichtsratsvorsitzenden deutlich unterscheiden. Der Aufsichtsrat überwacht und kontrolliert die strategische und operative Unternehmensleitung des Vorstands. Die kommunikativen Handlungen von Aufsichtsratsvorsitzenden können demnach nicht, wie etwa beim CEO, aus der Unternehmens- und damit Kommunikationsstrategie abgeleitet werden, sodass auch Ziele anders definiert werden müssen. Diese Grenzen der bisherigen Forschung zu Kommunikationsmanagement sollen im folgenden Abschnitt 5.2 noch ausführlich diskutiert werden.

Schließlich kann festgehalten werden, dass die Erkenntnisse zur Schnittstelle von Kommunikatorforschung und Forschung zu Kommunikationsmanagement und Unternehmenskommunikation es ermöglicht haben, Aufsichtsratsvorsitzende als Kommunikatoren einzuordnen. Die Erkenntnisse zur Kommunikatorforschung als Teil der Unternehmenskommunikation werden im weiteren Verlauf helfen, die Verantwortung der Investor-Relations- und Public-Relations-Abteilungen für die ARV-Kommunikation analysieren zu können. Dabei wird die Verantwortung dieser Kommunikationsfunktionen für die ARV-Kommunikation im Mittelpunkt stehen. Es wird nicht analysiert werden, inwiefern die Kommunikationsverantwortlichen bzw. -abteilung selbst sich dabei verändern.

Die Kommunikation von Aufsichtsratsvorsitzenden

5

Kommunikation ist ein zentraler Bestandteil der Aufgabe des Aufsichtsrats und im Speziellen von Aufsichtsratsvorsitzenden. Sie ist sowohl nach innen, sprich innerhalb des Gremiums sowie mit dem Vorstand, als auch nach außen, im Rahmen von Publizitätspflichten und als zusätzliche freiwillige Kommunikation, relevant.

In diesem Kapitel soll daher erstmalig ein umfassendes Verständnis für die kommunikativen Aufgaben von Aufsichtsratsvorsitzenden etabliert werden. Dafür werden die Erkenntnisse aus Corporate-Governance- und kommunikationswissenschaftlicher Forschung zusammengeführt und auf die ARV-Kommunikation übertragen. Dabei handelt es sich einerseits um ein deskriptives Verständnis, was Aufsichtsratsvorsitzende, etwa im Rahmen von Publizitätspflichten, veröffentlichen. Andererseits wird basierend auf der kommunikationswissenschaftlichen Forschung auch ein normatives Verständnis beschrieben, was Aufsichtsratsvorsitzende kommunizieren sollten bzw. könnten, um den Informationserwartungen der Anspruchsgruppen zu begegnen.

In Abschnitt 5.1 werden die Maßnahmen und Themen der Kommunikation des Aufsichtsrats(vorsitzenden) anhand der drei relevanten Öffentlichkeitsarenen ausführlich erläutert. Zunächst wird die Kommunikation innerhalb der Unternehmensöffentlichkeit beschrieben (Abschnitt 5.1.1). Dabei geht es um die Informationsversorgung des Aufsichtsratsgremiums, die es braucht, um der Überwachungsaufgabe nachzukommen, als auch um Erkenntnisse zur Kommunikation innerhalb des Gremiums. Darüber hinaus wird auf den Dialog von Aufsichtsratsvorsitzenden mit internen Stakeholdern, insbesondere Vorstandsvorsitzenden, eingegangen. Aus normativer Sichtweise wird zudem ein Dialog mit Führungskräften als relevante Kommunikationsmaßnahme theoretisch eingeführt. Schließlich wird aus interner Perspektive der Austausch mit den Kommunikationsfunktionen diskutiert.

© Der/die Autor(en) 2022
S. Binder-Tietz, *Kommunikation von Aufsichtsratsvorsitzenden*,
https://doi.org/10.1007/978-3-658-37717-5_5

Im Abschnitt 5.1.2 wird die Kommunikation mit den Akteuren der Kapitalmarktöffentlichkeit beschrieben. Dazu werden die Publizitätspflichten des Aufsichtsrats detailliert dargestellt sowie auf den im Jahr 2017 vom DCGK angeregten Investorendialog eingegangen. In diesem Zusammenhang werden die Argumente für und gegen diesen Dialog abgewogen sowie zwei weitere Initiativen vorgestellt, die sich ebenfalls mit der Kommunikation zwischen Aufsichtsratsvorsitzenden und Investoren beschäftigen. Schließlich wird aus normativer Sicht ein Dialog mit den weiteren Kapitalmarktakteuren, konkret Stimmrechtsberatern und Analysten, diskutiert.

Zuletzt wird der Dialog mit Akteuren der gesellschaftspolitischen Öffentlichkeit konzipiert (Abschnitt 5.1.3). Hierbei handelt es sich ebenfalls um eine normative Sichtweise, da es sich beim Austausch mit Medien um eine freiwillige Kommunikation von Aufsichtsratsvorsitzenden handelt. Abschließend werden in Abschnitt 5.1.4 werden die wichtigsten Aspekte noch einmal rekapituliert. Die bereits bestehenden sowie neuen Kommunikationswege von Aufsichtsratsvorsitzenden werden dabei dargestellt, um sie anschließend empirisch überprüfen zu können.

Anschließend soll der Blick auf die Ziele und das Kommunikationsmanagement der ARV-Kommunikation geworfen werden. Im bisherigen Verständnis der Kommunikationsmanagement-Forschung wird die Kommunikationsstrategie aus der Unternehmensstrategie abgeleitet, sodass der Wertbeitrag von Kommunikation für das Unternehmen anhand verschiedener Wirkungsstufen definiert werden kann. Da der Aufsichtsrat den Vorstand zur Unternehmensstrategie berät und keinen Beitrag dazu leistet, kann dieses Verständnis nicht auf die ARV-Kommunikation übertragen werden. Daher soll in Abschnitt 5.2 die Ziele für die ARV-Kommunikation aus dessen Überwachungstätigkeit konzeptualisiert werden. Auf dieser Grundlage kann im Rahmen der empirischen Analyse dann überprüft werden, welche Ziele mit der Kommunikation verfolgt werden.

Im Anschluss wird in Abschnitt 5.3 die in dieser Arbeit zugrunde liegende Definition zur Kommunikation des Aufsichtsrats, der Kommunikation von Aufsichtsratsvorsitzenden sowie des Kommunikationsmanagements der ARV-Kommunikation vorgestellt.

Schließlich werden die strukturationstheoretischen Vorüberlegungen mit den verschiedenen Ansatzpunkten aus den kommunikations-, wirtschaftswissenschaftlichen und juristischen Grundlagen rekapituliert. Der dabei entwickelte Analyserahmen (Abschnitt 5.4) dient als Ausgangspunkt, um im empirischen Teil die Interdependenzen von Handlungen und Strukturen analysieren zu können. Abschließend werden in Abschnitt 5.5 die Forschungsfragen für die empirische Analyse aus den theoretischen Ausführungen rekapituliert.

5.1 Maßnahmen und Themen der Kommunikation von Aufsichtsratsvorsitzenden

Aufsichtsratsvorsitzende haben eine besondere Rolle in Unternehmen. In der Corporate-Governance-Forschung sind die kommunikativen Aufgaben und Maßnahmen durch das Aktienrecht geregelt (Abschnitt 3.3): Diese besteht u. a. in der Koordination und Leitung des Aufsichtsratsverfahrens und damit einer in das Gremium hinein gerichteten Kommunikation. Es gibt jedoch auch die nach außen gerichteten Aufgaben, wie die Repräsentation des Aufsichtsratsgremiums gegenüber der Hauptversammlung. Mit dem Investorendialog wird von Seiten des DCGK eine kommunikative Maßnahme von Aufsichtsratsvorsitzenden als neue Norm der Kommunikation eingeführt.

Die ARV-Kommunikation von börsennotierten Unternehmen in Deutschland wird im Rahmen dieser Arbeit sowohl aus interner als auch externer Perspektive untersucht. Als Grundlage dafür werden im folgenden Kapitel die Erkenntnisse aus Corporate-Governance-Forschung und Kommunikationswissenschaft zusammengeführt, um die kommunikativen Aufgaben und Maßnahmen der ARV-Kommunikation erstmalig umfassend darstellen zu können. Anhand der drei relevanten Öffentlichkeitsarenen für Aufsichtsratsvorsitzende werden dabei sowohl die Publizitätspflichten als auch freiwillige Kommunikationsmaßnahmen erläutert. Dies bildet die Grundlage dafür, die ARV-Kommunikation anschließend empirisch analysieren zu können.

5.1.1 Unternehmensöffentlichkeit: Informationsversorgung des Aufsichtsrats und Dialog mit internen Stakeholdern

Bei der Kommunikation innerhalb der Unternehmensöffentlichkeit nimmt der Aufsichtsrat eine Doppelrolle ein. Einerseits empfängt der Aufsichtsrat Informationen vom Vorstand, um auf dieser Basis seine Überwachungsaufgabe nachzukommen. Andererseits kann der Aufsichtsratsvorsitzende auch als Initiator für den Dialog mit relevanten internen Stakeholdern angesehen werden. Aus Sicht der Corporate-Governance-Forschung ist der Vorstand der zentrale interne Stakeholder der ARV-Kommunikation. Aber auch ein punktueller Dialog mit Führungskräften, als wichtige Vermittler im Unternehmen, soll in diesem Zusammenhang aus normativer Sicht vorgestellt werden. Ebenso wird auf den Austausch mit den Kommunikationsfunktionen eingegangen, da deren Verantwortlichkeit relevant für die Verortung der ARV-Kommunikation im Kommunikationsmanagement ist. Auf Betriebsräte als Vermittler in der Unternehmensöffentlichkeit soll in diesem Zusammenhang nicht eingegangen werden, da Betriebsräte als Arbeitnehmervertreter in den Aufsichtsrat gewählt werden, sodass ein Dialog mit ihnen indirekt über das Gremium abgedeckt ist.

Informationsversorgung des Aufsichtsrats
Von besonderer Bedeutung sind die Regeln für die Kommunikation zwischen Vorstand und Aufsichtsrat, schließlich nimmt das Gremium seine Überwachungsaufgabe auf Basis der Berichte des Vorstands wahr[1]. Inhalte und Häufigkeit der Berichte des Vorstands an den Aufsichtsrat sind in § 90 AktG festgelegt, die Informationsversorgung ist zudem in den Grundsätzen 15 und 16 im DCGK festgehalten. Der Zugang zu Informationen stellt für Aufsichtsratsvorsitzende eine wichtige allokative Ressource für die Kommunikation dar.

Es entsteht ein „doppeltes Dilemma" (Seibt, 2009, S. 392), da einerseits eine Wissensasymmetrie zwischen dem Aufsichtsrat und dem zu kontrollierenden Vorstand besteht. Dies führt andererseits zu einem Interessenkonflikt beim Vorstand, der die Informationen für seine eigene Überwachung und Evaluation bereitstellen muss.

Der Aufsichtsrat kann auf passive und aktive Weise Informationen gewinnen: Im Rahmen der passiven Informationen greift das Gremium auf die vom Vorstand bereitgestellte Berichterstattung zurück. Darüber hinaus kann der Aufsichtsrat aber auch aktiv nach (weiteren) Informationen fragen und somit seine Überwachungs- und Kontrollfunktion besser wahrnehmen. Somit impliziert § 90 AktG die „Bringschuld und Holschuld" (Theisen, 2007, S. 23) seitens des Aufsichtsrats, die auch im DCGK aufgegriffen wird (Grundsatz 15).

Die Berichterstattung an den Aufsichtsrat obliegt *formalen und inhaltlichen Anforderungen* (Abbildung 5.1). Formal muss der Bericht des Vorstands im Sinne eines „true and fair view die tatsächlichen Verhältnisse des Unternehmens widerspiegeln" (Diederichs & Kißler, 2008, S. 107). Die Inhalte müssen demnach wahrheitsgemäß, vollständig sowie überprüfbar sein. Weiterhin müssen Berichte unaufgefordert und rechtzeitig übermittelt werden sowie übersichtlich und stetig erfolgen (Grothe, 2006, S. 254 ff.). Die inhaltlichen Anforderungen spezifizieren den Informationsgehalt der Berichte und lassen sich nach Handelsrecht (HGB) sowie nach Aktienrecht (§ 90 AktG) differenzieren.

---

[1] Diederichs & Kißler (2008) und Grothe (2006) zeigen, dass die Informationsversorgung überwiegend noch nicht den aktuellen Anforderungen entspricht und ein tradiertes Überwachungsverständnis des Aufsichtsrats widerspiegelt.

Abbildung 5.1 Anforderungsprofil an die Aufsichtsratsberichterstattung (Diederichs & Kißler, 2008, S. 107; modifiziert mit Schichold, 2014, S. 174 f.)

Die Berichte nach dem Handelsrecht, wie der Jahresabschluss, Lagebericht, Aufsichtsratsbericht des Abschlussprüfers und der Management Letter, versetzen den Aufsichtsrat in die Lage sowohl vergangenheitsorientiert als auch zukunftsorientiert auf die Entwicklung des Unternehmens zu blicken (Diederichs & Kißler, 2008, S. 109 ff.). Die Berichterstattung nach dem Aktienrecht stellt dem Aufsichtsrat umfassende Informationen sowohl periodisch (z. B. Bericht über die beabsichtigte Geschäftspolitik) als auch ereignisbezogen (z. B. Sonderberichte) zur Verfügung. Vor allem die zukunftsorientierten Inhalte, wie der Bericht über die beabsichtige Geschäftspolitik oder Sonderberichte, ermöglichen es dem Aufsichtsrat, Schwachstellen aufzudecken und somit unerwünschte Unternehmensentwicklungen zu thematisieren und zu unterbinden (Diederichs & Kißler, 2008, S. 115 ff.).

Theisen (2007, S. 25) unterscheidet zudem zwischen *qualitativen und quantitativen Informationen*. Die quantitativ ausgelegten unternehmensinternen Informationssysteme, also die Zahlen, die ohnehin im Unternehmen vorliegen, werden dabei häufig entsprechend für die Information an den Aufsichtsrat übernommen. Ein angemessenes Verhältnis aus quantitativen Zahlen und qualitativen Erklärungen, vor allem durch grafische Aufbereitungen oder Erläuterungen, werden dabei als funktionsgerecht betrachtet. Laut einer Studie von BCG (2018, S. 16) fühlen sich

Aufsichtsräte in Deutschland und Österreich gut informiert hinsichtlich finanzieller, operativer, strategischer und Compliance-Themen. In Bezug auf Digitalisierungs- und Personalthemen sehen sie sich demgegenüber zu wenig informiert. In diesem Zusammenhang stellt Ruhwedel (2012, S. 197) die grundsätzliche Frage, warum das Berichtswesen des Aufsichtsrats von dem des Vorstands abweichen sollte, denn wenn es für die Bedürfnisse des Vorstands zugeschnitten sei, sei es grundsätzlich für den Aufsichtsrat geeignet.

Die Informationen des Aufsichtsrats lassen sich zudem in eine vom Vorstand abhängige – wie bereits dargestellt – und eine unabhängige Säule differenzieren (Theisen, 2007, S. 24). Eine zentrale Quelle der vorstandsunabhängigen Informationsversorgung bildet der Bericht des Abschlussprüfers (§§ 170, 171 AktG, § 321 HGB). Der Abschlussprüfer hat dabei eine Doppelrolle als Berater des Aufsichtsrats und Garant für Anleger und Öffentlichkeit, da er die Richtigkeit des Jahresabschlusses attestiert (Lutter et al., 2014, S. 83 f.). Demgegenüber werden nach einer Studie von BCG (2018, S. 17) unabhängige, externe Informationsquellen, wie Analystenberichte, Pressespiegel, externe Marktstudien oder Gespräche mit Kunden, aber nur selten genutzt. Es stellt sich daher die Frage, inwiefern diese Informationen durch die Kommunikationsfunktionen des Unternehmens im Rahmen eines Reportings bereitgestellt werden.

Der Aufsichtsrat kann zudem externe Sachverständige mandatieren, um die Vorstandsinformationen zu verifizieren oder ergänzen und damit die Entscheidungsfindung zu unterstützen (Gerum, 2007, S. 280 ff.; Seibt, 2009, S. 400 ff.). Zudem ermöglicht ein Einsichts- und Prüfungsrecht (§ 111 Abs. 2 Satz 1 AktG) dem Aufsichtsrat prinzipiell, auf alle im Unternehmen vorhandenen Informationen zugreifen zu können (Leyens, 2006, S. 171 ff.). Insbesondere in einer Krisensituation muss sich der Aufsichtsrat ein genaues Bild von der wirtschaftlichen Situation des Unternehmens verschaffen und alle ihm nach §§ 90 Abs. 3, 111 Abs. 2 AktG zur Verfügung stehenden Erkenntnisquellen ausschöpfen (Schmittmann, 2012, S. 171).

Bis zu seiner Überarbeitung enthielt der DCGK (2017) die Empfehlung zum Erlass einer *Informationsordnung zwischen Vorstand und Aufsichtsrat* (Ziffer 3.4 Abs. 1 Satz 3). Dies kann impliziert auch in Grundsatz 15 des aktuellen DCGK (2019) herausgelesen werden. Eine Informationsordnung, als wesentlicher Bestandteil der Geschäftsordnung des Vorstands, kann als ein Ausweis guter Corporate Governance gewertet werden, da es die Qualität eines funktionsgerechten Informationsaustausches und eine offene Diskussionskultur fördere (Schichold, 2014, S. 184 f.; Seibt, 2009, S. 407 f.). Die Informationsordnung sollte dabei beinhalten (Seibt, 2009, S. 408 ff.):

(1) die formalen Anforderungen an die Berichte,
(2) eine konkrete Beschreibung des Informationsflusses vom Vorstand zum Aufsichtsrat (vgl. inhaltliche Anforderungen bei Diederichs and Kißler (2008)) sowie ein Modell der gestuften Informationsstränge zur internen Informationsweitergabe im Aufsichtsratsgremium,
(3) eine Struktur der Informationsanfragen des Aufsichtsrats an den Vorstand,
(4) eine periodische Effizienzprüfung des Informationsgefüges, sowie
(5) Festlegungen zur Veröffentlichung der Informationsordnung, z. B. im Corporate-Governance-Bericht.

Zusammenfassend stellt die Informationsversorgung des Aufsichtsrats die wichtigste Grundlage für seine Überwachungstätigkeit dar, die klar durch das Aktienrecht sowie den DCGK geregelt ist. Der Zugang zu Informationen im Unternehmen ist für die ARV-Kommunikation eine wichtige allokative Ressource. Aus normativer Perspektive können daher neben quantitativen Fakten zum Unternehmen auch qualitative Informationen von den Kommunikationsfunktionen relevant sein. Erst das Wissen zur öffentlichen Meinungsbildung und den Erwartungen von relevanten Anspruchsgruppen in den Öffentlichkeitsarenen ermöglicht Aufsichtsratsvorsitzenden die Kontrolle in Interaktionen. Diese Informationen können während der Situationsanalyse im Rahmen des Kommunikationsmanagements erhoben werden. Auf dieser Basis könnte z. B. entschieden werden, ob freiwillige Kommunikationsmaßnahmen von Aufsichtsratsvorsitzenden sinnvoll sind. Aber auch eine Einordnung der Diskussion von aufsichtsratsrelevanten Themen in der gesellschaftspolitischen und Kapitalmarktöffentlichkeit kann eine wichtige beratende Aufgabe der Kommunikationsfunktion für den Aufsichtsrat darstellen.

Kommunikation im Aufsichtsratsgremium
Die Kommunikation innerhalb des Aufsichtsratsgremiums ist durch die Normen des Aktienrechts und DCGK geregelt. So muss der Aufsichtsrat nach § 110 Abs. 3 Satz 1 AktG zwei Sitzungen im Kalenderjahr abhalten, der DCGK verweist darauf, dass der Aufsichtsrat regelmäßig auch ohne den Vorstand tagen soll (Empfehlung D.7). Im Rahmen der Sitzungsleitung treffen Aufsichtsratsvorsitzende die Entscheidung, ob Vorstandsmitglieder oder auch andere Experten an den Aufsichtsratssitzungen teilnehmen sollen (Lutter et al., 2014, S. 300 f.). Jedes Mitglied ist berechtigt und verpflichtet an den Sitzungen teilzunehmen. Die Teilnahme soll entsprechend im Aufsichtsratsbericht vermerkt werden, dabei ist eine Teilnahme auch über Telefon- oder Videokonferenz möglich, sollte aber nicht die Regel sein (Empfehlung D.8).

Der umfassende eigene Informationsanspruch des Aufsichtsrats korrespondiert jedoch mit der Pflicht seiner Mitglieder zur Verschwiegenheit: „Die Aufsichtsratsmitglieder sind insbesondere zur Verschwiegenheit über erhaltene vertrauliche Berichte und vertrauliche Beratungen verpflichtet" (§ 116 Satz 2 AktG). Um eine lebendige Diskussion innerhalb des Gremiums zu gewährleisten, ist daher sowohl das Beratungsgeheimnis sowie die Vertraulichkeit der Stimmabgabe zu wahren (Lutter et al., 2014, S. 129; Schenck, 2013, S. 732 f.).

Ein Kontakt zwischen den Aufsichtsratsmitgliedern auch außerhalb der Sitzungen wird aufgrund der Pflicht zur Selbstinformation im Rahmen der Überwachungsaufgabe (§ 111 AktG) vorausgesetzt. In der Regel findet der Austausch entweder anlasslos durch einen allgemeinen Gedankenaustausch oder in Bezug auf die Besprechung konkreter, aktueller Themen statt – vor allem im Vorfeld oder am Rande der Sitzung des Plenums oder der Ausschüsse (Schenck, 2013, S. 176). Wittmann (2016, S. 134 f.) beschreibt anhand von Interviews mit österreichischen Aufsichtsräten, dass der interne Austausch abseits der Sitzungen häufig fehle. Jedoch wünschen sich die befragten Aufsichtsratsmitglieder mehr Kontakt, um besser miteinander arbeiten und ein besseres Verständnis für einzelne Meinungen entwickeln zu können.

Aufsichtsratsvorsitzende haben eine wichtige *Scharnierfunktion* für die Zusammenarbeit zwischen Aufsichtsrat und Vorstand. So sind sie verpflichtet die Aufsichtsratsmitglieder spätestens in der nächsten Sitzung über die Gespräche mit dem Vorstand zu informieren (§ 90 Abs. 5 Satz 3 AktG). Dabei muss die Gleichbehandlung aller Aufsichtsratsmitglieder gewährleistet werden, sodass alle in gleicher Weise informiert werden. Aufsichtsratsvorsitzende können jedoch von diesem Grundsatz abweichen, wenn es Anlass zu der Befürchtung gibt, dass ein Aufsichtsratsmitglied die gebotene Vertraulichkeit nicht wahren werde (Lutter et al., 2014, S. 135). Zudem ist es zulässig, dass anstehende Themen zunächst in den Kreisen der Arbeitnehmervertreter oder der Anteilseignervertreter besprochen werden (Schenck, 2013, S. 177).

Der Aufsichtsrat sollte in seiner Geschäftsordnung zudem eigene Regeln für die Kommunikation des Gremiums festlegen. In Hinblick auf Information und Kommunikation können dabei u. a. Fragen zu formellen Berichtswegen und -formaten, wie z. B. virtuelle Datenräume zur Vorbereitung von Sitzungen, geklärt werden (Schichold, 2014, S. 186 f.; Theisen, 2007, S. 90 ff.). Es gibt bislang keine Untersuchungen, ob das Thema Kommunikation – innerhalb des Unternehmens wie auch mit den externen Stakeholdern des Unternehmens – in den Geschäftsordnungen Einzug gefunden hat.

Zusammenfassend kann festgehalten werden, dass die Kommunikation innerhalb des Aufsichtsratsgremium durch das Aktienrecht und den DCGK geregelt ist. In einigen Unternehmen gibt es Aufsichtsratsbüros, die Aufsichtsratsvorsitzende bei der Gremienkoordination personell unterstützen. Die Kommunikationsfunktionen des Unternehmens spielen keine Rolle bei der Kommunikation innerhalb des Gremiums. Im empirischen Teil der Arbeit wird diese gremieninterne Perspektive mit den Aufsichtsratsvorsitzenden erörtert, es wird jedoch kein Schwerpunkt in der Analyse daraufgelegt.

Kommunikation mit dem Vorstand

Eine Kommunikation mit den Vorstandsmitgliedern, insbesondere Vorstandsvorsitzenden, ist eine wichtige Aufgabe von Aufsichtsratsvorsitzenden. Der direkte Kontakt von anderen Aufsichtsratsmitgliedern mit dem Vorstand ist möglich, jedoch sollte der Aufsichtsratsvorsitzende darüber informiert sein, damit es nicht zu potenziell widersprechenden Botschaften an den Vorstand kommt (Schenck, 2013, S. 175).

Der Deutsche Corporate Governance Kodex betont die Beratung der Strategie, Geschäftsentwicklung, Risikolage, Risikomanagement und der Compliance zwischen den Vorsitzenden der beiden Gremien (Empfehlung D.6). Auf dieser Basis können sich Aufsichtsratsvorsitzende eine Meinung bilden, welche Sachverhalte zukünftig im Aufsichtsratsgremium beraten und inwiefern vertiefende Bericht des Vorstands angefordert werden sollten (Schenck, 2013, S. 176). Solch ein Austausch sollte nicht nur dann stattfinden, wenn ein wichtiger Anlass zur Information verpflichtet (§ 90 Abs. 1 Satz 2 AktG).

Schenck (2013, S. 136) argumentiert, dass ein wöchentliches Telefonat das Mindeste sein sollte, was Aufsichtsratsvorsitzende zur Kontaktpflege mit Vorstandsvorsitzenden nutzt. Wenn Aufsichtsratsvorsitzende Informationen über das Unternehmen zuerst aus der Zeitung erfahren und selbst um Auskunft bitten müssten, sei das kein Zeichen für ein gutes Verhältnis, das jedoch im Interesse der beiden Gremien liege (Schenck, 2013, S. 161). Bislang gibt es noch keine Untersuchungen zur Kommunikation zwischen Aufsichtsratsvorsitzenden und Vorstandsvorsitzenden.

Zusammenfassend kann festgehalten werden, dass der Vorstand bzw. Vorstandsvorsitzende aus Perspektive der Corporate-Governance-Forschung der wichtigste interne Stakeholder der ARV-Kommunikation darstellt. Der Fokus liegt dabei auf der bereits dargestellten Informationsversorgung des Aufsichtsratsgremiums. Weiterhin kann die Beziehung zum Vorstand auch als autoritative Ressource für die Kommunikation von Aufsichtsratsvorsitzenden angesehen werden, wenn es darum geht bestehende Strukturen umzugestalten. So könnte eine vertrauensvolle

Zusammenarbeit einen positiven Einfluss auf die Informationsversorgung von Aufsichtsratsvorsitzenden durch die Kommunikationsfunktionen oder Führungskräfte haben. Gleichzeitig hat die Kommunikationsfunktion aber keine ermöglichende Rolle für den Dialog zwischen den beiden Gremienvorsitzenden. Demnach soll im empirischen Teil der Arbeit aus Sicht von Aufsichtsratsvorsitzenden der Dialog mit Vorstandsvorsitzenden erörtert werden, jedoch kein Schwerpunkt in der Analyse daraufgelegt werden.

Kommunikation mit Führungskräften bzw. Mitarbeitenden

Gegenüber Mitarbeitenden hat der Aufsichtsrat kein unmittelbares Informationsrecht. Nach § 109 Abs. 1 Satz 2 AktG kann der Aufsichtsrat jedoch Auskunftspersonen zur Beratung bestimmter Gegenstände zur Aufsichtsratssitzung hinzuziehen. In Abstimmung mit dem Vorstand berichten Führungskräfte des Unternehmens in der Praxis häufig in Aufsichtsratssitzungen zu ihren Themenfeldern. Dies ermöglicht dem Aufsichtsrat einen unmittelbaren Blick auf das spezifische Thema sowie auf den Führungsnachwuchs im Unternehmen (Seibt, 2009, S. 400). Da die langfristige Nachfolgeplanung eine gemeinsame Aufgabe von Vorstand und Aufsichtsrat ist (DCGK 2019, Empfehlung B.2), kann ein Dialog des Aufsichtsrats mit relevanten Führungspersonen als angemessen angesehen werden.

Direktkontakte zwischen Aufsichtsrat, Führungskräften und Mitarbeitenden sind idealerweise als Teil einer transparenten Unternehmenskultur zu begreifen, in der die Loyalität vom Angestellten und Vorstand gewahrt wird (Leyens, 2006, S. 198). Die Institutionalisierung eines dauerhaften direkten Informationsaustauschs mit Führungskräften ist aufgrund der ungeteilten Leitungsverantwortung des Vorstands (§ 91 Abs. 2 AktG) jedoch nicht möglich (Grothe, 2006, S. 275). Der Austausch von Aufsichtsrat und Führungskräften des Unternehmens ist bisher empirisch noch nicht untersucht.

Zusammenfassend kann festgehalten werden, dass durch die Erkenntnisse der internen Kommunikationsforschung, Führungskräfte als wichtige Stakeholdergruppe für die ARV-Kommunikation in der Unternehmensöffentlichkeit identifiziert werden konnten. Führungskräfte nehmen eine zentrale Vermittlerrolle in der Unternehmensöffentlichkeit zwischen der Unternehmensführung und den Mitarbeitenden ein. Ein punktueller, persönlicher Austausch könnte für die ARV-Kommunikation relevant sein, da die Besetzung und Nachfolgeplanung des Vorstands zentrale Aufgaben für den Aufsichtsrat sind. Bei diesem Austausch kommt dem Handlungsfeld der internen Kommunikation jedoch keine unterstützende Rolle zu. Im Rahmen der empirischen Analyse soll erstmalig gezeigt werden, ob es einen Austausch zwischen Aufsichtsratsvorsitzenden und Führungskräften gibt und welche Ziele damit verfolgt werden. Darüber hinaus soll gezeigt werden, ob es weitere interne Kommunikationsmaßnahmen des ARV gibt, die sich an alle Mitarbeitenden richten.

Austausch mit den Kommunikationsfunktionen

Wenn Direktkontakte zwischen Aufsichtsrat und Mitarbeitenden als Teil einer transparenten Unternehmenskultur aufgefasst werden, dann ist für die vorliegenden Arbeit vor allem der Austausch mit den Kommunikationsfunktionen interessant. Schließlich ist es ein Ziel der Arbeit, die ARV-Kommunikation im Rahmen des Kommunikationsmanagements zu verorten.

Die Publizitätspflichten des Aufsichtsrats werden durch die Unternehmen veröffentlicht. Daher ist davon auszugehen, dass diese Kommunikationsmaßnahmen als Teil des Handlungsfelds der Investor Relations bzw. Public Relations vorbereitet, umgesetzt und evaluiert werden. In der Vorbereitung der Publizitätspflichten findet wahrscheinlich eine Abstimmung sowohl mit dem Aufsichtsrat als auch dem Vorstand statt. Wie dies konkret abläuft und inwiefern dies auch bei einer freiwilligen Kommunikation von Aufsichtsratsvorsitzenden der Fall ist, soll im Rahmen der empirischen Analyse untersucht werden.

Beim Kommunikationsmanagement werden bei der Situationsanalyse die Erwartungen, Themen und Trends aus den relevanten Öffentlichkeitsarenen identifiziert. Diese Informationen werden im Rahmen von Briefings, z. B. vor der Veröffentlichung von Quartalszahlen, mit dem Vorstand geteilt. Dabei wurde noch nicht untersucht, inwiefern eine Informationsversorgung, als allokative Ressource bzw. internes Reporting, mit oder ohne Einbezug des Vorstands, auch an den Aufsichtsrat stattfindet.

Schließlich beraten und unterstützen Kommunikationsmanager die Führungsorgane auch im Umgang mit allen internen und externen Stakeholdern (Zerfaß & Franke, 2013). Diese Beratungsfunktion wäre z. B. relevant, wenn es Gesprächsanfragen von Investoren oder Journalisten an die Aufsichtsratsvorsitzenden gibt. Solch eine personelle Unterstützung würde schließlich eine autoritative Ressource für die ARV-Kommunikation darstellen. Im Rahmen der empirischen Analyse soll demnach auch untersucht werden, inwiefern Kommunikationsmanagern als interne Berater für den Aufsichtsrat agieren.

5.1.2　Kapitalmarktöffentlichkeit: Publizitätspflichten und Investorendialog

Der Kapitalmarkt ist eine abstrakte Institution, stellt jedoch die zentrale unternehmensexterne Öffentlichkeitsarena für die Kommunikation des Aufsichtsrats dar (Theisen, 2007, S. 208). Zunächst definiert das Aktiengesetz als Norm die Publizitätspflichten des Aufsichtsrats, die hier noch einmal ausführlich dargestellt werden. Zudem ist mit dem Investorendialog im Deutschen Corporate Governance Kodex (Anregung A.3) ein neuer Kommunikationsmaßnahmen von Aufsichtsratsvorsitzenden zu den Anteilseignern des Unternehmens angeregt worden. Die Anregung im DCGK sowie zwei weitere Initiativen zu diesem Thema werden im Folgenden erläutert.

Darüber hinaus identifizieren die Investor-Relations-Abteilungen, als zentrale Kommunikationsfunktion mit dem Kapitalmarkt, im Rahmen des Kommunikationsmanagements die verschiedenen Informationsbedürfnisse der Kapitalmarktakteure (Abschnitt 4.2.3). Daher soll an dieser Stelle aus normativer Sicht ein Dialog zwischen Aufsichtsratsvorsitzenden und weiteren Anspruchsgruppen der Kapitalmarktöffentlichkeit diskutiert werden.

Publizitätspflichten aus der Überwachungsaufgabe des Aufsichtsrats
Nach außen hat der Aufsichtsrat verschiedene Publizitätspflichten im Rahmen der Überwachungsaufgabe (Abschnitt 3.2). Diese werden meist im Rahmen der Regelkommunikation des Unternehmens veröffentlicht. Flegelskamp (2018, S. 482) bezeichnet den Geschäftsbericht dabei als „Flaggschiff" der Unternehmens- bzw. Finanzkommunikation und damit auch der Aufsichtsratskommunikation, da die Publikation verschiedene Stakeholder des Unternehmens anspricht.

Im Aktiengesetz wird an neun Stellen explizit auf den *Bericht des Aufsichtsrats* an die Anteilseigner im Rahmen der Hauptversammlung verwiesen (Schichold, 2014, S. 177 f.). Wichtigste Grundlage ist § 171 Abs. 2 AktG, wonach der Aufsichtsrat einmal jährlich der Hauptversammlung mitzuteilen hat, in welcher Art und in welchem Umfang er das Management der Gesellschaft überwacht hat. Im Aufsichtsratsbericht geht es um die Häufigkeit und die Themen der Aufsichtsratssitzungen, die Tätigkeit von Ausschüssen, personelle Veränderungen im Aufsichtsrat und den Umgang mit potenziellen Interessenkonflikten von Aufsichtsratsmitgliedern. Zudem können weitere Informationen zum Aufsichtsrat und seiner Tätigkeit ergänzt werden, um ein umfassendes Bild abzugeben (Schichold, 2014, S. 178; Theisen, 2007, S. 211 ff.). Der Bericht wird üblicherweise im Geschäftsbericht sowie auf der Website des Unternehmens veröffentlicht. Zudem wird er auf der Hauptversammlung vom Aufsichtsratsvorsitzenden erläutert (§ 176 Abs. 1 Satz 2 AktG).

Nach Lutter et al. (2014, S. 253) hat der Aufsichtsratsbericht eine dreifache Funktion: Zunächst fungiert er als Nachweis und Rechenschaft des Aufsichtsrats gegenüber der Hauptversammlung als dem Organ, das über seine Wiederwahl und seine Entlastung entscheidet (§ 120 AktG). Weiterhin dient der Bericht zur Information der Hauptversammlung, wie der Aufsichtsrat bestimmte Aufgaben erfüllt hat und welche Überlegungen ihn dabei geleitet haben. Insofern ist er ein Mittel der Selbstevaluation, ob das Gremium seine Überwachungspflicht angemessen und umfassend erfüllt hat. Schließlich ist der Bericht die Basis für eine Kontrolle des Aufsichtsrats durch die Hauptversammlung, da diese über seine Entlastung oder Nichtentlastung entscheidet.

Weiterhin sollen Vorstand und Aufsichtsrat jährlich über die Corporate Governance berichten. Die verpflichtende Erklärung zur Unternehmensführung (§ 289f HGB) hat die Transparenz erhöht, indem Unternehmen über die gesetzlichen Anforderungen hinaus u. a. zur Unternehmensführung und internen Organisation sowie zur Arbeitsweise und Zusammensetzung des Aufsichtsrats informieren. Die Ausgestaltung dieses *Corporate-Governance-Berichts* wird im DCGK (Grundsatz 22) nicht weiter konkretisiert, jedoch sollen ältere Erklärungen mindestens fünf Jahre auf der Website des Unternehmens zugänglich sein (Empfehlung F.5).

Zudem müssen Vorstand und Aufsichtsrat in ihrer *Entsprechenserklärung* (§ 161 AktG) mögliche Abweichungen von den Empfehlungen des Deutschen Corporate Governance Kodex begründen. Dies entspricht dem international üblichen und anerkannten comply or explain-Prinzip. Die Entsprechenserklärung stärkt die Transparenz, da sich die Gremien bewusst mit dem Kodex auseinandersetzen müssen. Dieser Dialog im Vorfeld der Veröffentlichung ist seinerseits eine wichtige periodische Informationsquelle für den Aufsichtsrat (Theisen, 2007, S. 221 ff.). Bei einer Verschleierung von Abweichungen könnten der Entlastungsbeschluss der Hauptversammlung und die Wahl bzw. Wiederwahl von Aufsichtsratsmitgliedern in Gefahr sein sowie Haftungsansprüche entstehen (Hommelhoff & Schwab, 2009, S. 96 ff.).

Auch in Sondersituationen ergeben sich Kommunikationspflichten für den Aufsichtsrat: Übernahmeangebote stellen dabei besondere Anforderungen. Zunächst kann der Aufsichtsrat der Bietergesellschaft durch Satzung oder Geschäftsordnung ein Übernahmeangebot als zustimmungspflichtiges Geschäft erklären (Theisen, 2007, S. 227).

Vorstand und Aufsichtsrat der Zielgesellschaft haben bei Übernahmeangeboten nach § 27 Abs. 1 WpÜG eine *begründete Stellungnahme* zu dem Angebot sowie zu jedem Inhalt abzugeben. Besonders relevant ist dabei die Beurteilung von Art und Höhe des Angebots sowie der voraussichtlichen Folgen für das Unternehmen. Die Ausführungen zeigen, ob die Gremien das Angebot für attraktiv erachten.

Schließlich soll die Stellungnahme zur ausgewogenen Entscheidungsgrundlage für die Aktionäre beitragen.

> „In der Praxis stellt die Stellungnahme von Vorstand und Aufsichtsrat der Zielgesell-schaft daher eines der wichtigsten Abwehrinstrumente bei feindlichen Übernahmen dar" (Winter & Harbarth, 2009, S. 495).

Die Pflicht zur gemeinsamen Stellungnahme von Vorstand und Aufsichtsrat betont die Gesamtverantwortung der Gremien. Die Ausdehnung auf den Aufsichtsrat dient dem Ziel, den Arbeitnehmervertretern im Aufsichtsrat einen größeren Einfluss auf die Stellungnahme einzuräumen (Winter & Harbarth, 2009, S. 495 ff.). Zudem kann der Aufsichtsrat den Vorstand zu Abwehrhandlungen ermächtigen (§ 33 Abs. 1 Satz 2 WpÜG). Bestehen innerhalb des Vorstands und des Aufsichtsrats unter-schiedliche Auffassungen über den Inhalt der Stellungnahme, ist die Position des jeweiligen Organs darzustellen.

In der Praxis stellt die Veröffentlichung der begründeten Stellungnahme eines der wichtigsten Abwehrinstrumente bei Versuchen einer feindlichen Übernahme dar und es wird auch als Möglichkeit für weitere Kommunikation des Unternehmens genutzt. Die freiwillige Kommunikation kann sowohl an die Kapitalmarkt- als auch die gesellschaftspolitische Öffentlichkeit gerichtet sein. Dazu zählen korrespondie-rende Pressemitteilungen, One-on-Ones mit Anteilseignern, Hintergrundgespräche mit Journalisten oder auch Pressekonferenzen, auf denen entweder nur der Vorstand oder auch die Aufsichtsratsvorsitzenden zu Wort kommen.

Eine weitere Pflichtkommunikation stellt die *Ad-hoc-Publizität* dar. Wenn The-men oder Situationen, die den Zuständigkeitsbereich des Aufsichtsrats betreffen, bspw. die Bestellung oder Abberufung von Vorstandsmitgliedern, den Charakter einer Insiderinformation haben, muss das Unternehmen – nicht der Aufsichts-rat – diese Information so bald wie möglich veröffentlichen (Art. 17 Abs. 1 Unterabsatz 1 MMVO). In der Praxis werden diese gesetzlich normierten Ad-hoc-Mitteilungen häufig von ausführlicheren Pressemitteilungen begleitet, die ergänzende Informationen sowie Zitate der Aufsichtsratsvorsitzenden enthalten.

Hierbei gibt es jedoch eine Ausnahme: Bei einer angestrebten M&A-Transaktion könnte es bspw. dazu kommen, dass das Unternehmen verpflichtet ist, diese Insider-information unverzüglich zu veröffentlichen. Schenck (2013, S. 354) argumentiert, dass hierdurch in der Öffentlichkeit jedoch fälschlicherweise der Eindruck erweckt werden könnte, die Entscheidung sei bereits getroffen, was die Autorität des Auf-sichtsrats untergraben würde, der seine Zustimmung noch nicht erteilt hat oder vielleicht gar nicht erteilen will. In solchen Fällen besteht die Möglichkeit, sich nach Maßgabe von Art. 17 Abs. 4 MMVO von der Pflicht der Veröffentlichung bis zur Erteilung der Zustimmung des Aufsichtsrats zu befreien (sog. Selbstbefreiung).

Nach der Rechtsprechung des Europäischen Gerichtshofs, im Fall des Rücktritts des Daimler-Vorstandsvorsitzenden Jürgen Schrempp, können jedoch auch Zwischenschritte zu einer Entscheidung bereits ad-hoc-pflichtig sein (Urteil vom 28.06.2012, Geltl. C-19/11, EU:C:2012:397).

Aufsichtsratsmitglieder von börsennotierten Unternehmen sind wie alle anderen Führungspersonen verpflichtet, eigene Wertpapiergeschäfte dem Emittenten und der Bundesanstalt für Finanzdienstleistungsaufsicht (Bafin) innerhalb von drei Werktagen zu melden (Art. 19 der Verordnung (EU) Nr. 596/2014 über Marktmissbrauch (MAR)). Das Unternehmen muss diese sog. *Directors Dealings* unverzüglich veröffentlichen. Die Verantwortung für die rechtzeitige Mitteilung liegt beim Aufsichtsratsmitglied (Theisen, 2007, S. 225).

Tabelle 5.1 zeigt die beschriebenen Publizitätspflichten aus der Überwachungsaufgabe des Aufsichtsrats im Überblick. Dabei handelt es sich um ausschließlich einseitig nach außen gerichtete Kommunikationsmaßnahmen.

Tabelle 5.1 Publizitätspflichten aus der Überwachungsaufgabe des Aufsichtsrats

Publizitätspflichten aus der Überwachungsaufgabe des Aufsichtsrats
+ Aufsichtsratsbericht
+ Erläuterung des Aufsichtsratsberichts auf der Hauptversammlung
+ Entsprechenserklärung
+ Informationen zu Corporate Governance auf der IR-Website (Ad-hoc, Directors Dealings, etc.)
+ Pressemitteilungen zu aufsichtsratsrelevanten Themen
+ Begründete Stellungnahme bei Übernahmeangeboten

Insgesamt führen die Anforderungen des Gesetzgebers und des DCGK zu zunehmend ausführlicheren Aufsichtsrats- sowie Corporate-Governance-Berichten. Meist geschieht dies als Teil der Regelkommunikation des Unternehmens, wobei die Investor-Relations-Abteilung und abhängig vom Unternehmen auch die Public-Relations-Abteilung diese Aufgaben im Rahmen des Kommunikationsmanagements übernehmen. Konkret handelt es sich um den Geschäftsbericht als eines der zentralen Instrumente der Finanzkommunikation. Zudem werden die Informationen dauerhaft auf der Website des Unternehmens veröffentlicht. Es handelt sich also meist um schriftliche Publizitätspflichten. Die Auskunft des Aufsichtsrats bei der Hauptversammlung sowie öffentliche Äußerungen in der Unternehmenspraxis zeigen aber, dass die Kommunikation nicht nur schriftlich vollzogen werden muss. Zusammenfassend kann festgehalten werden, dass das Aktiengesetz sowie der DCGK wichtige Normen für die ARV-Kommunikation darstellen. Die konkreten

Kommunikationsmaßnahmen, wie der Geschäftsbericht, werden vom Unternehmen vorbereitet und herausgegeben. In Bezug auf den Aufsichtsratsbericht als wichtige Legitimation gegenüber den Anteilseignern gibt es also schon länger eine Zusammenarbeit zwischen dem Aufsichtsrat und den Kommunikationsfunktionen. Wie diese konkret aussieht, ist bislang noch nicht untersucht worden und daher Teil der empirischen Analyse dieser Arbeit.

Weiterhin offenbart sich hier eine Grenze zwischen der Pflichtkommunikation und einer freiwilligen Kommunikation von Aufsichtsratsvorsitzenden. Praktiker plädieren dafür, dass eine aktivere Kommunikation auf die Agenda professioneller Überwacher gehöre (Mündemann & Martin, 2013; Scherer, 2014) (siehe auch Abschnitt 5.1.3). Diese freiwilligen Maßnahmen der Aufsichtsratskommunikation wurden wissenschaftlich noch nicht untersucht, daher sollen auch sie anhand der empirischen Analyse erfasst werden.

Investorendialog von Aufsichtsratsvorsitzenden nach DCGK
Die Regierungskommission Deutscher Corporate Governance Kodex hat in ihrer vorletzten Änderung des Kodex im Frühjahr 2017 folgende Anregung aufgenommen:

> „Der Aufsichtsratsvorsitzende sollte in angemessenem Rahmen bereit sein, mit Investoren über aufsichtsratsspezifische Themen Gespräche zu führen" (DCGK, Anregung A.3).

Nach der Begründung der Regierungskommission Deutscher Corporate Governance Kodex (2017, S. 3) sei ein solcher Investorendialog international und auch in Deutschland bereits vielfach gelebte Praxis. Reutershahn (2019, S. 66, 79) zeigt basierend auf einer Analyse des amerikanischen und britischen Rechtsrahmens auf, dass die dort ansässigen Investoren Kommunikationsmöglichkeiten mit dem Chairman bzw. den unabhängigen Direktoren als gute Corporate Governance ansehen und daher den Dialog aktiv einfordern.

Aufsichtsratsspezifische Themen sind demnach Gegenstände, für die der Aufsichtsrat allein verantwortlich sei. Eine besondere Rolle komme den Aufsichtsratsvorsitzenden zu, in deren Ermessen es liege, mit wem, wann und wie oft derartige Gespräche geführt werden sollen (Regierungskommission Deutscher Corporate Governance Kodex, 2017, S. 4).

Die Aufnahme des Themas in den Kodex wurde im Konsultationsverfahren kontrovers diskutiert. Auf der Website der Regierungskommission Deutscher Corporate Governance Kodex (2016) werden die Stellungnahmen verschiedener Institutionen und Stakeholder, dabei handelt es sich vor allem um Akteure aus der Kapitalmarktöffentlichkeit, veröffentlicht. Sie zeigen, dass unterschiedliche Interessen und Perspektiven auf den Investorendialog existieren. Alle institutionellen Investoren befürworten die Aufnahme des Investorendialogs in den Kodex und sprechen sich teilweise sogar für eine Erweiterung auf Vorsitzende der Aufsichtsratsausschüsse (Allianz Global Investors) sowie der Themen des Dialogs (BlackRock) aus. Auch einige Unternehmen aus dem DAX (BASF, Deutsche Börse) äußern sich deutlich positiv dazu, während andere Unternehmen (Allianz, Commerzbank, Deutsche Bank) einen Dialog zwar positiv bewerten, jedoch vorschlagen diesen nur als Anregung aufzunehmen. Auch andere Kapitalmarktakteure wie Stimmrechtsberater (Glass Lewis), Aktionärsschutzvereinigungen (DSW) und weitere Interessenvereinigungen (DIRK) sprechen sich positiv aus, merken jedoch einzelne Ergänzungen zu den Formulierungen an. Zusammenfassend sehen die Befürworter den Dialog als unverzichtbar an, da der Vorstand keine Auskunft über die inhärenten Entscheidungskompetenzen des Aufsichtsrats geben könne und so eine gute Corporate Governance unterstützt würde.

Die Gegner, insbesondere Juristen (Bundesanwaltskammer, Deutsche Anwaltsverein), argumentieren, dass es sich dabei um eine unzulässige, mit dem dualistischen System der Unternehmensführung nicht vereinbare Kompetenzüberschreitung von Aufsichtsratsvorsitzenden handele. Auch die Gewerkschaften (DGB, Verdi) sprechen sich dagegen aus, da dies zu einer Machtverschiebung der Organe führe und die Interessenpluralität im Aufsichtsrat nicht widerspiegele. Dieser Argumentation folgen auch die Stellungnahmen von den stellvertretenden Aufsichtsratsvorsitzenden einiger Unternehmen (Commerzbank, Deutsche Post DHL Group, Talanx). Andere im MDAX notierte Unternehmen (Fuchs Petrolub, Symrise) ergänzen, dass ein Investorendialog gar nicht nachgefragt würde und die Gespräche mit dem Vorstand und der Investor-Relations-Abteilung aus ihrer Sicht ausreichen würden. Viele Gegner argumentieren auch, dass Aufsichtsratsvorsitzende im Gespräch mit einzelnen Investoren gegen den Gleichbehandlungsgrundsatz (§ 53a AktG, § 30a Abs. 1 Nr. 1 WpHG) verstoßen können. Dem kann jedoch entgegengehalten werden, dass auch der Vorstand solche Gespräche führt und auf Verlangen eine sog. Nachinformation in der nächsten Hauptversammlung erfolgt (§ 131 Abs. 4 AktG). Wann und wie die anderen Anteilseigner jedoch über Gespräche von Aufsichtsratsvorsitzenden mit Investoren im Nachgang informiert werden, wird im Kodex nicht thematisiert.

Schließlich wurde der Investorendialog als Anregung in den DCGK aufgenommen, damit handelt es sich um eine geringe Verbindlichkeit im Verhältnis zu den Kodex-Empfehlungen. In der Praxis können Unternehmen ohne Erläuterung hiervon abweichen. Im Jahr nach der Kodex-Änderung untersuchten Ruhwedel & Weitzel (2018), inwiefern die DAX-Unternehmen Informationen zum Investorendialog im Geschäftsjahr 2017 veröffentlichten. Von den nur 13 öffentlichen Geschäftsordnungen des Aufsichtsrats, enthielten fünf Regelungen zur Durchführung von Investorendialogen. Vier Gesellschaften haben das Thema Investorendialog in ihrer Corporate-Governance-Berichterstattung aufgenommen, wobei zwei keine Geschäftsordnung veröffentlichten und bei den anderen beiden keine Regelungen in den Geschäftsordnungen zu finden war (Ruhwedel & Weitzel, 2018, S. 70 f.). Lediglich fünf Unternehmen berichteten darüber, dass Gespräche tatsächlich stattgefunden hatten, jedoch ohne Erwähnung von Gesprächspartnern oder Themen (Ruhwedel & Weitzel, 2018, S. 71). Weitere empirische Untersuchungen zum Investorendialog seitdem liegen aktuell nicht vor.

Zusammenfassend kann festgehalten werden, dass die Anregung zum Investorendialog im DCGK eine neue Norm für die Kommunikation von Aufsichtsratsvorsitzenden mit der Kapitalmarktöffentlichkeit darstellt. Die Stellungnahmen im Konsultationsprozess zeigen, dass sich viele Unternehmen sowie Kapitalmarktakteure mit dem Thema auseinandergesetzt haben. Im Rahmen dieser Arbeit soll daher untersucht werden, ob es dadurch aus unternehmensexterner Perspektive zu einer Veränderung der Erwartungen der Stakeholder, insbesondere der Investoren, an die ARV-Kommunikation gekommen ist. Aus unternehmensinterner Perspektive soll analysiert werden, ob der Investorendialog im Rahmen des Kommunikationsmanagements gesteuert wird. Ein detaillierter Blick soll dabei auf die Verantwortlichkeit der IR-Abteilung für die ARV-Kommunikation gelegt werden.

Initiativen zum Dialog zwischen Aufsichtsrat und Investoren
Im Konsultationsverfahren zum DCGK (2017) wird mehrfach auf die Leitsätze der *Initiative Developing Shareholder Communication* (2016) verwiesen. Dabei handelt es sich um eine Arbeitsgruppe aus Unternehmensvertretern, Investoren und Wissenschaftlern, die acht Leitsätze für den Dialog zwischen Investoren und dem Aufsichtsrat in deutschen Unternehmen veröffentlicht haben. Ziel der Initiative ist es eine

> „praktische Orientierungshilfe hinsichtlich der Themen, der Beteiligten und der Ausgestaltung eines solchen Dialogs [zu] bieten und zugleich Leitplanken für die Kommunikation börsennotierter Unternehmen [zu] setzen. Darüber hinaus sollen sie zur Verbreitung guter Dialogformen beitragen" (Initiative Developing Shareholder Communication, 2016, S. 3).

Die Leitsätze gehen konkreter als der DCGK auf die Umsetzung des Investorendialogs ein (Initiative Developing Shareholder Communication, 2016, S. 3–4), hier werden sie im Wortlaut dargestellt:

- *Leitsatz 1: Initiative und Themen*
  Zwischen Investoren und Aufsichtsrat kann ein Dialog geführt werden. Die generelle Entscheidung, ob ein solcher Dialog geführt wird, obliegt auf Seiten des Unternehmens dem Aufsichtsrat. Die Entscheidung über den Eintritt in einen konkreten Dialog trifft der Aufsichtsratsvorsitzende. Der Dialog umfasst ausschließlich Themen, die in den Aufgaben- und Verantwortungsbereich des Aufsichtsrats fallen.
- *Leitsatz 2: Zusammensetzung und Vergütung des Aufsichtsrats*
  In einem Dialog können die Aufsichtsratszusammensetzung, der Besetzungsprozess sowie das Vergütungssystem des Aufsichtsrats erörtert werden. Konkrete Wahlvorschläge oder Einzelkandidaten sollen nicht besprochen werden.
- *Leitsatz 3: Binnenorganisation und Überwachungsprozess*
  In einem Dialog zwischen Investor und Aufsichtsrat können der Bericht des Aufsichtsrats und die aufsichtsratsbezogenen Themen des Corporate-Governance-Berichts, die Binnenorganisation im Aufsichtsrat, die Ausgestaltung der Überwachungs- und Mitwirkungsprozesse, die Ausschussbildung sowie die Effizienzprüfung und daraus getroffene Maßnahmen erörtert werden. Von einer Diskussion der Ergebnisse der Effizienzprüfung in Bezug auf einzelne Aufsichtsratsmitglieder soll abgesehen werden.
- *Leitsatz 4: Vorstandsbestellung, -abberufung und -vergütung*
  In einem Dialog können Anforderungsprofile für die Bestellung der Mitglieder und die Geschäftsverteilung im Vorstand besprochen werden. Konkrete Vorschläge oder Einzelkandidaten sollen nicht Gegenstand eines Dialogs sein. Des Weiteren können das Vorstandsvergütungssystem, geplante Veränderungen und etwaige Verbesserungsvorschläge sowie die Auslegung und gegebenenfalls die Inanspruchnahme von Ermessensspielräumen des Aufsichtsrats bei Vergütungsfragen mit Investoren diskutiert werden.
- *Leitsatz 5: Strategieentwicklung und -umsetzung*
  Die Entwicklung und Umsetzung der Unternehmensstrategie obliegt dem Vorstand. Im Rahmen eines Dialogs mit Investoren kann der Aufsichtsrat seine überwachende und mitwirkende Rolle im Strategieprozess und seine Einschätzung der Strategieumsetzung erläutern.
- *Leitsatz 6: Abschlussprüfer*
  In einem Dialog können die Anforderungskriterien und Meinungsbildung für die Auswahl des Abschlussprüfers sowie die Inhalte und Qualität der Zusammenarbeit zwischen Abschlussprüfer und Aufsichtsrat erörtert werden.

- *Leitsatz 7: Beteiligte*
  Der Aufsichtsratsvorsitzende vertritt den Aufsichtsrat in der Kommunikation mit Investoren. Er kann weitere Aufsichtsratsmitglieder (etwa Ausschussvorsitzende), den Vorstandsvorsitzenden oder andere Mitglieder des Vorstands zu einem Dialog hinzuziehen. Er informiert den gesamten Aufsichtsrat über die Gespräche.
- *Leitsatz 8: Ausgestaltung*
  Der Aufsichtsrat bespricht mit dem Vorstand Grundsätze für die Ausgestaltung eines Dialogs zwischen Investor und Aufsichtsrat.

Das Ziel der Initiatoren dieser Leitsätze geht dabei in zwei Richtungen: Einerseits sollen sich deutsche Aufsichtsräte einem Dialog mit Investoren prinzipiell öffnen, andererseits sollen die institutionellen Investoren auf die Grenzen des Dialogs hingewiesen werden, die sich aus dem dualistischen System der Unternehmensführung ergeben (Hirt, Hopt & Mattheus, 2016, S. 739).

Besonders hervorzuheben ist der Leitsatz 5, wonach Aufsichtsratsvorsitzende ihre überwachende und mitwirkende Rolle im Strategieprozess und ihre Einschätzung der Strategieumsetzung erläutern sollen. Landsittel (2019, S. 262) sieht dabei das Problem, dass eine entsprechende Erläuterung in die Verantwortungssphäre des Vorstands eingreife und es sich zudem kaum verhindern lasse, auch eine indirekte Bewertung der Vorstandstätigkeit abzugeben.

Darüber hinaus hat der Berufsverband der unabhängigen Finanzexperten in Aufsichtsratsgremien, die *Financial Experts Association* (2016), eine Leitlinie zum Dialog zwischen Investoren und Aufsichtsrat veröffentlicht. Diese Leitlinie besteht aus vier Themen: Inhalte, Transparenz, Verantwortung und Grenzen. Während die Punkte denen aus den vorher beschriebenen Leitsätzen ähneln, wird beim Thema Transparenz angebracht, dass das Unternehmen „die Themen und Inhalte der Gespräche mit Investoren protokollieren und diese zeitnah veröffentlichen" (Financial Experts Association, 2016, S. 3) solle. Diese Nachinformation der Hauptversammlung wurde auch im Konsultationsverfahren mehrfach thematisiert. Auch nach den Leitlinien der Financial Experts Association liegt die Verantwortung des Dialogs bei Aufsichtsratsvorsitzenden, die ggf. Ausschussvorsitzende insbesondere vom Prüfungsausschuss, mit einbinden können. Interessant an dieser zweiten Leitlinie ist vor allem die Beschreibung der Grenzen. Dabei wird hervorgehoben, dass sich der Aufsichtsrat bei Themen, die in die Kompetenz des Vorstands fallen, auf die Position des Zuhörens beschränken solle (Financial Experts Association, 2016, S. 4).

Zusammenfassend kann festgehalten werden, dass die Leitsätze der Initiative Developing Shareholder Communication sowie die Leitlinie der Financial Experts Association keinerlei rechtliche Bindungen haben. Aufgrund ihrer Verbreitung in der Unternehmenspraxis können sie aber ebenfalls als Norm für die ARV-Kommunikation gesehen werden können. Aufgrund ihrer Detailtiefe stellen sie zudem eine gute Grundlage dar, um im weiteren Verlauf der Arbeit die Themen und Beteiligten an Investorendialogen analysieren zu können.

Kommunikation mit Stimmrechtsberatern und Analysten
Im Rahmen der vorstandsunabhängigen Informationsversorgung des Aufsichtsrats wurde bereits dargestellt, dass der Aufsichtsrat nach § 109 Abs. 1 Satz 2 AktG Auskunftspersonen zur Beratung einzelner Gegenstände zu Aufsichtsratssitzungen hinzuziehen kann. Seibt (2009, S. 402) argumentiert, dass in Verlängerungen dieser Vorschrift auch ein sonstiger Informationsaustausch zulässig ist, wenn (1) die Vertraulichkeit des Informationsaustauschs und Verschwiegenheit der Aufsichtsratsmitglieder gewährleistet ist (§ 116 Satz 2 AktG), (2) die erwartete Information für die Aufgabenerfüllung des Aufsichtsrats erforderlich erscheint und (3) der Vorstand diese Information ausnahmsweise nicht in gleicher Weise beschaffen kann oder die Einschaltung des Vorstands ausnahmsweise nicht tunlich ist.

Ein Dialog mit weiteren Stakeholdern, insbesondere den Vermittlern aus der Kapitalmarktöffentlichkeit, könnte demnach für die Willensbildung des Aufsichtsrats bei bestimmten Themen bedeutsam sein. Linnartz (2015) spricht sich etwa für einen offenen Dialog mit Stimmrechtsberatern im Vorfeld von ordentlichen Hauptversammlungen aus, sieht dabei jedoch die Initiative bei der Investor-Relations-Abteilung.

Zusammenfassend lässt sich festhalten, dass sich die dargestellten Initiativen der ARV-Kommunikation ausschließlich auf einen Dialog mit Anteilseignern beziehen. Aus normativer Perspektive könnte aber auch ein punktueller Austausch mit weiteren Intermediären der Kapitalmarktöffentlichkeit, also den Stimmrechtsberatern und Analysten (Abschnitt 4.1.2), relevant sein. Die Entscheidung dazu könnte auf der Situationsanalyse im Rahmen des Kommunikationsmanagements basieren, indem dabei die Erwartungen von Stakeholdern an die ARV-Kommunikation erhoben werden. Schließlich spielen z. B. Stimmrechtsberater durch ihre Abstimmungsempfehlungen zu Hauptversammlungsbeschlüssen eine wichtige Rolle. Folgt man der Argumentation aus dem Konsultationsverfahren zum DCGK, gibt es Themen über die nur der Aufsichtsrat, und nicht der Vorstand oder die IR-Abteilung, auskunftsfähig ist. Auch andere Akteure können ein Informationsbedürfnis zu diesen aufsichtsratsrelevanten Themen haben. Ein Dialog mit weiteren Anspruchsgruppen der Kapitalmarktöffentlichkeit wurde bislang nicht wissenschaftlich betrachtet und soll daher im Rahmen dieser Arbeit erfolgen.

5.1.3 Gesellschaftspolitische Öffentlichkeit: freiwillige Kommunikationsmaßnahmen

Der Blick auf die gesellschaftspolitische Öffentlichkeit offenbart die Grenze zwischen der Pflichtkommunikation, im Rahmen der Publizitätspflichten, und einer freiwilligen Kommunikation von Aufsichtsratsvorsitzenden. Die Öffentlichkeit und vor allem die Medien als Vermittler haben jedoch ein gestiegenes Interesse an Corporate-Governance-Themen (Cromme & Jürgen, 2009, S. 617). So erhalten die Medien in der gesellschaftspolitischen Arena die Informationen über Corporate-Governance-Themen, da die Publizitätspflichten des Aufsichtsrats über die Regelkommunikation des Unternehmens abgedeckt werden. Bestimmte Themen können dabei in den Fokus des gesellschaftlichen Diskurses rücken, sodass sich öffentliche Meinungen herausbilden. Daraus können zusätzliche Erwartungen an eine Kommunikation von Aufsichtsratsvorsitzenden entstehen, wenn es darum geht, diese Themen einzuordnen.

Nach einer Studie von Prime Research (2012) hat sich die Berichterstattung in deutschen Medien zum Thema Corporate Governance von 2002 bis 2012 mehr als verdoppelt. Die Berichte nahmen 12 Prozent (2002 = 5 %) der täglichen Unternehmensberichterstattung ein. Anlass für negative Berichterstattung bietet insbesondere das Thema Vorstandsvergütung, während vor allem Diversity-Themen positiv in den Medien besetzt seien.

Basierend auf einer repräsentativen Bevölkerungsumfrage zeigen Voeth, Herbst & Goeser (2014), dass Aufsichtsräte kein gutes Image in der deutschen Bevölkerung haben, obwohl den Befragten gleichzeitig wenig über deren Tätigkeitsbereich bekannt ist. Das Bild sei vor allem durch negative Berichterstattung in den Medien, über vermeintliches Versagen oder interne Streitigkeiten, geprägt. Weiterhin zeigt die Befragung, dass es trotz des geringen Kenntnisstands zu den Tätigkeiten, doch eine Meinungsbildung hinsichtlich aktueller politischer Fragen, hier zum Thema Frauenquote in Aufsichtsräten, im Zusammenhang mit der Aufsichtsratätigkeit gibt.

Die Studien zeigen, dass Corporate-Governance-Themen immer wieder in der gesellschaftspolitischen Öffentlichkeit aufgenommen werden. Bislang wurde jedoch nicht untersucht, ob es zu einer veränderten Erwartungshaltung der Medien in Bezug auf die ARV-Kommunikation gekommen ist. Dies soll aus externer Perspektive im empirischen Teil der Arbeit analysiert werden.

Wie gehen also Aufsichtsratsvorsitzende und die Kommunikationsfunktion in den Unternehmen damit um, wenn Corporate-Governance-Themen in der gesellschaftspolitischen Öffentlichkeit diskutiert werden? Wie wichtig ist es, zur Meinungsbildung beizutragen? Aus normativer Perspektive kann es durchaus relevant für das Unternehmen sein, dass Aufsichtsratsvorsitzende ihre Entscheidungen öffentlich vertreten. Schließlich müssen Unternehmen ihre Handlungen im Unternehmensumfeld legitimieren. Durch den Aufbau von (kommunikativen) Beziehungen wollen Unternehmen ihre „licence to operate" (Zerfaß, 2014, S. 29) sichern. Die ARV-Kommunikation stellt dabei jedoch eine Herausforderung dar: Wann hört die Verschwiegenheitspflicht des Überwachungsgremiums auf bzw. aus welchen Gründen und welchen Zielen könnte eine mediale Kommunikation von Aufsichtsratsvorsitzenden sinnvoll sein?

Gercke, Laschet & Schweinsberg (2013) argumentieren, dass aus juristischer Sicht kaum eine Situation denkbar wäre, in der eine Notwendigkeit zur medialen Äußerung von Aufsichtsratsvorsitzenden die rechtlichen Vorgaben zu Geheimhaltungs- und Verschwiegenheitsverpflichtung übertreffen würde. Die von ihnen aufgezeigten Fälle von medialen Äußerungen von Aufsichtsratsvorsitzenden stufen sie aus zivil- und strafrechtlicher Sicht als höchst bedenklich ein.

Trotzdem finden sich immer häufiger Interviews mit Aufsichtsratsvorsitzenden in den Medien, wie im Rahmen der empirischen Analyse der Medienberichterstattung gezeigt werden soll. Bislang wurde nicht untersucht, inwiefern Aufsichtsratsvorsitzende mit Medien kommunizieren und inwiefern die Berichterstattung innerhalb des Unternehmens genutzt wird (Will, 2007, S. 124).

Dialog mit Journalisten

PR-Praktiker plädieren dafür, dass eine aktive Kommunikation auf die Agenda professioneller Überwacher gehöre (Bethkenhagen, 2010; Mündemann & Martin, 2013; Scherer, 2014). In der gesellschaftspolitischen Öffentlichkeit kommt den Medien eine zentrale Vermittlerrolle zu. Sie können als relevante Anspruchsgruppe eingestuft werden, jedoch handelt es sich bei einem Dialog stets um eine freiwillige Kommunikationsmaßnahme von Aufsichtsratsvorsitzenden.

Aus den Erkenntnissen zum Handlungsfeld der Public Relations wären aus Unternehmenssicht verschiedene Instrumente der Media Relations (Abschnitt 4.2.2) denkbar. Dazu gehören z. B. Pressemitteilungen zu Corporate-Governance-Themen, etwa einem Vorstandswechsel, in denen Aufsichtsratsvorsitzende mit Zitaten ihre Botschaften platzieren können. Auch Interviews mit Aufsichtsratsvorsitzenden zu Corporate-Governance-Themen, wie etwa der Diversität der Gremien, wären möglich. Weiterhin könnte es in Sondersituationen, wie einer Krise oder Übernahme, ebenfalls Entscheidungen des Aufsichtsratsgremiums geben, die erklärungsbedürftig für die Öffentlichkeit sein könnten. Hintergrundgespräche, Gastbeiträge oder Auftritte bei Veranstaltungsformaten sind daher ebenfalls denkbar (Flegelskamp, 2018, S. 482). Diese freiwilligen Formen der ARV-Kommunikation wurden bisher jedoch noch nicht untersucht. Daher werden im Rahmen der empirischen Analyse sowohl die medial wahrnehmbare ARV-Kommunikation als auch die internen Strukturen und freiwilligen Maßnahmen analysiert.

Schließlich stellt sich die Frage, inwiefern Aufsichtsratsvorsitzende bei diesem Dialog auf interne oder sogar externe Strukturen, wie Kommunikationsberatungen, zurückgreifen. In diesem Zusammenhang ist auch fraglich, für wen die Pressesprecher eines Unternehmens in diesen Situationen handeln – für den Vorstand oder den Aufsichtsrat – und ob dies nicht einen Interessenkonflikt darstelle (Dietlmaier, 2015, S. 183). Die Verantwortlichkeit der Kommunikationsfunktionen für die ARV-Kommunikation wird im weiteren Verlauf empirisch untersucht.

Themen für eine freiwillige ARV-Kommunikation

Die Themen für die freiwillige Kommunikation von Aufsichtsratsvorsitzenden mit Medien bestehen allen voran aus der Überwachungs- und Kontrollaufgabe des Aufsichtsratsgremiums. Wenn es um die öffentliche Meinungsbildung, etwa zur Vorstandsvergütung oder Diversity des Aufsichtsrats geht, dann kann nur der Aufsichtsratsvorsitzende glaubhaft die Position des Gremiums darstellen und vertreten.

Aber auch andere Themen könnten aus normativer Perspektive zu einer neuen Norm der ARV-Kommunikation werden. Wenn der Vorstandschef des weltgrößten Vermögensverwalters BlackRock Larry Fink in seinem jährlichen Brief Anfang 2020 zum wiederholten Male das Thema Nachhaltigkeit in den Mittelpunkt stellt, zeigt sich, dass diese eine hohe Bedeutung für die zukünftige Arbeit der Aufsichtsräte hat. So endet sein Brief mit folgendem Absatz:

> „Angesichts der wachsenden nachhaltigkeitsbezogenen Anlagerisiken sind wir zunehmend geneigt, Vorständen und Aufsichtsräten unsere Zustimmung zu verweigern, wenn ihre Unternehmen bei der Offenlegung von Nachhaltigkeitsinformationen und den ihnen zugrunde liegenden Geschäftspraktiken und -plänen keine ausreichenden Fortschritte machen" (Fink, 2020).

Auch auf den Hauptversammlungen 2019 nahmen ESG-Themen (Environmental, Social, Governance) bereits eine bedeutende Rolle ein (Braun & Ruhwedel, 2019, S. 141). Die verpflichtende Prüfung der nichtfinanziellen Erklärung durch den Aufsichtsrat kann durch das Testat eines Abschlussprüfers verstärkt werden. Es stellt sich die Frage, wie das Thema im Aufsichtsrat verankert wird, wobei unterschiedliche Ausschüsse Berührungspunkte mit den Themen haben oder sogar ein expliziter Ausschuss für Nachhaltigkeitsfragen denkbar ist (Schmidt, 2019, S. 78 f.), denn das Themenspektrum ist sehr breit (Tabelle 5.2) und erfordert entsprechende Kompetenzen im Gremium.

Tabelle 5.2 ESG-Themen für den Aufsichtsrat (Quelle: Braun & Ruhwedel, 2019, S. 142)

Umwelteinflüsse	Soziale und gesellschaftliche Einflüsse	Einflüsse auf die Corporate Governance
+ Auswirkungen auf globale Erderwärmung und Klimawandel	+ Zufriedenheit von Mitarbeitern und Kunden	+ Transparenz/Konsistenz der Darstellung der Corporate Governance
+ Wetterveränderungen	+ Wahrnehmung als verantwortliches Unternehmen	+ Nachvollziehbare und am nachhaltigen Erfolg orientierte Vergütung
+ Verschmutzung von Grundwasser und Luft	+ Reputation	+ Bekämpfung von Korruption
+ Zuleitungen von Abwässern in (Binnen-)Gewässer	+ Produktsicherheit und Transparenz gegenüber Kunden	+ Darstellung/Überprüfung der Wirksamkeit von Compliance-Management-Systemen
+ Rodung von (Ur-)Waldflächen	+ Behandlung von externen Interessengruppen (z.B. Gemeinden, NGOs)	+ Transparente Stakeholder-Dialoge und Wesentlichkeitsanalysen
+ Monokultivierung von Ackerflächen	+ Umgang mit Daten von Mitarbeitern und Kunden	+ Verständliche Darstellung von Kontrollmechanismen
+ Nutzung von Pestiziden	+ Einhaltung von Mindeststandards für Arbeitnehmer/Wahrung der Menschenrechte entlang der Lieferkette	+ Auswirkungen von Cyberangriffen …
+ Verantwortungsvoller Umgang mit Ressourcen	+ Förderung von Diversität …	
+ Aufforstung		
+ Dekarbonisierung …		

Da der Aufsichtsrat als Überwachungsorgan den Rahmen für das unternehmerische Handeln setzt, können darüber hinaus auch weitere Themen relevant sein. Zum Beispiel geht es aus Sicht der Unternehmensethik um die moralischen Fragen auf der Handlungsebene, wobei zwischen drei Typen von Verantwortung unterschieden wird (Homann, 2006, S. 2–4):

- *Handlungsverantwortung:* Unternehmen sind für ihr Handeln und die daraus entstehenden Folgen verantwortlich. Davon ist vieles in Gesetze gegossen, die das Unternehmen einhalten muss (Compliance). In die Verantwortung von Unternehmen fallen aber auch u. a. Standortentscheidungen, Führungsstil, Unternehmenskultur.
- *Ordnungsverantwortung:* Damit ist gemeint, dass ein Unternehmen auch die Pflicht hat, an der Verbesserung des sozialen und politischen Ordnungsrahmens mitzuwirken und dabei etwa auf neue Situationen hinzuweisen, die durch technische Neuerungen oder internationale Handelsbeziehungen entstehen.
- *Diskursverantwortung:* Darüber hinaus sind Unternehmen aufgerufen, aktiv am öffentlichen Diskurs über soziale und politische Grundlagen der Weltgesellschaft mitzuwirken. Darin spiegelt sich die in wesentlich stärkerem Maße als früher politische Rolle von Unternehmen wider, die in der globalisierten Welt nicht zu leugnen ist.

Unternehmensethische Überlegungen und Gewinnziele sollten jedoch nicht in einen Zielkonflikt geraten, da Unternehmen nicht dauerhaft und systematisch gegen ihre wirtschaftlichen Interessen handeln können (Lütge & Uhl, 2017, S. 15). Die Thematisierung von Fragen der Ethik innerhalb der Aufsichtsratsgremien steht nach einer Studie von Döring (2018) im Zusammenhang mit dem Erfolg des Unternehmens. Darunter verstanden wird jedoch insbesondere eine gelebte Wertschätzungskultur, die sich als Ethik in festgelegten moralischen Grundsätzen und Leitplanken für das Verhalten gegenüber den Stakeholdern ausdrückt.

Da auch ESG-Themen an der Schnittstelle der Kompetenzen von Vorstand und Aufsichtsrat liegen, stellt sich die Frage, inwiefern Nachhaltigkeitsthemen zu einer Norm in der freiwilligen Kommunikation von Aufsichtsratsvorsitzenden werden.

Positionierung von Aufsichtsratsvorsitzenden?
Schließlich muss auch bedacht werden, dass Aufsichtsratsvorsitzende parallel oder in ihrer Vergangenheit weitere Positionen, wie Vorstandsvorsitze, eingenommen haben und es dadurch ggf. gewohnt sind, sich zu verschiedenen Themen medial zu äußern. Das bedeutet, dass gerade ehemalige CEOs in der Position eines Aufsichtsratsvorsitzenden eine spezifische Positionierung (Abschnitt 4.3.2) mitbringen.

Zudem verfügen sie über ein Beziehungsnetzwerk zu verschiedenen Stakeholdern, darunter auch Journalisten, was eine autoritative Ressource darstellt. Bisher ist nicht wissenschaftlich untersucht worden, ob eine Positionierung von Aufsichtsratsvorsitzenden durch die Personen selbst oder die Unternehmen verfolgt wird.

Ansatzpunkte dafür finden sich bei den PR-Praktikern Mündemann & Martin (2013, S. 42), die vier Dimensionen eines sog. Markenkerns von Aufsichtsräten beschreiben, der für eine Positionierung genutzt werden könnte: Kompetenz, Professionalität, Unabhängigkeit und ethische Grundorientierung. Unter der spezifischen fachlichen Kompetenz wird dabei verstanden, die Produkte und Märkte des Unternehmens zu verstehen, die Einschätzung komplexer Situationen sowie Erfahrungswissen. Um dies unter Beweis zu stellen, könnten Aufsichtsräte sich

> „über Branchen-, Markt- und allgemeine Management-Themen durchaus öffentlich profilieren, Redegelegenheiten nutzen, in Mediengesprächen [ihre] Sicht der Dinge darlegen" (Mündemann & Martin, 2013, S. 43).

In dem Zusammenhang verweist Bethkenhagen (2010) darauf, dass „Kompetenz und nicht Reputation [...] in Zukunft über die Besetzung entscheiden" (Bethkenhagen, 2010, S. 64) werde. Ein aktiveres Kommunikationsverhalten könne dazu beitragen, diese Kompetenzen nachzuweisen. Die Zuschreibung von Professionalität vollziehe sich einerseits in der Zusammenarbeit mit dem Vorstand oder Abschlussprüfern sowie andererseits bei Auftritten in der Öffentlichkeit, die einen Raum bieten würden „einerseits bodenständig zu wirken, andererseits staatsmännisch zu erscheinen" (Mündemann & Martin, 2013, S. 43). Weiterhin verstehen die Autoren Unabhängigkeit sowohl auf geistiger als auch auf wirtschaftlicher und ideeller Ebene. Schließlich beschreiben Mündemann & Martin (2013, S. 43) sowie Bethkenhagen (2010, S. 65) die ethische Grundorientierung der Person und des Unternehmens als relevantes Positionierungsthema für die freiwillige Kommunikation von Aufsichtsräten. Ob eine Positionierung von Aufsichtsratsvorsitzenden im Rahmen des Kommunikationsmanagements geplant und umgesetzt wird, soll Teil der empirischen Analyse sein.

5.1.4 Zusammenfassung

Die Corporate-Governance-Forschung beschäftigt sich schon seit langem mit den Funktionen des Aufsichtsrats(vorsitzenden), dabei wurde jedoch die Bedeutung von Kommunikation für das Erfüllen seiner Aufgaben nur bedingt beleuchtet. Kommunikation ist nicht nur innerhalb des Gremiums und mit dem Vorstand, sondern auch darüber hinaus relevant für die Tätigkeit von Aufsichtsratsvorsitzenden. Während die Publizitätspflichten des Aufsichtsrats vor allem schriftlich und vergangenheitsorientiert sind, kommt mit dem Investorendialog nach dem DGCK eine neue dialogische Kommunikationsmaßnahme hinzu.

In diesem Kapitel werden die vorangegangenen theoretischen Erkenntnisse zur ARV-Kommunikation von börsennotierten Unternehmen in Deutschland aus interner als auch externer Perspektive zusammengefasst. Zur Vereinfachung werden die Kapitalmarkt- und gesellschaftspolitische Öffentlichkeit nebeneinander dargestellt, um die Kommunikationswege mit der Unternehmensöffentlichkeit visualisieren zu können. Wie bereits in Abschnitt 4.1.4 dargestellt, ist die Kapitalmarktarena jedoch als Teil der gesellschaftspolitischen Arena zu verstehen.

Unternehmensöffentlichkeit
Zunächst soll die interne Perspektive des Unternehmens rekapituliert werden. Gesetzliche Bestimmungen definieren, wie der Aufsichtsrat seiner Überwachungs- und Kontrollaufgabe nachkommen kann. Aus Sicht der Strukturationstheorie stellen sie Normen der ARV-Kommunikation da, da sie Handlungsregeln zur Bereitstellung und dem Austausch von Informationen sind. Die Kommunikation von Aufsichtsratsvorsitzenden innerhalb des Unternehmens wird damit zur zentralen Aufgabe seiner Tätigkeit. Abbildung 5.2 zeigt die bereits bekannten (Pfeile) sowie die neuen Kommunikationswege von Aufsichtsratsvorsitzenden (gestrichelte Pfeile), die im Folgenden zusammengefasst werden.

In der Unternehmensöffentlichkeit kann zwischen dem Vorstand (primäre Unternehmensführung) und Aufsichtsrat (sekundäre Unternehmensführung) unterschieden werden. Innerhalb des Aufsichtsratsgremiums stellen das Aktienrecht und der DCGK wichtige Normen der Kommunikation dar. Aufsichtsratsvorsitzende und Aufsichtsratsmitglieder (ARM) tauschen sich sowohl in den regelmäßigen Sitzungen des Gesamtgremiums, in Aufsichtsratsausschüssen aber auch außerhalb der Sitzungen hinsichtlich ihrer Überwachungsaufgaben aus. Zudem sollte sich der Aufsichtsrat in einer Kommunikationsordnung eigene Regeln für die Kommunikation des Gremiums festlegen – eine Empfehlung anhand der theoretischen und empirischen Erkenntnisse wird dazu in Abschnitt 8.2.4 gegeben. In einigen Unternehmen unterstützen zudem Aufsichtsratsbüros die Arbeit des Gremiums.

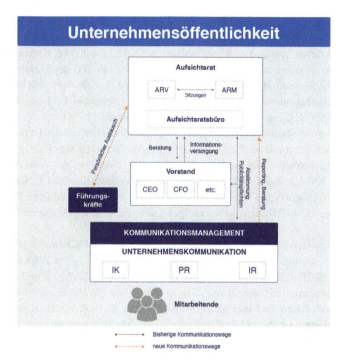

Abbildung 5.2 Kommunikation von Aufsichtsratsvorsitzenden in der Unternehmensöffentlichkeit (Eigene Darstellung)

Von besonderer Bedeutung ist die Informationsversorgung des Aufsichtsrats durch den Vorstand, die durch gesetzliche Normen klar geregelt ist. Der Aufsichtsrat nimmt seine Überwachungsaufgabe auf Basis dieser Berichterstattung wahr, er kann aber auch aktiv nach weiteren Informationen fragen.

Aufsichtsratsvorsitzende haben eine wichtige Scharnierfunktion für die Zusammenarbeit zwischen Aufsichtsrat und Vorstand. Sie empfangen die Informationen durch den Vorstand und verteilen diese im Gremium. Darüber hinaus nehmen sie eine beratende Rolle in Bezug die Strategie, Geschäftsentwicklung etc. gegenüber den Vorstandsvorsitzenden ein. CEOs sind damit die wichtigsten internen Stakeholder der ARV-Kommunikation. Ein direkter Kontakt von anderen Aufsichtsratsmitgliedern mit dem Vorstand ist prinzipiell möglich und in Bezug auf Ausschussvorsitzende in der Praxis am wahrscheinlichsten.

Der Vorstand in seiner Funktion als strategische und operative Unternehmensführung steht im Austausch mit allen Akteuren im Unternehmen, hier konkret den Führungskräften sowie dem Kommunikationsmanagement. Die Kommunikation mit Führungskräften und Mitarbeitenden ist zudem ein Teil des Handlungsfelds der internen Kommunikation. Diese kommunikativen Beziehungen sind bereits Teil der kommunikationswissenschaftlichen Forschung (Abschnitt 4.2.1 und 4.3.2) und werden daher an dieser Stelle nicht detailliert betrachtet.

Die Kommunikation von Aufsichtsratsvorsitzenden innerhalb des Unternehmens befindet sich aufgrund der Professionalisierung der Tätigkeit ebenfalls im Wandel. Dabei stellt sich einerseits die Frage, ob es auch zu einem persönlichen Austausch zwischen Aufsichtsratsvorsitzenden und den Führungskräften des Unternehmens kommt (rot gestrichelter Pfeil). Aufgrund der Personalhoheit könnten Aufsichtsratsvorsitzende im Rahmen der Nachfolgeplanung die Führungskräfte kennenlernen wollen.

Andererseits ist ein zentrales Ziel dieser Arbeit, die ARV-Kommunikation innerhalb des Kommunikationsmanagements zu verorten. In diesem Zusammenhang stellt sich die Frage, wie der Austausch zwischen dem Aufsichtsrat und der Kommunikationsfunktion vonstattengeht. So werden etwa die Publizitätspflichten des Aufsichtsrats durch die Unternehmen veröffentlicht. Es ist davon auszugehen, dass in der Vorbereitung der Publizitätspflichten eine Abstimmung mit dem Aufsichtsrat, unter Einbezug des Vorstands, stattfindet. Wie dies konkret abläuft bzw. ob wie die Verantwortlichkeit für das Kommunikationsmanagement geregelt ist, soll im Rahmen der empirischen Analyse untersucht werden.

Darüber hinaus gibt es durch den Investorendialog nach dem DCGK sowie freiwilligen Kommunikationsmaßnahmen von Aufsichtsratsvorsitzenden aber auch weitere Anlässe für den Austausch. In diesem Zusammenhang soll analysiert werden, inwiefern die Kommunikationsmanager aus der Investor-Relations- und Public-Relations-Abteilung eine beratende Funktion einnehmen. Dies wäre z. B. relevant, wenn Gesprächsanfragen von Investoren oder Journalisten an den Aufsichtsratsvorsitzenden gerichtet werden. Zudem soll untersucht werden, ob Informationen zum kommunikativen Umfeld des Unternehmens als Reporting an den Aufsichtsrat weitergegeben werden. Sowohl dieser Zugang zu Informationen als auch die personelle Unterstützung würden allokative bzw. autoritative Ressourcen der ARV-Kommunikation darstellen (rot gestrichelter Pfeil).

Kapitalmarktöffentlichkeit
Als Nächstes soll die Kommunikation mit der Kapitalmarktöffentlichkeit rekapituliert werden. Die nachfolgende Abbildung 5.3 ergänzt die Abbildung 5.2 schematisch mit den relevanten Kommunikationswegen.

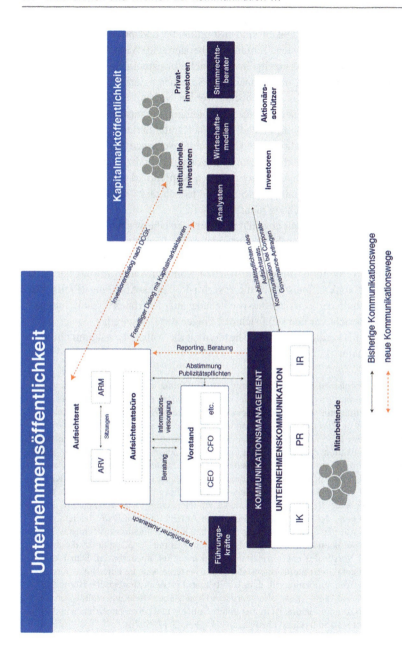

Abbildung 5.3 Kommunikation von Aufsichtsratsvorsitzenden in der Unternehmensöffentlichkeit und mit Akteuren der Kapitalmarktöffentlichkeit (Eigene Darstellung)

In der Kapitalmarktöffentlichkeit sind institutionelle und private Investoren das Publikum, während Analysten, Stimmrechtsberater und Wirtschaftsmedien eine Vermittlerrolle innehaben. Einzelne institutionelle Investoren und Aktionärsschützer können, ebenso wie Unternehmen, als Sprecher agieren (Abschnitt 4.1.2). Die Publizitätspflichten des Aufsichtsrats werden bereits seit langem durch das Unternehmen, konkret meist durch die IR-Abteilung, verantwortet. Ebenso liegen der Dialog und die Beziehungspflege mit den Kapitalmarktakteuren bei der IR-Abteilung, indem z. B. Anfragen zu Corporate-Governance-Themen beantwortet werden (Pfeil). Der Vorstand, insbesondere Vorstandsvorsitzende und Finanzvorstand, stehen ebenfalls im Austausch mit den Kapitalmarktakteuren (Hoffmann et al., 2020), diese Kommunikationswege sind jedoch nicht Teil dieser Arbeit und werden daher zur Vereinfachung nicht dargestellt.

Der Aufsichtsrat nimmt als gewählter Vertreter die Überwachungs- und Kontrollaufgaben der Anteilseigner wahr. Die Information der Investoren über die Arbeit des Aufsichtsrats ist im Rahmen der Publizitätspflichten durch das Aktiengesetz klar geregelt. Die Verbreitung dieser schriftlichen Kommunikation erfolgt durch das Unternehmen, konkret meist über die Investor-Relations-Abteilung (Pfeil). Darüber hinaus stellt der Aufsichtsratsvorsitzende auf der Hauptversammlung den Aufsichtsratsbericht vor und stellt sich den Fragen der Investoren.

Nieber (2017) beschreibt in ihrer Masterarbeit die Aufsichtsratskommunikation mit dem Kapitalmarkt wie folgt:

„Unter Aufsichtsratskommunikation mit dem Kapitalmarkt werden alle gesteuerten Kommunikationsprozesse des Aufsichtsrates verstanden, mit denen ein Beitrag zur Aufgabendefinition und -erfüllung in gewinnorientierten Wirtschaftseinheiten geleistet wird und die insbesondere zur Handlungskoordination sowie Interessenklärung zwischen dem Unternehmen und der Financial Community beitragen. Sie umfasst die Kommunikation zu allen Themen, die sich aus den mit der Überwachungsaufgabe verknüpften und weiteren Kompetenzen des Aufsichtsrates ergeben sowie zum Aufsichtsratsgremium selbst. Die Kommunikation des Aufsichtsrates mit dem Kapitalmarkt schließt sowohl die Erfüllung von Publizitätspflichten als auch die Verwendung weiterer, freiwilliger Instrumente zur Herstellung von Transparenz über die Überwachung des Vorstandes und über den Aufsichtsrat ein. Dafür bedient sich der Aufsichtsrat persönlicher und unpersönlicher Kommunikationsinstrumente. Die Aufsichtsratskommunikation mit dem Kapitalmarkt ist mit der Kapitalmarktkommunikation des Vorstandes eng abzustimmen und inhaltlich abzugrenzen. Dabei kann der Aufsichtsrat durch unternehmensinterne und -externe Akteure unterstützt werden. Aufsichtsratskommunikation mit dem Kapitalmarkt ist dann strategische Kommunikation, wenn auf diese Weise übergeordnete Organisationsziele unterstützt werden. Aufsichtsratskommunikation ist immer unternehmens- und personengetrieben und ihr Einsatz daher stets individuell abzuwägen" (Nieber, 2017, S. 78).

Die Autorin verortet die Aufsichtsratskommunikation mit dem Kapitalmarkt dabei in der Forschungstradition zur Unternehmenskommunikation. Dabei werden viele Elemente genannt, die auch in diesem Kapitel erläutert wurden, u. a. die Publizitätspflichten sowie freiwillige Kommunikationsaktivitäten, die von unternehmensinternen Akteuren wie der IR-Abteilung unterstützt werden.

Dabei wurde jedoch noch nicht der Investorendialog im Deutschen Corporate Governance Kodex berücksichtigt. Die Aufnahme des Investorendialogs als Anregung in den DCGK sowie die Veröffentlichungen der beiden Leitlinien der Initiative Developing Shareholder Communication (2016) und der Financial Experts Association (2016) sind ein weiterer Schritt zu einer aktiv handelnden Rolle des Aufsichtsrats. Investoren können sich nun auf diese Anregung beziehen, sodass erwartet werde, dass die Anfragen von institutionellen Investoren zunehmen, denn deren sog. Governance-Abteilungen seien heute wichtige Player bei der Beurteilung von Investments (Mattheus, 2018, S. 4). Mit der Anregung zum Investorendialog im DCGK kommt nun ein neuer Kommunikationsweg (gestrichelter Pfeil) zwischen Aufsichtsratsvorsitzenden und institutionellen Investoren hinzu. Aufsichtsratsvorsitzende werden damit zu einem relevanten Kommunikator für Unternehmen. Bisher gibt es jedoch nur vereinzelt Erkenntnisse zur konkreten Umsetzung des Investorendialogs. (Tietz, Hammann & Hoffmann, 2019). Im Rahmen dieser Arbeit soll empirisch erhoben werden, wie dieser Dialog konkret umgesetzt wird und ob er im Rahmen des Kommunikationsmanagements verortet werden kann.

Aber auch die weiteren Akteure der Kapitalmarktöffentlichkeit können als relevante Stakeholder für die ARV-Kommunikation gesehen werden, sodass mit ihnen ein freiwilliger Dialog geführt wird (gestrichelter Pfeil). Insbesondere den Stimmrechtsberatern könnte dabei eine steigende Relevanz zukommen, da sie durch ihre Stimmrechtsempfehlungen das Handeln anderer Kapitalmarktakteure, aber auch der Unternehmen selbst beeinflussen können. Daher sollen in dieser Arbeit aus externer Perspektive die Erwartungen der Stakeholder an die ARV-Kommunikation untersucht werden.

Gesellschaftspolitische Öffentlichkeit

Schließlich sollen die Ausführungen zur gesellschaftspolitischen Öffentlichkeit rekapituliert werden. Dabei ergänzt Abbildung 5.4 schematisch die Erkenntnisse, die bereits in Abbildung 5.2 und Abbildung 5.3, dargestellt wurden.

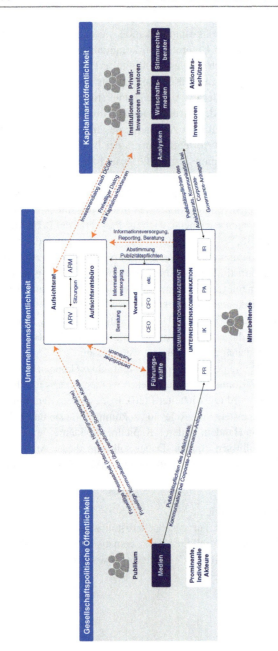

Abbildung 5.4 Kommunikation von Aufsichtsratsvorsitzenden in der Unternehmensöffentlichkeit und mit Akteuren der Kapitalmarkt-öffentlichkeit und gesellschaftspolitischen Öffentlichkeit (Eigene Darstellung)

In der gesellschaftspolitischen Öffentlichkeit stellt das Publikum eine heterogene und grundsätzlich offene Gruppe dar. Den Medien kommt dabei eine besondere Vermittlerrolle zu. Einzelne prominente Akteure agieren, ebenso wie Unternehmen, als Sprecher (Abschnitt 4.1.1). Bislang lag der Austausch mit den Medien, insbesondere in Bezug auf die Publizitätspflichten des Aufsichtsrats sowie eine Kommunikation bei Corporate-Governance-Anfragen, bei der Public-Relations-Funktion (Pfeil).

Äußerungen von Aufsichtsratsvorsitzenden in der gesellschaftspolitischen Öffentlichkeit stellen eine rein freiwillige Kommunikation dar. Aber wer heute das Aufsichtsratsmandat und den Aufsichtsratsvorsitz eines börsennotierten Unternehmens antritt oder innehat, wird von den Medien intensiver beobachtet als früher. So sind Überwachungs- und Risikothemen, als Normen der ARV-Kommunikation, auf die Agenda der gesellschaftspolitischen Öffentlichkeit gekommen, wobei die Rolle des Aufsichtsrats intensiver betrachtet wird. Weiterhin bilden sich öffentliche Meinungen zu Corporate-Governance-Themen, wie Vorstandsvergütung oder Diversität in Unternehmensgremien, die auch relevant für die Legitimität des Unternehmens in der Gesellschaft sind. Darüber hinaus könnte die ausgeweitete Überwachungsaufgabe hinsichtlich der Nachhaltigkeitsaktivitäten von Unternehmen zu einer weiteren Norm der ARV-Kommunikation werden.

Eine Kommunikation mit Medien als Vermittler zum Publikum, also den Bürgern der Gesellschaft, bietet nicht nur Risiken, sondern auch Chancen – die bisher jedoch noch nicht untersucht wurden. Aufsichtsratsvorsitzende können bei dieser freiwilligen Kommunikation sowohl als Unternehmenssprecher als auch individuelle Akteure agieren und dabei unternehmensbezogene oder auch persönliche Themen nutzen.

Im Rahmen einer Analyse von Medienberichten soll daher u. a. analysiert werden, in welchem Verhältnis die Pflichtpublizität und freiwillige Kommunikation von Aufsichtsratsvorsitzenden in der Berichterstattung wiederfindet. Weiterhin soll im Rahmen der empirischen Analyse gezeigt werden, inwiefern die freiwillige Kommunikation von Aufsichtsratsvorsitzenden zu Corporate-Governance-Themen mit Medien im Rahmen des Kommunikationsmanagements verortet werden kann (gestrichelter Pfeil).

5.2   Ziele für die Kommunikation von Aufsichtsratsvorsitzenden

In der Kommunikationsmanagement-Forschung ist Unternehmenskommunikation ein integraler Bestandteil der Wertschöpfungskette und leistet damit einen Beitrag zur Unternehmensstrategie. Im Folgenden soll diskutiert werden, inwiefern dieses Verständnis auch auf die Kommunikation von Aufsichtsratsvorsitzenden übertragen werden kann.

Als Ausgangspunkt dafür wird zunächst das Verhältnis von Corporate Governance und Unternehmensstrategie herausgearbeitet. Ulrich (2014) zeigt in einer systematischen Literaturanalyse, dass der Zusammenhang von Corporate Governance und Strategie bzw. strategischem Management bislang vernachlässigt wurde. Die 20 identifizierten Studien beziehen sich ausschließlich auf das monistische System der Unternehmensführung mit dem Board of Directors im Mittelpunkt der Betrachtung. Vorhandene Monografien beziehen sich ebenfalls auf das monistische System (Brühl, 2009; Müller-Stewens & Brauer, 2009). Auch die Autoren der Stewardship-Theorie gehen zwar von positiven ökonomischen Effekten bei einer aktiven Rolle der überwachenden Akteure im Board bei der Strategieentwicklung und -implementierung aus, beziehen sich dabei jedoch auf das monistische System (Abschnitt 3.1). Daher ist eine Übertragung der Wechselwirkungen auf das dualistische System mit dem Aufsichtsrat nicht ohne weiteres möglich.

Im dualistischen System obliegt dem Vorstand die strategische und operative Unternehmensführung, während der Aufsichtsrat die überwachende Funktion einnimmt. Wie in Abschnitt 3.2 beschrieben, befinden sich Aufgaben und Funktion des Aufsichtsrats jedoch im Wandel: Die Distanz zum Vorstand in Bezug auf strategische Entscheidungen hat sich reduziert. Von Seiten des Aktiengesetzes gibt es, seit Einführung des Transparenz- und Publizitätsgesetzes im Jahr 2002, etwa die Pflicht eine Liste an zustimmungspflichtigen Geschäften festzulegen (§ 111 Abs. 4 Satz 1 AktG), womit der Einfluss des Aufsichtsrats bei grundlegenden Entscheidungen gestärkt wurde. Zudem soll die Vorstandsvergütung „zur Förderung der Geschäftsstrategie und zur langfristigen Entwicklung der Gesellschaft beizutragen" (DCGK 2019, Grundsatz 23), wobei der Aufsichtsrat festlegen muss, was darunter verstanden wird. Der DCGK hebt insbesondere die Rolle von Aufsichtsratsvorsitzenden hervor, der den Vorstandsvorsitzenden bei Fragen der Strategie, Geschäftsentwicklung, Risikolage, Risikomanagement und der Compliance beraten soll (Empfehlung D.6). Grundei & Graumann (2012) argumentieren, dass bezüglich der Rolle des Aufsichtsrats

„in Rechtsprechung und Literatur inzwischen von ‚Beratung', ‚in die Zukunft gerichtete[r] Kontrolle', ‚beratender Kontrolle', ‚vorbeugender Kontrolle', vom ‚Partner des Vorstands bei unternehmerischen Grundentscheidungen' oder mitunter sogar von einem ‚Mit-Unternehmer' gesprochen [werde]" (S. 283).

Wie in Abschnitt 5.1.1 gezeigt wurde, basiert diese beratende Rolle jedoch stets auf den Informationen, die vom Vorstand bereitgestellt werden. Es kann also kritisch hinterfragt werden, ob eine umfassende und unabhängige Informationsversorgung und Meinungsbildung zu strategischen Entscheidungen überhaupt möglich sind. Um dies sicherstellen zu können, würde der Aufsichtsrat eigene Ressourcen benötigen, um etwa Experten für die Beurteilung heranziehen zu können.

Während die juristische Literatur den Beratungsbegriff als Teil der bisherigen Überwachungspflicht sieht, beinhaltet Beratung aus betriebswirtschaftlicher Perspektive hingegen ausschließlich die Erörterung von Einschätzungen oder Empfehlungen durch Experten und erfolgt nur auf Wunsch des Vorstands. Die Intensivierung der Aufsichtsratsarbeit in Bezug auf eine Beratung hinsichtlich der Unternehmensstrategie wäre demnach vor allem als ein sog. „Sounding Board" (Grundei & Graumann, 2012, S. 285) zu verstehen. Dabei hinterfragen Aufsichtsratsvorsitzende kritisch die strategischen Initiativen, es muss jedoch nicht notwendigerweise ein Konsens zwischen Vorstand und Aufsichtsrat hergestellt werden. Eine zu starke, konsensorientierte Nähe zwischen den beiden Gremien könnte vielmehr zu einer unerwünschten übermäßigen Kohäsion und mangelnder Kritik führen (Sundaramurthy & Lewis, 2003). Für den Fall, dass der Aufsichtsrat die Strategie des Vorstands nicht unterstützt, bleibt dann die Möglichkeit im Rahmen seiner Personalhoheit Änderungen im Vorstand vorzunehmen. Eine extensive Pflicht zur Beratung bzw. Mitentscheidung zur Strategie würde in diesem Verständnis die definierten Grenzen zwischen Vorstand und Aufsichtsrat aufweichen und zu einer Annäherung an das monistische System führen.

Zusammenfassend kann demnach festgehalten werden, dass Corporate Governance im dualistischen System der Unternehmensführung, im speziellen die Funktion des Aufsichtsrats, die Rahmenbedingungen für das strategische Handeln des Unternehmens schafft. Das Aufsichtsratsgremium und Aufsichtsratsvorsitzende agieren zwar als Sounding Board für den Vorstand und dabei auch hinsichtlich der Unternehmensstrategie, sind jedoch nicht für die Umsetzung verantwortlich. Dementsprechend untersteht der Aufsichtsrat nicht der Strategie, vielmehr muss das Gremium stetig prüfen, ob die Strategie nachhaltig sinnvoll und erfolgreich für das Unternehmen ist.

In der bisherigen Forschung zu Kommunikationsmanagement und strategischer Kommunikation wird davon ausgegangen, dass der Erfolgsbeitrag von Kommunikation darin liegt, die strategischen Ziele des Unternehmens zu unterstützen (Abschnitt 4.2). Auch die daraus abgeleiteten Ziele für die Kommunikationsabteilungen orientieren sich daran. Dieses Verständnis kann jedoch nicht auf die Kommunikation von Aufsichtsratsvorsitzenden übertragen werden. Der Aufsichtsrat setzt zwar den Rahmen für die Unternehmensstrategie, untersteht ihr aber nicht. Ziele für die Aufsichtsratskommunikation müssen und können somit nicht mit der Unternehmensstrategie verknüpft werden, um die neutrale Überwachungsfunktion des Aufsichtsrats gewährleisten zu können. Dieses Spannungsfeld mit seinen Dynamiken zwischen dem Vorstand, als strategisches und operatives Führungsgremium, und dem Aufsichtsrat, als überwachendes Gremium, wurden in der bisherigen Forschung noch nicht berücksichtigt.

Ziele der ARV-Kommunikation
Daher stellt sich die Frage, welche Ziele die Kommunikation von Aufsichtsratsvorsitzenden verfolgen kann. Die theoretischen Ausführungen zu Corporate Governance (Abschnitt 3.1) und der Funktion des Gremiums (Abschnitt 3.2) bieten Ansatzpunkte dafür.

Die Aktionäre wählen den Aufsichtsrat, wobei dieser nach der Principal-Agent-Theorie als Agent der Anteilseigner agiert. Nach der Strukturationstheorie können die Handlungen von Aufsichtsrat und Investoren als gegenseitig bedingt konzeptualisiert werden. So gibt es Regeln und Ressourcen, auf die sich der Aufsichtsrat bei seinen Handlungen bezieht und diese ggf. modifiziert. Die gesetzlichen Publizitätspflichten stellen als Normen etwa den Rahmen für die Kommunikation des Gremiums dar.

Aus den in Abschnitt 3.2 dargestellten Funktionen des Aufsichtsrats lassen sich daher Ziele für die Kommunikation ableiten. Die Anteilseigner delegieren ihre Entscheidungsbefugnisse bezüglich der Kontroll- und Beratungsfunktion des Vorstands an den Aufsichtsrat, wobei ihr größtes Risiko in ungleich verteilten Informationen liegt. Das oberste Ziel der Kommunikation des Aufsichtsrats sollte daher in der Herstellung von Transparenz hinsichtlich der übereigneten Aufgaben liegen. Unabhängig davon, wie detailliert diese Kommunikation vonstattengeht, handelt es sich hier um ein inhaltliches Ziel, da die Tätigkeiten der Aufsichtsratsarbeit erläutert werden.

Zudem erfüllt der Aufsichtsrat eine Interessenausgleichfunktion, da die Aufsichtsratsmitglieder sowohl die Anteilseigner als auch die Mitarbeitenden vertreten. Insgesamt soll der Aufsichtsrat als unabhängiges Gremium die verschiedenen Interessen der unterschiedlichen Stakeholder des Unternehmens kennen und diese im übergeordneten Unternehmensinteresse zusammenbringen und vertreten. Vor

diesem Hintergrund kann als zweites Ziel der Kommunikation des Aufsichtsrats die Etablierung und Pflege von Beziehungen mit den internen und externen
Anspruchsgruppen festgehalten werden (Tabelle 5.3).

Tabelle 5.3   Ziele der Kommunikation von Aufsichtsratsvorsitzenden

Ziele der Kommunikation von Aufsichtsratsvorsitzenden	
Inhaltliches Ziel	+ Transparenz hinsichtlich der Überwachungs- und Kontrollaufgaben herstellen
Beziehungsziel	+ Etablierung und Pflege von (kommunikativen) Beziehungen innerhalb des Aufsichtsratsgremiums sowie zwischen Aufsichtsrat und den internen und externen Anspruchsgruppen

Innerhalb des Unternehmens nimmt die ARV-Kommunikation eine koordinative
Funktion ein. So koordinieren Aufsichtsratsvorsitzende die Arbeit des Aufsichtsratsgremiums, gleichzeitig nehmen sie eine Scharnierfunktion gegenüber dem
Vorstand ein. Weiterhin können Aufsichtsratsvorsitzende durch einen Dialog dazu
beitragen, dass systematisch belastbare Netzwerke mit relevanten externen Stakeholdern aufgebaut und gepflegt werden. Indem in Gesprächen die Erwartungen und
Stimmungen im Aktionariat gehört werden (Listening), können diese z. B. in der
Entscheidungsfindung des Gremiums berücksichtigt werden. Wenn der Aufsichtsrat
eigenständig und unabhängig, also nicht gefiltert durch den Vorstand, die Meinungsbildung in verschiedenen Öffentlichkeiten nachvollziehen kann, könnte dies seine
Fähigkeit zur Überwachung unterstützen. In diesem Fall kann die Kommunikation
als Teil der interpretativen Regeln der Strukturen angesehen werden.

**Überschneidung zwischen Zielen von ARV-Kommunikation und Unterneh-
menskommunikation**
Die Kommunikation von Aufsichtsratsvorsitzenden ist ein Teil der Kommunikation von börsennotierten Unternehmen. Die Kommunikationsfunktionen verfolgen
bestimmte Kommunikationsziele, die sich wie in Abschnitt 4.2 beschrieben an der
Unternehmensstrategie orientieren. Dieses Handeln kann daher einen Einfluss auf
die Strukturen im Unternehmen haben und damit die Kommunikation von Aufsichtsratsvorsitzenden beeinflussen. Daher soll zunächst analytisch betrachtet werden,
inwiefern es Überschneidungen zwischen den Zielen der ARV-Kommunikation
und der Unternehmenskommunikation gibt. Auf dieser Basis kann dann im empirischen Teil untersucht werden, ob diese Ziele das Handeln der internen Akteure
beeinflussen.

Dafür soll der Communication Value Circle herangezogen werden, in dem Zerfaß & Viertmann (2017, S. 73) zwölf Kommunikationsziele im Rahmen des Kommunikationsmanagements vorschlagen, die auf vier Unternehmensziele einzahlen, und mit bekannten Key-Performance-Indikatoren gemessen werden können. Die vier Unternehmensziele sind (1) die Unterstützung der Leistungserstellung, (2) der Aufbau von immateriellem Kapital, (3) die Sicherung von Handlungsspielräumen und (4) die Weiterentwicklung der Strategie (Zerfaß, 2014, S. 29–31; Zerfaß & Viertmann, 2017, S. 75 f.):

Beim Unternehmensziel der Unterstützung der Leistungserstellung hat Kommunikation eine ermöglichende Funktion in Bezug auf die laufende Leistungserstellung durch Mitarbeiter-Commitment, die Bekanntheit und Kundenpräferenz. Da es sich um das operative Geschäft des Unternehmens handelt, gibt es keine Anknüpfungspunkte zur ARV-Kommunikation.

Beim Unternehmensziel des Aufbaus vom immateriellen Kapital können mithilfe von Kommunikation drei Kommunikationsziele unterstützt werden: den Aufbau und Erhalt von immateriellen Werten, wie Marken und positive Reputation sowie eine kooperative und innovative Unternehmenskultur. Hierbei kann es Überschneidungen zur ARV-Kommunikation geben, wenn Aufsichtsratsvorsitzende die Botschaften von Vorstand und Unternehmen verstärken, sodass dieses als gut geführt wahrgenommen wird und sich die Kommunikation damit positiv auf die Reputation auswirkt.

Beim Unternehmensziel der Sicherung von Handlungsspielräumen mit seinen Kommunikationszielen Beziehungen, Vertrauen und Legitimität bieten sich die meisten Überschneidungen zur ARV-Kommunikation. Durch eine transparente Kommunikation hinsichtlich der Überwachungs- und Kontrolltätigkeit des Aufsichtsrats können Informationsasymmetrien abgebaut werden. Auf dieser Basis kann Vertrauen und Legitimität hinsichtlich der Unternehmenshandlungen, mit Fokus auf die Corporate Governance, erreicht werden. Durch einen Dialog mit dem Aufsichtsratsvorsitzenden kann auch ein Beitrag zur Bindung von Investoren geleistet werden. Schließlich ist es auch ein zentrales Ziel der ARV-Kommunikation, die Beziehungen zu internen und externen Anspruchsgruppen zu pflegen.

Schließlich geht es beim Unternehmensziel der Weiterentwicklung der Strategie um die Kommunikationsziele Themenführerschaft, Innovationspotenzial und Krisen-Resilienz. Da der Aufsichtsrat eine beratende Rolle bei der Weiterentwicklung der Strategie einnimmt, wäre hier denkbar, dass eine Kommunikation von Aufsichtsratsvorsitzenden zu Corporate-Governance- oder auch Nachhaltigkeitsthemen zu einer vorteilhaften Positionierung bzw. Themenführerschaft im Markt führen könnte.

In der empirischen Analyse soll aus interner Perspektive gezeigt werden, ob die ARV-Kommunikation auf diese Ziele der Unternehmenskommunikation einzahlt und daher Überschneidungen sichtbar werden.

5.3 Definition der Kommunikation von Aufsichtsrat und Aufsichtsratsvorsitzenden

In den vorangegangen Theoriekapiteln wurden die verschiedenen Aspekte der Aufsichtsratstätigkeit sowie die Grundlagen für die Kommunikation eingeführt. Daraus folgend wird Aufsichtsratskommunikation im Rahmen dieser Arbeit wie folgt verstanden:

Unter **Aufsichtsratskommunikation** (bei börsennotierten Gesellschaften) werden alle gesteuerten Kommunikationsprozesse von Aufsichtsratsmitgliedern verstanden, die sich innerhalb des Aufsichtsratsgremiums sowie mit den internen und externen Anspruchsgruppen abspielen. Zentrale Ziele sind (1) Transparenz hinsichtlich der Überwachungs- und Kontrollaufgaben des Aufsichtsrats herzustellen sowie (2) die Beziehungen innerhalb des Aufsichtsratsgremiums sowie zwischen Aufsichtsrat und den Anspruchsgruppen zu etablieren und zu pflegen. Die Aufsichtsratskommunikation beinhaltet die Erfüllung von Publizitätspflichten wie auch die freiwillige Kommunikation darüber hinaus. Dem Aufsichtsratsvorsitzenden als gewählten Sprecher des Aufsichtsratsgremiums kommen dabei besondere Pflichten und Aufgaben zu.

Wie bereits in Abschnitt 3.3 beschrieben und in der Definition zur Aufsichtsratskommunikation aufgegriffen, kommt Aufsichtsratsvorsitzenden eine besondere Rolle bei der Koordination des Aufsichtsratsgremiums sowie als dessen Repräsentant nach außen zu. Da diese Arbeit einen Fokus auf die Kommunikation von Vorsitzenden legt, folgt daher eine Definition der Kommunikation von Aufsichtsratsvorsitzenden in Anlehnung an Zerfaß und Sandhu (2006, S. 52):

Die **Kommunikation von Aufsichtsratsvorsitzenden** (ARV-Kommunikation) umfasst alle gesteuerten Kommunikationsaktivitäten des obersten Repräsentanten des Aufsichtsratsgremiums mit den internen und externen Anspruchsgruppen.

Die Kommunikation von Aufsichtsratsvorsitzenden kann im Rahmen eines Kommunikationsmanagements gesteuert werden. Die zentrale Voraussetzung dafür ist eine Verantwortlichkeit innerhalb der Kommunikationsfunktionen im Unternehmen (Abschnitt 8.2.1), wie anhand der empirischen Ergebnisse gezeigt werden wird. Daher folgt eine Definition in Anlehnung an Zerfaß & Volk (2020):

> Beim **Kommunikationsmanagement für die Kommunikation von Aufsichtsratsvorsitzenden** werden die kommunikativen Prozesse der Publizitätspflichten des Aufsichtsratsgremiums sowie einer freiwilligen Kommunikation von Aufsichtsratsvorsitzenden entlang der Phasen Analyse, Planung, Organisation, Durchführung und Evaluation gesteuert, um zu den Zielen der Aufsichtsratskommunikation beizutragen. Zentrale Voraussetzung dafür ist eine klare Verantwortlichkeit durch die Kommunikationsfunktionen im Unternehmen.

5.4   Analyserahmen für die Strukturen der Kommunikation von Aufsichtsratsvorsitzenden

Obwohl sich die Corporate-Governance-Forschung schon seit langem mit dem Aufsichtsrat und seinen Strukturen beschäftigt (Kapitel 3), ist die Kommunikation von Aufsichtsratsvorsitzenden dabei bislang nicht beachtet worden. Aus interner Perspektive soll die ARV-Kommunikation daher sowohl in Bezug auf ihre Strukturen als auch ihrer Verortung im Kommunikationsmanagement untersucht werden.

Für die Analyse der Strukturen der Kommunikation von Aufsichtsratsvorsitzenden werden die Erkenntnisse aus den vorherigen Theoriekapiteln aus strukturationstheoretischer Perspektive nachfolgend zusammengefasst. Das in Abschnitt 2.1 dargestellte Modell der Dimensionen der Dualität von Struktur wird dabei als Analyserahmen für die Kommunikation von Aufsichtsratsvorsitzenden adaptiert. Das Handeln in Interaktionsprozessen umfasst die drei Dimensionen Signifikation, Herrschaft und Legitimation. Durch diese analytische Unterscheidung entsteht ein Schema, das sich auf die drei Analyseebenen (Struktur, Modalitäten, Handlung) auswirkt. Im Mittelpunkt der Überlegungen stehen nun die Strukturierungsmodalitäten, die die Struktur- und Handlungsebene miteinander verbinden, indem sich Akteure individuell und situationsspezifisch darauf beziehen (Zühlsdorf, 2002, S. 218).

Im Folgenden werden die theoretischen Erkenntnisse anhand der Strukturierungsmodalitäten rekapituliert. In Abbildung 5.5 werden die Ausführungen in einem Analyserahmen der Dualität der Struktur bezogen auf die Kommunikation von Aufsichtsratsvorsitzenden zusammengefasst.

Interpretationsmuster
Basierend auf Interpretationsmustern kann Handeln von Akteuren rationalisiert werden sowie eine spezifische Ordnung von Sinn und Bedeutung beschrieben werden (Röttger, 2010, S. 137). Dabei können die Einschätzung der Relevanz von Kommunikation sowie ein geteiltes Verständnis für das Auftreten von Aufsichtsratsvorsitzenden als Interpretationsmuster angesehen werden.

Die nach innen und außen gerichteten Aufgaben des Aufsichtsrats (Abschnitt 3.2) bringen auch kommunikative Aufgaben mit sich. Daher scheint es relevant, inwiefern die *Einschätzung zur Relevanz von Kommunikation* das Handeln von Aufsichtsratsvorsitzenden rationalisiert.

Bei der strategischen Planung der ARV-Kommunikation erscheint es zudem relevant, inwiefern ein *geteiltes Verständnis von einem (angemessenen) Auftritt von Aufsichtsratsvorsitzenden* vorherrscht. Dieses Verständnis sollte als Teil der Planungsphase zwischen Aufsichtsratsvorsitzenden, Vorstandsvorsitzenden und den Kommunikationsfunktionen etabliert werden. Schließlich könnte ein solches Verständnis das Handeln der Akteure rationalisieren.

Auch in der Interaktion mit externen Stakeholdern werden Interpretationsmuster relevant und dienen der Verständigung und Rationalisierung von Handlungen. Wie in Abschnitt 5.2. dargestellt, konnte für die Aufsichtsratskommunikation ein Inhalts- und Beziehungsziel analytisch hergeleitet werden. Auf der inhaltlichen Ebene soll Transparenz hinsichtlich der Überwachungs- und Kontrollaufgabe des Aufsichtsrats hergestellt werden. Zudem sollen durch die Kommunikation Beziehungen mit den internen und externen Anspruchsgruppen etabliert und gepflegt werden. Diese Unterscheidung soll für eine detaillierte Analyse weiter nach den Anspruchsgruppen der beiden externen Öffentlichkeitsarenen (Abschnitt 4.1.1 und 4.1.2) differenziert werden.

Für die Kommunikation von Aufsichtsratsvorsitzenden bildet die *Transparenz* hinsichtlich der Aufsichtsratstätigkeit die Grundlage für die gemeinsame Interpretation des Handelns für alle Stakeholder. Hinsichtlich der Kommunikation mit Investoren stellt zudem die *Beziehungspflege* ein sinnstiftendes Interpretationsmuster dar, da der Aufsichtsrat der gewählte Vertreter der Anteilseigner ist. In diesem Zusammenhang kann auch das *Listening* eine wichtige Bedeutung haben, da dadurch die Investoreninteressen in der Entscheidungsfindung des Gremiums berücksichtigt werden können (Abschnitt 5.2). Die Kommunikation mit Stimmrechtsberatern

	Analytische Leitdimension (Strukturebene)			
			Herrschaft	
Strukturdimensionen	Signifikation	Legitimation	Herrschaft	
Arten von Regeln und Ressourcen	Regeln der Konstitution von Sinn	Regeln der Sanktionierung von Handeln	Autoritativ-administrative Ressourcen	Allokative Ressourcen
Modalitäten	Interpretationsmuster	Normen	Politische Machtmittel	Ökonomische (und technische) Machtmittel
Analyse der ARV-Kommunikation	• Einschätzung zur Relevanz von Kommunikation • Geteiltes Verständnis vom Auftritt des ARV nach außen • Investoren: Transparenz, Beziehungspflege, Listening • Stimmrechtsberater: Transparenz, Beziehungspflege, Engagement • Medien: Transparenz, Beziehungspflege, Einfluss auf gesellschaftliche Interpretations-/Deutungsfragen	• Aktiengesetz • ARUG II • Anregung zum Investorendialog im DCGK • Initiative Developing Shareholder Communication • Überwachungs-, Risiko-, & Nachhaltigkeitsthemen als Aufgabe des Aufsichtsrats	• Entscheidungskompetenz • Beziehung zum Vorstand • Beziehung zu Stakeholdern • Personal (z.B. AR-Büro, Unterstützung von IR & PR, externe Berater) • Image und Glaubwürdigkeit des ARV in der Öffentlichkeit • Fähigkeit zur Öffentlichkeitsmobilisierung • Kommunikative Kompetenz	• Zugang zu Informationen • Budget
Dimensionen sozialen Handelns	Kommunikatives Handeln	Sanktionierendes Handeln	Autoritativ-administratives Handeln	Wirtschaftliches (und technisches) Handeln
	Analytische Leitdimension (Handlungsebene)			
			Macht	

Abbildung 5.5 Analyserahmen der Dimensionen der Dualität von Struktur bezogen auf die Kommunikation von Aufsichtsratsvorsitzenden (Eigene Darstellung modifiziert nach an Röttger, 2010, S. 138; Schneidewind, 1998, S. 236; Zühlsdorf, 2002, S. 251 ff.)

und Analysten als weiteren Stakeholdern der Kapitalmarktöffentlichkeit dient vor allem der Transparenz, aber auch der Beziehungspflege (Abschnitt 5.2) sowie einem Engagement (Abschnitt 4.1.2).

In Bezug auf Medien in der gesellschaftspolitischen Öffentlichkeit kann davon ausgegangen werden, dass Unternehmen und die Unternehmensführung öffentlich kommunizieren, um *Einfluss auf gesellschaftliche Interpretations- und Deutungsfragen* zu gewinnen (Zühlsdorf, 2002, S. 226). Inwiefern dies auch mithilfe der Kommunikation von Aufsichtsratsvorsitzenden geschieht, soll untersucht werden. Darüber hinaus kann auch für diese Anspruchsgruppe eine transparente Kommunikation hinsichtlich der Aufsichtsratstätigkeit sowie Beziehungspflege (Abschnitt 5.2) die Kommunikation rationalisieren.

Normen

In der Strukturdimension Legitimation greifen die Akteure auf die Regeln der Sanktionierung durch Normen zurück. Es kann davon ausgegangen werden, dass diese Normen als Strukturmodalität für die Kommunikation sowohl innerhalb als auch außerhalb des Unternehmens bedeutend sind.

Gesetze ebenso wie formal festgehaltene Regeln in Organisationen bezeichnet Giddens als „kodifizierte Interpretationsregeln" (Giddens, 1997, S. 73). Die Aufgaben und die Publizitätspflichten des Aufsichtsrats sind im Rahmen des Aktiengesetzes festgelegt (Abschnitt 3.2). Dies stellt eine in der Unternehmensrealität zentrale Einflussdeterminante dar, sodass *Aktiengesetz und ARUG II* wichtige Normen für die Kommunikation von Aufsichtsratsvorsitzenden darstellen.

Zudem beschreiben Normen, welche Handlungen sozial erwartet, erlaubt und erwünscht sind. Die Nichtbefolgung kann unterschiedlich stark sanktioniert werden. Im Kontext dieser Arbeit können darunter die *Anregung zum Investorendialog im Deutschen Corporate Governance Kodex* sowie die weiteren dargestellten *Initiativen zum Investorendialog* verstanden werden (Abschnitt 5.1.2).

Wie in Abschnitt 4.2.2 erläutert, stehen Unternehmen zudem unter einem wachsenden Legitimationsdruck, wenn die Interessen von Unternehmen und Öffentlichkeit kollidieren. In diesem Zusammenhang werden einzelne wirtschaftliche Maßnahmen des Unternehmens, z. B. Übernahmen, thematisiert und hinsichtlich ihrer Rechtfertigung und Zulässigkeit überprüft (Zühlsdorf, 2002, S. 220). Da dem Aufsichtsrat als Kontrollgremium dabei ebenfalls eine zentrale Rolle zukommt, soll im weiteren Verlauf überprüft werden, inwiefern *Überwachungs-, Risiko und Nachhaltigkeitsthemen* zu Normen für die Kommunikation von Aufsichtsratsvorsitzenden werden.

Ressourcen

Die Strukturbildung ist nicht nur regelgeleitet, sondern geht auch von einer Abhängigkeit von Ressourcen aus. Dabei wird zwischen allokativen und autoritativen Ressourcen der Machtausübung (Herrschaft) unterschieden. Allokative Ressourcen ermöglichen den Akteuren die Kontrolle materieller Aspekte in sozialen Situationen, während autoritative Ressourcen sich darauf beziehen, Macht über andere Akteure auszuüben. Auf dieser Grundlage werden Beziehungen zwischen Menschen in der Gesellschaft (um)gestaltet (Giddens, 1997, S. 316). Ohne bestimmte Ressourcen gelingt es Akteuren auch nicht, Beziehungen zu etablieren und zu pflegen oder Einfluss auf öffentliche Meinungsbildung zu nehmen. In Anlehnung an Schneidewind (1998, S. 236) klassifiziert Zühlsdorf (2002, S. 251 ff.) Ressourcenarten aus der politikwissenschaftlichen Forschung. Diese Faktoren werden erweitert und für die Kommunikation von Aufsichtsratsvorsitzenden übersetzt.

Allokativen Ressourcen stellen der Zugang zu Informationen sowie finanzielle Ressourcen dar. Die Arbeit des Aufsichtsrats basiert auf dem *Zugang zu Informationen aus dem Unternehmen,* die der Vorstand zur Verfügung stellt. Neben der Berichterstattung kann der Aufsichtsrat aber auch aktiv Informationen anfordern oder Experten heranziehen, um die Überwachungs- und Kontrollfunktion besser wahrzunehmen (Abschnitt 5.1.1). Das Aufsichtsratsgremium verfügt jedoch nicht über ein eigenes *Budget;* eventuelle Ausgaben müssen vom Vorstand freigezeichnet werden (Abschnitt 3.2). Eine Studie von BCG (2018, S. 19) zeigt, dass Aufsichtsratsgremien vor allem administrative Sekretariatsunterstützung (46 %) oder fachliche Unterstützung durch einen Assistenten (23 %) erhalten, aber nur in seltenen Fällen ein Budget zur freien Verfügung, z. B. für Weiterbildungen (17 %) haben.

Dazu können verschiedene *autoritative Ressourcen* für die Kommunikation von Aufsichtsratsvorsitzenden abgeleitet werden. Zunächst verfügt der Aufsichtsrat aufgrund der formal-strukturellen Position über eine *Entscheidungskompetenz* im Rahmen seiner Überwachungs- und Kontrollaufgaben, z. B. über die Besetzung und Vergütung des Vorstands (Abschnitt 3.2). Hahne (1998, S. 204 f.) nennt dies auch Machtstrategie durch Steuerung der Erfolgszuschreibung, d. h., dass sich in Folge der Interaktionen der Akteure Verfahren zur Erfolgszuschreibung und -bewertung etablieren.

In diesem Zusammenhang kann die *Beziehung zum Vorstand* als autoritative Ressource angesehen werden, was Hahne (1998, S. 204) Macht durch Steuerung der Informationsroutinen nennt. Wie dargestellt sollte ein enger Informationsaustausch zwischen Aufsichtsratsvorsitzenden und Vorstandsvorsitzenden bestehen, die von beiden Akteuren entsprechend ihren Ressourcen gestaltet wird (Abschnitt 5.1.1). Die *personelle Unterstützung* der ARV-Kommunikation stellt eine weitere autoritative Ressource dar. Bisherige Studien zeigen, dass in Bezug auf die Organisationsformen der personellen Unterstützung vor allem zwischen einem Aufsichtsratsbüro mit eigenen Mitarbeitenden und der Unterstützung durch ein Corporate Office, das jedoch hauptsächlich für den Vorstand arbeitet, unterschieden werden kann (Clausen, 2016). Eine Umfrage vom prmagazin befasst sich mit den Ressourcen in Bezug auf die Kommunikation bei DAX-Unternehmen: Bei einigen Unternehmen kann das Knowhow der Kommunikationsabteilung direkt abgerufen werden, während es bei anderen Unternehmen nur einen Kontakt über den Vorstand gibt. Nur in einem Fall verfügt der Aufsichtsratsvorsitzende über eine eigenständige, interne Kommunikationsunterstützung (Stahl, 2018). Inwiefern die ARV-Kommunikation im Rahmen des Kommunikationsmanagements verortet ist und dementsprechend durch die Kommunikationsverantwortlichen oder auch externe Kommunikationsberater verantwortet wird, soll analysiert werden.

Autoritative Ressourcen konstituieren jedoch nicht nur unternehmensintern das Handlungsvermögen der Akteure. Faktoren wie ein positives Image und Glaubwürdigkeit oder gute Beziehungen zu Stakeholdern verleihen Autorität auch in der Beziehung mit der Unternehmensumwelt (Zühlsdorf, 2002, S. 259). Aufsichtsratsvorsitzende können aufgrund ihrer vorherigen Positionen und Leistungen über das angesprochene *positive Image bzw. Glaubwürdigkeit* verfügen. Aus vorherigen Positionen können auch die *guten Beziehungen zu Stakeholdern*, wie Investoren oder Medienvertretern, stammen: Diese Ressource können sie entsprechend in ihre Position mit einbringen. Damit hängt die *Fähigkeit zur Öffentlichkeitsmobilisierung* zusammen, die sich sowohl auf Unternehmensthemen als auch auf gesellschaftspolitische Themen beziehen kann.

Schließlich gibt es Ressourcen, die sowohl als allokativ als auch als autoritativ bezeichnet werden können, dazu gehört die kommunikative Kompetenz. Zerfaß (2010, S. 189) versteht unter *kommunikativer Kompetenz* die „Fähigkeit, situativ geeignete Kommunikationsschemata zu aktualisieren". Allokative Kommunikationsressourcen sind demnach die materiellen Voraussetzungen von Mitteilungs- und Verstehenshandlungen, worunter vor allem physische Fähigkeiten, wie etwa die Artikulationsfähigkeit oder Atemtechnik fallen. Die autoritativen Kommunikationsressourcen umfassen dagegen die sozialen Fertigkeiten, die einen Akteur in die Lage versetzen, situativ adäquat zu kommunizieren. Weiterhin unterscheidet Zerfaß

(2010, S. 190–192) drei Gruppen von kommunikativen Kompetenzen, die es Kommunikatoren und Unternehmen ermöglichen, in einen Dialog mit ihren internen und externen Stakeholdern zu treten und dadurch ihr unternehmerisches Handeln zu legitimieren:

- *Aktive Kommunikationskompetenz* beinhaltet u. a. Kenntnisse für eine (argumentative) Gesprächsführung, aber auch den Umgang mit verschiedenen Kommunikationsmedien. Weiterhin gehört dazu, spezifische Sprach- oder Gestaltungsformen, etwa aus dem Journalismus, zu beherrschen.
- *Wahrnehmungskompetenz* bezeichnet dagegen die Fähigkeit, bewusst zuzuhören, sich in Andere hineinversetzen zu können sowie emotionale Äußerungen von Sachargumenten abgrenzen zu können. Auch das Gespür für die verschiedenen Spielarten nonverbaler Kommunikation gehören dazu.
- Unter *Kooperationskompetenz* wird schließlich die Fähigkeit verstanden, eine gemeinsame Kommunikation herzustellen und dabei auf den Gesprächspartner einzugehen.

Ressourcen unterscheiden sich jedoch in einigen Gesichtspunkten. Nur einige Ressourcen sind tausch- und übertragbar, wie ein Budget oder der Zugang zu Informationen. Andere Ressourcen, wie Entscheidungskompetenz, sind an die Position gebunden und verlieren ihren Tauschwert, wenn ein anderer Akteur sie nutzen wollte. Bestimmte Ressourcen können auch an den Akteur gebunden sein, wie Image oder Glaubwürdigkeit, sodass sie in ein neues Amt mit eingebracht werden.

Aufbauend auf diesen Überlegungen wird die Kommunikation von Aufsichtsratsvorsitzenden im Folgenden in Hinblick auf soziale Praxis, d. h. regelmäßig wiederkehrende, routinisierte Handlungsmuster analysiert. Diese können einerseits bewusst und reflexiv auf Basis vorangegangener Erfahrungen erfolgen und andererseits strukturell geprägt sein. Daher wird interessant sein, welche Strukturelemente sich ermöglichend oder einschränkend auswirken. Denn Strukturen werden durch Handlungen fortlaufend reproduziert und ggf. modifiziert. Mithilfe des Analyserahmens kann die soziale Praxis der ARV-Kommunikation im empirischen Teil der Arbeit untersucht und strukturiert dargestellt werden.

5.5 Forschungsfragen

Die Kommunikation von Aufsichtsratsvorsitzenden wird im Rahmen dieser Arbeit erstmalig theoretisch als auch empirisch umfassend untersucht. Die vorherigen theoretischen Ausführungen aus der juristischen und betriebswirtschaftlichen Corporate-Governance- sowie kommunikationswissenschaftlichen Forschung bilden die Grundlage für die folgende empirische Untersuchung. Der Untersuchungsgegenstand wird dabei aus der externen Perspektive sowie der internen Unternehmensperspektive analysiert. Im Folgenden werden die Forschungsfragen für die empirische Untersuchung erneut vorgestellt sowie die Unterfragen aus den bisherigen Erkenntnissen abgeleitet.

Externe Perspektive
Der Wandel des empirischen Phänomens der ARV-Kommunikation zeigt sich in der Medienberichterstattung sowie der Aufnahme des Investorendialogs in den DCGK. Daher soll aus externer Perspektive zunächst untersucht werden, wie die öffentliche Kommunikation von Aufsichtsratsvorsitzenden in den beiden vorgestellten externen Öffentlichkeitsarenen rezipiert wird. In der gesellschaftspolitischen Öffentlichkeit sind Medien und in der Kapitalmarktöffentlichkeit Wirtschaftsmedien und Analysten die zentralen Vermittler. Es wird daher untersucht, inwiefern diese Akteure in ihren Handlungen, also Medienberichten und Analystenreports, über die Kommunikation von Aufsichtsratsvorsitzenden berichtet haben. Durch die Analyse der Jahre 2016 und 2017 soll gezeigt werden, ob es zu einer Veränderung in der Berichterstattung gekommen ist, schließlich fällt in diesen Zeitraum auch die regulatorische Änderung des Investorendialogs im DCGK.

Aus der Corporate-Governance-Forschung wurden die verschiedenen Publizitätspflichten des Aufsichtsrats dargestellt (Abschnitt 5.1.2). Darüber hinaus wurde aus kommunikationswissenschaftlicher Perspektive gezeigt, dass die Kommunikation mit der gesellschaftspolitischen Öffentlichkeit eine freiwillige Maßnahme der ARV-Kommunikation darstellt (Abschnitt 5.1.3). Daher soll in einer Unterforschungsfrage gezeigt werden, ob es sich bei den Berichten um Äußerungen von Aufsichtsratsvorsitzenden im Rahmen der Publizitätspflichten oder um eine freiwillige Kommunikation handelt.

Zudem soll als weitere Unterforschungsfrage untersucht werden, inwiefern die verschiedenen Aufgaben der Aufsichtsratstätigkeit (Abschnitt 3.2) als Themen in der Berichterstattung aufgenommen werden. Dabei soll auch gezeigt werden, ob sich die Berichte auf die ARV-Kommunikation als Teil der Regelkommunikation des Unternehmens beziehen oder eine Sondersituation den Anlass für die Berichterstattung gab und welche Themen dabei aufgegriffen werden.

Forschungsfrage 1: Wie wurde in den Jahren 2016 und 2017 in deutschen Tages- und Wirtschaftsmedien und Analystenreports über Aufsichtsratsvorsitzende berichtet?

Unterforschungsfragen

- Handelt es sich in den Berichten um Äußerungen von Aufsichtsratsvorsitzenden im Rahmen der Publizitätspflichten oder um eine freiwillige Kommunikation?
- Zu welchen Anlässen und Themen wurde berichtet?

Indem die Berichterstattung in Tages- und Wirtschaftszeitungen sowie Analystenreports hinsichtlich der Art der Äußerungen von Aufsichtsratsvorsitzenden sowie der Anlässe und Themen der Berichterstattung analysiert wird, soll gezeigt werden, wie Themen des Aufsichtsrats zu Diskursen in der gesellschaftspolitischen Öffentlichkeit sowie der Kapitalmarktöffentlichkeit werden. Auf dieser Basis soll gezeigt werden, wie die öffentlichen Äußerungen von Aufsichtsratsvorsitzenden von den wichtigen Intermediären in den beiden relevanten Öffentlichkeitsarenen rezipiert werden. Insgesamt soll damit verdeutlicht werden, welche Bedeutung Corporate-Governance-Themen für die Intermediäre in diesen beiden Öffentlichkeitsarenen haben, denn diese Themen liegen im Aufgabenbereich des Aufsichtsratsgremiums – und daraus folgt eine Relevanz der ARV-Kommunikation. Durch die Relevanz von Corporate-Governance-Themen in den Öffentlichkeitsarenen und damit zusammenhängenden Informationsbedürfnissen der Intermediären können (unerkannte) Handlungsbedingungen für die ARV-Kommunikation entstehen. Um diese Handlungsbedingungen tiefergehend verstehen zu können, sollen dann in Ergänzung dazu die Erwartungen von relevanten externen Stakeholdern an die ARV-Kommunikation auf Basis von Experteninterviews identifiziert werden.

Aus der Principal-Agent- und Stewardship-Theorie lassen sich erste Ansätze, wie Transparenz, hinsichtlich der Erwartungen der Anteilseigner an die Aufsichtsratstätigkeit ableiten (Abschnitt 3.1), die konkreten Erwartungen an die ARV-Kommunikation sind bislang jedoch noch nicht untersucht worden. Die Überwachungstätigkeit sowie Nachhaltigkeitsthemen können jedoch auch bei weiteren Anspruchsgruppen beider Öffentlichkeitsarenen zu Erwartungen an die Kommunikation von Aufsichtsratsvorsitzenden führen. Daher soll anhand einer Unterforschungsfrage analysiert werden, wie sich die Erwartungen der Stakeholder an die Kommunikation von Aufsichtsratsvorsitzenden differenzieren lassen.

Die Aufnahme des Investorendialogs in den DCGK stellt die Grundlage für Investoren dar, normative Erwartungen an die ARV-Kommunikation zu stellen (Abschnitt 5.1.2). Da sich der Untersuchungsgegenstand im Wandel befindet, wird darüber hinaus in einer Unterforschungsfrage analysiert werden, inwiefern sich die Erwartungen an die ARV-Kommunikation verändert haben.

Forschungsfrage 2: Welche Erwartungen haben Stakeholder an die Kommunikation von Aufsichtsratsvorsitzenden?

Unterforschungsfragen

- Wie lassen sich die Erwartungen der Stakeholder an die Kommunikation von Aufsichtsratsvorsitzenden differenzieren?
- Inwiefern ist es zu einer veränderten Erwartungshaltung an die Kommunikation von Aufsichtsratsvorsitzenden gekommen?

Die Erwartungen der Stakeholder an die Kommunikation von Aufsichtsratsvorsitzenden können ebenfalls zu (unerkannten) Handlungsbedingungen für die Akteure in den Unternehmen werden. Daraus können Anforderungen an die ARV-Kommunikation abgeleitet werden, die einen Einfluss auf die Strukturen nehmen, wenn sie eine kritische Schwelle erreichen. Dies kann insbesondere der Fall sein, wenn sich die Erwartungen dynamisch verändern, wie es im Falle der ARV-Kommunikation gezeigt werden soll.

Zusammenfassend soll durch die Kombination der beiden Analysen gezeigt werden, wie die Rezeption der öffentlichen Äußerungen von Aufsichtsratsvorsitzenden und die Erwartungen der Stakeholder zu Anforderungen an die ARV-Kommunikation werden.

Interne Perspektive

Aus interner Perspektive soll die Kommunikation von Aufsichtsratsvorsitzenden analysiert werden. Dafür sollen im ersten Schritt die Strukturen der ARV-Kommunikation konzeptualisiert und die Bandbreite der Maßnahmen umfassend dargestellt werden. Dies bildet die Basis dafür im zweiten Schritt die Einbindung der Kommunikation im Rahmen des Kommunikationsmanagements verorten zu können.

Um ein Verständnis für die interne Perspektive zu erhalten, wurden zunächst die Akteure der Unternehmensöffentlichkeit etabliert (Abschnitt 4.1.3). Die Corporate-Governance-Forschung beschäftigt sich zwar mit den Aufgaben und Funktionen des Aufsichtsratsgremiums (Abschnitt 3.2), die Strukturen für die Kommunikation des Gremiums bzw. von Aufsichtsratsvorsitzenden sind bisher jedoch nicht untersucht worden. Innerhalb des Unternehmens beziehen sich Aufsichtsratsvorsitzende und Kommunikationsfunktionen in ihren Handlungen auf Strukturen, die sie gleichzeitig auch reproduzieren oder modifizieren. Auf Basis von Experteninterviews mit Unternehmensakteuren sollen daher die typischen Handlungsmuster identifiziert werden, um damit der Forschungsfrage nachzugehen, was die Strukturen und Maßnahmen der Kommunikation von Aufsichtsratsvorsitzenden sind. Dafür wurde in Abschnitt 5.4 basierend auf den theoretischen Erkenntnissen ein Analyserahmen konzipiert, mit dessen Hilfe die Strukturen die ARV-Kommunikation innerhalb des Unternehmens sowie mit externen Stakeholdern konzeptualisiert werden soll.

Zudem beschäftigt sich die Corporate-Governance-Forschung nur am Rande mit der Informationsversorgung des Aufsichtsrats sowie dessen Publizitätspflichten. Mit der Aufnahme des Investorendialogs in den DCGK ist eine Kommunikationsmaßnahme der ARV-Kommunikation dazu gekommen, die auch einen Einfluss auf die Strukturen der Kommunikation haben kann. Daher wurden in Abschnitt 5.1 die Maßnahmen der ARV-Kommunikation aus theoretischer Sicht vorgestellt. Durch die empirische Analyse der internen und externen Kommunikationsmaßnahmen von Aufsichtsratsvorsitzenden soll gezeigt werden, wie sich diese Kommunikation charakterisieren lässt und was sie unterscheidet. Dabei soll auch empirisch gezeigt werden, mit welchen Anspruchsgruppen, wie oft und in welcher Form die ARV-Kommunikation stattfindet.

Basierend auf dem strukturationstheoretischen Analyserahmen der Strukturen sollen die Regeln und Ressourcen sowie auf Basis der bisherigen theoretischen Ausführungen die Kommunikationsmaßnahmen empirisch untersucht werden. Dabei handelt es sich um implizite, informelle Regeln, die sich durch das soziale Miteinander herausbilden und in der spezifischen Handlungssituation angepasst werden. Weiterhin sind Ressourcen in der Realität höchst unterschiedlich verteilt und müssen in der konkreten Handlung angewandt werden. Durch zwei Unterforschungsfragen soll daher die Regeln und Ressourcen sowie Kommunikationsmaßnahmen einerseits für die Kommunikation innerhalb der Unternehmensöffentlichkeit und andererseits mit externen Anspruchsgruppen dargestellt werden.

Forschungsfrage 3: Was sind Strukturen und Maßnahmen der Kommunikation von Aufsichtsratsvorsitzenden?

Unterforschungsfragen

- Was sind die Regeln und Ressourcen sowie Maßnahmen bei der unternehmensinternen Kommunikation von Aufsichtsratsvorsitzenden?
- Was sind Regeln und Ressourcen sowie Maßnahmen bei der externen Kommunikation von Aufsichtsratsvorsitzenden?

Aus dieser Basis kann dann aus interner Perspektive das Management der ARV-Kommunikation untersucht werden. Aufsichtsratsvorsitzende wurden auf Basis der Kommunikatorforschung als neue Kommunikatoren für das Unternehmen verortet (Abschnitt 4.3). Im Rahmen der vierten Forschungsfrage soll daher empirisch überprüft werden, wie sich das Kommunikationsmanagement für Aufsichtsratsvorsitzende verorten lässt.

Da es sich um einen neuen Kommunikator handelt, soll anhand einer Unterforschungsfrage zunächst geklärt werden, wer das Kommunikationsmanagement für die ARV-Kommunikation verantwortet. Dies überschneidet sich mit der Phase der Organisation des Kommunikationsmanagements, indem die Rolle der Investor-Relations- und Public-Relations-Abteilungen bei der Kommunikation von Aufsichtsratsvorsitzenden kritisch diskutiert wird.

Die theoretischen Ausführungen zum Kommunikationsmanagement haben gezeigt, dass die Kommunikation von Aufsichtsratsvorsitzenden anders charakterisiert werden muss, da sich die Ziele nicht wie im bisherigen Verständnis der Kommunikationsmanagement-Forschung aus der Unternehmensstrategie ableiten lassen. Aus den Aufgaben des Aufsichtsrats wurden daher theoretisch Ziele für die ARV-Kommunikation abgeleitet (Abschnitt 5.2). Auf Basis soll in einer Unterforschungsfrage untersucht werden, welche Ziele bei der Kommunikation von Aufsichtsratsvorsitzenden verfolgt werden.

Schließlich soll anhand der vorgestellten Phasen des Kommunikationsmanagements (Abschnitt 4.2) empirisch überprüft und diskutiert werden, inwiefern es bereits ein Kommunikationsmanagement für die ARV-Kommunikation gibt.

Forschungsfrage 4: Wie lässt sich die Kommunikation von Aufsichtsratsvorsitzenden im Kommunikationsmanagement verorten?

Unterforschungsfragen

- Wer verantwortet das Kommunikationsmanagement für die Kommunikation von Aufsichtsratsvorsitzenden?
- Welche Ziele werden bei der Kommunikation von Aufsichtsratsvorsitzenden verfolgt?
- Inwiefern gibt es ein Kommunikationsmanagement für die Kommunikation von Aufsichtsratsvorsitzenden?

Nachdem die Forschungsfragen aus den theoretischen Ausführungen abgeleitet wurden, soll als Nächstes die methodische Vorgehensweise erläutert werden, um das Phänomen der ARV-Kommunikation erstmalig empirisch darstellen zu können.

Methodisches Vorgehen

Verschiedene Wissenschaftsdisziplinen, wie die Rechts- oder Wirtschaftswissenschaft, beschäftigen sich schon seit langem mit dem Aufsichtsratsgremium, dabei wurde kommunikative Aspekte der Tätigkeit jedoch vernachlässigt. Zudem haben die weiteren theoretischen Ausführungen gezeigt, dass die Kommunikation des Gremiums und im speziellen von Aufsichtsratsvorsitzenden auch in der Kommunikationswissenschaft bisher keine Beachtung gefunden hat.

Die Kommunikation von Aufsichtsratsvorsitzenden soll nicht nur beschrieben, sondern erklärt werden. Aus diesem Grund bietet sich ein rekonstruktives Vorgehen[1] an. Es werden qualitative Erhebungs- und Auswertungsmethoden herangezogen, die sich innerhalb der deskriptiv-hermeneutischen Denktradition bewegen (Mayring, 2016, S. 13–14).

Nomothetische bzw. quantitative Verfahren streben vor allem die Generalisierung auf einer zahlenmäßig breiten Basis an, um dann deduktiv auf weitere Fälle schließen zu können. Die quantitative Sozialforschung strebt demnach auf Häufigkeitsverteilung zielende und statistische Repräsentativität an. Dagegen geht die qualitative Sozialforschung idiografisch bzw. individualisierend vor, d. h., komplexe Phänomene sollen in Bezug auf ihre Entwicklung, Komplexität und ihren Kontext erfasst werden, um sie in seiner ganzen Breite beschreiben und erklären zu können (Brosius, Haas & Koschel, 2016, S. 4; Przyborski & Wohlrab-Sahr, 2014, S. 369 f.). Mayring (2016, S. 19–24) beschreibt die fünf Postulate der qualitativen Sozialforschung wie folgt:

---

[1] In der qualitativen Sozialforschung kann zwischen rekonstruktiven, explorativen, interpretativen und narrativen Verfahren (Aufzählung nicht vollständig) differenziert werden, vertiefend dazu Przyborski & Wohlrab-Sahr (2014).

© Der/die Autor(en) 2022
S. Binder-Tietz, *Kommunikation von Aufsichtsratsvorsitzenden*,
https://doi.org/10.1007/978-3-658-37717-5_6

219

(1) Ausgangspunkt und Ziel der Forschung seien stets Menschen bzw. Subjekte;
(2) am Anfang jeder Analyse stehe eine genaue und umfassende Beschreibung (Deskription) des Gegenstandsbereichs;
(3) der Untersuchungsgegenstand muss durch Interpretationen erschlossen werden können
(4) und möglichst im natürlichen, alltäglichen Umfeld untersucht werden,
(5) schließlich lässt sich die Verallgemeinerbarkeit der Ergebnisse nicht automatisch über bestimmte Verfahren herstellen, sondern muss stets einzeln schrittweise begründet werden.

Da sich die Kommunikation von Aufsichtsratsvorsitzenden im Wandel befindet und bislang noch nicht untersucht wurde, ist die Wahl des methodischen Vorgehens relevant, um den Untersuchungsgegenstand umfassend analysieren zu können. Dabei spielt u. a. die zugrunde liegende theoretische Perspektive der Strukturationstheorie eine Rolle, wie im Folgenden erläutert wird.

Methodische Implikationen der Strukturationstheorie
Im Rahmen der Strukturationstheorie fordert Giddens auch eine methodische Neuorientierung der Sozialwissenschaften (Giddens, 1997, S. 342–412). Strukturen und Handlungen bedingen sich wechselseitig und sind nur analytisch voneinander zu trennen. Der Fokus liegt auf den sozialen Praktiken als überindividuelle, raumzeitlich verfestigte Handlungsmuster. Diese Betrachtung erlaubt sowohl einen theoretischen als auch einen methodischen Spagat (Walgenbach, 2006, S. 406). Ausgehend von der doppelten Hermeneutik, verstanden als gegenseitige Durchdringung des sozialwissenschaftlichen und lebensweltlichen Bezugsrahmens (Giddens, 1997, S. 338), muss zunächst ein Zugang zum Forschungsgegenstand geschaffen werden – also zur sozialen Praxis der Kommunikation von Aufsichtsratsvorsitzenden, die untersucht werden soll. Daran anschließend gibt Giddens zwei sich ergänzende und wechselseitig in Bezug stehende methodische Vorgehensweisen vor: die institutionelle Analyse und die Analyse des strategischen Verhaltens (Giddens, 1997, S. 342). Kießling ordnet die beiden Analysemethoden den sozialwissenschaftlichen Grundpositionen zu: die institutionelle Analyse sei erklärend orientiert, während in der strategischen Analyse die verstehende Perspektive eingenommen wird. Auf beiden Ebenen ist der Gegenstand derselbe – die rekursiv reproduzierten sozialen Praktiken der ARV-Kommunikation (Kießling, 1988a, S. 153, 165).

In der institutionellen Analyse „werden die Strukturmomente als fortwährend reproduzierte Aspekte sozialer Systeme behandelt" (Giddens, 1997, S. 342). Ziel ist es dabei, die strukturellen Momente aufzuschlüsseln, auf die die handelnden Akteure weitgehend unbewusst zurückgreifen. Dabei handelt es sich einerseits um die Rezeption der ARV-Kommunikation durch die Vermittler der gesellschaftspolitischen Öffentlichkeit und Kapitalmarktöffentlichkeit in Medien- und Analystenberichten sowie andererseits um die Erwartungen der Anspruchsgruppen an die ARV-Kommunikation. Die Rezeption und die Erwartungen konstituieren die Anforderungen an die Kommunikation von Aufsichtsratsvorsitzenden. In dieser Perspektive erscheinen soziale Praktiken fixiert, sodass Ordnungsmuster dargestellt werden können. Die Strukturanalyse führt nach Giddens zur „Generierung theoretisch gehaltvollen, dem Laienwissen überlegenen, sozialwissenschaftlichen Wissen" (Walgenbach, 2006, S. 416 f.).

Im Rahmen der strategischen Analyse werden wiederum die Handlungen der sozialen Akteure verstehend rekonstruiert. In dieser Arbeit handelt es sich dabei um die Akteure innerhalb der Unternehmen, also Aufsichtsratsvorsitzenden sowie IR- und PR-Verantwortliche, die das Kommunikationsmanagement verantworten. Auf dieser lebensweltlichen Ebene setzt die Untersuchung an typischen Handlungsmustern der sozialen Praktiken der ARV-Kommunikation an. Ziel ist es auch, den Prozess der Strukturation sozialer Systeme und die Struktur sozialer Systeme zu thematisieren (Walgenbach, 2006, S. 416). So kann entweder die Stabilität oder allmähliche Aktualisierung, Verschiebung und Umdeutung der Struktur der ARV-Kommunikation identifiziert werden. Diese Analyse kommt jedoch nicht über das Alltagswissen hinaus, um Akteure auf die nichtintendierten Folgen ihres Handelns aufmerksam zu machen. Die strategische Analyse aus der Akteurs-Perspektive der Unternehmen wird daher um eine Analyse aus der Beobachter-Perspektive der Anspruchsgruppen ergänzt.

Die Unterscheidung zwischen der institutionellen und der strategischen Analyse bleibt bei Giddens aufgrund der fehlenden Anwendungsbeispiele insgesamt vage. Auch die Reihenfolge der Methoden bleibt unklar, da nach Giddens keine klare Trennung zwischen den beiden Perspektiven vorgenommen werden soll, sondern vielmehr durch den Blick auf die Dualität der Struktur abzurunden sei (Giddens, 1997, S. 288). Nach Kießling (1988a, S. 163–168) kann vermutet werden, dass zunächst die Struktur systematisch historisch rekonstruiert werden sollte, um Aussagen über die darauf zurückgreifenden Handlungen der Akteure treffen zu können.

Methodische Schritte in dieser Arbeit

Anlehnend an die Unterscheidung von Giddens wird im Rahmen dieser Arbeit eine institutionelle und strategische Analyse durchgeführt (Abbildung 6.1), um einen umfassenden Blick auf die Kommunikation von Aufsichtsratsvorsitzenden werfen zu können. Die institutionelle Analyse umfasst zwei methodische Schritte, um die Anforderungen an die Kommunikation von Aufsichtsratsvorsitzenden in Deutschland aus externer Perspektive aufzeigen zu können. Dabei handelt es sich erstens um eine Inhaltsanalyse der Medienberichterstattung sowie von Analystenreports (Abschnitt 6.2.1). Diese repräsentieren die Diskurse in Bezug auf Aufsichtsratsvorsitzende von börsennotierten Unternehmen in der gesellschaftspolitischen Öffentlichkeit sowie der Kapitalmarktöffentlichkeit. Ergänzend dazu werden qualitative Experteninterviews mit den Intermediären der beiden Kommunikationsarenen durchgeführt (Abschnitt 6.2.2), um deren Erwartungen an die Kommunikation von Aufsichtsratsvorsitzenden beschreiben zu können. Konkret handelt es sich dabei um Wirtschaftsjournalisten und den Vorsitzenden der DCGK-Kommission für die gesellschaftspolitische Öffentlichkeit. Für die Kapitalmarktöffentlichkeit sind es Vertreter von institutionellen Investoren, Aktionärsschützer, Stimmrechtsberater und Wirtschaftsjournalisten.

In der strategischen Analyse werden aus interner Perspektive schließlich die Akteure selbst, also Aufsichtsratsvorsitzende ebenso wie Investor Relations- und Public-Relations-Verantwortliche, in qualitativen Experteninterviews zu ihren Handlungen befragt (Abschnitt 6.3).

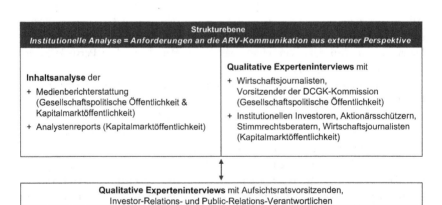

Abbildung 6.1 Methodische Schritte (Eigene Darstellung)

Zunächst sollen in Abschnitt 6.1 die in dieser Arbeit genutzten Methoden allgemein vorgestellt werden. Mithilfe der Inhaltsanalyse werden sowohl Daten für die institutionelle Analyse erhoben als auch die Experteninterviews aus institutioneller und strategischer Analyse ausgewertet (Abschnitt 6.1.1). Daneben stellen qualitative Experteninterviews die zentrale Erhebungsmethode der institutionellen und strategischen Analyse dar (Abschnitt 6.1.2). Nachdem die Bedeutung und zentralen Elemente der beiden Methoden vorgestellt wurden, können die Schritte der Erhebung und Auswertung für beide methodischen Schritte detailliert vorgestellt werden.

6.1 Methoden

Um die Kommunikation von Aufsichtsratsvorsitzenden aus der internen und externen Perspektive untersuchen zu können, sind verschiedene Methoden der Datenerhebung notwendig. Die in dieser Arbeit angewandten sozialwissenschaftlichen Methoden werden in diesem Kapitel zunächst allgemein dargestellt, um ihre Bedeutung und grundsätzliche Vorgehensweise zu verstehen. Dies ist aus zwei Gründen sinnvoll: Erstens dient die Inhaltsanalyse, die in Abschnitt 6.1.1 vorgestellt wird, sowohl der systematischen Aufbereitung der Medienberichterstattung und Analystenreports im Rahmen der institutionellen Analyse als auch als Auswertungsverfahren für die Experteninterviews aus externer und interner Perspektive. Zweitens werden Experteninterviews als Erhebungsmethode sowohl bei der institutionellen Analyse der Anforderungen aus der externen Perspektive als auch der strategischen Analyse der ARV-Kommunikation aus interner Unternehmensperspektive genutzt.

Nach Flick (2017, S. 155) müssen im Forschungsprozess Auswahlentscheidungen auf drei verschiedenen Ebenen gefällt werden:

- Bei der Erhebung der Daten (Fallauswahl, Fallgruppenauswahl)
- Bei der Interpretation (Auswahl des Materials sowie Auswahl im Material)
- Bei der Darstellung von Ergebnissen (Präsentation des Materials)

Zunächst werden die Methode der Inhaltsanalyse (Abschnitt 6.1.1) und der leitfadengestützten Experteninterviews (Abschnitt 6.1.2) beschrieben, bevor in Abschnitt 6.2 und 6.3 die jeweils spezifischen Entscheidungen und Details für die Untersuchung der ARV-Kommunikation detailliert vorgestellt werden.

6.1.1 Inhaltsanalyse

Die Inhaltsanalyse ist eine „empirische Methode zur systematischen, intersub-
jektiv nachvollziehbaren Beschreibung inhaltlicher und formaler Merkmale von
Mitteilungen" (Früh, 2017, S. 29) und verfolgt dabei einen formal-deskriptiven als
auch diagnostischen Ansatz. Die Definition enthält sich zunächst der expliziten
Unterscheidung von quantitativer und qualitativer Inhaltsanalyse.

Typische Einsatzgebiete der Inhaltsanalyse sind die Medieninhaltsforschung,
aber auch die Kommunikatorforschung, wenn z. B. die Äußerungen öffentlicher Redner, wie Aufsichtsratsvorsitzende, analysiert werden sollen (Pürer, 2014,
S. 567). Auch bei der Forschung zum Kommunikationsmanagement wird mithilfe von Inhaltsanalysen die „mediale Repräsentation(en) von Issues anhand
Positionen, Deutungsmuster, Resonanz, Themenkarrieren etc." (Raupp & Wimmer, 2013, S. 307) dargestellt. Diese veröffentlichte Kommunikation hat aus
methodisch-operationaler Perspektive den Vorteil, dass sie aufgrund ihrer Fixiert-
heit leicht(er) zu erfassen ist. Bei der Inhaltsanalyse wird systematisch, regel- und
theoriegeleitet vorgegangen, mit dem Ziel „Rückschlüsse auf bestimmte Aspekte
der Kommunikation zu ziehen" (Mayring, 2015, S. 13).

Die Unterscheidung zwischen quantitativer und qualitativer Inhaltsanalyse ist
für den Forschungsprozess und das Erkenntnisinteresse nicht unerheblich. Das
formale Unterscheidungskriterium ist, dass die quantitative Analyse die Kommunikationsinhalte anhand bestimmter Merkmale untersucht und quantifiziert,
während die qualitative Analyse die definierten Merkmale inhaltlich untersucht
(Mayring, 2015, S. 17; Pürer, 2014, S. 570). Es ist aber auch eine Kombination
denkbar, sodass neben einer umfangreichen quantitativen Inhaltsanalyse zu einem
bestimmten Thema ein Teil des Materials qualitativ hinsichtlich seiner Argu-
mentationsstrukturen untersucht wird. Mayring (2015, S. 20 ff.) plädiert für die
Überwindung des quantitativen und qualitativen Gegensatzes und argumentiert,
dass am Anfang des wissenschaftlichen Vorgehens stets ein qualitativer Schritt
stehe, indem definiert werde, was untersucht werden solle und wie das Analysein-
strument aufgesetzt werde. Dann erst würde die qualitative und/oder quantitative
Inhaltsanalyse folgen, wobei jedoch auch die Ergebnisse quantitativer Analysen
stets wieder zum (qualitativen) Ausgangspunkt zurückgeführt werden müssten.

Der Vorteil von Inhaltsanalysen als nichtreaktives Verfahren liegt darin, dass
sie prinzipiell zeitunabhängig analysiert werden können (Brosius et al., 2016,
S. 151). Das heißt, es kann analysiert werden, inwiefern sich die Berichterstattung
zu Aufsichtsratsvorsitzenden ggf. im Zeitverlauf geändert hat. Zudem sind die
Daten im Vergleich zu Experteninterviews frei von möglichen Störvariablen wie
Tendenzen zu positiver Selbstdarstellung der Befragten oder Interviewer-Effekten.

Die Inhaltsanalyse wird in dieser Arbeit einerseits dafür genutzt, im Rahmen der institutionellen Analyse die Medienberichterstattung und Analystenreports zu Aufsichtsratsvorsitzenden zu untersuchen (Abschnitt 6.2.1). Andererseits werden mithilfe der Inhaltsanalyse die Interviews mit den internen und externen Experten ausgewertet.

Abbildung 6.2 zeigt ein allgemeines inhaltsanalytisches Ablaufmodell, das im Folgenden kurz beschrieben wird. Der genaue Ablauf der Inhaltsanalyse der Medienberichterstattung und Analystenreports wird auf dieser Basis in Abschnitt 6.2.1 und für die Experteninterviews in Abschnitt 6.2.2 bzw. 6.3 vorgestellt.

Zunächst müssen vor der Auswertung des Materials mehrere Fragen geklärt werden. In den ersten drei Schritten wird das Ausgangsmaterial für die Inhaltsanalyse beschrieben. Dabei wird zunächst das Material für die Analyse festgelegt; in vielen Fällen wird z. B. aus einer großen Materialmenge eine Stichprobe gezogen. Anschließend sollte genau beschrieben werden, von wem und unter welchen Bedingungen das Material entstanden ist. Auf dieser Basis können dann die formalen Charakteristika des Materials vorgestellt werden, also in welcher Form das Material vorliegt.

Anschließend wird die Fragestellung der Analyse erörtert, da für die Inhaltsanalyse eine spezifische Fragestellung notwendig ist. Bei der Richtung der Analyse wird dabei festgelegt, ob bspw. etwas über den Autor oder die Wirkung des Textes ausgesagt werden soll. Bei einer Dokumentenanalyse soll z. B. etwas über den Gegenstand ausgesagt werden. Die Inhaltsanalyse „zeichnet sich durch zwei Merkmale aus: die Regelgeleitetheit […] und die Theoriegeleitetheit der Interpretation" (Mayring, 2015. S. 59). Das heißt, dass die Analyse auf einer theoretisch begründeten inhaltlichen Fragestellung basieren sollte.

Im nächsten Schritt sind dann die speziellen Analysetechniken festzulegen. Mayring (2015, S. 67) unterscheidet zwischen drei Grundformen der Analysetechnik(en), die sich noch weiter ausdifferenzieren lassen:

- Ziel der *Zusammenfassung* ist es, das Material so zu reduzieren, dass nur die wesentlichen Inhalte erhalten bleiben,
- Ziel der *Explikation* ist es, zu einzelnen relevanten Textteilen zusätzliches Material zu finden, um die betreffende Textstelle erläutern bzw. erklären zu können,
- Ziel der *Strukturierung* ist es, bestimmte Aspekte aus dem Material herauszufiltern bzw. es anhand bestimmter Kriterien einschätzen zu können.

In dieser Arbeit werden unterschiedliche strukturierende Analysetechniken durchgeführt, die jeweils noch detaillierter vorgestellt werden.

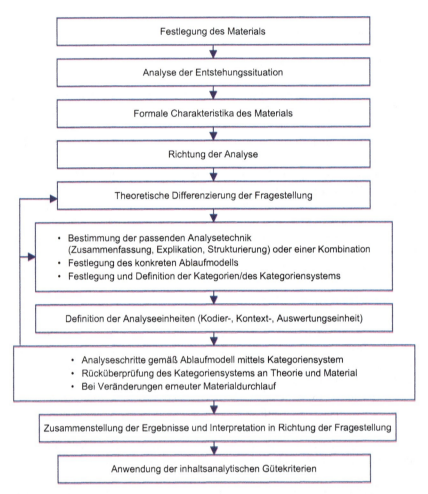

Abbildung 6.2 Allgemeines inhaltsanalytisches Ablaufmodell (Mayring, 2015, S. 62)

   Die Struktur wird in Form eines Kategoriensystems an das Material herangetragen (Mayring, 2015, S. 97). Die Kategorienbildung kann sowohl deduktiv
als auch induktiv erfolgen, auch eine Mischform ist möglich (Kuckartz, 2018,
S. 64–73; Mayring, 2015, S. 68). Beim deduktiven Vorgehen werden Kategorien aus den theoretischen Vorüberlegungen abgeleitet und vorab festgelegt. Das
induktive Vorgehen unterstützt die prinzipielle Offenheit der Methode, indem

während der Untersuchung Kategorien aus dem Material heraus entwickelt und überprüft werden. Die Kategorienentwicklung kann als Herzstück der qualitativen Inhaltsanalyse bezeichnet werden:

> „Bei einer interpretativen Analyse großer Mengen qualitativen Textmaterials hängt die Güte der Auswertung und ihrer Ergebnisse nämlich entscheidend von der Sorgfalt ab, mit der das Material kodiert wurde, sowie von dem dabei entwickelten und verwendeten Kategorienschema" (Kelle & Kluge, 2010, S. 59).

Im Anschluss werden die Analyseeinheiten definiert, dazu gehört die Kodiereinheit, die Kontexteinheit und die Auswertungseinheit. Die Kodiereinheit legt fest, „welches der kleinste Materialbestandteil ist, der ausgewertet werden darf, was der minimale Textteil ist, der unter eine Kategorie fallen darf" (Mayring, 2015, S. 59). In dieser Arbeit wird ein Satz als Kodiereinheit festgelegt. Die Kontexteinheit definiert wiederum den größten Textbestandteil, der unter eine Kategorie fallen darf. In dieser Arbeit wird dies als die Anzahl von Absätzen festgelegt, die sich dem Antwortimpuls des Experten zuordnen lässt. Die Auswertungseinheit legt schließlich fest, welche Textteile nacheinander ausgewertet werden, in dieser Arbeit erfolgt dies sequenziell in den Transkripten.

Schließlich wird die Analyse mithilfe des Kategoriensystems anhand des spezifischen Ablaufmodells der Inhaltsanalyse durchgeführt. Dabei gilt es die Kategorien anhand der Theorie und des Materials zu überprüfen, ggf. anzupassen und dann das Material erneut zu überprüfen. Dann folgt die Zusammenstellung der Ergebnisse und Interpretation in Bezug auf die theoriegeleitete Fragestellung. Abschließend ist die Anwendung von inhaltsanalytischen Gütekriterien von zentraler Bedeutung, dies wird in Abschnitt 6.4 gezeigt.

Nachdem die Inhaltsanalyse als Methode der empirischen Sozialforschung generell eingeführt wurde, folgt nun die Beschreibung von qualitativen Experteninterviews als Erhebungsmethode. Auf dieser Basis können im weiteren Verlauf die konkreten Details zur Umsetzung der Methoden in dieser Arbeit dargestellt werden.

6.1.2 Qualitative Experteninterviews

Um die Anforderungen an die ARV-Kommunikation, aber auch die Handlungen der Akteure, umfassend untersuchen zu können, werden in Rahmen dieser Arbeit qualitative Experteninterviews als Erhebungsmethode genutzt. Die Methode soll im Folgenden generell eingeführt werden, bevor die Details der Umsetzung im Rahmen dieser Arbeit erläutert werden.

Eine Methode der qualitativen Sozialforschung ist das qualitative Interview, dessen Aufgabe darin besteht „Handlungen, Beobachtungen und Wissen der Interviewpartner" (Gläser & Laudel, 2010, S. 40 f.) zu erfahren und zu verstehen. Das qualitative Interview spielt bei der sprachlichen Erfassung von Bedeutungsmustern eine große Rolle, da der Befragte seine Wirklichkeitsdefinitionen artikulieren kann (Lamnek & Krell, 2016, S. 330).

Das Experteninterview ist eine Sonderform des qualitativen Interviews, das in den vergangenen Jahren auch in der methodischen Literatur[2] stärker beachtet wird. Es unterscheidet sich von anderen Interviewverfahren, was insbesondere zusammenhängt

> „mit dem Status und der gesellschaftlichen Funktion von ‚Experten', mit der daraus resultierenden spezifischen Beziehung zwischen dem Interviewer und dem Experten sowie mit den Besonderheiten des ‚Expertenwissens'" (Przyborski & Wohlrab-Sahr, 2014, S. 118).

Bezogen auf die Zielsetzung und theoretische Perspektive der vorliegenden Untersuchung, können Experteninterviews aus dem folgenden Grunde als geeignete Methode angesehen werden:

> „Nimmt man die Giddenssche Unterscheidung von praktischem und diskursivem Bewusstsein auf, so lässt sich diese Form des Expertenwissens, das sich auf habitualisierte Formen des Problemmanagements bezieht, zwischen beiden Polen verorten. Es ist kein völlig vorreflexives Wissen (…), nicht vergleichbar dem grammatikalischen Regelwissen, das die meisten zwar intuitiv beherrschen, aber nur in Teilen explizieren können; es ist aber auch kein Wissen, das die Experten ohne weiteres einfach ‚abspulen' können. Sie können über Entscheidungsfälle berichten, auch Prinzipien benennen, nach denen sie verfahren; die überindividuellen, handlungs- bzw. funktionsbereichsspezifischen Muster des Expertenwissens müssen jedoch auf der Basis dieser Daten rekonstruiert werden" (Meuser & Nagel, 2009a, S. 51).

Die Verwendung des Expertenbegriffs ist in der Methodenliteratur bislang wenig systematisch diskutiert worden. Gläser & Laudel (2010, S. 10) benennen in einer breiten Definition, Experten als „Menschen, die ein besonderes Wissen über soziale Sachverhalte besitzen." Meuser & Nagel (2013, S. 460–463) zeigen verschiedene Zugänge zum Expertenbegriff auf und fassen abschließend

---

[2] Zu dieser Entwicklung hat der Sammelband von Bogner, Littig & Menz (2009), erstmals erschienen im Jahr 2002, im erheblichen Maße beigetragen; es dokumentiert wesentliche Probleme von Experteninterviews sowie verschiedene Positionen zur Methode. In vielen gängigen Lehr- und Handbüchern zu den Methoden der empirischen Sozialforschung wird das Experteninterview allenfalls kurz oder auch gar nicht erwähnt.

zusammen, dass der Expertenstatus in Abhängigkeit vom jeweiligen Forschungsinteresse bestimmt werden kann, was jedoch notwendigerweise vorab auf einer meist institutionell-organisatorisch abgesicherten Zuschreibung basieren sollte. Interessant ist in diesem Zusammenhang noch die Definition des Expertenbegriffs von Bogner & Menz (2009) in der darauf verwiesen wird, dass das Wissen der Experten in bestimmten organisationalen Funktionskontexten hegemonial sei, was ausdrückt, dass dadurch die Handlungsbedingungen anderer Akteure in dem Umfeld mit strukturiert würden.

Im Rahmen von Experteninterviews können dann drei verschiedene *Formen des Expertenwissens* bereitgestellt werden (Przyborski & Wohlrab-Sahr, 2014, S. 121):

(1) Wissen über Abläufe, Regeln und Mechanismen in den institutionalisierten Zusammenhängen, die sie repräsentieren,
(2) Deutungswissen in Bezug auf eine bestimmte Diskursarena,
(3) Kontextwissen über andere im Fokus der Untersuchung stehende Bereiche.

Bogner & Menz (2009, S. 65) differenzieren zwischen explorativen, systematisierenden und theoriegenerierenden Experteninterviews, wobei sich die Rolle des Experten dabei deutlich unterscheidet. Beim explorativen, wie systematisierenden Experteninterview sei der Experte in erster Linie ein Ratgeber bzw. Inhaber von spezifischen Informationen, die dem Forscher sonst nicht zugänglich gewesen wären. Beim theoriegenerierenden Experteninterview verändert sich die Rolle des Experten:

> „In diesem Fall dient der Experte nicht mehr nur als Katalysator des Forschungsprozesses bzw. zur Gewinnung sachdienlicher Information und Aufklärung. (…) Ausgehend von der Vergleichbarkeit der Expertenäußerungen, die methodisch im Leitfaden und empirisch durch die gemeinsame organisatorisch-institutionelle Anbindung der Experten gesichert ist, wird eine theoretisch gehaltvolle Konzeptualisierung von (impliziten) Wissensbeständen, Weltbildern und Routinen angestrebt, welche die Experten in ihrer Tätigkeit entwickeln und die konstitutiv sind für das Funktionieren von sozialen Systemen" (Bogner & Menz, 2009, S. 66).

Der Standardisierungsgrad der Interviewtechnik, der von voll standardisierten Interviews bis zu offenen, narrativen Interviews reichen kann, ist eine zentrale Frage der qualitativen Sozialforschung (Brosius et al., 2016, S. 104–108). Meuser & Nagel (2009a, S. 51) argumentieren, dass bei der Rekonstruktion von handlungsorientiertem Wissen im Rahmen von standardisierten Befragungen allenfalls das Wissen auf der Ebene des diskursiven Bewusstseins erfasst werden könne, und plädieren daher für die Notwendigkeit eines thematischen Leitfadens.

Auch Gläser & Laudel (2010, S. 42, 111) charakterisieren das Experteninterview als halb-standardisierte Methode der qualitativen Sozialforschung, bei der meist ein Leitfaden zugrunde liegt – was sich basierend auf einer Durchsicht der Methodenliteratur von Meuser & Nagel (2013, S. 459) bestätigen lässt. Auch narrative Interviews wären denkbar, jedoch wird dies im Rahmen dieser Arbeit als methodisch nicht hilfreich erachtet, da nicht die Biografie des Experten im Vordergrund steht, sondern die „auf einen bestimmten Funktionskontext bezogenen Strategien des Handelns und Kriterien des Entscheidens" (Meuser & Nagel, 2009a, S. 52). Im Rahmen dieser Arbeit werden teilstrukturierte Interviews geführt, die jedoch Narrationen zulassen sollen:

> „Diese [Narrationen] erweisen sich, wenn der Inhalt der Erzählung eine Episode aus dem beruflichen Handlungsfeld ist, durchaus als Schlüsselstellen für die Rekonstruktion von handlungsleitenden Orientierungen. Methodisch gewendet heißt dies, durch die Interviewführung Narrationen herauszufordern. Erzählungen geben Aufschluss über Aspekte des Expertenhandelns, die dem Experten selbst nicht voll bewusst sind, die ihm vielmehr erst im Laufe der Erzählung Schritt für Schritt bewusst werden" (Meuser & Nagel, 2009a, S. 52 f.).

Das Prinzip der Offenheit dieser Methode erlaubt es daher, den Experten mit seiner Situationsdefinition, Strukturierung des Untersuchungsgegenstands und Bewertung zu erfassen (Lamnek & Krell, 2016, S. 690).

Dem Leitfaden wie auch dem Interviewer kommt bei Experteninterviews also eine wichtige Rolle zu. Bogner & Menz (2009, S. 88 ff.) unterschieden sechs Typen von Zuschreibungen, wie der Experte den Interviewer wahrnehmen könne: (1) als Co-Experten, (2) Experte einer anderen Wissenskultur, (3) Laie, (4) Autorität, (5) Komplize und (6) potenzieller Kritiker. Die Rolle als Autorität und potenzieller Kritiker sei nicht empfehlenswert, während die anderen Rollen abhängig von der Gesprächssituation vorteilhaft sein können. Die Wahrnehmung als Co-Experte setze bspw. Fachwissen voraus. Die Wahrnehmung des Interviewers als Komplize sei nur möglich, wenn ein hohes Vertrauen aufgrund persönlicher Bekanntschaft oder eines geteilten Erfahrungshintergrunds bestehe. Die Wahrnehmung als Laie wiederum könne förderlich für Narrationen sein, werden jedoch vor allem Interviewern mit niedrigeren formalen Status zugeschrieben.

Trinczek (2009) zeigt anhand von Studien die Besonderheiten der Gesprächsführung mit Mitgliedern der Unternehmensführung auf. Daraufhin wird argumentiert, dass die Kommunikation mit Managern zwangsläufig anders erfolgen müsse, da sich diese an der in ihrem beruflichen Kontext üblichen argumentativ-diskursiven Gesprächsweise orientieren würden. Eine diskursive Interviewstruktur entspreche jedoch nur begrenzt den Standards qualitativer Sozialforschung:

„Hier wird bekanntlich mit Nachdruck betont, dass sich die Interviewperson im Gespräch neutral-unterstützend verhalten sollte, um nicht Gefahr zu laufen, den Prozess der Entfaltung der subjektiven Relevanzstrukturen des Befragten zu beeinflussen. Ganz im Gegensatz hierzu muss ein Experteninterview mit Managern angesichts der (…) ‚vorgängigen Regeln der alltagsweltlichen Kommunikation' in diesem spezifischen Forschungsfeld zwangsläufig argumentativ-diskursiv angelegt sein" (Trinczek, 2009, S. 234).

Zusammenfassend kann festgehalten werden, dass basierend auf dem Erkenntnisinteresse leitfadengestützte qualitative Experteninterviews im Rahmen dieser Arbeit durchgeführt werden. Abbildung 6.3 zeigt den Ablauf von leitfadengestützten Experteninterviews, der im Folgenden allgemein beschrieben wird. Die Details für die Experteninterviews mit den Stakeholdern finden sich in Abschnitt 6.2.2 sowie in Abschnitt 6.3 für die Gespräche mit den Unternehmensvertretern.

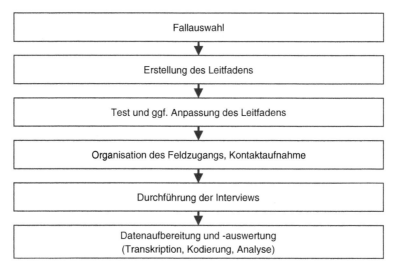

Abbildung 6.3 Ablauf von leitfadengestützten Experteninterviews (Eigene Darstellung)

Fallauswahl

Während bei der quantitativen Forschung Repräsentativität angestrebt wird und dabei vor allem die Güte der Stichprobe ausschlaggebend ist, steht man bei der Auswahl der Fälle in der qualitativen Sozialforschung vor dem analogen Problem,

wie sichergestellt werden kann, dass die für die Fragestellung und das Untersuchungsfeld relevanten Fälle in die Studie einbezogen werden (Kelle & Kluge, 2010,
S. 42). Es steht also die Relevanz der untersuchten Subjekte im Vordergrund. Da
Experteninterviews häufig mit der Intention durchgeführt werden, Erkenntnisse zu
gewinnen, die über den untersuchten Fall hinausreichen, ist die Auswahl der Personen von besonderer Bedeutung. In der quantitativen Sozialforschung werden dafür
Zufallsstichproben bemüht, dies ist jedoch bei diesem qualitativen Vorgehen unge-
eignet. Stattdessen muss eine bewusste, durch Kriterien gesteuerte Auswahl und
Kontrastierung von Fällen erfolgen. Dabei können drei Strategien differenziert werden, nach denen Fälle nach bestimmten Kriterien systematisch ausgewählt werden
(Kelle & Kluge, 2010, S. 43 ff.; Przyborski & Wohlrab-Sahr, 2014, S. 181 ff.):

- *Fallkontrastierung* anhand von Gegenbeispielen, indem eine Hypothese durch
  die systematische Suche nach empirischen Gegenevidenzen weiterentwickelt
  bzw. modifiziert wird.
- Das *theoretical sampling*, wobei Kriterien für die Auswahl des nächsten Falls
  im Forschungsprozess basierend auf dem jeweils erreichten Kenntnisstand
  schrittweise erweitert und ergänzt werden.
- Die Konstruktion mehr oder weniger elaborierter *qualitativer Stichprobenpläne*
  (deduktives Stichprobensampling), die vor der Untersuchung anhand bestimmter
  Merkmale festgelegt werden.

Bei der vorliegenden Untersuchung wird eine Auswahl anhand vorab festgelegter
Kriterien durchgeführt. Sie basiert auf Kriterien aus der Fragestellung, theoretischen
Vorüberlegungen und den Ergebnissen der Inhaltsanalyse der Medienberichterstattung und Analystenreports. Die Fallauswahl der externen Anspruchsgruppen wird
in Abschnitt 6.2.2 und die der Unternehmensakteure in Abschnitt 6.3 detailliert
erläutert.

Solch ein deduktives Stichprobensampling birgt Vor- und Nachteile (Merkens,
1997, S. 98): Der Vorteil besteht darin, dass aufgrund der bekannten Kriterien gezielt
Personen für Interviews ausgewählt werden können, sodass eine maximale Breite an
relevanten Informationen erwartet werden kann (Varianzmaximierung). Nachteile
können entstehen, da die Zusammensetzung der Stichprobe stark vom theoretischen
Vorwissen abhängt und eine fehlende Berücksichtigung von möglicherweise relevanten Kriterien dazu führen könnte, dass der maximale Rahmen an möglichen
Informationen nicht erreicht wird. Als Gütekriterium kann die innere Repräsentation der Stichprobe angesehen werden, „wenn einerseits der Kern des Feldes in der
Stichprobe gut vertreten ist und andererseits auch die abweichenden Vertreter hin-
reichend in die Stichprobe aufgenommen worden sind" (Merkens, 1997, S. 100).

Die Stichprobe sollte demnach typische und ebenso maximal unterschiedliche Fälle umfassen.

Erstellung und Tests der Leitfäden

Der Leitfaden für das Experteninterview dient dazu, das Gespräch thematisch zu strukturieren. Dieser soll sowohl eine inhaltliche Fokussierung als auch eine selbstläufige Schilderung der Handlungen gewährleisten, d. h. es sollte ausreichend Raum für freie Erzählungen mit eigenen Relevanzsetzungen geben (Liebold & Trinczek, 2009, S. 35).

Przyborski & Wohlrab-Sahr (2014, S. 121–125) schlagen sechs Phasen für den Ablauf eines Expertengesprächs vor: (1) Vorgespräch, (2) Gelegenheit zur Selbstpräsentation des Experten, (3) Stimulierung einer selbstläufigen Sachverhaltsdarstellung, (4) Aufforderung zur beispielhaften und ergänzenden Detaillierung, (5) Aufforderung zur spezifischen Sachverhaltsdarstellung, sowie (6) Aufforderung zur Theoretisierung. Die Schritte eins bis drei sollten durch die Fragen des Leitfadens gewährleistet werden, während die Schritte vier bis sechs flexibel im Gesprächsverlauf Anwendung finden.

Für den Leitfaden werden daher zunächst thematische Blöcke aus den theoretischen Ausführungen abgeleitet, um das Untersuchungsfeld umfassend erfassen zu können. In dieser Arbeit entstanden verschiedene Versionen, deren Ablauf sich leicht unterscheidet und deren Fragen auf die jeweilige Perspektive des Experten angepasst wurden. Die inhaltlichen Ebenen des Leitfadens finden sich für die Interviews mit den Stakeholdern in Abschnitt 6.2.2 sowie die der Unternehmensakteure in Abschnitt 6.3. Im Vorfeld der Interviews wurden Pretests mit den verschiedenen Versionen der entworfenen Leitfäden durchgeführt.

Kontaktaufnahme und Durchführung der Experteninterviews

Anschließend wurden die Experten für ein Gespräch zum Forschungsprojekt angefragt. Während des Vorgesprächs wurde über das Ziel des Forschungsprojekts informiert, Fragen der Anonymität und des Datenschutzes besprochen sowie ein Einverständnis für die Tonbandaufzeichnung eingeholt (Gläser & Laudel, 2010, S. 144). Nach allen Leitfragen wurde das Interview mit der offenen Frage beendet, ob aus Sicht des Interviewpartners weitere Aspekte des Themas noch nicht berücksichtigt wurden (Gläser & Laudel, 2010, S. 149). Die Details zur Durchführung der Interviews mit den Stakeholdern finden sich in Abschnitt 6.2.2 sowie in Abschnitt 6.3 in Bezug auf die Unternehmensakteure.

Datenaufbereitung und -auswertung

Eine wichtige Entscheidung bei der Datenaufbereitung ist die Transkriptionsgenauigkeit. Dabei ist nach Liebold & Trinczek (2009, S. 41) ein Volltranskript wünschenswert. Es hat den Vorteil, dass es alle Informationen umfasst, die für die Interpretation genutzt werden können, bringt jedoch einen hohen zeitlichen Aufwand mit sich. Für alle Aufzeichnungen wurden dieselben Transkriptionsregeln angewandt; sie sind in Abschnitt 6.2.2 für die Stakeholder-Gespräche sowie in Abschnitt 6.3 für die Interviews mit den Unternehmensakteuren zu finden.

Bei der Auswertung sind nicht die Einzelfälle, sondern die übergreifenden sozialen Erwartungen an die bzw. Handlungen der ARV-Kommunikation das Ziel der Analyse.

„Anders als bei der einzelfallinteressierten Interpretation orientiert sich die Auswertung von Experteninterviews an thematischen Einheiten, an inhaltlich zusammengehörigen, über die Texte verstreuten Passagen – nicht an der Sequenzialität von Äußerungen je Interview" (Meuser & Nagel, 2009b, S. 476).

Die Aussagen der Experten erhalten demnach ihre Bedeutung aus dem Kontext ihrer institutionellen Handlungsbedingungen, während die Vergleichbarkeit durch die leitfadenorientierte Interviewführung gewährleistet wird.

Die Experteninterviews mit den Anspruchsgruppen und den Unternehmensvertretern werden mithilfe einer qualitativen Inhaltsanalyse ausgewertet. Wie in Abschnitt 6.1.1 dargestellt, kann nach Mayring (2015, S. 67) zwischen drei Grundformen der Analysetechnik (Zusammenfassung, Explikation, Strukturierung) der qualitativen Inhaltsanalyse unterschieden werden. Ziel einer strukturierenden Auswertung ist es, bestimmte Strukturen aus dem Material herauszufiltern. Dabei können vier Typen der strukturierenden Inhaltsanalyse unterschieden werden: formale, inhaltliche, typisierende und skalierende Strukturierung (Mayring, 2015, S. 99). Für die Analyse der Interviews wurde eine inhaltliche Strukturierung gewählt, um „bestimmte Themen, Inhalte, Aspekte aus dem Material herauszufiltern und zusammenzufassen" (Mayring, 2015, S. 103).

Die Codierung und Auswertung der Daten erfolgt dann idealtypisch (Kuckartz, 2018, S. 100–121; Mayring, 2015, S. 97–103): Die Transkripte der Interviews stellen die Analyseeinheiten dar. Aus der Theorie werden Kategorien abgeleitet und als Kategoriensystem zusammengestellt. Anschließend wird mithilfe eines ersten, ausschnittweisen Materialdurchgangs überprüft, ob die Kategorien greifen und eine eindeutige Zuordnung anhand der Definitionen, Ankerbeispiele und Kodierregeln möglich ist. Die Details zum Kategoriensystem sowie der Auswertung finden sich in Abschnitt 6.2.2 für die Gespräche mit den Anspruchsgruppen sowie in Abschnitt 6.3 für die Unternehmensvertreter.

6.2 Institutionelle Analyse der Anforderungen an die ARV-Kommunikation

Im Rahmen dieser Arbeit soll die Kommunikation von Aufsichtsratsvorsitzenden erstmalig umfassend untersucht werden. Dafür sollen aus externer Perspektive die Anforderungen an die ARV-Kommunikation analysiert werden. Mithilfe dieser institutionellen Analyse sollen die externen Strukturen rekonstruiert werden, auf die die Unternehmensakteure bei der ARV-Kommunikation weitgehend unbewusst zurückgreifen. Die Anforderungen sollen mithilfe von zwei methodischen Schnitten analysiert werden.

Erstens werden mithilfe einer Inhaltsanalyse der Medienberichterstattung sowie von Analystenreports über Aufsichtsratsvorsitzende von börsennotierten Unternehmen, die Diskurse in der gesellschaftspolitischen Öffentlichkeit sowie der Kapitalmarktöffentlichkeit aufgezeigt (Abschnitt 6.2.1). Auf dieser Basis kann dargestellt werden, wie die Äußerungen von Aufsichtsratsvorsitzenden von den wichtigen Intermediären in den beiden relevanten Öffentlichkeitsarenen rezipiert werden und welche Bedeutung Corporate-Governance-Themen damit beigemessen wird.

Basierend auf den theoretischen Ausführungen zu den Anspruchsgruppen der ARV-Kommunikation können dann mithilfe dieser Analyse konkrete Akteure innerhalb der Anspruchsgruppen identifiziert werden. Mit diesen Akteuren werden dann qualitative Experteninterviews durchgeführt (Abschnitt 6.2.2), um deren Erwartungen an die Kommunikation von Aufsichtsratsvorsitzenden beschreiben zu können. Es handelt sich dabei um die Erwartungen, die von außen an die Unternehmen und die Aufsichtsratsvorsitzenden gestellt werden. Dies geschieht in dem Bewusstsein, dass Erwartungen nicht nur exogen, sondern auch von innen kommen können. Erwartungen von Stakeholdern können jedoch zu (unerkannten) Handlungsbedingungen werden – und damit zu einer Anforderung für die ARV-Kommunikation.

Durch die Kombination der beiden Analysen soll gezeigt werden, wie die Rezeption der öffentlichen Äußerungen von Aufsichtsratsvorsitzenden und die Erwartungen der Stakeholder zu Anforderungen für die ARV-Kommunikation werden. Diese Anforderungen können als (unerkannte) Handlungsbedingungen einen Einfluss auf die Kommunikation von Aufsichtsratsvorsitzenden nehmen.

Die Kombination der Methoden hat einen weiteren Vorteil: Während bei der quantitativen Forschung die Güte der Stichprobe ausschlaggebend ist, steht die qualitative Sozialforschung vor der Herausforderung, wie sichergestellt werden kann, dass die für das Untersuchungsfeld relevanten Fälle in das Untersuchungsdesign mit einbezogen werden, um Verzerrungen zu verhindern (Kelle & Kluge,

2010, S. 42). Daher sollen die Erkenntnisse der Inhaltsanalyse als Grundlage für das Sampling der Expertengespräche dienen.

6.2.1 Inhaltsanalyse der Medienberichterstattung und Analystenreports zu Aufsichtsratsvorsitzenden

Das Ziel der vorliegenden Inhaltsanalyse der Medienberichterstattung und Analystenreports ist es aufzuzeigen, wie die Kommunikation von Aufsichtsratsvorsitzenden von DAX- und MDAX-Unternehmen in der gesellschaftspolitischen Öffentlichkeit und Kapitalmarktöffentlichkeit rezipiert wird. Aus den Diskursen in den beiden Öffentlichkeitsarenen und daraus resultierenden Informationsbedürfnissen können Anforderungen an der ARV-Kommunikation entstehen. Dabei soll die erste Forschungsfrage beantwortet werden (Abschnitt 5.5): Wie wurde in den Jahren 2016 und 2017 in deutschen Tages- und Wirtschaftsmedien und Analystenreports über Aufsichtsratsvorsitzende berichtet?

Festlegung des Materials
Am Anfang steht die Festlegung des Materials der Inhaltsanalyse. Im Rahmen dieses Methodenschritts soll die im Sinne von Gerhards & Neidhardt (1991) komplexeste Ebene von Öffentlichkeit, nämlich die massenmediale Öffentlichkeit und die darin entfalteten öffentlichen Diskurse untersucht werden. Dafür werden einerseits die medialen Diskurse in der gesellschaftspolitischen Öffentlichkeit betrachtet. Andererseits werden auch die Diskurse in der Kapitalmarktöffentlichkeit untersucht. Dies geschieht erstens durch die Analyse von relevanten Wirtschaftsmedien, die als Vermittler in der Kapitalmarktöffentlichkeit agieren. Zweitens werden Analystenreports untersucht, da Analysten als Vermittler in der Kapitalmarktöffentlichkeit unabhängig und regelmäßig die Aufmerksamkeit auf verschiedene Unternehmen und Entwicklungen lenken (Abschnitt 4.1.2). In Bezug auf die Festlegung des Materials für die Inhaltsanalyse kann demnach festgehalten werden, dass es sich um vollständige Medienartikel und Analystenreports handelt (Abschnitt 6.1.1).

Die Entstehungssituation des Materials wird im Folgenden beschrieben: Als Zeitraum wurde der 01. Januar 2016 bis 31. Dezember 2017 gewählt, mit dem Ziel mögliche Veränderungen über diesen längeren Zeitraum identifizieren zu können. Die Diskussion zum Investorendialog und die Aufnahme der Anregung im Deutschen Corporate Governance Kodex fallen ebenfalls in diesen Zeitraum. Auch die Veränderungen der Indizes und Neuwahlen in Aufsichtsratsgremien wurden dabei beachtet. Im Untersuchungszeitraum 2016–2017 kam es bei drei DAX-Unternehmen (Allianz SE, Deutsche Lufthansa AG, Vonovia SE) zu einem Wechsel

des Aufsichtsratsvorsitzes. Zudem wird die Zusammensetzung der Indizes regelmäßig von der Deutschen Börse überprüft. Im Untersuchungszeitraum sind an
unterschiedlichen Zeitpunkten vier Unternehmen aus dem MDAX abgestiegen (Bil-
finger SE, DMG Mori AG, Kuka AG, Rhön Klinikum AG) bzw. aufgestiegen
(Ceconomy SE, Grand City Properties S.A., innogy SE, Uniper SE). Alle Unternehmen bzw. Aufsichtsratsvorsitzenden wurden im Rahmen der Inhaltsanalyse mit
einbezogen.

Bei der Auswahl der Medien für die Medienanalyse galt es sowohl relevante
Medien aus der gesellschaftspolitischen Öffentlichkeit als auch der Kapitalmarktöffentlichkeit zu identifizieren. Wie in Abschnitt 4.1.1 dargestellt, sind vor allem
die überregionalen Medien als Leitmedien in der gesellschaftspolitischen Arena
anzusehen, da sie sich sowohl an die politischen und wirtschaftlichen Eliten, die
Journalisten im In- und Ausland als auch die Masse ihrer Leser richten (Kepplinger,
2009, S. 18). Anhand von Kriterien der Relevanz für den öffentlichen Mei-
nungsbildungsprozess, die u. a. Auflagenstärke, Möglichkeit einer pluralistischen
Meinungsbildung (verschiedene Verlagsgruppen und politische Ausrichtungen) und
Leserschaft bei Wirtschaftsentscheidern (Kepplinger, 2009, S. 19; LEA, 2019; Mast,
2012, S. 105; Wilke, 2009) beinhalten, wurden die folgenden 15 Medien ausgewählt
(alphabetisch sortiert): BILD, BILD am Sonntag, Börsen-Zeitung, Der Spiegel, Die
Welt, Die Zeit, Euro am Sonntag, Focus Magazin, Frankfurter Allgemeine Zeitung, Frankfurter Allgemeine Sonntagszeitung, Handelsblatt, Manager Magazin,
Süddeutsche Zeitung, Welt am Sonntag und die WirtschaftsWoche.

Auch wenn Social Media in den Arenen eine zunehmende Bedeutung zukommt,
repräsentieren die traditionellen Medien in besonderem Maße eine „legitimierte
Form der veröffentlichten Meinung" (Coombs & Holladay, 2012, S. 408), sodass
die Diskurse in den Öffentlichkeitsarenen dadurch aufgezeigt werden können. Nach
der jährlichen Studie Leseranalyse Entscheidungsträger in Wirtschaft und Verwaltung sind Online-Angebote für die Entscheider zwar sehr wichtig, allerdings liest
weiterhin mehr als die Hälfte der in der Studie Befragten längere Texte lieber auf
Papier, über ein Drittel nutzt Print und Digital gleich gern (LAE, 2019).

Für die Analyse von Analystenreports muss zunächst zwischen Buy-Side- und
Sell-Side-Analysten differenziert werden (Abschnitt 4.1.2). Die Empfehlungen von
Buy-Side-Analysten sind nicht öffentlich verfügbar, da sie nur für die interne
Verwendung der Organisationen erstellt werden. Sie können im Rahmen dieser
Arbeit nicht untersucht werden. Demgegenüber richten sich die Reports der Sell-
Side-Analysten an externe Adressaten. Diese Reports sind jedoch nicht auf den
Websites der jeweiligen Banken oder Analysehäusern verfügbar, können aber in,
meist kostenpflichtigen, Datenbanken abgerufen werden. Die Empfehlungen in den

Analystenreports können auch Eingang in die mediale Berichterstattung von Wirtschaftsmedien finden. Die Analystenreports für die vorliegende Analyse konnten mithilfe von Thomson Reuters Eikon, einer professionellen Datenbank für Markt- und Finanzdaten, identifiziert werden.

Die E-Paper der genannten 15 Medien wurden dann mit den Schlagworten Aufsichtsratsvorsitzende, Aufsichtsratsvorsitzender und Aufsichtsratschef durchsucht. Da Analystenreports zum großen Teil in englischer Sprache verfasst werden, wurden hier sowohl die deutschen Suchbegriffe als auch die entsprechende englische Übersetzung (Chairman of the Supervisory Board) genutzt. Es wurden alle Artikel zu Aufsichtsratsvorsitzenden von DAX- und MDAX-Unternehmen im Volltext extrahiert (formale Charakteristika des Materials).

Die Inhaltsanalyse wurde in zwei Abschnitten durchgeführt. Die Vollerhebung des Jahres 2016 fand vom 01.-20. Juni 2017 statt, die Daten wurden ausgewertet und für die Auswahl der Fälle für die qualitativen Interviews herangezogen. Die Artikel und Reports des Jahres 2017 wurden vom 13.-30. März 2018 erhoben, sie komplettierten und unterstützen die vorliegenden Ergebnisse.

Im Rahmen der Vollerhebung der beiden Jahren 2016 und 2017 wurden zunächst alle Treffer betrachtet. Dann wurden nur diejenigen Berichte ausgewählt, bei denen es sich um Aufsichtsratsvorsitzende von DAX- und MDAX-Unternehmen handelte und Dopplungen eliminiert.

Insgesamt wurden bei den 15 Medien zunächst 5.792 Treffer ermittelt, wovon 769 Artikel relevant für die Analyse sind. Bei der Medienberichterstattung zeigt sich, dass vor allem die finanznahen Tageszeitungen Börsen-Zeitung (188 Artikel) und Handelsblatt (143 Artikel) am häufigsten über Aufsichtsratsvorsitzende berichten.

Bei den Analystenreports ergaben sich 4.602 Treffen in der Suche, wobei jedoch nur 20 Berichte relevant für die Analyse sind, da nur in diesen Berichten Äußerungen von Aufsichtsratsvorsitzenden thematisiert wurden. In den anderen Berichten wurde der Name des Aufsichtsratsvorsitzenden lediglich in einer Übersicht zu allgemeinen Unternehmensinformationen aufgeführt. Im Vergleich zur Medienberichterstattung handelt es sich also um eine geringe Anzahl an Analystenreports, diese Tatsache muss bei der Interpretation der Daten beachtet werden. Bei den Analystenreports hebt sich aufgrund der geringen Anzahl keine der Banken als Herausgeber besonders hervor: J.P. Morgan, Kepler Cheuvreux, Jeffries und Warburg Research veröffentlichen jeweils drei Reports, in denen Aufsichtsratsvorsitzende thematisiert werden. Ausführliche Details zur deskriptiven Auswertung der Medienberichte und Analystenreports finden sich in Abschnitt 7.1.

Die identifizierten Artikel und Reports wurden anschließend inhaltlich untersucht. Dabei standen nicht im Einzelnen vertretene Positionen, Argumentationslinien oder Sprachverwendung im Vordergrund. Diese Aspekte sind für das Erkenntnisinteresse dieser Arbeit nicht relevant. Die Richtung der Analyse bezieht sich damit auf die Rezeption der öffentlichen Kommunikation von Aufsichtsratsvorsitzenden. Die Artikel und Reports wurden mithilfe eines vorab aus den theoretischen Vorüberlegungen entwickelten Kategoriensystems analysiert (Tabelle 6.1).

Tabelle 6.1 Kategorien der Inhaltsanalyse der Medienberichterstattung und Analystenreports

Merkmale	Kategorie (Medienberichte)	Kategorie (Analystenreports)	Variable
Formale Eigenschaften	+ Artikelnummer	+ Reportnummer	v1
	+ Medium	+ Bank/Analysehaus	v2
	+ Erscheinungsdatum	+ Erscheinungsdatum	v3
Eigenheiten des Materials	+ Journalistische Darstellungsform		v4
Identifikation des Unternehmens	+ Name des Unternehmens	+ Name des Unternehmens	v5
	+ Indexzugehörigkeit	+ Indexzugehörigkeit	v6
Analyse der Kommunikation	+ Anlass der Berichterstattung	+ Anlass der Berichterstattung	v7
	+ Thema der Berichterstattung	+ Thema der Berichterstattung	v8
	+ Äußerung des Aufsichtsratsvorsitzenden	+ Äußerung des Aufsichtsratsvorsitzenden	v9
	+ Maßnahmen der ARV-Kommunikation	+ Maßnahmen der ARV-Kommunikation	v10

Die formalen Eigenschaften umfassen dabei die Zuordnung einer Nummer für jeden Artikel bzw. Report (v1), der Name des Mediums bzw. der Bank (v2) und das Erscheinungsdatum (v3). Für Medienberichte wurde darüber hinaus die journalistische Darstellungsform (v4) erhoben, um eventuelle Personalisierungstendenzen identifizieren zu können. Dann folgen Kategorien zum Unternehmen (v5) sowie der Indexzugehörigkeit (v6) um eventuelle Unterschiede darstellen zu können.

Schließlich wurden die folgenden Inhalte der Berichterstattung analysiert: Zunächst wurde der Anlass der Berichterstattung (v7) erhoben, wobei zwischen der Regelkommunikation sowie Sondersituationen unterschieden wurde. Zur Regelkommunikation des Aufsichtsrats gehören die in Abschnitt 3.2 beschriebenen Aufgaben des Aufsichtsrats, wie die Besetzung des Vorstands, Vergütung etc. Bei Sondersituationen handelt es sich um Diskontinuitäten des Geschäfts, z. B. Krisen oder Übernahmen, die auch für die Überwachungsfunktion des Aufsichtsrats besonders relevant sind. Die Probecodierungen zeigten, dass bei den Medienberichten noch Personality-Stories, also eine personalisierte Berichterstattung über

Aufsichtsratsvorsitzende, und Themen außerhalb des Unternehmenskontexts als Ausprägungen ergänzt werden mussten.

Weiterhin wurde das Thema des Beitrags (v8) erhoben. Aus den Aufgaben des Aufsichtsrats (Abschnitt 3.2) wurden deduktiv verschiedene Themen abgeleitet, wie z. B. die Auswahl/Bestellung des Vorstands oder die Zusammensetzung des Aufsichtsrats. Zudem wurde induktiv am Material gearbeitet, sodass weitere Themen, wie Ermittlungen mit Bezug zum Aufsichtsrat, in den Berichten identifiziert wurden.

Aus den Überwachungsaufgaben des Aufsichtsrats ergeben sich verschiedene Publizitätspflichten (Abschnitt 5.1.2). Daher wurde analysiert, ob es sich bei der Kommunikation des jeweiligen Aufsichtsratsvorsitzenden (v9) um eine Äußerung im Rahmen der Pflichtpublizität oder eine freiwillige Kommunikation handelte. Eine freiwillige Kommunikation kann insbesondere gegenüber Medien in der gesellschaftspolitischen Öffentlichkeit angenommen werden (Abschnitt 5.1.3). Die Probecodierungen zeigten, dass in Medienberichten häufig auf Äußerungen aus sog. unternehmensnahen Kreisen Bezug genommen wurde. Das heißt, dass Journalisten Äußerungen von Personen aufnehmen, die in den Artikel jedoch nicht namentlich genannt werden. Da dies häufig der Fall war, wurde es als Kategorie ergänzt.

Abschließend wurde erhoben, über welchen Maßnahmen der ARV-Kommunikation (v10) die Äußerung erfolgte. Dafür wurden aus den Publizitätspflichten verschiedene Maßnahmen, wie z. B. Pressemitteilungen auf aufsichtsratsrelevanten Themen (Abschnitt 5.1.2) deduktiv abgeleitet. Dazu wurden zahlreiche Maßnahmen aus dem Material induktiv ergänzt.

Die Inhaltsanalyse ermöglicht somit die Strukturierung der durch die Medienberichterstattung und Analystenreports rezipierten Kommunikation von Aufsichtsratsvorsitzenden. Die Dichotomie in der Analyse zwischen der Pflichtkommunikation und freiwilligen Kommunikation ist wichtig für ein erweitertes Verständnis, da bisher vor allem die Publizitätspflichten des Aufsichtsrats in der Corporate-Governance-Forschung im Vordergrund standen, jedoch gezeigt werden soll, dass die Kommunikation von Aufsichtsratsvorsitzenden auch freiwillige Kommunikationsmaßnahmen umfasst. Eine freiwillige Kommunikation könnte aufgrund der Erwartungen der Stakeholder gefordert werden, dies wird im Rahmen der institutionellen Analyse untersucht, und damit zu einer (unerkannten) Handlungsbedingung werden. Die Dichotomie zwischen der Regelkommunikation und Sondersituationen wiederum ermöglicht einerseits eine Analyse der Kommunikationsmaßnahmen, die im Rahmen der Regelkommunikation durch das Kommunikationsmanagement des Unternehmens für Aufsichtsratsvorsitzende umgesetzt werden. Andererseits soll untersucht werden, ob es in Sondersituationen eine möglicherweise aktivere Kommunikation von Aufsichtsratsvorsitzenden gibt, da mehr Transparenz gefordert wird, was ein Interpretationsmuster darstellen könnte. Im Rahmen der Ergebnisdarstellung in Abschnitt 7.1.1 werden die beschriebenen Kategorien zunächst deskriptiv ausgewertet, d. h. quantitativ zusammengefasst und beschrieben.

Bestimmung der Analysetechnik: strukturierende qualitative Inhaltsanalyse
In der Beschreibung der Methode der Inhaltsanalyse wurden die Zusammenfassung, Explikation und Strukturierung als Grundformen der Analysetechnik eingeführt (Abschnitt 6.1.1). Ziel der Inhaltsanalyse der Medienberichterstattung und Analystenreports war es, das Material anhand bestimmter Aspekte zu strukturieren, um so die Berichterstattung zu Aufsichtsratsvorsitzenden einschätzen zu können. Die strukturierende Inhaltsanalyse lässt sich in eine formale, inhaltliche, typisierende und skalierende Strukturierung (Mayring, 2015, S. 99) differenzieren, die abhängig von den theoriegeleitet entwickelten Strukturierungsdimensionen in einzelne Kategorien untergliedert werden kann.

Das Material wurde im Rahmen der Analyse weiterhin typisierend strukturiert, indem die aus der Theorie abgeleiteten Dimensionen „Anlass der Berichterstattung" und „Äußerungen des Aufsichtsratsvorsitzenden" als typische Merkmale identifiziert und diese genauer beschrieben wurden (Mayring, 2015, S. 103). Das Zwischenergebnis dieser Analyse, das in Abschnitt 7.1.2 vorgestellt wird, wurde als Grundlage für die Fallauswahl der Expertengespräche mit Unternehmensvertretern herangezogen (ausführlich in Abschnitt 6.3).

6.2.2 Qualitative Experteninterviews mit Anspruchsgruppen

Nachdem mit der Inhaltsanalyse der Medienberichterstattung und Analystenreports die Rezeption der öffentlichen Kommunikation von Aufsichtsratsvorsitzenden untersucht wurde, sollen Gespräche mit den Akteuren der Anspruchsgruppen aus der gesellschaftspolitischen Öffentlichkeit und Kapitalmarktöffentlichkeit durchgeführt werden, um die Erwartungen an die Kommunikation von Aufsichtsratsvorsitzenden beschreiben zu können. Auf dieser Basis können dann die Anforderungen an die ARV-Kommunikation aufgezeigt werden, auf die sich die Unternehmensakteure als Strukturmomente beziehen. In Abschnitt 6.1.2 wurden bereits qualitative Experteninterviews als Erhebungsmethode vorgestellt, im Folgenden werden die Details zur Fallauswahl, Erstellung des Leitfadens sowie der Durchführung beschrieben. Das Ziel in diesem methodischen Schritt ist es, die zweite Forschungsfrage zu beantworten: Welche Erwartungen haben Stakeholder an die Kommunikation von Aufsichtsratsvorsitzenden?

Fallauswahl

Die Gespräche mit externen Stakeholdern werden geführt, um deren Erwartungen als Anforderungen an die Kommunikation von Aufsichtsratsvorsitzenden beschreiben zu können. Die Experten sollen demnach über eine direkte Betroffenheit zum Thema verfügen, bspw. weil sie zu einer zentralen Stakeholdergruppe der Kommunikation von Aufsichtsratsvorsitzenden gehören.

Bei der vorliegenden Untersuchung wird eine Auswahl anhand vorab festgelegter Kriterien durchgeführt (Abschnitt 6.1.2). Für die Auswahl waren daher die im theoretischen Teil der Arbeit vorgestellten Akteure der gesellschaftspolitischen Öffentlichkeit (Abschnitt 4.1.1) und Kapitalmarktöffentlichkeit (Abschnitt 4.1.2) für die Festsetzung der Kriterien relevant (Tabelle 6.2). Die Inhaltsanalyse der Medienberichterstattung und Analystenreports konnte zudem dafür genutzt werden, um Akteure zu identifizieren, die sich bereits zum Forschungsthema geäußert hatten. Insbesondere aus der Analyse der Medienberichterstattung konnten Akteure der Kapitalmarköffentlichkeit (Investoren, Stimmrechtsberater, Aktionärsschützer, Vertreter eines Kapitalmarktinteressenverbands) identifiziert werden, die sich in Artikeln, Kommentaren etc. zur Kommunikation von Aufsichtsratsvorsitzenden geäußert haben.

Tabelle 6.2 Kriterien für die Auswahl der externen Stakeholder für Experteninterviews

Kriterien	Akteure
Gesellschaftspolitische Öffentlichkeit	+ Wirtschaftsjournalist + Vorsitzender der Regierungskommission Deutscher Corporate Governance Kodex
Kapitalmarktöffentlichkeit	+ Wirtschaftsjournalist + Vertreter von institutionellen Investoren (deutsch/international) + Vertreter von Aktionärsschutzgemeinschaften + Vertreter von Stimmrechtsberatungen

Als Experte aus der gesellschaftspolitischen Öffentlichkeit wurden Wirtschaftsjournalisten als zentrale Vermittler identifiziert, die bereits zu dem Thema berichtet hatten; das gleiche galt für Wirtschaftsjournalisten von Medien, die als Leitmedien in der Kapitalmarktöffentlichkeit angesehen werden können. Die deskriptiven Ergebnisse der Inhaltsanalyse zeigen, dass die Börsen-Zeitung und das Handelsblatt am häufigsten über Aufsichtsratsvorsitzende berichten (Abschnitt 6.2.1), daher wurden Journalisten von diesen Medien für die Expertengespräche mit externen Stakeholdern ausgewählt.

Für die gesellschaftspolitische Öffentlichkeit wurde zudem der Vorsitzende der Regierungskommission Deutscher Corporate Governance Kodex, die den Investorendialog in den Kodex aufgenommen hatte, als Experte angefragt. Der Kodex will schließlich „das Vertrauen der Anleger, der Kunden, der Belegschaft und der Öffentlichkeit in die Leitung und Überwachung deutscher börsennotierter Gesellschaften fördern" (DCGK, Präambel). Zudem stellt der DCGK eine Norm für die ARV-Kommunikation dar. Die Initiative Developing Shareholder Communication (Abschnitt 5.1.2) wurde nicht explizit im Sample aufgenommen, da Vertreter der Arbeitsgruppe bereits in ihren primären Rollen als Aufsichtsratsvorsitzende, Investoren bzw. Aktionärsschützer im Rahmen dieser Arbeit interviewt werden konnten.

Für die Kapitalmarktöffentlichkeit wurden Experten für verschiedene Perspektiven und Rollen ausgewählt: Dazu gehören die Vertreter von institutionellen (deutschen und international ansässigen) Investoren als zentrale Anspruchsgruppe der ARV-Kommunikation. Weiterhin gehören Aktionärsschutzvereinigungen zu relevanten Akteuren in der Kapitalmarktöffentlichkeit, die insbesondere für Privatanleger eine wichtige Repräsentationsrolle spielen. Daher wurden die Geschäftsführer der beiden großen deutschen Aktionärsschutzvereinigungen DSW – Deutsche Schutzvereinigung für Wertpapierbesitz e. V. und Schutzgemeinschaft der Kapitalanleger e. V. als Experten angefragt.

Weiterhin wurden Analysten als relevante Intermediäre in der Kapitalmarktöffentlichkeit identifiziert (Abschnitt 4.1.2). Die Erkenntnisse der Inhaltsanalyse von Analystenreports zeigen jedoch, dass Analysten nur selten über die Kommunikation von Aufsichtsratsvorsitzenden berichten (Abschnitt 6.2.1). Daher kann ihnen eine geringe Relevanz als Multiplikatoren zugeschrieben werden, sodass keine Expertengespräche mit Analysten angestrebt wurden.

Dem gegenüber wird Stimmrechtsberatern eine steigende Bedeutung als Vermittler in der Kapitalmarktöffentlichkeit zugeschrieben. Der Markt für Stimmrechtsberatung wurde zum Zeitpunkt der Erhebung der Daten maßgeblich von zwei US-amerikanischen Unternehmen (ISS und IVOX Glass Lewis) dominiert (Abschnitt 4.1.2), daher wurden Vertreter, die auf den deutschen Markt spezialisiert sind, dieser beiden Stimmrechtsberatungen angefragt.

Die Auswahl der Experten aus der Kapitalmarktöffentlichkeit erfolgte auch basierend auf Äußerungen in der analysierten Medienberichterstattung. Damit sollte sichergestellt werden, dass die Experten sachdienliche Informationen und Meinungen zum Forschungsgegenstand haben. Deren veröffentlichten Äußerungen als Medien weisen zudem darauf hin, dass sie über einen gewissen Status und damit Relevanz für die Meinungsbildung verfügen.

Erstellung der Leitfäden

Der Leitfaden dient dazu, das Interview thematisch zu strukturieren. Aus den theoretischen Erkenntnissen wurden daher thematische Blöcke abgeleitet, um das Untersuchungsfeld umfassend erfassen zu können (Tabelle 6.3). Dabei entstanden verschiedene Versionen, deren Fragen auf die jeweilige Perspektive des Experten angepasst wurden.

Der Leitfaden beginnt auf persönlicher Ebene mit den Berührungspunkten mit der ARV-Kommunikation. Das zentrale Erkenntnisinteresse in Bezug auf

Tabelle 6.3 Inhaltliche Ebenen im Interviewleitfaden mit externen Stakeholdern

Leitfaden für externe Stakeholder	
Persönliche Ebene	Einführung + Berührungspunkte mit der ARV-Kommunikation
Erwartungen	Beschreibung und Diskussion der Erwartungen an die Kommunikation von Aufsichtsratsvorsitzenden + (Veränderte) Erwartungshaltung an die Kommunikation + Internationalisierung: Governance-Systeme etc. + Normen: DCGK, ARUG II etc.
Akteure	Differenzierte Betrachtung der Akteure + Zusammenspiel und Abgrenzung ARV und CEO + Kommunikative Rollen innerhalb des Aufsichtsrats + Externe Stakeholder der ARV-Kommunikation
Kommunikations-management	Externe Wahrnehmung des Kommunikationsmanagementprozesses + Anlässe der Kommunikation + Maßnahmen + Themen + Anfragen: Prozesse und Umsetzung
Bedeutung	Reflexion und Diskussion der Relevanz der Kommunikation von Aufsichtsratsvorsitzenden + Ziele der Kommunikation von Aufsichtsratsvorsitzenden + Relevanz heute und in Zukunft

die Experteninterviews mit den Anspruchsgruppen sind die Erwartungen an die ARV-Kommunikation. Daher wurden zunächst verschiedene Leitfragen hinsichtlich (einer Veränderung) der Erwartungen, Erfahrungen mit anderen (internationalen) Governance-Systemen sowie Normen der ARV-Kommunikation gestellt. Anschließend folgen Leitfragen zu den verschiedenen Akteuren, wie dem CEO, weiteren Aufsichtsratsmitgliedern sowie den externen Stakeholdern der ARV-Kommunikation. Als Nächstes wurden Leitfragen zur externen Wahrnehmung des Kommunikationsmanagementprozesses gestellt, etwa zu welchen Anlässen und mit welchen Maßnahmen eine ARV-Kommunikation wahrgenommen wird sowie welche Inhalte dabei kommuniziert werden. Sofern der Vertreter der Stakeholder schon einmal ein Gespräch mit einem Aufsichtsratsvorsitzenden gesucht hat, wurden auch die Erfahrungen zum Prozess und die Gesprächsumsetzung besprochen. Schließlich endete das Gespräch mit einer abschließenden Einschätzung der Bedeutung, den Zielen und der Relevanz der (zukünftigen) ARV-Kommunikation.

Im Vorfeld der Interviews wurden Pretests mit den verschiedenen Versionen der entworfenen Leitfäden durchgeführt. Dabei wurde die Verständlichkeit sowie Reihenfolge der Fragen mit insgesamt zehn Pretestern diskutiert. Dabei handelte es sich um Vertreter aus der Praxis (siehe dazu Abschnitt 6.3), die Erfahrungen in dem Themenfeld haben, sowie Kollegen aus dem wissenschaftlichen Umfeld. Aufgrund des Pretests wurden einige Fragen sprachlich präzisiert. Weiterhin wurden aktuelle Beispiele der Kommunikation von Aufsichtsratsvorsitzenden herausgesucht, um eventuell aufkommende Verständnisschwierigkeiten klären oder Fragen anhand von Beispielen verdeutlichen zu können, ohne dabei Antworten vorwegzunehmen.

Durchführung der Experteninterviews

Die Experten wurden per E-Mail für ein Gespräch zum Forschungsprojekt angefragt, dabei wurde die Wahl zwischen einem persönlichen oder telefonischen Interview freigestellt. Insgesamt konnten neun Experteninterviews aus der Perspektive der externen Stakeholder geführt werden. Die neun Interviews haben eine Länge von 6,1 Stunden (365,14 Minuten); es wurden zwei Gespräche persönlich und sieben per Telefon geführt. Das kürzeste Interview dauerte rund 30 Minuten und das längste Interview rund 50 Minuten. Die Gespräche fanden im Zeitraum zwischen dem 11. Dezember 2017 und 26. Oktober 2018 statt.

Allen Gesprächspartnern wurde eine Anonymisierung der Interviews zugesagt. Daher werden in dieser Arbeit nur Aussagen verwendet, die absolut anonymisiert wurden und damit so verändert, dass eine Re-Identifikation der Person nicht möglich ist (Meyermann & Porzelt, 2014, S. 4). Jedem Experten wurde neben der Bezeichung des Akteurs eine randomisierte Nummer zugewiesen, die ausschließlich den Gutachtern dieser Arbeit zur Verfügung gestellt wird. Der überwiegende

Teil der Experten hat angeboten, für Rückfragen zur Verfügung zu stehen, davon musste jedoch kein Gebrauch gemacht werden. Alle Interviewpartner baten um die Zusendung der Ergebnisse. Tabelle 6.4 zeigt die Übersicht der Experten, mit ihren jeweiligen Positionen zum Zeitpunkt des Interviews, in alphabetischer Reihenfolge.

Tabelle 6.4 Übersicht der Interviewpartner aus Perspektive der externen Stakeholder (alphabetisch sortiert)

Titel	Vorname	Nachname	Position zum Zeitpunkt des Interviews
	Daniel	Bauer	Vorstandsvorsitzender der Schutzgemeinschaft der Kapitalanleger e.V.
	Claus	Döring	Chefredakteur der Börsen-Zeitung
	Dieter	Fockenbrock	Chefkorrespondent Unternehmen & Märkte des Handelsblatt
Dr.	Hans-Christoph	Hirt	Executive Director und Board Member bei Hermes EOSa
Dr.	Alexander	Juschus	General Manager bei IVOX Glass Lewis GmbH
Prof. Dr.	Rolf	Nonnenmacher	Vorsitzender der Regierungskommission Deutscher Corporate Governance Kodex Mitglied des Aufsichtsrats der Continental AG Mitglied des Aufsichtsrats der Covestro AG Mitglied des Aufsichtsrats der ProSiebenSat.1 Media SE
	Ingo	Speich	Senior Portfoliomanager & Leiter Nachhaltigkeit und Engagement bei Union Investment
	Marc	Tüngler	Rechtsanwalt und Hauptgeschäftsführer der DSW – Deutsche Schutzvereinigung für Wertpapierbesitz e.V. Mitglied der Regierungskommission Deutscher Corporate Governance Kodex Mitglied des Aufsichtsrats der innogy SE Mitglied des Aufsichtsrats der freenet AG Mitglied des Aufsichtsrats der InnoTec TSS AG
	Thomas	Von Oehsen	Head of Research, Central & Eastern Europe bei ISS | Institutional Shareholder Services

Datenaufbereitung

Alle Interviews wurden vollständig transkribiert. Dabei wurde die Transkriptionssoftware von MAXQDA eingesetzt. Zur Sicherung der Datenqualität wurden Transkriptionsregeln angewendet, die sich weitgehend an Dressing and Pehl (2018), Fuß & Karbach, (2019) und Kuckartz (2018) orientieren. Die Texte wurden wörtlich transkribiert. Anschließend erfolgte eine leichte sprachliche Glättung, z. B.

hinsichtlich abgebrochener Worte oder Sätze sowie Fülllaute und -worte. Nichtverbale Äußerungen, wie Lachen oder Seufzen, wurden nur transkribiert, wenn sie einer Aussage eine andere Bedeutung geben. Zuhörersignale des jeweils nicht sprechenden Interviewpartners sowie Gesprächspausen wurden nicht transkribiert. Dieses Transkriptionssystem erscheint vor dem Hintergrund gut geeignet, da beim Auswertungsverfahren der Fokus in erster Linie auf der Analyse der inhaltlichen Ebene liegt. Die Transkripte wurden bei jedem Sprecherwechsel mit Zeitmarken versehen. Aufgrund der Sensibilität der Daten und der zugesicherten Anonymisierung sind die Transkripte nicht zur Veröffentlichung vorgesehen.

Auswertung

Grundsätzlich kann zwischen drei Grundformen der Analysetechnik differenziert werden: Zusammenfassung, Explikation und Strukturierung (Abschnitt 6.1.1). Ziel der Auswertung der Interviews mit den externen Anspruchsgruppen ist es, bestimmte Strukturen aus dem Material herauszufiltern, um die Erwartungen an die Kommunikation von Aufsichtsratsvorsitzenden beschreiben zu können. Daher wurde eine inhaltlich strukturierende Inhaltsanalyse für diesen Methodenschritt gewählt.

Zunächst wurden anhand der theoretischen Vorüberlegungen zu den Öffentlichkeitsarenen (Abschnitt 4.1.1 und 4.1.2) sowie zu den Kommunikationsmaßnahmen von Aufsichtsratsvorsitzenden (Abschnitt 5.1.2 und 5.1.3) deduktiv Kategorien gebildet. Dabei wurden sowohl die Haupt- als auch die Subkategorien entwickelt.

Die zentrale Hauptkategorie sind die „Erwartungen" an die ARV-Kommunikation. Dabei wurden bspw. Subkategorien zu Gründen für eine veränderte Erwartungshaltung, Erfahrungen mit dem monistischen Governance-System sowie Normen der ARV-Kommunikation gebildet. Des Weiteren wurde eine Hauptkategorie zu den „Akteuren" gebildet. Dadurch sollten unterschiedliche Blickwinkel der Stakeholder auf die Akteure Aufsichtsratsvorsitzende, Aufsichtsratsmitglieder, den Vorstand und externe Stakeholder in Bezug auf die ARV-Kommunikation gezeigt werden. Schließlich stellt die „Wahrnehmung des Kommunikationsmanagements" die dritte Hauptkategorie dar. Subkategorien sind dabei bspw. die Regelkommunikation bzw. Sondersituationen sowie Publizitätspflichten der ARV-Kommunikation.

Zum Beginn der Auswertung repräsentiert das Kategoriensystem nur einen Rahmen mit geringem empirischem Gehalt. Das Ziel der Auswertung besteht darin, diesen Rahmen induktiv um zusätzliche Kategorien zu ergänzen (Kelle & Kluge, 2010, S. 73). Dabei wurden vor allem die Subkategorien und Ausprägungen weiter ausdifferenziert (Abbildung 6.4).

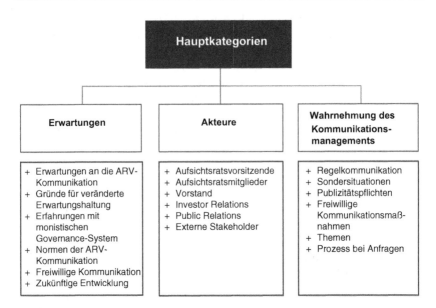

Abbildung 6.4 Haupt- und Subkategorien im Kategoriensystem für die Inhaltsanalyse der Experteninterviews mit Stakeholdern (Eigene Darstellung)

Nach einer leichten Überarbeitung und Ergänzung des Kategoriensystems, fand der Materialdurchlauf anhand des gesamten Materials statt, wobei die Fundstellen entsprechend bezeichnet, bearbeitet und extrahiert wurden. Das extrahierte Material wurde paraphrasiert und anschließend pro Kategorie bzw. Hauptkategorie zusammengefasst. Für die Datenauswertung wurde die Analysesoftware MAXQDA als Unterstützung eingesetzt. Die Auswertung der Inhaltsanalyse findet sich anhand der Forschungsfragen in Abschnitt 7.2.

6.3   Strategische Analyse der Strukturen, Maßnahmen und Management der ARV-Kommunikation mithilfe von qualitativen Experteninterviews mit Aufsichtsratsvorsitzenden und Kommunikationsverantwortlichen

Die Kommunikation von Aufsichtsratsvorsitzenden soll im Rahmen dieser Arbeit erstmalig umfassend beschrieben und untersucht werden. Dafür ist es notwendig, mit den Akteuren selbst zu sprechen, um ihre Handlungen verstehend zu rekonstruieren. Hier setzt die strategische Analyse an, die auf der lebensweltlichen Ebene die typischen Handlungsmuster untersucht. Als Herzstück dieser Arbeit werden daher qualitative Experteninterviews mit Aufsichtsratsvorsitzenden geführt. Sie werden durch Gespräche mit den Verantwortlichen für Investor Relations und Public Relations aus den jeweiligen Unternehmen komplementiert, da diese Expertise zum Kommunikationsmanagement haben. Basierend auf den Erkenntnissen sollen dann die dritte und vierte Forschungsfrage aus interner Unternehmensperspektive beantwortet werden: Was sind Strukturen und Maßnahmen der Kommunikation von Aufsichtsratsvorsitzenden? Wie lässt sich die Kommunikation von Aufsichtsratsvorsitzenden im Kommunikationsmanagement verorten? Im Folgenden wird der Ablauf der qualitativen Experteninterviews beschrieben.

Fallauswahl

Aus unternehmensinterner Perspektive sind drei Aspekte besonders interessant: Erstens die unternehmensinternen Strukturen der ARV-Kommunikation, zweitens anhand der Kommunikationsmaßnahmen zu zeigen, mit welchen Anspruchsgruppen, wie oft und in welcher Form die ARV-Kommunikation stattfindet und schließlich drittens wie die Kommunikation im Rahmen des Kommunikationsmanagements verortet werden kann.

Die Auswahl für die Gespräche wurde anhand vorab festgelegter Kriterien durchgeführt (Abschnitt 6.1.2). Zunächst war es von hoher Relevanz mit den beteiligten Akteuren selbst zu sprechen. Daher wurden einerseits Gespräche mit Aufsichtsratsvorsitzenden geführt, da sie Experten aufgrund ihres spezifischen Wissens und ihrer einzigartigen Erfahrungen sind.

Als Ergänzung dazu wurden auch die Vertreter der Funktionen Public bzw. Media Relations (Abschnitt 4.2.2) und Investor Relations (Abschnitt 4.2.3) mit einbezogen. Sie verfügen über Expertise zum Kommunikationsmanagement des Unternehmens und damit der internen sowie externen Kommunikation von Unternehmen mit verschiedenen Stakeholdern.

Für eine umfassende Darstellung der Strukturen und Prozesse innerhalb des Unternehmens wurden daher Aufsichtsratsvorsitzende sowie Vertreter von Public Relations und Investor Relations vom gleichen Unternehmen befragt– sie konstituieren gemeinsam jeweils einen Fall. Dabei kann es vorkommen, dass aufgrund der organisatorischen Aufstellung eine Person sowohl verantwortlich für Public Relations und Investor Relations sein kann.

Als weiteres leitendes Auswahlkriterium wurde das Ergebnis der Inhaltsanalyse herangezogen. Dabei konnte zwischen fünf ereignisbezogenen Typen der Kommunikation von Aufsichtsratsvorsitzenden differenziert werden (Abschnitt 7.1.2). Hier wurde der Anlass der Kommunikation (Regelkommunikation vs. Sondersituationen) und die Äußerung von Aufsichtsratsvorsitzenden (Äußerung im Rahmen der Publizitätspflicht vs. freiwillige Kommunikation) als typisierende Merkmale ausgewählt. Dies ist relevant, da erwartet werden kann, dass sich bspw. die Handlungen in Sondersituationen unterscheiden, da ein erhöhter Überwachungsbedarf des Aufsichtsrats besteht. Des Weiteren ist davon auszugehen, dass sich Aufsichtsratsvorsitzende bei Publizitätspflichten und einer freiwilligen Kommunikation unterschiedliche Ressourcen nutzen. Schließlich konnte im Rahmen der Inhaltsanalyse der Medienberichterstattung und Analystenreports auch eine öffentliche Kommunikation von Aufsichtsratsvorsitzenden ohne Bezug zum Unternehmen identifiziert werden. Die Nutzung dieser Typen als Kriterien für die Fallauswahl (Tabelle 6.5) lässt demnach eine maximale Breite an Informationen aus den Expertengesprächen mit den Unternehmensakteuren erwarten.

Tabelle 6.5 Kriterien für die Auswahl der Unternehmensvertreter

Kriterien	Aufsichtsrats- vorsitzende	Verantwortliche für Public/Media Relations	Verantwortliche für Investor Relations
Typ 1: Publizitätspflichten des Aufsichtsratsvorsitzenden im Rahmen der Regelkommunikation			
Typ 2: Freiwillige öffentliche Kommunikation des Aufsichtsratsvorsitzenden im Rahmen der Regelkommunikation			
Typ 3: Publizitätspflichten des Aufsichtsratsvorsitzenden in Sondersituationen			
Typ 4: Freiwillige öffentliche Kommunikation des Aufsichtsratsvorsitzenden in Sondersituationen			
Typ 5: Öffentliche Kommunikation des Aufsichtsratsvorsitzenden ohne Bezug zum Unternehmen			

Erstellung der Leitfäden

Die Interviews mit den Unternehmensakteuren dienen dazu, die Strukturen der Kommunikation von Aufsichtsratsvorsitzenden sowie dessen Einbindung in das Kommunikationsmanagement zu untersuchen. Der Leitfaden dient dazu, das Interview thematisch zu strukturieren. Aus den theoretischen Erkenntnissen wurden daher thematische Blöcke abgeleitet, um den Untersuchungsgegenstand umfassend erfassen zu können (Tabelle 6.6).

Dabei entstanden verschiedene Versionen, so differenzieren sich z. B. die Leitfäden leicht zwischen denjenigen für Aufsichtsratsvorsitzende und denen für die Kommunikationsverantwortlichen. So können bspw. nur die Aufsichtsratsvorsitzenden einen Einblick in die Kommunikation innerhalb des Aufsichtsratsgremiums sowie den Vorstandsvorsitzenden geben, während die Kommunikationsverantwortlichen detaillierter Auskunft zum Kommunikationsmanagementprozess geben können.

Der Leitfaden beginnt auf persönlicher Ebene mit Erfahrungen zur ARV-Kommunikation. Danach geht es um eine Beschreibung der Organisationsstruktur, bspw. den Ressourcen der Kommunikation oder der Koordination mit dem Vorstand. Auch die Rolle der Kommunikationsfunktionen als Teil der Organisation im Kommunikationsmanagementprozess wird hier thematisiert. Anschließend werden die verschiedenen internen und externen relevanten Akteure betrachtet, die für die ARV-Kommunikation relevant sind.

Die Fragen zum Kommunikationsmanagementprozess richten sich insbesondere an die Kommunikationsverantwortlichen, da die Einbindung ein zentrales Erkenntnisinteresse in dieser Arbeit darstellt. Die Leitfragen für die Aufsichtsratsvorsitzenden unterscheiden sich hier dementsprechend leicht. Zum Prozessschritt der Planung der ARV-Kommunikation mit Blick auf Strategien und Ziele gibt es einen zusätzlichen Block im Leitfaden. Hier werden einerseits die Experten gefragt, was die Ziele der ARV-Kommunikation aus ihrer Sicht sind, andererseits werden auch die aus der Theorie abgeleiteten Ziele (Abschnitt 5.2) diskutiert.

Auch die Experten aus den Unternehmen werden gefragt, was aus ihrer Sicht die Erwartungen an die ARV-Kommunikation sind. Die Erkenntnisse sollen mit denen Aussagen aus der Expertenbefragung der Stakeholder gegenübergestellt werden, um so eventuelle unerkannte Handlungsbedingungen identifizieren zu können.

Am Ende des Leitfadens werden noch verschiedene Herausforderungen der ARV-Kommunikation diskutiert, die personen- aber auch unternehmensbezogen sind. Abschließend sollen die Unternehmensexperten die Relevanz und zukünftige Entwicklung der ARV-Kommunikation aus ihrer Sicht einschätzen.

Tabelle 6.6 Inhaltliche Ebenen im Interviewleitfaden mit Unternehmensvertretern

Leitfaden für Unternehmensvertreter	
Persönliche Ebene	Einführung + Erfahrungen
Organisation	Beschreibung der Organisationsstruktur + Aufbau und Ressourcen der Kommunikation + Koordination mit dem Vorstand + Rolle der Kommunikationsfunktionen
Akteure	Differenzierte Betrachtung der relevanten Akteure + Zusammenspiel ARV, CEO und Kommunikationsfunktionen + Kommunikative Rollen innerhalb des Aufsichtsrats + Involvierung von Beratern + Externe Stakeholder
Kommunikations-management	Überprüfung des Kommunikationsmanagementprozess + Analyse + Interne und externe Stakeholder und Handlungsfelder + Anlässe der Kommunikation + Pflichtpublizität und freiwillige Kommunikation 　+ Maßnahmen 　+ Themen + Anfragen: Prozesse und Umsetzung + Evaluation
Planung: Strategie und Ziele	Reflexion und Diskussion der Ziele und Strategie für die Kommunikation von Aufsichtsratsvorsitzenden + Strategie für die ARV-Kommunikation + Ziele der ARV-Kommunikation + Positionierung
Erwartungen	Beschreibung und Diskussion der Erwartungen an die Kommunikation des Aufsichtsratsvorsitzenden + (Veränderte) Erwartungshaltung an die Kommunikation + Normen: DCGK, ARUG II etc. + Internationalisierung: Governance-Systeme etc.
Herausforderungen	Beschreibung und Diskussion der Herausforderungen der Kommunikation von Aufsichtsratsvorsitzenden + Personenbezogen: Kompetenzen, Verflechtungen etc. + Unternehmensbezogen: Kompetenzen im Aufsichtsrat, Mitbestimmung, Unternehmenshistorie etc.
Bedeutung	Reflexion und Diskussion der Relevanz der Kommunikation von Aufsichtsratsvorsitzenden + Relevanz heute und in Zukunft

Im Vorfeld der Interviews wurden Pretests mit den verschiedenen Versionen der entworfenen Leitfäden durchgeführt. Dabei wurde die Verständlichkeit sowie Reihenfolge der Fragen mit insgesamt zehn Pretestern diskutiert. Dabei handelte es sich um Vertreter aus der Praxis[3], die Erfahrungen in dem Themenfeld haben, sowie Kollegen aus dem wissenschaftlichen Umfeld. Aufgrund des Pretests wurden einige Fragen sprachlich präzisiert. Weiterhin wurden aktuelle Beispiele der Kommunikation von Aufsichtsratsvorsitzenden herausgesucht, um eventuell aufkommende Verständnisschwierigkeiten klären oder Fragen anhand von Beispielen verdeutlichen zu können, ohne dabei Antworten vorwegzunehmen.

Durchführung der Experteninterviews

Die Experten wurden per E-Mail für ein Gespräch zum Forschungsprojekt angefragt, dabei wurde die Wahl zwischen einem persönlichen oder telefonischen Interview freigestellt. Insgesamt konnten 28 Interviews mit Unternehmensvertretern geführt werden. Die Interviews haben eine Länge von 20,3 Stunden (1.215,30 Minuten); es wurden elf Gespräche persönlich und 17 per Telefon geführt. Die Gespräche fanden im Zeitraum zwischen dem 11. Dezember 2017 und 26. Oktober 2018 statt. Das kürzeste Interview dauerte rund 23 Minuten und das längste Interview rund 87 Minuten.

Die positive Resonanz aus der Praxis ist umso erfreulicher, da insbesondere die Zielgruppe der Aufsichtsratsvorsitzenden im Allgemeinen als nur sehr schwer zugänglich gilt. Die hohe Kooperationsbereitschaft ist von großer Bedeutung für die Qualität der Arbeit und zeigt darüber hinaus das Interesse, das dem Thema entgegengebracht wird.

Allen Gesprächspartnern wurde eine Anonymisierung der Interviews zugesagt. Daher werden in dieser Arbeit nur Aussagen verwendet, die absolut anonymisiert wurden und damit so verändert, dass eine Re-Identifikation der Person nicht möglich ist (Meyermann & Porzelt, 2014, S. 4). Jedem Experten wurde neben der Positionsbezeichnung eine randomisierte Nummer zugewiesen, die ausschließlich den Gutachtern dieser Arbeit zur Verfügung gestellt wird. Der überwiegende Teil der Experten hat angeboten, für Rückfragen zur Verfügung zu stehen, davon musste jedoch kein Gebrauch gemacht werden. Alle Interviewpartner baten um die Zusendung der Ergebnisse.

---

[3] Ein besonderer Dank gilt Dr. Claus Dieter Hoffmann (Aufsichtsratsvorsitzender der ING-Diba AG), Annette Messemer (Aufsichtsratsmitglied bei K + S AG, Mitglied des Board of Directors der Essilor International S.A.), Rolf Woller (damals Leiter Investor Relations der Continental AG), Kay Bommer (Geschäftsführer vom DIRK – Deutscher Investor Relations Verband e. V.) und Sabrina Biedenbach (Inhaberin einer Beratung für Aufsichtsratsarbeit), die für einen Pretest gewonnen werden konnten.

Im Rahmen der Fallauswahl konnten einige für das Forschungsthema interessante Konstellationen rekrutiert werden, um eine maximale Breite an Informationen aus den Expertengesprächen mit den Unternehmensakteuren sicherzustellen. So sind zwei Akteure die Aufsichtsratsvorsitzenden von zwei Unternehmen, sodass eventuelle Unterschiede in der Zusammenarbeit mit den Kommunikationsfunktionen erfasst werden können. Zudem gab es bei zwei Unternehmen einen Wechsel im Aufsichtsratsvorsitz bzw. war der Wechsel zum Zeitpunkt der Gespräche bereits geplant, sodass mögliche Veränderungen dadurch analysiert werden können. Bei einem weiteren Fall handelt es sich um ein Unternehmen, das nach einer Aufspaltung erst einige Monate als eigenständiges Unternehmen an der Börse notiert war und das Aufsichtsratsgremium sich neu konstituiert hatte. Tabelle 6.7 zeigt die Übersicht der Experten, mit ihren jeweiligen Positionen zum Zeitpunkt des Interviews, die jeweils nach den Fällen sortiert sind.

In einem Fall wurde nur der Kommunikationsverantwortliche für die ARV-Kommunikation als Experte interviewt, ein Gespräch mit dem Aufsichtsratsvorsitzenden war jedoch nicht möglich. Dieser Fall wird dennoch in der Arbeit mit einbezogen, da hier eine Sonderform der organisatorischen Aufstellung der Kommunikationsfunktionen mit besonderem Interesse für das Forschungsthema vorliegt. Konkret wurde in diesem Unternehmen eine spezielle Sprecherfunktion für den Aufsichtsratsvorsitzenden etabliert, sodass zusätzliche Erkenntnisse erwartet werden können. Zudem kam es in zwei Fällen vor, dass aufgrund der Aufbauorganisation der Kommunikationsfunktionen ein Akteur sowohl für Public Relations und Investor Relations verantwortlich war.

Datenaufbereitung

Alle Interviews wurden vollständig transkribiert. Dabei wurde die Transkriptionssoftware von MAXQDA eingesetzt. Zur Sicherung der Datenqualität wurden Transkriptionsregeln angewendet, die sich weitgehend an Dressing and Pehl (2018), Fuß & Karbach, (2019) und Kuckartz (2018) orientieren. Die Texte wurden wörtlich transkribiert. Anschließend erfolgte eine leichte sprachliche Glättung, z. B. hinsichtlich abgebrochener Worte oder Sätze sowie Fülllaute und -worte. Nichtverbale Äußerungen, wie Lachen oder Seufzen, wurden nur transkribiert, wenn sie einer Aussage eine andere Bedeutung geben. Zuhörersignale des jeweils nicht sprechenden Interviewpartners sowie Gesprächspausen wurden nicht transkribiert. Dieses Transkriptionssystem erscheint vor dem Hintergrund gut geeignet, da beim Auswertungsverfahren der Fokus in erster Linie auf der Analyse der inhaltlichen Ebene liegt. Die Transkripte wurden bei jedem Sprecherwechsel mit Zeitmarken versehen. Aufgrund der Sensibilität der Daten und der zugesicherten Anonymisierung sind die Transkripte nicht zur Veröffentlichung vorgesehen.

Tabelle 6.7 Übersicht der Interviewpartner aus Unternehmensperspektive (sortiert nach Fällen)

	Titel	Vorname	Nachname	Position zum Zeitpunkt des Interviews
BASF AG	Dr.	Jürgen	Hambrecht	+ Vorsitzender des Aufsichtsrats der BASF SE + Vorsitzender des Aufsichtsrats der Fuchs Petrolub SE + Vorsitzender des Aufsichtsrats der Trumpf GmbH & Co KG + Mitglied des Aufsichtsrats der Daimler AG
	Dr.	Stefanie	Wettberg	+ Senior Vice President Investor Relations der BASF SE
		Thomas	Nonnast	+ Pressesprecher BASF SE (Politische Fragestellungen, Unternehmensführung, Energie & Klima, Performance Products, Nordamerika)
Ceconomy AG		Jürgen	Fitschen	+ Vorsitzender des Aufsichtsrats der Ceconomy AG + Vorsitzender des Aufsichtsrats der Vonovia SE + Mitglied des Verwaltungsrats der Kühne & Nagel International AG, Schindellegi, Schweiz + Mitglied des Verwaltungsrats der Kommanditgesellschaft CURA Vermögensverwaltung GmbH & Co. KG + Vorsitzender des Vorstands der Deutsche Bank Stiftung
		Sebastian	Kauffmann	+ Vice President Investor Relations der Ceconomy AG
		Andrea	Koepfer	+ Vice President Communications, Public Policy & Sustainability der Ceconomy AG
Covestro AG	Dr.	Richard	Pott	+ Vorsitzender des Aufsichtsrats der Covestro AG + Mitglied des Aufsichtsrats der Freudenberg SE + Mitglied des Aufsichtsrats der SCHOTT AG
		Ronald	Köhler	+ Head of Investor Relations der Covestro AG
		Matthias	Poth	+ Globale Leitung Communications & Public Relations der Covestro AG
Deutsche Börse AG		Joachim	Faber	+ Vorsitzender des Aufsichtsrats der Deutsche Börse AG + Mitglied des Board of Directors der Coty Inc., NewYork + Mitglied des Board of Directors der HSBC Holding plc., London + Vorsitzender des Gesellschafterausschusses der Joh. A. Benckiser SARL, Luxemburg
		Jan	Strecker	+ Leiter Investor Relations der Deutsche Börse AG
		Martin	Halusa	+ Head of Media Relations der Deutsche Börse AG

(Fortsetzung)

Tabelle 6.7 (Fortsetzung)

Deutsche Wohnen SE	Uwe E.	**Flach**	+	Vorsitzender des Aufsichtsrats der Deutsche Wohnen SE
	Sebastian	**Jacob**	+	Director Investor Relations der Deutsche Wohnen SE
	Manuela	**Damianakis**	+	Director Corporate Communication & Public Affairs der Deutsche Wohnen SE
Hannover Rück AG	Herbert	**Haas**	+ +	Vorsitzender des Aufsichtsrats der Hannover Rück AG Vorsitzender des Aufsichtsrats der Talanx AG
	Karl	**Steinle**	+	General Manager Corporate Communications (Abteilungsleiter Corporate Communications & Investor Relations) der Hannover Rück AG
KION Group AG	Dr. John	**Feldmann**	+	Vorsitzender der Aufsichtsrats der KION GROUP AG
	Michael	**Hauger**	+	Senior Vice President Corporate Communications der KION Group AG
Siemens AG	Dr. Gerhard	**Cromme**	+	Ehemaliger Aufsichtsratsvorsitzender (2003-2018) der Siemens AG
	Tobias	**Atzler**	+	Senior Manager Investor Relations der Siemens AG
	Robin	**Zimmermann**	+	Leiter Media Relations der Siemens AG
Talanx AG	Herbert	**Haas**	+ +	Vorsitzender des Aufsichtsrats der Talanx AG Vorsitzender des Aufsichtsrats der Hannover Rück AG
	Carsten	**Werle**	+	Head of Investor Relations der Talanx AG
	Andreas	**Krosta**	+	Leiter Group Communications der Talanx AG
Volkswagen AG	Michael	**Brendel**	+	Head of Supervisory Board Communication | Communication for the Chairman of the Supervisory Board der Volkswagen AG
Vonovia SE	Prof. Dr. Edgar	**Ernst**	+ + + + +	Vorsitzender des Aufsichtsrats der Vonovia SE Mitglied des Aufsichtsrats der Deutsche Postbank AG Mitglied des Aufsichtsrats der METRO AG Mitglied des Aufsichtsrats der TUI AG Präsident der Deutschen Prüfungsstelle für Rechnungslegung
	Rene	**Hoffmann**	+	Leiter Investor Relations der Vonovia SE
	Klaus	**Markus**	+	Leiter Konzernkommunikation der Vonovia SE

Auswertung

Wie bereits ausgeführt, kann zwischen drei Grundformen der Analysetechnik differenziert werden: Zusammenfassung, Explikation und Strukturierung (Abschnitt 6.1.1). Ziel der Auswertung der Interviews mit den Unternehmensvertretern ist es, bestimmte Strukturen aus dem Material herauszufiltern. Aus den verschiedenen Perspektiven von Aufsichtsratsvorsitzenden und IR- und PR-Verantwortlichen sollen so die Strukturen der ARV-Kommunikation, die Bandbreite der Maßnahmen sowie die Verortung im Rahmen des Kommunikationsmanagements beschrieben werden. Daher wurde eine inhaltlich strukturierende Inhaltsanalyse für diesen Methodenschritt gewählt.

Zunächst wurden anhand der theoretischen Vorüberlegungen deduktiv Kategorien gebildet. Dabei wurden sowohl die Haupt- als auch die Subkategorien entwickelt. So wurde eine Hauptkategorie zu den Aspekten aus strukturationstheoretischer Sicht („Strukturen") gebildet, die neben den Interpretationsmustern (z. B. Verständnis zum Auftritt des ARV nach außen), Normen (z. B. Anregung zum Investorendialog im DCGK) auch die allokativen und autoritativen Ressourcen abbilden. Mithilfe der Hauptkategorie „Akteure" sollen die verschiedenen internen und externen Akteure und deren Relevanz differenziert werden.

Da der Verortung der ARV-Kommunikation im Rahmen des Kommunikationsmanagements ein gewichtiger Teil der Analyse zukommt, wurden drei Hauptkategorien dazu gebildet. In der Kategorie „Kommunikationsmanagement" werden die Phasen Analyse, Organisation und Evaluation abgebildet. Eine weitere Hauptkategorie ist demnach die Phase der „Planung", in der bspw. die Ziele der ARV-Kommunikation abgebildet werden. Zudem wurden „Kommunikationsmaßnahmen" als eigene Hauptkategorie konzipiert, um die Bandbreite der bisher durchgeführten ARV-Kommunikation erfassen zu können.

Zum Beginn der Auswertung repräsentiert das Kategoriensystem nur einen Rahmen mit geringem empirischem Gehalt. Das Ziel der Auswertung besteht darin, den Rahmen mit zusätzlichen Kategorien induktiv zu ergänzen (Kelle & Kluge, 2010, S. 73). Dabei wurden vor allem die Subkategorien und Ausprägungen weiter ausdifferenziert (Abbildung 6.5).

Nach einer leichten Überarbeitung und Ergänzung des Kategoriensystems, fand der Materialdurchlauf anhand des gesamten Materials statt, wobei die Fundstellen entsprechend bezeichnet, bearbeitet und extrahiert wurden. Das extrahierte Material wurde paraphrasiert und anschließend pro Kategorie zusammengefasst. Für die Datenauswertung wurde die Analysesoftware MAXQDA als Unterstützung eingesetzt. Die Darstellung der Ergebnisse erfolgt übergeordnet anhand der Forschungsfragen in Kapitel 7 und 8. Es wird keine Darstellung nach Fällen geben, um Rückbezüge auf die Unternehmen zu vermeiden.

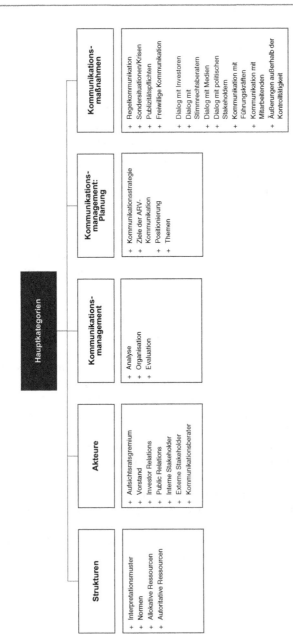

Abbildung 6.5 Haupt- und Subkategorien im Kategoriensystem für die Inhaltsanalyse der Experteninterviews mit Unternehmensvertretern (Eigene Darstellung)

6.4 Gütekriterien qualitativer Forschung

Wissenschaftliche und forschungsmethodische Gütekriterien dienen dazu die Transparenz, Verlässlichkeit und Aussagekraft von wissenschaftlichen Erkenntnissen sicherzustellen, sodass daran die Qualität der Ergebnisse gemessen werden kann. In der quantitativen Forschung haben sich die bekannten Gütekriterien Reliabilität, Validität und Objektivität über Jahrzehnte hinweg etabliert. Eine systematische Befassung mit dem Ziel, Gütekriterien für die qualitative Forschung zu etablieren, begann erst in den 1980er Jahren, als Umfang und Intensität dieser Forschung zugenommen hatten. Dabei dominierte jedoch der Versuch, die Kriterien der quantitativen Forschung abzuleiten und anwendbar zu machen (Strübing, Hirschauer, Ayaß, Krähnke & Scheffer, 2018, S. 84). Mittlerweile setzt sich in der Diskussion die Einsicht durch, dass diese Maßstäbe nicht einfach übernommen werden können, sondern die Maßstäbe zu Vorgehen und Ziel der Analyse passen müssen (Mayring, 2016, S. 141).

Strübing et al. (2018, S. 85) unterscheiden einerseits zwischen übergreifenden gemeinsamen Leistungsmerkmalen qualitativer Forschung, wie Offenheit und Reflexivität, und qualitätssichernden Maßnahmen auf der Ebene verfahrensspezifischer Praktiken andererseits. Mit den Maßnahmen soll sichergestellt werden, dass die Daten einen angemessenen Bezug zur Fragestellung haben und die Analysen dicht genug für die angestrebten theoretischen Aussagen sind. Weiterhin sollen so Vereinfachungen und Abkürzungen vermieden werden. Mayring (2016, S. 144–148) nennt sechs übergreifende Gütekriterien qualitativer Forschung:

(1) Verfahrensdokumentation: Bei qualitativer Forschung sollte sich das Vorgehen spezifisch auf den Untersuchungsgegenstand beziehen, demnach werden Methoden dafür entwickelt oder modifiziert. Der Forschungsprozess sollte bis ins Detail und nachvollziehbar dokumentiert werden.

(2) Interpretationsabsicherung mit Argumenten: Interpretationen sollten argumentativ begründet werden, d. h. das jeweilige Vorverständnis muss dargelegt und Interpretation erklärt werden. Wichtig ist dabei auch, nach alternativen Deutungen zu suchen und diese zu überprüfen.

(3) Regelgeleitetheit: Qualitative Forschung muss zwar offen gegenüber dem Forschungsgegenstand sein, die analytischen Schritte sollten jedoch vorher festgelegt sein. Voraussetzung für ein systematisches Vorgehen ist es, den Analyseprozess in einzelne Schritte zu verlegen.

(4) Nähe zum Gegenstand: Die Nähe zum Gegenstand ist ein Leitgedanke qualitativ-interpretativer Forschung, d. h., dass möglichst an der Alltagswelt der Akteure angeknüpft werden sollte.

(5) Kommunikative Validierung: Darunter wird verstanden, dass die Interpretationen des Forschenden überprüft werden, indem sie den Befragten nochmals vorgelegt und mit ihnen diskutiert wird. Damit kann die Rekonstruktion subjektiver Bedeutungen abgesichert werden.

(6) Triangulation: Unter Triangulation wird verstanden, die Fragestellung anhand unterschiedlicher Lösungswege und unterschiedlicher Daten anzugehen.

Konkreter geht Steinke (2008, S. 324) auf die Dokumentation des Forschungsprozesses ein. Um die intersubjektive Nachvollziehbarkeit zu gewährleisten, sollten die folgenden Elemente beinhaltet sein:

- Vorverständnis des Forschenden, wobei die Rolle als Akteur, inklusive Vorannahmen, Kommunikationsstil etc. sowie als Teil der sozialen Welt methodisch reflektiert werden soll (Steinke, 2008, S. 330)
- Darstellung der Erhebungsmethoden inklusive konkreter Angaben zur verwendeten Methode und wie diese entwickelt wurden
- Informationen zum Erhebungskontext, in dem z. B. ein Interview stattfand, um die Glaubwürdigkeit der Äußerungen und mögliche Einflüsse des Forschenden eingeschätzt werden können
- Transkriptionsregeln, die u. a. festhalten, welche Informationen (nicht) transkribiert wurden
- Dokumentation der Informationsquellen
- Kenntlichmachung, wann es sich um direkte Äußerungen bzw. sinngemäße Wiedergaben dieser Äußerungen von Interviewpartnern handelt und was Deutungen und Interpretationen des Forschenden in diesem Kontext sind.

Die Gütekriterien wurden in der umfassenden Darstellung des Forschungsablaufs sowie der Entwicklung und Anwendung der Methoden in Abschnitt 6.2.1, 6.2.2 und 6.3 beachtet und umgesetzt.

Nach Abschluss der Interviews und der Transkription wurde keine Rückkopplung mit den Interviewten gesucht, sodass in dem Sinne keine kommunikative Validierung praktiziert wurde. Bei den befragten Experten handelt es sich um Personen mit engen Terminplänen, zudem kamen im Rahmen der Transkriptionen keine Nachfragen auf, daher erschien dies aus forschungsökonomischen Gründen als nicht relevant. Um dies abzufedern, wird im Zuge der Ergebnisdarstellung stets klar gekennzeichnet, wann es sich um eine direkte Äußerung, eine sinngemäße Wiedergabe oder eine Interpretation der Forschenden handelt.

Zur Beantwortung der Forschungsfragen können unterschiedliche Perspektiven auf den Untersuchungsgegenstand eingenommen werden, dies wird als
Triangulation bezeichnet. Die Triangulation kann auf Basis von

> „unterschiedlichen Methoden, die angewandt werden, und/oder unterschiedlichen
> gewählten theoretischen Zugängen konkretisieren, wobei beides wiederum miteinan-
> der in Zusammenhang steht bzw. verknüpft werden sollte" (Flick, 2011, S. 12).

Im Rahmen des Forschungsprojektes wurde eine methodeninterne (within-
method) Triangulation vorgenommen. So werden im Rahmen der Interviewführung sowohl Fragen zu Erfahrungen in konkreten Situationen gestellt als
auch solche, die sich auf allgemeine Situationen beziehen und damit ergänzende Perspektiven auf das Untersuchungsfeld eröffnen (Flick, 2011, S. 27 f.).
Zudem wurden Erkenntnisse zum Untersuchungsgegenstand mithilfe verschiedener Methoden (Between-method-Triangulation) erhoben. Bei der institutionellen
Analyse wurde eine Inhaltsanalyse von Medienberichten und Analystenreports als
auch Experteninterviews mit externen Stakeholdern durchgeführt. Dies stellte eine
Kombination von quantitativen und qualitativen Methoden als auch reaktiver und
nichtreaktiver Verfahren dar (Flick, 2011, S. 84 ff.). Beide methodische Schritte
verfolgen dabei demselben Ziel, die Anforderungen an die ARV-Kommunikation
explizieren zu können. Im Forschungsprojekt wurden demnach beide Formen der
Triangulation berücksichtigt, um die Qualität der Ergebnisse zu optimieren.

Empirische Erkenntnisse zu den Anforderungen an die Kommunikation von Aufsichtsratsvorsitzenden

7

Nachdem die theoretischen Vorüberlegungen zur Kommunikation von Aufsichtsratsvorsitzenden vorgestellt und das in dieser Arbeit gewählte methodische Vorgehen erläutert wurde, werden in diesem Kapitel zunächst die Ergebnisse der institutionellen Analyse zu den Anforderungen an die ARV-Kommunikation präsentiert. Die Ergebnisse, die die externe Perspektive auf die Kommunikation von Aufsichtsratsvorsitzenden zeigen, werden anhand der Forschungsfragen strukturiert.

In Abschnitt 7.1 wird gezeigt, wie in deutschen Tages- und Wirtschaftsmedien und Analystenreports über Aufsichtsratsvorsitzende von DAX- und MDAX-Unternehmen in den Jahren 2016 bis 2017 berichtet wurde. Auf Basis einer Inhaltsanalyse hinsichtlich der Art der Äußerungen von Aufsichtsratsvorsitzenden sowie der Anlässe und Themen der Berichterstattung sollen die Diskurse in der gesellschaftspolitischen Öffentlichkeit und Kapitalmarktöffentlichkeit aufgezeigt werden (Abschnitt 7.1.1). Damit soll die Bedeutung von Corporate-Governance-Themen für die Vermittler in den beiden Öffentlichkeitsarenen dargestellt werden, denn diese Themen liegen im Aufgabenbereich des Aufsichtsratsgremiums. Als Zwischenergebnis dieses ersten Analyseschritts werden fünf ereignisbezogene Typen der Kommunikation von Aufsichtsratsvorsitzenden präsentiert (Abschnitt 7.1.2). Sie bilden die Grundlage für die Auswahl der Unternehmen für die strategische Analyse. Darüber hinaus konnten auf Basis der Inhaltsanalyse der Medienberichterstattung und Analystenreports konkrete Akteure für die Anspruchsgruppen der ARV-Kommunikation identifiziert werden.

Mit diesen Akteuren wurden qualitativen Experteninterviews durchgeführt, dessen Ergebnisse in Abschnitt 7.2 präsentiert werden. Mit diesem methodischen Schritt sollen die Erkenntnisse aus der Inhaltsanalyse vertieft werden. Dabei galt es die Erwartungen an die Kommunikation von Aufsichtsratsvorsitzenden

S. Binder-Tietz, *Kommunikation von Aufsichtsratsvorsitzenden*,
https://doi.org/10.1007/978-3-658-37717-5_7

zu erfassen. Denn diese Erwartungen können zu (unerkannten) Handlungsbedingungen für die ARV-Kommunikation werden und damit einen Einfluss auf die Strukturen haben. Um die Erwartungen der verschiedenen Stakeholder darstellen zu können, sollen sie zunächst differenziert betrachtet werden (Abschnitt 7.2.1). Anschließend werden die Gründe für die Veränderung der Erwartungshaltung diskutiert (Abschnitt 7.2.2).

In Abschnitt 7.3 werden die Kernergebnisse der beiden methodischen Schritte der institutionellen Analyse und damit die Anforderungen an die Kommunikation von Aufsichtsratsvorsitzenden in einem Zwischenfazit zusammengefasst.

7.1   Berichterstattung von Medien und Analysten über Aufsichtsratsvorsitzende

Als Teil der institutionellen Analyse wurden die öffentlichen Diskurse der gesellschaftspolitischen Öffentlichkeit und der Kapitalmarktöffentlichkeit, die sich in Medienberichten und Analystenreports manifestieren, im Rahmen einer quantitativen und qualitativen Inhaltsanalyse untersucht (Abschnitt 6.2.1). Auf dieser Basis kann gezeigt werden, wie die öffentlichen Äußerungen von Aufsichtsratsvorsitzenden von den wichtigen Vermittlern in diesen beiden Öffentlichkeitsarenen rezipiert werden. So wird deutlich, welche Bedeutung verschiedene Corporate-Governance-Themen für die Intermediäre haben, da diese Themen im Aufgabenbereich des Aufsichtsratsgremiums liegen und somit relevant für die ARV-Kommunikation sind.

In diesem Kapitel soll daher die erste Forschungsfrage beantwortet werden: Wie wurde zwischen 2016 und 2017 in deutschen Tages- und Wirtschaftsmedien und Analystenreports über Aufsichtsratsvorsitzende berichtet? Zunächst wird die deskriptive Auswertung der Daten vorgestellt.

Wie in Abschnitt 6.2.1 beschrieben, wurden bei den 15 Medien zunächst 5.792 Treffer ermittelt, wovon 769 Artikel relevant für die Analyse sind. Bei den Analystenreports ergaben sich 4.602 Treffen in der Suche, wobei jedoch nur 20 Berichte relevant für die Analyse sind, da nur in diesen Berichten Äußerungen von Aufsichtsratsvorsitzenden thematisiert wurden. In den anderen Berichten wurde der Name der Aufsichtsratsvorsitzenden lediglich in einer Übersicht zu allgemeinen Unternehmensinformationen aufgeführt. Im Vergleich zur Medienberichterstattung handelt es sich also um eine geringe Anzahl an Analystenreports, diese Tatsache muss bei der Interpretation der Daten beachtet werden.

Die *Berichterstattung im Zeitverlauf* (Abbildung 7.1) verdeutlicht, dass die mediale Berichterstattung in beiden Jahren rund um die Hauptversammlungs-saison deutlich ansteigt. In den Monaten April und Mai finden die Hauptver-sammlungen derjenigen Unternehmen statt, bei denen das Geschäftsjahr dem Kalenderjahr entspricht. Bei der Kommunikation rund um die Hauptversammlung handelt es sich um die Regelkommunikation von Aufsichtsratsvorsitzenden, die auch mit verschiedenen Publizitätspflichten einhergeht. Darüber hinaus findet eine Berichterstattung über Aufsichtsratsvorsitzenden in jedem Monat statt. Die meis-ten Analystenreports sind aus dem September 2016: Hier handelt es sich um eine Übernahmesituation bei einem DAX-Unternehmen, zu der sich der Aufsichtsrats-vorsitzende mehrere Male öffentlich äußerte, was von Analysten aufgenommen wurde.

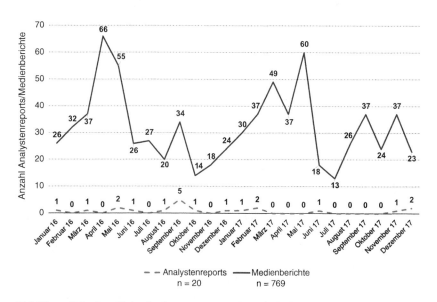

Abbildung 7.1   Anzahl der Analystenreports und Medienberichte im Zeitverlauf

Die *Berichterstattung nach Unternehmen* (Abbildung 7.2) zeigt, dass der Auf-sichtsratsvorsitzende der Deutschen Bank (109 Artikel) im Fokus der Berichter-stattung steht, gefolgt von den Aufsichtsratsvorsitzenden von Linde (91 Artikel), Volkswagen (79 Artikel), Deutsche Börse (56 Artikel) und Stada Arzneimittel (45 Artikel). Bei den genannten Unternehmen ist es im Untersuchungszeitraum

zu Sondersituationen im Geschäftsverlauf gekommen, wie z. B. Krisen oder Übernahmesituationen. Im Rahmen der Analystenreports wurde die Äußerungen des
Aufsichtsratsvorsitzenden von Linde (4 Reports) am häufigsten aufgenommen,
was im Zusammenhang mit einer Unternehmenstransaktion steht.

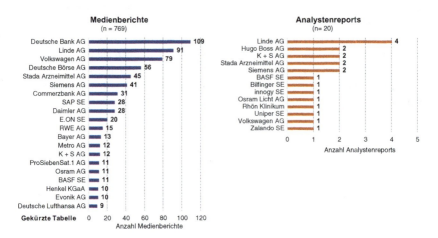

Abbildung 7.2 Anzahl der Medienberichte und Analystenreports nach Unternehmen
(Top 20)

In diesem Zusammenhang kann auch festgehalten werden, dass die Analyse der
Berichterstattung nach Indizes zeigt, dass Aufsichtsratsvorsitzende von DAX-
Unternehmen in der medialen Berichterstattung deutlich häufiger (81,4 % der
Artikel; n = 626) thematisiert werden, während in den Analystenreports etwas
häufiger Aufsichtsratsvorsitzende aus dem MDAX (60 % der Reports; n = 12)
Beachtung finden.

Die *Berichterstattung nach dem Medium* zeigt, dass vor allem die finanznahen
Tageszeitungen Börsen-Zeitung (188 Artikel) und Handelsblatt (143 Artikel) am
häufigsten über Aufsichtsratsvorsitzende berichten. Bei den Analystenreports hebt
sich aufgrund der geringen Anzahl keine der Banken als Herausgeber besonders
hervor: J.P. Morgan, Kepler Cheuvreux, Jeffries und Warburg Research veröffentlichen jeweils drei Reports, in denen Aufsichtsratsvorsitzende thematisiert
werden.

Bei der Analyse der Medienberichterstattung wurde zudem die *mediale Darstellungsform* differenziert (Abbildung 7.3). Bei den meisten Artikeln handelt
es sich um eine Nachricht/Meldung (578 Artikel). Insgesamt erschienen im

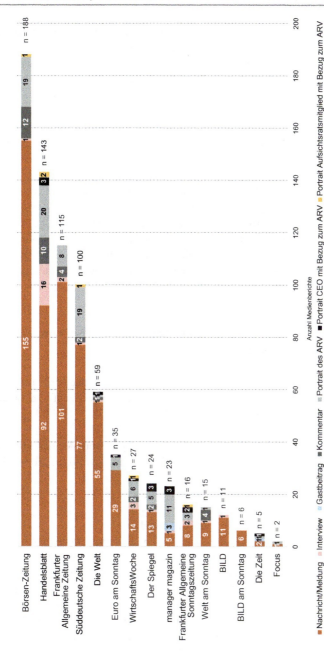

Abbildung 7.3   Anzahl der Medienberichte nach Medium und Darstellungsform

Untersuchungszeitraum 30 Interviews mit Aufsichtsratsvorsitzenden, davon 16 Interviews im Handelsblatt. Vier Gastbeiträge von Aufsichtsratsvorsitzenden wurden veröffentlicht, davon drei Gastbeiträge vom Aufsichtsratsvorsitzenden der BASF SE im manager magazin, ein Gastbeitrag erschien in der Zeit (ARV von E.ON). Dabei handelte es sich in allen Fällen um Äußerungen außerhalb des Unternehmenskontextes.

Zudem finden sich zahlreiche personalisierende Formate in der Medienberichterstattung: So handelt es sich bei 99 Artikeln um ein Porträt von Aufsichtsratsvorsitzenden. Aber auch Porträts von CEOs (15 Artikel) oder anderen Aufsichtsratsmitgliedern (7 Artikel) können einen Bezug zum Aufsichtsratsvorsitzenden herstellen. Kommentare, also Meinungsbeiträge von Journalisten, stellen 37 Artikel zu Aufsichtsratsvorsitzenden dar.

Auf Basis dieser deskriptiven Ergebnisse zu den Medienberichten und Analystenreports sollen im folgenden Kapitel die Diskurse in der gesellschaftspolitischen Öffentlichkeit und Kapitalmarktöffentlichkeit mithilfe einer Analyse hinsichtlich der Art der Äußerungen von Aufsichtsratsvorsitzenden sowie der Anlässe und Themen der Berichterstattung gezeigt werden.

7.1.1 Rezeption der öffentlichen Kommunikation von Aufsichtsratsvorsitzenden

In diesem Kapitel sollen die Ergebnisse der Inhaltsanalyse der Medienberichterstattung und Analystenreports vorgestellt werden, die sich auf die beiden Unterfragen der ersten Forschungsfrage beziehen:

- Handelt es sich in den Berichten um Äußerungen von Aufsichtsratsvorsitzenden im Rahmen der Publizitätspflichten oder um eine freiwillige Kommunikation?
- Zu welchen Anlässen und Themen wurde berichtet?

Art der Äußerungen von Aufsichtsratsvorsitzenden

Aus der Corporate-Governance-Forschung wurden die verschiedenen Publizitätspflichten des Aufsichtsrats vorgestellt (Abschnitt 5.1.2), die durch verschiedene Kommunikationsmaßnahmen im Rahmen der Regelkommunikation von Unternehmen umgesetzt werden. Darüber hinaus wurde aus kommunikationswissenschaftlicher Perspektive gezeigt, dass die Kommunikation mit der gesellschaftspolitischen Öffentlichkeit, und damit insbesondere den Medien als Vermittler, eine freiwillige Maßnahme der ARV-Kommunikation darstellt (Abschnitt 5.1.3). Daher soll zunächst gezeigt werden, in welcher Form sich die Aufsichtsratsvorsitzenden äußerten und über welche Kommunikationsmaßnahmen des Unternehmens dies erfolgte.

Bei der *Art der Äußerung* kann zunächst zwischen Äußerungen im Rahmen der Publizitätspflichten und einer freiwilligen Kommunikation unterschieden werden. Die Analystenreports nehmen überwiegend Äußerungen im Rahmen der Publizitätspflichten (85 %; n = 17) auf, die schwerpunktmäßig auf Ad-hoc-/Pressemitteilungen des Unternehmens (70 %; n = 14) sowie weiterer Publizitätspflichten, wie Directors Dealings (10 %; n = 2), basieren. Publizitätspflichten bei Sondersituationen, bspw. der gemeinsamen Stellungnahme von Vorstand und Aufsichtsrat während einer Übernahmesituation (5 %; n = 1) werden rezipiert. Seltener greifen Analystenreports eine freiwillige Kommunikation von Aufsichtsratsvorsitzenden auf (15 %; n = 3). Wenn dies der Fall ist, dann stammt diese freiwillige Kommunikation aus Medienberichten (10 %; n = 2) oder Interviews von Aufsichtsratsvorsitzenden (5 %; n = 1). Interessant dabei ist, dass die Aufnahme von Medienberichten durch Analysten die relevante Multiplikatoren-Rolle der Medien in der Kapitalmarktöffentlichkeit unterstreicht.

Die Medienberichterstattung basiert zu 42,3 Prozent (n = 325) auf Äußerungen von Aufsichtsratsvorsitzenden im Rahmen der Publizitätspflichten, die vor allem Ad-hoc-/Pressemitteilungen des Unternehmens (26,3 %; n = 202) sowie Äußerungen im Rahmen der Hauptversammlung (14,3 %; n = 110) entnommen werden (Abbildung 7.4). 16,1 Prozent der Artikel beziehen sich auf eine freiwillige Kommunikation von Aufsichtsratsvorsitzenden, die aus Interviews (8,3 %; n = 64) oder Gastbeiträgen (0,5 %, n = 4) stammen. Zudem agieren einige Aufsichtsratsvorsitzende als Zitatgeber zu unterschiedlichen Themen (3,9 %; n = 30). Darüber hinaus finden sich Äußerungen von öffentlichen Reden, z. B. bei Eröffnungen von Veranstaltungen (1,4 %; n = 11) in der Berichterstattung. In einigen Fällen werden die freiwilligen Äußerungen von Aufsichtsratsvorsitzenden von Pressekonferenzen bzw. -calls des Unternehmens (0,9 %; n = 7) rezipiert. Aber auch Äußerungen aus eigentlich nichtöffentlichen Formaten wie internen Veranstaltungen (0,5 %; n = 4), Investorengesprächen (0,4 %; n = 3) oder Capital Market Days (0,1 %; n = 1) finden Einklang in der Berichterstattung.

Eine Besonderheit bei den Medien stellen zudem die Aussagen aus sog. unternehmensnahen Kreisen dar, also von Personen, die von Journalisten nicht namentlich zitiert werden möchten. In 43,3 Prozent der Fälle (40,3 %; n = 310) basieren Artikel auf diesen Äußerungen, wobei in 8 Prozent der Artikel (n = 26) Äußerungen rund um Aufsichtsratssitzungen herangezogen werden.

Abbildung 7.4 Kommunikationsmaßnahmen nach Art der Äußerung in der Medienberichterstattung

Anlass der Berichterstattung

Die Publizitätspflichten des Aufsichtsrats werden schon seit langem im Rahmen der Regelkommunikation des Unternehmens umgesetzt. Daher soll anschließend gezeigt werden, zu welchem *Anlass eine Berichterstattung* erfolgte, wobei zwischen der Regelkommunikation von Aufsichtsratsvorsitzenden (Abschnitt 5.1.2) und Sondersituationen, wie Krisen, Übernahmen etc. unterschieden werden muss.

In den Analystenreports bietet die Regelkommunikation in 65 Prozent (n = 13) der Fälle den Anlass des Reports und Sondersituationen nur zu 35 Prozent (n = 7). Anlass für die Medienberichterstattung ist zu 60,3 Prozent (n = 464) die Regelkommunikation von Aufsichtsräten und nur zu 16,8 Prozent (n = 129) Sondersituationen. Bei der Medienberichterstattung konnten jedoch noch weitere Anlässe identifiziert werden, um über Aufsichtsratsvorsitzende zu berichten: Dazu zählen bei 20,7 Prozent (n = 159) der Artikel sog. Personality-Stories, also eine personalisierte Berichterstattung über Aufsichtsratsvorsitzende, aber auch Anlässe außerhalb des Unternehmenskontexts (2,2 %; n = 17).

Themen der Berichterstattung

Bei der Analyse der *Themen der Berichterstattung* wurden klassische Themen der Überwachungs- und Kontrolltätigkeit des Aufsichtsrats aus der Theorie abgeleitet (Abschnitt 3.2) sowie weitere Themen induktiv im Rahmen der Inhaltsanalyse ergänzt. Dabei ist es interessant, welche Themen bei der Berichterstattung zu

Aufsichtsratsvorsitzenden aufgegriffen wurden, da die kulturellen Werte einer Gesellschaft ebenso wie politische oder wirtschaftliche Interessen beeinflussen können, welche Themen öffentliche Aufmerksamkeit erhalten (Hilgartner & Bosk, 1988, S. 64).

Die Top-5-Themen der Berichterstattung zeigen, dass die Auswahl bzw. Bestellung des Vorstands, als eine zentrale Aufgabe des Aufsichtsrats, die im Rahmen der Regelkommunikation von Unternehmen umgesetzt wird, am häufigsten thematisiert wird (194 Medienartikel, 7 Analystenreports). Die Zusammensetzung des Aufsichtsrats wird in den Medienartikeln (Platz 2; n = 153) und Analystenreports (Platz 3; n = 3) oft aufgegriffen, hier handelt es sich ebenfalls um eine zentrale Aufgabe des Aufsichtsrats, die, die zur Regelkommunikation des Unternehmens gehören.

Aufgrund der geringen Fallzahl sind in Tabelle 7.1 alle Themen der Analystenreports abgebildet, während bei der Medienberichterstattung noch Themen folgen. So werden in Analystenreports Sondersituationen, wie Übernahmesituationen und aktivistische Aktionäre, thematisiert, dies findet auch in der Medienberichterstattung Einklang, aber nicht innerhalb der Top-5-Themen. Weiterhin werden in den Medien vor allem die Hauptversammlung (n = 76) und Vergütung des Vorstands (n = 68), die ein Teil der Regelkommunikation sind, aufgegriffen. Interessanterweise wird auch die Unternehmensentwicklung bzw. -strategie häufig im Zusammenhang mit dem Aufsichtsrat thematisiert (85 Medienberichte, 2 Analystenreports), was keine klassische Regelkommunikation des Aufsichtsrats darstellt.

Tabelle 7.1 Top-5-Themen der Berichterstattung

	Medienberichterstattung	Analystenreports
1	Auswahl/Bestellung des Vorstands	Auswahl/Bestellung des Vorstands
2	Zusammensetzung des Aufsichtsrats	Übernahmesituationen
3	Unternehmensentwicklung/-strategie	Zusammensetzung des Aufsichtsrats
4	Hauptversammlung	Unternehmensentwicklung/-strategie Aktivistische Aktionäre Directors Dealings des Aufsichtsrat
5	Vergütung des Vorstands	

Die *Themen in Verbindung mit dem Anlass der Berichterstattung* zeigen, dass in den Analystenreports über die klassischen Aufsichtsratsthemen (Auswahl/Bestellung des Vorstands, Zusammensetzung des Aufsichtsrats) berichtet wird, die im Rahmen der Regelkommunikation vom Unternehmen kommuniziert werden. Reports zu Übernahmen und aktivistischen Aktionären stehen im Zusammenhang mit Sondersituationen.

In der Medienberichterstattung ergibt sich aufgrund der Detaillierung der Anlässe ein differenziertes Bild (Abbildung 7.5). Die klassischen Aufgaben der Aufsichtsrattätigkeit (Auswahl/Bestellung des Vorstands, Zusammensetzung des Aufsichtsrats, Vergütung des Vorstands) stehen zwar schwerpunktmäßig in Zusammenhang mit der Regelkommunikation, diese Themen werden aber auch im Rahmen von personalisierter Berichterstattung (Personality-Stories) aufgegriffen. Ein großer Teil der Personality-Stories greift jedoch die Rolle von Aufsichtsratsvorsitzenden bei der Unternehmensentwicklung/-strategie (n = 54), der Zusammensetzung des Aufsichtsrats (n = 33), der Auswahl/Bestellung des Vorstands (n = 14) sowie Ermittlungen (n = 12) auf.

Wenn Sondersituationen den Anlass für die Berichterstattung sind, werden vor allem Übernahmesituationen (n = 47), Ermittlungen (n = 30), aktivistische Investoren (n = 23), aber auch die Unternehmensentwicklung/-strategie (n = 19) und die Zusammensetzung des Aufsichtsrats (n = 10) thematisiert. Themen, die unabhängig vom Unternehmen sind, werden von ihrem Anlass auch außerhalb des Unternehmenskontexts aufgegriffen, dabei handelt es sich um Äußerungen von Aufsichtsratsvorsitzenden zu politischen oder wirtschaftlichen Themen.

In dem Zusammenhang ist auch die Betrachtung der *Themen nach Art der Äußerung* interessant. In den Analystenreports erfolgt ein Großteil der Äußerungen im Rahmen der Publizitätspflichten, wie in Tabelle 7.1 dargestellt, geht es dabei schwerpunktmäßig um die Aufgaben des Aufsichtsrats bei der Auswahl/Bestellung des Vorstands (n = 7) und die Zusammensetzung des Aufsichtsrats (n = 3). Freiwillige Äußerungen von Aufsichtsratsvorsitzenden werden in Analystenreports nur in Übernahmesituationen (n = 2) und in Bezug auf die Unternehmensentwicklung/-strategie (n = 1) aufgenommen.

In der Medienberichterstattung werden zu den primären Aufgaben des Aufsichtsrats (Auswahl/Bestellung des Vorstands (n = 128), Zusammensetzung des Aufsichtsrats (n = 75)) ebenfalls vor allem Äußerungen im Rahmen der Publizitätspflichten rezipiert. Eine freiwillige Kommunikation des ARV ist meist unabhängig vom Unternehmen (n = 30), zur Unternehmensentwicklung/-strategie (n = 26) oder in Übernahmesituationen (n = 3) der Fall.

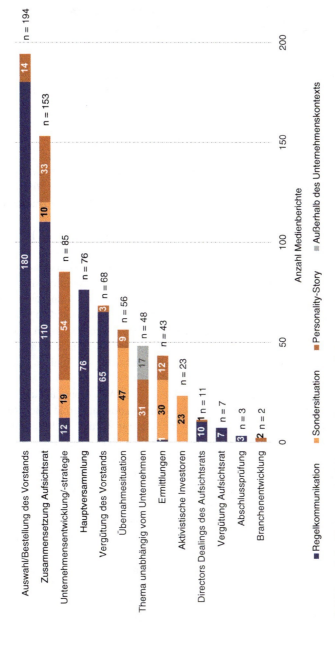

Abbildung 7.5 Themen nach Anlässen im Rahmen der Medienberichterstattung

7.1.2 Zwischenfazit: Fünf ereignisbezogene Typen der Kommunikation von Aufsichtsratsvorsitzenden

Wie in Abschnitt 6.2.1 beschrieben, wurden die Medienberichte und Analysten-reports weitergehend mithilfe einer typisierenden Strukturierung analysiert. Bei der typisierenden Strukturierung wird die Suche in und Beschreibung des Mate-rials anhand markanter Merkmale ausgerichtet. Diese Merkmale können „extreme Ausprägungen" annehmen, von „besonderem theoretischen Interesse" sein oder „häufig" vorkommen (Mayring, 2015, S. 103).

Anhand der Theorie wurde dabei die Dichotomie vom *Anlass der ARV-Kommunikation* (Regelkommunikation oder Sondersituationen) und die *Art der Äußerung von Aufsichtsratsvorsitzenden* (Publizitätspflichten oder freiwillige Kommunikation) als typische Kriterien definiert, um die Kommunikation von Aufsichtsratsvorsitzenden beschreiben zu können.

Für die typisierende Strukturierung wurde das Datenmaterial wie folgt unter-sucht: Zunächst wurden nur die Artikel ausgewählt, bei denen sich in Bezug auf die Art der Äußerung auch eine Äußerung von Aufsichtsratsvorsitzenden identifiziert werden konnte. Dies war notwendig, da im Sample der Medienbe-richterstattung auch Artikel aufgenommen wurden, bei denen keine eindeutige Äußerung eines Aufsichtsratsvorsitzenden identifiziert wurde, sondern stattdes-sen Informationen aus sog. unternehmensnahen Kreisen herangezogen wurden. Dabei handelt es sich um Personen, die von Journalisten nicht namentlich zitiert werden möchten. In diesem Schritt wurden 310 Artikel für die Analyse entfernt, sodass noch 459 Artikel zu analysieren waren.

Schließlich wurden in Bezug auf den „Anlass" der ARV-Kommunikation nur die Artikel berücksichtigt, bei denen die Berichterstattung aufgrund einer Regel-kommunikation oder Sondersituation basierte. Zudem wurden auch die Artikel und Reports analysiert, bei denen der Anlass keinen Unternehmensbezug hatte, aber eine Äußerung des ARV identifiziert werden konnte. In diesem Schritt wur-den die 53 Artikel entfernt, deren Anlass eine sog. Personality-Story war, also eine von Journalisten angestoßene personalisierte Berichterstattung über Auf-sichtsratsvorsitzende. Dadurch ergab sich ein neues Sample für die typisierende Inhaltsanalyse von 406 Medienartikel und 20 Analystenreports.

Im nächsten Schritt wurde das Material hinsichtlich dieser Ausprägungen gesichtet. Der im Datenmaterial sowohl bei den Medienberichten als auch den Analystenreports am häufigsten ermittelte Typ 1 lässt sich als Publizitäts-pflichten im Rahmen der Regelkommunikation beschreiben (Tabelle 7.2). Am seltensten findet sich der Typ 5, die freiwillige öffentliche Kommunikation von Aufsichtsratsvorsitzenden ohne Bezug zum Unternehmen.

Tabelle 7.2 Typisierende Merkmale der Inhaltsanalyse von Medienberichten (n = 406) und Analystenreports (n = 20)

		Art der Äußerung	
		Publizitätspflichten	*freiwillig*
Anlass	*Regelkommunikation*	*Typ 1* + 72,4 % der Medienberichte (n = 294) + 65 % der Analystenreports (n = 13)	*Typ 2* + 7,5 % der Medienberichte (n = 30)
	Sondersituationen	*Typ 3* + 5,4 % der Medienberichte (n = 22) + 20 % der Analystenreports (n = 4)	*Typ 4* + 10,8 % der Medienberichte (n = 44) + 15 % der Analystenreports (n = 3)
	Kein Unternehmensbezug		*Typ 5* + 3,9 % der Medienberichte (n = 16)

Im Folgenden sollen die fünf ereignisbezogenen Typen der Kommunikation von Aufsichtsratsvorsitzenden beschrieben und an Beispielen am empirischen Material gezeigt werden (Tabelle 7.3).

Tabelle 7.3 Fünf ereignisbezogene Typen der Kommunikation von Aufsichtsratsvorsitzenden

Typ 1	**Publizitätspflichten** des Aufsichtsrats *im Rahmen der Regelkommunikation*
Typ 2	**Freiwillige öffentliche Kommunikation** von Aufsichtsratsvorsitzenden *im Rahmen der Regelkommunikation*
Typ 3	**Publizitätspflichten** des Aufsichtsrats *in Sondersituationen*
Typ 4	**Freiwillige öffentliche Kommunikation** von Aufsichtsratsvorsitzenden *in Sondersituationen*
Typ 5	**Freiwillige öffentliche Kommunikation von Aufsichtsratsvorsitzenden** *ohne Bezug zum Unternehmen*

Zudem bilden die Typen die Grundlage für die Fallauswahl der Unternehmen für die Expertengespräche der strategischen Analyse (Abschnitt 6.3). Es handelt sich dabei um typische Fälle der ARV-Kommunikation. Damit soll sichergestellt werden, dass eine maximale Breite an relevanten Informationen zur Kommunikation von Aufsichtsratsvorsitzenden erreicht werden kann.

Typ 1: Publizitätspflichten des Aufsichtsrats im Rahmen der Regelkommunikation

Der erste Typ kann als Klassiker der Aufsichtsratskommunikation beschrieben werden. Dieser Typ macht mit 65 Prozent der Analystenreports (n = 13) und 72,4 Prozent der Medienberichte (n = 294) den größten Anteil der Berichterstattung zu Aufsichtsratsvorsitzenden aus.

Aus der Aufsichtsratstätigkeit ergeben sich verschiedene Publizitätspflichten, die meist im Rahmen der Regelkommunikation des Unternehmens veröffentlicht werden. Im Gesetz finden sich diesbezüglich verschiedene Kommunikationsmaßnahmen, vor allem der Aufsichtsratsbericht, Corporate-Governance-Bericht, Entsprechenserklärung sowie Ad-hoc-Publizität (Abschnitt 5.1.2). Ob eine Information, die die Aufgaben des Aufsichtsrats betreffen, tatsächlich ad hoc relevant ist, bleibt dabei stets zu prüfen. In der Praxis zeigt sich, dass die kurzen normierten Ad-hoc-Mitteilungen häufig durch längere Pressemitteilungen ergänzt werden, die in vielen Fällen auch Zitate der Unternehmensführung enthalten. Pressemitteilungen zu aufsichtsratsrelevanten Themen enthalten demnach meist ein Zitat von den Aufsichtsratsvorsitzenden des Unternehmens.

Das erste Beispiel soll anhand einer zentralen Aufgabe des Aufsichtsrats, der Auswahl bzw. Bestellung des Vorstands, gezeigt werden: Die BASF SE veröffentlichte am 21. Dezember 2017 eine Pressemitteilung zum Wechsel des Vorstandsvorsitzenden, darin ist auch ein Zitat des Aufsichtsratsvorsitzenden Dr. Jürgen Hambrecht enthalten:

> „Der Wechsel im nächsten Jahr ist Teil der langfristigen Nachfolgeplanung für Aufsichtsrat und Vorstand der BASF. [...] In den vergangenen sieben Jahren hat Kurt Bock als Vorsitzender des Vorstands das Unternehmen entscheidend geprägt und erfolgreich weiterentwickelt. Wir haben ihn gebeten, 2020 für den Aufsichtsrat der BASF zu kandidieren, damit das Unternehmen weiterhin von seinen Fähigkeiten und Erfahrungen profitieren kann. Mit Martin Brudermüller haben wir wieder einen überaus kompetenten und erfahrenen Nachfolger aus den eigenen Reihen" (BASF SE, 2017, S. 1).

Diese Meldung sowie die Äußerung des ARV im Rahmen der Regelkommunikation finden sich schließlich in Analystenreports (Evercore ISI, 2017) und verschiedenen Medienberichten wieder. Dabei können Zitate indirekt übernommen werden (Dorstert, 2017), aber auch Bewertungen von Journalisten zur Situation sind möglich:

> „So hat es der amtierende Aufsichtsratsvorsitzende und langjährige Konzernchef Jürgen Hambrecht entschieden. Hambrecht ist jetzt 71 Jahre alt, die Rochade trägt unmissverständlich seine Handschrift" (Freytag, 2017, S. 24).

Zweitens können auch die Aktienkäufe von Aufsichtsratsmitgliedern, die im Rahmen von Directors Dealings auf der Website des Unternehmens veröffentlicht werden, zu einer Berichterstattung führen. Kurz nach der Benennung eines neuen CEOs kaufte der Aufsichtsratsvorsitzende von Hugo Boss Aktien des Unternehmens im Wert von 100.000 Euro. Dies wird sowohl in der Medienberichterstattung (Gomez, 2016) als auch in Analystenreports (Hauck & Aufhäuser, 2016) thematisiert und dabei als Vertrauensbekundung für den neuen Vorstandsvorsitzenden bewertet.

Drittens wird auch die Erläuterung des Aufsichtsratsberichts auf der Hauptversammlung immer wieder in der Medienberichterstattung aufgegriffen. Die Analyse der Berichterstattung im Zeitverlauf zeigt, dass in den Monaten April und Mai mehr Medienartikel zu Aufsichtsratsvorsitzenden erscheinen (Abbildung 7.1). Als Beispiel soll hier die Rede des SAP-Mitgründers und Aufsichtsratsvorsitzenden Hasso Plattner gezeigt werden, der auf der Hauptversammlung 2017 diese Erläuterung zum Anlass nahm, das neue Vergütungssystem des Vorstands zu verteidigen. Ausschnitte der Rede werden in mehreren Medien ausführlich wiedergegeben und von den Journalisten kommentiert:

> „Hasso Plattner nimmt sich in seiner Rede mehr als 20 Minuten Zeit, um die SAP-Gehälter zu verteidigen. Dabei legt er seine demonstrativ gute Laune beiseite, erhebt die Stimme und zerteilt die Luft mit Handkantenschlägen. ‚In unserer Branche werden noch ganz andere Gehälter gezahlt‘, ruft er und beginnt aufzuzählen: IBM, Hewlett Packard, Salesforce, Oracle. All diese Konkurrenten zahlten den Vorstandschefs zwischen 30 und 41 Millionen Euro, sagt Plattner. Deshalb sei McDermotts Gehalt ‚angemessen, um SAP wettbewerbsfähig zu halten‘" (Mayr, 2017, S. 20).

Nur 49,51 Prozent der Aktionäre der SAP entlasten den Aufsichtsrat von SAP auf dieser Hauptversammlung. Mittlerweile hat die Hauptversammlung nach der ARUG II-Änderung die Möglichkeit, alle vier Jahre über das Vergütungssystem abstimmen (Abschnitt 3.2).

Da es sich um die Publizitätspflichten im Rahmen der Regelkommunikation des Unternehmens handelt, ist davon auszugehen, dass die Kommunikationsfunktionen bei der Vorbereitung und Unterstützung dieser Kommunikation beteiligt sind. Die konkrete Umsetzung wird im Rahmen der Experteninterviews beleuchtet (Abschnitt 8.1.2).

Typ 2: Freiwillige öffentliche Kommunikation von Aufsichtsratsvorsitzenden im Rahmen der Regelkommunikation
Beim zweiten Typen handelt es sich um Situationen, bei denen sich Aufsichtsratsvorsitzende freiwillig öffentlich in Bezug auf Themen der Regelkommunikation

äußern. Dieser Typ kommt deutlich seltener vor und konnte nur aus der Medienbe-richterstattung (7,5 %; n = 30) identifiziert werden, es finden sich keine Beispiele in den Analystenreports. Typ 2 soll anhand von drei exemplarischen Beispielen erläutert werden.

Erstens kann es vorkommen, dass die Regelkommunikation des Unternehmens, z. B. eine Pressemitteilung zu einem Vorstandswechsel, durch eine freiwillige Kommunikation von Aufsichtsratsvorsitzenden, z. B. ein Interview, im Nachgang begleitet wird. Hier kann folgendes Beispiel der Deutschen Börse AG herangezo-gen werden: Nachdem am 26. Oktober 2017 in einer Ad-hoc- und Pressemitteilung der Rücktritt des amtierenden Vorstandsvorsitzenden Carsten Kengeter mitgeteilt wurde (Deutsche Börse AG, 2017), finden sich einen Tag später einige Zitate vom Aufsichtsratsvorsitzenden Dr. Joachim Faber zur Einordnung der Situation in Medienberichten:

> „Wir bedauern den Rücktritt sehr. [...] Herr Kengeter ist von sich aus zu uns gekom-men. [...] Die Deutsche Börse steht heute wesentlich besser da als vor seinem Amts-antritt" (Mohr, 2017, S. 17).

Zusätzlich erschien wenige Tage später ein Artikel in der Frankfurter Allgemeinen Sonntagszeitung, in dem anhand von weiteren Zitaten des ARV das Anforderungs-profil sowie ein Zeitplan zur Auswahl des künftigen CEO beschrieben werden (Meck, 2017, S. 25).

Zweitens gibt es Beispiele, in denen Aufsichtsratsvorsitzende unterjährig Ent-wicklungen zu Aufsichtsratsthemen kommentieren, jedoch ohne direkten zeitlichen Zusammenhang mit einer Regelkommunikation des Unternehmens. So veränderte sich bei der Henkel AG & Co. KGaA im April 2016 die Zusammensetzung des Aufsichtsratsgremiums nach Wahlen auf der Hauptversammlung (Henkel, 2016). In einem Interview mit dem manager magazin im August äußerte sich die Auf-sichtsratsvorsitzende Simone Bagel-Trah nach der Veröffentlichung der Studie Board Diversity Index, zum veränderten Frauenanteil im Aufsichtsrat sowie dem angestrebten Kompetenzprofil durch die neue Gremienzusammensetzung (Klus-mann & Werle, 2016, S. 22). Frau Bagel-Trah war zu diesem Zeitpunkt die einzige weibliche Aufsichtsratsvorsitzende eines DAX-Unternehmens, zudem waren der Frauenanteil im Aufsichtsrat (37,5 %) und allgemein in Führungspositionen (33 %) bei Henkel im Vergleich höher als bei anderen DAX-Unternehmen (Klusmann & Werle, 2016, S. 22). Dieses Beispiel zeigt die Möglichkeit, dass bestimmte The-men zu einer Kommunikation bzw. Positionierung des Unternehmens bzw. von Aufsichtsratsvorsitzenden genutzt werden können.

Im dritten Beispiel geht es um öffentliche Äußerungen von Aufsichtsratsvor-sitzenden ohne zeitlichen, aber inhaltlichen Bezug zur Regelkommunikation. Als

Beispiel kann hier das Jahresauftaktinterview 2017 der Frankfurter Allgemeinen Sonntagszeitung mit dem Aufsichtsratsvorsitzenden der Deutschen Bank AG, Paul Achleitner, herangezogen werden (Hank & Meck, 2017). Im Gespräch wurden sowohl die anstehenden Neuwahlen zum Aufsichtsrat, die Vorstandsvergütung, aber auch das operative Geschäft der Bank sowie politische Entwicklungen zur Regulierung der Branche thematisiert.

Inwiefern diese freiwilligen Äußerungen in Medien zur Regelkommunikation im Rahmen des Kommunikationsmanagements von der PR-Abteilung unterstützt bzw. sogar initiiert werden, soll im Rahmen der Experteninterviews untersucht werden (Abschnitt 8.2.3.4).

Typ 3: Publizitätspflichten des Aufsichtsrats in Sondersituationen
Beim dritten Typus handelt es sich um Publizitätspflichten des Aufsichtsrats in Sondersituationen. Sondersituationen werden in dieser Arbeit als Diskontinuitäten des Geschäfts verstanden, also z. B. Krisen, Übernahmen, Reorganisationen, aber auch der Umgang mit aktivistischen Aktionären. Eine Pflichtkommunikation wäre demnach u. a. die begründete Stellungnahme von Vorstand und Aufsichtsrat bei einer angestrebten Übernahme (Abschnitt 5.1.2). Dieser Typus findet sich häufiger in den Analystenreports (20 %; n = 4), tritt jedoch bei der Medienberichterstattung eher selten auf (5,4 %; n = 22). Eine Interpretationsmöglichkeit in Bezug auf die Medien könnte dabei sein, dass es in Sondersituationen meist um operative Themen der Geschäftstätigkeit geht, wozu es nur wenige Publizitätspflichten für Aufsichtsratsvorsitzende gibt.

Als Beispiel für diesen Typ soll hier die Kampagne von aktivistischen Aktionären gegenüber dem Aufsichtsrat der Stada Arzneimittel AG vorgestellt werden. Im Rahmen der ordentlichen Hauptversammlung des Unternehmens am 26. August 2016 wurden nach einem Ergänzungsantrag des aktivistischen Aktionärs Active Ownership Capital der amtierende Aufsichtsratsvorsitzende abgewählt sowie ein neuer Vorsitzender und weitere Aufsichtsratsmitglieder gewählt (Stada Arzneimittel AG, 2016). Dieses Ereignis und eine Vorstellung des neuen Aufsichtsratsvorsitzenden Carl Ferdinand Oetker wurden sowohl in Analystenreports (Kepler Cheuvreux, 2016) als auch in Medienberichten (Wadewitz, 2016) thematisiert.

Die Einbindung der Publizitätspflichten des Aufsichtsrats in Sondersituationen in das Kommunikationsmanagement soll in den Experteninterviews mit den Unternehmensakteuren beleuchtet werden (Abschnitt 8.1.2.1).

Typ 4: Freiwillige öffentliche Kommunikation von Aufsichtsratsvorsitzenden in Sondersituation

Im vierten Typ sind Ereignisse zusammengefasst, bei denen Aufsichtsratsvorsitzende in Sondersituationen freiwillig öffentlich Stellung beziehen. Insgesamt kommt dieser Typ in 15 Prozent der Analystenreports (n = 3) und 10,8 Prozent der Medienberichte (n = 44) vor. Dies soll an drei Beispielen verdeutlicht werden.

Erstens veröffentlichen, wie in Abschnitt 5.1.2 beschrieben, bei einer Übernahmesituation der Vorstand und Aufsichtsrat des Zielunternehmens gemeinsam eine begründete Stellungnahme nach § 27 Abs. 1 WpÜG. Zum Übernahmeangebot der Fortum Deutschland SE wählte die Uniper SE neben der Veröffentlichung der begründeten Stellungnahme (Uniper SE, 2017), deren Argumentation in Analystenreports (J.P. Morgan, 2017) aufgenommen wurde, auch eine freiwillige ergänzende Kommunikation. Auf einer gemeinsamen Pressekonferenz, die noch digital verfügbar ist, kommentierten sowohl der Aufsichtsratsvorsitzende Dr. Bernhard Reutersberg als auch der CEO und CFO von Uniper das Angebot (Reutersberg, 2017). Diese freiwillige Kommunikation des Unternehmens und insbesondere des Aufsichtsratsvorsitzenden wurde umfangreich in den Medien aufgenommen (Bünder, 2017). Die gemeinsame Pressekonferenz von Vorstand und Aufsichtsrat lässt darauf schließen, dass die Kommunikationsfunktionen des Unternehmens eine relevante Rolle bei der Vorbereitung dieser Kommunikation des Aufsichtsratsvorsitzenden innehaben.

Zweitens konnten im Rahmen der Fusion von Linde und dem US-amerikanischen Unternehmen Praxair mehrfach freiwillige öffentliche Äußerungen des Aufsichtsratsvorsitzenden Wolfgang Reitzle identifiziert werden. Ein besonders markantes Beispiel ist ein Interview von Herrn Reitzle in der Financial Times, in dem er sagt, dass er bei einem Widerstand der Arbeitnehmerseite im Aufsichtsrat gegen den Zusammenschluss, Gebrauch von seinem doppelten Stimmrecht als Aufsichtsratsvorsitzende machen würde. Dieses Zitat („Ja, ich bin bereit, das zu tun") wird sowohl in deutschen Medien (Schauber, 2017, S. 1) aufgenommen als auch in Analystenreports (Kepler Cheuvreux, 2017). Hier zeigt sich, dass aufgrund der Internationalisierung der Kapitalmärkte (Abschnitt 4.1.2) auch Äußerungen in ausländischen Leitmedien in deutschen Medien und Analystenreports aufgegriffen werden können.

Drittens müssen die freiwilligen Äußerungen von Aufsichtsratsvorsitzenden auch bei diesem Typus nicht einen unmittelbaren zeitlichen Bezug zur Kommunikation des Unternehmens in der Sondersituation haben. Als Beispiel kann hier das ganzseitige Interview mit dem Volkswagen-Aufsichtsratsvorsitzenden Hans-Dieter Pötsch gezeigt werden, in dem er sich u. a. zu den strafrechtlichen Konsequenzen

der Diesel-Affäre in den USA sowie zu einer Neuausrichtung der Vorstandsvergütung äußert (Döring, Olsen & Steevens, 2016). Dieses Interview wird anschließend
auch von Analystenreports aufgegriffen, um Implikationen einzuschätzen (Warburg
Research, 2016).

Inwiefern diese freiwilligen Äußerungen von Aufsichtsratsvorsitzenden in Sondersituationen von den Kommunikationsfunktionen unterstützt werden, soll im
weiteren Verlauf der Arbeit untersucht werden (Abschnitt 8.1.2.3).

**Typ 5: Freiwillige öffentliche Kommunikation von Aufsichtsratsvorsitzenden
ohne Bezug zum Unternehmen**

Neben der Dichotomie von Anlass der Kommunikation und Art der Äußerung
konnte im Rahmen der Analyse der Medienberichterstattung noch ein fünfter Typ
identifiziert werden: die öffentliche Kommunikation von Aufsichtsratsvorsitzenden
ohne Bezug zum Unternehmen. Insgesamt macht dieser Typus 3,9 Prozent (n = 16)
der Medienberichte aus.

Aufsichtsratsvorsitzende werden in diesem Typen zu einem individuellen Sprecher, die verschiedene Rollen einnehmen können (Neidhardt, 1994, S. 14; Peters,
1994, S. 57–59): Sie können als Repräsentant des Aufsichtsratsgremiums des Unternehmens (Typ 1 bis 4) sprechen, aber auch als Experte ihre fachliche Reputation
einbringen oder sich als Intellektuelle sozialmoralischen Fragen annehmen. Für die
Verdeutlichung des Typs werden drei Beispiele herangezogen:

• Ein Interview im Handelsblatt mit Karl-Ludwig Kley, dem Aufsichtsratsvorsitzenden der Lufthansa Group und E.ON SE, in dem er über mögliche
  Neuwahlen in Deutschland nach dem Scheitern der Sondierungsgespräche der
  neuen Bundesregierung spricht (Brors, Flauger & Koenen, 2017).
• Mehrere Gastbeiträge im manager magazin von Jürgen Hambrecht, Aufsichtsratsvorsitzender der BASF SE, u. a. zur Europapolitik der Bundesregierung
  (Hambrecht, 2016).
• Ein Interview im Handelsblatt bei dem langjährigen Aufsichtsratsvorsitzenden
  der Siemens AG, Gerhard Cromme, in dem er kurz vor dem Ende seiner Amts-
  zeit auf seine Zeit bei Siemens, politische Themen sowie auf sein zukünftiges
  Engagement blickt (Höpner & Thomas, 2017).

Bei diesem Typ stellt sich im besonderen Maße die Frage, ob und inwieweit
die Kommunikationsfunktionen des Unternehmens die Person dabei unterstützen.
Dies konnte mit einigen Experten im Rahmen der Interviews thematisiert werden
(Abschnitt 8.1.2.3).

Die dargestellten fünf ereignisbezogenen Typen der ARV-Kommunikation bilden die Grundlage für die Fallauswahl für die strategische Analyse der Handlungen. Indem verschiedene Unternehmen identifiziert wurden, die diese fünf Typen repräsentieren, soll eine maximale Breite an relevanten Informationen zu den Strukturen, den Maßnahmen und dem Management der Kommunikation von Aufsichtsratsvorsitzenden erreicht werden kann (Kapitel 8).

Die zentralen Ergebnisse der Inhaltsanalyse der Medienberichterstattung und Analystenreports werden in Abschnitt 7.3 noch einmal rekapituliert. Im Folgenden sollen nun die Ergebnisse des zweiten methodischen Schritts der institutionellen Analyse dargestellt werden. Dabei sollen die Erkenntnisse der Inhaltsanalyse vertieft werden, um so u. a. die Informationsbedürfnisse der Journalisten als Vermittler konkreter beschreiben zu können. Dabei sollen die Erwartungen beschrieben werden, die von außen an die Unternehmen und ihre Aufsichtsratsvorsitzenden gestellt werden. Denn diese Erwartungen können zu (unerkannten) Handlungsbedingungen werden und damit zu einer Anforderung an die ARV-Kommunikation.

7.2   Erwartungen an die Kommunikation von Aufsichtsratsvorsitzenden

Um die Anforderungen an die Kommunikation von Aufsichtsratsvorsitzenden darstellen zu können, wurden im Rahmen der institutionellen Analyse zwei methodische Schritte vollzogen. Erstens wurde eine Inhaltsanalyse der Medienberichterstattung sowie von Analystenreports über Aufsichtsratsvorsitzende von börsennotierten Unternehmen durchgeführt. Auf Basis der Analyse hinsichtlich der Art der Äußerungen von Aufsichtsratsvorsitzenden sowie der Anlässe und Themen der Berichterstattung konnten die Diskurse in der gesellschaftspolitischen Öffentlichkeit sowie der Kapitalmarktöffentlichkeit aufgezeigt werden (Abschnitt 7.1). Insgesamt wurde damit deutlich, welche Bedeutung Corporate-Governance-Themen für die Vermittler in diesen beiden Öffentlichkeitsarenen haben, denn diese Themen liegen im Aufgabenbereich des Aufsichtsratsgremiums. Daraus folgenden ist davon auszugehen, dass ein Informationsbedürfnis hinsichtlich dieser Themen besteht, was zu einer (unerkannten) Handlungsbedingung für die ARV-Kommunikation werden kann.

Um diese Handlungsbedingungen tiefergehend verstehen zu können, wurden im zweiten Schritt der institutionellen Analyse qualitative Experteninterviews mit den Anspruchsgruppen der ARV-Kommunikation durchgeführt (Abschnitt 6.2.2), um deren Erwartungen an die Kommunikation von Aufsichtsratsvorsitzenden beschreiben zu können. Nachdem die Stakeholder aus der Theorie abgeleitet wurden, konnten die konkreten Experten mithilfe der Medienanalyse identifiziert werden. Dabei handelt es sich um Journalisten aus der gesellschaftspolitischen Öffentlichkeit und der Kapitalmarktöffentlichkeit, die über Aufsichtsratsvorsitzende berichtet hatten. Zudem wurden Akteure der gesellschaftspolitischen Öffentlichkeit und Kapitalmarktöffentlichkeit identifiziert, die sich in Artikeln, Kommentaren etc. zur Kommunikation von Aufsichtsratsvorsitzenden geäußert haben. Inwiefern sich die Erwartungen der Anspruchsgruppen differenzieren lassen, wird anhand der Erkenntnisse aus den Gesprächen in Abschnitt 7.2.1 gezeigt.

In diesem Kapitel soll die zweite Forschungsfrage beantwortet werden: Welche Erwartungen haben Stakeholder an die Kommunikation von Aufsichtsratsvorsitzenden? Dabei können die Erwartungen diskutiert werden, die von den Anspruchsgruppen von außen an die Unternehmen und die Aufsichtsratsvorsitzenden gestellt werden. Denn diese Erwartungen können ebenfalls zu (unerkannten) Handlungsbedingungen werden. Diese Handlungsbedingungen können wiederum einen Einfluss auf die unternehmensinternen Strukturen nehmen, insbesondere wenn die Erwartungen eine kritische Schwelle erreichen. Dies kann insbesondere der Fall sein, wenn sich die Erwartungen dynamisch verändern, wie nachfolgend aufgezeigt werden soll. Daher werden in Abschnitt 7.2.2 die Erkenntnisse zu Gründen für eine veränderte Erwartungshaltung an die ARV-Kommunikation gezeigt.

7.2.1 Differenzierung der Erwartungen

Zunächst sollen die inhaltlich strukturierten Ergebnisse der Expertengespräche mit den Anspruchsgruppen vorgestellt werden, die sich auf die erste Unterforschungsfrage beziehen: Wie lassen sich die Erwartungen der Stakeholder an die Kommunikation von Aufsichtsratsvorsitzenden differenzieren? Diese Erkenntnisse sollen im Rahmen des Kommunikationsmanagements dazu beitragen, bei der Ausgangsanalyse die Erwartungen der Stakeholder einordnen zu können. Nur wenn die Kommunikationsverantwortlichen sich bewusst sind, welche Anforderungen gestellt werden, können sie in den weiteren Prozessschritten die Kommunikation adäquat planen, umsetzen und evaluieren.

Die Erwartungen an die Kommunikation von Aufsichtsratsvorsitzenden sollen in dieser Arbeit anhand von zwei Merkmalen differenziert werden: (1) den *Anspruchsgruppen* und (2) der *Situation des Unternehmens*.

Die externen Anspruchsgruppen der ARV-Kommunikation wurden in dieser Arbeit anhand von zwei Öffentlichkeitsarenen theoretisch hergeleitet. Die Principal-Agent-Beziehung zwischen Aufsichtsrat und Aktionären konstituiert die Anforderungen hinsichtlich ihrer Funktion und daraus folgend auch hinsichtlich einer transparenten Kommunikation zu ihren Aufgaben (Abschnitt 5.2). Die Anregung zum Investorendialog nach dem DCGK stellt zudem eine neue Norm der ARV-Kommunikation dar (Abschnitt 5.1.2).

Daher sollen im Folgenden die Erwartungen an die ARV-Kommunikation von den institutionellen Investoren sowie den Aktionärsschützern, als Vertreter von privaten Aktionären, differenziert werden. Dazu kommen die Erwartungen der Stimmrechtsberater, die in der Kapitalmarktöffentlichkeit als Vermittler an Bedeutung gewonnen haben. Schließlich sollen die Erwartungen der Journalisten dargestellt werden, die als Vermittler sowohl in der gesellschaftspolitischen Öffentlichkeit als auch der Kapitalmarktöffentlichkeit die Diskurse der Arenen mit bestimmen.

Das zweite zentrale Differenzierungsmerkmal in dieser Arbeit ist die Situation, in der sich das Unternehmen befindet. Hier wird einerseits eine normale Unternehmenssituation gewählt, um analysieren zu können, ob neben den Publizitätspflichten des Aufsichtsratsgremiums und dem (neuen) Investorendialog nach dem DCGK (Abschnitt 5.1.2) noch weitere Erwartungen an die Kommunikation von Aufsichtsratsvorsitzenden gestellt werden. Andererseits soll dargestellt werden, ob sich die Erwartungen die ARV-Kommunikation in Sondersituationen, in denen es eine Zuständigkeit des Aufsichtsrats gibt, ändern.

Abbildung 7.6 zeigt im Überblick die Differenzierung der Erwartungen an die Kommunikation von Aufsichtsratsvorsitzenden nach Stakeholdern und Situationen, die im Folgenden ausführlich beschrieben wird. Abhängig von der Situation werden die Aussagen der Experten in eine inhaltliche Erwartung an die ARV-Kommunikation sowie hinsichtlich der Kommunikationsmaßnahme synthetisiert.

Bevor auf die Situationen eingegangen wird, soll zunächst hervorgehoben werden, dass aus der Analyse der Expertengespräche extrahiert wurde, dass von Aufsichtsratsvorsitzenden sowie den Kommunikationsverantwortlichen erwartet wird, dass diese die unterschiedlichen Interessenlagen der Stakeholder kennen und sie bei der ARV-Kommunikation entsprechend berücksichtigen:

- *Institutionelle Investoren und Aktionärsschützer*: Aufsichtsratsvorsitzende sollen dialogbereit sein, da Investoren einen legitimen Anspruch auf den Austausch haben.

		Institutionelle Investoren	Aktionärsvertreter	Stimmrechtsberater	Journalisten
Normale Unternehmenssituation	Inhaltliche Erwartung	+ Einschätzung zur Person erlangen + Investorenmeinung einbringen	+ Gleichbehandlung aller Investoren	+ Umfangreiche und aktuelle Informationen erhalten + Fachfragen klären	+ Ereignisse aus AR-Perspektive einordnen
	Maßnahmen	+ Investorendialog nach DCGK	+ Ggf. unterjährige Information zu AR-Arbeit der Aktionäre durch IR	+Publizitätspflichten + Ggf. Engagement bei Zuständigkeit des Aufsichtsrats	+ Hintergrundgespräche
Sondersituation (mit Zuständigkeit des Aufsichtsrats)	Inhaltliche Erwartung		+ Perspektive und Rolle des Aufsichtsratsgremiums verstehen + Handlungsfähigkeit des Unternehmens erkennen		
	Maßnahmen	+ Aktiver(er) Investorendialog; insgesamt aktivere Kommunikation über einen begrenzten Zeitraum		+Publizitätspflichten + Punktuell aktiver(er) Dialog	+ Aktive(re) Kommunikation über einen begrenzten Zeitraum (Interviews, Hintergrundgespräche)

Abbildung 7.6 Differenzierung der Erwartungen an die Kommunikation von Aufsichtsratsvorsitzenden nach Stakeholdern und Situationen

- *Stimmrechtsberater*: Aufsichtsratsvorsitzende sollen kompetent Fragen beantworten können, obwohl die Arbeit der Stimmrechtsberater vor allem auf
  öffentlichen Informationen basiert.
- *Journalisten*: Aufsichtsratsvorsitzende sollen offen für Gespräche mit Medien
  sein, dabei aber die Logik der Medien kennen.

Die befragten Investoren und Aktionärsschützer beschreiben ihre übergeordnete
Erwartung, dass sich Aufsichtsratsvorsitzende für einen Dialog mit Investoren
bereithalten sollten. Diese Erwartung habe eine hohe Legitimität, da der Aufsichtsrat von der Hauptversammlung aller Aktionäre gewählt werde und ihre
Interessen vertrete. Zudem haben vor allem die institutionellen Investoren klare
Vorstellungen bzw. Vorschriften zu gewissen Corporate-Governance-Themen und
müssten sich gegenüber ihren Anlegern rechtfertigen:

> „Wir wählen den Aufsichtsrat. Wir wissen, dass wir nicht das Unternehmen leiten,
> die Strategie setzen oder den Vorstandsvorsitzenden bestellen, aber wir müssen auch
> gegenüber unseren Kunden Rechenschaft ablegen und denen sagen können, ich kann
> nicht für Herrn X stimmen, wenn ich nicht ab und zu mal direkt mit ihm spreche"
> (Investor_1).

Auch die Aktionärsschützer als Vertreter von privaten Investoren sehen einen
Dialog als legitim an, um die Interessenlagen der Aktionäre bei Corporate-
Governance-Entscheidungen mit einbeziehen zu können.

> „Wie sieht es denn der Aufsichtsratsvorsitzende, wenn ein neues Vergütungssystem
> beschlossen wird oder ein neuer Aufsichtsrat gewählt wird. Beziehungsweise auch,
> wenn man auf der Suche nach einem Nachfolger für den Vorstandsvorsitz ist. Da ist
> es wichtig, dass man auch die Seite der Aktionäre hört […] und da auch die größeren
> Aktionärsvertreter einzubeziehen, das halte ich für richtig" (Aktionärsschützer_1).

Für Stimmrechtsberater wiederum, ist der Dialog mit dem Aufsichtsratsvorsitzenden zunächst weniger wichtig, da ihre Arbeit auf der Analyse von öffentlich
verfügbaren Informationen des Unternehmens beruht. Die zentrale Erwartung im
Rahmen eines Engagements liege darin, dass Aufsichtsratsvorsitzende kompetent
die Fragen zur Corporate Governance beantworten. Gespräche mit Unternehmensvertretern könnten jedoch nicht öffentliche Informationen ersetzen und würden
daher nur als Hintergrundinformation genutzt.

> „Für unsere Arbeit geht es darum, dass wir die Information möglichst transpa-
> rent, akkurat, verständlich dargestellt haben. Wenn ein Unternehmen hinsichtlich der
> Punkte, die es zu analysieren gibt, sehr gut erklärt im Geschäftsbericht oder viel-
> leicht auch mit zusätzlichen Dokumenten auf der Internetseite oder vielleicht auch

in der Tagesordnung, dann haben wir alle Informationen. Dann müssen wir theoretisch nicht noch einen Dialog führen. Wenn die Dinge klar sind, sind sie klar" (Stimmrechtsberater_2).

Dem gegenüber ist den journalistischen Vertretern bewusst, dass sich die Kommunikation von Aufsichtsratsvorsitzenden mit ihnen in einer rechtlichen Grauzone befindet. Trotzdem seien Aufsichtsratsvorsitzende Quellen für ihre Berichterstattung. Dementsprechend erwarten sie eine gewisse Offenheit zur Kommunikation von Aufsichtsratsvorsitzenden mit Medien. Dabei wägen die Journalisten jedoch ab, wie Informationen von diesen Akteuren einzuordnen seien und welchen Zweck sie verfolgen würden. Eine Berichterstattung basiere vor allem auf der Logik des jeweiligen Mediums und allgemeingültigen Nachrichtenfaktoren (Abschnitt 4.1.1). Zudem würden sie erwarten, dass Aufsichtsratsvorsitzende die Spielregeln in Mediengespräche kennen und verstehen, wie Journalisten handeln.

„Da erwarte ich auch in solchen Situationen von Aufsichtsräten oder insbesondere auch Aufsichtsratsvorsitzenden, dass sie wissen, was sie sagen dürfen und was sie nicht sagen dürfen. Das sie auch im Kopf haben, dass auch Journalisten gerne mal aus einem Spatzen Elefanten machen, und dass sie das richtig einordnen müssen, mit wem sie reden und was sie demjenigen sagen" (Journalist_1).

Hinsichtlich der übergeordneten Erwartungen der Anspruchsgruppen kann festgehalten werden, dass sich einige davon als Einflussfaktoren auch im Analyserahmen für die Strukturen der ARV-Kommunikation wieder finden. So beziehen sich die Vertreter der Investoren und Aktionärsschützer auf ihren legitimen Anspruch auf den Investorendialog nach dem DCGK, der eine zentrale Norm der ARV-Kommunikation darstellt. Die Nichtbefolgung dieser Norm kann von den Stakeholdern unterschiedlich stark sanktioniert werden. Die Legimität wird daher abgeleitet, dass die Investoren den Aufsichtsrat wählen. Die daraus resultierende Delegation der Aufgaben an den Aufsichtsrat stellt eine autoritative Ressource von Aufsichtsratsvorsitzenden hinsichtlich der Entscheidungskompetenz dar.

Für das Kommunikationsmanagement ist es wichtig, die unterschiedlichen Interessenlagen zu kennen, um diese in der Planungsphase bei Entscheidungen zu einer ARV-Kommunikation berücksichtigen zu können. Denn die Entscheidung mit welchen Anspruchsgruppen ein Aufsichtsratsvorsitzender in den Dialog treten soll, könnte Teil der Kommunikationsordnung des Aufsichtsrats sein (siehe analytische Herleitung in Abschnitt 5.2 sowie im empirischen Zwischenfazit in Abschnitt 8.2.4).

Normale Unternehmenssituation

In einer normalen Unternehmenssituation sind die Publizitätspflichten die zentralen Kommunikationsmaßnahmen der Aufsichtsratskommunikation (Abschnitt 5.1.2). Es wird demnach keine zusätzliche freiwillige Kommunikation von Aufsichtsratsvorsitzenden erwartet. In den Publizitätspflichten, insbesondere im Aufsichtsratsbericht, möchten die Anspruchsgruppen aktuelle und umfangreiche Informationen zur Tätigkeit des Aufsichtsratsgremiums erhalten. Hier zeigt sich die Verbindung zum definierten inhaltlichen Ziel der Aufsichtsratskommunikation, Transparenz hinsichtlich der Überwachungs- und Kontrollaufgaben des Aufsichtsrats herzustellen (Abschnitt 5.3).

Darüber hinaus erwarten die befragten Investoren auch in normalen Unternehmenssituationen einen Dialog mit dem Aufsichtsratsvorsitzenden nach dem DCGK. Mit dem Dialog verfolgen die Investoren folgende zwei Interessen: Erstens möchten die Investoren sich ein besseres Bild von den handelnden Personen machen. Indem sie den Aufsichtsratsvorsitzenden persönlich treffen und einschätzen können, erhoffen sie sich Entscheidungen, insbesondere bei zukünftigen Entwicklungen, besser beurteilen und antizipieren zu können.

> „Wenn der Aufsichtsratsvorsitzende vor Ideen sprüht, dann kann das echte Implikationen auf unsere Investitionsentscheidung haben. Aber 80 Prozent der Gespräche sind für mich ein rein normaler und zusätzlicher Kommunikationskanal. Das ist aber entscheidend, dass sie diese Informationen haben. Das heißt nicht, dass sie uninteressant ist, nur, weil sie diese heute noch nicht verwerten können. Wenn das Unternehmen in eine Schieflage oder unter Druck gerät und sie kennen die agierenden Personen, dann können sie in gewisser Weise antizipieren, wie die reagieren werden. Und sie wissen, wenn der Aufsichtsrat mir im Meeting schon gesagt hat, dass er mit dem Vorstand nicht allzu viel zu tun hat, und der Vorstand baut Mist, dann ist die Wahrscheinlichkeit, dass er rausgeschmissen wird, größer, als hätte ich das Gespräch nicht geführt oder könnte es nicht so einschätzen. Da bekommt man ein besseres Fingerspitzengefühl" (Investor_2).

Zweitens beabsichtigen Investoren, Aufsichtsratsvorsitzende ihre Meinungen bzw. spezifischen Regeln zu Corporate-Governance-Themen mitteilen können, damit diese bei Entscheidungsprozessen berücksichtigt werden. Dies sei vor allem in der Vorbereitung der Hauptversammlung interessant, damit bspw. Anforderungen an Vergütungssysteme oder erwartete Kriterien für die Gremienbesetzung eingebracht werden könnten. Wenn dies bereits im Vorfeld geschehe, würde es aus ihrer Sicht zu weniger Auseinandersetzungen auf der Hauptversammlung kommen. Meist komme es erst zu einem Gespräch, wenn die Tagesordnung bereits stehe. Insgesamt kann festgehalten werden, dass es den befragten Investoren wichtig ist, vom Unternehmen bzw. den Aufsichtsratsvorsitzenden gehört zu werden. Dies ist vor dem

Hintergrund interessant, dass die Beziehungspflege das zweite zentrale Ziel der Aufsichtsratskommunikation darstellt.

> „Ich würde mir wünschen, dass der Aufsichtsrat im Vorfeld der Versammlung, so vielleicht fünf, sechs Monate bevor die Tagesordnung veröffentlicht wird, auch mal mit den wichtigsten Stakeholdern das Gespräch sucht. Nur um mal zu hören, was stellen sie sich denn vor? Welche Anforderungen haben sie? […] Da ist es wichtig, dass man auch die Seite der Aktionäre hört. Erfolgreich wäre es dann aus meiner Sicht, wenn man gehört wird. Das heißt nicht, wenn man dann ex post schimpfen darf, sondern wenn man ex ante auch sagen darf, das wären unsere Kriterien, da wollen wir hin. Was muss besser werden?" (Aktionärsschützer_1).

Für das Kommunikationsmanagement ist in dem Zusammenhang auch relevant, welche konkreten Ansprüche an das Format des Investorendialogs gestellt werden. Zunächst lässt sich aus den Expertengesprächen identifizieren, dass der Dialog nicht nur von Investoren, sondern auch von den Unternehmen, insbesondere im DAX, angefragt werden. Diese Initiative wird durchgehend positiv eingestuft. Aus Sicht der Experten komme der IR-Abteilung die Rolle zu, den Austausch zu organisieren. Als favorisierte Konstellation beschreiben die Investoren daher ein Gespräch mit den Aufsichtsratsvorsitzenden und einem IR-Verantwortlichen, da so eventuell offene Fragen auch im Nachgang geklärt werden könnten. Gespräche mit Aufsichtsratsvorsitzenden und Vorstandsvorsitzenden oder Finanzvorstand werden unterschiedlich eingeschätzt: Einige Experten argumentieren, dass es zu einer Vermischung der Themen komme und die Zeit für Corporate-Governance-Fragen zu kurz sei, während andere Experten es interessant finden, das Zusammenspiel zwischen ARV und CEO zu beobachten und daraus eigene Bewertungen ziehen zu können. Die Teilnahme eines Vertreters aus der Rechtsabteilung wird eher negativ gesehen, da dadurch häufig die Gesprächsthemen eingeschränkt würden.

Auch für die Aktionärsschützer als Vertreter von privaten Investoren sind die gesetzlich vorgeschriebenen Publizitätspflichten die wichtigsten Kommunikationsmaßnahmen des Aufsichtsrats. Ob der jährliche Aufsichtsratsbericht als zentrale Maßnahme jedoch zukünftig die erhoffte Transparenz gewährleisten kann, wird in Frage gestellt. Da der Investorendialog mit Aufsichtsratsvorsitzenden unterjährig stattfinden würde, müsse zukünftig entsprechend darüber berichtet werden, z. B. auf der Website des Unternehmens. Die Experten haben jedoch keine genauen Vorstellungen, wie die Berichterstattung des Aufsichtsrats zukünftig angepasst werden sollte.

> „Mit einmal gibt es unterjährig Gespräche zwischen Investoren und Aufsichtsrat. Durch die lange Dauer des Nichtkommunizierens des Aufsichtsrats nach außen haben wir automatisch unterjährig damit Neuigkeiten, die aber der Rest der Welt dann nicht

kennt. [...] Wie schaffen wir es, alle Investoren oder die Öffentlichkeit über den Inhalt dieser Gespräche zu informieren?" (Aktionärsschützer_2).

Auf Nachfrage in den Expertengesprächen wird der Investorendialog nicht als Problem für die Gleichbehandlung von Investoren eingeschätzt. Dies sei der Fall, da der Vorstand ebenfalls mit den größten Vermögensverwaltern spreche – relevant sei daher vor allem, dass keine insiderrelevanten Informationen besprochen würden. Aufsichtsratsvorsitzende könnten zwar Insiderinformationen in Bezug auf Corporate-Governance-Themen haben, aber die Experten gehen davon aus, dass diese Themen nicht besprochen würden, sondern es vielmehr um Themen für die jeweils anstehenden Hauptversammlungen gehe.

> „Der Aufsichtsrat kann Insider-Infos haben. Das ist klar, aber ich glaube, um die Themen geht es nicht. Ich glaube eher, dass es darum geht, was auf der Hauptversammlung beschlossen wird: Vorstandsvergütung, Aufsichtsratswahlen, Wirtschaftsabschlussprüferwahlen. Und da kann natürlich jeder Aktionär auf der Hauptversammlung auch noch seinen Senf zugeben. Und auf der HV steht der Aufsichtsratsvorsitzende jedem Aktionär zur Verfügung" (Aktionärsschützer_1).

Diese Erkenntnisse zu den Erwartungen hinsichtlich einer unterjährigen Information der Aktionäre zum Investorendialog von Aufsichtsratsvorsitzenden sind relevant für die Investor-Relations-Abteilung. Denn solche Erwartungen können, wenn sie konkreter werden zu einer Anforderung an die ARV-Kommunikation werden.

Für die Stimmrechtsberater stellen die Publizitätspflichten ebenfalls die zentrale Kommunikationsmaßnahme des Aufsichtsrats dar, um umfangreiche Informationen zu erhalten – vor allem vor dem Hintergrund, da ihre Analysen nur auf öffentlich verfügbaren Informationen beruhen (dürfen). Darüber hinaus sei das primäre Ziel für ein Engagement mit Unternehmen, Fachfragen zu klären.

> „Der primäre Zweck für Engagement, gerade innerhalb des Prozesses der Analysearbeit, ist eigentlich der, dass es uns darum geht faktisch richtig zu schreiben. [...] Und wenn wir jetzt auf ein Unternehmen zugehen, dann geht es uns in erster Linie um diese Fragen" (Stimmrechtsberater_2).

Für das Kommunikationsmanagement ist in diesem Zusammenhang relevant, dass die IR-Abteilung als zentraler Ansprechpartner angesehen wird. Sie solle Informationen bereitzustellen und eventuelle Fragen beantworten. Sofern die Themen in der Zuständigkeit des Aufsichtsrats liegen und ein Gespräch als sinnvoll erachtet werde, sei es Aufgabe der IR das Gespräch zu organisieren. Aus Sicht der befragten Stimmrechtsberater könnte es trotzdem relevant sein, mit Unternehmensvertretern grundsätzlich die Abstimmungskriterien zu Corporate-Governance-Themen zu erörtern. Zeitlich würden sie dafür den Herbst präferieren, da dann keine Analysearbeit hinsichtlich der Hauptversammlung anstehe. Abhängig von Unternehmen und Themenlage könnte dabei auch ein Gespräch mit Aufsichtsratsvorsitzenden erfolgen.

Die Journalisten erkennen an, dass eine Kommunikation von Aufsichtsratsvorsitzenden mit Medien eine rechtliche Grauzone darstelle. Trotzdem seien Aufsichtsratsvorsitzende schon lange Quellen für die Unternehmensberichterstattung. Durch diesen Austausch erhoffen sie sich Informationen, die den Journalisten in die Lage versetzen, ein Ereignis richtig einzuordnen, da der Aufsichtsrat eine andere Perspektive als der Vorstand einbringe. Insbesondere bei Themen, die in der Entscheidungsbefugnis des Aufsichtsrats liegen, werde erwartet, dass Aufsichtsratsvorsitzende nicht schweigen: Schweigen sei aus Sicht der Journalisten nicht mehr zeitgemäß. Die in der Medienanalyse identifizierten Interviews von Aufsichtsratsvorsitzenden (Abschnitt 7.1) seien dabei jedoch nur

> „die Spitze des Eisbergs. Wenn Sie eine ehrliche Zahl haben wollen: 10 Prozent der Gespräche sind on, 90 Prozent sind off-the-record" (Journalist_2).

Hintergrundgespräche würden deutlich häufiger durchgeführt, die Erkenntnisse daraus würden sich dann in der Gesamteinschätzung einer Situation durch den Journalisten widerspiegeln. Die Initiierung solcher Gespräche erfolge auf unterschiedliche Weise: Hintergrundgespräche und Anfragen zu Zitaten würden eher von Journalisten angefragt, während Interviews vermehrt auch von den Kommunikationsabteilungen des Unternehmens angeboten würden. Die journalistischen Experten sehen die Rolle der Kommunikationsabteilung dabei kritischer als die Investoren. Die Kommunikationsabteilung werde zum „Diener zweier Herren, dem Management und demjenigen, der das Management kontrollieren soll" (Journalist_2). Ein Gespräch finde dann meist mit einem Pressesprecher, aber auch häufiger allein statt. Diese Erkenntnisse sind interessant für das Kommunikationsmanagement, um die eigene Rolle aber auch den Prozess der Durchführung der ARV-Kommunikation zu evaluieren.

Insgesamt kann festgehalten werden, dass die Erwartungen an die Kommunikation von Aufsichtsratsvorsitzenden vor allem auf den Publizitätspflichten beruhen, insbesondere die Investoren wünschen sich jedoch auch einen darüber hinausgehenden Dialog, abhängig von Unternehmen und Situation.

Sondersituationen

Auch in Sondersituationen werden die existierenden Publizitätspflichten als die zentralen Kommunikationsmaßnahmen der Aufsichtsratskommunikation angesehen. Die Vertreter aller Anspruchsgruppen erwarten in Sondersituationen, die die Zuständigkeit des Aufsichtsrats betreffen, jedoch darüber hinaus eine aktive(re) Kommunikation von Aufsichtsratsvorsitzenden. Der gewünschte Austausch von den verschiedenen Stakeholdern ist dabei analog zu den Formaten bei den zuvor beschriebenen normalen Unternehmenssituationen: Institutionelle Investoren und Aktionärsschützer erhoffen sich einen verstärkten Investorendialog, Stimmrechtsberater einen punktuell aktiven Dialog und Medien eine aktive Kommunikation basierend auf Interviews oder Hintergrundgesprächen. Freiwillige mediale Äußerungen in Sondersituationen würden auch von den Kapitalmarktakteuren aufmerksam beobachtet. Die freiwillige Kommunikation sollte jedoch abhängig von der Situation sein und nur über einen begrenzten Zeitraum erfolgen.

„Bei Krisensituationen, z. B. bei Volkswagen, Diesel-Gate, da kann ich mir schon mal vorstellen, dass wenn jetzt der Herr Winterkorn gerade gegangen wurde, der Aufsichtsrat ein bisschen aktiver wird, ein Bild nach außen gibt und Aufklärung verspricht, mit der Politik redet, mit Vertretern von den Autohändlern. Die sind wichtig für die VW. Vielleicht mit Kunden, mit Verbraucherzentralen etc. Dass der dann auch mal das Gespräch sucht, aber wirklich nur sehr begrenzt, für einen begrenzten Zeitraum in so einer Situation. Alles andere, glaube ich, würde zu weit führen, dann würde das zu weit weg von seiner Aufgabe gehen" (Aktionärsschützer_1).

Die Erwartungen der Experten hinsichtlich einer aktiveren, freiwilligen Kommunikation in Sondersituationen sind dabei gleich: Sie erhoffen sich davon, die Rolle und Perspektive des Aufsichtsrats in Bezug auf die spezifische Situation zu verstehen. Gerade bei personellen Veränderungen im Vorstand sei es wichtig, die Handlungsfähigkeit des Unternehmens zu erkennen. Dies sei bspw. möglich, indem die anstehenden, notwendigen Schritte aus Sicht des Aufsichtsratsgremiums erklärt würden. Insgesamt solle eine freiwillige Kommunikation von Aufsichtsratsvorsitzenden die Unsicherheit der verschiedenen Stakeholder eines Unternehmens reduzieren.

„Bei diesen außergewöhnlichen Anlässen, da reicht die Hauptversammlung nicht aus. Da sollte er in der Tat die Öffentlichkeit suchen, auf welchem Weg auch immer. Das kann in kritischen Phasen eine Erklärung sein. Das kann aber auch mal eben ein Interview in entsprechenden Medien sein. Jedenfalls so, dass er sich dazu äußert und das auch wahrgenommen wird" (Journalist_1).

Zusammenfassend lässt sich festhalten, dass sich die Erwartungen der Stakeholder an die Kommunikation von Aufsichtsratsvorsitzenden während der Regelkommunikation in normalen Unternehmenssituationen und in Sondersituationen nicht grundlegend unterscheiden. Die bestehenden Publizitätspflichten als zentrale Maßnahme der Aufsichtsratskommunikation sowie der Investorendialog decken einen Großteil des Informationsbedürfnisses ab. Stimmrechtsberater und Journalisten schätzen zwar den Dialog, aber sehen ihn eher als ergänzende Sichtweise für ihre Arbeit. Vor allem in Sondersituationen wird deutlich, dass die Anspruchsgruppen sich Orientierung wünschen.

Diese Erkenntnisse sind für das Kommunikationsmanagement der ARV-Kommunikation relevant. Die Erwartungen an die Kommunikation sollten bereits in der Analysephase systematisch erfasst werden und mit der internen Aufstellung der ARV-Kommunikation abgeglichen werden. Wenn aufsichtsratsrelevante Themen, wie z. B. die Vorstandsvergütung, auf der Hauptversammlung anstehen, so sollte dies auch in der Planungsphase des Kommunikationsmanagements Beachtung finden. Die IR- und PR-Abteilung stehen im stetigen Austausch mit den Stakeholdern und bilden eine Brücke für die Aufsichtsratsvorsitzenden, um die richtigen Maßnahmen zu erarbeiten.

Die Erwartungen von institutionellen Investoren, Aktionärsschützern und Journalisten sind dabei aufgrund der Funktion des Aufsichtsrats nachvollziehbar. Dass auch Stimmrechtsberater sich einen punktuellen Dialog wünschen, obwohl sie diesen nicht in ihre Analysearbeit mit einbeziehen, kann durchaus kritisch hinterfragt werden. Gleichzeitig nehmen sie eine an Bedeutung wachsende Vermittlerrolle ein, die entsprechend berücksichtigt werden sollte.

Nachdem die Erwartungen an die Kommunikation von Aufsichtsratsvorsitzenden hinsichtlich der Stakeholder sowie der Unternehmenssituation differenziert dargestellt wurden, soll nun geklärt werden, aus welchen Gründen es zu einer veränderten Erwartungshaltung an die ARV-Kommunikation ist.

7.2.2 Gründe für die veränderte Erwartungshaltung an die Kommunikation von Aufsichtsratsvorsitzenden

Als Nächstes werden die Ergebnisse aus den Expertengesprächen vorgestellt, die sich auf die zweite Unterfrage der zweiten Forschungsfrage der institutionellen Analyse beziehen: Inwiefern ist es zu einer veränderten Erwartungshaltung an die Kommunikation von Aufsichtsratsvorsitzenden gekommen? Daher soll gezeigt werden, dass es verschiedene kritische Schwellen gab, die zu einer Veränderung der Erwartungen geführt haben. Diese externen Veränderungen können wiederum einen Einfluss auf die unternehmensinternen Strukturen der ARV-Kommunikation haben, da sich dadurch Regeln verändern und Ressourcen verschieben können. Dabei kann ein einzelner Akteur die Veränderungen nicht erzwingen, sondern sie werden durch das Zusammenspiel verschiedener Akteure hervorgebracht. Wenn sich also die Erwartungen an Stakeholder an die ARV-Kommunikation ändern, dann können daraus intendierte und nichtintendierte Handlungsfolgen für die Unternehmen entstehen (Kapitel 2).

Aus den Expertengesprächen lassen sich vier Gründe für die Veränderung der Erwartungshaltung an die Kommunikation von Aufsichtsratsvorsitzenden identifizieren. Sie können auf einer Makro-Ebene, verstanden als übergeordnete Strukturen, in denen Unternehmen handeln, aber auch auf der Mikro-Ebene, der individuellen Handlungsebene des Akteurs, eingeordnet werden:

Makro-Ebene

- Kapitalmarkt: Veränderung des Aktionariats der Unternehmen
- Regulierung: Aufnahme des Investorendialogs in den DCGK
- Öffentlichkeit: Veränderung der öffentlichen Wahrnehmung des Aufsichtsratsgremiums

Mikro-Ebene

- Neue Generation von Aufsichtsratsvorsitzenden

Im Folgenden wird kurz auf diese vier Gründe eingegangen, die mit ausgewählten Zitaten und Fakten untermauert werden.

Kapitalmarkt: Veränderung des Aktionariats der Unternehmen
Aufgrund der Liberalisierung und Internationalisierung des Kapitalmarkts (Abschnitt 4.1.2) ist es zu einer deutlichen Veränderung des Aktionariats der börsennotierten Unternehmen in Deutschland gekommen. Während die sog. Deutschland AG lange Zeit durch ein Netzwerk aus sich gegenseitig kontrollierenden Großunternehmen mit Banken und Versicherungen in ihrem Zentrum gekennzeichnet war (Gerke et al., 2009, S. 506 f.), setzen deutsche Unternehmen seit der zweiten Hälfte der 1990er Jahre verstärkt auf eine Finanzierung durch Aktien, Unternehmensanleihen oder die Privatplatzierung von Schuldscheindarlehen (Metten, 2010, S. 206). Dadurch ist es zu einer deutlichen Veränderung der Aktionärsstruktur gekommen.

Institutionelle Investoren bilden bei den meisten deutschen Aktiengesellschaften die größte Aktionärsgruppe (~ 63 %), wobei 55 Prozent der Aktien von ausländischen Aktionären gehalten werden (EY, 2019, S. 4, 9).

Diese internationalen Investoren sind mehrheitlich das monistische Corporate-Governance-System gewohnt, da dies weltweit, insbesondere im angelsächsischen Raum, überwiegend zu finden ist (Böckli, 2009, S. 263). In diesem einstufigen System der Unternehmensführung sei es üblich, dass sowohl der CEO als auch der Chairman, die zudem häufig in Personalunion auftreten können, mit Investoren sprechen würden (Abschnitt 3.1).

> „Wir haben natürlich deutlich mehr angelsächsische Investoren als vor 20 Jahren. Und dann werden die Vorstellungen der Corporate-Governance-Systeme der Investoren automatisch übergestülpt auf das Corporate-Governance-System, was wir in Deutschland haben. Und in den anderen Jurisdiktionen ist es einfach so, dass der Chairman redet. Ich glaube, da treffen sich zwei Welten" (Aktionärsschützer_2).

Der Aufsichtsrat ist aus Sicht der Investoren der natürliche Ansprechpartner für Aktionäre, da diese das Gremium auf der Hauptversammlung wählen würden.

> „Das Ganze kann man an einem einfachen Beispiel erklären. Der Vorstandsvorsitzende sollte nicht selbst über sein Vergütungssystem reden und es erklären. Dafür ist der Aufsichtsrat zuständig, noch zumindest. Und da ist es einfach richtig, dass wenn Investoren da viele Fragen haben, dass dann auch der Aufsichtsrat da Rede und Antwort steht und nicht der Vorstand. Weil, er ist schlichtweg der falsche Ansprechpartner" (Aktionärsschützer_2).

Die Anzahl sowie Investitionsstile von Investoren seien bei größeren Unternehmen naturgemäß breiter, sodass sich die Erwartungen an die Kommunikation von Aufsichtsratsvorsitzenden zunächst an die DAX-Unternehmen gerichtet hätten. Bei Unternehmen in den darunterliegenden Indizes hänge es insbesondere von der (Corporate-Governance-)Situation ab.

> „Durch die Veränderung im Aktionariat von deutschen Unternehmen. Der Großteil der meisten DAX-Unternehmen gehört institutionellen Investoren, den nichtdeutschen institutionellen Investoren, die den Dialog schätzen, kennen aus ihren Heimatmärkten. Die erwarten einfach, wenn man ein halbes Prozent oder 1 Prozent oder sogar noch mehr investiert hat, dass man da die Möglichkeit hat, zumindest mit dem Aufsichtsratsvorsitzenden zu sprechen" (Investor_1).

Internationale Investoren übertragen also ihre Erwartungen und Gewohnheiten auf das dualistische System der Unternehmensführung. Das deutsche Aktiengesetz stellt zwar eine maßgeblich strukturierende Norm für die ARV-Kommunikation dar, durch die Erwartungen hinsichtlich einer Kommunikation werden diese Regeln jedoch hinterfragt.

Gleichzeitig verändern sich auch die Anlagestrategien und damit das Selbstverständnis der Aktionäre. Einerseits haben die Bedeutung und das Volumen von Exchange Traded Funds (ETF), börsengehandelten Indexfonds die sowohl passive als auch aktive Investitionsstrategien verfolgen können, als Anlagevehikel im internationalen Finanzsystem in den vergangenen Jahren deutlich zugenommen (Bundesbank, 2018). Die Ausbreitung von passiven ETFs wird u. a. kritisch betrachtet, da diese die Stimmrechte auf den Hauptversammlungen meist nicht wahrnehmen würden (Rottwilm, 2017).

Andererseits können aktive und aktivistische Aktionäre mittlerweile zu einem festen Bestandteil des Kapitalmarktgeschehens gezählt werden. So wurden im Jahr 2019 weltweit 187 aktivistische Kampagnen gestartet, wobei 43 Investoren erstmalig als Aktivisten auftraten (Lazard, 2020, S. 1). Aktivistische Aktionäre würden im Rahmen ihrer Kampagnen auch immer wieder Stellungnahmen bzw. Entscheidungen des Aufsichtsrats einfordern. Daraus resultiere sowohl eine Veränderung in der Kommunikation der Unternehmensgremien als auch ein Kommunikationsbedürfnis anderer Investoren. Zudem lässt sich festhalten, dass die im Rahmen der Arbeit befragten institutionellen Investoren ein aktives Selbstverständnis artikulieren: So seien sie ihren Anlegern gegenüber verpflichtet, die Unternehmen und Unternehmensführung ihrer Investitionen genau zu prüfen. Andererseits müssten sie im Falle einer aktivistischen Kampagne darauf reagieren und sich eine Meinung bilden. Beides führe zu einem verstärkten Wunsch nach Dialog mit dem Unternehmen insgesamt und bei bestimmten Themen auch im speziellen mit Aufsichtsratsvorsitzenden.

„Es gibt natürlich sehr viele aggressive Investoren, die die Investorengemeinschaft sehr aufmischen. Selbst wenn sie normaler Investor sind, der überhaupt gar kein Interesse hat, das irgendwie es laut wird oder so, da kommen sie nicht drum rum sich zu positionieren, wenn dann ein aktivistischer Investor aufs Tablett kommt. Und da müssen sie sich irgendwie positionieren, und das können sie eigentlich nur, wenn sie dann auch kommunizieren mit dem Unternehmen und dann eben auch meistens über Corporate-Governance-Themen, die den Aufsichtsrat betreffen. Und da werden die meisten Investoren, die jetzt sich vielleicht noch zurückhalten, auch deutlich aktiver und näher ran rücken ans Unternehmen. Und da haben sie automatisch dann nicht nur eben jetzt die Möglichkeit des Aufsichtsratsvorsitzenden zu kommunizieren, sondern sie haben noch mehr den verstärkten Wunsch, auch der nicht sehr aktiven und aktivistischen Investoren, dann Informationen zu erhalten" (Aktionärsschützer_2).

Diese Erkenntnisse zu den Gründen einer veränderten Erwartungshaltung an die ARV-Kommunikation aus Sicht des Kapitalmarkts sind aus zwei Gründen für das

Kommunikationsmanagement relevant: Erstens stellen die Investoren die zentrale Anspruchsgruppe der ARV-Kommunikation dar, daher sollten ihre Erwartungen an eine (aktivere) Kommunikation von Aufsichtsratsvorsitzenden von den Unternehmen sorgfältig beobachtet werden. Wenn zahlreiche Akteure eine Veränderung in der bisherigen sozialen Praxis der ARV-Kommunikation erwarten, entstehen daraus intendierte Handlungsfolgen für die Unternehmen. Zudem zeigen die Entwicklungen in Bezug auf ETFs sowie aktive bzw. aktivistische Aktionäre, dass die Erwartungen an die ARV-Kommunikation sich weiterhin dynamisch entwickeln (können), sodass diese auch zukünftig einen Einfluss auf die Strukturen der ARV-Kommunikation nehmen können.

Zweitens ist für die IR-Funktion zentral, die Entwicklungen am Kapitalmarkt im Rahmen des Kommunikationsmanagements zu beobachten, um Rückschlüsse für die Planung und Umsetzung der Kapitalmarktkommunikation des Unternehmens sowie der ARV-Kommunikation ziehen zu können. Durch eine regelmäßige Analyse der eigenen Aktionärsstruktur aber auch der Entwicklungen im Umfeld könnte bspw. frühzeitig erkannt werden, ob sich die Erwartungen an die Kommunikation von Aufsichtsratsvorsitzenden verändern.

Regulierung: Aufnahme des Investorendialogs in den DCGK
Die verschiedenen Anpassungen im Aktiengesetz und Deutschen Corporate Governance Kodex haben im Laufe der vergangenen Jahre zu mehr Zuständigkeiten und Haftung des Aufsichtsratsgremiums geführt. Damit einher geht die in Abschnitt 3.2 beschriebene Veränderung des Aufgabenprofils.

In Bezug auf den Untersuchungsgegenstand wird die Anregung zum Investorendialog im DCGK (Abschnitt 5.1.2) von den Experten als positive, aber längst überfällige Entwicklung wahrgenommen. Aufgrund der Tatsache, dass es sich um eine Anregung und keine Empfehlung handele, könne man den Entsprechenserklärungen zwar nicht entnehmen, inwiefern dieser tatsächlich stattfinde. Alle Experten aus der Kapitalmarktöffentlichkeit bestätigen aber, dass ihnen bekannt sei, dass seit der Aufnahme im DCGK vermehrt Gespräche stattgefunden hätten. Investoren seien demnach auf die Aufsichtsratsvorsitzenden zugegangen und diese hätten entsprechend darauf reagiert. Investoren werden dabei als treibende Kraft hinter der Kodex-Änderung wahrgenommen.

> „Das war überfällig! Ich fand es positiv, aber es ist eine Entwicklung der letzten drei bis fünf Jahren, dass da ein aktiverer Dialog zwischen der Gesellschaft und den Investoren und Stakeholdern stattfindet. Ende 2007 kann ich mich an das erste Mal erinnern, dass ich ein solches Gespräch hatte mit einem Aufsichtsratsvorsitzenden, ganz explizit über Corporate-Governance-Themen. Ob es in Deutschland gelebte Praxis ist, ist jedoch abhängig vom Unternehmen und seinen Investoren" (Stimmrechtsberater_1).

Rückblickend wird berichtet, dass bereits vor der Anregung einige Aufsichtsratsvorsitzende mit Investoren gesprochen hätten. Dies habe jedoch in einem
rechtlich diffusen Rahmen stattgefunden. Die Legitimation des Investorendialogs
im soft-law-Rahmen des DCGK werde daher als angemessen angesehen. Es wird
argumentiert, dass es bestimmte Themen gebe, wie etwa die Vorstandsvergütung,
über die nur der Aufsichtsrat Auskunft geben könne. Aus diesem Grund werden
Aufsichtsratsvorsitzende als wichtige Ansprechpartner für Investoren eingestuft.

> „Das Ganze kann man an einem einfachen Beispiel erklären: Der Vorstandsvorsit-
> zende sollte nicht selbst über sein Vergütungssystem reden und es erklären. Dafür ist
> der Aufsichtsrat zuständig. Und es ist richtig, wenn Investoren da Fragen haben, dass
> dann der Aufsichtsrat da Rede und Antwort steht und nicht der Vorstand. Weil, er ist
> schlichtweg der falsche Ansprechpartner" (Aktionärsschutzer_2).

Die befragten Experten der gesellschaftspolitischen Öffentlichkeit haben die Aufnahme des Investorendialogs im DCGK ebenfalls beobachtet, argumentieren aber,
dass dadurch ein Ungleichgewicht auf die Interessen der Investoren entstehen könne.
Die Unternehmensführung sollte demnach nicht nur auf Anteilseigner, sondern auf
alle Stakeholder ausgerichtet sein.

> „Damit wird die Perspektive der Unternehmenskontrolle zu sehr verengt, denn dort
> ist die Rede von den Shareholdern, also Investoren. Und das ist ja nur ein Teil der
> Stakeholder. Von Arbeitnehmervertretern und so steht da nichts. Aber wir haben in
> Deutschland in den letzten 20, 25 Jahren ja durchaus eine etwas andere Unterneh-
> mensphilosophie als die rein shareholderorientierte entwickelt, nämlich die stake-
> holderorientierte, die auch ausdrücklich z. B. im Kodex, aber auch im Gesetz, im
> Aktienrecht inzwischen drinsteht. Und den Aufsichtsrat nun ganz gezielt darauf, na
> ja, zu verpflichten oder zu ermuntern, mit Shareholdern zu reden, finde ich etwas ein-
> seitig. Genauso gut könnte man ihn rein theoretisch auffordern, das Gespräch mit
> Gewerkschaftsbossen zu suchen. Vorsichtig formuliert, da könnte ein Ungleichge-
> wicht entstehen" (Journalist_2).

Die Entwicklungen im Bereich Regulierung können als strukturbildende Normen
der ARV-Kommunikation zugeordnet werden. Investoren können sich in ihren
Erwartungen auf den Investorendialog im DCGK beziehen. Der tatsächlich geführte
Investorendialog ist für die Anspruchsgruppen zwar aufgrund von fehlenden Veröffentlichungspflichten schwer nachvollziehbar, trotzdem können die Akteure das
für sie wahrnehmbare (Nicht-)Handeln der Unternehmen bewerten.
Für das Kommunikationsmanagement bedeuten die Erkenntnisse, dass die Anpassung von gesetzlichen Vorschriften und Normen sowie die damit zusammenhängenden Erwartungen der Stakeholder ebenfalls Teil der Umfeldanalyse sein sollte.
In Bezug auf die Aufnahme des Investorendialogs in den DCGK bedeutet es, dass

für die neue, von außen herangetragene, Kommunikationsmaßnahme entsprechend intern Prozesse entwickelt werden müssen. Wenn die Transparenz hinsichtlich der Aufsichtsratstätigkeit als wichtiges Ziel angenommen wird, sollte zudem überlegt werden, in welcher Form die Kapitalmarktöffentlichkeit über den Investorendialog des Unternehmens informiert wird, z. B. im Aufsichtsratsbericht oder auch eine unterjährige Information auf der Website, wie in Abschnitt 7.2.1 von Experten gefordert.

Öffentlichkeit: Veränderung der öffentlichen Wahrnehmung des Aufsichtsratsgremiums

Aus der Perspektive der befragten Journalisten lässt sich zudem eine Veränderung der öffentlichen Wahrnehmung von Aufsichtsräten beschreiben. Die Experten führen dabei sog. Bruchstellen anhand von verschiedenen Skandalen und Krisen an, wie etwa der Mannesmann-Prozess in den Jahren 2004 bis 2006, der Korruptionsaffäre bei Siemens von 2006 bis 2008 oder die Abgasaffäre bei Volkswagen ab 2015. Da diese Situationen nicht nur von Fachmedien, sondern auch in der breiten Öffentlichkeit medial thematisiert wurden, sei die Arbeit und Rolle des Aufsichtsrats stärker wahrgenommen worden.

„Und dort [Mannesmann-Prozess] ist zum ersten Mal in einer breiteren Öffentlichkeit klargeworden, wer beschließt eigentlich so was? Es gibt da offensichtlich noch eine weitere Instanz neben dem Vorstand, die in dem Unternehmen etwas zu sagen hat. Und danach hat es ja immer wieder Fälle gegeben, wo Aufsichtsräte ganz offensichtlich auch entscheidende Rollen spielten. Ich nenne mal ein anderes Beispiel, Siemens, der Skandal um die schwarzen Kassen. Da kam prompt die Frage auf, wer räumt denn da jetzt eigentlich auf? Der Vorstand selbst hätte es wohl schlecht selbst machen können. So blieb nur der Aufsichtsrat, und prompt stand in dem Fall damals Cromme im Mittelpunkt mit seiner Truppe. Der griff da richtig durch. Und das zieht sich hin bis heute bei VW, wie man sehen kann. Wo die Öffentlichkeit, die Investoren auch natürlich die Frage stellen, welche Rolle spielt hier eigentlich der Aufsichtsrat?" (Journalist_2).

In diesem Zusammenhang wird auch beschrieben, dass bestimmte Themen des Kapitalmarkts bzw. der Corporate Governance stärker in der gesamtgesellschaftlichen Diskussion Einklang finden würden. So habe u. a. die Finanzkrise die Diskussion um die Vergütung von Top-Managern neu entfacht. Im Rahmen von Medienberichten würde bspw. die Vergütung des Vorstands trotz Sparprogrammen oder das Verhältnis der Bezüge zwischen Vorstand mit durchschnittlichem Lohn eines Angestellten diskutiert. Beide Entwicklungen hätten dazu geführt, dass die Rolle des Aufsichtsratsgremiums und von Aufsichtsratsvorsitzenden in den Fokus der Medien gerückt seien.

Die Aussagen der Experten hinsichtlich einer veränderten öffentlichen Wahrnehmung des Aufsichtsratsgremiums unterstützen die Erkenntnisse der Medienanalyse (Abschnitt 7.1), dass die Corporate-Governance-Themen nicht nur in der Kapitalmarktöffentlichkeit, sondern auch in der gesellschaftspolitischen Öffentlichkeit an Relevanz gewonnen haben. Die Rezeption dieser Themen ist dabei nicht nur für die in der Berichterstattung thematisierten Unternehmen, sondern auch für andere börsennotierte Unternehmen relevant, da sich die Erwartungen an die öffentliche Kommunikation von Aufsichtsratsvorsitzenden ändert. Für das Kommunikationsmanagement wird hier erneut die Relevanz einer umfassenden Umweltanalyse sichtbar, um Erwartungen in Bezug auf aufsichtsratsrelevante Themen zu erkennen.

Neue Generation von Aufsichtsratsvorsitzenden
Alle Experten sehen die Kommunikation von Aufsichtsratsvorsitzenden als eine durch einzelne Akteure getriebene Entwicklung an, die als neue Generation von Aufsichtsratsvorsitzenden beschrieben wird. Ehemalige Vorstandsvorsitzende, die eine aktive Kommunikation mit Stakeholdern geführt hätten, seien in den vergangenen Jahren in Aufsichtsratsmandate gewechselt und hätten dieses Selbstverständnis auch in ihrer neuen Rolle übernommen.

„Da gibt es sehr große Unterschiede, wie weit ein Aufsichtsratsvorsitzender geht. Aber das liegt auch an einer neuen Generation: Die Generation Achleitner hat da einen ganz anderen Ansatz als die, ja, Cromme-Schneider-Generation, die zwar gesprochen haben, aber sehr vorsichtig und sehr darauf fokussiert, was macht der Aufsichtsrat? Ich glaube, das wird weitergehen in die Richtung und wird schwieriger für die Unternehmen. Die Erwartungen werden mehr und die Arbeit wird weiter professionalisiert" (Investor_1).

Bereits vor der Kodex-Anpassung hätten einige Aufsichtsratsvorsitzende einen intensiven Dialog mit Investoren gehabt, vor allem in Sondersituationen. Dieses Selbstverständnis hätten die Akteure auch eingebracht, um das Thema Kommunikation aus der rechtlichen Grauzone zu holen.

„Wer hat es gemacht? Natürlich die Unternehmen, wo es irgendwas gab. Nehmen wir jetzt Bayer oder Linde oder die Unternehmen, wo es halt auch große Veränderungen gab. Da wurde in den letzten Jahren auch ohne Kodex-Regelung auch schon massiv, intensiv mit Investoren geredet von der Aufsichtsratsseite. Ja, aber aus diesen besonderen Fällen heraus sind wir jetzt in einen normalen Modus gekommen" (Aktionärsschützer_2).

Dabei würde sich die neue Generation von Aufsichtsratsvorsitzenden nicht ausschließlich zu ihrer Aufsichtsratstätigkeit äußern Eine Personalisierung (Abschnitt 4.1.1) dieser neuen Generation von Aufsichtsratsvorsitzenden wird von den Journalisten jedoch nur als nachgelagerter Treiber für die Berichterstattung gesehen und eher der Medienlogik zugeordnet.

> „Den [Personalisierungstrend] gibt es. Der hat aber natürlich mit dem Problem der Medien, um Wahrnehmung zu tun. Was woanders die Einschaltquoten sind, sind eben bei uns die Auflagen oder die Wahrnehmung zumindest. Und das geht natürlich über Personen leichter als über die Themen allein" (Journalist_1).

Vielmehr seien Aufsichtsräte schon immer wichtige Quellen für die journalistische Arbeit gewesen.

> „Aufsichtsräte waren immer schon wie andere Unternehmensmitglieder oder Menschen aus dem Umfeld des Unternehmens, wichtige Quellen für journalistische Arbeit. Mehr geworden ist das nicht" (Journalist_2).

In Bezug auf eine neue Generation von Aufsichtsratsvorsitzenden kann festgehalten werden, dass einzelne Akteure durch bewusste Handlungen – eine aktive ARV-Kommunikation – versuchen, Einfluss auf die Strukturen im Unternehmen zu nehmen. Diese Handlungen einzelner Aufsichtsratsvorsitzender können dann zu (nicht-intendierten) Handlungsfolgen von anderen Unternehmen werden.

Für das Kommunikationsmanagement heißt dies, dass Rollen und Aufgabenteilung von Vorstand und Aufsichtsrat zwar stark formalisiert sind, die individuellen Handlungen von Aufsichtsratsvorsitzenden jedoch einen bedeutenden Einfluss auf Strukturveränderungen haben können. Dafür gilt es z. B. im Rahmen der Planungsphase ein gemeinsames Verständnis von einem Auftritt des Aufsichtsratsvorsitzenden nach außen zu erlangen, dass das Handeln rationalisiert (Interpretationsschema).

Veränderte Erwartungshaltung im Zeitverlauf
Schließlich soll noch gezeigt werden, wie sich die identifizierte Erwartungshaltung der externen Anspruchsgruppen im Zeitverlauf verändert hat. Dies ist relevant, da der Wandel der sozialen Praxis der Aufsichtsratskommunikation ein kontinuierlicher Prozess ist, dessen Vorgänge nur über die Zeit beobachtet werden können.
Barley & Tolbert (1997) ersetzen in ihren Studien die Modalitäten der Strukturationstheorie mit sog. Skripten, um kritische Schwellen des Wandels im Zeitverlauf identifizieren zu können (Kapitel 2). Skripte werden verstanden als „beobachtbare, wiederkehrende Aktivitäten und Interaktionsmuster, die für eine bestimmte Umgebung charakteristisch sind" (Barley & Tolbert, 1997, S. 98). Ein Skript besteht demnach aus verschiedenen Interaktionsepisoden, die sich innerhalb des untersuchten Kontextes ereignen. Da es nur schwer möglich ist, den sozialen Wandel

von Handlungen direkt zu beobachten, impliziert das Modell von Barley & Tolbert (1997, S. 100–103), dass eine Veränderung der Struktur nur anhand einer Betrachtung zu verschiedenen Zeitpunkten beurteilt werden kann. Durch eine systematische Analyse von beobachteten Ereignissen in diesem Zeitraum, können diese als Indikatoren für einen Wandel in den Handlungen identifiziert werden.

Für diese Arbeit heißt dies, dass verschiedene identifizierte Gründe für eine veränderte Erwartungshaltung an die ARV-Kommunikation in einem Skript zusammengefasst werden. Die Übergänge zwischen den Phasen bzw. Zeitpunkten werden dabei anhand des empirischen Materials aufgezeigt (Barley & Tolbert, 1997, S. 105). In der Abbildung 7.7 werden die Skripte schematisch dargestellt und im Folgenden erläutert. Die beiden horizontalen Pfeile, die die Abbildung eingrenzen, stellen die zwei zentralen Elemente von Giddens Strukturationstheorie dar: Strukturen und Handlungen, die sich gegenseitig bedingen. Die vertikalen und diagonalen Pfeile verbinden die beiden Ebenen miteinander. Der vertikale Pfeil repräsentiert die strukturellen Handlungszwänge der Akteure zu einem bestimmten Zeitpunkt, während der diagonale Pfeil der Aufrechterhaltung oder Veränderung der Strukturen durch das Handeln der Akteure verdeutlicht. Die einzelnen Episoden des Wandels sind nicht direkt beobachtbar, jedoch können die kritischen Schwellen bzw. Übergange zwischen den Zeiträumen anhand der Skripte beschrieben werden.

Anhand der Beschreibungen der Experten lässt sich die erste Veränderung der Erwartungen an die ARV-Kommunikation spätestens seit dem Jahr 2006 aufzeigen. In dieses erste Skript der veränderten Erwartungen gehört sowohl die Veränderung der öffentlichen Wahrnehmung für Aufsichtsräte als auch die Veränderung des Aktionariats, die auf eine neue Generation von Aufsichtsratsvorsitzenden getroffen ist. Ab diesem Zeitpunkt führten verschiedene medial diskutierte Unternehmenskrisen und Skandale (u. a. die Korruptionsaffäre von Siemens) sowie die Veränderung der Aktionärsbasis seit Mitte der 1990er Jahre zu einem erweiterten Informationsbedürfnis durch die Unternehmen und konkret dem Aufsichtsratsgremium. Dadurch kam es zu auseinanderlaufenden Interpretationen der Normen der ARV-Kommunikation von Anspruchsgruppen und Unternehmen. Diese veränderten Erwartungen von Investoren und der Öffentlichkeit sind auf eine neue Generation von Aufsichtsratsvorsitzenden getroffen, die eine aktive(re) Kommunikation befürworteten. Trotz unklarem Rechtsrahmen war dies der Zeitpunkt, ab dem einzelne Aufsichtsratsvorsitzende Gespräche mit Investoren führten oder sich in Interviews zu ihrer Tätigkeit äußerten. Inwiefern dies bereits zu einer Modifikation der unternehmensinternen Strukturen der ARV-Kommunikation geführt hat, soll im Rahmen der strategischen Analyse mit Unternehmensvertretern thematisiert werden. Die Entwicklungen des ersten Skripts seit dem Jahr 2006 hatten auch einen Einfluss darauf, dass sich der Gesetzgeber, aber vor allem der Deutsche Corporate

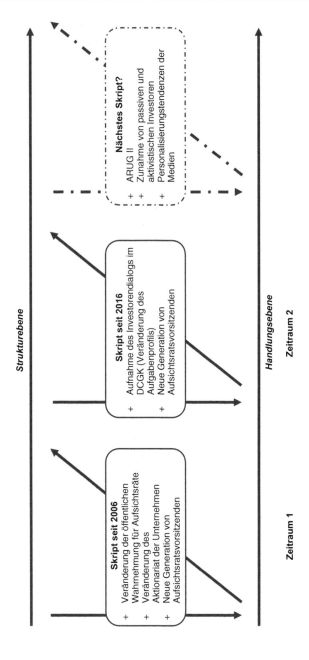

Abbildung 7.7 Veränderte Erwartungshaltung an die ARV-Kommunikation anhand von Skripten im Zeitverlauf (Eigene Darstellung in Anlehnung an Barley & Tolbert, 1997, S. 101)

Governance Kodex mit dem Aufgabenprofil von Aufsichtsräten beschäftigt haben. Jedoch haben sich bis ins Jahr 2015 noch nicht die Normen für die Kommunikation von Aufsichtsratsvorsitzenden geändert. Akteure der neuen Generation von Aufsichtsratsvorsitzenden haben zu diesem Zeitpunkt mit ihren Handlungen auf die Veränderung des Aufgabenprofils in Bezug auf die Kommunikation hingewirkt. Dies lässt sich an ihrer, von den externen Experten beschriebenen, Kommunikation zeigen, aber auch daran, dass einige Akteure bspw. an den Leitlinien der Initiative Developing Shareholder Communication (2016) mitgearbeitet oder sich mit Stellungnahmen zur Ergänzung des Investorendialogs in den Deutschen Corporate Governance Kodex eingebracht haben (Regierungskommission Deutscher Corporate Governance Kodex, 2016). Die Aufnahme des Investorendialogs in den DCGK hat schließlich dazu geführt, dass dieser zu einer neuen Norm für die ARV-Kommunikation wurde. Aufsichtsratsvorsitzende und Kommunikationsfunktionen der Unternehmen müssen sich damit auseinandersetzen, was strukturelle Auswirkungen auf die Kommunikation aller börsennotierten Unternehmen in Deutschland nach sich zieht. Die Aufnahme des Investorendialogs sowie eine neue Generation von Aufsichtsratsvorsitzenden, die sich für einen Dialog mit Stakeholdern einsetzt, kann zu einem zweiten Skript zusammengefasst werden. Die Auswirkungen der veränderten Erwartungen auf die Strukturen und das Management der ARV-Kommunikation sollen mithilfe der Experteninterviews aus der Unternehmensperspektive beschrieben werden.

Der Prozess der Strukturierung der ARV-Kommunikation hat eine ihm immanente Dynamik. Aus Sicht der Experten gibt es weitere Entwicklungen, die zu einer Veränderung der Kommunikation von Aufsichtsratsvorsitzenden beitragen können. Diese sollen im Folgenden ausgeführt werden. Dazu zählen auf normativer Ebene z. B. das Gesetz zur Umsetzung der zweiten Aktionärsrechterichtlinie im Jahr 2019 (Abschnitt 3.2), aber auch aktivistische Aktionäre oder Personalisierungstendenzen der Medien. Diese Entwicklungen könnten dazu führen, dass sich die Erwartungen an die ARV-Kommunikation weiter verändern. Dies ist jedoch noch im Fluss, sodass dies erst rückblickend als neues Skript konstituiert werden kann.

Einschätzung der Experten zur zukünftigen Entwicklung

Neben den Gründen, die in den vergangenen Jahren zu einer Veränderung der Erwartungen an die ARV-Kommunikation geführt haben, wurden in den Gesprächen mit den Anspruchsgruppen auch ihre Einschätzung zur zukünftigen Entwicklung der Aufsichtsratstätigkeit und -kommunikation thematisiert. Zudem argumentieren die Experten, dass die drei, in diesem Kapitel dargestellten, Entwicklungen auf der Makro-Ebene für eine veränderte Erwartung an die ARV-Kommunikation nicht abgeschlossen seien. Vielmehr sollten diese Entwicklungen als dynamisch und fortlaufend betrachtet werden. Dies ist relevant, da sich die Erwartungen an die ARV-Kommunikation weiter verändern (können) und damit auch zukünftig einen Einfluss auf die Strukturen, Maßnahmen und das Management der ARV-Kommunikation haben.

Die Experten sehen die Entwicklungen zur Kommunikation von Aufsichtsratsvorsitzenden im Zusammenhang mit einem sich verändernden Selbstverständnis des Aufsichtsrats und seinen Aufgaben. Dabei wird von einer weiteren Professionalisierung der Aufsichtsratsarbeit ausgegangen. Demnach werde erwartet, dass es zukünftig

(1) mehr Berufsaufsichtsräte gebe, also Personen, die als Teil ihrer Karriere ein operatives Amt niederlegen und stattdessen (mehrere) Aufsichtsratsmandate annehmen,

(2) die stärker in die Aktivitäten des Unternehmens involviert seien, bspw. durch wöchentliche oder monatliche Sitzungen und einen intensiven Austausch mit dem Vorstand.

(3) Durch dieses breitere Aufgabenspektrum würden Themen, wie Nachhaltigkeit, noch stärker vom Gremium fokussiert werden können, was

(4) insgesamt zu mehr Zeitaufwand und ggf. einer höheren Vergütung führen werde.

Wenn das Aufsichtsratsgremium regelmäßiger zusammenkomme, könne dies den Vorstand entlasten, sofern die Aktivitäten eng miteinander abgestimmt seien. Die Kommunikationskompetenz bzw. Dialogfähigkeit von Aufsichtsratsvorsitzenden werden in dem Zusammenhang als zentrale Aufgabe gesehen, die zukünftig noch wichtiger werden:

„Ich erwarte eigentlich, dass das Aufsichtsratsamt irgendwann immer weiter professionalisiert wird und dann der Aufsichtsratsvorsitzende wirklich die Anlaufstelle auch sein wird für Investoren, wenn es vor allem strittigere Punkte gibt" (Aktionärsschützer_1).

Diese Entwicklungen beziehen sich insbesondere auf die beschriebene neue Generation von Aufsichtsratsvorsitzenden, die ein anderes Selbstverständnis in Bezug auf ihre Tätigkeit und Kommunikation hätten.

In Bezug auf den Kapitalmarkt wird die ARV-Kommunikation vor allem durch die Zunahme von passiven Investoren, aber auch aktivistische Aktionäre als relevant eingeschätzt:

„Der Kapitalmarkt wird sich auch weiterentwickeln. Ich glaube, dass aktivistische Investoren zukünftig immer mehr mittelgroße Unternehmen attackieren werden. Vor dem Hintergrund wäre ein Dialog nicht schlecht" (Investor_2).

Auf der Ebene der Regulierung erwarten die Experten insbesondere vom Gesetz zur Umsetzung der zweiten Aktionärsrechterichtlinie (ARUG II) eine weitere Intensivierung des Investorendialogs. Im Zentrum steht dabei die Abstimmung über ein Vergütungssystem des Vorstands durch die Aktionäre, die ab der Hauptversammlungssaison 2021 durchgeführt werden müssen (Abschnitt 3.2). Dies führe aus Sicht der Experten zu einem verstärkten Erklärungsbedarf durch den Aufsichtsrat an Investoren, Stimmrechtsberater, aber auch an eine breitere Öffentlichkeit, um auch kleine Investoren zu erreichen und vorzubereiten:

> „Durch die Aktionärsrechterichtlinie werden wir regulatorisch noch einmal einen Schub bekommen. Das wird interessant, weil ja die Notwendigkeit entstehen wird, die Hauptversammlung, also einfache Aktionäre und damit auch eine breitere Öffentlichkeit über Vergütungsthemen viel intensiver zu informieren. Wie funktioniert so Vergütungssystem? Welche Elemente könnte man einbauen, und wozu führt das eigentlich. Sonst stimmen die da gefühlt alle blind ab. Das wird eine interessante Herausforderung für Aufsichtsräte" (Journalist_2).

In Bezug auf die Öffentlichkeit wird erwartet, dass neue Unternehmenskrisen, aber auch eine intensivere Kommunikation von Aufsichtsratsvorsitzenden zu einer weiteren Veränderung der öffentlichen Wahrnehmung führen könnten:

> „Der Druck wird nicht nachlassen von der sogenannten Öffentlichkeit, dass man mehr über die Arbeit dieser Gremien und über die Einschätzung dieser Gremien in Zusammenhang mit dem Unternehmen erfährt. Ich glaube, das wird nicht nachlassen, sondern eher stärker werden. Da hilft auch alles Verstecken hinter irgendwelchen Gesetzen nicht. Vielleicht kommt auch die Politik noch dazu, das weiß ich nicht" (Journalist_2).

Darüber hinaus werden Äußerungen außerhalb der Überwachungstätigkeit von den externen Experten, also dem Typ 5 der ereignisbezogenen ARV-Kommunikation (Abschnitt 7.1.2), neutral eingeschätzt. Dabei wird insgesamt positiv bewertet, wenn Wirtschaftsexperten sich in politische Debatten engagieren würden. Es müsse jedoch eine inhaltliche Trennung von der Aufsichtsrattätigkeit sichergestellt werden:

> „Das halte ich grundsätzlich für positiv. Der Mensch besteht nicht nur aus dem Job, den er als Aufsichtsratsvorsitzender hat, sondern vielleicht hat er ja noch viele andere Engagements, manchmal sogar auch Mandate in Stiftungen, in gemeinnützigen Organisationen. Es sind in der Regel Persönlichkeiten, die nicht nur in dieser einen Funktion, sondern auch im öffentlichen Leben stehen. Von daher halte ich es nicht nur

für zulässig und legitim, sondern durchaus auch für wünschenswert, dass sie sich zu bestimmten, auch gerne gesellschaftlichen, kulturellen anderen Themen äußern" (Journalist_1).

Insgesamt zeigen diese Erkenntnisse, dass die Erwartungen an die Kommunikation von Aufsichtsratsvorsitzenden im Fluss sind und weitere Veränderungen erwartet werden können. Diese Einschätzungen zu den zukünftigen Entwicklungen sind für die Analyse der Strukturen und des Managements der ARV-Kommunikation relevant, da sie ggf. ein neues Skript konstituieren können (siehe Abbildung 7.7). Für das Kommunikationsmanagement ist dies relevant, um frühzeitig Veränderungen in den Erwartungen antizipieren zu können. Nur so können Kommunikationsmaßnahmen von Aufsichtsratsvorsitzenden geplant werden, um auf die Erwartungen der Anspruchsgruppen reagieren zu können.

Gleichzeitig können die vorgestellten Aspekte auch einen Einfluss auf die Strukturen der ARV-Kommunikation nehmen. So kann bspw. ARUG II zu einer Norm werden, wenn die Vergütungssysteme der Unternehmen vom Aufsichtsratsvorsitzenden erläutert werden müssen, da dies das Handeln, also die Zustimmung oder Ablehnung, der Aktionäre beeinflussen kann. Die Zunahme von passiven und aktivistischen Investoren sowie eine höhere Aufmerksamkeit für das Aufsichtsratsgremium aufgrund von Unternehmenskrisen können wiederum einen Einfluss auf die Interpretationsmuster der ARV-Kommunikation haben. Dahinter steht vor allem die Erwartung an eine transparente Kommunikation hinsichtlich der Aufgaben des Aufsichtsratsgremiums, was im Rahmen des theoretischen Teils als ein zentrales Ziel einer strategisch geplanten ARV-Kommunikation abgeleitet wurde (Abschnitt 5.2). Wenn den unternehmensinternen Akteuren diese Erwartungen bewusst sind, dann können sie ihr Handeln bzw. die Kommunikation entsprechend modifizieren.

Nachdem die Gründe für eine veränderte Erwartungshaltung an die ARV-Kommunikation im Rückblick sowie als Ausblick vorgestellt wurden, soll im folgenden Kapitel die Anforderungen an die Kommunikation von Aufsichtsratsvorsitzenden zusammenfassend dargestellt werden.

7.3 Zwischenfazit: Anforderungen an die Kommunikation von Aufsichtsratsvorsitzenden

Die Kommunikation von Aufsichtsratsvorsitzenden wird im Rahmen dieser Arbeit aus zwei Perspektiven betrachtet. Aus externer Perspektive werden die Anforderungen an die Kommunikation von Aufsichtsratsvorsitzenden analysiert und aus interner Perspektive werden die Strukturen der ARV-Kommunikation innerhalb der Unternehmen konzeptualisiert, die Maßnahmen beschrieben und auf dieser Basis die Kommunikation innerhalb des Kommunikationsmanagements verortet. Nach Giddens (1997, S. 342) wird zwischen zwei sich ergänzenden und wechselseitig in Bezug stehenden methodischen Vorgehensweisen unterschieden, um eine soziale Praxis untersuchen zu können: die institutionelle Analyse und die strategische Analyse. Die Untersuchung der Anforderungen aus externer Perspektive stellt hier die institutionelle Analyse dar. Dabei ist es das Ziel, die strukturellen Momente sichtbar zu machen, auf die die handelnden Akteure weitgehend unbewusst zurückgreifen. In dieser Arbeit wurden zwei methodische Schritte bei der institutionellen Analyse durchgeführt. In diesem Zwischenfazit werden die Erkenntnisse daraus rekapituliert und zusammengefasst.

Rezeption der öffentlichen Kommunikation von Aufsichtsratsvorsitzenden
Als erstes wurde untersucht, wie zwischen 2016 und 2017 in deutschen Tages- und Wirtschaftsmedien und Analystenreports über Aufsichtsratsvorsitzende berichtet wurde. Ziel dieses Analyseschrittes war es zu zeigen, wie die öffentlichen Äußerungen von Aufsichtsratsvorsitzenden von den wichtigen Vermittlern in der gesellschaftspolitischen Öffentlichkeit und Kapitalmarktöffentlichkeit rezipiert wurden. Auf Basis einer Inhaltsanalyse hinsichtlich der Art der Äußerungen von Aufsichtsratsvorsitzenden sowie der Anlässe und Themen der Berichterstattung konnten die Diskurse in den beiden Öffentlichkeitsarenen aufgezeigt werden (siehe ausführlich Abschnitt 6.2.1). Somit kann dargestellt werden, welche Bedeutung verschiedene Corporate-Governance-Themen für die Intermediäre haben, da diese Themen im Aufgabenbereich des Aufsichtsratsgremiums liegen – und daraus folgt die Relevanz für die Kommunikation von Aufsichtsratsvorsitzenden.

Die zentralen Ergebnisse aus diesem Analyseschritt sind:

- Die Berichterstattung in den Tages- und Wirtschaftsmedien thematisiert die operativen und strategischen Entwicklungen von Unternehmen, dazu gehören auch Themen, die in den Aufgabenbereich des Aufsichtsrats fallen. Die Rezeption von Corporate-Governance-Themen ist jedoch unterschiedlich stark ausgeprägt: So sind etwa Besetzung von Vorstand und Aufsichtsrat (45,1 %) oder die Vergütung der Gremien (9,8 %) deutlich häufiger ein Thema als etwa die Abschlussprüfung (0,4 %).
- Ein Großteil der Medienberichterstattung (60,3 %) bezieht sich auf die Regelkommunikation des Aufsichtsrats sowie auf Äußerungen von Aufsichtsratsvorsitzenden als kollektiven Sprecher im Rahmen der Publizitätspflichten

(42,3 %). Die Publizitätspflichten des Aufsichtsratsgremiums stellen demnach die wichtigsten Kommunikationsmaßnahmen dar, die von den Medien rezipiert werden.

- Die ARV-Kommunikation ist aber mehr als nur Publizitätspflichten: so basiert die Medienberichterstattung auch auf freiwilligen Äußerungen von Aufsichtsratsvorsitzenden (16,1 %), etwa bei Interviews, oder auf einer personalisierten Berichterstattung über Aufsichtsratsvorsitzende (20,7 %).
- Darüber hinaus äußern sich Aufsichtsratsvorsitzende bisher nur in wenigen Fällen als individuelle Sprecher bzw. Privatpersonen zu Anlässen außerhalb des Unternehmenskontexts (2,2 %).
- Aufsichtsratsspezifische Themen sowie freiwillige Äußerungen von Aufsichtsratsvorsitzenden werden bisher nur selten in Analystenreports aufgenommen. Dies könnte damit zusammenhängen, dass die Publizitätspflichten des Aufsichtsrats nur bedingt einen Anlass bieten, einen Analystenreport zu verfassen oder die zugrunde liegenden Bewertungsmodelle anzupassen.
- Anhand des Anlasses der ARV-Kommunikation (Regelkommunikation oder Sondersituationen) und der Art der Äußerung des Aufsichtsratsvorsitzenden (Publizitätspflichten oder freiwillige Kommunikation) lassen sich fünf ereignisbezogene Typen der ARV-Kommunikation identifizieren.

Zusammenfassend kann festgehalten werden, dass die Medien ein hohes Interesse an Corporate-Governance-Themen haben. Durch ihre Vermittlerrolle in der gesellschaftspolitischen Öffentlichkeit sowie der Kapitalmarktöffentlichkeit können sich aufsichtsratsrelevante Themen im medialen Diskurs durchsetzen, wodurch sich öffentliche Meinungen zu Themen, wie z. B. der Vorstandsvergütung, bilden können. Zudem sind sie Multiplikatoren zu anderen Kapitalmarktakteuren, da Äußerungen von Aufsichtsratsvorsitzenden in Medien in einzelnen Fällen in Analystenreports aufgenommen wurden. Insgesamt werden die öffentlichen Äußerungen von Aufsichtsratsvorsitzenden in Analystenreports jedoch selten rezipiert.

Durch die identifizierte Relevanz von Corporate-Governance-Themen in den beiden Öffentlichkeitsarenen können Anforderungen an die ARV-Kommunikation entstehen. Insbesondere die Medien haben ein Informationsbedürfnis zu bestimmten Corporate-Governance-Themen, das über die Publizitätspflichten des Unternehmens hinaus, auch mit freiwilligen Kommunikationsmaßnahmen begegnet werden kann. So lassen sich in Sondersituationen des Unternehmens bereits häufiger freiwillige Kommunikationsmaßnahmen, wie Interviews, identifizieren (10,8 % der Medienberichte).

Die Erkenntnisse bieten erste Ansatzpunkte für das Kommunikationsmanagement die Berichterstattung in den Medien und Analystenreports über Aufsichtsratsvorsitzende zu strukturieren. Dies ist relevant, da in der Analysephase des Kommunikationsmanagements sowie prozessbegleitend die Berichte über das Unternehmen und seine Akteure erhoben und systematisch erfasst werden sollten.

Weiterhin sind die Erkenntnisse zur Rezeption der öffentlichen Äußerungen von Aufsichtsratsvorsitzenden relevant für die Planung der ARV-Kommunikation. Publizitätspflichten haben eine wichtige Bedeutung und werden intensiv von den Medien rezipiert. Bei der Vorbereitung von Publizitätspflichten des Aufsichtsrats sollte den Kommunikationsfunktionen bewusst sein, dass sie z. B. durch Zitate von Aufsichtsratsvorsitzenden in Pressemitteilungen, auch dessen mediales Profil beeinflussen bzw. schärfen. Auch der Auftritt von Aufsichtsratsvorsitzenden auf der Hauptversammlung wird von den Medien intensiv rezipiert (14,3 % der Medienberichte), sodass dieser gut vorbereitet werden sollte. Vor allem die Besetzung von Vorstand und Aufsichtsrat sowie die Vorstandsvergütung stellen relevante Themen in den Öffentlichkeitsarenen dar, sodass die Erwartungen und Meinungen der Anspruchsgruppen dazu im Rahmen der Situationsanalyse beobachtet werden sollten. Das Informationsbedürfnis der Medien, aber auch Analysten, steigt in Sondersituationen, sodass in diesem Fall über ergänzende freiwillige Kommunikationsmaßnahmen von Aufsichtsratsvorsitzenden nachgedacht werden könnte. Darüber bieten Äußerungen rund um Aufsichtsratssitzungen immer wieder Anlass für eine Berichterstattung (3,4 % der Medienberichte), was vor dem Hintergrund der Geheimhaltungspflicht der Aufsichtsräte vor allem für Aufsichtsratsvorsitzende ein wichtiges Thema darstellt.

Die Rezeption von aufsichtsratsrelevanten Themen lässt auch auf ein hohes Informationsbedürfnis, insbesondere der Medien, schließen. Um die Erwartungen an die ARV-Kommunikation besser verstehen zu können, wurden ergänzend zur Inhaltsanalyse der Medienberichterstattung und Analystenreports daher Experteninterviews mit den Stakeholdern durchgeführt. Basierend auf den theoretischen Ausführungen zu Anspruchsgruppen konnten mithilfe der Medienanalyse konkrete Akteure innerhalb der Anspruchsgruppen identifiziert werden.

Erwartungen an die Kommunikation von Aufsichtsratsvorsitzenden
Bei den Experten aus externer Perspektive handelte es sich um Wirtschaftsjournalisten, die für die Leitmedien der gesellschaftspolitischen Öffentlichkeit und Kapitalmarktöffentlichkeit stehen. Für die gesellschaftspolitische Öffentlichkeit wurde zudem der Vorsitzende der Regierungskommission Deutscher Corporate Governance Kodex, die den Investorendialog in den Kodex aufgenommen hatte,

als Experte befragt. Für die Kapitalmarktöffentlichkeit wurden Experten für verschiedene Perspektiven und Rollen ausgewählt: dazu gehören die Vertreter von institutionellen (deutschen und international ansässigen) Investoren als zentrale Anspruchsgruppe der ARV-Kommunikation. Stellvertretend für die Privatanleger wurden mit Vertretern der beiden großen deutschen Aktionärsschutzvereinigungen gesprochen. Schließlich wurden Vertreter der, zu dem Zeitpunkt zwei großen, Stimmrechtsberatern interviewt. Aufgrund der Ergebnisse der Inhaltsanalyse wurden Analysten aufgrund ihrer geringen Relevanz als Multiplikatoren für die ARV-Kommunikation nicht befragt (siehe ausführlich Abschnitt 6.2.1).

Mit diesen Akteuren wurden dann qualitative Experteninterviews durchgeführt, um deren Erwartungen an die Kommunikation von Aufsichtsratsvorsitzenden beschreiben zu können. Die Experteninterviews mit den Anspruchsgruppen vertiefen die Erkenntnisse der Inhaltsanalyse, da so z. B. die Informationsbedürfnisse konkret beschrieben werden können. Es handelt sich dabei um die Erwartungen, die von außen an die Unternehmen und die Aufsichtsratsvorsitzenden gestellt werden. Dies geschieht in dem Bewusstsein, dass Erwartungen nicht nur exogen, sondern auch von innen kommen können.

Die zentralen Ergebnisse aus diesem Analyseschritt sind:

- Die befragten Experten können ihre Erwartungen an die Kommunikation von Aufsichtsratsvorsitzenden klar formulieren: Sie wünschen sich umfangreiche und aktuelle Informationen in Bezug auf die Arbeit und Entscheidungsfindung im Aufsichtsratsgremium.
- Diese Transparenzanforderungen können bisher zwar zum großen Teil durch die Publizitätspflichten abgedeckt werden. Der jährliche Aufsichtsratsbericht als umfassende Informationsgrundlage fasst die Arbeit jedoch rückblickend zusammen, daher wünschen sich die Stakeholder zukünftig aktuellere, aber nicht weiter spezifizierte, Kommunikationsmaßnahmen.
- Insgesamt liegen die Erwartungen der Stakeholder an die ARV-Kommunikation in normalen und Sondersituationen für das Unternehmen nicht weit auseinander.
- Aus den Expertengesprächen zeigt sich vielmehr die Erwartung, dass die Unternehmensakteure die unterschiedlichen Interessenlagen und Perspektiven der Stakeholder kennen und entsprechend berücksichtigen. Insbesondere die befragten Investoren und Aktionärsschützer sehen den Dialog mit Aufsichtsratsvorsitzenden als legitime Anforderung an, da dieser der gewählte Vertreter ihrer Interessen sei. In den Gesprächen möchten sie sowohl ihre Positionen zu Corporate-Governance-Themen einbringen als auch einen persönlichen Eindruck der Personen erhalten, um Anlageentscheidungen gegenüber ihren Anlegern rechtfertigen zu können. Diese Erkenntnisse müssen insofern in Kontext gesetzt werden, da es sich bei den befragten Investoren um Personen handelt,

die sich bereits medial zum Thema Investorendialog geäußert haben und dem Dialog daher ggf. interessierter gegenüberstehen als andere Anleger.

- Die Erwartung der befragten Vertreter von Stimmrechtsberatungen liegt darin, faktische Fragen zu klären, wobei ihre Analysearbeit ausschließlich auf öffentlich verfügbaren Informationen beruht. Trotzdem erhoffen sie sich Hintergrundinformationen aus diesen Gesprächen ebenso wie ihre Corporate-Governance-Prinzipien mitteilen zu können.

- Weiterhin sind Aufsichtsratsvorsitzende schon lange Quellen für die mediale Berichterstattung. Daher hoffen die befragten Journalisten aus einer freiwilligen Kommunikation von Aufsichtsratsvorsitzenden Informationen, etwa in Interviews oder Hintergrundgesprächen, um Situationen besser einordnen zu können. Gleichzeitig erwarten sie, dass Aufsichtsratsvorsitzende die Spielregeln in Mediengesprächen kennen und verstehen, wie Journalisten handeln.

Darüber hinaus konnte gezeigt werden, dass sich die Erwartungen an die ARV-Kommunikation im Zeitverlauf verändert haben und das davon ausgegangen werden kann, dass sich die Erwartungen auch weiter dynamisch verändern (können). So könnte z. B. das ARUG II den Investorendialog intensivieren und zu einer neuen Norm der ARV-Kommunikation werden.

Mithilfe dieses Analyseschritts konnten die Erwartungen der Stakeholder differenziert dargestellt werden. Dies ist relevant, da die Erwartungen zu (unerkannten) Handlungsbedingungen für die Unternehmen werden können. Sie werden dann zu einer Anforderung für die ARV-Kommunikation, die einen Einfluss auf die Strukturen nimmt, wenn sie eine kritische Schwelle erreichen. Die Erwartungen müssen jedoch nicht zwingend zu einer Anforderung werden. Wenn z. B. einzelne Privataktionäre mit Aufsichtsratsvorsitzenden sprechen wollen, muss dies nicht zwingend von den Unternehmen auch durchgeführt werden, sodass es zu keiner Veränderung der Strukturen kommt.

Für das Kommunikationsmanagement sind die Erkenntnisse relevant, um bei der Ausgangsanalyse die Erwartungen und Interessenlagen der Stakeholder zu kennen und einordnen zu können. Nur wenn die Kommunikationsverantwortlichen sich bewusst sind, welche Erwartungen an die ARV-Kommunikation gestellt werden, können sie in den weiteren Prozessschritten die Kommunikation adäquat planen, umsetzen und evaluieren.

Anforderungen an die Kommunikation von Aufsichtsratsvorsitzenden

Mithilfe der beiden methodischen Schritte der institutionellen Analyse kann gezeigt werden, dass die Rezeption der öffentlichen Äußerungen von Aufsichtsratsvorsitzenden und die Erwartungen der Stakeholder zu Anforderungen an die ARV-Kommunikation werden. Diese Anforderungen können als (unerkannte) Handlungsbedingungen einen Einfluss auf die Kommunikation von Aufsichtsratsvorsitzenden nehmen.

Abbildung 7.8 zeigt die bereits erläuterten zentralen Erkenntnisse der Inhaltsanalyse der Medienberichterstattung und Analystenreports sowie der qualitativen Experteninterviews mit den Anspruchsgruppen sowie die Anforderungen, die daraus für die ARV-Kommunikation entstehen.

Zentrale Erkenntnisse der institutionellen Analyse	
Inhaltsanalyse der Medienberichterstattung und Analystenreports	**Qualitative Experteninterviews mit Anspruchsgruppen der ARV-Kommunikation**
+ Großteil der Medienberichterstattung basiert auf der Regelkommunikation und Äußerungen von Aufsichtsratsvorsitzenden im Rahmen der Publizitätspflichten + Jeweils rund 20 % der Berichterstattung basiert bereits auf freiwilligen Äußerungen von Aufsichtsratsvorsitzenden oder auf einer personalisierten Berichterstattung + Aufsichtsratsspezifische Themen und Äußerungen werden in Analystenreport bisher selten thematisiert	+ Transparenz als zentrale Erwartung an den Aufsichtsrat und seine Kommunikation + Interessenslagen der Stakeholder kennen und berücksichtigen + Investoren & Aktionärsschützer = legitimer Anspruch auf Dialog + Stimmrechtsberater = Analyse basiert auf öffentlichen Informationen, Fachfragen klären + Medien = Einordnung von Corporate-Governance-Themen, Medienlogik verstehen

Anforderungen an die Kommunikation von Aufsichtsratsvorsitzenden

+ Umfangreiche, aktuelle Informationen zu Corporate-Governance-Themen
+ Publizitätspflichten als wichtigste Kommunikationsmaßnahmen
+ Investorendialog als legitimer Anspruch der institutionellen Investoren
  ➜ unterjährige Informationen dazu möglich?
+ Erhöhtes Informationsbedürfnis der Anspruchsgruppen, insbesondere in Sondersituationen:
  + Freiwillige Maßnahmen, wie Hintergrundgespräche oder Interviews mit Journalisten
  + Punktueller Dialog mit Stimmrechtsberatern

Abbildung 7.8 Zentrale Erkenntnisse der institutionellen Analyse zu den Anforderungen an die Kommunikation von Aufsichtsratsvorsitzenden (Eigene Darstellung)

Beide Analyseschritte bestätigen, dass Corporate-Governance-Themen und damit die Tätigkeit des Aufsichtsrats in den Fokus des Kapitalmarkts sowie der breiteren Öffentlichkeit gerückt sind. Die intensive Rezeption der öffentlichen Äußerungen von Aufsichtsratsvorsitzenden durch die Medien lässt auf ein hohes Informationsbedürfnis zu aufsichtsratsrelevanten Themen schließen. Diese Erkenntnis konnte mithilfe der Experteninterviews vertieft werden, die Transparenz als das wichtigste Element einer guten Corporate Governance sehen:

> „Die drei wesentlichen Aspekte von guter Corporate Governance: Transparenz, klare Verantwortung und ein gutes Miteinander der einzelnen Organe" (Aktionärsschützer_2).
> „Ganz oben steht auf jeden Fall klar Transparenz. Hinzu kommt ein engagierter Umgang mit Investoren, also ein reger und aktiver Dialog mit den Investoren bzw. sogar mit den gesamten Stakeholdern der Gesellschaft. Und drittens, da wird es dann schon etwas detaillierter: Da würde ich so etwas anbringen wie ‚One Share, One Vote'" (Stimmrechtsberater_1).

Für das Kommunikationsmanagement ist dies relevant, da die Kommunikation von Aufsichtsratsvorsitzenden die Transparenz fördern und Informationsasymmetrien abbauen kann. Daher werden umfangreiche und aktuelle Informationen zu Corporate-Governance-Themen zur zentralen Anforderung an die ARV-Kommunikation.

Daraus folgen unterschiedliche Anforderungen an die Kommunikation von Aufsichtsratsvorsitzenden. Zunächst kann festgehalten werden, dass die Publizitätspflichten des Aufsichtsrats, die im Rahmen der Regelkommunikation des Unternehmens, umgesetzt werden, als zentrale Kommunikationsmaßnahmen einen Großteil der Informationsbedürfnisse der Stakeholder abdecken. Es ist daher wichtig für das Kommunikationsmanagement, diese Publizitätspflichten zu nutzen, um möglichst transparent und umfangreich über die Tätigkeit des Aufsichtsratsgremiums zu informieren. Wenn bspw. Zitate von Aufsichtsratsvorsitzenden in Pressemitteilungen aufgenommen werden, dann wird dadurch auch das (mediale) Profil des Akteurs beeinflusst bzw. geschärft.

Neben den Publizitätspflichten sind aber auch andere Kommunikationsmaßnahmen für die Anspruchsgruppen relevant. Insbesondere die Investoren und Aktionärsschützer beziehen sich dabei auf den Investorendialog nach dem DCGK, den sie als legitimen Anspruch ansehen. Dabei haben sie konkrete Anforderungen an die Ausgestaltung des Investorendialogs von Aufsichtsratsvorsitzenden (Abbildung 7.9).

Anforderungen von Investoren an den Investorendialog von Aufsichtsratsvorsitzenden

+ Die **Initiative von den Unternehmen** für einen Investorendialog wird von den Investoren positiv bewertet und befürwortet.

+ Es besteht die Erwartung, dass **vor zentralen Entscheidungen zu Corporate-Govern-ance-Themen auf der Hauptversammlung**, ein Dialog mit den wichtigsten Aktionären stattfindet.

+ Investoren verfolgen mit dem Dialog **zwei Interessen:** (1) sie möchten sich eine persönliche Einschätzung von den handelnden Personen machen; (2) sie möchten Aufsichtsratsvorsitzenden ihre Meinungen bzw. spezifischen Regeln zu Corporate-Governance-Themen mitteilen können, damit diese bei Entscheidungsprozessen berücksichtigt werden.

+ Investoren würden gerne eine **Präsentation vom Aufsichtsratsvorsitzenden** erhalten, um die Schwerpunkte der Tätigkeit abschätzen zu können.

+ **Teilnehmer des Dialogs** sollten Aufsichtsratsvorsitzende und ein IR-Verantwortlicher sein; die Teilnahme eines Vertreters aus der Rechtsabteilung wird eher negativ gesehen.

+ Die **Teilnahme des Vorstandsvorsitzenden** beim Investorendialog des ARVs wird unterschiedlich eingeschätzt:

   + Einerseits könne es zu einer Vermischung der Themen kommen und die Zeit für Corporate-Governance-Fragen zu kurz sein.

   + Andererseits finden es andere Experten interessant, das Zusammenspiel zwischen Aufsichtsratsvorsitzenden und Vorstandsvorsitzenden zu beobachten, um daraus eigene Bewertungen ziehen zu können.

+ Die Investor-Relations-Abteilung nimmt eine **koordinierende Funktion für den Dialog** ein.

Abbildung 7.9 Anforderungen von Investoren an den Investorendialog von Aufsichtsrats-vorsitzenden (Eigene Darstellung)

Da durch den Investorendialog unterjährig Informationen zur Aufsichtsratstätig-keit entstehen (können), fordern einige Experten eine entsprechende Mitteilung dazu über die Unternehmenskanäle (z. B. auf der Website des Unternehmens), haben jedoch keine genauen Vorstellungen, wie die Berichterstattung des Aufsichts-rats zukünftig angepasst werden sollte. Eine Information zum Investorendialog unabhängig vom Aufsichtsratsbericht könnte zukünftig ebenso zu einer neuen Anforderung für die ARV-Kommunikation werden, wie die Detailtiefe zum Dialog im Aufsichtsratsbericht.

Neben den Publizitätspflichten und dem Investorendialog haben aber auch die anderen Anspruchsgruppen situationsbezogen ein erhöhtes Informationsbedürfnis. Insbesondere in Sondersituationen fordern die Anspruchsgruppen eine aktivere Kommunikation über einen begrenzten Zeitraum. In Bezug auf die Medien könnte dies anhand von freiwilligen Interviews bzw. Hintergrundgesprächen geschehen.

Dabei haben sie konkrete Anforderungen an den Austausch mit Aufsichtsrats-vorsitzenden (Abbildung 7.10). Aber auch die Stimmrechtsberater wünschen sich einen punktuellen Dialog, obwohl ihre Analysen eigentlich nur auf öffentlichen Informationen beruhen.

Anforderungen von Journalisten an einen Dialog mit Aufsichtsratsvorsitzenden

+ Aufsichtsratsvorsitzende sind bereits seit langem Quellen für die mediale Berichterstattung, daher erwarten Journalisten, dass Aufsichtsratsvorsitzende die **Medienlogik** verstehen, aber auch **journalistische Spielregeln** (on-/off-the-record) kennen.

+ Die **Initiative** für einen Dialog geht meist von den Journalisten aus. Aber auch Gesprächs-sangebote durch Aufsichtsratsvorsitzende werden gerne gesehen.

+ Ein **Austausch** mit Aufsichtsratsvorsitzenden in unregelmäßigen Abständen (off-the-record) wird grundsätzlich als positiv wahrgenommen, um das Netzwerk zu pflegen sowie um sich zu öffentlichkeitsrelevanten Themen auszutauschen.

+ Journalisten verfolgen bei einem Dialog **zwei Interessen:**

    (1) Themen: Journalisten sind an Corporate Governance, insbesondere der Besetzung und Vergütung der Gremien, aber auch grundsätzlich an strategischen Themen interessiert.

    (2) Hintergründe in spezifischen Situationen: Insbesondere in Sondersituationen erwarten Journalisten durch einen Austausch die Perspektive des Aufsichtsrats zu verstehen und damit Ereignisse besser einordnen zu können.

+ Die **Rolle von Kommunikationsverantwortlichen** beim Dialog mit Aufsichtsratsvorsi-tzenden wird unterschiedlich eingeschätzt:

    + Bei Routineanfragen zu Aufsichtsratsthemen nimmt die Public-Relations-Abteilung **eine koordinierende Funktion** ein.

    + Die **Begleitung des Dialogs** durch die Kommunikationsverantwortlichen birgt aus Sicht der Journalisten wiederum Interessenskonflikte, aber auch externe Kommunika-tionsberater werden kritisch wahrgenommen.

Abbildung 7.10 Anforderungen von Journalisten an den Austausch mit Aufsichtsratsvor-sitzenden (Eigene Darstellung)

Zusammenfassend kann festgehalten werden, dass die Erkenntnisse der beiden methodischen Schritte der institutionellen Analyse dabei helfen die Anforderungen an die ARV-Kommunikation aufzuschlüsseln. Das Wissen um die Anforderungen der verschiedenen Anspruchsgruppen hilft dabei, eine Basis für die Situati-onsanalyse im Kommunikationsmanagement zu legen. Schließlich kann davon ausgegangen werden, dass diese Anforderungen für die Aufsichtsratsvorsitzenden und Kommunikationsverantwortlichen bisher weitgehend unbewusst waren.

Anhand der Analyse der Medienberichte und Analystenreports wird deutlich, dass Corporate-Governance-Themen relevant für die beiden Öffentlichkeitsarenen sind und daher auch in der Analysephase des Kommunikationsmanagement mit einbezogen werden sollten. So kann frühzeitig erkannt werden, wenn sich bspw. öffentliche Meinungen zu einem aufsichtsratsrelevanten Thema, wie der Vorstandsvergütung bilden, die für das Unternehmen relevant sein können. Die Erkenntnisse können damit einen Ausgangspunkt für die Analyse der Erwartungen der Stakeholder des jeweiligen Unternehmens bieten.

Schließlich ist es für die Planung der ARV-Kommunikation wichtig zu verstehen, welche Anforderungen an die Kommunikation gestellt werden, um diese bei einer Entscheidung für oder gegen eine freiwillige Kommunikation über die Publizitätspflichten hinaus einbeziehen zu können. So zeigen die Äußerungen der externen Experten, dass Transparenz eine der zentralen Anforderungen an die ARV-Kommunikation ist – und gleichzeitig, neben der Beziehungspflege, auch das zentrale Ziel sein sollte (Abschnitt 5.2).

Für die Organisation im Rahmen des Kommunikationsmanagements ist es zudem relevant, die Erwartungen an die Kommunikationsfunktionen zu kennen, wie etwa eine koordinative Funktion der IR-Abteilung beim Investorendialog, um entsprechende personelle Ressourcen für die ARV-Kommunikation einzuplanen und bereitzustellen. Für die Umsetzung der ARV-Kommunikation ist es zudem hilfreich, die konkreten Anforderungen der Anspruchsgruppen z. B. an den Investorendialog zu kennen (siehe Abbildung 7.9). Wenn im Rahmen der Planung entsprechende Ziele für die ARV-Kommunikation festgelegt wurden, dann können diese auch entsprechend evaluiert werden.

Empirische Erkenntnisse zu den Strukturen, Maßnahmen und Management der Kommunikation von Aufsichtsratsvorsitzenden

8

Die Kommunikation von Aufsichtsratsvorsitzenden befindet sich im Wandel. Zunächst wurde im vorangegangenen Kapitel 7 aus externer Perspektive die empirischen Erkenntnisse zu den Anforderungen an die Kommunikation von Aufsichtsratsvorsitzenden präsentiert. Diese Anforderungen können als (unerkannte) Handlungsbedingungen einen Einfluss auf die Kommunikation von Aufsichtsratsvorsitzenden haben. In diesem Kapitel werden nun die Ergebnisse aus interner Perspektive vorgestellt. Dafür wurden qualitative Experteninterviews mit Aufsichtsratsvorsitzenden geführt, um die zentralen Akteure und ihre Handlungen untersuchen zu können. Dies wurde mit Gesprächen mit den Verantwortlichen für Investor Relations und Public Relations aus den jeweiligen Unternehmen komplementiert, da diese Expertise zum Kommunikationsmanagement haben (Abschnitt 6.3). Die Ergebnisse, die die interne Perspektive auf die Kommunikation von Aufsichtsratsvorsitzenden zeigt, werden anhand der Forschungsfragen strukturiert.

Als Erstes werden in Abschnitt 8.1 die Strukturen der Kommunikation von Aufsichtsratsvorsitzenden konzeptualisiert und die empirisch erhobene Bandbreite an Maßnahmen der ARV-Kommunikation dargestellt. Mithilfe des in Abschnitt 5.4 entwickelten Analyserahmens werden die Strukturen nach Giddens in Regeln und Ressourcen differenziert. Zudem werden die in Abschnitt 5.1 theoretisch vorgestellten Maßnahmen der ARV-Kommunikation empirisch überprüft und auf Basis der Expertengespräche um weitere Maßnahmen ergänzt. Die Darstellung der Ergebnisse erfolgt anhand der eingeführten relevanten Öffentlichkeitsarenen.

Daher werden zunächst die Strukturen und Maßnahmen der ARV-Kommunikation innerhalb des Unternehmens vorgestellt (Abschnitt 8.1.1). In der Corporate-Governance-Forschung wurde Aufsichtsratsvorsitzenden bisher keine kommunikative Rolle in das Unternehmen hinein zugeschrieben. Die Ergebnisse

© Der/die Autor(en) 2022
S. Binder-Tietz, *Kommunikation von Aufsichtsratsvorsitzenden*,
https://doi.org/10.1007/978-3-658-37717-5_8

zeigen jedoch, dass es neben dem Austausch mit dem CEO weitere informelle, persönliche Kommunikationsmaßnahmen von Aufsichtsratsvorsitzenden gibt. Zudem wird gezeigt, dass die Kommunikationsfunktionen eine relevante Rolle einnehmen, um das Aufsichtsratsgremium mit qualitativen Informationen zu versorgen.

Anschließend werden die Strukturen und Maßnahmen der externen ARV-Kommunikation vorgestellt (Abschnitt 8.1.2). Als Erstes werden die empirischen Erkenntnisse zu den Publizitätspflichten des Aufsichtsrats dargestellt (Abschnitt 8.1.2.1), die schon seit langem im Rahmen der Regelkommunikation von Unternehmen umgesetzt werden. Dann folgen die Ergebnisse zum Dialog von Aufsichtsratsvorsitzenden mit Akteuren der Kapitalmarktöffentlichkeit (Abschnitt 8.1.2.2), wobei hier zwischen dem Investorendialog nach dem DCGK und Stimmrechtsberatern als relevanten Intermediären differenziert wird. Im Anschluss werden die Strukturen und freiwilligen Kommunikationsmaßnahmen mit Akteuren der gesellschaftspolitischen Arena vorgestellt (Abschnitt 8.1.2.3). Dabei werden Interviews und Hintergrundgespräche mit Medien zu Aufsichtsratsthemen sowie Äußerungen von Aufsichtsratsvorsitzenden in Medien ohne Bezug zum Unternehmen thematisiert. Darüber hinaus wurden in den Experteninterviews, aber auch die Nutzung von persönlichen Social-Media-Kanälen durch Aufsichtsratsvorsitzende sowie in einem Fall der Dialog mit Kunden diskutiert. Schließlich wurden in den Interviews auch persönliche Gespräche als Kommunikationsmaßnahme der ARV-Kommunikation mit Politikern identifiziert (Abschnitt 8.1.2.4). Daher wird die parlamentarische Öffentlichkeit als weitere relevante Öffentlichkeitsarena für die ARV-Kommunikation eingeführt.

In einem Zwischenfazit werden dann die Erkenntnisse zu den Strukturen sowie die Bandbreite der Maßnahmen der Kommunikation von Aufsichtsratsvorsitzenden rekapituliert (Abschnitt 8.1.3). Dabei wird anhand der Ergebnisse gezeigt, mit welchen Anspruchsgruppen, wie oft und in welcher Form die ARV-Kommunikation stattfindet. Zudem konnten drei Handlungsmuster der ARV-Kommunikation abgeleitet werden, anhand derer die Kommunikationsmaßnahmen mit den Anspruchsgruppen gezeigt werden können. Dabei kann zwischen den (1) bisherigen Mindestanforderungen an die Kommunikation, (2) aktuelle Routinen der ARV-Kommunikation (Common Practices) sowie (3) der Weiterentwicklung von Strukturen und Maßnahmen der ARV-Kommunikation unterschieden werden.

Auf dieser Basis kann im Anschluss gezeigt und diskutiert werden, inwiefern die Kommunikation von Aufsichtsratsvorsitzenden im Kommunikationsmanagement verortet werden kann (Abschnitt 8.2). Dafür soll zunächst geklärt werden, wer für das Kommunikationsmanagement der ARV-Kommunikation verantwortlich ist. Daher wird in Abschnitt 8.2.1 als Erstes die Rolle der Investor-Relations- und Public-Relations-Abteilung bei der ARV-Kommunikation anhand der empirischen Erkenntnisse aufgezeigt und kritisch diskutiert.

Die theoretischen Ausführungen zum Kommunikationsmanagement (Abschnitt 4.2) haben gezeigt, dass die Kommunikation von Aufsichtsratsvorsitzenden anders charakterisiert werden muss, da sich die Ziele nicht wie im bisherigen Verständnis der Kommunikationsmanagement-Forschung aus der Unternehmensstrategie ableiten lassen. Aus den Aufgaben des Aufsichtsrats wurden daher theoretisch Ziele für die ARV-Kommunikation abgeleitet (Abschnitt 5.2). In Abschnitt 8.2.2 werden diese Ziele mithilfe der empirischen Erkenntnisse überprüft sowie weitere Ziele anhand der Anspruchsgruppen der ARV-Kommunikation aufgezeigt.

Obwohl Aufsichtsratsvorsitzende als wichtige Kommunikatoren des Unternehmens verortet werden konnten (Abschnitt 4.3.3), wird anschließend anhand der empirischen Erkenntnisse für die fünf Phasen des Kommunikationsmanagements (Abschnitt 4.2) gezeigt, dass es bisher kaum ein systematisches Kommunikationsmanagement für Aufsichtsratsvorsitzende gibt (Abschnitt 8.2.3). In Ergänzung dazu werden daher anhand der theoretischen Ausführungen aus normativer Sicht die Aspekte vorgestellt, die notwendig für ein umfassendes Kommunikationsmanagement wären.

Abschließend wird in einem Zwischenfazit für das Management der ARV-Kommunikation die Einführung einer Kommunikationsordnung für den Aufsichtsrat vorgeschlagen und diskutiert (Abschnitt 8.2.4). Die Kommunikationsordnung soll die Kompetenzen von Aufsichtsratsvorsitzenden, die Ressourcen für die Kommunikation sowie die Transparenzgrundsätze definieren. Sie würde damit eine optimale Ausgangsbasis für die Planung der Kommunikation von Aufsichtsratsvorsitzenden darstellen.

8.1 Strukturen und Maßnahmen der Kommunikation von Aufsichtsratsvorsitzenden

Mithilfe des ersten Teils der strategischen Analyse der Handlungen sollen die Strukturen der Kommunikation von Aufsichtsratsvorsitzenden konzeptualisiert sowie die Maßnahmen dargestellt werden. Die Corporate-Governance-Forschung hat sich bislang zwar mit den Aufgaben und Funktionen des Aufsichtsratsgremiums beschäftigt (Abschnitt 3.2), die Strukturen für die Kommunikation des Gremiums bzw. von Aufsichtsratsvorsitzenden sind bisher jedoch nicht betrachtet worden. Zudem beschäftigt sich die Corporate-Governance-Forschung vor allem mit der Informationsversorgung des Aufsichtsrats sowie dessen Publizitätspflichten. Mit der Aufnahme des Investorendialogs in den DCGK ist eine Kommunikationsmaßnahme der ARV-Kommunikation dazu gekommen, die auch einen Einfluss auf die Strukturen der Kommunikation haben kann. Die Forschungslücke hinsichtlich der Strukturen und Kommunikationsmaßnahmen der ARV-Kommunikation soll mithilfe der empirischen Erkenntnisse geschlossen werden. Das Wissen über die Strukturen und Maßnahmen der ARV-Kommunikation bilden zudem die Basis dafür, im nächsten Schritt die Kommunikation im Kommunikationsmanagement verorten und kritisch diskutieren zu können.

Für die Analyse der Strukturen wurde im theoretischen Teil dieser Arbeit ein Analyserahmen aus strukturationstheoretischer Perspektive entwickelt (Abschnitt 5.4). Dabei wird zwischen Regeln und Ressourcen differenziert. Analytisch lassen sich Regeln der Konstitution von Sinn (Signifikation) und Regeln der Sanktionierung von Handeln (Legitimation) unterscheiden. Regeln der Konstitution von Sinn dienen als Grundlage für die Verständigung und Interpretation des Handelns. Darauf basierend kann das Handeln rationalisiert werden sowie eine spezifische Ordnung von Sinn und Bedeutung beschrieben werden (Röttger, 2010, S. 137). Dagegen beschreiben Regeln der Sanktionierung von Handeln, hier Normen genannt, welche Handlungen sozial erwartet, erlaubt und erwünscht sind, wobei eine Nichtbefolgung unterschiedlich stark sanktioniert werden kann. Ressourcen (Herrschaft) sind in der Realität höchst unterschiedlich verteilt und können das Handeln sowohl einschränken als auch ermöglichen. Es wird analytisch zwischen allokativen Ressourcen, also materiellen Aspekten einer sozialen Situation, und autoritativen Ressourcen, den Aspekten mithilfe derer Macht über andere Akteure ausgeübt wird, unterschieden (Kapitel 2). Die Dimensionen der Struktur können jedoch nur analytisch getrennt werden, in der konkreten Handlung müssen sie stets zusammen betrachtet werden. Sie helfen bei der empirischen Analyse dabei, die Strukturen der ARV-Kommunikation darzustellen. Im Mittelpunkt stehen die Strukturierungsmodalitäten, die die Struktur-

und Handlungsebene miteinander verbinden und auf die sich Akteure individuell und situationsspezifisch beziehen. Die Strukturierungsmodalitäten für die drei Dimensionen Signifikation, Herrschaft und Legitimation wurden für die ARV-Kommunikation theoretisch hergeleitet.

Des Weiteren wurden in Abschnitt 5.1 die Maßnahmen der ARV-Kommunikation aus theoretischer Sicht vorgestellt. Durch die empirische Analyse der internen und externen Kommunikationsmaßnahmen von Aufsichtsratsvorsitzenden soll gezeigt werden, wie sich diese Kommunikation charakterisieren lässt und was sie unterscheidet. Dabei soll auch empirisch gezeigt werden, mit welchen Anspruchsgruppen, wie oft und in welcher Form die ARV-Kommunikation stattfindet.

Insgesamt sollen die Strukturen und Maßnahmen für die Kommunikation von Aufsichtsratsvorsitzenden innerhalb der Unternehmensöffentlichkeit (Abschnitt 8.1.1) sowie die Strukturen und Maßnahmen für die externe Kommunikation (Abschnitt 8.1.2) konzeptualisiert bzw. dargestellt werden. Damit soll die dritte Forschungsfrage beantwortet werden, was die Strukturen und Maßnahmen der Kommunikation von Aufsichtsratsvorsitzenden sind.

Im Rahmen der Auswertung werden die Aussagen von den drei Gruppen der befragten Unternehmensvertreter (Aufsichtsratsvorsitzende, Verantwortliche für Investor Relations und Public Relations) verstehend rekonstruiert. Schließlich ergibt sich im Zusammenspiel daraus ein übergeordnetes Bild von der Struktur im jeweiligen Unternehmen. Dabei erfolgt jedoch keine Betrachtung der einzelnen Fälle, um Rückschlüsse aufgrund der zugesagten Anonymisierung zu vermeiden. Vielmehr werden die Erkenntnisse fallübergreifend zusammengefasst, um über die jeweilige lebensweltliche Ebene hinauszukommen – markante Unterschiede werden entsprechend herausgearbeitet.

Einer der Experten verweist im Gespräch darauf, dass die Kommunikation von Aufsichtsratsvorsitzenden maßgeblich von den Strukturen im Unternehmen abhängt:

„Ich glaube, das Problem ist nicht so sehr die Frage einer optimalen Kommunikation und wie man das richtig macht. Das Problem ist, dass die dahinterliegenden Strukturen und Prozesse im Unternehmen und die Art und Weise, wie das Unternehmen sich aufstellt und sich begreift, und wie es agiert, daraufhin, dass das stimmig und authentisch ist und in einem konstruktiven Kontext steht. Man kann zwar immer noch was falsch machen, aber das hat was mit Persönlichkeiten zu tun" (Aufsichtsratsvorsitzender_26).

Darüber hinaus ist die kommunikative Kompetenz von Aufsichtsratsvorsitzenden äußerst relevant für das Forschungsthema. Im Analyserahmen wird die kommunikative Kompetenz nach Zerfaß (2010, S. 189) sowohl als allokative als auch autoritative Ressource verstanden und weiterhin in aktive Kommunikationskompetenz, Wahrnehmungs- und Kooperationskompetenz unterschieden werden.

Die Aufsichtsratsvorsitzenden verfügen nach eigener sowie der Einschätzung der Kommunikationsexperten in den jeweiligen Unternehmen über gut ausgebildete Kompetenzen in Bezug auf Kommunikation. Diese basiere vor allem auf Geschäftserfahrungen, spezifische Erfahrungen im Umgang mit den Stakeholdern, z. B. Investoren, aber auch auf einer Ausdrucksfähigkeit auf Englisch.

„Das ist jetzt eine sehr subjektive Frage. Ich würde unseren Aufsichtsrat als gut vorbereitet sehen. Warum? Erstens ist der Mann seit langen Jahren im Geschäft wie die meisten Aufsichtsratsvorsitzenden. Das heißt, er verfügt über geschäftliche Erfahrung und auch Kommunikationserfahrung. Zweitens, als Banker kennt er den Kapitalmarkt. Das heißt, er hat auch die Erfahrung, die vielleicht andere nicht haben. Wie tickt ein Aktionär? Wo muss ich vielleicht ein bisschen vorsichtiger formulieren? Wo kann ich ein bisschen mehr Gas geben? Und drittens, er spricht fließend Englisch, das ist irgendwie eine Grundvoraussetzung. Das meiste Aktionariat ist international, und da kommst du mit Deutsch dann nicht weiter. Von daher, glaube ich unser Aufsichtsrat da sehr, sehr gut gerüstet und bräuchte halt, wenn nur ein bisschen Briefing zur aktuellen Situation" (Investor Relations_23).

Darüber hinaus wurde von allen Experten aus Unternehmensperspektive in den Gesprächen darauf verwiesen, dass das Selbstverständnis und die Persönlichkeit von Aufsichtsratsvorsitzenden in besonderem Maße die Kommunikation prägen:

„Eine große Rolle spielen die unterschiedlichen Persönlichkeiten. Es gibt einfach Leute, für die ist Kommunikation ein Teil ihres Selbstverständnisses. Und andere, die machen es einfach nicht gern. Die wollen es auch nicht. Und ich glaube, das hat einen größeren Rolleneinfluss als zu sagen, Kommunikation ist ein neuer Trend, wohin geht es denn?" (Public Relations_17).

Im Rahmen dieser Auswertung soll jedoch keine Charakterstudie durchgeführt werden, sondern vielmehr Erkenntnisse gewonnen werden, die auf die Strukturen der Kommunikation verweisen und damit auch bei anderen Akteuren in der Position eines Aufsichtsratsvorsitzenden herangezogen werden können.

Im Folgenden werden nun zunächst die Erkenntnisse zu den Strukturen und Maßnahmen der Kommunikation von Aufsichtsratsvorsitzenden in der Unternehmensöffentlichkeit präsentiert, bevor die Ergebnisse zu den Strukturen der externen ARV-Kommunikation vorgestellt werden.

8.1.1 Strukturen und Maßnahmen der Kommunikation von Aufsichtsratsvorsitzenden in der Unternehmensöffentlichkeit

Der Aufsichtsrat ist ein wichtiges Organ im dualistischen System der Unternehmensführung. In Bezug auf Kommunikation wurde in der Corporate-Governance-Forschung bisher vor allem die Informationsversorgung der Aufsichtsräte betrachtet, da das Gremium auf dieser Basis seine Arbeit vollzieht. Zudem wird die Zusammenarbeit von Vorstand und Aufsichtsrat, insbesondere der Austausch zwischen den beiden Vorsitzenden im DCGK thematisiert. Anhand der kommunikationswissenschaftlichen Forschung konnten im theoretischen Teil der Arbeit jedoch weitere relevante Akteure und Anspruchsgruppen für die ARV-Kommunikation innerhalb der Unternehmensöffentlichkeit identifiziert werden (Abschnitt 4.1.3). Diese beiden Perspektiven wurden zusammengebracht und die Kommunikation von Aufsichtsratsvorsitzenden innerhalb der Unternehmensöffentlichkeit theoretisch konzipiert (Abschnitt 5.1.1). Dabei wurden vor allem die Erkenntnisse zur Informationsversorgung des Aufsichtsrats sowie der Austausch mit dem Vorstand thematisiert. Darüber hinaus wurden aber auch eine Kommunikation mit den weiteren internen Anspruchsgruppen theoretisch diskutiert.

Mithilfe des Analyserahmens (Abschnitt 5.4) werden in diesem Kapitel die Strukturen der Kommunikation von Aufsichtsratsvorsitzenden innerhalb des Unternehmens anhand der Regeln und Ressourcen konzeptualisiert. Dafür werden für jede Anspruchsgruppe im ersten Schritt die strukturbildenden Regeln und Ressourcen beschrieben und im zweiten Schritt die empirischen Erkenntnisse zu den Kommunikationsmaßnahmen vorgestellt. Abbildung 8.1 visualisiert die empirisch überprüften Kommunikationswege von Aufsichtsratsvorsitzenden innerhalb der Unternehmensöffentlichkeit, die im Folgenden vorgestellt werden.

Übergeordnet kann für die Kommunikation von Aufsichtsratsvorsitzenden in der Unternehmensöffentlichkeit festgehalten werden, dass die *Einschätzung der Relevanz der internen Kommunikation* eine wichtige Regel darstellt. Dabei handelt es sich um ein Interpretationsmuster, das dabei hilft, den Sinn herauszulesen, was die Akteure sagen oder tun. So sehen die befragen Aufsichtsratsvorsitzenden ihre kommunikative Aufgabe vor allem innerhalb des Unternehmens in Bezug auf den Austausch im Aufsichtsratsgremium sowie darin, einen intensiven und vertrauensvollen Austausch mit dem Vorstandsvorsitzenden zu pflegen, um die Meinungen des Aufsichtsrats vertreten und einbringen zu können:

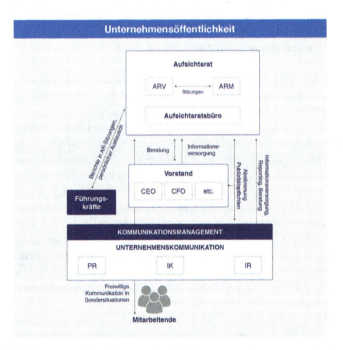

Abbildung 8.1 Empirisch überprüfte Kommunikationsmaßnahmen von Aufsichtsratsvorsitzenden in der Unternehmensöffentlichkeit (Eigene Darstellung)

„Für mich ist die Kommunikation intern, sprich nicht ins Unternehmen hinein, in das Gremium Aufsichtsrat und in Richtung Vorstand sehr wichtig. Es ist wahrscheinlich die wichtigste Aufgabe, die ein Aufsichtsratsvorsitzender hat" (Aufsichtsratsvorsitzender_16).

Kommunikation innerhalb des Aufsichtsratsgremiums

Zunächst werden die Strukturen der Kommunikation innerhalb des Aufsichtsratsgremiums anhand von Regeln und Ressourcen erläutert. Dies geschieht ausschließlich aus der Perspektive der Aufsichtsratsvorsitzenden, da die befragten Kommunikationsverantwortlichen keinen Einblick in den Austausch innerhalb des Gremiums haben.

Die *Einschätzung der Relevanz der Kommunikation* im Aufsichtsratsgremium ist ein wichtiges Interpretationsschema, dass die Handlungen von Aufsichtsratsvorsitzenden rationalisiert. So beschreiben die befragten Aufsichtsratsvorsitzenden die Kommunikation im Gremium als zentrale Aufgabe ihrer Rolle. Das *Aktiengesetz* stellt dabei eine wichtige Norm für die Kommunikation im Gremium dar. So haben Aufsichtsratsmitglieder eine Verschwiegenheitspflicht hinsichtlich vertraulicher Berichte und vertraulicher Beratungen (§§ 116, 93 Abs. 1 Satz 3 AktG).

Aufsichtsratsvorsitzende verfügen in einigen Fällen über die *personelle Unterstützung* eines Aufsichtsratsbüros, die eine ermöglichende Ressource vor allem bei der Informationsversorgung darstellen. Auf den *Zugang zu Informationen* als ermöglichende Ressource der ARV-Kommunikation wird im weiteren Verlauf noch detailliert eingegangen. Zudem verfügen Aufsichtsratsvorsitzende über ein Zweitstimmrecht als autoritative Ressource, falls es in Bezug auf die Entscheidungskompetenz des Gremiums zu einer Stimmgleichheit kommen sollte.

Im zweiten Schritt werden nun die empirischen Erkenntnisse zur Kommunikation innerhalb des Gremiums vorgestellt: Die Arbeit innerhalb des Aufsichtsrats findet schwerpunktmäßig in Ausschüssen statt (Abschnitt 3.2), die in den befragten Unternehmen vor allem als Telefonkonferenzen, seltener auch als persönliche Treffen abgehalten werden. Die Sitzungen des gesamten Aufsichtsrats finden dagegen meist als Meetings vor Ort statt, wobei die Möglichkeit besteht, dass sich Mitglieder per Video- oder Telefonkonferenz einwählen.

Dem Aufsichtsratsvorsitzenden obliegt eine besondere Rolle bei der Koordination und Leitung des Aufsichtsratsverfahrens (Abschnitt 3.3). Zur Vorbereitung der Sitzungen nutzen die befragten Aufsichtsratsvorsitzenden vor allem persönliche und direkte Kommunikationswege. In persönlichen Gesprächen sowohl mit den Vertretern der Anteilseigner- als auch der Arbeitnehmerseite würden Themen der nächsten Sitzung vorbesprochen, um so Argumente und Bedenken vorab aufzunehmen und Überraschungen in den Sitzungen zu vermeiden.

Aus Sicht der befragten Aufsichtsratsvorsitzenden sei eine offene und transparente Kommunikation ebenso wichtig, wie eine gute Diskussionskultur innerhalb des Gremiums. Dazu gehöre auch, dass Themen, wie etwa die Vergütung des Vorstands, frühzeitig vorbereitet werden sollten, damit sich alle Beteiligten vorab informieren und zu einer Entscheidung kommen könnten. Zwar haben die befragten Experten unterschiedliche Erfahrungen in mitbestimmten Aufsichtsräten in verschiedenen Unternehmen gemacht, dennoch werde die Vielfalt der Interessen im Gremium geschätzt. Aufgrund der Interessenausgleichsfunktion des Aufsichtsrats ist eine koordinierende Kommunikation daher besonders relevant. Auf dieser

Basis könnten Entscheidungen im Rahmen der Entscheidungskompetenz des Aufsichtsrats gefällt werden, die schließlich auch umgesetzt werden könnten.

> „Kompetente Betriebsräte als Diskussionspartner sind mir hoch willkommen, weil sie einen Blick in das Unternehmen haben, was normalerweise etwas anders gelagert ist als der Blick des Managements. Und dieser konstruktive Austausch, auch teilweise mit komplett unterschiedlichen Meinungen, Standpunkten, ist absolut in Ordnung, und führt dazu, dass man eben zu einer Lösung kommt, die letztendlich auch umgesetzt werden kann" (Aufsichtsratsvorsitzender_22).

In Sondersituationen wird die Kommunikation von Aufsichtsratsvorsitzenden innerhalb des Aufsichtsratsgremiums von den Experten als besonders wichtig eingestuft. Vor allem der Austausch mit den Arbeitnehmervertretern sei elementar, da diese, abhängig von Situation, ihre Positionen als Betriebsrat oder Gewerkschaftsvertreter ebenfalls gegenüber der (Betriebs-)Öffentlichkeit vertreten müssten. Ein respektvoller Umgang, bei dem die Meinungen gehört würden, helfe dabei, tragfähige Entscheidungen im Gremium treffen zu können.

> „Mit offenen Karten bedeutet, man muss nicht einer Meinung sein. Überhaupt nicht, man kann durchaus unterschiedliche Meinungen haben, aber man muss damit konstruktiv umgehen, und man muss versuchen, eine Kompromisslinie dann letztendlich zu finden, die dem Unternehmen, aber natürlich auch dem Mitarbeiter und der Mitarbeiterin am Ende des Tages nützt" (Aufsichtsratsvorsitzender_22).

Darüber hinaus würden in Sondersituationen vermehrt Gerüchte aus sog. unternehmensnahen Kreisen von Medien thematisiert. Aufsichtsratsmitglieder haben eine Verschwiegenheitspflicht hinsichtlich vertraulicher Berichte und vertraulicher Beratungen (§§ 116, 93 Abs. 1 Satz 3 AktG). Wenn vertrauliche Einzelheiten aus Aufsichtsratssitzungen an die Medien gelangen, handele es sich meist um gezielte Indiskretionen (Schenck, 2013, S. 226). Die befragten Aufsichtsratsvorsitzenden berichten, dass sie bei konkreten Gerüchten dem Thema nachgehen würden, es jedoch äußerst schwierig sei nachzuweisen, von wem vertrauliche Informationen an die Öffentlichkeit weitergegeben worden seien. Gerade in Krisen gebe es viele Interessen, die auf verschiedenen Wegen versuchen würden, dass ihre Argumente gehört würden.

> „Diese Durchstecherei ist natürlich ganz misslich. Jedes Aufsichtsratsmitglied sollte sich bewusst sein, dass er damit nicht nur sich infragestellt, sondern eben auch dem Unternehmen und allen anderen Beteiligten schadet. Gerade wenn es Krisen gibt und Unternehmen in einer Umbruchphase sind, dann gibt es halt viele Interessen, die auch versuchen dann ihre Argumente und ihre Meinung dann halt auch in der Öffentlichkeit rüberzubringen" (Aufsichtsratsvorsitzender_5).

Dieses Vorgehen wird von allen Experten äußerst negativ eingeschätzt, da es die Kommunikationshoheit des Unternehmens gefährde und den beteiligten Personen schaden könne.

Zugang zu Informationen als ermöglichende Ressource der ARV-Kommunikation

Die Arbeit des Aufsichtsrats basiert auf den Informationen, die durch den Vorstand zur Verfügung gestellt werden. In der bisherigen Corporate-Governance-Forschung wird vor allem die Informationsversorgung durch den Vorstand sowie vereinzelt von externen Sachverständigen betrachtet (Abschnitt 5.1.1). Der Zugang zu Informationen stellt eine zentrale allokative Ressource für die Arbeit des Gremiums und auch Kommunikation von Aufsichtsratsvorsitzenden dar. Sie ermöglicht es den Akteuren die Situation sowie Anforderungen von Anspruchsgruppen besser zu verstehen und entsprechend Entscheidungen für oder gegen Kommunikationsmaßnahmen treffen zu können.

Im Rahmen der Expertengespräche konnten fünf Ansatzpunkte identifiziert werden, wie die Kommunikationsfunktionen mit qualitativen Informationen zu den jeweiligen Entwicklungen und Meinungen in den relevanten Öffentlichkeitsarenen zur Informationsversorgung beitragen:

(1) Täglicher Pressespiegel
(2) Briefings zu den Quartalszahlen
(3) Informationen zu Aufsichtsratssitzungen von den Kommunikationsfunktionen
(4) Ergänzende, formalisierte Reportings an den Aufsichtsrat
(5) Briefings im Vorfeld der Hauptversammlung

Diese Informationen können als ermöglichende Ressource für die interne und externe ARV-Kommunikation eingestuft werden.

(1) *Täglicher Pressespiegel*
Der tägliche Pressespiegel des Unternehmens ist eine relevante Informationsquelle für die Aufsichtsratsvorsitzenden. Dieser wird in den meisten Fällen an das gesamte Aufsichtsratsgremium weitergeleitet; bei einigen Unternehmen wurde im Gremium abgefragt, wer diesen erhalten möchte. Die Medienberichterstattung zum Unternehmen bietet für Aufsichtsratsvorsitzende den Anlass, zu bestimmten Ereignissen eine Einschätzung einzuholen, entweder vom Vorstandsvorsitzenden aber auch direkt von der Kommunikationsabteilung.

„Das Unternehmen liegt ihm sehr am Herzen und er ist über alles informiert. Er bekommt den Pressespiegel, und ja, er ruft auch an, wenn ihn etwas daraus interessiert. Also, ich habe häufig Kontakt mit ihm" (Public Relations_28).

(2) *Briefings zu den Quartalszahlen*
Der Prüfungsausschuss des Aufsichtsrats, in dem Aufsichtsratsvorsitzende meist Mitglieder sind, erhält die Quartalszahlen vor der Veröffentlichung. Nach der Publikation der Zahlen erstellen die IR- und PR-Abteilungen separat oder zusammen eine Einschätzung zur externen Wahrnehmung der Veröffentlichung. Dieses Dokument gehe meist zunächst an den Vorstand und werde dann vom CEO an das Aufsichtsratsgremium weitergeleitet. Darin enthalten sind u. a. eine Übersicht und Zusammenfassung der Analysten-Reports sowie der Medienberichterstattung. Solche Briefings der Kommunikationsfunktionen werden auch zu weiteren relevanten Ereignissen zusammengestellt und verteilt.

„Wir machen nach jedem Quartal ein internes Papier, wo wir im Prinzip die Kapitalmarktstimmen zu bestimmten Themen zusammenfassen, die zum Quartalsergebnis aufgekommen sind. Dort bilden wir auch Bewertungen und Erwartungen ab, die es im Markt gibt. Das weiß ich, dass ihm das zur Verfügung gestellt wird, aber da muss ich mich nicht drum kümmern. Das wird automatisch vom Vorstand weitergeleitet" (Investor Relations_19).

(3) *Informationen zu Aufsichtsratssitzungen von den Kommunikationsfunktionen*
Im Rahmen der Aufsichtsratssitzungen erhält das Gremium regelmäßig Informationen aus Kapitalmarktsicht und abhängig von der Situation auch zu öffentlichkeitsrelevanten Themen. Die meist quartalsweisen Briefings der IR-Abteilung enthalten u. a. Informationen zur Aktienentwicklung, der Aktionärsbasis sowie die Einschätzung von Kapitalmarktakteuren zu Themen des Unternehmens bzw. in der Branche. In wenigen Unternehmen wird ein vergleichbares Briefing auch von der PR-Abteilung hinsichtlich der Reputation des Unternehmens sowie der Medienberichterstattung zusammengestellt. Diese Briefings würden in den Aufsichtsratssitzungen jedoch stets vom Vorstand erläutert, die Kommunikationsverantwortlichen nehmen selten, nur ereignisbezogen an den Aufsichtsratssitzungen teil.

„Bei uns ist das teilinstitutionalisiert, so würde ich es mal formulieren. Alle drei Monate lässt sich der Vorstand alles aufbereiten von seinen Fachabteilungen – so ein relativ umfangreiches Paket. Und ein Teil dieses Pakets ist auch Themen am Kapitalmarkt, Wahrnehmung durch Investoren und Analysten. Das ist dann eben unser Part, wo wir dann unser Wissen, unsere Erfahrung, und sonst was so loswerden wollen, reinpacken" (Investor Relations_21).

(4) *Ergänzende, formalisierte Reportings an den Aufsichtsrat*
Neben den gängigen quartalsweisen Briefings zu kommunikationsrelevanten Themen wurde in einem der befragten Unternehmen darüber hinaus ein monatliches Reporting an den Aufsichtsrat, insbesondere zu Kapitalmarktthemen, eingeführt. Der Aufsichtsratsvorsitzende hatte dies unabhängig von den Sitzungen angeregt und es wurde daher von der IR-Abteilung gemeinsam mit anderen Abteilungen formal aufgesetzt.

„Es gibt zwei Sachen: ein quartärliches und ein monatliches, relativ kurzes Reporting an den Aufsichtsrat, in dem mein Bereich Investor Relations einen Teil einliefert. Wie entwickelt sich die Aktie? Wie entwickelt sich der Kapitalmarkt? Wie entwickeln wir uns relativ zu den Peers und Indizes? Das findet wie gesagt periodisch statt, einmal im Monat, und ein anderes Reporting, das ist inhaltlich ein bisschen anders gelagert, einmal im Quartal" (Investor Relations_24).

(5) *Briefings im Vorfeld der Hauptversammlung*
Bei der Hauptversammlung handelt es sich um die Veranstaltung des Unternehmens, die wohl den größten formalen, gesetzlichen Anforderungen unterliegt. Als Vorbereitung auf die Rolle als Versammlungsleiter erhalten die Aufsichtsratsvorsitzenden bei allen Unternehmen ein umfangreiches Briefing von der Rechtsabteilung. Zudem wird ein umfangreicher Fragenkatalog erstellt, den die Aufsichtsratsvorsitzenden ebenfalls als Vorbereitung erhalten:

„Wir bereiten immer im Vorfeld einer HV einen umfangreichen Fragenkatalog vor über alle Abteilungen hier, wo wir die unserer Meinung nach wahrscheinlichsten Fragen schon mal vorab beantworten. Es wird dann in so ein Q&A-System eingespeist. Das läuft hier noch verschiedene Runden" (Investor Relations_21).

Darüber hinaus zeigen die Erkenntnisse aus den Expertengesprächen, dass in Sondersituationen insbesondere der Zugang zu Informationen an Bedeutung gewinne, da auf dieser Basis die Entscheidungskompetenz sowie die Einschätzung zur

Relevanz von Kommunikation beruhe. Daher kann es zu – zeitlich begrenzten – ergänzenden Briefings zu Stimmungen im Kapitalmarkt oder der Öffentlichkeit durch die Kommunikationsverantwortlichen kommen.

Dialog mit dem CEO bzw. Vorstand

Auch für den Dialog mit den Vorstandsvorsitzenden bzw. dem Vorstand werden zunächst die Strukturen anhand der Regeln und Ressourcen vorgestellt. Dies geschieht erneut ausschließlich aus der Perspektive der Aufsichtsratsvorsitzenden, da die befragten Kommunikationsverantwortlichen keinen Einblick haben.

Die *Einschätzung der Relevanz der Kommunikation* mit dem Vorstand ist ein zentrales Interpretationsschema, da dieser Austausch als wichtige interne Kommunikation eingeschätzt wird. Der Dialog basiert sowohl auf der Aufgabenteilung anhand des dualistischen Systems der Unternehmensführung im *Aktiengesetz* sowie den *Empfehlungen im DCGK* als Normen. Hahne (1998, S. 204) beschreibt die Steuerung der Informationsroutinen als autoritative Ressourcen. In diesem Zusammenhang kann daher die *Beziehung von Aufsichtsratsvorsitzenden zum Vorstand* als autoritative Ressource bezeichnet werden. So soll ein enger Informationsaustausch zwischen Aufsichtsratsvorsitzenden und Vorstandsvorsitzenden bestehen, der von beiden Akteuren entsprechend ihren Ressourcen, z. B. die *Entscheidungskompetenz* hinsichtlich Corporate-Governance-Themen des Aufsichtsrats, gestaltet wird.

Dieser Dialog kann mithilfe der empirischen Erkenntnisse genauer dargestellt werden: Die befragten Aufsichtsratsvorsitzenden beschreiben, dass Vertrauen die Grundlage für die Beziehung und den Austausch mit den Vorstandsvorsitzenden darstelle. Zu Beginn müsse dieses Vertrauen, wie in jeder menschlichen Beziehung, zunächst aufgebaut werden. Die eigenen Erfahrungen in Vorstandspositionen würden helfen, sich in die Perspektive des Vorstands hineinzuversetzen und produktiv zusammenzuarbeiten. Dabei sei es normal, wenn unterschiedliche Auffassungen aufkommen würden, solange Entscheidungen stets im besten Interesse für das Unternehmen gefällt werden würden. Sofern eine Entscheidung und daraus resultierend auch eine Kommunikation von Aufsichtsratsvorsitzenden notwendig sei, werde dies in enger Abstimmung mit dem CEO durchgeführt.

„Der Aufsichtsratsvorsitzende ist herausgehoben. Er ist das Scharnier zwischen Aufsichtsrat und Vorstand, und das Gleiche gilt beim Vorstandsvorsitzenden, allenfalls vom CFO. Die sind auch das Scharnier aus Sicht des Vorstandes zum Aufsichtsrat. Da muss Vertrauen die Grundlage sein. Wenn das nicht da ist, dann können Sie es vergessen" (Aufsichtsratsvorsitzender_3).

Die Beziehung von Aufsichtsratsvorsitzenden und Vorstandsvorsitzenden kann demnach als ermöglichende Ressource für die Kommunikation eingestuft werden, ohne dass daraus zwingend eine aktivere interne oder externe Kommunikation folgen muss.

Alle befragten Aufsichtsratsvorsitzenden stehen in regelmäßigem Kontakt mit dem CEO, aber auch anderen Vorstandsmitgliedern. Gespräche zwischen CEO und ARV finden im Rahmen von sog. Jour fixes statt, meist als Telefonate, mit 14-tägigen oder monatlichen Abstand.

> „Ich bekomme alle internen Berichte. Das heißt, im Grunde genommen habe ich alle Informationen, die auch der Vorstand hat, vielleicht aber nicht in der Detailtiefe. Ich bekomme die Agenda der Vorstandssitzungen sowie die Unterlagen zu den Vorstands-sitzungen zur Verfügung gestellt. Ich habe dann die Möglichkeit, und das mache ich auch regelmäßig, dann eben nachzufragen, nachzuhören. Und das geschieht in Form von Jour fixes, die ich also zumindest einmal im Monat, normalerweise so im 14-tägigen, dreiwöchigen Abstand, regelmäßig mit dem Vorstandsvorsitzenden habe. Aber ich habe nicht nur mit dem Vorstandsvorsitzenden, sondern mit allen Vorstands-mitgliedern Jour fixes vereinbart" (Aufsichtsratsvorsitzender_22).

Dabei wird das Ziel verfolgt, eine Einschätzung zu aktuellen Entwicklungen zu erhalten. Das führe dazu, dass die Aufsichtsratsvorsitzenden auch dann beim CEO nachfragen, wenn es zu größeren Kursschwankungen komme oder sie bestimmte Themen in der Medienberichterstattung über das Unternehmen wahr-nehmen würden. Einige Kommunikationsverantwortliche berichten, dass diese Anfragen dann vom Vorstand an sie weitergeleitet werden, um Informationen für das Gespräch bereitzustellen – d. h. der Vorstand nutzt hier die personelle Unterstützung der Kommunikationsfunktionen, die meist auch an ihn berichten. Indem die Gesprächsinhalte mit dem CEO auch an die Aufsichtsratsmitglieder vermittelt werden, könnte diese ihrer Kontrollaufgabe nachkommen.

In Sondersituationen kann sich der Austausch mit dem CEO deutlich intensi-vieren. Insbesondere in Krisen werde die Rolle von Aufsichtsratsvorsitzenden als Sparringspartner für den Vorstand relevanter und häufiger genutzt. Aus Sicht der befragten Aufsichtsratsvorsitzenden sei dies wichtig, da Aufsichtsratsmitglieder über vielfältige Erfahrungen, auch zur Bewältigung von Krisen, verfügen würden. Zudem müsse genau besprochen werden, ob und wann Aufsichtsratsvorsitzende mit ihrer Kommunikation dem Unternehmen helfen könne, ohne die Themen des Vorstands zu schneiden. Die Entscheidungskompetenz und die Beziehung zum Vorstand sind damit entscheidende Ressourcen, die Einfluss auf das Inter-pretationsmuster hinsichtlich der Einschätzung zur Relevanz von Kommunikation haben. Weiterhin könne es auch relevant sein, dass Aufsichtsratsvorsitzenden über die Krisenbewältigung sprechen, wenn es einen neuen CEO gebe, der sich erst einarbeiten müsse und nicht auskunftsfähig zu den Krisenursachen sei.

> „Je weniger ein Unternehmen in der Öffentlichkeit unter Governance-Gesichtspunkten oder anderen Gesichtspunkten vorgeführt wird, umso besser arbeitet der Aufsichtsratsvorsitzende. In Krisenzeiten ist man sehr stark als Sparringspartner gefordert. Hinterher war ich immer froh, wenn ich als Aufsichtsrat in der Öffentlichkeit gar nicht gefragt war, sondern eben das rein operative Geschäft im Vordergrund stand. Und das mag dann noch so heiß hin und her gehen, aber das macht dann der Vorstand" (Aufsichtsratsvorsitzender_18).

Zusammenfassend kann festgestellt werden, dass die vorgestellten Erkenntnisse die bisherige Corporate-Governance-Forschung mit Blick auf den Austausch im Gremium und dem Vorstandsvorsitzenden sowie der Informationsversorgung durch die Kommunikationsfunktionen qualitativ vertiefen.

Auf Basis der Experteninterviews konnte zudem eine darüber hinausgehende Kommunikation von Aufsichtsratsvorsitzenden mit Akteuren im Unternehmen identifiziert werden. Es handelt sich dabei um informelle, persönliche Kommunikationsmaßnahmen, nicht um eine interne Kommunikation an alle Mitarbeitenden, wie sie in Abschnitt 4.2.1 vorgestellt wurde. Daher gibt es auch keine personelle oder fachliche Unterstützung (autoritative Ressource) durch die Funktion der internen Kommunikation. Die Strukturen für die Kommunikation mit diesen internen Anspruchsgruppen sowie die empirischen Erkenntnisse werden im Folgenden vorgestellt.

Kommunikation mit Führungskräften

Die Kommunikation von Aufsichtsratsvorsitzenden mit Führungskräften ist weder im Aktiengesetz noch im DCGK vorgesehen. Auch hier ist die *Einschätzung der Relevanz von Kommunikation* erneut das Interpretationsschema, das die Handlungen von Aufsichtsratsvorsitzenden rationalisiert. So werden Führungskräfte von einem Großteil der befragten Aufsichtsratsvorsitzenden als relevante Anspruchsgruppe für die interne Kommunikation angesehen. Dabei werden verschiedene Ziele für den Austausch angeführt, die im Rahmen der Ergebnisdarstellung zum Kommunikationsmanagement ausführlich erläutert werden (Abschnitt 8.2.2). Dazu gehört erstens die Informationsversorgung, da die Führungskräfte häufig detaillierter über operative Vorgänge Auskunft geben könnten als Vorstände. Zweitens gehört dazu die Nachfolgeplanung für die Besetzung des Vorstands: hier können der DCGK als Norm sowie die *Entscheidungskompetenz des Aufsichtsrats* eine ermöglichende Ressource darstellen. Vor allem die *Beziehung zum Vorstand* kann jedoch als ermöglichende oder auch einschränkende Ressource eingestuft werden. Schließlich gibt es kein unmittelbares Informationsrecht des Aufsichtsrats gegenüber Mitarbeitenden, sondern ein Direktkontakt wird idealerweise als Teil einer transparenten Unternehmenskultur begriffen (Abschnitt 5.1.1). Die befragten Aufsichtsratsvorsitzenden beschreiben, dass der CEO vorab darüber informiert werde, bevor es zu einem Austausch zwischen ihnen und anderen Unternehmensmitgliedern komme, um so die Möglichkeit zu eröffnen, Teil der Gespräche zu sein.

Die empirischen Ergebnisse zeigen, dass ein Austausch des Aufsichtsrats mit den Führungskräften des Unternehmens durch von formellen und informellen Maßnahmen stattfindet: Als formelles Format präsentieren die Führungskräfte in allen Unternehmen im Rahmen von Aufsichtsratssitzungen themenspezifisch ihre Bereiche oder zu Spezialthemen. In einem Fall nimmt der Aufsichtsratsvorsitzende auch regelmäßig an den Zusammenkünften des Top-Managements teil, jedoch als passiver, stiller Teilnehmer. Ein anderer Aufsichtsratsvorsitzende hielt nach seiner Wahl eine Antrittsrede auf der nächsten Führungskräfteveranstaltung, um aus seiner Sicht darzulegen, worauf es zukünftig für das Unternehmen ankomme. Dies kann bereits als leichte Modifikation der Strukturen interpretiert werden, die durch die Beziehungen zu Vorstand als Rahmenbedingung sowie einer veränderten Einschätzung der Relevanz von Kommunikation begründet sind.

Von einem Großteil der befragten Unternehmen werden zudem informelle Formate umgesetzt, sodass es zu einem persönlichen Austausch zwischen den Akteuren kommt. Dazu zählen etwa gemeinsame Abendessen mit Aufsichtsrat, Vorstand und der ersten Führungsebene, z. B. am Vorabend der Hauptversammlung, einer Aufsichtsratssitzung oder Führungskräfteveranstaltungen.

„Einmal im Jahr gibt es im Rahmen einer der Aufsichtsratssitzungen am Vorabend ein gemeinsames Abendessen zwischen Vorstand, Aufsichtsrat und der ersten Führungsebene. Da gibt es keine großen Reden, aber es ist die Möglichkeit, in einen Austausch mit dem gesamten Aufsichtsrat zu kommen" (Public Relations_7).

In Sondersituationen kommt es zudem zu weiteren Formaten mit Führungskräften. Dazu gehören bspw. Gespräche bzw. Calls mit Führungskräften: Insbesondere, wenn der Vorstand aufgrund einer Krise das Unternehmen verlassen habe, sei es wichtig, die Führungskräfte für ihre weitergehende interne Kommunikation zu befähigen und die Situation und nächsten geplanten Schritte zu erläutern.

Kommunikationsmaßnahmen für Mitarbeitende
Die *Einschätzung der Relevanz für die Kommunikation* von Aufsichtsratsvorsitzenden innerhalb der Unternehmensöffentlichkeit nimmt in Bezug auf die Kommunikation mit Mitarbeitenden deutlich ab. Aufgrund der Aufgabenverteilung im

dualistischen System der Unternehmensführung wird diese Kommunikation als Aufgabe des Vorstands angesehen. Dennoch wurde in den Expertengesprächen mehrfach geäußert, dass Sondersituationen einen Anlass bieten können, dass Aufsichtsratsvorsitzende als Sprecher im Rahmen der internen Kommunikation an alle Mitarbeitenden agieren. In den nachfolgenden Beispielen wird dabei insbesondere auf das *Image und die Glaubwürdigkeit von Aufsichtsratsvorsitzenden* als ermöglichende Ressource Bezug genommen. Zudem zeigt sich, dass diese Kommunikation durch Kommunikationsverantwortliche als personelle Ressource im Rahmen der internen Unternehmenskommunikation unterstützt wird.

Eine freiwillige ARV-Kommunikation mit Mitarbeitenden findet vor allem in Sondersituationen statt und kann empirisch anhand von drei unterschiedlichen Beispielen verdeutlicht werden. In ersten Fall gab der Aufsichtsratsvorsitzende ein kurzes Interview bzw. Statement in der Mitarbeiterzeitung zu einer erfolgreich abgeschlossene M&A-Transaktion. Aus Sicht der Aufsichtsratsvorsitzenden sei es jedoch wichtig, dass der Vorstand dies unterstütze bzw. anfrage, da diese Kommunikation im operativen Aufgabenbereich des Vorstands liege. Hier zeigt sich, dass die Beziehung zum Vorstand als ermöglichende Ressource für die Kommunikation angesehen wird.

„Wenn der Vorstand meint, der Aufsichtsratsvorsitzende sollte paar Worte sagen, dann mache ich das, aber das muss der Vorstand dann sagen" (Aufsichtsratsvorsitzender_10).

In zweiten Fall wurde der Aufsichtsratsvorsitzende nach einem überraschenden Weggang eines Vorstandsmitglieds zum internen Sprecher. Eine Kommunikation fand dabei sowohl in Rahmen einer Telefonkonferenz mit Führungskräften als auch im internen Mitarbeitermagazin und der Intranet-Seite statt. Aus Sicht des PR-Verantwortlichen war dies aus Unternehmenssicht notwendig, da der Abgang im Verantwortungsbereich des Aufsichtsrats lag und die restlichen Vorstandsmitglieder nicht beschädigt werden sollten.

„Der Aufsichtsrat war für die Situation verantwortlich, und wir wollten den Vorstand da nicht schädigen. Wir wollten ja nicht den CEO nutzen. Das wäre unglaubwürdig gewesen. Und dann haben wir nur ihn [den Aufsichtsratsvorsitzenden] als Sprachrohr benutzt. Er hat sowohl allen Führungskräften die Sachlage erklärt, was sehr gut ankam. Denn er hat das aus Sicht des Aufsichtsrats berichtet: Unsere Aufgabe, wir kümmern uns drum, und suchen jetzt den Nachfolger. Das kann nur er sagen" (Public Relations_28).

Im dritten Beispiel berichtete der Aufsichtsrat bei einer Betriebsversammlung über die Fortschritte bei der Bewältigung einer Krise. Der Aufsichtsratsvorsitzende wurde dabei zum Sprecher, da die Beauftragung eines externen Sachverständigen zur Untersuchung der internen Vorgänge durch den Aufsichtsrat erfolgte.

Austausch mit den Kommunikationsfunktionen
Der Austausch von Aufsichtsratsvorsitzenden mit den Kommunikationsfunktionen Investor Relations und Public Relations stellt eine ermöglichende personelle Ressource für die ARV-Kommunikation dar. In diesem Zusammenhang ist erneut die *Beziehung zum Vorstand* eine ermöglichende bzw. einschränkenden Ressource. So gibt es Fälle, bei denen eine Kommunikation ausschließlich über oder im Beisein des Vorstands erfolgt sowie Fälle, in denen es regelmäßig stattfindenden Austausch zu öffentlichkeitsrelevanten Themen gibt. In einem Fall ging der Aufsichtsratsvorsitzende davon aus, dass die Kommunikationsverantwortlichen den Vorstand über den Austausch informieren würden, was bedeutet das die Machtstrukturen hinsichtlich der Informationsroutinen verändern können.

> „Da habe ich im Vorfeld der Hauptversammlung, die wir ja bald haben, den IR-Leiter direkt angerufen. Was soll ich da den Vorstandsvorsitzenden anrufen und sagen, sag mal, habt ihr irgendwelche Feedbacks von Investoren bekommen zur Tagesordnung der Hauptversammlung? Also, da gehe ich letztlich direkt an die ran. Aber das ist natürlich eine offene Kommunikation" (Aufsichtsratsvorsitzender_13).

Die Informationsversorgung durch die Kommunikationsfunktionen stellt für die Aufsichtsratsvorsitzenden eine ermöglichende Ressource für ihre Kommunikation dar. Die identifizierten Informationen und Bewertungen zu den Entwicklungen in den relevanten Öffentlichkeitsarenen ermöglichen Aufsichtsratsvorsitzende dazu, über eine mögliche externe, freiwillige Kommunikation zu entscheiden.

Eine Zusammenarbeit von Aufsichtsratsvorsitzenden und Kommunikationsfunktionen kann als zentrale Voraussetzung dafür gesehen werden, dass die ARV-Kommunikation im Kommunikationsmanagement verortet wird. Aus diesem Grund wird die Verantwortung für das Kommunikationsmanagement ausführlich dargestellt sowie kritisch hinterfragt (Abschnitt 8.2.1).

8.1.2 Strukturen und Maßnahmen der externen Kommunikation von Aufsichtsratsvorsitzenden

Der Aufsichtsrat als Organ des dualistischen Systems der Unternehmensführung ist für die Überwachung des Vorstands zuständig. Er setzt als Hüter der Corporate Governance den Rahmen für das Handeln des Vorstands (Abschnitt 3.2). Aus dieser Aufgabe resultieren verschiedene Publizitätspflichten an die Aktionäre. Mit der Aufnahme der Anregung zum Investorendialog in den DCGK ist eine weitere extern gerichtete Kommunikationsmaßnahme hinzugekommen, wobei bisher jedoch unklar ist, ob und inwiefern es dadurch zu einer Modifizierung der Strukturen der ARV-Kommunikation gekommen ist. Darüber hinaus lassen sich anhand der Inhaltsanalyse der Medienberichterstattung und Analystenreports noch weitere freiwillige Kommunikationsmaßnahmen von Aufsichtsratsvorsitzenden identifizieren (Abschnitt 7.1). Diese Punkte sollen in diesem Kapitel geklärt werden, in dem die Erkenntnisse aus den Gesprächen mit den Unternehmensexternen hinsichtlich der Strukturen der externen Kommunikation von Aufsichtsratsvorsitzenden vorgestellt werden.

Mithilfe des Analyserahmens (Abschnitt 5.4) werden in diesem Kapitel anhand der Regeln und Ressourcen die Strukturen der Kommunikation von Aufsichtsratsvorsitzenden außerhalb des Unternehmens konzeptualisiert. Dafür werden für die vorgestellten Öffentlichkeitsarenen und die darin agierenden Anspruchsgruppen im ersten Schritt die strukturbildenden Regeln und Ressourcen beschrieben und im zweiten Schritt die empirischen Erkenntnisse zu den Kommunikationsmaßnahmen vorgestellt. Abbildung 8.2 visualisiert die empirisch überprüften Kommunikationswege von Aufsichtsratsvorsitzenden außerhalb des Unternehmens, die im Folgenden vorgestellt werden:

Grundsätzlich lässt sich für die externe Kommunikation des Aufsichtsrats festhalten, dass alle befragten Experten sich einig sind, dass ausschließlich Aufsichtsratsvorsitzende als Sprecher des Aufsichtsratsgremiums agieren sollten.

„Ich vertrete den Aufsichtsrat gegenüber dem Vorstand und der Öffentlichkeit" (Aufsichtsratsvorsitzender_5).

Das heißt, dass es hinsichtlich der Sprecherfunktion *ein geteiltes Verständnis vom Auftritt nach außen* gibt, dass als Interpretationsschema das Handeln der Akteure rationalisiert. Zudem beziehen sich die Befragten dabei auf das *Aktiengesetz,* das als Norm sowohl die Aufgaben als auch die ARV-Kommunikation angesehen werden kann. Zwar würden die Aufsichtsratsmitglieder über die gleichen Informationsrechte verfügen, es sollten jedoch nicht alle Personen in ihrer Rolle

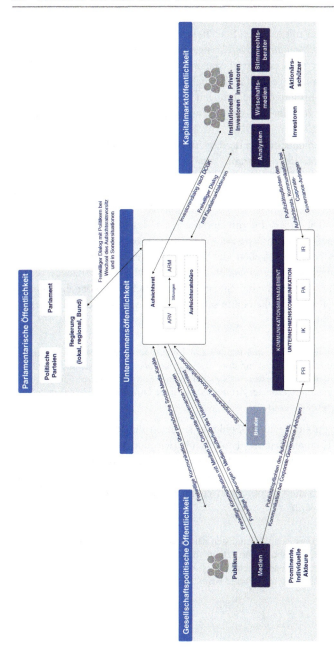

Abbildung 8.2 Empirisch überprüfte Kommunikationsmaßnahmen von Aufsichtsratsvorsitzenden mit externen Anspruchsgruppen (Eigene Darstellung)

mit dem Vorstand oder mit externen Stakeholdern kommunizieren. Damit bezieht sich die Relevanz der *kommunikativen Kompetenz* nur auf die Aufsichtsratsvorsitzenden und nicht auf weitere Aufsichtsratsmitglieder. Kommunikationsfähigkeit sei in keinem Kompetenzprofil für Aufsichtsratsmitglieder eingeflossen, sondern werde aus den bisherigen Erfahrungen vorausgesetzt. Es stelle auch keine Grundvoraussetzung dar, da nur der Vorsitzende des Gremiums nach außen kommunizieren solle.

Während die Kommunikation in der Unternehmensöffentlichkeit, insbesondere im Gremium und mit dem Vorstand, von allen Befragten als zentrale Aufgabe gesehen wurde, wird die Kommunikation nach außen von den befragten Aufsichtsratsvorsitzenden generell als weniger wichtig eingeschätzt. Diese *Einschätzung der Relevanz von Kommunikation* rationalisiert demnach auch bei der externen Kommunikation als Interpretationsschema das Handeln der Akteure. Während im Verlauf der Gespräche ein Dialog mit Investoren übereinstimmend als legitim angesehen wird, gehen die Einschätzungen zu öffentlichen bzw. medialen Äußerungen stark auseinander. Einige Aufsichtsratsvorsitzende davon ausgehen, dass dies in bestimmten Situationen hilfreich sein könnte, während andere Befragte vor allem Risiken darin sehen, sich bspw. öffentlich zur Strategie des Vorstands zu äußern.

> „Ich habe auch ganz bewusst in Richtung des Leiters der Kommunikationsabteilung gespielt und habe gesagt, wenn dort Anfragen kommen, die substantiiert sind, werde ich mich dem nicht entziehen. Nur von meiner Seite aus gibt es überhaupt kein Interesse daran, in irgendeiner Art und Weise in die Öffentlichkeit zu gelangen" (Aufsichtsratsvorsitzender_22).

Die Vertreter der Public-Relations-Funktion schätzen die Relevanz einer extern gerichteten ARV-Kommunikation ebenfalls überwiegend gering ein. Dies wird vor allem damit begründet, dass der CEO durch eine Kommunikation des Aufsichtsrats in seiner Autorität eingeschränkt werden könnte. Konflikte zwischen CEO und ARV, die in die Öffentlichkeit gelangen, werden von den Experten als äußerst kritisch eingestuft.

> „Überall, wo Konflikt ist, sind Journalisten natürlich begeistert. Als Unternehmenskommunikationsmensch habe ich an öffentlich ausgetragenen Konflikten zwischen Aufsichtsrat und Vorstand oder innerhalb des Aufsichtsrates relativ wenig Interesse. Das hilft nicht so richtig weiter" (Public Relations_7).

In den Gesprächen wird von mehreren Experten kritisch bemerkt, dass eine externe Kommunikation vor allem durch die Persönlichkeit eines Aufsichtsratsvorsitzenden getrieben sei. Diese Akteure würden in den Medien aktiv ihre Meinungen äußern, da dies Teil ihres Selbstverständnisses sei.

> „Diese unterschiedlichen Meinungen kommen eben auch aus einem unterschiedlichen Sendungsbewusstsein heraus. Es gibt Persönlichkeiten, die, sobald sie eben irgendwo ein Mikrofon entdecken, krampfhaft versuchen, nach dem Mikrofon zu greifen und dort eben ihre Meinung in dieses Mikrofon hineinzublasen" (Aufsichtsratsvorsitzender_22).

In Bezug auf die externe Kommunikation wird dabei immer wieder das *Aktiengesetz* von den Experten herangezogen, dass als einschränkende Norm bewertet werden kann. Einerseits beziehen sich die Experten auf die operative Verantwortung des Vorstands (§ 76 Abs. 1 AktG) sowie auf dessen Repräsentationsfunktion (§ 78 Abs. 1 AktG). Andererseits gebe es durch diese Aufgabentrennung zwischen Vorstand und Aufsichtsrat nur wenig Themen, die relevant für die Kommunikation seien.

> „Jetzt komme ich nochmal aufs Aktiengesetz zurück. Ein Aufsichtsrat und auch ein Aufsichtsratsvorsitzender ist keine freischwebende Intelligenz, sondern der agiert auf dem Boden bestimmter Regularien, Gesetze, Richtlinien. Und er wäre schlecht beraten zum Beispiel einzelnen Investoren, Informationen zu geben, die er anderen Investoren nicht gibt. Dann sind wir nämlich schnell in einem Bereich, wo es heißt, Moment mal, da werden Insider-Informationen weitergegeben. Insofern sind dem Ganzen auch Grenzen gesetzt" (Public Relations_17).

In Bezug auf die Strukturen der externen ARV-Kommunikation kann zudem übergeordnet festgehalten werden, dass die Ressourcen von Aufsichtsratsvorsitzenden unterschiedlich verteilt sind. Während einige Ressourcen, wie der Zugang zu Informationen an das Amt gebunden und damit übertragbar sind, sind andere Ressourcen an den Akteur gebunden, sodass sie in das jeweilige Amt mit eingebracht werden. Dazu gehören das Image und die Glaubwürdigkeit von Aufsichtsratsvorsitzenden in der Öffentlichkeit sowie die Fähigkeit zur Öffentlichkeitsmobilisierung.

So können Aufsichtsratsvorsitzende aufgrund ihrer vorherigen Positionen und Leistungen über ein positives Image bzw. Glaubwürdigkeit in der Öffentlichkeit verfügen. Die befragten Aufsichtsratsvorsitzenden waren zuvor alle als Vorstände in Unternehmen tätig. Aus Sicht der Kommunikationsverantwortlichen handele es sich bei einigen Aufsichtsratsvorsitzenden zudem um prominente Personen, die über ihre Aufsichtsratsrolle hinaus als Personen des öffentlichen Lebens eingestuft werden könnten. Dies spiegele sich in Anfragen an die Person wider und müsse daher bei einer Kommunikation mit bedacht werden. Die Herausforderung bestehe jedoch darin, dass in der Logik der Medien die Person nicht getrennt vom Amt betrachtet werde. Daher müsse bei jeder Kommunikation geprüft werden, ob Äußerungen des ARV zu den Äußerungen des Unternehmens bzw. des Vorstands passen würde.

> „Der Aufsichtsratsvorsitzende bei uns ist eine sehr wohlwollende Trumpfkarte, die wir haben, wenn wir sie brauchen, aber der sich auch da wirklich nicht in den Vordergrund spielen will. Wenn ich ihm jetzt empfehlen würde, er muss was machen, dann würde er es aber auch sofort tun" (Public Relations_28).

In diesem Zusammenhang ist auch die Fähigkeit zur Öffentlichkeitsmobilisierung von Aufsichtsratsvorsitzenden relevant. Diese basiere auf dem Image in der Öffentlichkeit und dem vorhandenen Netzwerk, hinzu komme nach Einschätzung der Experten jedoch auch ein spezifisches Selbstverständnis und vor allem Sendungsbewusstsein bei gesellschaftlichen Diskussionen.

> „Als politischer Mensch und Bürger dieses Landes, dem Deutschland am Herzen liegt, muss man sich ja zu bestimmten Themen äußern. Und das mache ich nicht, wirklich nicht in meiner Funktion als Aufsichtsratsvorsitzender" (Aufsichtsratsvorsitzender_11).

Weiterhin würden einige Aufsichtsratsvorsitzende bei vielen verschiedenen Anlässen auftreten, sodass Äußerungen von verschiedenen Stakeholdern des Unternehmens wahrgenommen werden würden.

Personelle Ressourcen für die externe ARV-Kommunikation
Zu den Ressourcen, die an das Amt gebunden sind, gehören dagegen die *personelle Unterstützung* sowie ein *Budget*. In allen befragten Unternehmen wird die Arbeit des Aufsichtsrats durch Mitarbeitende des Unternehmens unterstützt (dazu auch BCG (2018) und Clausen (2016)). Dies reicht von einem Sekretariat bis zu einer Abteilung, die für die Organisation und Unterstützung der Gremien (Corporate Secretary) zuständig ist. Die Aufsichtsratsvorsitzenden beschreiben, dass sie bei Fragen von externen Stakeholdern von Mitarbeitenden des Unternehmens unterstützt werden. So würden bspw. Anfragen von Kunden, die direkt an sie gerichtet seien, an die jeweiligen Fachabteilungen zur Klärung weitergeben könnten.

„Ich kann natürlich auf die Ressourcen des Unternehmens in begrenztem Umfang zurückgreifen. Das heißt, wenn ich Fragen habe, dann weiß ich eben, an wen ich die stellen soll, und kriege da auch all die Informationen, die ich brauche. Aber ich halte mich da auch ziemlich streng dran, weil ich selbst die Erfahrung als Vorstand gemacht habe, wie wichtig das ist, dass der Aufsichtsrat eben den Vorstand die Geschäfte führen lässt und nicht selbst versucht, alles besser zu wissen" (Aufsichtsratsvorsitzender_26).

In Bezug auf die Kommunikation beschreiben einige Aufsichtsratsvorsitzende, sie hätten vollen Zugriff auf die Kommunikationsabteilungen. Im Zusammenhang mit den Aussagen der jeweiligen Verantwortlichen kann festgestellt werden, dass darunter die Vorbereitung einer situationsabhängigen Kommunikation, z. B. Pressemitteilungen oder Investorengespräche, aber auch ein persönlicher Austausch bei Fragen zu kommunikationsrelevanten Themen gemeint ist.

„Er sagt ja auch, wir sind nicht im klassischen Sinne ‚seine' Aufsichtskommunikationsabteilung, sondern die Kommunikationsabteilung der [Unternehmen] AG. Insofern ist der Job primär erstmal ein anderer. Wir unterstützen, geben ihm Empfehlungen, tauschen uns aus, aber im Großen und Ganzen kommt das authentisch aus ihm selbst heraus" (Public Relations_25).

Der Austausch mit den Kommunikationsabteilungen finde meist informell, häufig auch ohne Beteiligung des Vorstands statt. In einem Fall ist dies im Unternehmen auch organisatorisch formell festgehalten und eine Position für die Kommunikation des Aufsichtsratsvorsitzenden geschaffen worden. Personelle Ressourcen können demnach als ermöglichende Ressourcen für die externe ARV-Kommunikation eingestuft werden. Die Zusammenarbeit mit den Kommunikationsfunktionen, insbesondere vor dem Hintergrund der Verortung der Kommunikation im Rahmen des Kommunikationsmanagements, wird in Abschnitt 8.2.1 noch einmal kritisch diskutiert.

Neben dem Zugang zu personellen Ressourcen der IR- oder PR-Abteilungen, wurde auch die personelle Unterstützung durch Berater thematisiert. Externe Berater werden zu verschiedenen Themen des Aufsichtsrats, z. B. Vergütung, Unternehmenskultur oder Nachhaltigkeit, mandatiert. Darüber hinaus haben sich in zwei Fällen die Aufsichtsratsvorsitzenden in einer Sondersituation entschieden, zusätzlich eine Kommunikationsberatung hinzuzuziehen, die der Person bzw. dem Aufsichtsratsgremium persönlich beratend zur Seite standen. Von den jeweiligen Kommunikationsabteilungen wurden diese Beratungen dann in die jeweiligen internen Abstimmungen mit einbezogen. Andere Aufsichtsratsvorsitzende lehnen das Hinzuziehen von externen Kommunikationsberatungen dagegen ab. Auch die Kommunikationsverantwortlichen beurteilen die Zusammenarbeit von Kommunikationsberatern des Aufsichtsrats eher kritisch:

> „Dann wurde halt eine Agentur dafür eingestellt, die sich dann wehrt, die aber dann in den ganzen Telkos zu dem gleichen Schluss kam, den wir auch schon gesagt hatten. Das machen wir jetzt doch nicht" (Public Relations_27).

Budget

Neben dem Zugang zu Informationen kann ein *Budget* eine allokative Ressource für die Arbeit und damit die Kommunikation des Aufsichtsrats darstellen. In den befragten Unternehmen gibt es jedoch kein eigenes Budget für das Aufsichtsratsgremium, sondern eventuelle Ausgaben müssen vom Vorstand freigegeben werden (Abschnitt 3.2). Einige Aufsichtsratsvorsitzende befürworten ein Budget für den Aufsichtsrat bzw. gehen davon aus, dass dies mit der weiteren Professionalisierung der Aufgabe dazukommen werde. Dies sei vor allem in kritischen Situationen bzw. bei Unstimmigkeiten zwischen den beiden Gremien relevant, damit der Aufsichtsrat seine Aufgaben erfüllen könne.

> „Infolgedessen, wenn da ein eigenes Budget geben würde, wäre es richtig meines Erachtens. Es können andere Zeiten kommen, und dann muss der Aufsichtsrat eben doch mal agieren, vielleicht auch gegen das Eigeninteresse des Vorstands oder eines Vorstandsmitglieds" (Aufsichtsratsvorsitzender_10).

Aus diesen Erkenntnissen kann das (bisher fehlende) Budget eher als einschränkende Ressource für die externe ARV-Kommunikation bewertet werden.

Abschließend kann festgehalten werden, dass die Unternehmenssituation ein wichtiges Kriterium für ein gemeinsames Verständnis zum Auftritt des ARV nach außen darstellt. Während in einer normalen Situation alle Experten für eine Zurückhaltung des ARV plädieren, wird eine freiwillige Kommunikation in Sondersituationen bzw. Krisen eher in Betrachtung gezogen. Dabei müsse es sich jedoch um Situationen handeln, die in der Verantwortung des Aufsichtsrats liegen oder wenn der Vorstandsvorsitzende nicht sprechfähig sei, z. B. wenn es um seine Person gehe.

> „Es gibt Situationen, da brauchst du den Aufsichtsratsvorsitzenden als strategischen Kommunikator. Das kann bei großen Übernahmen, Restrukturierungen oder einem Vorstandswechsel der Fall sein. Da kann er eine kommunikative Rolle übernehmen, im operativen Tagesgeschäft auf gar keinen Fall" (Public Relations_28).

Die Akteure bringen damit ihre unbewussten Kenntnisse über die Erwartungen
der Anspruchsgruppen ein (Abschnitt 7.2.1), um ihr Handeln zu rationalisieren
und zu strukturieren.

Im weiteren Verlauf wird nun anhand der Öffentlichkeitsarenen und den darin
agierenden Anspruchsgruppen auf die strukturbildenden Regeln und Ressourcen
eingegangen. Zudem werden auch jeweils die empirischen Erkenntnisse zu den
Kommunikationsmaßnahmen vorgestellt. Dabei wird mit den Publizitätspflichten des Aufsichtsrats (Abschnitt 8.1.2.1) begonnen, da sich diese sowohl an
die Investoren als auch andere Anspruchsgruppen wenden. Anschließend werden
die Erkenntnisse zum Dialog mit den Akteuren der Kapitalmarktöffentlichkeit
(Abschnitt 8.1.2.2) sowie der freiwilligen Kommunikation in die gesellschaftspolitische Öffentlichkeit (Abschnitt 8.1.2.3) beleuchtet. Zusätzlich zu den beiden
bereits im Theorieteil der Arbeit eingeführten Öffentlichkeitsarenen konnte in
den Expertengesprächen auch ein Dialog mit Akteuren der politischen Öffentlichkeit identifiziert werden. Die parlamentarische Öffentlichkeitsarena sowie die
empirischen Erkenntnisse zum Dialog werden in Abschnitt 8.1.2.4 vorgestellt.

8.1.2.1 Publizitätspflichten des Aufsichtsrats

Die Corporate-Governance-Forschung beschäftigt sich nur am Rande mit verschiedenen Publizitätspflichten, die aus der Überwachungsaufgabe des Aufsichtsrats resultieren. Die Funktion der einzelnen Kommunikationsmaßnahmen der
Publizitätspflichten wurden in Abschnitt 5.1.2 hergeleitet. Die Analyse der Anforderungen an die ARV-Kommunikation hat gezeigt, dass die Publizitätspflichten
sowohl für die Akteure der Kapitalmarktöffentlichkeit als auch der gesellschaftspolitischen Öffentlichkeit maßgeblich relevant sind (Abschnitt 7.2.1). Die
Erkenntnisse zu den Strukturen und Umsetzung der Publizitätspflichten werden
in diesem Kapitel vorgestellt.

Zunächst kann festgestellt werden, dass das Aktiengesetz und der DCGK
die zentralen Normen für die ARV-Kommunikation sind. Dies gilt auch für die
Publizitätspflichten, da z. B. eine Nichtbefolgung der Ad-hoc-Publizitätspflicht
durch ein Bußgeld der Bundesanstalt für Finanzdienstleistungsaufsicht (Bafin)
sanktioniert werden kann. Die Publizitätspflichten entstehen aus der Aufgabenteilung im dualistischen System der Unternehmensführung und beziehen sich
damit auf die *Entscheidungskompetenz* des Aufsichtsrats zu Corporate Governance, die eine autoritative Ressource seiner Kommunikation darstellt. Die
konkreten Kommunikationsmaßnahmen werden als Teil der Regelkommunikation des Unternehmens von den Kommunikationsfunktionen vorbereitet und
herausgegeben. Das bedeutet, dass Aufsichtsratsvorsitzende auf eine *personelle*

Unterstützung der Kommunikationsabteilung als autoritative Ressource zurückgreifen kann (die Verantwortung für Kommunikationsmanagement wird noch in Abschnitt 8.2.1 diskutiert).

Bei den Publizitätspflichten des Aufsichtsrats handelt sich vor allem meist um schriftliche, einseitig nach außen gerichtete Kommunikationsmaßnahmen (Übersicht siehe Tabelle 5.1). Im Rahmen der Expertengespräche wurde die folgenden vier Publizitätspflichten detaillierter diskutiert, die Erkenntnisse werden im Folgenden vorgestellt:

- Aufsichtsratsbericht
- Hauptversammlung
- Corporate-Governance-Informationen auf der IR-Website des Unternehmens
- Pressemitteilungen

Aufsichtsratsbericht

Der Bericht des Aufsichtsrats ist die zentrale Publikation innerhalb der gesetzlich definierten Publizitätspflichten (ausführlich zur Funktion und Inhalten des Aufsichtsratsberichts in Abschnitt 5.1.2). Auch die befragten externen Stakeholder beziehen sich in ihrem Informationsbedürfnis vor allem auf den Aufsichtsratsbericht (Abschnitt 7.2.1).

Inhaltlich wird darin festgehalten, wie und in welchem Umfang der Aufsichtsrat den Vorstand überwacht hat, wobei auf die Häufigkeit und Themen der Aufsichtsrats- und Ausschusssitzungen eingegangen wird sowie auf personelle Veränderungen im Gremium oder möglichen Interessenkonflikten. Aus Sicht der befragten Unternehmensexperten zeigen die jeweiligen Berichte transparent und umfänglich die Arbeit des Gremiums. Ziel des Berichts sei, dass die Investoren sowie weitere Anspruchsgruppen einen Eindruck davon erhalten, mit welchen Themen sich das Gremium im jeweiligen Jahr beschäftigt habe.

Dabei reagieren einige Unternehmen auf konkret geäußerte Informationsbedürfnisse der Stakeholder und veröffentlichen mehr Informationen als dies bei vergleichbaren Unternehmen (noch) üblich ist. In einem Fall handelte es sich dabei um die Darstellung, welche Kompetenzprofile bei der Neubesetzung des Aufsichtsrats gesucht werden:

„Das gilt zum Beispiel für die Frage Kompetenzprofil des Aufsichtsrats. Da sind wir sehr detailliert. Das hat mir auch schon einige Kritik von einigen Kollegen eingebracht, die gesagt haben, das ist ja Unsinn. Warum macht er das so? […] Ist nur nicht üblich gewesen, es so öffentlich zu machen. Da das nun mal gefordert wurde, haben wir gesagt schreiben wir es einfach mal auf. Und dass wir uns auch mit unserer Zusammensetzung, glaube ich, nicht verstecken müssen in diesem Aufsichtsrat" (Aufsichtsratsvorsitzender_26).

In einem anderen Fall werden die Informationsbedürfnisse der Investoren sogar antizipiert, sodass zukünftig die Teilnahme der Aufsichtsratsmitglieder an den Aufsichtsratssitzungen nicht nur pauschal, sondern individuell veröffentlicht wird:

> „Und wir werden jetzt auch noch einen Schritt weitergehen und veröffentlichen, wer an wie vielen Sitzungen teilgenommen hat. Nicht nur pauschal, sondern einfach sagen, hier, Disziplin. Und wenn das erklärbar ist, dann ist es erklärbar. Keine Angst. Wenn es nicht erklärbar ist, dann gibt es Kritik" (Aufsichtsratsvorsitzender_3).

Ein Blick auf den Entstehungsprozess des Berichts zeigt, dass das Manuskript des Aufsichtsratsberichts zunächst von der Rechtsabteilung oder dem sog. Corporate Office, einer zuständigen Abteilung für die Gremienarbeit, geschrieben wird, bevor dieser inhaltlich mit den Aufsichtsratsvorsitzenden abgestimmt wird. Im Anschluss würden dann die Kommunikationsabteilungen noch eine sprachliche Überarbeitung vornehmen, mit dem Ziel einer besseren Lesbar- und Verständlichkeit für die Stakeholder.

> „Den Bericht schreibt natürlich nicht jemand aus dem Aufsichtsrat. Den ersten inhaltlichen Entwurf, was muss rein, macht das Corporate Office. Und wir ziehen das dann glatt, dass daraus ein halbwegs lesbarer Text wird. Es ist ein juristisches Dokument. Und juristische Dokumente zeichnen sich ja meistens nicht durch besondere Literaturpreisverdächtigungen aus. Da gucken wir eben, was waren die Schwerpunkte, mit denen der Aufsichtsrat sich im Verlauf des Jahres beschäftigt hat?" (Public Relations_1).

Interessant ist dabei, dass Aufsichtsratsvorsitzende bei der zentralen Publikation des Aufsichtsratsberichts, die im Rahmen des Geschäftsberichts und damit der Regelkommunikation des Unternehmens veröffentlicht wird, nicht nur auf die personellen Ressourcen der Kommunikationsfunktionen, sondern auch auf andere Abteilungen im Unternehmen zurückgreifen können. Dies hängt damit zusammen, da das Aufsichtsratsgremium selten über eine eigene personelle Unterstützung für die Kommunikation oder ein Budget verfügt und daher auf die Ressourcen des Unternehmens zugegriffen wird.

Der Aufsichtsratsbericht wird neben der Publikation im Geschäftsbericht des Unternehmens durch den Aufsichtsratsvorsitzenden auf der Hauptversammlung erläutert.

Hauptversammlung

Basierend auf Methoden der Theaterwissenschaften untersucht Biehl (2007) in ihrer Dissertation die Inszenierung von deutschen CEOs bei Hauptversammlungen, Bilanzpressekonferenzen und Analystenkonferenzen. Während die Exponierung der Manager mithilfe einer Szenografie aus Licht, Mikrofonen, Projektionen und Pulten, eigentlich einen personalisierenden Effekt habe, sei der tatsächliche Auftritt häufig stark entpersonalisiert, z. B., indem Reden vom Blatt abgelesen würden. Aus ihrer Sicht entstehe diese Diskrepanz aus den unterschiedlichen Anforderungen der Stakeholder, aber auch durch die Kapitalmarktgesetze (Biehl, 2007, S. 236).

Diese Beobachtung kann auch auf die Kommunikation von Aufsichtsratsvorsitzenden im Rahmen der Hauptversammlung übertragen werden. Die Veranstaltung wird von den Experten zwar als wichtiger Tag, jedoch vor allem als juristische Übung und Formalie angesehen, bei der es darum gehe, keine Fehler zu machen. Hier zeigt sich erneut, dass das Aktienrecht eine zentrale Norm der ARV-Kommunikation darstellt.

So werde der Leitfaden, anhand dessen die Versammlung durch die Aufsichtsratsvorsitzenden geleitet wird, von der Rechtsabteilung erstellt. Die befragten Aufsichtsratsvorsitzenden würden die Hauptversammlung zwar gerne frei leiten, jedoch müssten klare juristische Regeln eingehalten werden, was dazu führe, dass der Leitfaden zur Versammlung abgelesen werde.

> „Da gibt es spezialisierte Juristen, die einem so einen Kram vorsetzen, den man dann brav abliest, ganz einfach, um die rechtlichen Rahmenbedingungen einzuhalten. […] Das interessiert keinen wirklich, weder der, der sitzt, noch der vorliest, aber es muss gemacht werden. Und schöner wäre es, wenn man die Sitzung frei leiten könnte, aber es geht halt nicht" (Aufsichtsratsvorsitzende_10).

Aufsichtsratsvorsitzende müssen als Leitende der Hauptversammlung sowohl auf die Regularien der Durchführung achten als auch mit Kritik der Aktionäre umgehen. Bei der Leitung und Erläuterung des Aufsichtsratsberichts auf der Hauptversammlung handelte es sich lange Zeit um die einzige persönliche Kommunikationsmaßnahme des Aufsichtsrats.

> „Als Aufsichtsrat leite ich die Versammlung. Ja. Müssen mit den Querköpfen umgehen können, die jede Versammlung belasten, weil sie inhaltlich nichts bringen in der Regel und nur Lärm und ein bisschen Ärger versuchen zu kreieren, aber da kann man sich drauf vorbereiten. Man weiß, wer kommt. Manchmal ahnt man schon, wer dort auflaufen wird, aber das ist auch eine Sache, wo Sie sagen, okay. Wenn die kommen, haben die das Recht Fragen zu stellen. Wenn wir wissen, dass jemand da so einen Unruhefaktor erzeugen will, dann können wir ihn nicht dran hindern. […] Und ich muss nur zu den Themen, die der Aufsichtsrat zu beantworten hat, dann eine Stellungnahme abgeben" (Aufsichtsratsvorsitzender_3).

Die Hauptverantwortung für die Hauptversammlung liegt abhängig von Unternehmen entweder bei der Rechts- oder der Investor-Relations-Abteilung. Insgesamt sei eine Vielzahl von Abteilungen mit der inhaltlichen Vorbereitung beschäftigt, da u. a. umfangreiche Fragen-und-Antworten-Kataloge erstellt würden. Auch die IR- und PR-Abteilungen antizipieren mögliche Fragen und speisen diese in ein zentrales System ein. Im Vorfeld der Veranstaltung erhalte der ARV ein Briefing-Paket, das u. a. die antizipierten Fragen enthalte, aber vor allem die Detailabläufe erläutere. Ein spezielles Training der Akteure wurde in keinem der Fälle durchgeführt.

„Was klar gemacht wird, ist, dass ich mich mit der Kommunikationsabteilung, aber auch mit der Rechtsabteilung im Vorfeld zusammensetze und sage, wenn ich jetzt mal Rückblicke, was ist eigentlich im vergangenen Jahr gelaufen? Was sind Themen, die auf der Hauptversammlung zur Diskussion kommen könnten? Und schaue mir dann vermutete Fragen an, die ich auch selbst aufwerfe, und sage dann, okay, und wie sähe denn unsere Antwort an dieser Ecke nun wirklich aus? Was sagen wir dazu? Und da ist es wichtig, dass nicht nur die Kommunikationsabteilung, sondern auch die Rechtsabteilung mit am Tisch sitzt, damit dann die Antworten, die auf der Hauptversammlung dann gegeben werden, dann auch unter rechtlichen Gesichtspunkten unbedenklich sind" (Aufsichtsratsvorsitzender_22).

Am Tag der Hauptversammlung würden dann aus allen operativen Funktionen Personen im Backoffice sitzen, um die Fragen der Investoren zu beantworten, darunter auch Vertreter der Kommunikationsabteilungen. Daran zeigt sich, dass bei der Hauptversammlung als wichtige Veranstaltung, personelle Ressourcen aus verschiedenen Abteilungen für die Kommunikation von Aufsichtsratsvorsitzenden aber auch des Vorstands eingesetzt werden.

Die Beantwortung der Fragen werde abhängig von den Verantwortlichkeiten an die Vorstandsmitglieder oder bei Fragen zur Aufsichtsratstätigkeit an die Aufsichtsratsvorsitzenden geleitet. Bei einem Großteil der Fragen auf der Hauptversammlung handele es sich um die Geschäftsentwicklung und Strategie des Unternehmens, die wenigen Fragen an Aufsichtsratsvorsitzende würden schwerpunktmäßig zum Thema Vorstandsvergütung gestellt. Dies ist interessant, da aufgrund des *ARUG II* (Norm) erwartet werden kann, dass zukünftig eine ergänzende freiwillige Kommunikation des Aufsichtsrats zur Vorstandsvergütung notwendig werde.

„Wenn ich mal so schätzen müsste, würde ich sagen, 70 Prozent der Fragen beantwortet wahrscheinlich der CEO und vielleicht nochmal 20 Prozent der CFO. Dann haben wir jeweils fünf Prozent vom Legal-Vorstand und vom Aufsichtsratsvorsitzenden. Und das waren alles Vergütungsthemen" (Investor Relations_21).

Insgesamt kann festgehalten werden, dass die Hauptversammlung von allen befragten Experten vor allem als Pflicht-Veranstaltung gesehen wird. Dabei wird auch kritisch hinterfragt, ob die Hauptversammlung einmal im Jahr ausreiche, um die Kommunikationsbedürfnisse von Investoren zu erfüllen.

> „Ob aber eine Hauptversammlung einmal im Jahr die Kommunikationsbedürfnisse von Investoren, insbesondere größeren Investoren erfüllt, da mache ich mal ein dickes Fragezeichen" (Aufsichtsratsvorsitzender_5).

Corporate-Governance-Informationen auf der IR-Website des Unternehmens
Die Inhalte aus den gesetzlich vorgeschriebenen Publikationen des Aufsichtsrats, wie Aufsichtsratsbericht, Corporate-Governance-Bericht, Directors' Dealings etc., finden sich bei allen Unternehmen im Investor-Relations-Bereich der Corporate Website. Aus Sicht der Kommunikationsverantwortlichen würden die Informationen dort bereitgestellt, damit sie schnell und einfach für die interessierten Kapitalmarktteilnehmer zu finden seien. Die IR-Website wird damit als zentrales Instrument für die Kommunikation von aufsichtsratsrelevanten Themen betrachtet.

> „Zum einen versuchen wir eben ganz grundsätzlich, eine sehr starke Transparenz in der Kommunikation mit den unterschiedlichen Zielgruppen zu haben. Ganz wichtig dabei sind natürlich unsere Eigentümer oder potenzielle Eigentümer. Und wir versuchen denen natürlich so viel Informationen wie möglich und so transparent und gut aufbereitet wie möglich zur Verfügung zu stellen. Bevor sie den ersten möglicherweise persönlichen Kontakt mit uns haben, damit sie sich eben zunächst mal ihr eigenes Bild machen können" (Public Relations_25).

Beim Umfang und Detailtiefe der Informationen orientieren sich die Experten an anderen Unternehmen, aber auch an den Anforderungen, die von Stakeholdern im Tagesgeschäft explizit an sie gestellt würden. Daran zeigt sich die Bedeutung der externen Erwartungen auf die Strukturen und Maßnahmen des Unternehmens.

> „Das ist über die Jahre gewachsen und hat sich an Anforderungen orientiert. Da versuchen wir gar nicht so sehr, den Konsensus zu berücksichtigen, sondern wenn mal jemand gesagt hat, diese Information wäre gut, dann haben wir das überlegt und ggf. gemacht. Themen wie Aufsichtsratsmandate sind wichtig, weil da viele drauf schauen" (Investor Relations_2).

Auch diese Informationen werden im Rahmen der Regelkommunikation von Unternehmen veröffentlicht, sodass dies durch personelle Ressourcen der Kommunikationsfunktionen verantwortet wird.

Pressemitteilungen

Pressemitteilungen zu aufsichtsratsrelevanten Themen sind ebenfalls Teil der Regelkommunikation des Unternehmens. Der Kommunikationsabteilung kommt dabei die zentrale Rolle bei der Durchführung dieser Maßnahmen zu. Der Prozess läuft meistens so, dass es eine Vorabinformation von Aufsichtsratsvorsitzenden an den PR-Ansprechpartner, oder auch dem CEO, gebe. Aus Sicht der PR werde dann idealerweise direkt die Erwartungshaltung abgefragt, bspw. ob eine bestimmte Botschaft transportiert werden solle.

> „Normalerweise fragt man die Erwartungshaltung ab, und ob es eine bestimmte Botschaft gibt, die man mitgeben will. Ansonsten kommen die Vorschläge von uns, und dann ist es dann im besten Fall eine kurze und im schlimmstenfalls eine lange Information" (Public Relations_25).

Auf dieser Basis erstellt die Abteilung eine Pressemitteilung, die zur Abstimmung bzw. Freigabe an die relevanten Akteure, z. B. Gremien und Rechtsabteilung, zirkuliert werde. Damit soll sichergestellt werden, dass auch die wichtigen Normen der ARV-Kommunikation, also z. B. die Ad-hoc-Pflicht, eingehalten werden. In vielen Fällen werden die Aufsichtsratsvorsitzenden aufgrund seiner *Entscheidungskompetenz* (Ressource) auch in der Pressemitteilung zitiert.

> „Der Aufsichtsratsvorsitzende informiert uns über den geplanten Wechsel. [...] Und dann schreiben wir einen Entwurf, geben das an die Herren, die betroffen sind, legen das dann dem Aufsichtsratsvorsitzenden vor, weil er ja dann doch meistens auch zitiert wird. Außerdem ist Personalkommunikation im Vorstand auch immer Aufsichtsratskommunikation. Das behält sich ein Aufsichtsrat vor. Und dann stimmen wir die ab, und dann ist gut" (Public Relations_14).

Da interessante Informationen in der Regel einen formellen Beschluss des Aufsichtsrats erfordern würden, liege dann entsprechend schon ein Entwurf für die später zu veröffentlichende Meldung vor.

> „Ich bin nicht derjenige, der am besten weiß, wie man das sinnvoll formuliert. Ich habe dazu meine Meinung, aber da bin ich der Auffassung, da muss man sich dann letztendlich die Unterstützung der Profis besorgen. Und dafür ist die Kommunikationsabteilung da. Bisher hat das auch immer funktioniert. Wichtig ist, dass auch dort ein Vertrauensverhältnis existiert, sodass nicht irgendetwas zum unpassenden Zeitpunkt an die Öffentlichkeit gelangt, sondern eben erst dann, wenn man es auch machen möchte" (Aufsichtsratsvorsitzender_22).

Zusammenfassend kann festgehalten werden, dass die Gespräche zeigen, dass die Vorbereitung und Umsetzung der Publizitätspflichten des Aufsichtsrats fest im

Rahmen der Regelkommunikation integriert sind. Von den Kommunikationsverantwortlichen werden sie häufig nicht explizit als Kommunikationsmaßnahmen des Aufsichtsrats, sondern eher als Maßnahmen des Unternehmens wahrgenommen. Als Nächstes werden nun die empirischen Erkenntnisse zu den Strukturen und Maßnahmen mit externen Anspruchsgruppen gezeigt.

8.1.2.2 Dialog mit Akteuren der Kapitalmarktöffentlichkeit

Aus der externen Perspektive markiert die Aufnahme des Investorendialogs in den DCGK eine wichtige Entwicklung für den Wandel der ARV-Kommunikation. Investoren stellen die zentrale Anspruchsgruppe der Kommunikation von Aufsichtsratsvorsitzenden dar. Aber auch andere Akteure wie Wirtschaftsjournalisten und Stimmrechtsberater können als relevante Stakeholder eingestuft werden (Abschnitt 4.1.2).

Die *Beziehungen zu Stakeholdern* bringen Aufsichtsratsvorsitzende aus vorherigen Positionen mit ein, die insgesamt als ermöglichende autoritative Ressource für die ARV-Kommunikation eingestuft werden kann. Aus einer ehemaligen Position als CEO oder CFO hätten die Aufsichtsratsvorsitzenden, z. B. entsprechend Erfahrungen im Umgang und den Informationsbedürfnissen von Investoren.

> „Ich glaube, das sind alles gestandene Manager mit einer gewissen Vorgeschichte. Die sind in der Regel das Spiel mit den Investoren auch gewohnt" (Investor Relations_12).

Eng damit verbunden stellt auch die *kommunikative Kompetenz* von Aufsichtsratsvorsitzenden eine Ressource dar, relevante Deutungs- und Handlungsregeln mit bestimmten Stakeholdern zu kennen und anwenden zu können. Dazu gehört u. a. die Medienlogik, aber auch das Verbot von Insiderinformationen bzw. Gleichbehandlungsgebot aller Investoren:

> „Da sollten dann natürlich keine internen Informationen weitergegeben werden, aber da ist Herr [Aufsichtsratsvorsitzender] professionell genug und kennt das Geschäft zu gut, um da irgendwo in eine Falle zu tappen" (Investor Relations_2).

Die unterschiedlichen Interessenlagen der Stakeholder zu kennen und in der Kommunikation zu berücksichtigen, stellt eine zentrale Erwartung der Anspruchsgruppen dar (Abschnitt 7.2). Auch wenn die Aufsichtsratsvorsitzenden bereits umfangreiche Erfahrungen in der Kommunikation mit Kapitalmarktakteuren haben, wäre es für eine professionelle ARV-Kommunikation trotzdem relevant, eine Einordnung der aktuellen, situationsspezifischen Erwartungen der Stakeholder durch die IR-Verantwortlichen zu erhalten.

Die befragten Aufsichtsratsvorsitzenden und IR-Verantwortlichen sehen den Sinn einer Kommunikation mit Investoren primär in einer Bereitstellung von Informationen, in dessen Folge die Abstimmungen auf den Hauptversammlungen oder Investitionsentscheidungen beeinflusst werden könnten. Durch einen Dialog mit Aufsichtsratsvorsitzenden könne es gelingen, Beziehungen zwischen den Investoren und dem Unternehmen zu stärken. Damit benennen die Experten das aus der Theorie hergeleitete zentrale Ziel der Beziehungspflege auch als sinnstiftendes Interpretationsmuster.

„Ich glaube, je tragfähiger und belastbarer dieses Netzwerk ist, und je konsequenter man diesen Dialog eigentlich über Jahre hinweg geführt hat. Das hat nichts mit Mauschelei zu tun. Das ist einfach eine transparente und offene, vertrauensvolle Kommunikation miteinander. Und dann geht das auch in jeder Konstellation" (Investor Relations_12).

Das Interesse der Investoren an einem Dialog wird als nachvollziehbar und legitim bewertet. Hier zeigt sich ein größtenteils unbewusster Bezug auf die Erwartungen der Investoren. Diese sehen den Dialog ebenfalls als legitim an, da der Aufsichtsrat als Agent der Investoren (Abschnitt 3.1) agiere. Neben umfangreichen und aktuellen Informationen erwarten sie darüber hinaus aber auch, eine Einschätzung zur Person zu erlangen sowie die Investorenmeinung zur Entscheidungsfunktion des Aufsichtsrats mit einzubringen (Abschnitt 7.2.1). Die Aufnahme der Erwartungen und Stimmungen im Aktionariat durch Gespräche mit Aufsichtsratsvorsitzenden (Listening) als mögliches Interpretationsmuster wird von den Unternehmensexperten jedoch in keinem der Fälle thematisiert.

Im Folgenden soll nun detailliert auf den Investorendialog nach dem DCGK und möglicherweise daraus resultierende Veränderungen der Strukturen eingegangen werden, bevor die Strukturen und freiwillige Kommunikationsmaßnahmen mit Stimmrechtsberatern sowie weiteren Kapitalmarktakteuren dargestellt werden.

Investorendialog nach dem DCGK
Die Experteninterviews wurden im Jahr nach der Aufnahme der Anregung zum Investorendialog in den DCGK geführt. Die Argumentation sowie die Stellungnahmen von Unternehmen und Anspruchsgruppen zur Aufnahme des Investorendialogs in den DCGK wurden in Abschnitt 5.1.2 ausführlich vorgestellt. Die Anregung war daher allen Befragten bekannt und wurde als neue Norm für die Kommunikation von Aufsichtsratsvorsitzenden eingeschätzt. Alle IR-Verantwortlichen hatten sich bereits überlegt, wie mit Anfragen umgegangen werden sollte. Zum damaligen Zeitpunkt gab es jedoch kaum Erfahrungswerte,

ob Investoren häufiger Gespräche einfordern würden. Insgesamt zeigten sich die Unternehmensvertreter abwartend, ob sich dadurch tatsächlich etwas im Alltag ändern würde und ob es Auswirkungen auf die Unternehmen haben würde, die sich einem solchen Dialog versperren.

> „Die letzte Kodex-Änderung hat jetzt nicht gerade dazu geführt, dass sich das Atrium bei uns unten füllen würde und da die Investoren Schlange stehen" (Investor Relations_12).

Von den beiden in Abschnitt 5.1.2 vorgestellten Initiativen zum Investorendialog, wurde in den Gesprächen nur die Leitsätze der Initiative Developing Shareholder Communication (2016) thematisiert. Ein Aufsichtsratsvorsitzender beschreibt sie als „Konfliktlösung" (Aufsichtsratsvorsitzender_11), die im Rahmen des Aktienrechts liegen. Alle Aufsichtsratsvorsitzenden beziehen sich in ihren Ausführungen wiederholt auf die Leitsätze, sodass diesen eine hohe Bekanntheit und auch Akzeptanz zugeschrieben werden kann. Sie werden auch deshalb häufiger herangezogen, da sie inhaltlich konkreter seien als der DCGK.

> „Ich bin immer für Gestalten und nicht für reaktives Handeln. Und deshalb sind die Leitsätze hilfreich und beschreiben auch alles" (Aufsichtsratsvorsitzender_11).

Die IR-Verantwortlichen bestätigen, dass das Thema Investorendialog und die Leitsätze ein hohes Maß an Aufmerksamkeit in den Unternehmen erhalten hätten, sodass sie als (neue) Norm für die Kommunikation bewertet werden können. Jedoch hätte es dadurch zunächst keine grundlegenden Änderungen in den Maßnahmen oder Strukturen der Unternehmen gegeben.

Ob es tatsächlich zu einer Modifikation der Strukturen der ARV-Kommunikation aufgrund des Investorendialogs gekommen ist, soll auf Basis der nachfolgenden Erkenntnisse zur konkreten Umsetzung dieses Dialogs diskutiert werden:

Mit der Aufnahme der Anregung zum Investorendialog von Aufsichtsratsvorsitzenden im DCGK ist ein weiteres Instrument in der Kommunikation mit dem Kapitalmarkt dazugekommen. Die befragten Aufsichtsratsvorsitzende und IR-Verantwortlichen erkennen die Relevanz des Dialogs an und sprechen ihm eine hohe Legitimität zu. Bei der tatsächlichen Durchführung des Dialogs zeigen sich jedoch deutliche Unterschiede zwischen den Unternehmen. So gibt es Unternehmen, bei denen die Aufsichtsratsvorsitzenden bereits seit längerer Zeit regelmäßig mit Investoren in Kontakt steht, aber auch Fälle, in denen es noch nicht zu einem Dialog gekommen war.

Aus Sicht der Experten können dafür zwei Gründe herangezogen werden: (1) das Interesse des jeweiligen Aktionariats sowie (2) die Situation des Unternehmens. In Bezug auf das Interesse der Investoren thematisieren die Unternehmensakteure (unbewusst) auch die Gründe für die veränderte Erwartungshaltung, die sich aus der externen Analyse anhand der Gespräche mit den Anspruchsgruppen gezeigt haben (Abschnitt 7.2.2). Demnach hätten DAX-Unternehmen einen größeren Streubesitz und internationale Investoren, die den Dialog aus ihrem Corporate-Governance-Verständnis einfordern würden. Die Diskussion zu einem Dialog werde aus Sicht der Unternehmensexperten zudem von bestimmten Investorengruppen getrieben, die auch entsprechende Kapazitäten hätten. Die breite Masse der Investoren sei aus Sicht der IR-Verantwortlichen bisher kaum an Gesprächen interessiert. Die Unternehmen mit einem geringen Streubesitz bzw. Ankeraktionären würden sowieso einen regen Austausch mit den Ankeraktionären pflegen, darüber hinaus aber wenig oder kaum Anfragen von anderen Investoren verzeichnen. Zweitens komme es auf die Situation des Unternehmens an, ob bspw. ein aufsichtsratsrelevantes Thema, wie Vergütung, auf der nächsten Hauptversammlung anstehe.

Nach einer Befragung von in Deutschland tätigen IR-Praktikern findet ein Austausch zwischen Aufsichtsratsvorsitzenden und Investoren außerhalb der Regelkommunikation vor allem im persönlichen Dialog, also One-on-One-Gespräche (56,9 %), aber auch am Telefon (33,4 %) oder per E-Mail (24 %) statt. Deutlich seltener treten Aufsichtsratsvorsitzende bei Roadshows (4,5 %) oder Capital Market Days (3,9 %) auf (Tietz et al., 2019, S. 70). Dies spiegelt auch die Erkenntnisse aus den Experteninterviews wider: So nutzen diejenigen Unternehmen, bei denen ein Austausch bereits stattfindet, vor allem den persönlichen Dialog aber auch Corporate-Governance-Roadshows. Wie diese konkret umgesetzt werden, wird im Folgenden beschrieben.

Initiative für den Investorendialog
Nach der Studie von Tietz et al. (2019, S. 71) geht die Initiative für den Dialog häufiger von den Kapitalgebern als vom Aufsichtsrat oder der IR-Abteilung aus. Die Experteninterviews bestätigen dies: so gebe es in einem normalen Jahr, also ohne eine Veränderung bei aufsichtsratsrelevanten Themen auf der Hauptversammlung, keine Gesprächsanfragen von Investoren. Wenn jedoch eine Sondersituation oder ein aufsichtsratsrelevantes Thema auf der nächsten Hauptversammlung anstehe, gebe es vermehrt Anfragen.

In den zwei befragten Unternehmen, die bereits regelmäßig Corporate-Governance-Roadshows mit ihrem Aufsichtsratsvorsitzenden durchführen, gehe die Initiative vom Unternehmen aus, was dazu führe, dass es unterjährig kaum

Anfragen an den Aufsichtsrat gebe. Ein weiteres Unternehmen führt anlassbezogen Roadshows durch: Wenn auf der Hauptversammlung im folgenden Jahr ein relevantes Thema, z. B. Vergütung, anstehe, dann werden im Herbst Gespräche geplant, um bereits im Vorfeld mit den wichtigsten Investoren über das jeweilige Thema sprechen zu können.

> „Außerhalb der jährlichen Corporate-Governance-Roadshows gibt es zumindest bis jetzt keine Anfragen an den Aufsichtsrat. Oder sagen wir mal, wir fangen sie über die IR-Ebene ab. Und da war bis jetzt auch nicht der Wunsch danach, dass man unbedingt mit dem Aufsichtsratsvorsitzenden sprechen muss" (Investor Relations_12).

Teilnehmer des Dialogs
In Bezug auf die Teilnehmer des Dialogs wird einerseits auf die Auswahl der Gesprächspartner und andererseits auf die teilnehmenden Gesprächspartner auf Unternehmensseite eingegangen. Die Auswahl der Gesprächspartner findet in den Unternehmen unterschiedlich statt. Bei Anfragen zu Gesprächen werde zunächst geprüft, ob es sich tatsächlich um Fragen zur Corporate Governance handele und ein Gespräch mit dem ARV als notwendig erachtet wird. Schließlich könnten viele Fragen auch von der IR-Abteilung beantwortet werden. Im Anschluss prüfen die IR-Verantwortlichen, ob der Investor „groß genug und die Anfrage damit auch gerechtfertigt" (Investor Relations_6) sei, wobei es dafür keine festgelegten Regeln gebe, sondern auf der Einschätzung der Abteilung beruhe. Zwei relevante Kriterien seien jedoch, ob aus Sicht des ARV die fachliche Meinung des Investors zu bestimmten Themen wichtig sei und inwiefern der Investor auch öffentlich eine Meinung zu dem Gesprächsthema vertrete. Dementsprechend würden auch Anfragen von Stimmrechtsberatern nicht ausgeschlossen, sondern situationsabhängig geprüft. Hier zeigt sich, dass auch die (kapitalmarkt-) öffentliche Wahrnehmung in die Entscheidung für ein Gespräch mit einbezogen wird. Auch die Gleichbehandlung der Investoren wird von den Experten hinterfragt. Gespräche mit Privatanlegern werden demnach grundsätzlich nicht ausgeschlossen, werden aber als weniger relevant eingeschätzt:

> „Ich spreche hier von Institutionellen. Der Private ist überfordert. Wer nimmt sich die Zeit? Und Sie können auch nicht mit zeitlichem Aufwand mit so viel Leuten sprechen" (Aufsichtsratsvorsitzender_3).

Bei der Planung einer Corporate-Governance-Roadshow gehen die IR-Abteilungen die unternehmensspezifische Aktionärsliste von oben durch, mit dem Ziel eine bestimmte Anzahl an Investoren abzudecken. Dabei sei relevant, ob ein Investor überhaupt Interesse daran habe oder bekannt dafür sei, bestimmte

Themen auch öffentlich zu diskutieren. Dieser Prozess habe momentan keine festen Regeln, sondern basiere auf der Einschätzung und den Erfahrungswerten der IR-Abteilung.

Weiterhin weisen die IR-Verantwortlichen darauf hin, dass es wichtig sei, den richtigen Ansprechpartner beim Investor zu identifizieren, denn dabei handele es sich nicht zwingend um den unterjährigen Kontakt. Vor allem die großen institutionellen Investoren würden über spezialisierte Governance-Abteilungen verfügen, die dabei berücksichtigt werden sollten. Dies könne auch dazu führen, vom gleichen Investmenthaus intern divergierende Meinungen, z. B. zum Vergütungssystem, zu erhalten. Diese Entwicklung müsse verstanden und in die Planung mit einbezogen werden.

„Da arbeiten wir uns durch die Aktionärsliste: fangen im Prinzip oben an und versuchen, die Top-20-Investoren mindestens abzudecken. Aber das kann man nicht zwangsläufig an den Zahlen oder den Top-Investoren festmachen. Es gibt auch Investoren, die haben überhaupt kein Interesse oder einen dedizierten Bereich dafür. Andersherum gibt es vielleicht einen Investor, der auf Position 40 oder 50 steht, aber dafür bekannt ist, dass er bei bestimmten Themen kritisch ist, oder genauso eine Abteilung haben, die sich sehr intensiv mit Governance-Themen beschäftigt. Von daher ist es schwer, eine harte Linie zu ziehen. Es gibt sicherlich auch Bedenken, dass es dabei selektiv zugehen kann. Andersherum, wenn uns da Anfragen von einem Privatanleger erreichen sollten, er möchte mal mit dem Aufsichtsratsvorsitzenden sprechen: Das widerspricht dann auch keiner Corporate-Governance-Regel, dass man das nicht machen kann. Wenn jetzt ein kleiner Aktionär ein Anliegen hätte, da würde man dann auch den Kontakt herstellen. Im Zweifel reicht häufig wahrscheinlich auch ein kurzes Telefonat" (Investor Relations_2).

Auch bei der Auswahl der Gesprächspartner auf Unternehmensseite gibt es unterschiedliche Herangehensweisen. Bei allen befragten Unternehmen begleitet die Investor-Relations-Abteilung den Investorendialog. Ein Unternehmen führt Roadshows mit dem ARV und CEO durch: Der Vorteil wird darin gesehen, dass es hinterher keine Missverständnisse gebe und Fragen zu Themen, wie bspw. der Strategie, an den Vorstand abgegeben werden könnten. Ein anderes Unternehmen führt Governance-Roadshows explizit nicht gemeinsam mit dem Vorstand durch, da der Schwerpunkt auf Corporate-Governance-Themen, also der Nachfolgeplanung oder dem Vergütungssystem, liege und die Anwesenheit des Vorstands daher als problematisch eingeschätzt wird.

„Vereinzelt haben wir auch Gespräche mit Aufsichtsratsvorsitzenden und CEO durchgeführt, aber das ist nicht die Regel, weil das einfach separate Themen sind. Ich glaube, da gibt es wenig, was man in der Konstellation nicht besprechen könnte. Aber um die Trennung klar zu machen und nicht selbst anzufangen die Themen zu vermischen, ist das sehr sinnvoll" (Investor Relations_2).

Interessant ist auch festzuhalten, dass in einem Fall vor einem Wechsel im Aufsichtsratsvorsitz eine Abschluss-Roadshow mit amtierenden und designierten Aufsichtsratsvorsitzenden durchgeführt wurde.

Themen

Die Studie von Tietz et al. (2019, S. 70) zeigt, dass in Gesprächen zwischen Investoren und Aufsichtsratsvorsitzenden Fragen zur Unternehmensentwicklung und -strategie am häufigsten erörtert werden. Danach folgen Fragen zur Vergütung des Vorstands und am dritthäufigsten wird die Zusammensetzung des Aufsichtsrats diskutiert. Das Thema Abschlussprüfung bildet das Schlusslicht der Themenliste. Während in der Anregung zum Investorendialog im DCGK nicht explizit auf die Themen des Dialogs eingegangen wird, weisen die Leitsätze der Initiative Developing Shareholder Communication (2016) darauf hin, dass der Aufsichtsrat seine überwachende und mitwirkende Rolle im Strategieprozess und seine Einschätzung zur Strategieumsetzung erläutern könne (Leitsatz 5).

Die befragten Experten beschreiben, dass vor allem die klassischen Aufsichtsratsthemen relevant für die Kommunikation von Aufsichtsratsvorsitzenden seien. Da bei diesen Themen der Vorstand nicht auskunftsfähig sei, würde daher z. B. Investoren ein Ansprechpartner fehlen – dies müsse dann durch den Aufsichtsratsvorsitzenden erfolgen. Nur wenige Aufsichtsratsvorsitzende schreiben dem Thema Strategie eine hohe Bedeutung für ihre Kommunikation zu.

„Die wichtigsten Themen sind zwei große Blöcke: Strategie und Personalpolitik. Also, Berufung, Abberufung von Vorständen oder auch Änderungen im Aufsichtsrat und, und, und. Das sehe ich schon als Kernthema. Und dann eben die Strategie, die diskutiert und irgendwann mal verabschiedet wird, weil die auch ja häufig dann mit Investitionen im Nachhinein verbunden ist und so weiter. Wieso investieren wir denn da? Ganz einfach, weil auch der Aufsichtsrat die Strategie verabschiedet hat, die das impliziert" (Aufsichtsratsvorsitzende_13).

Eine Kommentierung der Strategie durch Aufsichtsratsvorsitzende wird als herausfordernd angesehen, da es leicht zu einem unstimmigen Erscheinungsbild nach außen führen könnte.

„Nur stellen Sie mal vor, Sie äußern sich als Aufsichtsrat jetzt zur Strategie. Da kann man ja nicht nur zwei Worte sagen, sondern sie würden ja dann etwas mehr erzählen. Und da kommt der Vorstandsvorsitzende sechs Wochen später und der CFO, und die erzählen vielleicht nur ein bisschen was anderes. Da führt zu einer massiven Irritation. Das hört sich einfach an, ist aber relativ schwierig" (Aufsichtsratsvorsitzender_13).

Jedoch könnte es auch Situationen geben, in denen es sinnvoll ist, dass sich Aufsichtsratsvorsitzende zur Unternehmensstrategie äußern:

> „Nehmen Sie unseren letzten großen Kommunikationspunkt! Das ist die Vorstellung der neuen Unternehmensstrategie, wo sich der Aufsichtsratsvorsitzende auch zu Wort gemeldet hat. Was ich auch angemessen finde, weil es sozusagen ja über mehrere Jahre das Unternehmen prägen und hoffentlich noch erfolgreicher machen wird. Und da war der Aufsichtsrat ein ganz wesentlicher Sparringspartner. Gleichwohl macht die Strategie natürlich der Vorstand" (Public Relations_25).

Die Äußerungen zur Strategie zeigen den beschriebenen Zusammenhang zwischen Corporate Governance und Strategie, wonach der Aufsichtsrat die Rahmenbedingungen für die Strategie festsetzt, aber nicht für die Umsetzung zuständig ist. Mit dem Ziel, Transparenz hinsichtlich der Aufsichtsratstätigkeit herzustellen, könnten Aufsichtsratsvorsitzende die Rahmenbedingungen darstellen.

Die Erkenntnisse aus den Interviews zeigen, dass es in den Gesprächen mit Investoren schwerpunktmäßig um Corporate-Governance-Themen, allen voran die Vorstandsvergütung, geht. Jedoch komme es häufiger vor, dass auch andere Fragen etwa zur Strategie gestellt werden. Daher sei es sinnvoll, bereits am Anfang des Gesprächs darauf hinzuweisen, welche Themen besprochen werden könnten.

> „Häufig macht er das sogar zu Beginn des Gespräches, insbesondere wenn wir beide das Gespräch geführt haben. Dann macht er klar, wie hier die Aufgabenverteilung nach deutschem Aktiengesetz ist, und wie dieses Gespräch entsprechend geführt werden wird. Da ist er sehr konsequent, um auch die Linie, die Grenze zu ziehen" (Investor Relations_6).

Insbesondere die Vorstandsvergütung hat jedoch zukünftig das Potenzial zu einem erhöhten Informationsbedürfnis der Investoren zu führen, denn auf Basis des Gesetzes zur Umsetzung der zweiten Aktionärsrechterichtlinie muss die Hauptversammlung mindestens alle vier Jahre über das Vergütungssystem abstimmen und kann die Maximalvergütung herabsetzen (sog. Say on Pay). Zum Zeitpunkt der Interviews war die konkrete Ausgestaltung des Gesetzes jedoch noch unklar, sodass sich die Unternehmensvertreter abwartend bis zurückhaltend zu dieser Entwicklung zeigten.

> „Ich würde jetzt nicht davon ausgehen, dass das [ARUG II] für uns einen besonderen hohen Impact haben wird. Wie gesagt, wir sind Best Practice. Ich meine, es gibt Unternehmen, die halt kritischere Punkte haben. Und bei kritischeren Punkten hat man dann garantiert auch mehr Erklärungsbedarf. Und da steigt natürlich auch der äußere Druck" (Investor Relations_4).

Diejenigen, die sich dazu äußerten, gehen davon aus, dass die Bestimmungen im ARUG II keine größeren Änderungen oder Anforderungen an die Unternehmen stellen, die bereits transparent und umfangreich im Rahmen der Pflichtpublizität berichten.

Weiterhin gebe es in Bezug auf die Professionalisierung der Aufsichtsratstätigkeit einige Themen, die vom Unternehmen genutzt werden könnten, sofern das Gremium hier eine Vorreiterrolle im Vergleich zu anderen Unternehmen einnehme. Dazu gehöre etwa eine internationale Besetzung des Aufsichtsratsgremiums bei einem global agierenden Unternehmen, das Thema Frauenquote in den Gremien oder Unabhängigkeit der Aufsichtsräte. Auch das Thema Nachhaltigkeit wäre ein Thema, zu dem sich Aufsichtsratsvorsitzende äußern könnten (Abschnitt 5.1.3). Nach Aussage der Experten würden diese Themen aber nur vereinzelt von Investoren angefragt.

Zusammenfassend kann festgehalten werden, dass sich bei den Unternehmen, in denen Aufsichtsratsvorsitzende bereits einen Investorendialog führen, auch die Strukturen modifiziert haben. In den Unternehmen, in denen es noch keine Anfragen zu einem Investorendialog gab, haben sich die IR-Verantwortlichen aber auch grundsätzlich mit dem Thema auseinandergesetzt. Daraus folgt, dass alle Unternehmen versuchen, einen Modus Operandi in Bezug auf den Investorendialog nach dem DCGK zu definieren.

Dialog mit Stimmrechtsberatern

Stimmrechtsberater sind zu einem wichtigen Informationsintermediär in der Kapitalmarktöffentlichkeit geworden. Durch ihre Abstimmungsempfehlungen zu Hauptversammlungsbeschlüssen können sie eine relevante Rolle bei Abstimmungen zu Corporate-Governance-Themen haben (Abschnitt 4.1.2). Die Analyse der Erwartungen von Stimmrechtsberatern an die ARV-Kommunikation hat gezeigt, dass Unternehmen verstehen sollen, dass ihre Arbeit vor allem auf öffentlichen Informationen basiert und sie daher aktuelle und umfangreiche Informationen durch die Publizitätspflichten des Aufsichtsrats erwarten. Bei einem Engagement darüber hinaus, möchten sie Fachfragen klären, wobei die IR-Verantwortlichen als zentraler Ansprechpartner wahrgenommen werden. In Bezug auf Corporate-Governance-Themen kann es aber vorkommen, dass sie sich situationsbedingt punktuell auch ein Gespräch mit Aufsichtsratsvorsitzenden wünschen (Abschnitt 7.2.1).

Die Gespräche mit den Unternehmensexperten zeigt, dass ein Dialog mit Stimmrechtsberatern vor allem von den IR-Verantwortlichen eine hohe Relevanz
zugeschrieben wird. Dabei sei die Bereitstellung von Informationen auf den
Unternehmenskanälen, allen voran der IR-Website, wichtig, aber auch ein Engagement im Vorfeld der Hauptversammlung werde immer häufiger durchgeführt:

> „Im Vorfeld der Hauptversammlung stecken wir auch relativ viel Arbeit in die Proxy-
> Kampagne rein. Wenn man das erste Mal bei einem Investor oder Stimmrechtsberater
> anruft, wenn die HV-Agenda veröffentlicht ist, dann ist es zu spät" (Investor Relati-
> ons_2).

Die befragten Aufsichtsratsvorsitzenden nehmen den Austausch mit den Stimmrechtsberatern bisher eher als Aufgabe des Unternehmens wahr. Jedoch gebe
es bereits vereinzelte Anfragen an Aufsichtsratsvorsitzende, insbesondere zur
Besetzung des Vorstands.

> „Die Proxy Advisor rühren sich schon. Die kommen aber mehr aus der Ecke und sagt,
> Menschenskinder, der ist jetzt schon zehn Jahre dabei. Den kann man eigentlich nicht
> wiederwählen. Der ist nicht mehr unabhängig. Solche Dinge kommen da, aber auch
> die Qualität zu beurteilen, die Qualität des Aufsichtsrats zu beurteilen, das machen sie
> noch nicht" (Aufsichtsratsvorsitzender_10).

Zudem wird in einem Fall berichtete, dass es von einem Stimmrechtsberater eine
Anfrage gab, ob der Aufsichtsratsvorsitzende zu Gesprächen bereitstehe, wobei
keine konkrete Gesprächsanfrage damit verbunden war:

> „Was es allerdings gab, jetzt in der letzten HV-Runde, war das erste Mal festzustel-
> len, dass diese Proxy Advisor auch so Fragen versandt haben, sind Sie bereit mit
> uns zu sprechen usw., ohne dass damit aber ein expliziter Wunsch verbunden war,
> sondern es war auch so eine generelle Abfrage, wie stehen Sie gegenüber Kom-
> munikation mit Investoren? Ja, aber das ist das Einzige, dass bis jetzt da ankam"
> (Aufsichtsratsvorsitzender_5).

Dies ist vor dem Hintergrund interessant, dass Aktienrecht oder der Investorendialog nach dem DCGK keine Norm für einen Dialog mit Stimmrechtsberatern
darstellen, auf dessen Basis eine Kommunikation oder Nichtkommunikation
sanktioniert werden könnte. Vielmehr könnte hier ein erweitertes Verständnis
der *Überwachungsaufgabe* als Norm für die ARV-Kommunikation herangezogen werden, da es Themen gibt, über die nur Aufsichtsratsvorsitzende für das
Gremium auskunftsfähig ist.

In den wenigen Fällen, bei denen es zu einem Dialog von Aufsichtsratsvorsitzenden mit Stimmrechtsberatern gekommen ist, ging es vor allem darum,
Fachfragen zu klären. Hier zeigt sich, dass die Unternehmensakteure (unbewusst)
die Erwartungen an den Dialog kennen.

> „Wir haben da in der Vergangenheit vereinzelt Gespräche geführt, um sicherzustellen,
> dass alles richtig verstanden wird. Es ist aber nicht die Regel. [...] Diese Gespräche
> habe ich sowohl allein als auch mit dem Aufsichtsratsvorsitzenden geführt" (Investor
> Relations_2).

In einem Fall, bei dem bereits regelmäßig eine Corporate-Governance-Roadshow
mit dem Aufsichtsratsvorsitzenden stattfindet, können Gespräche mit Stimmrechtsberatern in diesem Format erfolgen.

> „Entweder lässt sich es in die Corporate-Governance-Roadshow integrieren, dass man
> den ein oder anderen Vertreter der großen Proxy Advisor dann auch sieht. Das hängt
> auch so ein bisschen von den Regularien der Proxy Advisor ab. Also, aus unserer
> Sicht sind nur drei, zwei, drei, die wirklich relevant sind. Nach Veröffentlichung der
> HV-Agenda lassen deren Richtlinien es nicht mehr zu, dass man noch kommuniziert.
> Das heißt, da muss ich die Vorgespräche eigentlich vor der Veröffentlichung führen.
> Und auch da je nach Komplexität der HV-Agenda machen wir das entweder auf der
> IR-Ebene, oder wie involieren dann den AR-Vorsitzenden. Geht aber auch beides.
> Findet aber auch regelmäßig statt, ganz klar" (Investor Relations_12).

Dialog mit weiteren Kapitalmarktakteuren
In den Expertengesprächen wurde darüber hinaus ein Dialog mit weiteren
Kapitalmarktakteuren thematisiert. Anhand der Inhaltsanalyse der Medienberichterstattung und Analystenreports wurde deutlich, dass Analysten trotz ihrer wichtigen Funktion als Vermittler in der Kapitalmarktöffentlichkeit, selten Analystenreports basierend auf einer öffentlichen Äußerung von Aufsichtsratsvorsitzenden
veröffentlichen (Abschnitt 7.1.1). Die Gespräche mit den Unternehmensexperten
bestätigen, dass Aufsichtsratsvorsitzende in keinem der Fälle Gespräche mit Analysten geführt haben, da dies im operativen Aufgabenbereich des Vorstands liege.
Zudem habe es auch keinerlei Anfragen dazu gegeben.

> „Sie könnten noch sagen, wie ist die Kommunikation gegenüber den Banken, Ana-
> lysten, die ja wichtig sind fürs Unternehmen? Das deckt allerdings der Vorstand ab.
> Die sind noch nicht auf die Idee gekommen, wie zum Beispiel die Eigentümer sagen,
> was haben die denn eigentlich für einen Aufsichtsratsvorsitzenden da?" (Aufsichts-
> ratsvorsitzender_10).

Ein Aufsichtsratsvorsitzender bewertet die Relevanz von Corporate-Governance-Themen jedoch als weiter steigend für die Öffentlichkeit und erwartet, dass zukünftig auch Analysten mehr Dialog wünschen:

> „Und ich gehe davon aus, dass die Öffentlichkeit, insbesondere die Analysten, mehr Dialog wünschen zu konkreten Themen" (Aufsichtsratsvorsitzender_3).

Eine freiwillige Kommunikation mit Medien wird im nächsten Kapitel ausführlich vorgestellt, da die Unternehmensakteure dabei nicht zwischen Medien der Kapitalmarktöffentlichkeit bzw. gesellschaftspolitischen Öffentlichkeit differenzieren – dabei jedoch auf die gleichen Strukturen zurückgegriffen wird.

8.1.2.3 Freiwillige Kommunikation mit Akteuren der gesellschaftspolitischen Öffentlichkeit

Anhand der gesellschaftspolitischen Öffentlichkeit zeigt sich die Grenze zwischen der Pflichtkommunikation des Aufsichtsrats und der neuen Norm des Investorendialogs nach dem DCGK auf der einen Seite und einer freiwilligen Kommunikation von Aufsichtsratsvorsitzenden auf der anderen Seite. Anhand der Inhaltsanalyse der Medienberichterstattung konnte ein hohes Interesse an Corporate-Governance-Themen sowie den Äußerungen von Aufsichtsratsvorsitzenden aufgezeigt werden (Abschnitt 7.1.1).

Als Folge eines wachsenden Legitimationsdrucks von Unternehmen (Zühlsdorf, 2002, S. 220) könnten *Überwachungs-, Risiko- und Nachhaltigkeitsthemen* jedoch ebenfalls zu Normen für die ARV-Kommunikation werden. Insbesondere die Verantwortlichen aus den beiden Kommunikationsabteilungen beobachten, dass Nachhaltigkeitsthemen immer stärker von Investoren und der Öffentlichkeit nachgefragt würden. Aus ihrer Perspektive hätten einige Aufsichtsratsvorsitzende Kompetenzen in diesen Themen, die für das Unternehmen genutzt werden könnten:

> „Investoren fokussieren immer häufiger weichere Themen abseits der harten Finanzkennzahlen, und wollen wissen, was macht ihr denn so für die Umwelt, seid ihr gute Corporate Citizens und so weiter. Dieses Thema wollen sie natürlich idealerweise ganz oben aufgehängt sehen und nicht nur durch den Vorstand unterstützt, sondern auch, dass sich der Aufsichtsrat dazu äußert, positioniert und engagiert." (Investor Relations_24).

Auch die Aufsichtsratsvorsitzenden erwarten, dass der Legitimationsdruck für die Unternehmen weiter steige. Dies habe zur Folge, dass auch die Arbeit des Aufsichtsrats transparenter werde, da Stakeholdern erklärt werden müsse, wie und warum Entscheidungen zustande kämen. Einige Aufsichtsratsvorsitzende benennen dabei auch einen Legitimationsdruck, da herausgestellt werden müsse, welchen Beitrag das Aufsichtsratsgremium für das Unternehmen leiste. Daraus kann gefolgert werden, dass Überwachungs-, Risiko- und Nachhaltigkeitsthemen ebenfalls zu einer (neuen) Norm für Kommunikation werden können und damit einen Einfluss auf die Strukturen haben.

Medien sind die zentralen Vermittler in der gesellschaftspolitischen Öffentlichkeit (Abschnitt 4.1.1) und Kapitalmarktöffentlichkeit (Abschnitt 4.1.2) und wurden daher theoretisch auch als Anspruchsgruppen der ARV-Kommunikation eingestuft (Abschnitt 5.1.3). Viele Aufsichtsratsvorsitzende verfügen aus vorherigen Tätigkeiten bereits über ein *Beziehungsnetzwerk mit Journalisten,* das als ermöglichende Ressource der ARV-Kommunikation eingestuft werden kann. Dabei kann es sogar vorkommen, dass Medienvertreter direkt bei den Aufsichtsratsvorsitzenden anfragen oder auch das Aufsichtsratsvorsitzende auf Journalisten zugehen.

„Das ist stark davon abhängig, wie präsent dieser Aufsichtsratsvorsitzende ist, was der für einen Namen und Gewicht hat. Da gibt es schon ein Gefälle in Deutschland. Einer, der seit Jahren eigenständig Pressekontakte pflegt, wird nicht nur, weil er Pensionär und ‚nur noch' Aufsichtsratsvorsitzender ist, plötzlich still sein. Das ist in der Realität einfach abhängig von den Persönlichkeiten" (Public Relations_15).

Die Kommunikationsverantwortlichen der Unternehmen gehen davon aus, dass die Aufsichtsratsvorsitzenden eine hohe kommunikative Kompetenz als Ressource aus ihren vorherigen Tätigkeiten mitbringen. Daher hat es in keinem der befragten Unternehmen ein spezielles Training in Bezug auf den Umgang mit Medien oder auch Investoren für die Aufsichtsratsvorsitzenden gegeben. Zwar gebe es im Vorfeld der Hauptversammlung ein Briefing zu möglichen Fragen und dem Umgang mit herausfordernden Situationen (Abschnitt 8.1.2.1), für eine weitere Kommunikation von Aufsichtsratsvorsitzenden werde dies aber nicht als notwendig bzw. nicht als Aufgabe der Kommunikationsabteilungen angesehen.

„Die Entscheidungsträger im Aufsichtsrat müssen kommunikativ affin sein und sollten auch geschult sein. Ich will nicht dann erst anfangen mit Medientraining, wenn ich den Aufsichtsratsvorsitzenden brauche, sondern der sollte das vorher schon mal gemacht und gelernt haben. Und ich meine, wenn der Aufsichtsrat der Kommunikation keine Bedeutung beimisst, dann ist er für mich der falsche Aufsichtsrat." (Public Relations_28)

Freiwillige Kommunikation mit Medien

Einer Kommunikation mit Journalisten wird von den Unternehmensvertretern eine geringere Relevanz und Legitimität, vor allem im Vergleich mit Investoren, zugeschrieben. So gebe es in normalen Situationen keine Notwendigkeit zu einer Kommunikation von Aufsichtsratsvorsitzenden. Die Pflichtpublizität des Aufsichtsrats wird als ausreichend eingeschätzt, um die Öffentlichkeit über die Aufsichtsratstätigkeit zu informieren. Diese Einschätzung zeigt, dass den Akteuren die Erwartungen der Journalisten nur bedingt bekannt sind – oder diesen Erwartungen nur eine geringe Relevanz zugesprochen wird. Die Analyse der Erwartungen der Anspruchsgruppen hat gezeigt, dass sich Journalisten neben den Publizitätspflichten auch Hintergrundgespräche zur Einordnung von Themen aus der Perspektive des Aufsichtsrats wünschen (Abschnitt 7.2.1).

Aus Sicht der Experten sei das tatsächliche Interesse der Medien an einem Austausch mit Aufsichtsratsvorsitzenden abhängig vom Unternehmen sowie der Situation. So gebe es einerseits Unternehmen die, etwa wegen der Indexzugehörigkeit, stärker im Fokus stehen würden als andere. Andererseits hänge es mit der Medienlogik zusammen, dass Unternehmen in bestimmten Situationen mehr Aufmerksamkeit erfahren würden, wie etwa in einer Krise oder einem Wechsel des Aufsichtsratsvorsitzes.

> „Das Interesse der Medien an Aufsichtsratsvorsitzenden ist eigentlich immer nur dann
> da, wenn es sozusagen externe Faktoren dafür gibt. Wie ein Wechsel bei uns. Dann
> wollen die Journalisten ihn kennenlernen und porträtieren. Dann wollen sie natürlich
> wissen, was macht er anders als der Alte usw." (Public Relations_25).

Bei der Umsetzung und Bewertung einer freiwilligen Kommunikation mit den Medien zeigen sich erhebliche Unterschiede zwischen den befragten Unternehmen. So gibt es Unternehmen, bei denen es keine Medien-Aktivitäten von Aufsichtsratsvorsitzenden gibt, während andere Unternehmen bestimmte Maßnahmen, wie Interviews oder Hintergrundgespräche, zu bestimmten Themen einsetzen. Darüber hinaus lässt sich feststellen, dass die Beziehungen von Aufsichtsratsvorsitzenden mit Journalisten (autoritative Ressourcen) ebenfalls einen ermöglichenden Einfluss auf die Durchführung der freiwilligen Kommunikation haben.

In einer Sondersituation steige aus Sicht der Unternehmensexperten jedoch die Relevanz der externen Kommunikation von Aufsichtsratsvorsitzenden, vor allem mit Investoren aber auch Journalisten. Abhängig von der konkreten Situation gebe es mehr Anfragen von den Medien, sodass eine intensivere personelle Unterstützung der PR-Abteilung notwendig werde. In zwei Fällen wird beschrieben, dass

die Aufsichtsratsvorsitzenden, neben dem CEO, CFO, Vertretern der Rechtsabteilung und externen Beratern, zum sog. Krisenstab gehörten. Wenn es Anfragen
von Medien gab, diskutierten alle Beteiligten den Mehrwert einer Kommunikation
mit der Öffentlichkeit, sowohl vom CEO als auch einer externen Kommunikation
des Aufsichtsratsvorsitzenden:

> „Da gab es Anfragen, die im großen Team mit den Juristen, Investmentbankern, Kom-
> munikationsberatern und sonstigen Beratern besprochen und im Prozess entsprechend
> abgestimmt worden. Da geht keiner raus und macht einfach was." (Public Relati-
> ons_15)

Dabei könne es auch vorkommen, dass der CEO in der Krise als einzige Person
nach außen spreche, der Aufsichtsratsvorsitzende aber bei Hintergrundgesprächen
mit Journalisten dabei sei, um aus Perspektive des Aufsichtsrats die Arbeit des
Vorstands zu unterstützen. Im Folgenden werden die Erkenntnisse zur konkreten
Umsetzung einer freiwilligen Kommunikation mit Medien dargestellt.

Umsetzung der freiwilligen Kommunikation mit Medien

Im Folgenden sollen die empirischen Erkenntnisse zur Umsetzung der freiwilligen Kommunikation mit Medien vorgestellt werden: Einerseits gebe es viele
Standardanfragen von Medien zu Rankings, z. B. zu Vorstandsgehältern, die von
der PR-Abteilung beantwortet würden. Andererseits gebe es auch Themen, die
durch Gesetzesinitiativen oder Forderungen aus der Politik aufkämen, z. B. das
Thema Frauenquote, die prinzipiell in den Aufgabenbereich des Aufsichtsrats fallen. Sofern diese verstärkt in den Medien thematisiert werden und es Anfragen
gebe, agiere die PR-Abteilung als Koordinator. In einem festgelegten Prozess
werde die Antwort mit den Aufsichtsratsvorsitzenden abgestimmt, nach außen
trete dann jedoch das Unternehmen bzw. der Pressesprecher auf.

Insgesamt gebe es eher selten Anfragen, die sich auf die Person von
Aufsichtsratsvorsitzenden fokussieren würden. Teilweise handele es sich dabei
um ihre vorherigen Positionen und hätten daher nichts mit dem Unternehmen zu tun. Diese Anfragen werden entweder direkt abgeblockt oder an die
Aufsichtsratsvorsitzenden weitergeleitet.

In wenigen Fällen zeigen sich die Beziehungen von Aufsichtsratsvorsitzenden
mit Stakeholdern (autoritative Ressource) auch darin, dass Anfragen von Journalisten nicht über die Kommunikationsabteilung des Unternehmens, sondern direkt
an die Person gestellt werden. Dies sei vor allem bei kritischeren Situationen der
Fall, wobei die betroffenen Aufsichtsratsvorsitzenden nach eigener Aussage nicht
darauf eingehen würden.

„Manche Journalisten haben irgendwie meine Telefonnummer und schicken auch in den Situationen, in denen ich wirklich nicht reden will, eine SMS: Ich habe jetzt das gehört oder habe diese interessante Hintergrundinformation und will was schreiben, kann ich mit ihnen reden. Das mache ich dann meistens nicht" (Aufsichtsratsvorsitzender_16).

Wenn es zu Interview-Anfragen in Bezug auf aufsichtsratsspezifische Themen kommt oder ein Journalist zu einem Corporate-Governance-Thema recherchiert, könne es vorkommen, dass die Kommunikationsabteilung zur Einordnung der Thematik ein Hintergrundgespräch mit dem ARV anbieten möchte. Diese Anfragen werden dann mit einer entsprechenden Bewertung an die Aufsichtsratsvorsitzenden weitergeleitet.

In diesem Zusammenhang bzw. in bestimmten Situationen, wie einem Wechsel des Aufsichtsratsvorsitzes, kann es auch zu geplanten Interviews oder Hintergrundgesprächen mit Medienvertretern kommen. Diese Gespräche werden dann stets von den PR-Verantwortlichen koordiniert und begleitet. Dazu gehöre auch ein schriftliches oder mündliches Briefing an die Aufsichtsratsvorsitzenden in Bezug auf das Gespräch, den Gesprächspartnern sowie möglichen Fragen.

In den Fällen, in denen es zu einem Wechsel des Aufsichtsratsvorsitzes kam, wurde sogar eine Medienstrategie ausgearbeitet, die sowohl das Timing, die Auswahl der Medien, aber auch Botschaften bzw. eine gewisse Positionierung der beiden Akteure beinhaltete (ausführlich in Abschnitt 8.2.3).

Die Instrumente der Medienarbeit werden von den Experten unterschiedlich eingeschätzt. Eine Handvoll von Unternehmen nutzen Hintergrundgespräche in bestimmten Situationen häufiger, damit die Aufsichtsratsvorsitzenden ihre Sicht der Dinge darstellen kann. Andere Aufsichtsratsvorsitzende lehnen dieses Format ab.

„Ich meine, wenn man als Aufsichtsrat Medien was mitzuteilen hat, dann würde ich ganz klar sagen, dann soll man es on-the-record machen. Was ist das für eine Art? Man hat eine Verantwortung und sagt dann, ich erzähle Ihnen das, aber zitieren dürfen Sie mich nicht. Da bin ich im Grundsatz anderer Meinung. Entweder hat man was zu sagen, was man als Aufsichtsrat sagen muss. Dann soll man es on-the-record machen. Oder man hat nichts zu sagen. Dann soll man die Klappe halten" (Aufsichtsratsvorsitzender_18).

Zusammenfassend lässt sich festhalten, dass eine freiwillige Kommunikation von Aufsichtsratsvorsitzenden mit Medien der gesellschaftspolitischen Öffentlichkeit und Kapitalmarktöffentlichkeit eher selten vorkommt. Eine aktive Kommunikation ist dabei vor allem durch die Einschätzung zur Relevanz von Kommunikation sowie die Beziehungen von Aufsichtsratsvorsitzenden mit Stakeholdern bedingt.

Äußerungen von Aufsichtsratsvorsitzenden außerhalb des Unternehmenskontexts

Neben der freiwilligen Kommunikation mit Medien in denen Aufsichtsratsvorsitzende als Sprecher für das Unternehmen agieren, konnten anhand der Inhaltsanalyse der Medienberichterstattung auch Artikel und Gastbeiträge identifiziert werden, in denen sich Aufsichtsratsvorsitzende außerhalb des Unternehmenskontextes äußerten (Abschnitt 7.1.2).

Hier zeigt sich, dass die Akteure öffentlich kommunizieren, um Einfluss auf gesellschaftliche Interpretations- und Deutungsfragen zu gewinnen (Zühlsdorf, 2002, S. 226). Dies basiert auf einem spezifischen Selbstverständnis der Aufsichtsratsvorsitzenden, daher beziehen sie sich dabei stets auf Themen, die unabhängig von ihrem Unternehmen sind. In den Expertengesprächen wird von den Akteuren auch reflektiert, dass in den Medien kaum zwischen der Person und seiner Rolle unterschieden werde. Andere befragte Aufsichtsratsvorsitzende haben dagegen keinerlei Interesse, in der Öffentlichkeit aufzutreten.

> „Das Problem ist doch, hat das jetzt die einzelne Person als Aufsichtsratsvorsitzender gemacht, oder ist es eine persönliche Meinung? Das ist natürlich schwierig für sie rauszubekommen, weil die Presse natürlich in irgendeiner Form den Menschen beschreibt. Da steht dann ehemaliger Vorstandsvorsitzender oder Aufsichtsratsvorsitzender, obwohl die Einzelperson das nicht unter diesem Amt im Prinzip nachher publiziert hat oder sich geäußert hat. Dann kann ich in der Öffentlichkeit ja gar nicht mehr auftreten oder etwas sagen" (Aufsichtsratsvorsitzender_11).

Von den PR-Verantwortlichen werden gesellschaftliche Interpretations- und Deutungsfragen ausschließlich beim Vorstandsvorsitzenden gesehen und daher bei der ARV-Kommunikation als nicht relevant eingestuft. Im Folgenden werden die Erkenntnisse zur konkreten Umsetzung von freiwilligen Äußerungen von Aufsichtsratsvorsitzenden außerhalb des Unternehmenskontexts vorgestellt.

Umsetzung von ARV-Äußerungen außerhalb des Unternehmenskontexts
In den Expertengesprächen wurde auch die Durchführung und Einschätzung dieser freiwilligen Kommunikation zu Themen außerhalb des Unternehmenskontexts thematisiert. Dies wird jedoch nur von einer Handvoll von Aufsichtsratsvorsitzenden aktuell genutzt. Nach Eisenegger (2010) handelt es sich dabei um eine persönlich-offizielle Subjekt-Personalisierung, da Aufsichtsratsvorsitzende sich als Privatpersonen inszenieren, um in Bezug auf öffentliche Themen einen meinungsbildenden Einfluss zu nehmen. Die Kommunikation ist exklusiv mit der spezifischen Person verbunden, sodass ein höherer Grad an Subjekt-Personalisierung erreicht wird. Diese Subjekt-Personalisierung wird jedoch nicht

von den Unternehmen gezielt angestrebt, sondern ergibt sich aus den Handlungen der Akteure.

Die Aufsichtsratsvorsitzenden verfolgen mit den Äußerungen das Ziel, Einfluss auf gesellschaftlich relevante Interpretations- und Deutungsfragen zu nehmen (Abschnitt 8.2.2). Dies geschehe unabhängig von ihrer Rolle im Aufsichtsrat, dabei sei ihnen jedoch auch bewusst, dass dies in der medialen Darstellung meist nicht ausreichend differenziert betrachtet werde.

Die Äußerungen finden vor allem im Rahmen von klassischen Instrumenten der Medienarbeit statt: Interviews, Hintergrundgespräche und Gastbeiträge. Obwohl es sich um Themen außerhalb des Unternehmenskontexts handelt, wird in geringem Maße auf die personelle Unterstützung der Kommunikationsabteilung des Unternehmens als autoritative Ressource zurückgegriffen. Dabei handelt es sich einerseits um die Koordination sowie Bewertung von Anfragen von Medien.

> „In der Regel kommen die Anfragen an mich, oder sein Büro leitet die an mich weiter. Ich sortiere dann schon mal vor, frage vielleicht nochmal nach, was denn letztlich die Intention ist oder was die Erwartung bzw. der Rahmen ist. Ein übliches Vorgehen von einem Pressesprecher, dass man vielleicht nochmal mit einem Journalisten einfach mal spricht und sagt, wie ist denn das Setting? Was ist denn das Thema, der Anlass und die Dinge. Dann gehe ich mit der Information irgendwann zu ihm. In der Regel gebe ich eine Empfehlung ab und sage, das empfehle ich oder ich empfehle, es nicht zu tun aus den und den Gründen. Dann diskutiert man das, und dann fällt er eine Entscheidung. Wir arbeiten jetzt schon seit einigen Jahren zusammen, und in der Regel passen seine Einschätzung und meine Empfehlung" (Public Relations_17).

Dazu gehöre auch, relevante Akteure, wie den Vorstand, im Vorfeld über die Veröffentlichung zu informieren. Andererseits komme es auch vor, dass PR-Verantwortliche inhaltlich unterstützen. Dies beruhe auf einer engen und vertrauensvollen Zusammenarbeit, in deren Rahmen der PR-Verantwortliche zum Sparringspartner des ARV in öffentlichkeitswirksamen Fragen geworden sei.

Bewertung einer ARV-Kommunikation unabhängig vom Unternehmenskontext
In diesem Zusammenhang wurden die Unternehmensexperten auch zu ihrer Einschätzung hinsichtlich freiwilliger, unternehmensunabhängiger Äußerungen von Aufsichtsratsvorsitzenden gefragt. Dabei lassen sich drei Lager unabhängig von der Position identifizieren: Befürworter, Kritiker und eine neutrale Position.

Ein Teil der Befragten steht freiwilligen Äußerungen von Aufsichtsratsvorsitzenden außerhalb des Unternehmenskontexts prinzipiell positiv gegenüber, wobei die Schwierigkeit wahrgenommen wird, zwischen Person und Rolle zu unterscheiden. Dennoch wird es aus einer persönlichen Perspektive geschätzt, wenn Wirtschaftspersonen zu gesellschaftlichen oder politischen Themen Stellung beziehen. Wichtig sei jedoch aus ihrer Sicht, dass es sich um Themen deutlich abseits des Unternehmenskontexts handele und nicht in den Bereich des Vorstands fallen würden.

> „Ich persönlich muss sagen, gerade im heutigen Umfeld, in der heutigen politischen Landschaft finde ich es schon bemerkenswert, und ich begrüße es eigentlich auch, wenn auch Wirtschaftspersönlichkeiten eine klare Meinung auch zu politischen Themen haben und sich zu denen auch äußern" (Investor Relations_12).

Genau diesen Punkt führen Experten an, die den Äußerungen kritisch gegenüberstehen. Einerseits sei es schwierig, die Person von seinem Amt für das Unternehmen zu trennen. Daraus entstehe ein Konfliktpotenzial, falls die Aussagen des Aufsichtsratsvorsitzenden nicht zur Linie des Unternehmens passen würde. Andererseits wird die Frage nach dem Nutzen für das Unternehmen und damit dem Mehrwert gestellt. Aus dieser Perspektive handele sich bei den Äußerungen vor allem um eine Profilierung der Person.

Der Großteil der Experten steht dieser freiwilligen Kommunikation neutral gegenüber, sofern die nicht das Unternehmen betreffen und die Aussagen mit dem Unternehmen abgestimmt seien. Dabei wird auch darauf Bezug genommen, dass die Medienberichte aufgrund der Sprachbarriere vor allem von deutschsprachigen Investoren registriert würden, wobei jedoch im Nachgang keine Fragen an das Unternehmen gestellt worden wären.

Social Media

Auch die Nutzung von persönlichen Social-Media-Kanälen durch Aufsichtsratsvorsitzende wurde in den Gesprächen thematisiert. Bei den meisten Aufsichtsratsvorsitzenden sei dies zwar noch nicht der Fall, es stelle aber zukünftig eine Herausforderung dar, wenn Personen, die Social-Media-Kanäle bereits in ihrer Vorstandszeit intensiv genutzt haben, in ein Aufsichtsratsmandat wechseln würden. Bei einem Unternehmen sei dies bereits der Fall, die Nutzung sei jedoch authentisch von der Person. Die Kommunikationsabteilung würde den Aufsichtsratsvorsitzenden daher nur auf interessante Ereignisse hinweisen und situationsbedingt auch Empfehlungen aussprechen.

> „Wir kennen das Themen-Set, mit dem [Aufsichtsratsvorsitzender] sich positionieren möchte, und für das er steht. Und dann suchen wir dazu sozusagen Schnittmengen aus [dem Unternehmen] heraus. Und dann kriegt er natürlich Vorschläge, aber er verfolgt es auch alles sehr, sehr aktiv. [...] Und wir unterstützen, geben ihm Empfehlungen, tauschen uns aus, aber im Großen und Ganzen kommt das sozusagen authentisch aus ihm selbst heraus" (Public Relations_25).

Das Thema Social Media könnte zukünftig jedoch eine größere Bedeutung bei der freiwilligen Kommunikation von Aufsichtsratsvorsitzenden erlangen, sodass Kommunikationsabteilungen sich damit auseinandersetzen müssen. Die Nutzung von Social Media kann dabei eine autoritative Ressource (Fähigkeit zur Öffentlichkeitsmobilisierung) von Aufsichtsratsvorsitzenden darstellen. Insgesamt kann festgehalten werden, dass es bisher keine systematische Beobachtung der Social-Media-Aktivitäten der eigenen Aufsichtsratsmitglieder durch die Unternehmen gibt. Dies könnte jedoch als Teil der Situationsanalyse im Rahmen des Kommunikationsmanagements der ARV-Kommunikation erfolgen.

Dialog mit Kunden

In den Expertengesprächen wurde zudem thematisiert, dass Anfragen oder Beschwerden von Kunden direkt an die Aufsichtsratsvorsitzenden gerichtet sein können. In einem Fall berichtete der Aufsichtsratsvorsitzende, dass er diese Anfragen an das Unternehmen weiterleiten würde, da er den Sachverhalt nicht umfassend einschätzen könne. Er lasse sich dann darüber informieren, ob das Thema geklärt werden konnte.

In einem anderen Fall berichtete der Aufsichtsratsvorsitzende, dass er sich telefonisch bei dem Kunden gemeldet habe. Mit diesem direkten, persönlichen Kommunikationsweg habe er bereits in vorherigen Positionen gute Erfahrungen gemacht, da es meist nicht mehr um das Thema an sich ginge, sondern darum der Person die nachgefragte Aufmerksamkeit zu geben. Aus seiner Sicht sei das Thema in einem kurzen freundlichen Gespräch schnell geklärt worden. Die Kommunikationsabteilung sei dabei nicht involviert gewesen.

„Dieser bestimmte Herr, er hatte nach eigenem Bekunden zwei Jahre versucht, eine Antwort zu kriegen, und hat keine bekommen. So, nun hat er ein neues Gesicht und nutzt das nochmal, um den Aufschlag zu machen, und stellt dann die süffisante Frage, ob ich denn genauso schweigsam sei, ne, wie die anderen. [...] Das Resultat war in jedem Fall ein gutes. Die sind alle überrascht, dass man es tut, sind dankbar. Sie fühlen sich wertgeschätzt, und die Diskussionen, die waren schnell weg von dem eigentlichen Thema. Dann kann man nämlich auch jemand, der unglücklich war, zu einem unglaublich guten Botschafter machen" (Aufsichtsratsvorsitzender_3).

Insgesamt handelt es sich bei dem Dialog mit Kunden um eine Sonderform, der auch zukünftig keine besondere Relevanz zugeschrieben wird, weil dies im operativen Aufgabenbereich des Vorstands liegt. Hier zeigt sich die Wahrnehmung zur Relevanz von Kommunikation als Interpretationsmuster aus den vorherigen Erfahrungen. Diejenigen Akteure, die bereits in vorherigen Positionen als CEO positive Erfahrungen beim Dialog mit Kunden gemacht haben, können dies auch als Aufsichtsratsvorsitzende punktuell in Betracht ziehen.

8.1.2.4 Dialog mit Akteuren der parlamentarischen Öffentlichkeit

In den Expertengesprächen wurde zudem thematisiert, dass es in einigen Fällen auch zu einem Dialog von Aufsichtsratsvorsitzenden mit Politikern bzw. Regulierungsbehörden gekommen ist. Dabei handelte es sich insbesondere um Unternehmen in einem regulierten Markt oder mit einem in der Politik diskutierten Geschäftsmodell. Aus diesem Grund soll kurz auf die parlamentarische Öffentlichkeit sowie relevante Akteure darin eingegangen werden, bevor die Strukturen der ARV-Kommunikation mit dieser Öffentlichkeitsarena sowie die konkrete Umsetzung vorgestellt werden.

Politische Prozesse in verschiedenen Öffentlichkeitsarenen

Politische Prozesse finden in unterschiedlichen Öffentlichkeitsarenen statt, wobei Kriesi (2001, S. 4) zwischen der parlamentarischen Arena, der administrativen Arena und der öffentlichen Arena unterscheidet. Die parlamentarische und administrative Arena seien die Orte in den sich die politischen Verhandlungsprozesse abspielen und verbindliche politische Entscheidungen getroffen werden. In der parlamentarischen Arena treten demnach vor allem die Parteien, ihre Repräsentanten im Parlament sowie die Regierungsmitglieder als zentrale Akteure auf, in Bezug auf das politische System in Deutschland kann dies lokal, regional aber auch in Bezug auf die Bundesregierung sein. In der administrativen Arena spielen zusätzlich zu den Parteien die Interessensgruppen und Vertreter der öffentlichen Verwaltung eine zentrale Rolle. In der öffentlichen Arena findet dagegen die politische Kommunikation zwischen den politischen Akteuren und den Bürgern statt, um Zustimmung für verschiedene Themen zu erhalten. Die politischen Akteure sind dabei auf die Vermittlungsleistung der Medien angewiesen, um die Bürger, als Publikum, mit ihren Argumenten und Positionen zu erreichen (Jarren & Donges, 2011, S. 201).

Wie bereits in Abschnitt 4.1.4 diskutiert, agieren Unternehmen als korporative Akteure in verschiedenen Öffentlichkeitsarenen, wobei das unternehmerische Handeln durch die politischen und rechtlichen Rahmenbedingungen mehr oder weniger stark (politisch) reguliert sein kann, etwa durch Verbote, Subventionen etc. Aufgrund der hohen Relevanz der Legitimierung bzw. Unterstützung durch das politische System hat sich auf der Unternehmensseite die Kommunikationsfunktion Public Affairs (PA) etabliert, die versucht „mittels öffentlicher, teil-öffentlicher und nichtöffentlicher Kommunikation im Sinne der Organisationsinteressen Einfluss auf politische Entscheidungen zu nehmen" (Röttger, Donges & Zerfaß, 2020a, S. 5).

Dialog mit politischen Akteuren durch Aufsichtsratsvorsitzende
In den Expertengesprächen mit den Unternehmensvertretern kam neben der Kommunikation mit Akteuren der Kapitalmarktöffentlichkeit und gesellschafts-politischen Öffentlichkeit auch ein Dialog mit politischen Akteuren zur Sprache. Dieser Austausch kann der parlamentarischen Öffentlichkeit zugeordnet werden können, da es sich um Akteure in Regierungspositionen handelt.

Als Folge des wachsenden Legitimationsdrucks von Unternehmen können *Überwachungs-, Risiko- und Nachhaltigkeitsthemen* daher, wie bei der freiwilligen Kommunikation in der gesellschaftspolitischen Öffentlichkeit, ebenfalls zu einer Norm für die ARV-Kommunikation werden. Einen entscheidenden Einfluss auf diese Kommunikation haben die *Beziehungen von Aufsichtsratsvorsitzenden zu politischen Stakeholdern* als ermöglichende Ressource. Dieses Netzwerk stamme entweder aus vorherigen Positionen oder weiteren Engagements der Akteure. So können sich einzelne befragte Aufsichtsratsvorsitzende vorstellen, diese Kontakte für das Unternehmen einzusetzen, jedoch müsse die Initiative dafür vom Vorstand ausgehen, womit auch die Beziehung zum Vorstand eine ermöglichende Ressource darstellt:

> „Natürlich kennt man Leute aus der Historie heraus. Wenn das Unternehmen der Auffassung, also ganz konkret der Vorstand der Auffassung ist, dass es sinnvoll wäre, dass ich dort in irgendeiner Art und Weise das Gespräch mit dem Ministerpräsidenten des [Bundesland] oder dem Innenminister oder wem auch immer suche, würde ich das selbstverständlich machen. Aber ich würde sozusagen nie von mir sagen, ich gehe jetzt hin und rede mit dem. Ich kann das dem Vorstand anbieten. Ich kann sagen, ich kenne den recht gut, aus welchen Gründen heraus auch immer, ist ja unerheblich. Wenn ihr der Auffassung seid, dass mein Involvement da in irgendeiner Art und Weise sinnvoll ist für das Unternehmen, müsst ihr mir Bescheid sagen" (Aufsichtsratsvorsitzender_22).

Beim thematisierten Dialog handelte es sich ausschließlich um nichtöffentliche informelle Gespräche, die in der politischen Kommunikationsforschung dem Lobbying zugeordnet werden (Röttger et al., 2020a, S. 13). Das Ziel der Teilnahme des Aufsichtsratsvorsitzenden bei den Gesprächen sei jedoch nicht eine direkte Einflussnahme auf die Entscheidungsträger gewesen (ebd., S. 15), sondern Wertschätzung gegenüber den politischen Stakeholdern des Unternehmens zu zeigen. Hier zeigt sich das theoretisch abgeleitete Ziel der Beziehungspflege der Aufsichtsratskommunikation.

Der Anlass war in einem Fall der Antrittsbesuch eines neuen Aufsichtsratsvorsitzenden in einer stark regulierten Branche und in einem anderen Fall eine Sondersituation, wobei konkret über die Auswirkungen einer Übernahme für die Region gesprochen wurde. Die Treffen wurden von der Kommunikations- bzw. Public-Affairs-Abteilung initiiert und vorbereitet. Teilnehmer waren sowohl der Aufsichtsratsvorsitzende, der Vorstandsvorsitzende als auch die Kommunikationsverantwortlichen.

> „Ich hatte den Termin mit dem [Politiker] organisiert und arrangiert und Herr [CEO] wollte da Herrn [Aufsichtsratsvorsitzenden] mitnehmen. Wir waren dann zu dritt da. Wir hatten die Inhalte kurzfristig vorher abgesprochen, weil es relativ spontan war. Aber das war auch ausreichend. Es ging um [Sondersituation], das war wirklich sehr hilfreich und ein gutes Format. Es hatte einen Mehrwert, weil er einfach noch einmal ein anderer Typ war: sehr souverän und hat etwas Elegantes und Ruhiges reingebracht hat. Das hatte eine gute Wirkung. Also, in unserem Geschäftsfeld würde ich ihn wirklich stärker in der politischen Arena sehen als in den Medien." (Public Relations_15)

Darüber hinaus ist den Kommunikationsverantwortlichen bewusst, dass ihre Aufsichtsratsvorsitzenden auf vielen Veranstaltungen seien und dabei auch häufiger mit Politikern sprechen würden. Diese Anlässe und die Beziehungen zu politischen Stakeholdern, als autoritative Ressource, würden jedoch nicht vom Unternehmen genutzt, da der Austausch mit Regulatoren und Politikern in den operativen Aufgabenbereich des Vorstands fällt.

8.1.3 Zwischenfazit: Übersicht zu Strukturen und Bandbreite der Maßnahmen der Kommunikation von Aufsichtsratsvorsitzenden

Die Kommunikation von Aufsichtsratsvorsitzenden wird in dieser Arbeit aus zwei Perspektiven untersucht: Aus externer Perspektive wurden die Anforderungen an die Kommunikation von Aufsichtsratsvorsitzenden analysiert (Kapitel 7). Um die ARV-Kommunikation aus interner Perspektive darstellen zu können, werden im ersten Schritt die Strukturen konzeptualisiert. Ergänzend dazu werden durch die empirische Analyse der Bandbreite der internen und externen Kommunikationsmaßnahmen von Aufsichtsratsvorsitzenden gezeigt werden. Dabei wird auch empirisch gezeigt, mit welchen Anspruchsgruppen, wie oft und in welcher Form die ARV-Kommunikation stattfindet. Auf Basis von qualitativen Expertengesprächen mit Aufsichtsratsvorsitzenden sowie Verantwortlichen für Investor Relations und Public Relations aus den jeweiligen Unternehmen wurden umfangreiche Erkenntnisse zu Strukturen und Maßnahmen der ARV-Kommunikation vorgestellt, die in diesem Kapitel zusammengefasst und rekapituliert werden. Die Kenntnis über die Strukturen und die Maßnahmen der ARV-Kommunikation bildet die Basis dafür, im nächsten Schritt die Einbindung der Kommunikation im Kommunikationsmanagement diskutieren zu können.

Strukturen der Kommunikation von Aufsichtsratsvorsitzenden

Auf Basis des aus der Theorie entwickelten strukturationstheoretischen Analyserahmen (Abschnitt 5.3) wurden die Strukturdimensionen Signifikation, Herrschaft und Legitimation analytisch voneinander dargestellt und betrachtet. In der Realität nehmen sie jedoch wechselseitig Bezug aufeinander, sodass Interpretationsmuster immer in Verbindung mit den anderen Dimensionen konzeptualisiert werden müssen. So steht bspw. die Einschätzung zur Relevanz von Kommunikation (Signifikation) stets in Zusammenhang mit der Anregung zum Investorendialog im DCGK als Norm (Legitimation), aber auch dem Zugang zu Informationen oder der personellen Unterstützung durch die Kommunikationsfunktionen (Herrschaft). Die zentralen Erkenntnisse zu den Strukturen werden im Folgenden rekapituliert:

Die Expertengespräche bestätigen, dass sich die Aufgaben des Aufsichtsrats sowie das Verständnis der Rolle von Aufsichtsratsvorsitzenden im Wandel befinden. Während das Aktiengesetz als stabile und eher limitierende Norm wahrgenommen wird, stellt die Anregung zum Investorendialog im DCGK diejenige Norm dar, die die Kommunikation von Aufsichtsratsvorsitzenden verändert hat und wird. Diese normativen Rahmenbedingungen werden fallübergreifend als relevant wahrgenommen, Unterschiede zwischen den Fällen zeigen sich insbesondere bezüglich der Interpretationsmuster und Ressourcen.

In Bezug auf die Interpretationsmuster ist vor allem die Einschätzung zur Relevanz von Kommunikation ausschlaggebend für die Umdeutung der Strukturen. Alle befragten Aufsichtsratsvorsitzenden benennen den internen Dialog mit dem Vorstand als wichtigste Kommunikationsaufgabe. Darüber hinaus beschreiben die Aufsichtsratsvorsitzenden den Investorendialog als sehr relevant und einige Akteure sehen auch Austausch mit den Medien in bestimmten Situationen als durchaus relevant. Es zeigt sich, dass diese Akteure auch stärker auf die personellen Ressourcen der Kommunikationsabteilungen zugreifen und meist auch über ein stabiles Beziehungsnetzwerk zu Stakeholdern verfügen.

Interessant ist in dem Zusammenhang, dass die Unternehmenssituation entscheidend dafür ist, ob es tatsächlich zu einer über die Publizitätspflichten hinausgehenden freiwilligen externen Kommunikation von Aufsichtsratsvorsitzenden kommt. Wenn sich das Unternehmen in einer normalen Situation befindet, scheinen aus Sicht der Unternehmen die Publizitätspflichten ausreichend zu sein.

Sobald ein Thema in der Entscheidungskompetenz des Aufsichtsrats ansteht, aktivieren einige Aufsichtsratsvorsitzende entsprechende Ressourcen, wie den Zugang zu Informationen und personelle Unterstützung, um z. B. im Dialog mit Investoren Transparenz zu schaffen und die Beziehungen zu pflegen (Interpretationsmuster). Kommunikation wird dabei vor allem gegenüber den Investoren als relevant eingeschätzt. Im Gegensatz dazu wird der Austausch mit Medien nur in Krisen als bedeutend eingestuft.

Daraus lässt sich schlussfolgern, dass die identifizierten Erwartungen der Stakeholder (Abschnitt 5.2) ebenfalls strukturierend wirken. Wenn z. B. Anforderungen hinsichtlich Transparenz zu Corporate-Governance-Themen von Investoren an das Unternehmen gestellt werden, so bedingt es ab einer kritischen Schwelle auch die Modifikation der Strukturen. Die Erkenntnisse deuten darauf hin, dass diese als Interpretationsmuster das Handeln des Unternehmens, sowohl von Aufsichtsratsvorsitzenden als auch der IR-Abteilung, rationalisieren. Durch die Anregung zum Investorendialog im DCGK kann diese nun auch als normative Erwartung untermauert werden.

Auch Ressourcen unterscheiden sich in einigen Gesichtspunkten: Nur einige Ressourcen sind tausch- und übereigenbar, wie eine Entscheidungskompetenz oder der Zugang zu Informationen, da sie an die Ämterpositionen, also an das Unternehmen, gebunden sind. Der Zugang zu Informationen stellt für alle Aufsichtsratsvorsitzenden die zentrale allokative Ressource für die Arbeit sowie ihre Kommunikation dar. Neben den Berichtspflichten haben sich z. B. Briefings nach den Quartalszahlen etabliert, die explizit auf die Wahrnehmung der externen Stakeholder zielen. Die Aufsichtsräte streben damit nicht nur eine Ex-ante-Betrachtung an, sondern möchten regelmäßig und begleitend über die Geschehnisse und Wahrnehmungen zum Unternehmen informiert werden. Diese Entwicklung kann als Teil einer generellen Professionalisierung der Aufsichtsratstätigkeit gewertet werden, wobei (interne) Kommunikation eine wichtige Grundlage darstellt.

Zudem lässt sich festhalten, dass die personelle Unterstützung der Kommunikationsfunktionen eine zentrale ermöglichende Ressource für die ARV-Kommunikation darstellt. Der Anstoß für die Etablierung eines Austauschs zwischen den Aufsichtsratsvorsitzenden und den Kommunikationsabteilungen lag in den betrachteten Fällen vor allem in einem höheren Informationsbedürfnis der Aufsichtsratsvorsitzenden. Die jeweiligen Aufsichtsratsvorsitzenden forderten beim Vorstandsvorsitzenden oder dem Aufsichtsratsbüro weitere Informationen, etwa zu Kapitalmarktthemen, an oder hatte aufgrund eines Medienberichts eine Nachfrage. Diese Anfragen wurden meist an die IR- bzw. PR-Abteilung zur Beantwortung weitergeleitet. Ob die entsprechenden Antworten der Abteilungen direkt an die Aufsichtsratsvorsitzenden oder erneut über den Vorstand gingen, war dabei vor allem abhängig von der Beziehung zwischen Aufsichtsratsvorsitzenden und Vorstandsvorsitzenden.

Hier zeigt sich die strukturbildende Bedeutung einer Steuerung der Informationsroutinen, die nicht nur eine autoritative Ressource von Aufsichtsratsvorsitzenden, sondern auch von CEOs darstellt. Die Dynamiken sowie das Spannungsfeld zwischen den beiden Gremien sind jedoch kaum untersucht. Als Resultat dieser Anfragen von Aufsichtsratsvorsitzenden wurden daraufhin z. B. regelmäßige Briefings für den Aufsichsrat von den Fachabteilungen eingeführt oder es kam zu Gesprächen mit den Kommunikationsabteilungen.

Der Austausch unterscheidet sich jedoch in Bezug auf die IR- und PR-Abteilung: Von den IR-Abteilungen wurden vor allem zusätzliche formale Informationsangebote, wie Briefings, etabliert, die einen regelmäßigen Zugang zu Informationen im Unternehmen, also eine allokative Ressource, sicherstellen. Dem gegenüber hat sich bei den Fällen, in denen es einen direkten Austausch von Aufsichtsratsvorsitzenden und PR-Abteilung gibt, eher eine Kommunikationsbeziehung entwickelt. Dabei handelt es sich um anlassbezogene Gespräche, in denen bspw. die Themen der Medienberichterstattung besprochen werden, wodurch sich Interpretationsmuster wie der Einschätzung von Relevanz oder der Einfluss in Bezug auf Interpretations- und Deutungsfragen verändern können.

Insgesamt führte dies jedoch nicht zu einer aktiveren Kommunikation von Aufsichtsratsvorsitzenden, sondern vielmehr zu einer veränderten Einschätzung der Relevanz von Kommunikation. Im Mittelpunkt stehen dabei vor allem die Akzeptanz für die Informationsbedürfnisse von Investoren sowie die generelle Bereitschaft, für das Unternehmen nach außen zu kommunizieren, sofern damit das Unternehmen als Ganzes vorangebracht werde.

Kommunikationsmaßnahmen von Aufsichtsratsvorsitzenden
Auf dieser Basis werden im Folgenden die empirisch überprüften Maßnahmen der ARV-Kommunikation innerhalb der Unternehmensöffentlichkeit sowie mit externen Anspruchsgruppen rekapituliert. Abbildung 8.3 zeigt schematisch die Kommunikationsmaßnahmen mit den jeweiligen Öffentlichkeitsarenen.

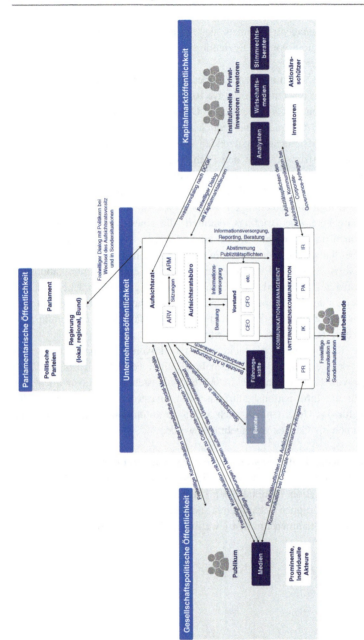

Abbildung 8.3 Empirisch überprüfte Kommunikationsmaßnahmen von Aufsichtsratsvorsitzenden in der Unternehmensöffentlichkeit sowie mit externen Anspruchsgruppen (Eigene Darstellung)

Kommunikation innerhalb der Unternehmensöffentlichkeit. In Bezug auf die Kommunikation von Aufsichtsratsvorsitzenden innerhalb der Unternehmensöffentlichkeit kann festgehalten werden, dass der Austausch innerhalb des Aufsichtsratsgremiums vor allem in den Sitzungen, aber auch persönlichen Gesprächen zu deren Vorbereitungen erfolgt. Beim Austausch mit dem Vorstand steht vor allem die Informationsversorgung des Aufsichtsrats als Grundlage für dessen Arbeit im Vordergrund. Darüber hinaus beraten die beiden Vorsitzenden zu verschiedenen Themen, wobei die Aufsichtsratsvorsitzenden als Sounding Board für die strategischen Überlegungen agieren (Abschnitt 5.2). Darüber hinaus beruht die Durchführung der Kommunikation von Aufsichtsratsvorsitzenden mit internen Stakeholdern vor allem auf dialogische Kommunikationsmaßnahmen wie persönlichen formellen oder informellen Gesprächen sowie Telefonaten. Die Art und Weise sowie die Frequenz und Intensität der Kommunikation obliegt dabei den Aufsichtsratsvorsitzenden, dem persönlichen Kommunikationsstil und in Bezug auf die Strukturen, vor allem der Beziehung zum Vorstand sowie der Einschätzung zur Relevanz von Kommunikation.

Im Rahmen von themenspezifischen Präsentationen im Rahmen der Aufsichtsratssitzungen oder auch Abendessen kann darüber hinaus ein Austausch mit ausgewählten Führungskräften stattfinden. Innerhalb des Unternehmens konnten in wenigen Fällen auch Auftritte von Aufsichtsratsvorsitzenden bei Führungskräfteveranstaltungen oder Betriebsversammlungen aufgezeigt werden. In Sondersituationen werden Aufsichtsratsvorsitzende auch in Mitarbeitermedien porträtiert bzw. interviewt oder halten Reden auf Betriebsversammlungen, um die Sicht des Aufsichtsratsgremiums zu erläutern. Diese genannten internen Kommunikationsmaßnahmen konnten erstmalig im Rahmen dieser Arbeit identifiziert werden. Bisher hatte sich die wirtschaftswissenschaftliche Forschung vor allem mit dem internen Berichts- und Informationswesen des Aufsichtsrats auseinandergesetzt, dass die Grundlage für seine Überwachungstätigkeit darstellt.

Der Austausch mit den Kommunikationsfunktionen des Unternehmens findet mit oder ohne Involvierung des Vorstands mindestens in Bezug auf die Abstimmung der Publizitätspflichten statt. Darüber hinaus konnte eine ergänzende Informationsversorgung des Aufsichtsratsgremium mit kapitalmarkt- und öffentlichkeitsrelevanten Informationen im Rahmen dieser Arbeit identifiziert werden. Auf dieser Basis hat sich zudem in einigen Unternehmen ein ergänzendes internes Reporting der Kommunikationsfunktionen, insbesondere der Investor Relations, an den Aufsichtsrat etabliert. In einigen Unternehmen beraten die Kommunikationsverantwortlichen, hier wiederum vor allem die PR-Verantwortlichen, die Aufsichtsratsvorsitzenden hinsichtlich der ARV-Kommunikation.

Tabelle 8.1 zeigt die im Rahmen der Expertengespräche identifizierten Kommunikationsmaßnahmen und deren Frequenz mit den internen Anspruchsgruppen, wie sie in Abschnitt 8.1.1 beschrieben wurden.

Tabelle 8.1 Übersicht der Kommunikationsmaßnahmen von Aufsichtsratsvorsitzenden und deren Frequenz innerhalb der Unternehmensöffentlichkeit

Anspruchsgruppe	Kommunikationsmaßnahmen	Frequenz
Aufsichtsratsgremium		
+ Gesamtes Aufsichtsratsgremium	+ Persönliche Treffen	+ Mindestens 2x im Jahr + Öfter in Sondersituationen
+ Aufsichtsratsausschüsse	+ Video- und Telefonkonferenzen (mit und ohne ARV)	+ Mehrfach im Jahr (abhängig von den jeweiligen Sitzungen)
+ Aufsichtsratsmitglieder	+ Persönliche Gespräche oder Telefonate zur Vorbereitung von Sitzungen	+ Mehrfach im Jahr (vor den jeweiligen Sitzungen)
Vorstand		
+ CEO	+ Persönliche Treffen oder Telefonate	+ Alle 2 Wochen bzw. monatlich + Öfter in Sondersituationen
+ Weitere Vorstandsmitglieder	+ Persönliche Treffen oder Telefonate	+ Regelmäßig, z. B. 1x im Monat
Führungskräfte	+ Präsentation in Aufsichtsratssitzung	+ Meist 1x im Jahr (abhängig vom Thema)
	+ Teilnahme an Führungskräfteveranstaltung (ARV als Redner oder stiller Teilnehmer)	+ 1x im Jahr oder seltener
	+ Gemeinsame Abendessen vor Hauptversammlung/ Aufsichtsratssitzung mit gesamtem Aufsichtsrat etc.	+ 1x im Jahr
	+ Calls mit Führungskräften	+ Nur in Sondersituationen, wenn der Vorstand nicht sprechfähig ist
Mitarbeitende	+ Statement in Mitarbeiterzeitung	+ Nur in Sondersituationen, nach Absprache mit dem Vorstand
	+ Rede auf Betriebsversammlung	

Bei der Umsetzung der persönlichen Kommunikationsmaßnahmen wird nicht auf die personelle Unterstützung der Kommunikationsabteilungen zurückgegriffen. Nur in Sondersituationen gibt es hier eine Verschiebung der Strukturen, sodass Kommunikationsmaßnahmen an Führungskräfte und Mitarbeitende im Rahmen der internen Unternehmenskommunikation erfolgen. Ebenfalls in Sondersituationen können externe Kommunikationsberater als Sparringspartner für die Aufsichtsratsvorsitzenden selbst agieren.

Externe Kommunikation von Aufsichtsratsvorsitzenden

Bei der externen Kommunikation wird zwischen den Publizitätspflichten des Aufsichtsratsgremiums und den Kommunikationsmaßnahmen von Aufsichtsratsvorsitzenden mit externen Anspruchsgruppen unterschieden.

In Bezug auf die gesetzlich vorgeschriebenen, an externe Stakeholder gerichteten Publizitätspflichten des Aufsichtsrats kann festgehalten werden, dass diese vollständig in der Regelkommunikation des Unternehmens eingebettet sind. Dazu zählen allen voran der Aufsichtsratsbericht im Geschäftsbericht, die Erläuterung des Berichts auf der Hauptversammlung, Corporate-Governance-Informationen auf der IR-Website sowie Pressemitteilungen zu aufsichtsratsrelevanten Themen. Bei Übernahmeangeboten ist zudem die gemeinsame begründete Stellungnahme von Vorstand und Aufsichtsrat zu erwähnen. Bei diesen gesetzlichen Pflichten handelt es sich jedoch ausschließlich um eine einseitige Kommunikation (siehe auch Übersicht in Tabelle 5.1). Die IR-Website kann als ein zentrales Instrument für die Aufsichtsratskommunikation betrachtet werden, da dort Corporate-Governance-Themen transparent zur Verfügung gestellt werden. Ob dies auch den Informationsanforderungen der Stakeholder entspricht, wird dabei jedoch nicht systematisch erhoben. Die personelle Unterstützung und Verantwortung für die jeweiligen Publizitätspflichten liegen bei den Kommunikationsfunktionen, die relevante Dokumente vorbereiten und mit den Akteuren abstimmen.

Bei der Kommunikation mit der Kapitalmarktöffentlichkeit sind die im DCGK aufgenommene Anregung zum Investorendialog sowie nachgelagert die zwei Initiativen zum Investorendialog zu neuen Normen der ARV-Kommunikation geworden. Sie stellen einen externen Einfluss dar, der die Strukturen der Kommunikation modifizieren kann. Die Anspruchsgruppen beziehen sich in ihren Erwartungen auf die Anregung und können darauf basierend eine Kommunikation bzw. Nichtkommunikation sanktionieren, z. B. durch das Abstimmungsverhalten auf der Hauptversammlung oder den Kauf bzw. Verkauf von Aktien.

Die Aufsichtsratsvorsitzenden sehen den Dialog mit Investoren als legitim an, behalten sich jedoch vor, zu entscheiden, mit wem und in welcher Konstellation diese Gespräche geführt werden. Beim Investorendialog handelt es sich um ein persönliches bzw. dialogisches Instrument der externen Kommunikation von Aufsichtsratsvorsitzenden. Zu dem Zeitpunkt der Experteninterviews hatte die Aufnahme des Investorendialogs (noch) nicht zu einer Veränderung im Umfang oder Frequenz von Anfragen geführt. In allen untersuchten Fällen waren sie jedoch der Anlass für die Akteure, um sich intern mit dem Thema Investorendialog auseinanderzusetzen. Dabei kann festgestellt werden, dass es zu leichten Veränderungen hinsichtlich der Einschätzung der Relevanz von Kommunikation von den Unternehmensakteuren gekommen ist. Dieses Interpretationsschema, das die Handlungen der Akteure rationalisiert, ist möglicherweise durch das gestiegene Informationsbedürfnis von Investoren bedingt (Abschnitt 7.2.1). Wenn ein Dialog stattfindet, dann wird dieser vor allem im persönlichen Gespräch, per Telefon oder auch per E-Mail umgesetzt. Zudem führen einige Unternehmen anlassbezogen oder auch jährlich Corporate-Governance-Roadshows durch, um den Austausch mit Investoren zu pflegen.

Die IR-Abteilung wird zu einer wichtigen personellen Ressource für die Aufsichtsratsvorsitzenden um den Investorendialog, aber auch Gespräche mit Stimmrechtsberatern durchzuführen. Nur bei denjenigen Unternehmen, bei denen Aufsichtsratsvorsitzende bereits Gespräche mit Investoren und Stimmrechtsberatern führen, haben sich auch die entsprechenden unterstützenden Abläufe, also die Vorbereitung und Begleitung der Termine, etabliert. Auch wenn die IR-Verantwortlichen in den Gesprächen angeben, durch den Investorendialog im DCGK hätte sich nicht viel verändert, so haben sich doch die Strukturen angepasst.

Die Experten betonen, dass in den Gesprächen mit Investoren und Stimmrechtsberatern inhaltliche Fragen geklärt und Meinungen zu aufsichtsratsrelevanten Themen eingeholt werden sollen. Das theoretisch abgeleitete Ziel der Beziehungspflege wird in dem Zusammenhang nicht explizit genannt. Weiterhin wurde nicht thematisiert, ob bestimmte Botschaften in der Vorbereitung der Gespräche oder Roadshow erarbeitet werden. Insbesondere bei einer vom Unternehmen initiierten Roadshow könnte jedoch davon ausgegangen werden, dass z. B. Präsentationen als Grundlage für die Gespräche vorbereitet werden, um Botschaften von den Aufsichtsratsvorsitzenden bzw. des Unternehmens zu vermitteln. Dies zeigt, dass die ARV-Kommunikation noch nicht stringent durch ein Kommunikationsmanagement begleitet wird.

Die Kommunikation von Aufsichtsratsvorsitzenden in der gesellschaftspolitischen Öffentlichkeit ist nicht gesetzlich definiert und daher rein freiwillig. Daher zeigt sich, dass vor allem der Einfluss auf gesellschaftliche Interpretations- und Deutungsfragen (Interpretationsmuster) das Handeln beeinflussen. Die (bereits

bestehenden) Beziehungen zu Stakeholdern und die Fähigkeit zur Öffentlichkeits-
mobilisierung stellen darüber hinaus ermöglichende autoritative Ressourcen der
Kommunikation mit Medien in der gesellschaftspolitischen Öffentlichkeit und
Kapitalmarktöffentlichkeit dar.

Bei der freiwilligen Kommunikation handelt es sich um offizielle Interviews
und Hintergrundgespräche mit Medien sowie Äußerungen außerhalb der Über-
wachungstätigkeit. Weiterhin haben in Sondersituationen auch Pressekonferenzen
von Vorstand und Aufsichtsrat stattgefunden. In den meisten Fällen stellen PR-
Verantwortliche eine beratende und koordinierende personelle Unterstützung dar.
Trotz dieser, wenn auch informell etablierten, Zusammenarbeit berichten die
Kommunikationsexperten jedoch nicht von einer systematischen Verortung der
Kommunikation im Kommunikationsmanagement.

Die Nutzung von Social-Media-Kanälen von Aufsichtsratsvorsitzenden ist
aktuell nur in wenigen Unternehmen der Fall und daher weniger relevant. Es kann
jedoch zukünftig eine Herausforderung für das Kommunikationsmanagement
werden, wenn Akteure, die Social-Media-Kanäle bereits in ihrer Vorstandszeit intensiv genutzt haben, in ein Aufsichtsratsmandat wechseln. Schließlich
ist der Dialog mit Kunden eher als vereinzelte Maßnahme zu betrachten,
wobei die Einschätzung zur Relevanz von Kommunikation hier als wichtiges
Interpretationsmuster das Handeln der Akteure rationalisiert.

Neben einem Dialog mit Akteuren der Kapitalmarktöffentlichkeit und gesellschaftspolitischen Öffentlichkeit konnte in den Expertengesprächen darüber hinaus ein Austausch mit politischen Stakeholdern identifiziert werden. Obwohl dies
nicht im originären Aufgabenbereich des Aufsichtsrats liegt, kann es jedoch
Anlässe geben, wie bspw. Sondersituationen oder einen Wechsel des Aufsichtsratsvorsitzes, in denen die Teilnahme von Aufsichtsratsvorsitzenden in
persönlichen Gesprächen aus Sicht des Unternehmens sinnvoll sein kann. Dieses
Phänomen an der Schnittstelle zur Forschung rund um politische Kommunikation
sollte daher zukünftig ebenfalls betrachtet werden.

Tabelle 8.2 fasst im Rahmen der Expertengespräche identifizierten Kommunikationsmaßnahmen von Aufsichtsratsvorsitzenden und deren Frequenz mit
externen Anspruchsgruppen zusammen, so wie sie in Abschnitt 8.1.2 beschrieben
wurden.

Tabelle 8.2 Übersicht der Kommunikationsmaßnahmen von Aufsichtsratsvorsitzenden und deren Frequenz mit externen Anspruchsgruppen

Anspruchsgruppe	Kommunikationsmaßnahmen	Frequenz
Kapitalmarktöffentlichkeit		
Investoren	+ Investorendialog (persönliche Gespräche, Telefonate, E-Mails)	+ Teilweise geplant: im Vorfeld der HV (jährlich) + Anlassbezogen unregelmäßig
	+ Corporate-Governance-Roadshows	+ 1x im Jahr (meist im September) + anlassbezogen
Stimmrechtsberater	+ Persönliche Gespräche	+ Vereinzelt im Vorfeld der HV
	+ Corporate-Governance-Roadshow	+ Jährlich (meist im September)
Gesellschaftspolitische Öffentlichkeit		
Medien	+ Interviews	+ Selten und anlassbezogen
	+ Hintergrundgespräche	+ Unregelmäßig und anlassbezogen
	+ Pressekonferenz gemeinsam mit CEO	+ Nur in Sondersituationen
Öffentlichkeit	+ Persönliche Social-Media-Kanäle von Aufsichtsratsvorsitzenden	+ Abhängig von Nutzung des ARV
Kunden	+ Telefonate	+ Vereinzelt (Sonderform)
Parlamentarische Öffentlichkeit		
Politik	+ Persönliche nicht-öffentliche Gespräche	+ In Sondersituationen oder als Antrittsbesuch nach dem Wechsel des Aufsichtsratsvorsitz

Handlungsmuster und Bandbreite der Kommunikation von Aufsichtsratsvorsitzenden

Die Unternehmen für die qualitative Expertenbefragung aus interner Perspektive (Abschnitt 6.3) wurden anhand der fünf identifizierten ereignisbezogenen Typen der Kommunikation von Aufsichtsratsvorsitzenden ausgewählt (Abschnitt 7.1.2). In den Expertengesprächen wurde deutlich, dass jedoch die Strukturen und Bandbreite an Kommunikationsmaßnahmen nicht abhängig von den Typen waren. So gab es in Unternehmen, die bspw. als Typ 1 (Publizitätspflichten im Rahmen der Regelkommunikation) ausgewählt wurden, bereits institutionalisierte Ressourcen und umfangreiche interne Kommunikationsmaßnahmen der Aufsichtsratsvorsitzenden, obwohl nach außen nur die Publizitätspflichten erkennbar waren. In einem anderen Fall, der für den Typ 4 (Freiwillige Äußerungen in Sondersituationen) ausgewählt wurde, gab es zwar einen umfangreichen internen Austausch in der Sondersituation und Gespräche mit Politikern, nach der Beschreibung der Experten wurden in einer normalen Situation des Unternehmens jedoch kaum Strukturen für die ARV-Kommunikation aktiviert. Zusammenfassend kann daraus geschlussfolgert werden, dass die Strukturen und Maßnahmen nicht abhängig von den Typen sind.

Vielmehr wurden drei verschiedene Handlungsmuster der Kommunikation von Aufsichtsratsvorsitzenden deutlich. Strukturen beschränken nicht nur das Handeln, sondern können es auch ermöglichen. Strukturen sind daher nicht nur Rahmenbedingungen, sondern das Medium als auch das Ergebnis sozialen Handelns (Röttger, 2010, S. 125; Walgenbach, 2006, S. 406; Zühlsdorf, 2002, S. 203). Dadurch entstehen relativ stabile Handlungsmuster und Routinen, die gewissermaßen auch unabhängig vom Akteur bestehen können. Handlungsmuster bzw. Routinen implizieren dabei eine Dezentrierung vom individuellen Akteur, sodass Strukturen identifiziert werden können, die nicht mehr allein dem Individuum zugerechnet werden.

Die Erkenntnisse zu den Strukturen und Kommunikationsmaßnahmen aus den Expertengesprächen wurden anhand der vier Öffentlichkeitsarenen sowie Anspruchsgruppen systematisiert. Daraus lassen sich drei Handlungsmuster bzw. Routinen der ARV-Kommunikation ableiten. Die Handlungsmuster sowie der Übergang zwischen den Handlungsmustern, die sich anhand einer Anpassung der Strukturen erklären lassen, werden im Folgenden ausführlich erläutert.

(1) Bisherige Mindestanforderungen an die Kommunikation
(2) Aktuelle Routinen der ARV-Kommunikation (Common Practices)
(3) Weiterentwicklung von Strukturen und Maßnahmen

Abbildung 8.4 zeigt die drei Handlungsmuster und damit die Bandbreite der Kommunikationsmaßnahmen von Aufsichtsratsvorsitzenden im Überblick.

		(1) Mindestanforderungen	(2) Common Practice	(3) Weiterentwicklung
Unternehmens-öffentlichkeit	Aufsichtsratsgremium	+ Effizienzprüfung des internen Berichtswesens	+ Kommunikation als Teil der Entsprechenserklärung + Anlassbezogene Information bzw. Diskussion zur ARV-Kommunikation im Gremium	+ Einführung einer Kommunikationsordnung + Kommunikation als (fester) Tagesordnungspunkt
	CEO / Vorstand	+ Interne Berichtspflichten + Dialog zwischen CEO und ARV	+ Regelmäßiger Dialog mit CEO	+ Austausch vor/nach Kommunikation von Aufsichtsratsvorsitzenden
	Führungskräfte		+ Präsentationen von Führungskräften in Aufsichtsratssitzungen	+ Informeller Austausch im Rahmen von Veranstaltungen
	Investor Relations	+ Vorbereitung & Umsetzung der Publizitätspflichten des AR + Briefing nach Quartalszahlen	+ Anlassbezogener Austausch mit/ohne CEO	+ Definition der Verantwortlichkeit für ARV-Kommunikation + Planung, Umsetzung und Evaluation des Investorendialogs
	Public Relations	+ Vorbereitung & Umsetzung der Publizitätspflichten des AR + Briefing nach Quartalszahlen + Absprache bei Medienanfragen	+ Anlassbezogener Austausch mit/ohne CEO	+ Definition der Verantwortlichkeit für ARV-Kommunikation + der Kommunikation von aufsichtsratsrelevanten Themen
Kapitalmarkt-öffentlichkeit	Investoren	+ Publizitätspflichten des Aufsichtsrats	+ Definition eines „Modus Operandi" bei Anfragen zum Investorendialog nach DCGK	+ Anlassbezogener Investorendialog + Anlassbezogene oder jährliche Corporate-Governance-Roadshows
	Stimmrechtsberater	+ Publizitätspflichten des Aufsichtsrats	+ Beantwortung von aufsichtsratsrelevanten Fragen vorwiegend durch Investor Relations, vereinzelt gemeinsam mit Aufsichtsratsvorsitzenden	+ Anlassbezogener Austausch zu Corporate-Governance-Prinzipien
Gesellschaftspolitische Öffentlichkeit & Kapitalmarktöffentlichkeit	Journalisten	+ Publizitätspflichten des Aufsichtsrats	+ Beantwortung von aufsichtsratsrelevanten Anfragen durch Public Relations	+ Interviews/Hintergrundgespräche zu aufsichtsratsrelevanten Themen + Gastbeiträge/Interviews ohne Unternehmensbezug in Absprache mit Unternehmen
Parlamentarische Öffentlichkeit	Politiker			+ Anlassbezogener Dialog gemeinsam mit dem CEO (als Antrittsbesuche oder in Sondersituationen)

Abbildung 8.4 Handlungsmuster und Bandbreite der Kommunikation von Aufsichtsratsvorsitzenden

(1) *Bisherige Mindestanforderungen an die Kommunikation*
Das Handlungsmuster „Mindestanforderungen" zeigt die bisherigen Strukturen und Kommunikationsmaßnahmen der Aufsichtsratskommunikation, die vor allem durch die Normen des Aktiengesetzes und damit den gesetzlichen Anforderungen gekennzeichnet sind. Keines der befragten Unternehmen befindet sich noch vollständig in diesem Handlungsmuster, anhand der Expertengespräche lässt sich dies jedoch als langjährige Routine vieler Unternehmen in der Vergangenheit ableiten.

In Bezug auf die interne Öffentlichkeit können demnach folgende Routinen beschrieben werden: Um den Zugang zu Informationen als wichtige allokative Ressource für die Aufsichtsratstätigkeit und Kommunikation zu prüfen, wurde im Aufsichtsratsgremium regelmäßig eine Effizienzprüfung der Arbeit, in Bezug auf die Kommunikation insbesondere die internen Berichtspflichten des Vorstands, durchgeführt. Daraus folgt, dass die Kommunikation mit dem CEO bzw. dem Vorstand mindestens die internen Berichtspflichten des Vorstands umfasste sowie auf einem regelmäßigen Austausch zwischen den Aufsichtsratsvorsitzenden und den Vorstandsvorsitzenden basierte.

Da die interne Kommunikation als ausschließlicher Aufgabenbereich des Vorstands betrachtet wurde, ist einer Kommunikation mit Führungskräften in der Vergangenheit in vielen Fällen keine Relevanz zugeschrieben worden. Ein Austausch mit der IR- und PR-Abteilung bestand meist ausschließlich aufgrund der Vorbereitung und Umsetzung der Publizitätspflichten des Aufsichtsrats, meist mit der Involvierung des CEOs. Zudem wurde das Briefing der Kommunikationsfunktionen nach Quartalszahlen, das für den Vorstand aufbereitet wurde, von diesem an den Aufsichtsrat weitergeleitet. Bei eventuellen Medienanfragen an den Aufsichtsrat wurden diese über den Vorstand, das Aufsichtsratsbüro oder direkt mit den Aufsichtsratsvorsitzenden abgesprochen.

In Bezug auf die externe Kommunikation mit den Akteuren der Kapitalmarktöffentlichkeit als auch der gesellschaftspolitischen Öffentlichkeit stellten in der Vergangenheit die gesetzlichen Publizitätspflichten des Aufsichtsrats die Anforderung der Kommunikation und meist ausschließlichen Maßnahmen dar.

Die Kommunikation von Aufsichtsratsvorsitzenden befindet sich jedoch in einem Wandel. In Abschnitt 7.2.2 wurden anhand der Experteninterviews mit den Anspruchsgruppen verschiedene Gründe für eine veränderte Erwartungshaltung an die ARV-Kommunikation vorgestellt. In Bezug auf die externe Kommunikation stellt vor allem die Aufnahme der Anregung zum Investorendialog im DCGK die Norm und relevante Entwicklung für eine Modifizierung der Strukturen und dadurch auch Routinen dar. Aber auch eine neue Generation von Aufsichtsratsvorsitzenden sowie deren Einschätzung zu einer Relevanz von Kommunikation zeigen in Bezug auf die interne Kommunikation eine Verschiebung der Strukturen und Erweiterung der Kommunikationsmaßnahmen.

(2) *Aktuelle Routinen der ARV-Kommunikation (Common Practices)*
Das zweite Handlungsmuster repräsentiert die aktuell von den meisten Unternehmen praktizierten Routinen in Bezug auf die Kommunikation von Aufsichtsratsvorsitzenden. Diese beinhalten auch die zuvor beschriebenen Mindestanforderungen, also bspw. die Publizitätspflichten des Aufsichtsrats an externe Anspruchsgruppen.

Seit der Aufnahme des Investorendialogs im DCGK hat sich das Aufsichtsratsgremium in allen befragten Unternehmen im Rahmen des Beschlusses zur Entsprechenserklärung mindestens einmal mit dem Thema Kommunikation bzw. Investorendialog auseinandergesetzt. Dies ist der Fall, obwohl es sich nur um eine Anregung handelt und keine explizite Aussage (comply or explain) dazu getätigt werden muss. Daraus lässt sich schlussfolgern, dass die Norm des Investorendialogs eine Veränderung initiiert hat. Die Erkenntnisse aus den Interviews zeigen darüber hinaus, dass es aktuell üblich ist, dass anlassbezogen die Kommunikation von aufsichtsratsrelevanten Themen diskutiert wird und, sofern eine freiwillige Kommunikation stattfindet, die Aufsichtsratsvorsitzenden im Nachgang darüber informieren.

Hinsichtlich der Kommunikation mit dem CEO bzw. dem Vorstand agieren die Akteure auf Basis der internen Berichtspflichten, die bereits Teil des ersten Handlungsmusters der Mindestanforderungen sind. Zudem stellt ein regelmäßiger Dialog von Vorstandsvorsitzenden und Aufsichtsratsvorsitzenden eine aktuelle Routine der ARV-Kommunikation dar (Abschnitt 8.1.1).

In Bezug auf den Austausch mit Führungskräften zeigt sich eine Veränderung der Routinen. So ist es in fast allen Unternehmen mittlerweile üblich, dass Führungskräfte themenspezifisch in Aufsichtsratssitzungen präsentieren. Dies dient vorrangig dem Zugang zu Informationen als allokative Ressource.

Neben dem, in den Mindestanforderungen genannten, Zugang zu Informationen, ist es heute üblich, dass sich Aufsichtsratsvorsitzende und Vertreter der IR-Abteilung anlassbezogen zu kapitalmarktrelevanten Themen austauschen. Es zeigen sich jedoch Unterschiede, ob dies über den Vorstandsvorsitzenden oder auf direktem Wege passiert, was vor allem mit der Beziehung von Vorstand und Aufsichtsratsvorsitzenden, als autoritative Ressource, zusammenhängt. Im gleichen Maße kommt es auch bei aufsichtsratsrelevanten Themen in den Medien zu einem Austausch mit der PR-Abteilung, mit oder ohne den CEO. Diese direkte personelle Unterstützung kann einen bedeutenden Einfluss auf die Modifikation von Strukturen haben, die sich insbesondere in der Einschätzung zur Relevanz von Kommunikation als Interpretationsmuster bemerkbar macht.

In Bezug auf die externe ARV-Kommunikation mit dem Kapitalmarkt hat die Anregung zum Investorendialog im DCGK einen nachweisbaren Impuls gegeben, da sich alle befragten Unternehmen dieser neuen Norm bewusst sind. Auch die Unternehmen, bei denen es noch zu keinen Anfragen von Investoren gekommen ist, haben sich grundsätzlich Gedanken dazu gemacht, wie sie damit umgehen würden. In den Unternehmen, in denen bereits Gespräche geführt werden, versuchen die IR-Verantwortlichen entsprechende Abläufe zu schaffen. Zusammenfassend kann daher festgehalten werden, dass Unternehmensakteure in Bezug auf den Investorendialog einen Modus Operandi definieren.

In Bezug auf die Kommunikation mit Stimmrechtsberatern, als weitere relevante Anspruchsgruppe der Kapitalmarktöffentlichkeit, ist die aktuell übliche Vorgehensweise, dass eventuelle aufsichtsratsrelevante Fragen durch die IR-Abteilung beantwortet werden. Vor dem Hintergrund, dass die Arbeit von Stimmrechtsberatern auf öffentlichen Informationen basiert, ist dieses Handeln gut nachvollziehbar. Anhand der Experteninterviews mit Stimmrechtsberatern konnte jedoch auch eine Erwartung hinsichtlich eines punktuellen Dialogs mit den Aufsichtsratsvorsitzenden zu aufsichtsratsspezifischen Themen identifiziert werden (Abschnitt 7.2.1). In einzelnen Fällen kommt es bei aufsichtsratsrelevanten Fragen daher auch zu einem Dialog mit den Aufsichtsratsvorsitzenden.

In Bezug auf die gesellschaftspolitische Öffentlichkeit ist es aktuell übliche Praxis, dass Anfragen von Journalisten zu aufsichtsratsspezifischen Themen von der Public-Relations-Abteilung beantwortet werden, wobei dies intern in allen Fällen mit den Aufsichtsratsvorsitzenden abgestimmt wird. Obwohl anhand der Inhaltsanalyse der Medienberichterstattung auch Interviews und Zitate von Aufsichtsratsvorsitzenden sowie Gastbeiträge ohne Unternehmensbezug identifiziert werden konnten (Abschnitt 7.1.1), stellt dies keine routinemäßige Handlung der ARV-Kommunikation dar. Diese Kommunikationsmaßnahmen werden daher in das dritte Handlungsmuster eingeordnet, da es dabei meist zu einer Modifikation der Strukturen gekommen ist.

(3) *Weiterentwicklung von Strukturen und Maßnahmen*
Schließlich zeigt sich im dritten Handlungsmuster die Weiterentwicklung von Strukturen und Kommunikationsmaßnahmen der Kommunikation von Aufsichtsratsvorsitzenden. Der Übergang zu diesem Handlungsmuster ist durch zwei Aspekte geprägt. Einerseits ist vor allem durch eine feste Verantwortlichkeit innerhalb der Kommunikationsfunktionen, die in Abschnitt 8.2.1 als Voraussetzung für die Verortung der ARV-Kommunikation im Kommunikationsmanagement festgehalten wird. Durch diese personelle Ressource erhalten Aufsichtsratsvorsitzende sowohl eine Beratung hinsichtlich ihrer Kommunikation als auch eine umfassende Unterstützung bei dessen Umsetzung. Andererseits wird diese Stufe durch das Handeln einzelner Akteure im Unternehmen getrieben, die teilweise sogar über die identifizierten Erwartungen der Anspruchsgruppen hinaus gehen.

Das dritte Handlungsmuster stellt dabei nicht den normativen Anspruch dar, dass sich die ARV-Kommunikation aller Unternehmen in Richtung dieser Routinen entwickeln muss. Es zeigt vielmehr die Bandbreite der kommunikativen Aktivitäten von Aufsichtsratsvorsitzenden, die sich weiter verändern. Wenn Anspruchsgruppen diese Kommunikation jedoch wahrnehmen und zukünftig einfordern, können dadurch erneut (unerkannte) Handlungsfolgen für alle Unternehmen resultieren. Daher sollen nun die in den Expertengesprächen identifizierten ergänzenden Kommunikationsmaßnahmen beschrieben werden. Diese werden punktuell um einige strukturelle Aspekte ergänzt, die im Rahmen der Arbeit diskutiert wurden.

So wird für die Kommunikation innerhalb des Aufsichtsratsgremiums im weiteren Verlauf der Arbeit vorgeschlagen, dass sich das Gremium zukünftig eine Kommunikationsordnung geben solle (Abschnitt 8.2.4), mit dem Ziel die Kommunikation von Aufsichtsratsvorsitzenden sowie die dazugehörigen Ressourcen festzulegen. Zudem könnte die Kommunikation von Aufsichtsratsvorsitzenden anlassbezogen oder auch regelmäßig ein Tagesordnungspunkt der Aufsichtsratssitzungen werden.

Wenn Aufsichtsratsvorsitzende mit Investoren oder anderen Anspruchsgruppen sprechen, dann könnte es zur Förderung eines transparenten und vertrauensvollen Austausches auch mit dem CEO bzw. dem Vorstand thematisiert werden. Dies wäre vor oder auch nach Gesprächen denkbar, wobei die Teilnahme des Verantwortlichen für die ARV-Kommunikation sinnvoll ist, um die Informationen für die anschließende Kommunikation nutzbar zu machen. Die Machtausübung in Bezug auf Informationsroutinen in der Beziehung zum Vorstand wäre dabei eine sich verändernde autoritative Ressource.

In Bezug auf die Führungskräfte konnten in den Expertengesprächen bereits ergänzende Kommunikationsmaßnahmen identifiziert werden. Dabei handelt es sich vor allem um den informellen Austausch mit den Führungskräften im Rahmen von internen Veranstaltungen, z. B. im Vorfeld oder Nachgang von Führungskräfteveranstaltungen, Hauptversammlungen oder Aufsichtsratssitzungen. Diese ermöglichen nicht nur die Personen hinsichtlich einer Nachfolgeplanung kennenzulernen, was zur Entscheidungskompetenz des Aufsichtsrats beiträgt, sondern auch ein Blick in die Unternehmenskultur zu erlangen sowie Wertschätzung auszudrücken (ausführlich in Abschnitt 8.2.2).

In Bezug auf den Austausch mit den Kommunikationsfunktionen zeigt sich die Modifizierung der Strukturen vor allem anhand einer Definition der Verantwortlichkeit für die ARV-Kommunikation. Dies ermöglicht dann auch ein entsprechendes Kommunikationsmanagement, dass die Planung, Umsetzung und Evaluation des Investorendialogs sowie der öffentlichkeitswirksamen freiwilligen

Kommunikation von aufsichtsratsrelevanten Themen beinhaltet. Die Expertengespräche haben gezeigt, dass durch die personelle Unterstützung von Kommunikationsverantwortlichen sich einerseits der Zugang zu Informationen (allokative
Ressource), aber auch die Einschätzung zur Relevanz von Kommunikation
(Interpretationsmuster) verbessert – ohne dass es zwingend zu einer aktiveren
freiwilligen Kommunikation von Aufsichtsratsvorsitzenden kommen muss.

Hinsichtlich der externen Kommunikation mit den Kapitalmarktakteuren
konnten in den Expertengesprächen bereits einige zusätzliche Kommunikationsmaßnahmen identifiziert werden, die zu einer Modifikation der Strukturen geführt
haben. So führen einige der befragten Unternehmen bereits anlassbezogen einen
Dialog mit Investoren, dieser kann sowohl angefragt als auch selbst initiiert sein.
Darüber hinaus führen wenige Unternehmen selbst initiierte anlassbezogene oder
regelmäßige Corporate-Governance-Roadshows mit ihren wichtigsten Investoren
durch (Abschnitt 8.1.2.2).

Als Ergänzung zur Beantwortung von aufsichtsratsspezifischen Fragen der
Stimmrechtsberater, wäre es weiterhin denkbar, dass es zu einem anlassbezoge-
nen Austausch zwischen Unternehmensvertretern, also der IR-Verantwortlichen
und den Aufsichtsratsvorsitzenden, und einem Stimmrechtsberater außerhalb der
Analysearbeit kommt. Dies stellt eine Erwartung der Stimmrechtsberater an
die Unternehmen und ggf. auch den ARV dar, um sich grundsätzlich über
Corporate-Governance-Prinzipien auszutauschen und diese ggf. in zukünftige
Gremienentscheidungen zu berücksichtigen.

In Bezug auf die gesellschaftspolitische Öffentlichkeit konnten im Rahmen der
Expertengespräche verschiedene freiwillige Kommunikationsmaßnahmen identifiziert werden, die von einigen Unternehmen durchgeführt werden. Dazu zählen
allen voran Interviews und Hintergrundgespräche zu aufsichtsratsrelevanten Themen. Weiterhin haben die Medienanalyse sowie die Experteninterviews gezeigt,
dass es auch zu Interviews oder Gastbeiträgen von Aufsichtsratsvorsitzenden ohne
Bezug zum Unternehmen kommt, wobei es als vorteilhaft eingeschätzt wird,
wenn das Unternehmen vorab darüber informiert ist. Welchen Einfluss diese
freiwillige Kommunikation von Aufsichtsratsvorsitzenden auf die Strukturen hat,
konnte in Abschnitt 8.1.2.3 gezeigt werden.

Darüber hinaus konnte in den Expertengesprächen auch ein Dialog mit Politikern in der parlamentarischen Öffentlichkeit identifiziert werden. Dieses standen
im Zusammenhang mit einem Antrittsbesuch eines neuen Aufsichtsratsvorsitzenden sowie einer Sondersituation und wurden stets gemeinsam mit dem CEO
durchgeführt (Abschnitt 8.1.2.4).

Zusammenfassend zeigen die Kommunikationsmaßnahmen in diesem Handlungsmuster, dass einige Aufsichtsratsvorsitzende eine aktivere, freiwillige Kommunikation durchführen. Damit agieren sie als Change Agents innerhalb der Unternehmen, da sie die entsprechenden Strukturen und Handlungen anderer Akteure modifizieren. Durch das veränderte Handeln der Unternehmen nehmen sie darüber hinaus Einfluss auf die übergreifenden Strukturen, in denen die Unternehmen agieren, da sich durch das Handeln die Erwartungen der Anspruchsgruppen weiter verändern können.

8.2 Kommunikationsmanagement der ARV-Kommunikation

Die Kommunikation von Aufsichtsratsvorsitzenden wird in dieser Arbeit aus der externen und internen Perspektive beleuchtet. Zunächst wurden aus externer Perspektive die Anforderungen von relevanten Anspruchsgruppen an die ARV-Kommunikation dargestellt (Kapitel 7). Aus interner Perspektive wurden dann im ersten Schritt die Strukturen der ARV-Kommunikation konzeptualisiert und die Bandbreite der Kommunikationsmaßnahmen dargestellt (Abschnitt 8.1). Mit diesem Wissen kann nun aus interner Perspektive die Kommunikation von Aufsichtsratsvorsitzenden im Kommunikationsmanagement verortet werden. Dafür wurden Expertengespräche mit Aufsichtsratsvorsitzenden sowie Verantwortlichen aus den Investor-Relations- und Public-Relations-Abteilungen der jeweiligen Unternehmen durchgeführt, die das Kommunikationsmanagement verantworten (Abschnitt 6.3).

Aufsichtsratsvorsitzende wurde mithilfe der Kommunikatorforschung als neue Kommunikatoren für Unternehmen verortet (Abschnitt 4.3). Daher soll zunächst geklärt werden, wer für das Kommunikationsmanagement dieses neuen Akteurs verantwortlich ist. In Abschnitt 8.2.1 wird dafür zunächst die Rolle der Investor-Relations- und Public-Relations-Abteilungen bei der ARV-Kommunikation anhand der empirischen Erkenntnisse aufgezeigt und kritisch diskutiert.

Die theoretischen Ausführungen zum Kommunikationsmanagement (Abschnitt 4.2) haben gezeigt, dass die Kommunikation von Aufsichtsratsvorsitzenden anders charakterisiert werden muss, da sich die Ziele nicht wie im bisherigen Verständnis der Kommunikationsmanagement-Forschung aus der Unternehmensstrategie ableiten lassen. Aus den Aufgaben des Aufsichtsrats wurden daher theoretisch Ziele für die ARV-Kommunikation abgeleitet (Abschnitt 5.2). Anschließend sollen in Abschnitt 8.2.2 daher diese Ziele mithilfe der empirischen Erkenntnisse überprüft sowie aufgezeigt, welche weiteren Ziele verfolgt werden.

Anschließend werden in Abschnitt 8.2.3 anhand der vorgestellten fünf Phasen des Kommunikationsmanagements (Abschnitt 4.2) die empirischen Erkenntnisse zur bisherigen Verortung der ARV-Kommunikation im Kommunikationsmanagement vorgestellt. Da es bisher in den meisten Fällen, aufgrund der fehlenden Verantwortlichkeiten in den Kommunikationsfunktionen, noch kein systematisches Kommunikationsmanagement gibt, werden ergänzend dazu anhand der theoretischen Ausführungen (Kapitel 5) aus normativer Sicht die Aspekte vorgestellt, die für ein umfassendes Kommunikationsmanagement notwendig wären.

Abschließend wird in einem Zwischenfazit zum Management der ARV-Kommunikation die Einführung einer Kommunikationsordnung für den Aufsichtsrat vorgeschlagen und diskutiert (Abschnitt 8.2.4). Eine Kommunikationsordnung sollte die Kompetenzen der Aufsichtsratsvorsitzenden sowie die personellen Ressourcen – und damit die Verantwortung für das Kommunikationsmanagement – definieren. Auf dieser Basis kann dann die interne Abstimmung geklärt, Kriterien für den Umgang mit Gesprächsanfragen definiert sowie die Transparenzgrundsätze festhalten werden. Die Kommunikationsordnung würde damit eine optimale Ausgangsbasis für die Planung der Kommunikation von Aufsichtsratsvorsitzenden darstellen.

8.2.1 Verantwortung für das Kommunikationsmanagement die Rolle von Investor Relations und Public Relations für die ARV-Kommunikation

Basierend auf den Erkenntnissen zu den Strukturen und Maßnahmen der ARV-Kommunikation kann aus interner Perspektive nun ein Blick auf das Management der Kommunikation geworfen werden. Da es sich bei Aufsichtsratsvorsitzenden um neue Kommunikatoren für Unternehmen und damit das Kommunikationsmanagement handelt, muss zunächst geklärt werden, wer für das Kommunikationsmanagement der ARV-Kommunikation verantwortlich ist.

In der Forschung zum Kommunikationsmanagement wird in der Phase der Organisation die Einbindung und Organisation der Kommunikationsabteilung im Unternehmenskontext betrachtet, wobei dieser Aspekt im Vergleich zu den anderen Phasen bislang vernachlässigt wurde. Die vorhandenen kommunikationswissenschaftlichen Studien beschäftigen sich vor allem mit der Anbindung an das Top-Management als wichtige Voraussetzung für die Einbindung in unternehmerische Entscheidungsprozesse (Gregory, 2018; Grunig et al., 2002; Zerfaß & Franke, 2013). In Ergänzung dazu wurden im Comparative Excellence Framework neun Prinzipien der Exzellenz des Kommunikationsmanagements auf organisatorischer, Abteilungs- und professioneller Ebene identifiziert. Demnach zeichnen sich exzellente Abteilungen durch eine enge Einbettung in Entscheidungsprozesse und eine enge Zusammenarbeit mit dem Top-Management aus. Dazu gehöre auch, die Erkenntnisse aus Daten und automatisierter Kommunikation zu nutzen sowie die Kommunikationsaktivitäten auf die Unternehmensziele auszurichten (Tench et al., 2017).

In der Phase der Organisation des Kommunikationsmanagements wird insbesondere zwischen der Aufbauorganisation, also den organisationalen Strukturen im Unternehmen, sowie der Ablauforganisation, verstanden als Prozesse zwischen und innerhalb der verschiedenen Kommunikationsfunktionen, unterschieden (Zerfaß et al., 2014, S. 989). Die zugrunde liegende Annahme ist dabei stets, dass das Kommunikationsmanagement von den Kommunikationsfunktionen des Unternehmens verantwortet wird. Hoffmann & Tietz (2018, S. 9–10) zeigen, dass das Kommunikationsmanagement der Investor Relations noch in den Kinderschuhen steckt: Während die strategische Steuerung relativ gut etabliert ist, sei die Evaluation zum Teil inkonsistent und oft noch lückenhaft.

Aufsichtsratsvorsitzende verfügen als Sprecher des Aufsichtsratsgremiums von Unternehmen (Abschnitt 3.3) über ein kommunikatives Vertretungsmandat, das sich nicht nur in das Gremium und an den Vorstand, sondern auch an andere interne Anspruchsgruppen sowie nach außen in verschiedene Öffentlichkeitsarenen richtet. Im Spannungsfeld von Kommunikatorforschung und der Forschung zu Kommunikationsmanagement und Unternehmenskommunikation wurden Aufsichtsratsvorsitzende daher als neue Kommunikatoren für (börsennotierte) Unternehmen verortet (Abschnitt 4.3.3).

Aufsichtsratsvorsitzende als Akteure stellen jedoch eine Herausforderung für die bisherige Forschung zu Kommunikationsmanagement dar. Eine zugrunde liegende Annahme der Forschung ist, dass Kommunikation einen Wertbeitrag zu den Unternehmenszielen beisteuert und die Kommunikationsstrategie und -ziele aus der Unternehmensstrategie abgeleitet werden. Dieses Verständnis kann jedoch nicht auf die Kommunikation von Aufsichtsratsvorsitzenden übertragen werden. Der Aufsichtsrat nimmt eine besondere Rolle im dualistischen System der Unternehmensführung ein. Einerseits ist das Gremium ein zentrales Organ des Unternehmens und Aufsichtsratsvorsitzende agieren als Sprecher des Gremiums und damit für Unternehmen. Andererseits bedingt die Überwachungsaufgabe des Aufsichtsrats aber eine neutrale, unabhängige Position. Der Aufsichtsrat überwacht die Umsetzung der Unternehmensstrategie, ist jedoch aufgrund der Arbeitsteilung mit dem Vorstand nicht für die Umsetzung zuständig und untersteht ihr damit nicht. Vielmehr setzt er mit seiner Entscheidungskompetenz die Grenzen für das Handeln des Vorstands. Das heißt, wenn eine Strategie nicht erfolgreich umgesetzt wird oder die erhoffte Wirkung erzielt, dann hat die Aufsichtsrat im Rahmen seiner Personalkompetenz die Möglichkeit Veränderungen im Vorstand durchzuführen. Dementsprechend können auch die Ziele für die ARV-Kommunikation nicht aus der Unternehmensstrategie abgeleitet werden, daher wurden Ziele theoretisch aus der Überwachungstätigkeit definiert (Abschnitt 5.2). Die formalstrukturelle Position des Aufsichtsrats stellt daher eine Herausforderung dar, wie die ARV-Kommunikation im Kommunikationsmanagement verortet wird.

Erkenntnisse zur personellen Unterstützung der ARV-Kommunikation aus den Expertengesprächen

Wer ist also für das Kommunikationsmanagement der ARV-Kommunikation verantwortlich? Die Erkenntnisse aus den Experteninterviews zu den Strukturen und Maßnahmen der Kommunikation von Aufsichtsratsvorsitzenden zeigen folgendes zur personellen Unterstützung durch die Kommunikationsfunktionen (ausführlich siehe Abschnitt 8.1):

In Bezug auf die persönlichen Kommunikationsmaßnahmen von Aufsichtsratsvorsitzenden innerhalb der Unternehmensöffentlichkeit gibt es keine Unterstützung der internen Kommunikationsfunktion. Die Art und Weise sowie die Frequenz und Intensität der Kommunikation obliegt den Aufsichtsratsvorsitzenden, dem persönlichen Kommunikationsstil und in Bezug auf die Strukturen, vor allem der Beziehung zum Vorstand sowie der Einschätzung zur Relevanz von Kommunikation. Nur in Sondersituationen gibt es hier eine Verschiebung der Strukturen, sodass diese Kommunikationsmaßnahmen an Führungskräfte und Mitarbeitende im Rahmen der internen Unternehmenskommunikation erfolgen, stets in enger Abstimmung mit dem Vorstand oder aufgrund der Tatsache, dass der Vorstand nicht sprechfähig ist.

Bei der externen Kommunikation von Aufsichtsratsvorsitzenden sieht es anders aus: In Bezug auf die gesetzlich vorgeschriebenen, an externe Stakeholder gerichteten Publizitätspflichten des Aufsichtsrats kann festgehalten werden, dass diese vollständig in der Regelkommunikation des Unternehmens eingebettet sind. Die Vorbereitung, interne Abstimmung und Veröffentlichung der jeweiligen Kommunikationsmaßnahmen liegen in der Verantwortung der IR- bzw. PR-Abteilung.

Die im DCGK aufgenommene Anregung zum Investorendialog von Aufsichtsratsvorsitzenden gab den Anlass dafür, dass sich die IR-Verantwortlichen mit dem Thema auseinandergesetzt haben. Es lässt sich jedoch feststellen, dass sich nur bei denjenigen Unternehmen, bei denen Aufsichtsratsvorsitzende bereits Gespräche mit Investoren und Stimmrechtsberatern führen, auch die entsprechende personelle Unterstützung der Abläufe, also die Vorbereitung und Begleitung der Termine, durch die IR-Abteilung etabliert hat.

> „Wir bereiten die Roadshow vor, inhaltlich über die HV-Agenda, weil wir da in der Erstellung natürlich mit dabei sind, aber auch in der Auswahl der Investoren. Wir sprechen auch im Vorfeld mit den Investoren, was denn so Themen wären oder sind. Genauso kriegt der AR sein Briefing und dann ist stets einer von uns dabei" (Investor Relations_12).

Bei der freiwilligen Kommunikation von Aufsichtsratsvorsitzenden mit Akteuren der gesellschaftspolitischen Öffentlichkeit handelt es sich vor allem um offizielle Interviews und Hintergrundgespräche mit Medien sowie Äußerungen außerhalb der Überwachungstätigkeit. In den meisten Fällen stellen PR-Verantwortliche hier eine beratende und koordinierende personelle Unterstützung dar.

> „In der Beratung stehen wir oder ich natürlich immer gern zur Verfügung, aber da ist er dann auch ganz frei natürlich in seinen Entscheidungen" (Public Relations_7).

Übergeordnet kann festgehalten werden, dass der Austausch zwischen Aufsichtsratsvorsitzenden und den Kommunikationsfunktionen über den Vorstandsvorsitzenden erfolgen kann, dies ist insbesondere bei den Briefings zu Quartalszahlen der Fall, aber nicht muss. Bemerkenswert ist dabei vor allem, dass sich bei einem Großteil der befragten Unternehmen ein Austausch ohne den CEO etabliert hat. Dabei gibt es jedoch in den meisten Fällen keine formelle Reporting-Linie an den Aufsichtsrat, d. h. es ist nicht zu einer Anpassung der Aufbauorganisation gekommen.

Diese nicht vorhandenen organisationalen Strukturen und Berichtslinien bei der ARV-Kommunikation sind durchaus kritisch für die Verortung im Kommunikationsmanagement zu betrachten. So stellt sich die Frage, wie mit dem informellen Austausch umzugehen ist, wenn es zu Konflikten zwischen Aufsichtsratsvorsitzenden und Vorstandsvorsitzenden kommen sollte. Dabei könnten Konflikte sowohl auf persönlicher Ebene oder aus einem Interessenskonflikt aus der Überwachungsaufgabe des Aufsichtsrats entstehen. In den befragten Fällen wurde die Beziehung zwischen den Aufsichtsratsvorsitzenden und Vorstandsvorsitzenden zwar stets als positiv beschrieben. Dabei stellt sich die Frage, inwiefern es sich dabei um einen Interviewteffekt der sozialen Erwünschtheit handelt. So beschreiben die Kommunikationsverantwortlichen, dass sie nicht das Gefühl hatten zwischen die Interessen der Akteure zu geraten.

> „Also, ich saß mal zwischen den Stühlen auf Vorstandsebene, aber zwischen Aufsichtsrat und Vorstand ist alles in Ordnung. Die verstehen sich super" (Public Relations_28).

Zudem äußerten mehrere Kommunikationsverantwortlichen, dass sie für das Unternehmen arbeiten würden und nicht für bestimmte Personen:

„Ich arbeite fürs Unternehmen. Ich arbeite nicht für den Vorstand – und auch nicht für den Aufsichtsrat. Sie sollten als Kommunikator immer für das Unternehmen arbeiten, denn die Personen können schneller weg sein als gedacht" (Public Relations_1).

Auch wenn dies die Selbstwahrnehmung der Kommunikationsexperten ist, so interagieren die Kommunikationsverantwortlichen doch stets mit anderen Akteuren und beziehen sich auf das Handeln auf Machtstrukturen innerhalb der Unternehmen. Es ist daher unklar, wie in möglichen schwierigen Situationen mit den informellen Austauschbeziehungen zwischen den Aufsichtsratsvorsitzenden und den Kommunikationsverantwortlichen, trotz der formellen Berichtslinien an den Vorstand, umgegangen wird. Dies zeigt sich in einem Fall, in dem ein Aufsichtsratsvorsitzender beschreibt, er habe vollen Zugriff auf die Kommunikationsfunktionen:

„Ich habe auch vollen Zugriff auf die Kommunikationsabteilung des Unternehmens. Ich habe das in der Vergangenheit auch immer wieder genutzt" (Aufsichtsratsvorsitzender_16).

Während der Kommunikationsverantwortliche aus dem Unternehmen die Schwierigkeit thematisiert, sowohl mit dem Vorstand als auch dem Aufsichtsrat zu kommunizieren:

„Wir müssen ja auch trennen. Der Aufsichtsrat hat die Aufsicht über den Vorstand, und wir sind ja eigentlich Mitarbeiter des Vorstands und des Konzerns. Wir können also nicht gleichzeitig unsere Aufsichtsleute zu sehr beraten. Wenn ich zum Beispiel bestimmte E-Mails schreibe, schreibe ich die nie zusammen an beide, sondern in einer separaten E-Mail, damit es getrennt ist." (Public Relations_27).

Empirische Konstellationen der Verantwortlichkeit für das Kommunikationsmanagement

Für die Verortung der ARV-Kommunikation ist es daher zentral, wer das Kommunikationsmanagement verantwortet. Aus den Experteninterviews wurden drei Konstellationen identifiziert, wie die Verantwortlichkeit organisatorisch verankert sein kann. Dabei bestehen interessanterweise deutliche Unterschiede zwischen den IR- und PR-Abteilungen, auf die im Anschluss eingegangen und Gründe dafür diskutiert werden sollen. Aus den Expertengesprächen lassen sich grundsätzlich drei unterschiedliche Möglichkeiten identifizieren, wie die Verantwortlichkeiten für die ARV-Kommunikation aufgeteilt sind:

(1) Keine offiziell festgelegte Verantwortung für die ARV-Kommunikation
(2) Feste Ansprechpartner für Aufsichtsratsvorsitzende und Verantwortung innerhalb der Kommunikationsfunktion
(3) Kommunikationsverantwortliche für die ARV-Kommunikation, unabhängig von den Kommunikationsfunktionen

Keine offiziell festgelegte Verantwortung für die ARV-Kommunikation
Erstens gibt es bei einem Großteil der befragten Unternehmen keine offiziell festgelegte Verantwortung für die ARV-Kommunikation. Der Austausch zwischen den Aufsichtsratsvorsitzenden und den Kommunikationsfunktionen kann dabei regelmäßig aber auch eher lose, anlassbezogen stattfinden, in den meisten Fällen ohne Involvierung des Vorstands. Innerhalb der Kommunikationsfunktionen ist meist der Leitende der Abteilung der Ansprechpartner für die Aufsichtsratsvorsitzenden und begleitet auch eine eventuelle externe Kommunikation mit Investoren oder Medien.

Feste Ansprechpartner für Aufsichtsratsvorsitzende und Verantwortung innerhalb der Kommunikationsfunktion
Zweitens gibt es bei ein paar Unternehmen, insbesondere in den PR-Abteilungen, feste Ansprechpartner für die Aufsichtsratsvorsitzenden, die die Verantwortung für die ARV-Kommunikation innerhalb der Kommunikationsfunktion haben, wobei es sich nicht um den Leitenden der Abteilung handelt. Dieser Ansprechpartner hat definierte Kapazitäten für die ARV-Kommunikation im Rahmen seiner Arbeitszeit. Die Expertengespräche zeigen, dass diese Akteure auch direkt und häufiger von Aufsichtsratsvorsitzenden hinsichtlich öffentlichkeitsrelevanter Themen kontaktiert werden.

> „Innerhalb des Sprecherteams bin ich für [Aufsichtsratsvorsitzender] zuständig. Ich koordiniere Anfragen an ihn und bin sein Ansprechpartner bei öffentlichkeitsrelevanten Fragestellungen. Das nimmt rund ¼ meiner Zeit ein" (Public Relations_17).

Sowohl die Aufsichtsratsvorsitzenden als auch die Kommunikationsverantwortlichen beschreiben bei dieser Konstellation eine vertrauensvolle Zusammenarbeit mit einer effizienten Abstimmung hinsichtlich der Publizitätspflichten sowie bei einer freiwilligen Kommunikation. Die Kommunikationsverantwortlichen sich dann auch für die Information weiterer interner Akteure bei einer freiwilligen ARV-Kommunikation zuständig.

„Der Journalist hat gesagt, könnte ich das nicht irgendwie verwenden? Dann hat er [der Aufsichtsratsvorsitzende] gesagt, spricht eigentlich nichts dagegen. Was ich dann mache, ist, dass ich einfach kurz per Mail ein paar Leute informiere auf wirklich informellem Weg und sage, passt auf, in der Sonntagszeitung äußert sich [Aufsichtsratsvorsitzende] zum Thema x, Tenor soundso. Damit hat sich das eigentlich. Und dann ist es auch für jeden im Unternehmen transparent. Was aber nicht stattfindet, dass man sich unter Einbeziehung des Vorstandes berät, ob sich der Aufsichtsratsvorsitzende äußert oder nicht" (Public Relations_17).

Kommunikationsverantwortliche für die ARV-Kommunikation, unabhängig von den Kommunikationsfunktionen

Drittens wurde bei einem befragten Unternehmen eine Stelle geschaffen, die ausschließlich für die Kommunikation des Aufsichtsrats zuständig ist. Hier kommt es zu einer Veränderung der organisationalen Strukturen und auch zu einer engeren Zusammenarbeit der Akteure.

„Dann ist die eine Seite tatsächlich die kommunikative rundum oder 360-Grad-Betreuung des Aufsichtsrates und Beratung des Aufsichtsratsvorsitzenden. Über eigentlich alle Kommunikationsplattformen beziehungsweise über alle Stakeholder hinweg" (Public Relations_20).

Dabei handelt es sich um eine Sonderform der organisatorischen Aufstellung, die erhebliche Vorteile haben kann, da das Kommunikationsmanagement der ARV-Kommunikation in einer Hand liegt.

Darüber hinaus zeigt ein detaillierter Blick auf die Ergebnisse, dass es deutliche Unterschiede bei den Verantwortlichkeiten für die ARV-Kommunikation zwischen der Investor Relations und Public Relations gibt, sogar innerhalb der Unternehmen. Der Austausch zwischen dem Aufsichtsratsvorsitzenden und der Investor-Relations-Abteilung basiert vor allem auf Briefings an das Aufsichtsratsgremium nach Quartalszahlen und anderen relevanten Anlässen, die wie dargestellt häufig bereits institutionalisiert sind. Darin werden die Sicht und Erwartungshaltung des Kapitalmarkts in Bezug auf die Unternehmens- bzw. Branchenentwicklung dargestellt. Darüber hinaus agieren die IR-Verantwortlichen eher bezogen auf einen konkreten Anlass, wenn bspw. ein Investorengespräch mit Aufsichtsratsvorsitzenden organisiert und vorbereitet werden soll. Es gibt selten einen offiziellen festen Ansprechpartner in der IR-Abteilung, sondern die Kontakte haben sich über die Zeit etabliert.

„Ich glaube, da haben wir uns in den letzten Jahren auch aus der IR-Sicht ein ganz gutes Standing erarbeitet. [...] Das dauert natürlich ein bisschen, bis man sich kennengelernt hat und auch weiß, dass man sich aufeinander verlassen kann. Aber wenn die Kontakte etabliert sind, warum sollte ich dann nicht direkt zum Hörer greifen?" (Investor Relations_12).

Dagegen gibt es in den PR-Abteilungen eher einen festen Ansprechpartner mit dezidierten Kapazitäten für die ARV-Kommunikation. So werden auch von der PR-Abteilung schriftliche Informationen bereitgestellt, bspw. ist eine Auswertung der Medienberichterstattung in allen Fällen Teil des Briefings nach den Quartalszahlen an den Aufsichtsrat. Im Gegensatz zu den IR-Abteilungen findet die persönliche Unterstützung von Aufsichtsratsvorsitzenden aber häufiger auf direktem Wege statt. Der Kontakt ist dabei stets themen- und situationsabhängig, etwa bei einer Frage zu einem Medienbericht oder wenn eine Kommunikation zu aufsichtsratsrelevanten Themen vorbereitet werden muss. Es kann jedoch festgehalten werden, dass es in etwa der Hälfte der Fälle einen regelmäßig stattfindenden persönlichen Austausch zwischen Aufsichtsratsvorsitzenden und den PR-Ansprechpartnern zu öffentlichkeitsrelevanten Themen gibt.

„Ich würde sagen, wir tauschen uns ungefähr alle zwei bis drei Monate in einem persönlichen Gespräch aus und zwischendurch dann anlassbezogen. Wenn ich ein Thema habe, was ich mit ihm besprechen will, dann gehe ich auf ihn zu und bekomme immer einen Termin. Oder er ruft mich an. [...] Bei allen Themen, die wichtig sind, reden wir immer zusammen" (Public Relations_17).

Ein Großteil der befragten PR-Verantwortlichen sieht sich selbst in einer beratenden Rolle hinsichtlich öffentlichkeitsrelevanter Themen. Die tatsächliche Umsetzung dieser Kommunikation kann dabei in den Hintergrund rücken, wenngleich die PR-Abteilung diese übernimmt sowie mit anderen Kommunikationsmaßnahmen des Unternehmens bzw. des CEO abstimmt. Darüber hinaus zeigt sich, dass die PR-Abteilungen auch für weitere Mitarbeitenden des Unternehmens als beratende Ansprechpartner zur Verfügung stehen. In einem Fall steht bspw. der PR-Verantwortliche auch mit Arbeitnehmervertretern im Kontakt, jedoch in Bezug auf die allgemeine Kommunikation des Unternehmens und nicht des Aufsichtsratsvorsitzenden.

„Und ich habe natürlich regen Austausch mit den Arbeitnehmervertretern. Das heißt, unser stellvertretender Aufsichtsratsvorsitzender ist natürlich sehr interessiert immer an der Kommunikation dran zu sein. Das heißt, mit den Arbeitnehmern im Aufsichtsrat habe ich sehr regen Austausch" (Public Relations_28).

Von Seiten der IR-Verantwortlichen wird diese beratende Rolle nicht so explizit genannt. Vielmehr handele es sich etwa beim Investorendialog um entsprechende Aufträge des Aufsichtsratsvorsitzenden. Eine Beratung findet sich jedoch in den einzelnen Schritten der Planung des Dialogs, etwa bei der.

(Vor-)Auswahl der relevanten Investoren oder der Darstellung des Stimmungsbildes der Kapitalmarktakteure.

„Ich hatte von ihm den Auftrag da Gespräche mit relevanten Investoren, über die wir uns gemeinsam verständigt haben, im Vorfeld zu koordinieren und dann auch zu begleiten" (Investor Relations_6).

Der Unterschied in Bezug auf die Frequenz des Austausches und der Selbstwahrnehmung der Kommunikationsverantwortlichen kann damit zusammenhängen, dass IR-Abteilungen meist nicht so stark personell aufgestellt sind wie die PR-Abteilungen (Hoffmann & Tietz, 2019, S. 18), die sich dadurch stärker in ihren Aufgaben und Themen spezialisieren können.

Zusammenfassend lässt sich festhalten, dass eine feste Verantwortlichkeit für die ARV-Kommunikation innerhalb der Kommunikationsabteilungen zu einem häufigeren, direkten Austausch führt – ohne dass daraus zwingend eine aktivere Kommunikation der Aufsichtsratsvorsitzenden resultiert. Vielmehr berichten die Aufsichtsratsvorsitzenden, dass sie sich besser und umfangreich informiert fühlen, insbesondere was die Wahrnehmung des Unternehmens durch die Stakeholder betrifft. Dies stellt eine wichtige Ressource für die Überwachungstätigkeit sowie Kommunikation dar. In den meisten Fällen berichten auch die Kommunikationsverantwortlichen, dass sie durch einen etablierten Austausch die Informationsbedürfnisse der Aufsichtsratsvorsitzenden besser einschätzen und in ihre weitere Arbeit nutzen konnten.

Professionelle ARV-Kommunikation braucht Verantwortlichkeiten

Aus den Expertengesprächen mit den Kommunikationsverantwortlichen geht hervor, dass sie, auch wenn keine formale Verantwortlichkeit für die ARV-Kommunikation innerhalb der Abteilung geschaffen wurde, die Kommunikation des Aufsichtsrats als Teil ihrer Aufgabe sehen:

„Wir sind für die Kommunikation komplett zuständig, auch für den Aufsichtsrat, aber in der Abstimmung mit seinem Büro. Alle Dokumente gehen auch über das Aufsichtsratsbüro, aber die Dokumente werden selbstverständlich von uns erstellt. Und wenn es irgendwelche Empfehlungen gibt, zum Thema Kommunikation, geht die Initiative immer von uns aus, geht dann teilweise direkt an Herrn [Aufsichtsratsvorsitzender] oder über sein Büro" (Public Relations_28).

Doch dieses Selbstverständnis der Akteure hilft nicht darüber hinweg, dass es klare Verantwortlichkeiten und personelle Ressourcen für das Kommunikationsmanagement der Kommunikation von Aufsichtsratsvorsitzenden braucht.

Die Notwendigkeit von (eigenen) Ressourcen für eine professionelle Gremienarbeit ist eine Frage, die in verschiedenen Bereichen hinsichtlich einer Professionalisierung der Aufsichtsratstätigkeit diskutiert wird. Für die Erfüllung seiner Überwachungsaufgabe ist der Aufsichtsrat auf die Informationen angewiesen, die ihm vom Vorstand zur Verfügung gestellt werden (Abschnitt 5.1.1). Vorstandsunabhängige Informationen erhält das Gremium vom Abschlussprüfer, der vom Unternehmen mandatiert ist, oder von externen Sachverständigen. Sämtliche Ausgaben des Aufsichtsrats, z. B. für externe Beratungen, müssen jedoch vom Vorstand freigegeben werden. Wenn also bspw. der Aufsichtsrat mithilfe eines Sachverständigen bestimmte Themen erörtern möchte, bei denen es um die Arbeit des Vorstands geht, dann liegt es beim Vorstand, ob dies (finanziell) möglich ist oder nicht. Es gibt keine empirischen Erkenntnisse darüber, ob und wie oft es in Unternehmen dazu kommt, dass ein Beratungswunsch vom Aufsichtsrat durch den Vorstand nicht genehmigt wird. Die Tatsache, dass dies jedoch freigegeben werden muss, ist insbesondere bei einem möglichen Interessenskonflikt zwischen den Gremien als äußerst kritisch zu betrachten. Scherb-Da Col (2018) spricht sich dafür aus, den Aufsichtsrat als eigene Kostenstelle zu betrachten, dem jährlich ein eigenes Budget zugeordnet werden sollte, das konsequenterweise von der Hauptversammlung zu bewilligen sei – dies würde jedoch angesichts der überwiegenden Meinung in Theorie und Praxis eher auf Ablehnung stoßen.

Für eine professionelle Kommunikation von Aufsichtsratsvorsitzenden ist es notwendig, dass es eine klare Verantwortlichkeit für dessen Kommunikationsmanagement gibt. Da ein Großteil der Kommunikationsmaßnahmen, wie beschrieben, schon seit langem ein fester Teil der Regelkommunikation von Unternehmen ist, braucht es für die ARV-Kommunikation nicht zwingend einen externen Experten, schließlich ist es für das Unternehmen die ARV-Kommunikation von hoher Relevanz:

„Es gibt ja durchaus AR-Vorsitzende, die sage ich jetzt mal, irgendwo eine Satellitenkommunikation aufbauen, wo das Unternehmen dann hinterher erfährt, dass ihr AR-Vorsitzender kommuniziert" (Public Relations_17).

Aus diesem Grund ist vielmehr ein unternehmensinterner Verantwortlicher sinnvoll, der die internen Routinen und Abläufe der Kommunikationsfunktionen kennt. Hinsichtlich der Verantwortlichkeit für das Kommunikationsmanagement der ARV-Kommunikation werden daher zwei Möglichkeiten vorgeschlagen:

• Feste Ansprechpartner in Kommunikationsfunktionen mit dezidierten Kapazitäten für die ARV-Kommunikation
• Eigene Sprecher für die ARV-Kommunikation

Als minimale Voraussetzung für die Verortung der ARV-Kommunikation im Kommunikationsmanagement werden feste Ansprechpartner in den Kommunikationsfunktionen für die ARV-Kommunikation angesehen. Diese Akteure sollten klar definierte Kapazitäten für die ARV-Kommunikation haben und damit auch inhaltlich für dessen Kommunikationsmanagement verantwortlich sein. Abhängig von der Aufbauorganisation der Kommunikationsfunktionen müsste es sowohl einen Verantwortlichen in der IR- als auch PR-Abteilung geben, die gemeinsam für das Kommunikationsmanagement verantwortlich sind und sich daher eng miteinander abstimmen. Die Verantwortlichen müssten eine gewisse Unabhängigkeit innerhalb der Abteilung haben, da es Themen geben kann, die mit anderen Kommunikationsverantwortlichen des Unternehmens bis zur Veröffentlichung nicht geteilt werden können. Solch ein Vorgehen ist bei Sondersituationen, wie Übernahmen, jedoch in der Praxis nicht ungewöhnlich. Um das Vertrauensverhältnis mit dem Vorstand nicht zu belasten, spricht daher dafür, dass es sich bei diesem Verantwortlichen nicht um die Leitenden der Abteilung handelt. Das Spannungsfeld zwischen Aufsichtsrat, Vorstand und Kommunikationsfunktionen konnte im Rahmen der Erkenntnisse thematisiert werden – jedoch ergeben sich hieraus weitergehende Forschungsopportunitäten.

Die zweite Möglichkeit sind eigene Sprecher bzw. Verantwortliche für die ARV-Kommunikation, die für das Kommunikationsmanagement zuständig sind und sich dabei eng mit den Kommunikationsfunktionen abstimmen. Ein eigener Sprecher oder ein kleiner Stab, würde eine Modifikation der Aufbauorganisation der Kommunikationsfunktionen darstellen, da eine Berichtslinie an die Aufsichtsratsvorsitzenden und ggf. zusätzlich den CCO denkbar ist. In der Regelkommunikation gäbe es eine enge Zusammenarbeit, da die Publizitätspflichten bereits in der Verantwortung der Kommunikationsfunktionen liegen und diese nur mit dem Sprecher geprüft werden müssten. Ein Investorendialog wiederum sollte in enger Abstimmung mit der IR-Abteilung geplant und umgesetzt werden. Bei einer ergänzenden freiwilligen Kommunikation von Aufsichtsratsvorsitzenden läge die Verantwortung bei den ARV-Sprechern, die dies entsprechend mit den Kommunikationsfunktionen abstimmen müssten. Gerade in der Sondersituationen ist diese Variante vorteilhaft, da ein ARV-Sprecher recht selbstständig agieren könnte, ohne dass das Vertrauensverhältnis zum Vorstand belastet würde. Die Verantwortlichen müssten dabei über entsprechende Erfahrungen und Kompetenzen für die Kommunikation mit verschiedenen Stakeholdern verfügen. Solch eine Matrixorganisation hätte den Vorteil, dass es eine Stelle gibt, die für die ARV-Kommunikation umfassend zuständig ist und das Kommunikationsmanagement mit einer entsprechenden Analyse, Planung und Evaluation verantwortet. Bei der Expertenbefragung gab es einen Fall, in dem eine dezidierte Position zur Kommunikation des Aufsichtsrats geschaffen wurde; diese umfassend ausgestaltete Stelle hat sich aus Sicht des Kommunikationsexperten bewährt. Es sei jedoch unklar, ob dies auch bei einem Wechsel des Aufsichtsratsvorsitzes weiterhin so bestehen würde.

Zusammenfassend lässt sich festhalten, dass die (steigenden) Anforderungen an die Kommunikation der verschiedenen Anspruchsgruppen sowie die veränderte Einschätzung von Relevanz von Kommunikation der neuen Generation von Aufsichtsratsvorsitzenden zukünftig dazu führen können, dass die Akteure noch stärker die personelle Unterstützung der Kommunikationsabteilungen einfordern. Eine professionelle Kommunikation des Aufsichtsratsgremiums braucht entsprechende personelle Ressourcen für das Kommunikationsmanagement. Durch klare Verantwortlichkeiten kommt es zu einem engeren Austausch der Akteure, wodurch eine stärker professionalisierte ARV-Kommunikation erreicht werden kann. Ein enger und vertrauensvoller Austausch wird von den Aufsichtsratsvorsitzenden und Kommunikationsverantwortlichen als positiv und förderlich für beide Seiten wahrgenommen.

8.2.2   Ziele für die Kommunikation von Aufsichtsratsvorsitzenden

Um die Kommunikation von Aufsichtsratsvorsitzenden im Kommunikationsmanagement verorten zu können, wurde als erstes diskutiert, wer die Verantwortung für das Kommunikationsmanagement innehaben sollte. Dabei wurde gezeigt, wie zentral es ist, dass es klare Verantwortlichkeiten in den Kommunikationsfunktionen gibt oder sogar eine explizite Stelle für die ARV-Kommunikation geschaffen wird (Abschnitt 8.2.1). Als Nächstes soll nun der Blick auf die Ziele für die Kommunikation von Aufsichtsratsvorsitzenden geworfen werden, da sie eine wichtige Basis der Planung bilden, auf die die restlichen Phasen des Kommunikationsmanagements beruhen.

Die theoretischen Ausführungen zum Kommunikationsmanagement haben gezeigt, dass die ARV-Kommunikation anders als andere personenbezogene Kommunikation in Unternehmen, wie bspw. die CEO-Kommunikation, charakterisiert werden muss. Im Kern geht es darum, dass im bisherigen Verständnis der Forschung zu Kommunikationsmanagement und strategischer Kommunikation davon ausgegangen wird, dass der Erfolgsbeitrag von Kommunikation darin liegt, die strategischen Ziele des Unternehmens zu unterstützen (Abschnitt 4.2). Dieses Verständnis kann jedoch nicht einfach auf die Kommunikation von Aufsichtsratsvorsitzenden übertragen werden. Der Aufsichtsrat setzt zwar den Rahmen für die Unternehmensstrategie, untersteht ihr aber nicht. Ziele für die Aufsichtsratskommunikation müssen und können somit nicht mit der Unternehmensstrategie verknüpft werden, um die neutrale Überwachungsfunktion des Aufsichtsrats gewährleisten zu können.

In der Forschung zu Kommunikationsmanagement werden die Kommunikationsziele idealtypisch aus der Kommunikationsstrategie abgeleitet, die in direktem
Bezug zur Unternehmensstrategie steht. Wie in Abschnitt 5.2 erläutert, kann dieses Verständnis nicht auf die ARV-Kommunikation übertragen werden. Vielmehr
ergeben sich aus der Funktion des Aufsichtsrats die zwei theoretisch abgeleiteten
zentralen Ziele für die Kommunikation von Aufsichtsratsvorsitzenden:

(1) Inhaltsziel: Transparenz hinsichtlich der Überwachungs- und Kontrollaufga-
    ben des Aufsichtsrats herzustellen;
(2) Beziehungsziel: die (kommunikativen) Beziehungen innerhalb des Aufsichts-
    ratsgremiums sowie zwischen Aufsichtsrat und den internen und externen
    Anspruchsgruppen zu etablieren und zu pflegen.

Bei der Zielbestimmung kann zwischen individuellen und organisatorischen Zielen unterschieden werden. Im Rahmen der Expertengespräche wurde jedoch nicht
vorrangig auf die individuellen Ziele der Akteure, sondern auf die übergeordneten Ziele der ARV-Kommunikation abgezielt, die mit der Kommunikation erreicht
werden sollen.
      Die Zielformulierung ist ein sozialer Prozess, der durch Ungewissheit, Mehr-
deutigkeit und Widersprüchlichkeit charakterisiert sein kann. Ziele können als
Entscheidungsgrundlagen und Orientierungspunkte für das Handeln angesehen
werden. Strukturationstheoretisch werden Ziele aber auch durch das Handeln
reproduziert, sodass diese verändert oder ergänzt werden können (Röttger, 2010,
S. 127).
      In den Gesprächen wurden sowohl die aus der Theorie abgeleiteten Ziele the-
matisiert sowie über weitere Ziele für die ARV-Kommunikation gesprochen. Im
Folgenden werden nun die Ziele der Kommunikation von Aufsichtsratsvorsitzenden anhand der Öffentlichkeitsarenen zusammenfassend dargestellt. Dabei wird
sowohl die Perspektive der Aufsichtsratsvorsitzenden aus den Interviews als auch
die Sicht der Kommunikationsverantwortlichen gezeigt. Darüber hinaus wird diskutiert, inwiefern diese Ziele mit den beschriebenen veränderten Anforderungen
der externen Stakeholder zusammenpassen.

Ziele der ARV-Kommunikation in der Unternehmensöffentlichkeit
Der Kommunikation von Aufsichtsratsvorsitzenden innerhalb des Unternehmens
wird ein deutlich höherer Stellenwert beigemessen als der externen Kommunikation (Abschnitt 8.1.1). Folgende Aussage eines Aufsichtsratsvorsitzenden fasst
dies treffend zusammen:

„Ich sehe meine Rolle insbesondere darin, intern zu kommunizieren. Das heißt, als Vorsitzender selbstverständlich neben dem intensiven Austausch mit den Aufsichts-ratskolleginnen und -kollegen eben auch eine intensive Kommunikation nicht nur mit den Vorstandsvorsitzenden, sondern mit dem gesamten Vorstand und wenn nötig, auch mit dem ein oder anderen Mitarbeiter oder Mitarbeiterin des Unternehmens zu halten. […] Diese interne Kommunikation nimmt eigentlich im Vergleich zur exter-nen einen ganz, ganz großen Anteil der Zeit in Anspruch" (Aufsichtsratsvorsitzen-der_22).

Wie in den theoretischen Ausführungen dargestellt, gibt es in der Unterneh-mensöffentlichkeit verschiedene Anspruchsgruppen für die Kommunikation von Aufsichtsratsvorsitzenden (Abschnitt 5.1.1). Tabelle 8.3 zeigt im Überblick die Ziele der Kommunikation differenziert nach internen Anspruchsgruppen, die im Folgenden beschrieben werden.

Ziele der ARV-Kommunikation im Aufsichtsratsgremium
Aufsichtsratsvorsitzende leiten und koordinieren die Gremienarbeit, damit besteht ein großer Teil der Arbeit aus Kommunikation. Ein zentrales Ziel dieser Kommu-nikation ist daher die Informationsversorgung der Aufsichtsratsmitglieder sicher-zustellen, die sich aus der Berichterstattung des Vorstands an den Aufsichtsrat als auch den Informationen von Aufsichtsratsvorsitzenden aus den Gesprächen mit dem CEO und ggf. weiteren Personen zusammensetzt (Abschnitt 5.1.1). Indem Informationen transparent, vollständig und rechtzeitig bereitgestellt werden, kön-nen die Aufsichtsratsmitglieder ihrer Überwachungsfunktion nachkommen. Dies entspricht dem inhaltlichen Ziel der ARV-Kommunikation, Transparenz für die Überwachungs- und Kontrollaufgaben des Aufsichtsrats herzustellen.

Ein besonderer Stellenwert bei der Kommunikation im Gremium liegt aber auch auf der Einbindung der verschiedenen Perspektiven und Positionen der Auf-sichtsratsmitglieder. Dieses Ziel lässt sich aus der Interessenvertretungsfunktion des Aufsichtsrats ableiten (Abschnitt 3.2). Alle befragten Aufsichtsratsvorsit-zenden sprechen bereits vor den Sitzungen mit Vertretern von Anteilseigner und Arbeitnehmern, um Interessen vorab zu kennen und so eine gute Dis-kussion in den Sitzungen sicherstellen zu können. Dies kann auch als interne Beziehungspflege zwischen den Aufsichtsratsmitgliedern interpretiert werden.

„Wenn die Aufsichtsratssitzung ist, und man als Aufsichtsratsvorsitzender will, dass das vernünftig läuft, dann müssen alle Aufsichtsratsmitglieder vorher schon einge-bunden sein. Die Tagesordnung muss vorbesprochen sein. Man muss wissen, was die Positionen sind. Es ist also unwahrscheinlich wichtig, dass man eine umfassende interne Kommunikation hat" (Aufsichtsratsvorsitzender_18).

Tabelle 8.3 Ziele der Kommunikation von Aufsichtsratsvorsitzenden mit internen Anspruchsgruppen

Anspruchsgruppe	Ziele der ARV-Kommunikation
Aufsichtsratsgremium	+ Informationsversorgung der Aufsichtsratsmitglieder sicherstellen + Verschiedene Interessen im Gremium berücksichtigen und einbinden + Kommunikationsdisziplin der Aufsichtsratsmitglieder sicherstellen
CEO / Vorstand	+ Vertrauensvolle Zusammenarbeit zwischen den Gremien aufbauen bzw. sicherstellen + Informationsversorgung des Aufsichtsrats sicherstellen + Perspektive des Aufsichtsrats an den Vorstand vermitteln + Positiven Beitrag zur Unternehmensentwicklung leisten
Führungskräfte	+ Fachfragen des Aufsichtsrats klären + Kandidaten für die Nachfolgeplanung identifizieren + Einschätzung zur Unternehmenskultur erhalten + Wertschätzung des Aufsichtsrats entgegenbringen

Aus Sicht der Aufsichtsratsvorsitzenden wie auch der Kommunikationsverantwortlichen sei es zudem wichtig, dass eine Kommunikationsdisziplin des
Aufsichtsratsgremiums sichergestellt werde. Dieses Ziel lässt sich aus dem
Interpretationsmuster eines geteilten Verständnisses vom Auftritt von Aufsichtsratsvorsitzenden nach außen ableiten, wonach nur die Aufsichtsratsvorsitzenden
für das Gremium nach außen sprechen sollten. Konkret bedeutet dies, dass
das Gremium im Unternehmensinteresse eine gemeinsame Position nach außen
kommuniziere oder es bei geplanten Übernahmen nicht zu sog. Leaks komme.
Die Vermeidung von Leaks wurde vor allem von den Kommunikationsexperten
benannt, die dadurch eine konsistente Unternehmenskommunikation sicherstellen
wollen, bei der die Äußerungen des Vorstands in den Mittelpunkt stehen.

> „Alles, was wir bis jetzt gemacht haben, war komplett leakfrei! Es war immer eine
> super kontrollierte Kommunikation, die mit einer Ad-hoc-Meldung beginnt. Es gab
> vorher keine Gerüchte. Es gab keine Vorabbeiträge, irgendwas ist im Busch, sondern
> einfach gar nichts. Und diese Disziplin sowohl im Aufsichtsrat als auch im Vorstand,
> die ist natürlich besonders hilfreich, wenn man so was macht. Ich glaube, dass eine
> Stärke auch der Aufsichtsräte und natürlich in dem Fall auch immer des Aufsichtsrats-
> vorsitzenden, der das ganze Gremium ja anleitet, ist ein sehr klares Bewusstsein, wie
> man kommunizieren sollte als Aufsichtsrat und wo man besser nicht zu viel rumla-
> bert. […] Und diese Kontrolle, und das bedeutet auch im allerpositivsten Sinne, dieses
> Bewusstsein, wie wichtig Kommunikation da ist, das ist in unserem Aufsichtsrat
> ausgeprägt" (Public Relations_7).

Kommunikation mit dem CEO bzw. Vorstand
Bei der Kommunikation zwischen Aufsichtsrat und Vorstand kommt dem Dialog
zwischen Aufsichtsratsvorsitzenden und Vorstandsvorsitzenden eine herausgehobene Stellung zu. Als oberstes Ziel für diesen Austausch kann ein Beziehungsziel,
nämlich den Aufbau bzw. die Sicherstellung einer vertrauensvollen Zusammenarbeit der Gremien, herausgestellt werden. Die Beziehung zum Vorstand stellt
zudem eine autoritative Ressource dar. Für einen neuen Aufsichtsratsvorsitzenden bedeute dies, die handelnden Personen kennenzulernen und ein Gefühl dafür
zu bekommen, wie das Unternehmen geführt und geprägt wird.

> „Die Rolle zwischen Vorstandsvorsitzenden und Aufsichtsratsvorsitzenden, die muss
> sehr eng und vertrauensvoll sein und von gegenseitigem Respekt geprägt. Das ist eine
> Voraussetzung" (Aufsichtsratsvorsitzender_10).

Auf dieser Basis erfolge bilateral ein Austausch von Informationen, sodass
Aufsichtsratsvorsitzende sich eine Meinung bilden könnten, welche Themen
anschließend bzw. zukünftig im Aufsichtsratsgremium beraten werden sollten.

Gleichzeitig eröffnet es den Aufsichtsratsvorsitzenden, aber auch die Möglichkeit, die Perspektive und Interessen des Gremiums hinsichtlich der strategischen und operativen Geschäftsentwicklung zu vermitteln.

„Einerseits um hier ein klares Bild des Gesamtunternehmens für mich, aber natürlich auch für den gesamten Aufsichtsrat zu erstellen. Und auch frühzeitig von meiner Seite aus in das Unternehmen zu kommunizieren, welche Themen jetzt auch in Richtung des Aufsichtsrates adressiert werden sollten, über welche Themen man eigentlich sprechen muss. Das alles unter dem Aspekt, dass eine vernünftige, konstruktive Zusammenarbeit zwischen Aufsichtsrat einerseits und Unternehmen, vertreten insbesondere durch den Vorstand, andererseits möglich ist" (Aufsichtsratsvorsitzender_22).

In den Expertengesprächen beschreiben einige Aufsichtsratsvorsitzende, dass es unterschiedliche Auffassungen zwischen Vorstand und Aufsichtsrat zu bestimmten Themen geben könne, diese jedoch intern und offen in beide Richtungen ausdiskutiert werden sollten. Dazu gehöre es Kritikpunkte an der Unternehmensleitung und dessen Strategie zu äußern und ggf. auch Konsequenzen daraus ziehen zu müssen. Als zentrales Ziel kann zusammengefasst werden, dass die Aufsichtsratsvorsitzenden anstreben, durch die Kommunikation mit dem Vorstand einen positiven Beitrag zur Unternehmensentwicklung zu leisten.

„Wenn man eine Philosophie als Aufsichtsrat hat, will man jetzt nicht derjenige sein, der sowieso alles besser weiß, sondern einen gewissen Beitrag zur positiven Entwicklung des Unternehmens leisten. Und dass einfach auch mal Sachen schiefgehen, das weiß man insbesondere, wenn man mal auf der anderen Seite des Tisches gesessen hat" (Aufsichtsratsvorsitzender_13).

Die benannten Kommunikationsziele zeigen, dass der Aufsichtsrat als Teil der Corporate Governance die Rahmenbedingungen für die Arbeit des Vorstands sicherstellt. Dabei ist der Aufsichtsrat nicht ein Teil, sondern das Sounding Board für die strategischen Überlegungen des Vorstands.

Kommunikation mit Führungskräften

Gegenüber den Mitarbeitenden des Unternehmens hat der Aufsichtsrat kein unmittelbares Informationsrecht. Ein Großteil der befragten Aufsichtsratsvorsitzenden führt jedoch Gespräche mit Führungskräften (Abschnitt 8.1.1). Dies ist vor allem interessant, da dies auch ohne das Beisein des Vorstands stattfinden kann. Daher stellt die Beziehung zum Vorstand eine ermöglichende Ressource für diese Kommunikationsmaßnahmen dar. In Bezug auf eine Kommunikation mit Führungskräften wird häufig das Ziel genannt, Fachfragen des Aufsichtsrats zu klären, die im Verantwortungsbereich der jeweiligen Führungskraft liegen.

„Dann gibt es ein technisches Thema. Und dann bin ich mir relativ sicher, dass der Accounting-Chef das eher beantworten kann als der CFO, ohne dem CFO zu nahe zu treten. Aber das ist eigentlich mittlerweile, würde ich sagen, in vielen Unternehmen so, und es ist auch richtig so" (Aufsichtsratsvorsitzender_13).

Die bedeutendere Perspektive auf diese Kommunikation ist für die befragten Aufsichtsratsvorsitzenden jedoch ein Beziehungsziel: die handelnden Personen kennenzulernen. Dies geschieht erstens aus dem Grund, dass der Aufsichtsrat im Rahmen der Personalverantwortung und Entscheidungskompetenz eine langfristige Nachfolgeplanung für den Vorstand haben sollte. Abhängig von der Größe und den Führungsebenen des Unternehmens, werden die relevanten Personen in Aufsichtsratssitzungen eingeladen, um ihre Themen zu präsentieren, oder seltener bilaterale Gespräche geführt.

„Der Aufsichtsrat muss sich auch ein Bild darüber machen, wie steht es denn mit der Führungsmannschaft insgesamt? Wer bietet sich als Nachwuchskraft an? Einer der wichtigsten Aufgaben für mich als Aufsichtsrat ist dafür zu sorgen, dass du immer jemand parat hast, der die Aufgaben übernehmen kann, und dass du eine sehr klare Nachfolgeregelung hast. Wer kann kurzfristig einspringen, für den Fall, dass mein Vorstand morgen umfällt? Wer kann mittelfristig einspringen für den Fall, dass der Vorstand sagt, nächste Vertragsverlängerung, mit mir nicht mehr? Und wer ist langfristig da für den Fall, wenn er pensioniert wird?" (Aufsichtsratsvorsitzender_5).

Einige Aufsichtsratsvorsitzende berichten, dass sie sich durch einen Austausch mit Führungskräften zweitens eine Einschätzung zur Unternehmenskultur erhoffen. Dies sei zentral, da das Unternehmen nicht allein vom Vorstand, sondern stets gemeinsam mit anderen Führungskräften geleitet werde. Die Gespräche mit Führungskräften würden einen weiteren Zugang darstellen, um das Geschehen im Unternehmen besser einschätzen zu können. Dies vermittle zudem einen Eindruck zur Führungsqualität des Vorstands.

„Die Führung des Vorstands drückt sich daran aus, wen er einstellt. Wenn ich die Leute sehe, und das Gefühl habe, dass die alle klug, strebsam, fleißig sind, dann denke ich, dass der Vorstand in der Personalauswahl gute Entscheidungen getroffen hat. Wenn ich auch Torfköpfe rumlaufen sehe, dann weiß ich, es stimmt was nicht. Dann werden die Zahlen irgendwann auch folgen. Vor allen Dingen werde ich dann hinterfragen müssen, warum der Vorstand sich mit solchen Menschen umgibt" (Aufsichtsratsvorsitzender_3).

Döring (2018, S. 39) beschreibt den Zusammenhang zwischen Unternehmens-erfolg und Unternehmensethik, der sich vor allem in der gelebten Wertschät-zungskultur ausdrückt. Das kommunikative Ziel, den Führungskräften die Wert-schätzung des Aufsichtsratsgremiums entgegenzubringen, wird in den Interviews ebenfalls vereinzelt indirekt thematisiert.

> „Das heißt ja nicht, dass man mit denen ganz gewichtige Themen diskutiert, sondern dass man zeigt, dass einem sehr wohl bewusst ist, dass der Erfolg oder Misserfolg eines Unternehmens nicht nur an der ersten Ebene hängt, sondern insbesondere an der Qualität der Führungskräfte danach" (Aufsichtsratsvorsitzender_13).

Die persönliche Kommunikation von Aufsichtsratsvorsitzenden mit Führungs-kräften ist im Rahmen dieser Arbeit erstmalig aufgezeigt worden, ebenso wie die soeben beschriebenen Ziele dieser Maßnahmen. In den Expertengesprächen wurde argumentiert, dass der CEO stets vorher darüber informiert werde und so die Möglichkeit habe, an den Gesprächen teilzunehmen:

> „Und es gibt ja auch immer mal Aspekte, wo ich sage, ich würde gern den oder den sprechen, zu einem Sachverhalt, aber würde den Vorstandsvorsitzenden immer dar-über informieren, dass ich hierüber mit [der Führungskraft] sprechen möchte, oder mit dem betreffenden Vorstandsmitglied, und es ihm anheimstellen, ob er dran teilnehmen will oder nicht" (Aufsichtsratsvorsitzender_5).

Die Entwicklung, dass Aufsichtsratsvorsitzende mit Führungskräften sprechen, auch ohne den Vorstand, birgt interessante Forschungsopportunitäten.

Obwohl Abschlussprüfer eine wichtige Rolle für das Aufsichtsratsgremium einnehmen, da sie im Auftrag des Aufsichtsrats die Geschäftszahlen sowie die Nachhaltigkeitsberichterstattung prüfen, wurden Ziele für den Austausch mit ihnen in den Expertengesprächen nicht thematisiert. Dies kann damit zusammen-hängen, dass die Koordination der Arbeit durch den Prüfungsausschuss geschieht und die Berichte vor allem in schriftlicher Form vorliegen.

In Sondersituationen kam es zwar vereinzelt zu internen Kommunikations-maßnahmen an alle Mitarbeitenden mit dem Vorstand (Abschnitt 8.1.1), in den Gesprächen wurden jedoch nicht explizite Ziele für diese Kommunikation geäußert.

Ziele für den Austausch zwischen Aufsichtsratsvorsitzenden und Kommuni-kationsfunktionen

Die Ziele für den Austausch zwischen Aufsichtsratsvorsitzenden und den Kom-munikationsfunktionen lassen sich anhand der Expertengespräche aus beiden Perspektiven darstellen. Dabei ist interessant, dass Aufsichtsratsvorsitzende bis-her eher ein instrumentelles Verständnis von den Kommunikationsfunktionen haben. Aus ihrer Sicht geht es vor allem um die Informationsversorgung des Gremiums sowie die Umsetzung der Publizitätspflichten. Gleichzeitig ist den Aufsichtsratsvorsitzenden jedoch bewusst, wie bedeutend ein Vertrauensverhältnis zu den Kommunikationsverantwortlichen ist, damit die Kommunikation von aufsichtsratsrelevanten Themen wie vom Gremium intendiert erfolgt.

> „Wichtig ist, dass auch dort ein Vertrauensverhältnis existiert, sodass also nicht irgendetwas zum unpassenden Zeitpunkt an die Öffentlichkeit gelangt, sondern eben erst dann, wenn man es eben auch machen möchte" (Aufsichtsratsvorsitzender_22).

Die Kommunikationsverantwortlichen wiederum können, obwohl es selten klar definierte Verantwortlichkeiten für die ARV-Kommunikation gibt (Abschnitt 8.2.1), ebenfalls Ziele für den Austausch mit den Aufsichtsratsvorsitzenden artikulieren. Diese Ziele können auf ihre originären Funktionen abgeleitet werden (Abschnitt 4.2.2 und Abschnitt 4.2.3). Abbildung 8.5 zeigt eine Gegenüberstellung der Ziele beim Austausch von Aufsichtsratsvorsitzenden und Investor- Relations bzw. Public-Relations-Verantwortlichen, die im Folgenden erläutert werden.

Austausch zwischen Aufsichtsratsvorsitzenden und Investor-Relations-Verantwortlichen

Wie bereits bei den Ergebnissen zu den Ressourcen der ARV-Kommunikation dargestellt, erfolgt in allen befragten Unternehmen eine mehr oder weniger institutionalisierte Berichterstattung an das Aufsichtsratsgremium zu kapitalmarktrelevanten Themen (Abschnitt 8.1.1). Nur in wenigen Fällen findet darüber hinaus ein (regelmäßiger) Dialog mit den IR-Verantwortlichen statt (Abschnitt 8.2.1). Sowohl beim schriftlichen als auch persönlichen Austausch besteht das Ziel der Aufsichtsratsvorsitzenden darin, die Informationsversorgung des Aufsichtsrats aus Kapitalmarktsicht weiter zu verbessern.

> „Den Austausch, den ich von Investor Relations bekomme, dass sie mir eben regelmäßig die Analystenreports und so zuschicken. Also, da bin ich eben auf einer Mailing-List mit drauf, bekomme auch von Investor Relations eine Übersicht über alle M&A-Aktivitäten im weitesten Sinne in der [Branche]. Aber ansonsten gehe ich eigentlich aktiv auf Investor Relations nie zu, sondern ist eher eine passive Unterrichtung, die ich erfahre, durch Investor Relations" (Aufsichtsratsvorsitzender_22).

Dieses inhaltliche Ziel der Informationsversorgung steht spiegelbildlich auch im Fokus der IR-Verantwortlichen. Dabei versuchen die Akteure auch ihrer Beraterfunktion (Köhler, 2015, S. 239) nachzukommen, um die Erwartungshaltung des Kapitalmarkts zu vermitteln. Auf dieser Basis sollen die Anforderungen der Kapitalmarktakteure in die Beratungen und Entscheidungen des Aufsichtsrats einfließen können.

Austausch zwischen ARV und Investor Relations

Ziele aus Sicht von ARVs
+ Informationsversorgung des Aufsichtsrats aus Kapitalmarktsicht verbessern

Ziele aus Sicht der Investor Relations
+ Erwartungshaltung des Kapitalmarkts vermitteln
+ Kapitalmarktkommunikation zu aufsichtsratsrelevanten Themen verbessern

Austausch zwischen ARV und Public Relations

Ziele aus Sicht von ARVs
+ Professionelle Kommunikation von AR-Themen an die Öffentlichkeit sicherstellen

Ziele aus Sicht der Public Relations
+ Öffentliche Wahrnehmung vermitteln
+ Aufsichtsratsvorsitzende zu öffentlichkeitswirksamen Themen beraten

Abbildung 8.5 Gegenüberstellung der Ziele beim Austausch von Aufsichtsratsvorsitzenden und Investor-Relations- bzw. Public-Relations-Verantwortlichen

„Ich glaube, ich kann schon sagen, dass wir einen relativ vernünftigen Draht haben, sodass wir von der IR-Seite permanent die sich ständig ändernden Anforderungen aus dem Kapitalmarkt einbringen" (Investor Relations_12).

Zudem führen insbesondere die Begleitung von Investorengesprächen mit Aufsichtsratsvorsitzenden dazu, dass die IR-Verantwortlichen eine bessere Kapitalmarktkommunikation zu aufsichtsratsrelevanten Themen durchführen könnten. Wenn Aufsichtsratsvorsitzende im Investorendialog bspw. die Ausgestaltung der Agenda-Punkte der Hauptversammlung erläutern, könne die IR diese Argumente für die Kommunikation nutzen.

„Mir hilft es unheimlich, wenn wir die HV-Agenda veröffentlicht haben, dass nicht ich den O-Ton setzen muss, sondern dass ich erstmal das Management, in dem Fall den AR-Vorsitzenden erklären lassen darf, warum er denn jetzt die Agenda-Punkte soundso ausgestaltet hat. […] Dann können sie ein Stück weit darauf rekurrieren und in anderen Gesprächen eine Antwort geben, ohne sich zu weit aus dem Fenster zu lehnen" (Investor Relations_12).

Dies zeigt, dass ein etablierter Austausch zwischen Aufsichtsratsvorsitzenden und den IR-Verantwortlichen zu einer besseren Kommunikation des Unternehmens führen kann.

Austausch zwischen Aufsichtsratsvorsitzenden und Public-Relations-Verantwortlichen

Auch die Ziele des Austauschs mit der Public-Relations-Abteilung können aus beiden Perspektiven dargestellt werden. Aus Sicht der befragten Aufsichtsratsvorsitzenden besteht das Ziel des Austauschs mit den PR-Verantwortlichen darin, eine professionelle Kommunikation von aufsichtsratsrelevanten Themen an die Öffentlichkeit sicherzustellen. Indem die PR-Verantwortlichen vorab über geplante Entscheidungen des Aufsichtsrats informiert werden, könnten sie die notwendige personelle Unterstützung sicherstellen, indem Dokumente vorbereitet und mit der weiteren geplanten Kommunikation des Unternehmens abgestimmt werden.

„Ich habe einen relativ regelmäßigen Austausch mit dem Leiter der Kommunikationsabteilung. In erster Linie geht es darum, wenn aufsichtsratsrelevante Themen anstehen, wie kommunizieren wir das, wie gehen wir damit um? Wir hatten ja im letzten Jahr auch einige Personalentscheidungen zu treffen. Wie bereiten wir uns darauf vor? Wie sorgen wir dafür, dass das vernünftig und professionell in die externe Öffentlichkeit letztendlich kommuniziert wird?" (Aufsichtsratsvorsitzender_22).

Aus dem Zitat lässt sich auch die Erwartung ableiten, dass die PR-Verantwortlichen eine beratende Rolle einnehmen, wie die Kommunikation von aufsichtsratsrelevanten Themen idealerweise an die Öffentlichkeit vermittelt wird. Diese Anforderungen von Aufsichtsratsvorsitzenden finden sich auch bei den Äußerungen der PR-Verantwortlichen. So wird die Sicherstellung der Vorbereitung und Durchführung von aufsichtsratsrelevanten Kommunikationsmaßnahmen ebenfalls als Ziel benannt. Aus ihrer Sicht leistet die PR dann einen Beitrag, wenn Informationen und Bewertungen zur öffentlichen Wahrnehmung des Unternehmens und den aufsichtsratsrelevanten Themen vermittelt werden.

„Ich kann nur sagen, dass es gut ist, wenn die Kommunikationsabteilung eine Beziehung zum Aufsichtsratsvorsitzenden hat und sich regelmäßig, auch wenn das vielleicht nur zweimal im Jahr ist, austauscht und ein Bild vom Aufsichtsratsvorsitzenden hat und weiß ungefähr, was er will. Denn das kann ihm helfen, die Lage des Unternehmens einzuschätzen und das ganze Unternehmen kennenzulernen" (Public Relations_14).

Die PR-Verantwortlichen sehen, deutlich stärker als die IR, ihre Aufgabe und ein Ziel darin, Aufsichtsratsvorsitzende bei öffentlichkeitswirksamen Themen zu beraten. Dazu gehöre z. B. Aufsichtsratsvorsitzenden zu erläutern, wie bestimmte Aussagen in Medien angekommen und wie Situationen zu interpretieren seien. Aber auch ein Schulterblick vor öffentlichen Auftritten von Aufsichtsratsvorsitzenden gehöre im Sinne einer vertrauensvollen Beziehung dazu.

„Ein Aufsichtsratsvorsitzender möchte auch mal was gegenreflektieren, oder er hat irgendeine Rede oder so. Dann sagt man, klar, ich gucke drauf" (Public Relations_17).

Das Selbstverständnis der PR-Verantwortlichen in einer beratenden Rolle zeigt sich auch in den Erkenntnissen zu Verantwortlichkeit für die ARV-Kommunikation (Abschnitt 8.2.1). So gibt es häufiger feste Ansprechpartner mit dezidierten Kapazitäten, woraus sich ein regelmäßig stattfindender persönlicher Austausch ergibt.

Ziele der ARV-Kommunikation mit externen Anspruchsgruppen

Die Aufnahme des Investorendialogs und die Identifikation von vermehrten Äußerungen von Aufsichtsratsvorsitzenden in den Medien stellen eine zentrale Veränderung und damit Anlass für die Beschäftigung mit dem Forschungsthema dar. Dabei stellt sich auch die Frage, welche Ziele mit diesen freiwilligen Kommunikationsmaßnahmen verfolgt werden. Tabelle 8.4 zeigt die Ziele der ARV-Kommunikation differenziert nach den Anspruchsgruppen in der Kapitalmarktöffentlichkeit, gesellschaftspolitischen Öffentlichkeit sowie in Abschnitt 8.1.2.4 eingeführten parlamentarischen Öffentlichkeit, die im Folgenden beschrieben werden.

Tabelle 8.4 Ziele der Kommunikation von Aufsichtsratsvorsitzenden mit externen Anspruchsgruppen

Anspruchsgruppe	Ziele der ARV-Kommunikation
Kapitalmarktöffentlichkeit	
Investoren	+ Transparenz hinsichtlich der Aufsichtsratstätigkeit herstellen + Beziehungen zu Investoren aufbauen und pflegen + Bedenken, Meinungen, Zielsetzungen verschiedener Investorengruppen aufnehmen (Listening)
Stimmrechtsberater	+ Transparenz hinsichtlich der Aufsichtsratstätigkeit herstellen + Corporate-Governance-Fragen der Stimmrechtsberater klären
Gesellschaftspolitische Öffentlichkeit	
Journalisten	+ Transparenz hinsichtlich der Aufsichtsratstätigkeit herstellen + Unternehmensbotschaften verstärken + Unternehmensreputation unterstützen *In Sondersituationen* + Orientierung geben und Stabilität vermitteln *Bei Äußerungen außerhalb der Überwachungstätigkeit:* + Einfluss auf gesellschaftliche Interpretations- und Deutungsfragen nehmen
Parlamentarische Öffentlichkeit	
Politiker	+ Beziehungen zu Politikern pflegen

Dialog mit Investoren

Als wichtigstes Ziel für den Dialog mit Investoren wird die Herstellung von Transparenz hinsichtlich der Aufsichtsratstätigkeit bestätigt. Dies spiegelt sowohl das aus der Theorie abgeleitete inhaltliche Ziel der Aufsichtsratskommunikation und zeigt gleichzeitig den strukturierenden Einfluss der Erwartungen der Investoren (Abschnitt 7.2.1). Konkret beschreiben dies die befragten Aufsichtsratsvorsitzenden damit, dass sie Informationen zu Entscheidung bzw. die Sichtweise des Aufsichtsrats bei relevanten Themen vermitteln wollen, um so zum Abbau von Informationsasymmetrien von Aktionären beizutragen. Der Dialog solle auch dazu beitragen, aufsichtsratsspezifische Fragen zu klären, sodass Aktionäre bei Abstimmungen auf der Hauptversammlung den relevanten Punkten zustimmen.

„Zum Beispiel zur Vorstandsvergütung habe ich mit Investor X sehr intensiv diskutiert und ihn trotzdem nicht dazu bewegen können, dass er dem am Ende zustimmt. Aber er hat es wenigstens verstanden, was wir gemacht haben, und es ist mir sehr wichtig." (Aufsichtsratsvorsitzender_11)

Zudem wird auch das zweite theoretisch abgeleitete Ziel der ARV-Kommunikation, der Aufbau und die Pflege von Beziehungen mit den Investoren, als relevant erachtet. Aus Sicht der Experten seien zwar primär die Investor Relations und der Vorstand dafür zuständig, aber auch Aufsichtsratsvorsitzende könnten dabei eine Rolle spielen. Hier spiegeln sich die Erwartungen der Stakeholder, neben Informationen auch einen persönlichen Eindruck von Aufsichtsratsvorsitzenden und deren Überwachungsverständnis sowie Fähigkeiten zu erlangen. Es sei besser, die Netzwerke oder einen Dialog in einer normalen Unternehmenssituation aufzubauen und nicht erst in einer Krisensituation.

„Und ich persönlich bin immer ein Freund davon, sagen wir mal, solche Netzwerke oder so einen Dialog aufzubauen, wenn die Unternehmenssituation eher angenehm ist und nicht in einer Krisensituation, wenn ich dann gezwungen bin. Dann komme ich vielleicht auch leichter durch so eine Situation durch, wenn es mal Spitz auf Knopf steht" (Investor Relations_12).

Nur einzelne IR-Verantwortliche nennen darüber hinaus auch das theoretisch abgeleitete Ziel eines Listenings des Aufsichtsrats, also der Möglichkeit, sich ungefiltert über Bedenken, Meinungen und Zielsetzungen im Aktionariat zu informieren, um diese in der Entscheidungsfindung berücksichtigen zu können (Abschnitt 5.2). Dabei betonen die IR-Verantwortlichen jedoch, dass es eine Wertschätzung von Investoren gebe, wenn ihre Kommunikationsbedürfnisse gegenüber dem Aufsichtsrat auch außerhalb der Hauptversammlung erfüllt würden. Darin zeigt sich, dass die ARV-Kommunikation auch zum unternehmerischen Kommunikationsziel der Legitimität und damit zur Sicherung von Handlungsspielräumen beitragen kann (Zerfaß & Viertmann, 2017, S. 75).

> „Ich sehe schon die Wertschätzung auf Seiten der Investoren, dass ihre Meinung eingeholt wird, ernstgenommen wird, teilweise dann wirklich auch noch entsprechend umgesetzt wird. Und ja, natürlich nicht in allen Fällen. […] Und ich denke, es hilft uns nachher auch bei der Hauptversammlung, um da keine Überraschungen zu erleben, wenn die großen Investoren die Richtung kennen und deren Meinung einbezogen wird" (Investor Relations_6).

Eine symmetrische Kommunikation mit den Anteilseignern (Kelly et al., 2010) kann demnach als Herausforderung für die zukünftige ARV-Kommunikation festgehalten werden. Schließlich zeigen die Anforderungen der Anspruchsgruppen (Abschnitt 7.3), dass neben den Publizitätspflichten auch der Dialog als legitim eingeschätzt und eingefordert wird.

Dialog mit Stimmrechtsberater
Bereits bei der Darstellung der Erkenntnisse zu den Strukturen und Maßnahmen der ARV-Kommunikation zeigte sich, dass vor allem die IR-Verantwortlichen einem Dialog mit Stimmrechtsberatern eine hohe Relevanz zuschreiben, während Aufsichtsratsvorsitzende dies eher als Aufgabe des Unternehmens sehen (Abschnitt 8.1.2.2). Neben der Herstellung von Transparenz hinsichtlich der Aufsichtsratstätigkeit durch die Publizitätspflichten, kann als Ziel festgehalten werden, durch einen ergänzenden Dialog offene Fragen in Bezug auf Corporate-Governance-Themen zu klären.

> „Die amerikanischen Proxy Advisor, die haben sich bisher ein einziges Mal an mich gewandt mit einer konkreten Frage, die wir dann auch beantwortet haben. […] Und da haben sie sich das angeguckt und gesagt, das sei ja eine gute Idee" (Aufsichtsratsvorsitzender_26).

Dies spiegelt auch die Erwartungen der Stimmrechtsberater wider, spezifische Fragen im Dialog klären zu können, wobei ihre Arbeit eigentlich ausschließlich auf öffentlich verfügbaren Informationen basieren. Insgesamt gebe es bisher zwar wenige Anfragen, aber die IR-Verantwortlichen beschreiben, dass ein Austausch wertgeschätzt werde und zu einem besseren Scoring auf der Hauptversammlung führen könne.

„Ansonsten kriegst du auf der Hauptversammlung von einigen Stimmrechtsberatern schon mal gleich per se schlechteres Scoring bei der Entlastung des Aufsichtsrats, weil die sagen, wie soll ich denn jemanden entlasten, von dem ich gar nicht weiß, ob der überhaupt geeignet ist?" (Investor Relations_23).

Aus der Perspektive der IR kann die ARV-Kommunikation hier wiederum auf das unternehmerische Ziel der Sicherung von Handlungsspielräumen einzahlen (Zerfaß & Viertmann, 2017, S. 75).

Kommunikation mit Journalisten

Die Ziele für eine freiwillige Kommunikation mit Journalisten in der Kapitalmarktöffentlichkeit sowie der gesellschaftspolitischen Öffentlichkeit können von den Experten nur selten explizit artikuliert werden. Das Ziel, Transparenz hinsichtlich der Aufsichtsratstätigkeit herzustellen, wird dabei vor allem in Bezug auf die Publizitätspflichten bezogen. Es wird hier jedoch ebenfalls aufgenommen, da dies normativ eine Anforderung der Anspruchsgruppe darstellt.

Darüber hinaus konnten zwei Ziele für die freiwillige Kommunikation von Aufsichtsratsvorsitzenden mit Medien identifiziert werden, die nicht in einem direkten Zusammenhang mit den Aufgaben des Gremiums stehen. Sie können vielmehr den unternehmerischen Kommunikationszielen zugeordnet werden, was deren strukturierenden Einfluss der Ziele der Kommunikationsabteilungen auf die ARV-Kommunikation unterstreicht. Dabei handelt es sich um

(1) eine Verstärkung von Unternehmensbotschaften, die das Vertrauen und die Legitimität unterstützen und dadurch Handlungsspielräume sichern, sowie
(2) die Unternehmensreputation zu unterstützen und damit einem Aufbau von immateriellem Kapital (Zerfaß & Viertmann, 2017, S. 75).

In der Tat verfügen Aufsichtsratsvorsitzende in den allermeisten Fällen über eine gewisse personale Reputation, die auf den Leistungen in vorherigen oder aktuellen Positionen beruht. Im Falle einer aktiv gelebten Kommunikation, z. B. in Krisensituationen, könnte sich diese Reputation auf das Unternehmen übertragen. Positive oder kritische Äußerungen könnten sich aber ebenso auf die Reputation des Vorstands auswirken.

Die Experten sind sich einig, dass Aufsichtsratsvorsitzende durch ihre Kommunikation die Botschaften von Unternehmen und Vorstand unterstreichen und kein eigenes Agenda Setting betreiben sollten. Als Ergebnis solle das Unternehmen als gut geführt wahrgenommen werden, da sich dies positiv auf die Unternehmensreputation auswirke.

„Ich meine, was will man erreichen? Wenn es zum Verständnis oder einer positiven Wahrnehmung des Unternehmens beiträgt, und wenn es vor allen Dingen nicht einen Ansatzhebel gibt, um dem Unternehmen irgendwie zu schaden oder Konfusion oder Führungslosigkeit oder Kontroversen nachzuweisen. Das wären eigentlich so die wichtigsten Punkte. Dass das Unternehmen als geschlossenes Unternehmen mit einer klaren und deutlichen Strategie wahrgenommen wird, die auch entsprechend umgesetzt und kontrolliert wird. Das wäre eigentlich das Ziel" (Aufsichtsratsvorsitzender_26).

Auch wenn dies nicht explizit benannt wurde, kann dies in Verbindung gesetzt werden mit der Analyse der Strukturen und Maßnahmen, in der gezeigt wurde, dass Überwachungs-, Risiko-, aber auch Nachhaltigkeitsthemen als Aufgabe des Aufsichtsrats zu einer Norm für Kommunikation von Aufsichtsratsvorsitzenden werden können. Daraus würde folgen, dass Äußerungen zu Corporate-Governance- oder auch Nachhaltigkeitsthemen zu einer vorteilhaften Positionierung des Unternehmens im Markt führen könnten.

In Sondersituationen, wie einer Krise, sei es zudem das Ziel einer Kommunikation von Aufsichtsratsvorsitzenden, den Stakeholdern Orientierung zu geben und die Stabilität des Unternehmens zu vermitteln:

„Es gibt keinen Selbstzweck zur Kommunikation eines Aufsichtsratsvorsitzenden, sondern ich sehe den Zweck dann darin nach innen wie nach außen, insbesondere in Krisenzeiten, Orientierung zu geben und Stabilität" (Public Relations_25).

Eine Kommunikation von Aufsichtsratsvorsitzenden habe dann aus zwei Gründen eine höhere Relevanz, als ihr in normalen Unternehmenssituationen zugeschrieben wurde (Abschnitt 8.1.2.3). Erstens müsse den Anteilseignern und der Öffentlichkeit transparent kommuniziert werden, wie intensiv das Gremium seiner Überwachungs- und Kontrollaufgabe nachkomme, was ein zentrales Ziel der ARV-Kommunikation darstellt. Dabei könne es aus Sicht der PR-Verantwortlichen auch relevant sein, dem Vorstand den Rücken zu stärken und seine Aktivitäten zur Krisenbewältigung zu unterstützen.

Zweitens sei eine Kommunikation besonders relevant, wenn Vorstandsvorsitzende nicht mehr sprechfähig seien, weil sie aus dem Amt enthoben oder aufgrund der Krise an Vertrauen und Glaubwürdigkeit in der Öffentlichkeit verloren hätten. Dabei sei jedoch wichtig, dass die Kommunikation sehr dosiert eingesetzt werde, damit nicht der Eindruck entstehe, dass die Aufsichtsratsvorsitzenden die Geschäfte führen würden. Dieses Ziel spiegelt die Erwartungen der Anspruchsgruppen wider, durch eine aktivere Kommunikation von Aufsichtsratsvorsitzenden die Perspektive und Rolle des Gremiums sowie die Handlungsfähigkeit des Unternehmens zu verstehen (Abschnitt 7.2.1). Die Erwartungen können damit einen Einfluss auf die situationsbedingte Modifikation der Strukturen nehmen.

Bei Äußerungen außerhalb der Überwachungstätigkeit, also wenn sich Aufsichtsratsvorsitzende als Experten oder Intellektuelle äußern, verfolgen die befragten Aufsichtsratsvorsitzenden das Ziel, Einfluss auf gesellschaftlich relevante Interpretations- und Deutungsfragen nehmen – dies wird jedoch streng getrennt von der Rolle und Funktion im Unternehmen.

> „Wenn ich glaube, dass eine Veränderung notwendig ist und Notwendigkeit da ist, auf die Abweichungen hinzuweisen gegenüber dem, was Politik verspricht und was nachher in der Handlung tatsächlich ausübt. Wenn Abweichungen auftreten, da bin ich der Meinung, sollte man sich äußern" (Aufsichtsratsvorsitzender_11).

Dialog mit politischen Stakeholdern
Die Kommunikation von Unternehmen richtet sich an eine noch größere Bandbreite an Stakeholdern. In den Expertengesprächen wurden in diesem Zusammenhang vereinzelt Gespräche von Aufsichtsratsvorsitzenden mit Politikern thematisiert. Diese würden auf Initiative des Unternehmens stattfinden. Das Ziel der Teilnahme und des Dialogs von Aufsichtsratsvorsitzenden sei es, die Beziehungen zu pflegen und Wertschätzung gegenüber den politischen Stakeholdern des Unternehmens zu zeigen.

> „In gewisser Weise war das eine Erwartungshaltung. Ihr müsst auch mal antanzen und was sagen. Die hätten das Gespräch auch nur mit dem Vorstand geführt, schätze ich mal, aber ist eine gewisse höhere Wertschätzung, wenn der Aufsichtsratsvorsitzende dabei ist. Aber wichtig war, dass das Unternehmen vertreten worden ist durch die gesetzlichen Vertreter. Das war eigentlich der wichtige Punkt" (Aufsichtsratsvorsitzender_10).

Weitere Anspruchsgruppen einer Kommunikation von Aufsichtsratsvorsitzenden, wie etwa Analysten, Kunden oder NGOs wurden in den Expertengesprächen, in Bezug auf die Ziele der Kommunikation auch auf Nachfrage, nicht thematisiert. Daraus kann geschlossen werden, dass diese aktuell eine geringe Relevanz für das Forschungsthema haben.

Die Erkenntnisse zeigen, dass die theoretisch abgeleiteten Ziele der ARV-Kommunikation, also Transparenz zur Tätigkeit des Aufsichtsrats herstellen sowie die Beziehungen zu internen und externen Anspruchsgruppen aufbauen und pflegen, das Handeln der Akteure bestimmt. In Bezug auf alle Anspruchsgruppen konnte mindestens eines der beiden Ziele identifiziert werden. Darüber hinaus zeigen sich aber noch weitere Ziele: In Bezug auf die internen Anspruchsgruppen ist dabei vor allem interessant, dass ein Austausch mit den Führungskräften darauf abzielt, eine Einschätzung zur Unternehmenskultur zu erhalten sowie die

Wertschätzung des Aufsichtsratsgremiums für deren Arbeit entgegenzubringen. In Bezug auf die freiwillige externe Kommunikation von Aufsichtsratsvorsitzenden zeigt sich, dass die Ziele der Akteure (unbewusst) auf die Erwartungen der Anspruchsgruppen abzielen. Dies ist vor allem interessant, da, wie im folgenden Kapitel gezeigt wird, es bisher keine explizite Definition von Zielen für die ARV-Kommunikation im Rahmen eines Kommunikationsmanagements gibt. Die in den Expertengesprächen identifizierten Ziele resultieren also aus den Erfahrungen der Verantwortlichen und nicht auf einer systematischen Analyse der Situation oder des Umfelds. Daher scheinen die Erwartungen der Anspruchsgruppen an die ARV-Kommunikation zwar unbewusst aufgenommen zu werden, aber nicht systematisch erhoben und in der Planung der Kommunikation berücksichtigt. Dies zeigt erneut die Relevanz der Verortung der ARV-Kommunikation im Kommunikationsmanagement, die im folgenden Kapitel vorgestellt und kritisch diskutiert wird.

8.2.3 Theoretische und empirische Erkenntnisse zur Verortung der ARV-Kommunikation im Kommunikationsmanagement

Die Kommunikation von Aufsichtsratsvorsitzenden wird in dieser Arbeit aus der externen Perspektive, in Bezug auf die Anforderungen an die Kommunikation, sowie aus einer internen Perspektive, in Bezug auf die Strukturen, Maßnahmen und das Management der Kommunikation, untersucht. Ein zentrales Ziel dieser Arbeit aus interner Perspektive ist es, die Kommunikation von Aufsichtsratsvorsitzenden im Rahmen des Kommunikationsmanagements zu verorten. Aufgrund der formal-strukturellen Position von Aufsichtsratsvorsitzenden stellt dies eine Herausforderung für die bisherige Forschung zu Kommunikationsmanagement dar. Daher wurde zunächst die Relevanz erläutert, dass es eine feste Verantwortlichkeit für die ARV-Kommunikation und das Kommunikationsmanagement geben muss (Abschnitt 8.2.1). Anschließend wurden die empirischen Erkenntnisse zu den Zielen für die ARV-Kommunikation vorgestellt, da diese nicht wie im bisherigen Verständnis der Forschung aus der Unternehmensstrategie abgeleitet werden können, sondern aus der Funktion des Aufsichtsrats resultieren (Abschnitt 8.2.2).

In den Expertengesprächen mit den Aufsichtsratsvorsitzenden und den jeweiligen Kommunikationsverantwortlichen der Unternehmen wurde die bisherige Verortung der ARV-Kommunikation im Kommunikationsmanagement erörtert. Obwohl Aufsichtsratsvorsitzende als wichtige Kommunikatoren des Unternehmens verortet werden können (Abschnitt 4.3.3), gibt es bisher kaum ein systematisches Kommunikationsmanagement. Das liegt daran, dass die ARV-Kommunikation nicht in das normale strategische Kommunikationsmanagement eingebunden wird, was vor allem mit der (bisher) fehlenden Verantwortlichkeit innerhalb der Kommunikationsfunktionen zusammenhängt. Dies ist ein strukturelles Problem, da es eine zentrale Voraussetzung darstellt (Abschnitt 8.2.1). Die Publizitätspflichten sind im Rahmen der Regelkommunikation eingebunden, eine freiwillige Kommunikation wird zwar vorbereitet und begleitet, bisher aber nicht strategisch geplant und evaluiert. Interessanterweise zeigt sich, dass bei einem Wechsel von Aufsichtsratsvorsitzenden die Kommunikationsfunktionen, insbesondere die Public Relations, aktiver werden und dies als Kommunikationspunkt planen und umsetzen.

Anhand der fünf Phasen des Kommunikationsmanagements (Abschnitt 4.2) werden im Folgenden die empirischen Erkenntnisse zur bisherigen Verortung der ARV-Kommunikation im Kommunikationsmanagement vorgestellt. Da die ARV-Kommunikation in den meisten Fällen bisher nur selten verortet ist, werden ergänzend dazu anhand der theoretischen Ausführungen aus normativer Sicht die Schritte vorgestellt, die notwendig für ein umfassendes Kommunikationsmanagement wären.

Analyse

In der Analysephase sollte zunächst das Beziehungsgeflechts zwischen Unternehmen, internen und externen Stakeholdern und der öffentlichen Meinungsbildung betrachtet, sowie relevante Themen, Erwartungen und Trends in diesem Kontext identifiziert werden. Auf dieser Basis können Chancen und Risiken bewertet werden. Die Ergebnisse der Analysephase bilden dann die Grundlage für die darauffolgenden Phasen des Kommunikationsmanagements (Abschnitt 4.2).

In den Expertengesprächen mit den Unternehmensvertretern stellte sich heraus, dass in keinem der Fälle eine explizite Situationsanalyse für die Kommunikation von Aufsichtsratsvorsitzenden durchgeführt wurde. Für die Kommunikation des Unternehmens finde dies zwar statt, jedoch werden die Aufsichtsratsvorsitzenden dabei bisher nicht mitgedacht. Einige Themen des Aufsichtsrats, wie etwa die Vergütung des Vorstands, würden in diesem Kontext jedoch beobachtet, sofern diese bspw. bei der kommenden Hauptversammlung anstehen würden.

Dieses Ergebnis zeigt, dass es in den meisten Fällen bisher vollständig an der informationellen Grundlage für die Planung der ARV-Kommunikation fehlt. Die Kommunikationsverantwortlichen agieren ausschließend auf ihrem bisherigen Erfahrungswissen. Dadurch erfassen sie weder die Rezeption von Corporate-Governance-Themen in den Medien und Analystenreports (Abschnitt 7.1) noch die Erwartungen der Anspruchsgruppen (Abschnitt 7.2), um schließlich auf die sich verändernden Anforderungen an die ARV-Kommunikation reagieren zu können (Abschnitt 7.3).

Wenn jedoch ein Wechsel des Aufsichtsratsvorsitzes bevorsteht, dann wird interessanterweise eine situationsbezogene Analyse durchgeführt sowie Chancen und Risiken betrachtet. Dies wird insbesondere von der PR-Abteilung forciert, wobei auf die Betrachtung der öffentlichen Wahrnehmung der Personen abgezielt wird.

> „Ja klar. Da haben wir uns hingesetzt und gesagt, was ist eigentlich die besondere Herausforderung in dieser Situation, was braucht es aus unserer Sicht, wo sind die Upsides, wo sind die Downsides, und haben dann sozusagen eine Strategie für ihn vorgelegt, der er dann auch gefolgt ist. Der Beide gefolgt sind, so muss man es ja formulieren" (Public Relations_25).

Relevante Aspekte für die Situationsanalyse der ARV-Kommunikation
Da die Situationsanalyse die Grundlage für die weiteren Phasen des Kommunikationsmanagements darstellt, soll nun aus den theoretischen Erkenntnissen abgeleitet werden, welche Schritte in der Analyse für die ARV-Kommunikation relevant wären.

Im Rahmen der Situationsanalyse sollte das kommunikative Beziehungsgeflecht für den Aufsichtsrat untersucht werden. Grundsätzlich folgt daraus, dass Themen und Trends in Bezug auf Corporate Governance in den Öffentlichkeitsarenen, also der Medienberichterstattung, Analystenreports und ggf. auch im politischen Entscheidungsprozess, beobachtet werden sollten. Da Corporate Governance bereits ein relevantes Thema für Unternehmen ist, müssten die Analyseaktivitäten hierzu in vielen Unternehmen wahrscheinlich nur ausgeweitet und explizit für die ARV-Kommunikation aufbereitet werden. Die Analyse der Diskussion von aufsichtsratsrelevanten Themen in den beschriebenen Öffentlichkeitsarenen würde eine Ausgangsbasis für die Einschätzung zur Relevanz von Kommunikation darstellen. Ergänzend dazu könnte auch beobachtet werden, wie Unternehmen im Index oder sonstige Peers mit der ARV-Kommunikation umgehen, da daraus Erwartungen der Stakeholder, und damit Handlungsfolgen für andere Unternehmen, entstehen könnten.

Die Kommunikationsfunktionen sollten des Weiteren die Erwartungen der Stakeholder an der ARV-Kommunikation aufbereiten Bei der IR wäre dies bspw. die Erwartungen der wichtigsten institutionellen Investoren an den Investorendialog, z. B. mithilfe einer Perception Study, herauszufinden. Die PR wiederum könnte analysieren, ob von relevanten Medien bzw. Journalisten eine Erwartung hinsichtlich eines Dialogs mit den Aufsichtsratsvorsitzenden besteht. Im Rahmen dieser Arbeit wurden die Erwartungen der wichtigsten Anspruchsgruppen an die ARV-Kommunikation aus externer Perspektive untersucht, sodass dies ein Ausgangspunkt bilden kann (Abschnitt 7.2).

Auch wenn über die Publizitätspflichten hinaus keine freiwillige ARV-Kommunikation des Unternehmens stattfindet, sollten diese Aspekte im Rahmen der Situationsanalyse abgedeckt werden, da sie bedeutend für die Einschätzung zur Relevanz von Kommunikation und damit für die Handlungen von Aufsichtsratsvorsitzenden und der Kommunikationsverantwortlichen sind.

Ein weiterer Teil der Situationsanalyse bezieht sich auf die Person der Aufsichtsratsvorsitzenden. Diese Analyse müsste einmalig bzw. bei einem ARV-Wechsel erfolgen. Dazu gehört u. a. das bestehende (kommunikative) Beziehungsgeflecht der Aufsichtsratsvorsitzenden zu relevanten Anspruchsgruppen. Da viele Aufsichtsratsvorsitzende vorher Vorstandspositionen innehatten oder noch haben, gibt es bereits unterschiedlich intensiv ausgeprägte Beziehungen zu Investoren oder Journalisten. Damit hängt auch die Fähigkeit der Person zur Öffentlichkeitsmobilisierung zusammen, die sich sowohl auf Unternehmensthemen als auch auf gesellschaftspolitische Themen beziehen kann.

Aus interner Perspektive würde zudem analysiert werden, welche Ressourcen die Aufsichtsratsvorsitzenden für die Kommunikation zur Verfügung haben oder benötigen würden. Dabei wäre es u. a. sinnvoll den Zugang zu Informationen, als allokative Ressource, zu analysieren, um dem Aufsichtsrat ggf. mehr Informationen aus Kommunikationssicht für seine Überwachungsaufgabe zukommen zu lassen (Abschnitt 8.1.1). Bei der personellen Unterstützung als autoritative Ressource ist dies z. B. die Verantwortlichkeit in den Kommunikationsfunktionen für die ARV-Kommunikation. Zudem stellt sich die Frage des Budgets für die Kommunikation als allokative Ressource.

Durch die Entwicklung von organisationalen Zuhörfähigkeiten (Listening) im Rahmen der Situationsanalyse, als Gegenpol zu den etablierten Sendefähigkeiten (Messaging), können die Kommunikationsfunktionen zu einem strategischen Vermittler für die ARV-Kommunikation werden (Macnamara, 2016). Auf Basis von datengestützten Analysen und einer Sammlung von Informationen wird dabei die Wahrnehmung des Unternehmens in Bezug auf aufsichtsratsrelevante Themen sowie die Aufsichtsratsvorsitzenden als Akteure aufgezeigt, sodass eine Kommunikationsstrategie für die ARV-Kommunikation etabliert, reflektiert und angepasst werden kann.

Planung
Die Planungsphase beinhaltet die Formulierung von konkreten Kommunikationsstrategien und -zielen. Im Anschluss sollen die Planung der angestrebten Positionierung sowie von Themen und Maßnahmen erfolgen, sowie weiterhin ein Budget und Kapazitäten der Kommunikationsabteilungen festgelegt werden. Im bisherigen Verständnis der Forschung zu Kommunikationsmanagement und strategischer Kommunikation wird davon ausgegangen, dass der Erfolgsbeitrag von Kommunikation darin liegt, die strategischen Ziele des Unternehmens zu unterstützen (Abschnitt 4.2). Dieses Verständnis kann jedoch nicht auf die Kommunikation von Aufsichtsratsvorsitzenden übertragen werden. Der Aufsichtsrat setzt zwar den Rahmen für die Unternehmensstrategie, untersteht ihr aber nicht. Ziele für die Aufsichtsratskommunikation müssen und können somit nicht mit der Unternehmensstrategie verknüpft werden, um die neutrale Überwachungsfunktion des Aufsichtsrats gewährleisten zu können.

Kommunikationsstrategie und -ziele
Die Frage, ob es eine definierte Kommunikationsstrategie für die Aufsichtsratsvorsitzenden gebe oder ob dies im Rahmen der Kommunikationsstrategie des Unternehmens berücksichtigt sei, wurde von allen befragten Unternehmensvertretern verneint.

„Die Kommunikation des Aufsichtsrats ist reine Taktik" (Public Relations_1).

Die Zurückhaltung von Aufsichtsratsvorsitzenden in der Öffentlichkeit wird zwar als Strategie beschrieben, aber sie sei nicht festgeschrieben und nur in wenigen Fällen auch mit den Akteuren besprochen worden.

An den Äußerungen der Kommunikationsverantwortlichen zeigt sich, dass die Publizitätspflichten zwar als organisationale Aufgabe wahrgenommen werden, schließlich sind sie schon seit langem ein Teil der Regelkommunikation. Sie werden aber nicht als explizite Maßnahmen der ARV-Kommunikation verstanden. Obwohl Aufsichtsratsvorsitzende als wichtige Kommunikatoren des Unternehmens eingeordnet werden können (Abschnitt 4.3.3), herrscht im Rahmen der strategischen Planung der Kommunikation bislang vor allem eine operative Sicht auf die ARV-Kommunikation vor, wobei Aufsichtsratsvorsitzende als Verstärker der Unternehmenskommunikation eingestuft werden:

„Wir haben eine ganz klare Strategie, aber die Strategie ist langweilig. Die Strategie ist eben, ihn nicht zu nutzen, außer es ist absolut notwendig. Wenn wir ihn nutzen, dann ist es eine taktische Maßnahme. Denn es wäre schön, wenn du ihn einmal brauchst, und er redet das erste Mal, sagt man, oh, Herr X äußert sich, dann hören ihm die Leute zu. Es gibt eine klare Strategie, wie er zu kommunizieren hat und auch selbst will. Die wurde festgelegt am Anfang. Wir haben uns zusammengesetzt, haben gesagt, was ist Ihre strategische Zielrichtung? Und dann ist das mehr oder weniger taktisch zu sehen" (Public Relations_28).

Ergänzend zu der bislang häufig fehlenden Verantwortlichkeit für das Kommunikationsmanagement der ARV-Kommunikation sowie einer fehlenden Situationsanalyse, kann festgehalten werden, dass damit auch die strategische Planung weitgehend fehlt.

Zwar konnte in Abschnitt 8.2.2 gezeigt werden, dass das Handeln der Akteure auf verschiedenen Zielen für die ARV-Kommunikation basiert. Dabei handelt es sich insbesondere um die aus der Überwachungstätigkeit des Gremiums abgeleiteten Ziele, Transparenz hinsichtlich der Aufgaben des Aufsichtsrats herzustellen, sowie Beziehungen zu internen und externen Anspruchsgruppen zu etablieren und zu pflegen. Zusätzlich zu den beschriebenen langfristigen Zielen kann es aber auch kurzfristigere Ziele geben, wie etwa die Zustimmung der Investoren in einer Sondersituation:

„Im Prinzip haben wir alles rechtzeitig geplant mit dem Ziel, am Ende die Zustimmung der Investoren zu erreichen, sei es für den Merger oder wenn eine Hauptversammlung ansteht. Natürlich gibt es unterschiedliche Fristigkeiten: Mal kann man sagen, wir wollen das jedes Mal im dritten Quartal machen, weil wir wissen, da ist eine ruhige Zeit für die Investoren. In einem Merger-Prozess oder bei anderen Projekten wird es dann etwas kurzfristiger entschieden" (Investor Relations_2).

Positionierung

Eine Positionierung von Aufsichtsratsvorsitzenden wäre ebenfalls Teil der Planungsphase und im Rahmen der Kommunikationsstrategie zu verorten. Ziel der CEO-Positionierung ist es bspw. die Unternehmenskomplexität zu reduzieren, indem positive Merkmale von der Person auf das Unternehmen übertragen werden und dies sich in der Reputation beider niederschlägt (Szyszka, 2010, S. 103).

In den Expertengesprächen wurde deutlich, dass die Kommunikation von Aufsichtsratsvorsitzenden weder Teil der übergeordneten Kommunikationsstrategie ist noch eine spezifische ARV-Kommunikationsstrategie oder eine definierte Positionierungsstrategie vorliegt. So wurden die befragten Aufsichtsratsvorsitzenden in einigen Fällen von den Kommunikationsfunktionen zwar angefragt, ob das Unternehmen sie zu einem bestimmten Zweck bzw. Thema positionieren könne. Inhaltlich habe es sich um Themen gehandelt, in denen der jeweilige Aufsichtsratsvorsitzende eine Kernkompetenz oder ein hohes Interesse habe. Dies finde jedoch in sehr begrenztem Maße statt. Aus den vorliegenden Erkenntnissen lässt sich nicht ableiten, dass unternehmensseitig eine gezielte Subjekt-Personalisierung nach Eisenegger (2010) angestrebt bzw. vollzogen wird.

Dem Thema Corporate Governance komme zwar immer mehr Aufmerksamkeit zu (Abschnitt 7.1), berge nach Einschätzung eines IR-Verantwortlichen aktuell aber mehr Risiken als Chancen für eine Positionierung.

> „Governance ist eher ein Hygienefaktor. Man kann viel verkehrt machen. Man kann sehr in die Kritik geraten, und man kann sich leicht positiv durchaus positionieren. Aber das Risiko nach unten ist wesentlich größer als die Chance nach oben, um es mal so zu sagen" (Investor Relations_4).

Interessanterweise verändert sich das Handeln der Kommunikationsfunktionen kurzfristig, wenn es zu einem Wechsel des Aufsichtsratsvorsitzes kommt. In zwei Fällen konnten ein Wechsel der Position und die entsprechende Kommunikation dazu mit den Unternehmensexperten diskutiert werden. Hier zeigt sich, dass vor den PR-Abteilungen eine explizite Kommunikationsstrategie erarbeitet wurde. Diese basierte auch auf einer entsprechenden Situationsanalyse, in der die öffentliche Wahrnehmung sowie die Chancen und Risiken erörtert wurden. Auf dieser Grundlage wurde von den PR-Abteilungen jeweils eine Kommunikationsstrategie erarbeitet. Dazu gehörte auch eine thematische Positionierung der Akteure, die mit dem aktuellen sowie zukünftigen Aufsichtsratsvorsitzenden abgestimmt wurde.

> „Im Vorfeld des Wechsels haben wir mit den beiden Herren eine Medienstrategie herausgearbeitet. Das heißt, wir haben genau gesagt, welche Botschaften wir bei der Übergabe platzieren wollen, wie wir Herrn X platzieren wollen oder positionieren wollen, und wie wir Herrn X positionieren wollen. Das haben wir alles ausgearbeitet" (Public Relations_14).

Im weiteren Verlauf wurde die Kommunikationsstrategie zum ARV-Wechsel von den Kommunikationsfunktionen entsprechend begleitet. Es stellt sich die Frage, warum eine strategische Planung der Kommunikation durch die Kommunikationsfunktionen bei einem Wechsel möglich ist, sobald der Wechsel jedoch vollzogen ist, die strategische Planung der ARV-Kommunikation wieder entfällt. Aus den Gesprächen lässt sich schließen, dass der ARV-Wechsel eine strategische Relevanz für die Unternehmenskommunikation aufweist. Dabei wird auch vom Vorstandsvorsitzenden eine entsprechend professionelle Kommunikation des

Wechsels erwartet. Anschließend ziehen sich die Kommunikationsfunktionen jedoch aufgrund der bestehenden Berichtslinien zum Vorstand sowie fehlenden Verantwortlichkeit für die ARV-Kommunikation zurück.

Budget und Kapazitäten
Die Planungsphase enthält auch den Einsatz von Budget und Kapazitäten. Es wurde bereits erläutert, dass es eine zentrale Voraussetzung darstellt, dass es einen oder mehrere Verantwortliche in den Kommunikationsfunktionen für die ARV-Kommunikation gibt (Abschnitt 8.2.1).

In keinem der Fälle wurde ein dezidiertes Budget für die Kommunikation von Aufsichtsratsvorsitzenden innerhalb des Gremiums oder der Kommunikationsabteilungen festgelegt. Diese Erkenntnis ist aus der Analyse der allokativen Ressourcen nicht überraschend, da der Aufsichtsrat nicht über ein eigenes Budget verfügt. Eventuelle Ausgaben für Sachverständige müssen dabei stets vom Vorstand freigezeichnet werden. Insbesondere bei möglichen Interessenkonflikten der Gremien ist diese Tatsache kritisch zu betrachten (Abschnitt 8.2.1).

Die Pflichtpublizität des Aufsichtsrats wird bisher im Budget zur Regelkommunikation mitgedacht, dabei konnten die Kommunikationsexperten jedoch keine genaue Kostenaufstellung nennen. Während die Kosten für die Veröffentlichungspflichten durch Dienstleister wahrscheinlich schnell aufgeschlüsselt werden könnten, fehlt es vor allem an einer Übersicht hinsichtlich der Personalkosten. Dies könnte sich jedoch durch die Schaffung einer expliziten Stelle für die ARV-Kommunikation oder mindestens von Verantwortlichkeiten verbessern.

Relevante Aspekte für die Planung der ARV-Kommunikation
Die Planungsphase ist entscheidend für eine professionell aufgesetzte ARV-Kommunikation. Dabei sollte einmal grundsätzlich geklärt werden, ob eine Kommunikation von Aufsichtsratsvorsitzenden über die Publizitätspflichten hinaus erfolgen soll. Diese Entscheidung ist zunächst im Aufsichtsratsgremium selbst zu treffen und sollte im Rahmen einer Kommunikationsordnung festgehalten werden (detailliert dazu in Abschnitt 8.2.4). Nach dieser Entscheidung des Gremiums sollten sich Aufsichtsratsvorsitzender, Vorstandsvorsitzender und die Leiter bzw. die Verantwortlichen für die ARV-Kommunikation aus der IR- und PR-Abteilung einmal im Grundsatz zur ARV-Kommunikation absprechen. Das Ziel dabei wäre ein geteiltes Verständnis über den Auftritt von Aufsichtsratsvorsitzenden nach außen zu etablieren, das als Interpretationsmuster das Handeln der Akteure rationalisiert. Aus den Experteninterviews zeigt sich, dass dies bei einem Wechsel des Aufsichtsratsvorsitzes bereits gemacht wird und auch die Aufnahme der Anregung zum Investorendialog in den DCGK in vielen Unternehmen einen Anlass dafür geboten hat.

„Wir haben uns einmal grundsätzlich mit Vorstandsvorsitzenden und Aufsichtsrats-vorsitzenden zur Aufteilung von Themen und Anfragen verständig" (Investor Relati-ons_21).

Für den Fall, dass das Gremium sich dazu entscheidet, dass es keine über die Publizitätspflichten hinausgehende Kommunikation von Aufsichtsratsvorsitzen-den geben soll, ist es dennoch wichtig zu definieren, wie mit Anfragen von Anspruchsgruppen umgegangen werden sollte. Insbesondere aus der Anregung zum Investorendialog im DCGK sind Erwartungen der Investoren entstanden, auf die die IR-Abteilung reagieren muss.

Wenn sich das Gremium entscheidet, dass der Aufsichtsratsvorsitzende über die Publizitätspflichten hinaus kommunizieren kann, dann sollte diese Kom-munikation auch professionell im Rahmen eines Kommunikationsmanagements strategisch geplant und umgesetzt werden.

In der Planungsphase würde dann festgelegt, ob die Aufsichtsratsvorsitzen-den nur für den Investorendialog, als neue Norm der ARV-Kommunikation, bereitsteht – oder wie bspw. mit Anfragen von anderen Anspruchsgruppen, wie Medienvertretern, umgegangen werden sollte. Dabei handelt es sich zunächst um eine reaktive Kommunikation bei Anfragen, aber auch das aktive Anbieten von Interviews und Hintergrundgesprächen durch die PR-Abteilung ist denkbar.

Im Austausch zwischen Aufsichtsratsvorsitzenden und Kommunikationsver-antwortlichen für die ARV-Kommunikation können, basierend auf der Situati-onsanalyse, dann konkrete Ziele und Kennzahlen für die ARV-Kommunikation definiert werden. Wenn auf der kommenden Hauptversammlung etwa die Abstim-mung zu einer neuen Vorstandsvergütung ansteht, könnten die Ziele für den Investorendialog exemplarisch wie folgt formuliert werden: Im September sol-len mit den Governance-Teams unser fünf bis zehn wichtigsten Aktionären Gespräche mit dem Aufsichtsratsvorsitzenden und IR-Team über die anste-hende Änderung der Vorstandsvergütung geführt werden. Dabei wäre sowohl das Inhaltsziel, nämlich Transparenz zur Überwachungsaufgabe herzustellen, als auch das Beziehungsziel der ARV-Kommunikation, also Beziehungen zu den relevanten Anspruchsgruppen zu pflegen, in diesem Fall aktuellen Investoren, angesprochen.

Die Kommunikationsverantwortlichen wären dann auch dafür zuständig, die Aufsichtsratsvorsitzenden bei der Vorbereitung der Botschaften zu unterstützen bzw. sicherzustellen, dass die Botschaften nicht widersprüchlich zur Kommuni-kation des Vorstands sind. Dies wäre bspw. relevant, wenn bei einer geplanten Übernahmesituation, die Aufsichtsratsvorsitzenden in Gesprächen die Sichtweise des Aufsichtsrats vertreten.

Organisation
In der Organisationsphase steht die Einbindung der Kommunikationsabteilung im Fokus. Dabei kann grundsätzlich zwischen der Aufbauorganisation und Ablauforganisation unterschieden werden (Zerfaß et al., 2014, S. 989). Die Aufbauorganisation der Kommunikationsabteilungen ist längerfristig im Organigramm des Unternehmens festgelegt, während die Ablauforganisation eher im Wandel ist. Bei der Ablauforganisation kann zwischen einer funktionsorientierten und prozessorientierten Organisation unterschieden werden (Zerfaß et al., 2014, S. 999) (Abschnitt 4.2).

Die Verantwortung für die ARV-Kommunikation stellt eine zentrale Verortung der Kommunikation im Kommunikationsmanagement dar. Wie in Abschnitt 8.2.1 ausführlich dargestellt, gibt es bislang nur in einem Fall eine explizite Stelle für die ARV-Kommunikation. In wenigen anderen Unternehmen haben vor allem PR- Verantwortliche, einen Teil ihrer Arbeitszeit für die ARV-Kommunikation reserviert. Trotzdem werden in allen befragten Unternehmen sowohl die Publizitätspflichten als auch eine freiwillige Kommunikation, bspw. im Rahmen des Investorendialogs nach dem DCGK von den Kommunikationsfunktionen unterstützt.

„Wir nehmen die Auswahl vor, sprechen alles ab, bereiten es inhaltlich vor und veranstalten dann gemeinsam die Termine" (Investor Relations_2).

Relevante Aspekte für die Organisation der ARV-Kommunikation
Im Rahmen der Organisation sollte definiert werden, welche personelle Unterstützung den Aufsichtsratsvorsitzenden zur Verfügung gestellt werden kann bzw. wer die Verantwortung für die ARV-Kommunikation innehat. In Abschnitt 8.2.1 wurden dafür zwei Optionen vorgeschlagen: (1) einen festen Ansprechpartner in Kommunikationsfunktionen mit dezidierten Kapazitäten für die ARV-Kommunikation, oder (2) einen eigenen Sprecher für die ARV-Kommunikation. Diejenige Person bzw. Personen wären dann auch für das Kommunikationsmanagement zuständig sowie für die Abstimmung mit den Kommunikationsfunktionen hinsichtlich der Unternehmenskommunikation. Es ist sinnvoll, die Verantwortlichkeit explizit im Rahmen der Aufbauorganisation der Kommunikationsfunktionen festzuhalten.

In Bezug auf die Ablauforganisation sollte dann definiert werden, wie die einzelnen Arbeitsabläufe für die ARV-Kommunikation aufgeteilt werden. So ist bspw. vorstellbar, dass die Publizitätspflichten wie bisher bei den Kommunikationsfunktionen liegen, da diese bereits fest in den Prozessen integriert sind – diese müssten dann nur mit dem Verantwortlichen für die ARV-Kommunikation abgestimmt werden. Andere freiwillige Kommunikationsmaßnahmen der ARV-Kommunikation sowie das Kommunikationsmanagement würden demgegenüber bei dem Verantwortlichen für die ARV-Kommunikation liegen.

Grundsätzlich können Aufgaben der ARV-Kommunikation auch an externe Kommunikationsberatungen ausgelagert werden (McKinney, 2018, S. 3). In Bezug auf die etablierten Prozesse zur Umsetzung der Publizitätspflichten des Aufsichtsrats im Rahmen der Regelkommunikation erscheint dies nur bedingt empfehlenswert. Nichtsdestotrotz kann es in gewissen Situationen sinnvoll sein, dass Aufsichtsratsvorsitzende (und ihre Kommunikationsverantwortlichen) einen externen Kommunikationsberater als Sparringspartner zu Rate ziehen.

Durchführung

In der Phase Durchführung geht es schließlich um die konkrete Umsetzung der geplanten Kommunikationsmaßnahmen. Dazu gehört die Auswahl der relevanten Instrumente, die Formulierung von Botschaften als auch die Koordination der operativen Prozesse und Arbeitsabläufe (Abschnitt 4.2). Die relevanten Aspekte der Durchführung der Kommunikationsmaßnahmen der ARV-Kommunikation wurden im Abschnitt 8.1 ausführlich anhand der Anspruchsgruppen vorgestellt.

Relevante Aspekte für die Durchführung der ARV-Kommunikation.
In der Phase der Durchführung werden also die Publizitätspflichten des Aufsichts-rats vorbereitet, mit Aufsichtsrat und Vorstand abgestimmt sowie veröffentlicht. Die IR-Abteilung wäre bspw. für die Umsetzung des Investorendialogs zuständig. Dabei müssten u. a. relevante Gesprächspartner ausgewählt, Präsentationen vor-bereitet und die Gespräche begleitet werden (detailliert dazu in den Ergebnissen in Abschnitt 8.1.2.2). Auch die Beratung und Umsetzung zu einer freiwilligen Kommunikation mit Journalisten wäre Teil der Umsetzung. Dies kann bei kon-kreten Anfragen geschehen oder auf Initiative der PR-Abteilung, sofern diese ein relevantes Thema für die Aufsichtsratsvorsitzenden identifizieren.

Darüber hinaus sollten die Kommunikationsverantwortlichen den Aufsichts-rat über relevante Kommunikationsereignisse informieren, z. B. durch eine Zusammenstellung der Wahrnehmung der relevanten Stakeholder nach den Quar-talszahlen des Unternehmens. Solch eine Zusammenstellung wird in den meisten Unternehmen für den Vorstand erstellt, stellt aber auch eine relevante Informa-tion für das Aufsichtsratsgremium dar, um ihrer Überwachungsaufgabe laufend nachkommen zu können.

Evaluation

Die Evaluationsphase im Rahmen des Kommunikationsmanagements erfolgt anhand einer mitlaufenden Prozesskontrolle und einer Ergebniskontrolle. Auf dieser Basis kann überprüft werden, ob die gesteckten Ziele der Kommunikationsaktivitäten erreicht wurden, um dadurch Optimierungspotenziale zu identifizieren und zukünftige Pläne anzupassen (Abschnitt 4.2).

Aufgrund des bisherigen mangelnden Kommunikationsmanagements für die ARV-Kommunikation ist es wenig überraschend, dass keines der befragten Unternehmen eine explizite Evaluation für die Kommunikation von Aufsichtsratsvorsitzenden durchführt. Da es bisher selten explizite Verantwortlichkeiten gibt, erklären dies die Kommunikationsexperten wie folgt:

„Wir steuern ja die Kommunikation beim Aufsichtsratsvorsitzenden nicht nach KPIs. Das ist auch eine ganz andere Ebene als sozusagen der Rest der Unternehmenskommunikation" (Public Relations_25).

Generell wird die Erfolgsmessung von Kommunikation als große Herausforderung angesehen. Insbesondere die Vertreter der IR-Abteilungen tun sich schwer damit, dies deckt sich mit bisherigen Erkenntnissen zur Erfolgsmessung der Investor Relations (Hoffmann & Tietz, 2019, S. 13). Aber auch die Aufsichtsratsvorsitzenden sind sich unklar darüber, wie ihre Kommunikation innerhalb und außerhalb des Unternehmenskontexts gemessen werden könne.

„Wie kann man Wirkung messen? Wenn ich kommuniziere, nehmen wir die Situationen als Privatperson! Was kommt dabei am Ende heraus? Da werden Sie oft nicht so sehr viel sehen!" (Aufsichtsratsvorsitzende_11).

Als Erfolgsindikator für die ARV-Kommunikation werden am häufigsten die Ergebnisse der Abstimmung auf der Hauptversammlung herangezogen. Dabei stelle sich jedoch die Frage, welchen Beitrag der Investorendialog mit den Aufsichtsratsvorsitzenden tatsächlich geleistet habe. So würden in den Gesprächen zwar die Argumente zu den Tagesordnungspunkten ausgetauscht, Investoren könnten aber trotzdem dagegen stimmen.

„Wobei die Frage ist, machen die das aufgrund des Gesprächs mit dem AR-Vorsitzenden oder hätten sie es ohnehin gemacht? Das ist schwer auseinanderzuhalten. Andersrum vielleicht eher. Wenn nach einer erfolgten Governance-Roadshow die Leute entgegen dem alten Verhalten oder entgegen der Erwartung negativ abstimmen, dann wäre es sicherlich kein Erfolg" (Investor Relations_24).

Weiterhin wird als Erfolgskriterium das qualitative Feedback von Investoren herangezogen. Dazu gehört einerseits, für wie hilfreich die Gesprächspartner den

Dialog mit den Aufsichtsratsvorsitzenden im Nachgang einschätzen. Andererseits zeige das generelle Interesse der wichtigsten Investoren an einem Dialog, ob dieser als erfolgreich eingestuft werden kann.

> „Erfolg wäre, wenn die Empfänger der Nachricht sagen, es hat sich gelohnt, ich verstehe das jetzt besser. Wenn sie alles an irgendwelchen Kursen ablesen wollen, machen sie manchmal gravierende Fehler. Denn dann ist die große Gefahr, dass sie sehr populistisch agieren, und das wäre grundverkehrt" (Aufsichtsratsvorsitzende_3).

Relevante Aspekte für die Evaluation der ARV-Kommunikation
Wenn basierend auf einer Situationsanalyse explizite Ziele und KPIs für die ARV-Kommunikation entwickelt wurden, dann würde in der Evaluationsphase sowohl die prozessbegleitende als auch die abschließende Bewertung der Kommunikationsaktivitäten des ARV stattfinden. Dies stellt dann die Basis für eine neue Planung dar.

Übersicht für die Verortung der ARV-Kommunikation im Kommunikationsmanagement
Die Erkenntnisse der Experteninterviews mit den Unternehmensvertretern offenbaren, dass die Kommunikation von Aufsichtsratsvorsitzenden zwar von den Kommunikationsfunktionen unterstützt wird, bislang jedoch kaum ein systematisches Kommunikationsmanagement stattfindet. Da Aufsichtsratsvorsitzende wichtige Kommunikatoren für das Unternehmen darstellen und die Anforderungen an die Publizitätspflichten, aber auch eine freiwillige Kommunikation der Anspruchsgruppen weiter steigen, besteht hier dringender Handlungsbedarf für die Unternehmen.

In diesem Kapitel wurden, neben den Erkenntnissen aus den Experteninterviews, auch aus normativer Sicht die relevanten Aspekte für eine Verortung der ARV-Kommunikation im Kommunikationsmanagement aufgezeigt. Abbildung 8.6 zeigt diese noch einmal im Überblick anhand der Phasen des Kommunikationsmanagements:

Im Rahmen der Planungsphase wird festgehalten, dass es einer Diskussion oder sogar Entscheidung des Aufsichtsratsgremiums bedarf, welchem Umfang die Kommunikationsmaßnahmen der externen ARV-Kommunikation haben können. Im folgenden Kapitel wird daher noch einmal ausführlich diskutiert, wie eine Kommunikationsordnung für den Aufsichtsrat als Grundlage für die Kommunikation von Aufsichtsratsvorsitzenden darstellen kann und welche Elemente sie enthalten sollte.

Analyse

- Themen und Trends in Bezug auf Corporate Governance
- Ggf. ARV-Kommunikation von Peers bzw. im Index
- Erwartungen von Investoren in Bezug auf den Investorendialog
- Erwartungen von anderen Stakeholdern, z. B. Journalisten an die ARV-Kommunikation
- Bestehendes Beziehungsgeflechts des ARV mit externen Stakeholdern (Investoren, Journalisten etc.)
- Fähigkeit zur Öffentlichkeitsmobilisierung des ARV
- Ressourcen der ARV-Kommunikation (Personal und Budget)

Planung

- (Grundsätzliche) Absprache mit ARV und CEO zur ARV-Kommunikation → Ziel: geteiltes Verständnis vom Auftritt des ARV nach außen
- Entscheidung für eine ARV-Kommunikation durch AR-Gremium:
- Entscheidung zum reaktiven oder aktiven Dialog mit Stakeholdern (bspw. nur Investoren oder auch Medien)
- Definition von Zielen für die ARV-Kommunikation (z.B. in Bezug auf den Investorendialog)
- Erarbeitung von Botschaften (um widersprüchliche Botschaften zu vermeiden)

Organisation

- Definition der personellen Unterstützung des ARV in Bezug auf Kommunikation (eigener Sprecher, feste Verantwortlichkeit im IR- & PR- Team etc.)

Umsetzung

- Publizitätspflichten aus der Überwachungs- und Kontrollaufgabe des Aufsichtsrats
- Investorendialog nach dem DCGK
- Freiwillige Kommunikations-maßnahmen mit weiteren Anspruchsgruppen, z. B. Interviews, Hintergrundgespräche
- Information des ARV über relevante Kommunikations-ereignisse des Unternehmens (mit/ohne Vorstand)

Evaluation

- Prozessbegleitende und abschließende Evaluation der Kommunikations-maßnahmen anhand qualitativer und/oder quantitativer Ziele

Abbildung 8.6 Verortung der ARV-Kommunikation im Kommunikationsmanagement-Prozess

8.2.4 Zwischenfazit: Einführung einer Kommunikationsordnung für den Aufsichtsrat

Ein modernes, professionelles Überwachungsgremium sollte sich grundsätzlich mit seiner Kommunikation auseinandersetzen. Im Sinne der Selbstorganisation des Gremiums könnte eine Kommunikationsordnung als strukturbildendes formales Element eingeführt werden, die die Kommunikation des Gremiums mit Investoren und weiteren Stakeholdern umfassend regelt[1]. Alternativ kann auch die bestehende Geschäftsordnung um entsprechende Punkte zur Kommunikation erweitert werden. Erforderlich wäre in beiden Fällen ein Aufsichtsratsbeschluss mit einfacher Mehrheit, womit auch mitbestimmungsrechtliche Aspekte abgedeckt sind (Landsittel, 2019, S. 266).

Eine Kommunikationsordnung kann dann als Grundlage für die Kommunikation von Aufsichtsratsvorsitzenden dienen und damit das Handeln der Akteure rationalisieren. In Ergänzung zu den Ausführungen aus der Corporate-Governance-Forschung, insbesondere aus der rechtlichen Perspektive (Landsittel, 2019; Degenhardt, 2017), sollen die relevanten Aspekte für eine Kommunikationsordnung erläutert werden, die mithilfe der Erkenntnisse dieser Arbeit ergänzt wurden.

Die Kommunikationsordnung sollte die Kompetenzen von Aufsichtsratsvorsitzenden klären. Anschließend ist es relevant, die Ressourcen für die Kommunikation als auch den Zugang zu Informationen zu definieren. Auf dieser Basis kann dann die interne Abstimmung geklärt sowie Kriterien für den Umgang mit Gesprächsanfragen definiert werden[2]. Tabelle 8.5 zeigt im Überblick die relevanten Inhalte einer Kommunikationsordnung für den Aufsichtsrat, die im Folgenden erläutert werden.

---

[1] Landsittel (2019, S. 265–272) plädiert in ihrer Dissertation ebenfalls für die Einführung einer Kommunikationsordnung für den Aufsichtsrat, dabei wird aus juristischer Sicht ein Entwurf für die konkrete Formulierung dieser Kommunikationsordnung vorgestellt (Landsittel, 2019, S. 286–289). Auch Degenhart (2017) skizziert Inhalte einer Kommunikationsordnung. Während sich beide Autorinnen jedoch ausschließlich auf die Investorenkommunikation konzentrieren, erlaubt der Vorschlag in dieser Arbeit die Betrachtung von weiteren Stakeholdern und erweitert die Einbindung der Kommunikationsfunktionen.

[2] Aus Gründen der Praktikabilität schlägt Vetter (2016, S. 875) als Alternative zur Kommunikationsordnung die Einsetzung eines Kommunikationsausschusses vor, der situationsabhängig darüber entscheiden sollte, welche Gespräche geführt würden und welche Themen dabei tabu seien. Aufgrund der theoretisch und empirisch beschriebenen Relevanz von Kommunikation für das gesamte Gremium, wird in dieser Arbeit jedoch der Vorschlag einer Kommunikationsordnung favorisiert und beschrieben.

Tabelle 8.5 Relevante Inhalte einer Kommunikationsordnung für den Aufsichtsrat

Dimensionen	Inhalte

Kompetenzen	+ Festlegung des Sprechers
	+ Konkrete Regelungen zum Dialog
	   + Reaktive und/oder aktive Kommunikation
	   + Kriterien zur Auswahl der Gesprächspartner
	   + Festlegung von Themen

Ressourcen	+ Personelle Verantwortlichkeit bzw. Zusammenarbeit mit den Kommunikationsfunktionen + Ggf. Festlegung eines Budgets
Abstimmung mit dem Vorstand	+ (Vorab-)Information über Kommunikationsmaßnahmen
Information an das Gremium	+ Umfang und Detailgrad der Information + Zeitpunkt der Information, z. B. fester Tagesordnungspunkt bei Aufsichtsratssitzungen
Nachinformation der Aktionäre	+ Umfang + Prozedere: Zeitpunkt, Format etc.

Als Erstes bedarf es einer grundsätzlichen Entscheidung bzw. eines Beschlusses des Gremiums, ob eine Kommunikation von Aufsichtsratsvorsitzenden über die Publizitätspflichten hinaus erfolgen soll bzw. darf. Konkret geht es dabei insbesondere um die beschriebenen freiwilligen externen Kommunikationsmaßnahmen von Aufsichtsratsvorsitzenden mit Investoren und ggf. weiteren Stakeholdern (Abschnitt 8.1.2). Aber auch interne Kommunikationsmaßnahmen, wie etwa die Präsentation von Führungskräften in Aufsichtsratssitzungen oder gemeinsame Abendessen, könnten einmal grundsätzlich besprochen werden, sofern sie nicht schon bereits stattfinden (Abschnitt 8.1.1).

Bei der Auseinandersetzung mit dem Thema kann das Aufsichtsratsgremium diese Inhalte diskutieren und beschließen. Alternativ dazu wäre es auch möglich, die Entscheidungsbefugnisse dafür beim Aufsichtsratsvorsitzenden zu belassen. Unabhängig davon erscheint es im Sinne eines transparenten Austauschs zwischen den Aufsichtsratsmitgliedern sinnvoll, die Themen einmalig oder sogar regelmäßig zu besprechen.

Kompetenzen

Der erste zentrale Punkt der Kommunikationsordnung stellt die Festlegung des Sprechers sowie der konkreten Regelungen des Dialogs dar. Als gewählter Repräsentant des Gremiums ist der Vorsitzende als Sprecher zu empfehlen. Prinzipiell wären jedoch weitere Sprecher denkbar: So könnte bei spezifischen Fragen zur Abschlussprüfung auch die Vorsitzenden des Prüfungsausschusses als Ansprechpartner agieren – denn Aufsichtsratsvorsitzende sollen nicht den Vorsitz des Prüfungsausschusses innehaben (DCGK, Empfehlung D.4). Die Erkenntnisse aus dieser Arbeit zeigen jedoch auf, dass Aufsichtsratsvorsitzende als alleiniger Sprecher des Gremiums von den Experten empfohlen werden.

Wenn grundsätzlich einer Kommunikation von Aufsichtsratsvorsitzenden über die Publizitätspflichten hinaus, zugestimmt wird, dann könnte auch die konkrete Ausgestaltung der Kommunikation festgelegt werden. Dabei sollte die Frage geklärt werden, ob nur eine reaktive Kommunikation, also bspw. bei Anfragen von Investoren zu einem Dialog, erfolgen soll oder auch freiwillige Kommunikationsmaßnahmen angestrebt werden, z. B. im Rahmen einer Corporate-Governance-Roadshow. Freiwillige Kommunikationsmaßnahmen, wie der Investorendialog oder auch Interviews bzw. Hintergrundgespräche mit Journalisten stellen relevante Erwartungen der Anspruchsgruppen dar (Abschnitt 7.2). Ziele der Kommunikation könnten dabei sein, Transparenz hinsichtlich der Aufsichtsratsarbeit herzustellen oder die Erwartungen des Kapitalmarkts aufzunehmen (Abschnitt 8.2.2).

Weiterhin erscheint es dann auch sinnvoll, Kriterien für die Auswahl von Gesprächspartnern zu definieren. Nach seiner Präambel will der Deutsche Corporate Governance Kodex „das Vertrauen von Anlegern, der Kunden, der Belegschaft und der Öffentlichkeit in die Leitung und Überwachung deutscher börsennotierter Gesellschaften fördern" (DCGK 2019, S. 2). Die Anregung zum Investorendialog von Aufsichtsratsvorsitzenden im DCGK ist jedoch auf Investoren beschränkt. Der weit gefasste Begriff der Anleger lässt sich in institutionelle und private Anleger differenzieren (Abschnitt 4.1.2). Viele institutionelle Investoren verfügen mittlerweile über eigene Corporate-Governance-Abteilungen und -Prinzipien.

Die Auswahl der Gesprächspartner für den Investorendialog sollte anhand definierter Kriterien in Abstimmung mit der IR-Abteilung erfolgen. Nach § 53a AktG sind alle Aktionäre unter gleichen Voraussetzungen gleich zu behandeln. Möglich wäre die Orientierung an Schwellenwerten, so sieht das Aktienrecht ab einer Beteiligung in Höhe von einem Prozent des Grundkapitals bestimmte Sonderrechte vor (§ 142 Abs. 2 Satz 1 AktG). Da viele institutionelle Investoren über eigene Governance-Teams verfügen, ist es gerade bei größeren Investmentgesellschaften zudem äußerst relevant, den richtigen Ansprechpartner ausfindig zu machen.

Unterhalb dieser Schwelle sind Gespräche jedoch grundsätzlich auch möglich: Als weitere relevante Kriterien für die Auswahl könnten z. B. das Investitionsvolumen eines potenziellen Investors, die Bedeutung des Aktionärsvertreters oder der Multiplikatoreneffekt des Gesprächspartners herangezogen werden. Aufgrund des Gleichbehandlungsgrundsatzes ist hier jedoch besonderes Augenmaß erforderlich. Dies zeigt sich exemplarisch bei Gesprächen mit Stimmrechtsberatern, die in ihren Voting Policies explizit festhalten, dass ihre Empfehlungen nur auf öffentlich verfügbaren Informationen basieren. Prinzipiell sind Gespräche sowohl mit Stimmrechtsberatern als auch Privataktionären möglich (Abschnitt 8.1.2.2).

Darüber hinaus erscheint es lohnend, sich im Gremium einmal grundsätzlich über einen Dialog mit weiteren Anspruchsgruppen auszutauschen. Aus den Erkenntnissen der Experteninterviews ist es schwer vorstellbar, dass es hierbei zu einer bindenden Abstimmung kommt, ob Aufsichtsratsvorsitzende etwa mit Journalisten sprechen dürfen. Aber gerade in Sondersituationen, wie Krisen, könnte im Gremium besprochen werden, inwiefern eine freiwillige Kommunikation von Aufsichtsratsvorsitzenden als notwendig erachtet wird.

Weiterhin gehört auch die Festlegung von Themen der Gespräche dazu. Die Themen wurden bereits an mehreren Stellen erwähnt (Abschnitt 3.2 und 5.1). Es ist daher empfehlenswert, dass sich die Kommunikationsordnung sowohl zu den Themen äußert als auch die Grenzen der Kommunikation aufzeigt. Dazu gehören etwa die Verschwiegenheitspflicht, das Insiderrecht als auch die aktienrechtliche Kompetenzverteilung zwischen Vorstand und Aufsichtsrat als grundlegende Strukturen.

Ressourcen

Eine Diskussion bzw. Entscheidung zu den Ressourcen ist besonders relevant für eine professionelle Planung, Umsetzung und Evaluation der ARV-Kommunikation. Eine zentrale Voraussetzung für ein Kommunikationsmanagement der ARV-Kommunikation ist eine Verantwortlichkeit innerhalb der Kommunikationsfunktionen. Die personelle Unterstützung sollte, wie in Abschnitt 8.2.1 ausführlich erläutert, idealerweise entweder einen eigenen Sprecher oder feste Ansprechpartner mit dezidierten Kapazitäten für die ARV-Kommunikation sowohl in der IR- als auch PR-Abteilung darstellen. So können die Kommunikationsverantwortlichen einerseits als Berater und Ermöglicher (Zerfaß und Franke, 2013, S. 123) der Kommunikationsprozesse von Aufsichtsratsvorsitzenden agieren. Andererseits bestehen aufgrund der definierten Berichtslinie bzw. expliziten Kapazitäten keine Interessenkonflikte mit dem Vorstand.

Mithilfe eines Kommunikationsverantwortlichen können dann Ziele für die ARV-Kommunikation definiert sowie Kommunikationspläne erstellt werden. Sie sind dann dafür zuständig, dass die geplanten Kommunikationsmaßnahmen operativ umgesetzt werden. Dazu gehört es auch, die Aufsichtsratsvorsitzenden entsprechend auf die Publizitätspflichten sowie freiwillige Kommunikationsmaßnahmen vorzubereiten und den Dialog zu begleiten. Durch diese personelle Unterstützung können Aufsichtsratsvorsitzende die Anforderungen der Anspruchsgruppen (Abschnitt 7.3) einbinden und damit professioneller kommunizieren.

Für den Fall, dass die Verantwortung für die ARV-Kommunikation nicht definiert wird, so sollten mindestens die Eckpfeiler einer Zusammenarbeit mit den Kommunikationsfunktionen diskutiert werden. Dafür muss gemeinsam mit Vorstandsvorsitzenden und Kommunikationsverantwortlichen die Zusammenarbeit besprochen werden, z. B., ob diese unabhängig oder ausschließlich über den Vorstand erfolgen soll.

In dem Zusammenhang könnte auch die Festlegung eines Budgets für die ARV-Kommunikation diskutiert werden. Ein Budget für den Aufsichtsrat wird in der juristischen Literatur unterschiedlich diskutiert (Lutter et al., 2014, S. 278 ff.; Schenck, 2013, S. 59 f.) und stößt angesichts der überwiegenden Meinung in Theorie und Praxis bislang eher auf Ablehnung. Ausgaben des Aufsichtsrats müssen bislang vom Vorstand freigegeben werden. Jedoch hat sich anhand der Expertengespräche gezeigt, dass Aufsichtsratsgremien in Sondersituationen auf die personelle Unterstützung bzw. Beratung durch externe Kommunikationsberater zurückgegriffen haben (Abschnitt 8.1.2).

In Bezug auf die personellen Ressourcen lässt sich festhalten, dass die Kommunikationsordnung eine wichtige Grundlage für das Kommunikationsmanagement der ARV-Kommunikation darstellt, dass das Handeln von Aufsichtsratsvorsitzenden sowie der Kommunikationsverantwortlichen rationalisiert.

Abstimmung mit dem Vorstand
Auch die unternehmensinterne Abstimmung einer Kommunikation von Aufsichtsratsvorsitzenden sollte Teil der Kommunikationsordnung sein. Schließlich stellt aus Sicht der befragten Experten ein dissonantes Erscheinungsbild von Vorstand und Aufsichtsrat eines der größten Risiken einer aktiven Kommunikation von Aufsichtsratsvorsitzenden dar. Denkbar ist ein informeller oder formalisierter Austausch vor und nach den jeweiligen Gesprächen im Rahmen des ohnehin stattfindenden Dialogs der beiden Gremienvorsitzenden.

Eine definierte Kommunikationsordnung zwischen CEO und ARV wird von den Experten jedoch nicht als notwendig erachtet. Bei einem Wechsel in einem der Ämter mache es jedoch Sinn, die Aufteilung von Themen einmal grundsätzlich zu besprechen.

Ein Kommunikationsverantwortlicher für die ARV-Kommunikation könnte als Bindeglied zwischen Aufsichtsrat und Vorstand in Bezug auf dessen Kommunikation agieren. Dazu gehört u. a. bei einer freiwilligen Kommunikation für einheitliche Botschaften nach außen zu sorgen oder auch die Vorab-Information des Vorstands sowie der Kommunikationsfunktionen, z. B. bei einem Interview des Aufsichtsratsvorsitzenden.

Information an das Gremium
Weiterhin sollte festgelegt werden, wie Aufsichtsratsvorsitzende das Gremium zur Wahrung des Kollegialprinzips über die Gespräche informiert. Die Experteninterviews haben gezeigt, dass die Kommunikation innerhalb des Gremiums als zentrale Aufgabe wahrgenommen wird. Schließlich stellt der Zugang zu Informationen für alle Aufsichtsratsmitglieder eine grundlegende Rolle für ihre

Überwachungsaufgabe dar. Dabei wären einerseits der Umfang und Detailgrad der Information zu diskutieren und andererseits der Zeitpunkt. Denkbar wäre hier etwa ein standardmäßiger Tagesordnungspunkt in den Aufsichtsratssitzungen.

Nachinformation der Aktionäre
Mit der Nachinformation der Aktionäre soll die informelle Gleichbehandlung gewährleistet werden. Dabei sollten der Umfang und das Prozedere geregelt werden. Eine Nachinformation könnte etwa im Rahmen des Aufsichtsratsberichts bzw. der Hauptversammlung erfolgen. Dieser Punkt ist besonders relevant, da die Erkenntnisse zu den Erwartungen der Anspruchsgruppen gezeigt haben, dass diese eine Nachinformation, bspw. zum Investorendialog von Aufsichtsratsvorsitzenden, zukünftig erwarten (Abschnitt 7.2.1).

Zusammenfassend kann festgehalten werden, dass die Definition und Einführung einer Kommunikationsordnung eine optimale Ausgangsbasis für die Planung der Kommunikation von Aufsichtsratsvorsitzenden darstellen. Die Aufsichtsratätigkeit befindet sich aufgrund einer steigenden Professionalisierung im Wandel. Eine inhärente Aufgabe des Gremiums ist es dabei, die Anteilseigner über die ihnen übertragende Überwachungstätigkeit zu informieren. Dies passiert insbesondere im Rahmen der Publizitätspflichten, die als zentrale Maßnahmen der ARV-Kommunikation bereits Teil der Regelkommunikation des Unternehmens sind. Ergänzend zu den Publizitätspflichten sollten aber auch die freiwilligen Kommunikationsmaßnahmen von Aufsichtsratsvorsitzenden im Rahmen eines Kommunikationsmanagements strategisch geplant, umgesetzt und evaluiert werden. So kann sichergestellt werden, dass sie die Anforderungen der Anspruchsgruppen berücksichtigen und ein einheitliches Bild des Unternehmens nach außen entsteht.

Resümee und Ausblick 9

Die Kommunikation von Aufsichtsratsvorsitzenden ist ein neues Forschungsthema im Spannungsfeld von Corporate-Governance- und kommunikationswissenschaftlicher Forschung. Ein zentrales Ziel der Arbeit ist es daher, das
Phänomen der ARV-Kommunikation aus diesen beiden Forschungstraditionen
konzeptionell zu erschließen, um ein Verständnis von Rahmenbedingungen,
Anforderungen und Aufgaben zu erhalten.

Aufsichtsratsvorsitzende konnten als relevante Kommunikatoren für (börsennotierte) Unternehmen etabliert werden. Unterschiedliche Anspruchsgruppen der
ARV-Kommunikation konnten theoretisch hergeleitet sowie deren Anforderungen empirisch untersucht werden. Aufgrund der formal-strukturellen Position
des Aufsichtsrats müssen die Strukturen und das Management der Kommunikation jedoch anders aufstellt werden als im bisherigen Verständnis der
Kommunikationsmanagement-Forschung. Eine zentrale Voraussetzung ist dabei
eine definierte Verantwortlichkeit innerhalb der Kommunikationsfunktionen für
das Kommunikationsmanagement der ARV-Kommunikation geben sollte. Die
ARV-Kommunikation wurde im Rahmen der Arbeit sowohl aus externer als auch
interner Perspektive untersucht. Die Kernaussagen der Studie werden anhand der
Forschungsfragen in Abschnitt 9.1 noch einmal rekapituliert.

Die Kommunikation von Aufsichtsratsvorsitzenden hat in der bisherigen
Forschung kaum Beachtung gefunden. Die Corporate-Governance-Forschung
betrachtet zwar die Funktionen des Gremiums, hat bisher die kommunikative Rolle von Aufsichtsratsvorsitzenden ausgeblendet. Die kommunikationswissenschaftliche Forschung hat wiederum Aufsichtsratsvorsitzende als relevante
Kommunikatoren für (börsennotierte) Unternehmen nicht beachtet. Daher wird
in Abschnitt 9.2 die Relevanz der ARV-Kommunikation für die Corporate-
Governance- sowie die kommunikationswissenschaftliche Forschung zusammengefasst.

© Der/die Autor(en) 2022   445
S. Binder-Tietz, *Kommunikation von Aufsichtsratsvorsitzenden*,
https://doi.org/10.1007/978-3-658-37717-5_9

Da die ARV-Kommunikation ein empirisches Phänomen darstellt, das sich weiter dynamisch verändert, werden in Abschnitt 9.3 die Erkenntnisse für die Praxis verdichtet dargestellt. Abschließend werden auf Basis einer kritischen Reflexion die Grenzen sowie Ansatzpunkte für weitere Forschung aufgezeigt (Abschnitt 9.4).

9.1 Kernaussagen

Die Kommunikation von Aufsichtsratsvorsitzenden wurde in dieser Arbeit aus zwei Perspektiven zu betrachtet: Aus der externen Perspektive, indem die Anforderungen an die Kommunikation von Aufsichtsratsvorsitzenden analysiert wurden, sowie internen Perspektiven, indem die Strukturen der Kommunikation von Aufsichtsratsvorsitzenden innerhalb der Unternehmen konzeptualisiert und die Bandbreite der internen und externen Maßnahmen dargestellt wurden, um darauf basierend die Kommunikation innerhalb des Kommunikationsmanagements zu verorten.

In diesem Kapitel sollen anhand von sechs Kernaussagen die wichtigsten Ergebnisse der Arbeit rekapituliert und auf die Forschungsfragen zurückbezogen werden. Als Erstes werden die Erkenntnisse aus externer Perspektive vorgestellt, die im Rahmen der institutionellen Analyse die Strukturmomente und damit Rahmenbedingungen aufschlüsseln sollen, auf die die Akteure weitgehend unbewusst zurückgreifen. Um die Anforderungen an die ARV-Kommunikation zu identifizieren, wurden zwei methodische Schritte durchgeführt. Mithilfe einer Inhaltsanalyse von Medienberichten und Analystenreports, hinsichtlich der Äußerungen von Aufsichtsratsvorsitzenden sowie Anlässe und Themen der Berichterstattung, wurden die Diskurse in der gesellschaftspolitischen Öffentlichkeit und Kapitalmarktöffentlichkeit aufgezeigt. Auf dieser Basis kann gezeigt werden, wie die öffentlichen Äußerungen von Aufsichtsratsvorsitzenden von den wichtigen Intermediären in den beiden relevanten Öffentlichkeitsarenen rezipiert werden. Schließlich können aus der Relevanz dieser Themen Anforderungen an die ARV-Kommunikation entstehen.

Rezeption der öffentlichen Kommunikation von Aufsichtsratsvorsitzenden
Aufgrund einer zunehmenden öffentlichen Kommunikation von Aufsichtsratsvorsitzenden wurde zunächst analysiert, wie in den Jahren 2016 und 2017 in deutschen Tages- und Wirtschaftsmedien sowie Analystenreports über Aufsichtsratsvorsitzende berichtet wurde (Forschungsfrage 1).

I. Die Thematisierung von Aufgaben des Aufsichtsrats in der medialen Berichterstattung basiert sowohl auf den Publizitätspflichten
der Unternehmen als auch zunehmend freiwilligen Äußerungen von
Aufsichtsratsvorsitzenden. In Analystenreports finden Aufsichtsratsthemen selten Einklang.

Die Berichterstattung in den Tages- und Wirtschaftsmedien thematisiert die operativen und strategischen Entwicklungen von Unternehmen, dazu gehören auch
Themen, die in den Aufgabenbereich des Aufsichtsrats fallen. Die öffentliche
Aufmerksamkeit hinsichtlich der Tätigkeiten und Entscheidungskompetenzen des
Gremiums ist jedoch unterschiedlich stark ausgeprägt: So sind etwa Personal-
und Vergütungsthemen deutlich häufiger ein Thema als etwa die Abschlussprüfung. Die Erkenntnisse zeigen, dass sich ein Großteil der Medienberichterstattung
(60,3 %) auf die Regelkommunikation des Aufsichtsrats sowie auf Äußerungen
von Aufsichtsratsvorsitzenden als kollektiven Sprecher im Rahmen der Publizitätspflichten (42,3 %) bezieht. Die Publizitätspflichten des Aufsichtsratsgremiums
werden demnach nicht nur den Kapitalmarktakteuren, sondern auch von den Medien
beider Öffentlichkeitsarenen rezipiert. Durch die Vermittlerrolle der Medien können
sich aufsichtsratsrelevante Themen auch bei der breiteren Öffentlichkeit durchsetzen, wodurch sich öffentliche Meinungen zu Themen, wie z. B. Vorstandsvergütung,
bilden können. Daher sollten sich die Kommunikationsfunktionen der Unternehmen
bei der Vorbereitung der Publizitätspflichten des Aufsichtsrats darüber bewusst sein,
dass sie, z. B. durch Zitate von Aufsichtsratsvorsitzenden in Pressemitteilungen,
auch dessen mediales Profil beeinflussen bzw. schärfen.

Deutlich seltener basiert die Medienberichterstattung bisher auf freiwilligen
Äußerungen von Aufsichtsratsvorsitzenden (16,1 %), etwa bei Interviews, oder
auf einer personalisierten Berichterstattung über Aufsichtsratsvorsitzende (20,7 %).
Darüber hinaus äußern sich Aufsichtsratsvorsitzende bisher nur in wenigen Fällen
als individuelle Sprecher bzw. Privatpersonen zu Anlässen außerhalb des Unternehmenskontexts (2,2 %). Aus den Erkenntnissen der Medienanalyse kann abgeleitet
werden, dass eine Personalisierung von Aufsichtsratsvorsitzenden bisher selten
stattfindet.

Weiterhin zeigen die Erkenntnisse, dass aufsichtsratsspezifische Themen sowie
freiwillige Äußerungen von Aufsichtsratsvorsitzenden bisher nur selten in Analystenreports aufgenommen werden. Dies könnte damit zusammenhängen, dass
die Publizitätspflichten des Aufsichtsrats nur bedingt einen Anlass für Analysten
bieten, einen Analystenreport zu verfassen oder die zugrunde liegenden Bewertungsmodelle anzupassen. Gleichzeitig zeigt sich aber auch die Rolle der Medien als

Multiplikator, da Äußerungen von Aufsichtsratsvorsitzenden in Medien in einzelnen Fällen in Analystenreports aufgenommen wurden.

Zusammenfassend lässt sich daher festhalten, dass es ein relevantes Interesse der Intermediären an Corporate-Governance-Themen gibt, die im Aufgabenbereich des Aufsichtsrats liegen. Um damit einhergehende Informationsbedürfnisse konkret beschreiben zu können, wurden anschließend Experteninterviews mit den Anspruchsgruppen der ARV-Kommunikation geführt, die basierend auf den theoretischen Ausführungen sowie der Medienanalyse identifiziert wurden.

Erwartungen der Anspruchsgruppen an die Kommunikation von Aufsichtsratsvorsitzenden

Im zweiten methodischen Schritt wurden die Erwartungen der Anspruchsgruppen aus der Kapitalmarkt- und gesellschaftspolitischen Öffentlichkeit an die Kommunikation von Aufsichtsratsvorsitzenden untersucht (Forschungsfrage 2).

> **II. Die Erwartungen der Anspruchsgruppen an die Kommunikation von Aufsichtsratsvorsitzenden richten sich vor allem auf umfangreiche und aktuelle Informationen hinsichtlich der Aufsichtsratstätigkeit. Bei einem Dialog mit Aufsichtsratsvorsitzenden erwarten die befragten Investoren ihre Positionen zu Corporate-Governance-Themen einbringen zu können, aber auch einen persönlichen Eindruck von der Person zu erhalten. Allen Anspruchsgruppen ist es wichtig, dass ihre spezifischen Interessenlagen und Perspektiven erkannt und in der ARV-Kommunikation berücksichtigt werden.**

Die befragten Experten können ihre Erwartungen an die Kommunikation von Aufsichtsratsvorsitzenden klar formulieren: Sie wünschen sich umfangreiche und aktuelle Informationen in Bezug auf die Arbeit und Entscheidungsfindung im Aufsichtsratsgremium. Diese Transparenzanforderungen können bisher zum großen Teil durch die Publizitätspflichten abgedeckt werden. Der jährliche Aufsichtsratsbericht als umfassende Informationsgrundlage fasst die Arbeit jedoch rückblickend zusammen, daher wünschen sich die Stakeholder zukünftig aktuellere, aber nicht weiter spezifizierte, Kommunikationsmaßnahmen. Insgesamt liegen die Erwartungen der Stakeholder an die Kommunikation in normalen, aber auch in Sondersituationen für das Unternehmen nicht weit auseinander.

Aus den Expertengesprächen zeigt sich vielmehr die Erwartung, dass die Unternehmensakteure die unterschiedlichen Interessenlagen und Perspektiven der Stakeholder kennen und entsprechend berücksichtigen. Insbesondere die befragten Investoren sehen den Dialog mit Aufsichtsratsvorsitzenden als legitime Anforderung an, da diese die gewählten Vertreter ihrer Interessen seien. In den Gesprächen möchten sie sowohl ihre Positionen zu Corporate-Governance-Themen einbringen als auch einen persönlichen Eindruck der Personen erhalten, um Anlageentscheidungen gegenüber ihren Anlegern rechtfertigen zu können. Diese Erkenntnisse müssen insofern in Kontext gesetzt werden, da es sich bei den befragten Investoren um Personen handelt, die sich bereits medial zum Thema Investorendialog geäußert haben und dem Dialog daher ggf. interessierter gegenüberstehen als andere Anleger.

Die Erwartung der befragten Vertreter von Stimmrechtsberatungen liegt darin, faktische Fragen zu klären, wobei ihre Analysearbeit ausschließlich auf öffentlich verfügbaren Informationen beruhe. Trotzdem erhoffen sie sich Hintergrundinformationen aus diesen Gesprächen ebenso wie ihre Corporate-Governance-Prinzipien mitteilen zu können.

Weiterhin sind Aufsichtsratsvorsitzende schon lange Quellen für die mediale Berichterstattung. Daher hoffen die befragten Journalisten bei einer freiwilligen Kommunikation von Aufsichtsratsvorsitzenden auf Informationen, etwa in Interviews oder Hintergrundgesprächen, um Situationen besser einordnen zu können. Gleichzeitig erwarten sie, dass Aufsichtsratsvorsitzende die Spielregeln in Mediengesprächen kennen und verstehen, wie Journalisten handeln.

Die Anforderungen der Anspruchsgruppen an die Kommunikation von Aufsichtsratsvorsitzenden verändern sich in Sondersituationen. Dabei steigt insbesondere der Orientierungsbedarf aller befragten Stakeholder in einer Krise und damit die Erwartung an eine punktuelle freiwillige Kommunikation.

Durch die Kombination der beiden Analysen konnte gezeigt werden, wie die Rezeption der öffentlichen Äußerungen von Aufsichtsratsvorsitzenden sowie die Erwartungen der Anspruchsgruppen zu Anforderungen an die ARV-Kommunikation werden. Diese Anforderungen können als (unerkannte) Handlungsbedingungen einen Einfluss auf die Kommunikation von Aufsichtsratsvorsitzenden nehmen.

Strukturen und Maßnahmen der Kommunikation von Aufsichtsratsvorsitzenden

Anschließend wurden im Rahmen der strategischen Analyse aus interner Perspektive die Handlungen der Unternehmensakteure verstehend rekonstruiert. Das Ziel dabei war es, die Strukturen der Kommunikation von Aufsichtsratsvorsitzenden innerhalb der Unternehmen zu konzeptualisieren sowie die internen und externen Kommunikationsmaßnahmen darzustellen, um auf dieser Basis die ARV-Kommunikation innerhalb des Kommunikationsmanagements zu verorten. Dafür wurden Experteninterviews mit Aufsichtsratsvorsitzenden geführt, sowie mit Verantwortlichen für Investor Relations und Public Relations aus den jeweiligen Unternehmen.

Zunächst sollte damit die Forschungsfrage 3 zu den Strukturen und Maßnahmen der Kommunikation von Aufsichtsratsvorsitzenden beantwortet werden. Mithilfe eines theoretisch hergeleiteten strukturationstheoretischen Analyserahmen wurden die Strukturen der ARV-Kommunikation konzeptualisiert. Ergänzend dazu wurden die theoretisch hergeleiteten Kommunikationsmaßnahmen innerhalb der Unternehmensöffentlichkeit sowie mit externen Anspruchsgruppen empirisch überprüft. So konnte gezeigt werden, mit welchen Anspruchsgruppen wie oft und in welcher Form eine Kommunikation von Aufsichtsratsvorsitzenden stattfindet.

III. In den Unternehmen sind die Strukturelemente bedeutsam, die Aufsichtsratsvorsitzenden den Zugang zu Informationen ermöglichen. Das Aktiengesetz und die Anregung zum Investorendialog im DCGK stellen die Normen dar, auf die sich die kommunikativen Handlungen der Akteure meist beziehen. Eine Modifizierung von Strukturen ist insbesondere durch die Einschätzung zur Relevanz von Kommunikation und der personellen Unterstützung der Investor-Relations- & Public-Relations-Abteilung bedingt – diese führen jedoch nicht zwangsläufig zu einer aktiveren externen Kommunikation.

Die formal-strukturelle Position des Aufsichtsrats im Unternehmen bedingt die Aufgaben und das Handeln der Akteure. Sie nimmt damit Einfluss auf die Strukturen der Kommunikation, z. B. bezüglich der Entscheidungskompetenz zu aufsichtsratsrelevanten Themen. Während das Aktiengesetz als stabile und eher limitierende Norm wahrgenommen wird, stellt die Anregung zum Investorendialog im DCGK diejenige Norm dar, auf die sich die Erwartungen der externen Anspruchsgruppen, allen voran der Investoren, beziehen. Vor diesem Hintergrund haben sich Strukturen langsam verändert – und werden sich bei steigenden Anforderungen weiter verändern.

Der Vorteil von Giddens (1997) inspirierter Organisationstheorie ist es, dass Stabilität und Wandel prinzipiell gleichberechtigt auftreten können. So lassen sich in Bezug auf die Strukturen der Kommunikation von Aufsichtsratsvorsitzenden keine schnellen Veränderungen, sondern eher eine Trägheit und schrittweise Modifikation identifizieren. Als Ausgangspunkt konnten vor allem unternehmerische

Sondersituationen identifiziert werden, in denen einzelne Aufsichtsratsvorsitzende ihre Kommunikation veränderten. Dies hat zu einem Wandel in dem jeweiligen Unternehmen aber auch in den Anforderungen der Anspruchsgruppen geführt.

Der Zugang zu Informationen stellt für Aufsichtsratsvorsitzende die zentrale allokative Ressource für ihre Arbeit sowie Kommunikation dar. Neben den aktienrechtlich geregelten Berichtspflichten haben sich z. B. Briefings nach den Quartalszahlen etabliert, die explizit auf die Wahrnehmung der externen Stakeholder zielen. Diese Entwicklung kann als Teil einer generellen Professionalisierung der Aufsichtsratstätigkeit gewertet werden, wobei Kommunikation eine wichtige Grundlage darstellt.

Eine Modifikation von Strukturen ist vor allem durch die Einschätzung zur Relevanz von Kommunikation bedingt, die als Interpretationsmuster das Handeln der Akteure rationalisiert. Für ein gemeinsames Verständnis und eine professionelle Unterstützung und Beratung ist dabei die personelle Unterstützung der IR- und PR-Abteilung relevant. Ein etablierter Austausch mit den Kommunikationsfunktionen führt jedoch nicht zwingend zu einer aktiveren externen Kommunikation.

> **IV. Die Publizitätspflichten des Aufsichtsrats werden bereits seit langem im Rahmen der Regelkommunikation umgesetzt. Der Investoren-dialog befindet sich in einem dynamischen Entwicklungsprozess, betrifft jedoch bisher nur einen Teil der Unternehmen – wobei alle Unternehmen über einen Modus Operandi nachdenken. Darüber hinaus finden freiwillige Kommunikationsmaßnahmen von Aufsichtsratsvorsitzenden insbesondere mit Medien, wie Interviews oder Hintergrundgespräche, aber auch ein persönlicher Dialog mit Stimmrechtsberatern sowie Politikern statt. Innerhalb der Unternehmen nutzen Aufsichtsratsvorsitzende vor allem persönliche formelle oder informelle Gespräche.**

Innerhalb des Unternehmens stehen der Austausch mit dem Vorstand und die Informationsversorgung des Aufsichtsrats, als Grundlage der Aufsichtsratsarbeit, im Vordergrund. Darüber hinaus beruht ein Dialog mit internen Anspruchsgruppen, insbesondere den Führungskräften, auf persönlichen formellen und informellen Gesprächen. Die Art und Weise sowie die Frequenz und Intensität der Kommunikation obliegt dabei den Aufsichtsratsvorsitzenden, dem persönlichen Kommunikationsstil und in Bezug auf die Strukturen, vor allem der Beziehung zum Vorstand sowie der Einschätzung zur Relevanz von Kommunikation.

Bei den Publizitätspflichten des Aufsichtsrats handelt sich vor allem meist um schriftliche, einseitig nach außen gerichtete Kommunikationsmaßnahmen, die bereits seit langem im Rahmen der Regelkommunikation von Unternehmen umgesetzt werden.

In Bezug auf die externe ARV-Kommunikation mit dem Kapitalmarkt hat die Anregung zum Investorendialog im DCGK einen nachweisbaren Impuls gegeben, da sich alle befragten Unternehmen dieser neuen Norm bewusst sind. Auch die Unternehmen, bei denen es noch zu keinen Anfragen von Investoren gekommen ist, haben sich grundsätzlich Gedanken dazu gemacht, wie sie damit umgehen würden. In den Unternehmen, in denen bereits Gespräche geführt werden, versuchen die IR-Verantwortlichen entsprechende Abläufe zu etablieren. Zusammenfassend kann daher festgehalten werden, dass Unternehmensakteure in Bezug auf die Kommunikation mit Investoren einen Modus Operandi definieren.

Fragen von Stimmrechtsberatern, auch in Bezug auf aufsichtsratsrelevante Themen, werden von der IR-Abteilung beantwortet, nur in einzelnen Fällen kam es bisher auch zu einem Dialog mit Aufsichtsratsvorsitzenden. Die Tatsache, dass die Arbeit von Stimmrechtsberatern auf öffentlichen Informationen basiert, rationalisiert das Handeln der Unternehmensakteure.

Anhand der gesellschaftspolitischen Öffentlichkeit zeigt sich die Grenze zwischen der Pflichtkommunikation des Aufsichtsrats auf der einen Seite und einer freiwilligen Kommunikation von Aufsichtsratsvorsitzenden auf der anderen Seite. Aus Sicht der Experten sei das tatsächliche Interesse der Medien an einem Austausch mit Aufsichtsratsvorsitzenden abhängig vom Unternehmen sowie der Situation. Bei der Umsetzung und Bewertung einer freiwilligen Kommunikation mit den Medien zeigen sich erhebliche Unterschiede zwischen den befragten Unternehmen. So gibt es Unternehmen, bei denen es keine Medienaktivitäten von Aufsichtsratsvorsitzenden gibt, während andere Unternehmen unterschiedliche Maßnahmen, wie Interviews oder Hintergrundgespräche, zu bestimmten Themen einsetzen. Darüber hinaus lässt sich feststellen, dass die Beziehungen von Aufsichtsratsvorsitzenden mit Journalisten ebenfalls einen ermöglichenden Einfluss auf die Durchführung der freiwilligen ARV-Kommunikation haben.

Auch die Nutzung von persönlichen Social-Media-Kanälen durch Aufsichtsratsvorsitzenden wurde in den Gesprächen thematisiert. Bei den meisten Aufsichtsratsvorsitzenden ist dies zwar noch nicht der Fall, kann aber zukünftig eine Herausforderung darstellen, wenn Personen, die Social-Media-Kanäle bereits in ihrer Vorstandszeit intensiv nutzen, in ein Aufsichtsratsmandat wechseln.

Darüber hinaus wurde in den Expertengesprächen thematisiert, dass es in einigen Fällen auch zu einem Dialog von Aufsichtsratsvorsitzenden mit Politikern bzw. Regulierungsbehörden gekommen ist. Dabei handelte es sich entweder um einen Antrittsbesuch des Aufsichtsratsvorsitzenden oder um eine Sondersituation, wobei der CEO stets Teil dieser persönlichen Gespräche war.

Die Bandbreite und Intensität der Kommunikationsmaßnahmen von Aufsichtsratsvorsitzenden kann in Sondersituationen, insbesondere in Krisen, sowohl intern (Austausch mit dem Vorstand, Mitarbeiterversammlungen) als auch extern (Investorengespräche, Interviews, Hintergrundgespräche) zunehmen. Dabei ist für alle Experten jedoch wichtig, dass die Kommunikation zeitlich begrenzt ist und sich auf die Aufgaben des Aufsichtsrats bezieht – entsprechend hält die strukturelle Veränderung auch nur für den entsprechenden Zeitraum an.

Kommunikationsmanagement der Kommunikation von Aufsichtsratsvorsitzenden

Die Kenntnis über die Strukturen und die Maßnahmen der Kommunikation von Aufsichtsratsvorsitzenden bilden die Basis dafür, die Verortung der Kommunikation im Kommunikationsmanagement beschreiben und diskutieren zu können.

Die formal-strukturelle Position des Aufsichtsrats stellt eine Herausforderung dafür dar, wie die ARV-Kommunikation im Kommunikationsmanagement verortet wird. Die theoretischen Ausführungen zum Kommunikationsmanagement haben gezeigt, dass die Kommunikation von Aufsichtsratsvorsitzenden anders charakterisiert werden muss, da sich die Ziele nicht wie im bisherigen Verständnis der Kommunikationsmanagement-Forschung aus der Unternehmensstrategie ableiten lassen. Zudem handelt es sich um einen neuen und relevanten Kommunikator für das Unternehmen, dessen Publizitätspflichten zwar bereits seit dem Langem im Rahmen der Regelkommunikation umgesetzt werden, es jedoch nur in wenigen Fällen eine klare Verantwortlichkeit innerhalb der Kommunikationsfunktionen für diese sowie die freiwillige Kommunikation gibt. Zunächst wurde daher diskutiert, wer für das Kommunikationsmanagement der ARV-Kommunikation verantwortlich sein sollte.

V. Die Investor-Relations- und Public-Relations-Abteilungen nehmen zwar bereits eine ermöglichende und beratende Rolle bei der Kommunikation von Aufsichtsratsvorsitzenden ein, in nur wenigen Fällen gibt es bislang jedoch klare Verantwortlichkeiten oder dezidierte Kapazitäten für die ARV-Kommunikation. Für eine professionelle Kommunikation von Aufsichtsratsvorsitzenden ist es notwendig, dass es eine klare Verantwortlichkeit für dessen Kommunikationsmanagement gibt. Davon profitieren einerseits die Aufsichtsratsvorsitzenden durch die personelle Unterstützung, andererseits aber auch die Kommunikationsverantwortlichen, indem sie dadurch eine bessere Kommunikation zu aufsichtsratsrelevanten Themen umsetzen können.

Die Publizitätspflichten des Aufsichtsrats werden bereits seit langem im Rahmen der Regelkommunikation des Unternehmens umgesetzt. Darüber hinaus wurden in den PR-Abteilungen in einigen Fällen feste Ansprechpartner für die Aufsichtsratsvorsitzenden definiert, wodurch sich ein vertrauensvolles Verhältnis mit einer intensiveren beratenden Funktion etabliert hat. Dem gegenüber scheint die IR-Abteilung bisher eher eine unterstützende Rolle einzunehmen, obwohl beim Investorendialog ebenfalls eine Beratung innerhalb der einzelnen Planungsschritte stattfindet.

Insgesamt zeigen die Experteninterviews, dass in nur wenigen Fällen auch entsprechend organisationale Strukturen und Berichtslinien für die ARV-Kommunikation etabliert wurden. Dies stellt ein Governance-Problem dar, da es zu Interessenkonflikten zwischen dem Aufsichtsrat und Vorstand, an den die Kommunikationsfunktionen üblicherweise berichten, kommen könnte. Es braucht daher eigene Kommunikationsverantwortliche bzw. Sprecher für die ARV-Kommunikation oder mindestens feste Ansprechpartner in den Kommunikationsfunktionen mit dezidierten Kapazitäten für die ARV-Kommunikation. Die Verantwortlichen müssten eine entsprechende Unabhängigkeit innerhalb der Abteilung haben, da es Themen geben kann, die mit den Kollegen bis zur Veröffentlichung nicht geteilt werden können. Solch ein Vorgehen ist bei Sondersituationen, wie Übernahmen, in der Praxis üblich.

Durch einen direkten Austausch bzw. Zusammenarbeit kann es ein systematisches Kommunikationsmanagement für die ARV-Kommunikation geben, wobei die Kommunikationsverantwortlichen für die interne Abstimmung mit den Kommunikationsfunktionen und ggf. dem Vorstand zuständig sind. Die Kommunikationsverantwortlichen profitieren insofern, da sie einen Einblick in die Argumentation der

Aufsichtsratsvorsitzenden zu aufsichtsratsspezifischen Themen erhalten und dieses Wissen für die weitere Kommunikation nutzbar machen können.

> **VI. Das Kommunikationsmanagement für die Kommunikation von Aufsichtsratsvorsitzenden steht noch am Anfang.** Sowohl die Analyse, Planung als auch Evaluation der Kommunikation sind inkonsistent und lückenhaft. Die Herstellung von Transparenz sowie die Beziehungspflege mit internen und externen Anspruchsgruppen stellen die zentralen Ziele für die Kommunikation dar. Eine Kommunikationsordnung für den Aufsichtsrat kann eine Grundlage für das Kommunikationsmanagement darstellen.

Aufgrund der fehlenden Organisation und Verantwortlichkeit für die ARV-Kommunikation in den Kommunikationsfunktionen sind bislang weder Analyse, Planung noch Evaluation für die Kommunikation von Aufsichtsratsvorsitzenden etabliert.

Abgeleitet aus der Aufsichtsratstätigkeit sind Transparenz und Beziehungspflege mit internen und externen Anspruchsgruppen die zentralen Kommunikationsziele für die Kommunikation von Aufsichtsratsvorsitzenden (Abschnitt 5.2). Diese Ziele konnten im Rahmen der empirischen Analyse bestätigt sowie weitere Ziele identifiziert werden. In Bezug auf interne Anspruchsgruppen sind dies z. B., Fachfragen zu klären sowie einen persönlichen Eindruck vom Führungspersonal für die Nachfolgeregelung und bezüglich der Unternehmenskultur zu erhalten. Hinsichtlich der externen ARV-Kommunikation soll zudem erreicht werden, dass das Unternehmen als gut geführt wahrgenommen werden, da sich dies positiv auf die Unternehmensreputation auswirke.

Für die Entwicklung eines Kommunikationsmanagements wurde daher in Abschnitt 8.2.4 die Einführung einer Kommunikationsordnung für den Aufsichtsrat vorgeschlagen. Dies würde eine strukturbildende Grundlage darstellen, die die Kommunikation des Gremiums mit Investoren und weiteren Stakeholdern umfassend regelt. Daraus abgeleitet könnten die Verantwortlichen für die ARV-Kommunikation ein Kommunikationsmanagement aufbauen.

9.2   Relevanz für die Forschung

Die Kommunikation von Aufsichtsratsvorsitzenden ist ein interdisziplinäres Forschungsthema an der Schnittstelle von Corporate-Governance-Forschung und
Kommunikationswissenschaft. Ein zentrales Ziel war es daher, das Phänomen der
ARV-Kommunikation aus diesen beiden Forschungstraditionen konzeptionell zu
erschließen, um ein Verständnis von Rahmenbedingungen, Anforderungen und
Aufgaben zu erhalten. Im Folgenden soll nun der wissenschaftliche Ertrag der
vorliegenden Arbeit für beide Forschungstraditionen beschrieben werden.

Dann der wirtschafts- und rechtswissenschaftlichen Corporate-Governance-
Forschung zum Aufsichtsrat stehen Themen der Zusammensetzung, Vergütung
und Informationsversorgung im Mittelpunkt (Grundei & Zaumseil, 2012; Hommelhoff et al., 2009; Metten, 2010; Welge & Eulerich, 2014). Seit der Aufnahme
des Investorendialogs in den DCGK haben sich zudem einzelne Dissertationen
aus juristischer Sicht mit der Zulässigkeit des Dialogs beschäftigt (Landsittel,
2019; Reutershahn, 2019).

Die vorliegende Arbeit erweitert erstmalig den Diskurs um die umfassende Betrachtung der internen und externen Kommunikation des Auf-
sichtsrats(vorsitzenden). Dafür werden zunächst theoretisch die verschiedenen
Anspruchsgruppen der ARV-Kommunikation, neben den Anteilseignern, abgeleitet und etabliert. Zudem wird sowohl theoretisch als auch empirisch gezeigt,
dass die Kommunikation des Aufsichtsratsgremiums im Allgemeinen und von
Aufsichtsratsvorsitzenden im Speziellen nicht nur aus gesetzlichen Pflichten
besteht, sondern auch aus den formellen und informellen Kommunikationsprozessen zwischen den Akteuren im Gremium, dem Vorstand, Führungskräften
und Kommunikationsverantwortlichen sowie den externen Stakeholdern in verschiedenen Öffentlichkeitsarenen. Die rechtswissenschaftlich geprägte Diskussion
zu einer Kommunikationsordnung für den Aufsichtsrat wird schließlich um
die kommunikationswissenschaftlichen Erkenntnisse der Arbeit erweitert. Aufgrund der gewählten Perspektive des Kommunikationsmanagements sind die
Erkenntnisse zur Kommunikation, hinsichtlich der Management-Prozesse und
Strukturen, leicht anschlussfähig an die Managementforschung innerhalb der
Wirtschaftswissenschaften.

Da sich das Forschungsthema in einem dynamischen Wandlungsprozess
befindet, bietet das erarbeitete Analyseraster zukünftiger Forschung ein Instru-
mentarium, um die weitere Modifikation von Strukturen der Kommunikation von
Aufsichtsratsvorsitzenden zu bestimmen. Darauf basierend könnten auch andere
Strukturen innerhalb, wie etwa das Zusammenspiel von Vorstandsvorsitzenden
und Aufsichtsratsvorsitzenden, oder außerhalb der Unternehmen analysiert werden. Zudem bietet es Ansatzpunkte, um die Erkenntnisse zu den Strukturen auch
auf andere Corporate-Governance-Systeme zu übertragen.

Für die kommunikationswissenschaftliche Forschung ist die vorliegende Arbeit in zweierlei Hinsicht relevant. Einerseits für die Kommunikatorforschung als zentrales Teilgebiet der Kommunikationswissenschaften, die sich zunächst vor allem mit Journalisten beschäftigte (Löffelholz, 1997; Pürer, 1997), den Blick dann aber auf PR-Kommunikatoren (Bentele, 1997) und schließlich auf Kommunikationsmanager erweiterte (Falkheimer et al., 2016; Grunig et al., 2002). Der Wandel der (sozialen) Medien bringt heute weitere neue Kommunikatoren, wie etwa Influencer, hervor (Schach & Lommatzsch, 2018). In Bezug auf Unternehmensmitglieder hat sich in den vergangenen Jahren vor allem die CEO-Kommunikation als Teildisziplin etabliert (Deekeling & Arndt, 2014; Sandhu & Zielmann, 2010; Zerfaß et al., 2016; Zerfaß & Sandhu, 2006) und auch der Finanzvorstand wird als Akteur der Kapitalmarktkommunikation angesehen (Hoffmann et al., 2020). Aus diesem strategisch-instrumentellen Verständnis werden mit dieser Arbeit auch Aufsichtsratsvorsitzende als wichtige Kommunikatoren im Rahmen der Kommunikation von Unternehmen eingeführt. Anhand der Systematisierung von Szyszka (2008) sind Aufsichtsratsvorsitzende als Akteure der sekundären Unternehmensführung formelle Organisationskommunikatoren. Nach der Systematisierung von Bentele (1997) können Aufsichtsratsvorsitzende sowohl als Fachkommunikatoren, funktionale Kommunikatoren sowie personale und korporative Kommunikatoren angesehen werden. Anhand der vorgeschlagenen Einordnung (Abschnitt 4.3.3) können Aufsichtsratsvorsitzende im Rahmen der Kommunikatorforschung zukünftig weitergehend betrachtet werden.

Die Forschung zu Kommunikationsmanagement und der Wertschöpfung von Kommunikation für Unternehmen entwickelt sich stetig weiter (Gregory, 2018; Hallahan, 2013; Zerfaß, 2014; Zerfaß & Volk, 2020). Auch hier kann die vorliegende Arbeit anschließen und neue Impulse setzen.

Erstens problematisiert die Arbeit das Kommunikationsmanagement in Bezug auf diejenigen Akteure, deren Handeln nicht den unternehmerischen Zwängen unterliegt. Aufsichtsratsvorsitzende sind per Definition zwar Teil des Unternehmens, jedoch setzt der Aufsichtsrat als Teil der Corporate Governance die Rahmenbedingungen für das Handeln des Vorstands. Dementsprechend wurde argumentiert, dass Kommunikationsziele bzw. der Wertbeitrag der Kommunikation nicht, wie im bisherigen Verständnis der Forschung, aus den Unternehmenszielen abgeleitet werden können (Abschnitt 5.2). Vielmehr beziehen sie sich auf die inhärenten Aufgaben des Gremiums, sodass Transparenz und Beziehungspflege als zentrale Ziele der Aufsichtsratskommunikation definiert werden konnten. Die Integration dieser Ziele mit den Zielen der Kommunikationsfunktionen konnte für die Kommunikation von Aufsichtsratsvorsitzenden skizziert werden.

Weiterhin wurde aufgezeigt, dass bei einem neuen relevanten Kommunikator für das Unternehmen zunächst definiert werden muss, wer überhaupt für das Kommunikationsmanagement zuständig ist. In der bisherigen Forschung konnten neue Kommunikatoren, Themen oder Kanäle in das bestehende Kommunikationsmanagement integriert werden. Die ARV-Kommunikation stellt jedoch eine besondere Herausforderung dar, daher ist es notwendig die Aufbauorganisation anzupassen, um mögliche Interessenkonflikte zwischen Vorstand und Aufsichtsrat zu vermeiden.

Dabei werden auch die Grenzen des Kommunikationsmanagements problematisiert: Die bisherige Forschung fokussiert meist auf die Corporate-Communications-Abteilung, während es nur wenige Studien zum Kommunikationsmanagement der Investor-Relations-Abteilung gibt (Hoffmann & Tietz, 2018). Die Erkenntnisse der Arbeit zeigen, dass Kommunikationsmanagement, gerade in Hinblick auf die Akteure der Unternehmensführung, aber von beiden Abteilungen durchgeführt und entsprechend abgestimmt sein sollte. Aufsichtsratsvorsitzende benötigen strategisch-beratende und operativ-unterstützende Kommunikationsexperten an ihrer Seite, die ihr Handeln miteinander abstimmen. Auf dieser Basis wurde schließlich aufgezeigt, dass die Kommunikation von Aufsichtsratsvorsitzenden noch nicht in das Kommunikationsmanagement eingebunden ist und präsentiert Ansatzpunkte, wie dies geschehen kann.

Zusammenfassend konnte mit der vorliegenden Arbeit verdeutlichen werden, welche Herausforderungen sich für die Kommunikationsmanagement-Forschung ergeben, wenn ein neuer Kommunikator hinzukommt – und dies gibt gleichzeitig Impulse für die Weiterentwicklung der Forschungsstränge.

9.3   Erkenntnisse für die Praxis

Die Arbeit steht in der Tradition von Studien, die gleichzeitig kommunikationswissenschaftliche Grundlagenforschung als auch Erkenntnisse für die Kommunikationspraxis als möglich erachten (Stehle, 2015, S. 38; Zerfaß, 2010, S. 23). Daher sollen im Folgenden die umfangreich dargestellten empirischen Ergebnisse für die Kommunikationspraxis verdichtet werden. Dieser Teil richtet sich damit sowohl an Aufsichtsratsvorsitzende als auch Verantwortliche für Investor Relations und Public Relations, die sich Gedanken zur grundsätzlichen Ausrichtung der Kommunikation von Aufsichtsratsvorsitzenden machen.

Dafür werden (1) die Erkenntnisse zu den Strukturen für die Verantwortlichen der IR- und PR-Abteilungen pointiert aufbereitet. Dabei wird hervorgehoben, welche Ressourcen als Mindestanforderung in den Kommunikationsabteilungen bereitstehen sollten sowie welche Aspekte vor allem von den Aufsichtsratsvorsitzenden abhängen. Zudem wird kurz dargestellt, welche Punkte bei einem Wechsel im Aufsichtsratsvorsitz bedacht bzw. in einem Gespräch mit dem Aufsichtsratsvorsitzenden thematisiert werden sollten, um die internen Strukturen modifizieren zu können.

Darüber hinaus werden (2) Erfolgsfaktoren für die Kommunikation von Aufsichtsratsvorsitzenden zusammengefasst. In den Interviews wurden sowohl die Unternehmensexperten als auch die Vertreter der Anspruchsgruppen gefragt, was eine erfolgreiche ARV-Kommunikation für sie ausmacht. Diese Aussagen werden mit den theoretischen und empirischen Erkenntnissen zu zehn Erfolgsfaktoren kondensiert zusammengeführt.

Schließlich wird (3) ein kurzer Ausblick auf Entwicklungen hinsichtlich der Kommunikation von Aufsichtsratsvorsitzenden gegeben, die seit der empirischen Erhebung dieser Arbeit beobachtet werden konnten. Dazu gehört insbesondere die Nutzung von Social-Media-Kanälen durch Aufsichtsratsvorsitzende bzw. die Einbindung dieser Aktivitäten durch die Unternehmenskommunikation.

Überprüfung der Strukturen der Kommunikation von Aufsichtsratsvorsitzenden

Die mediale Rezeption der Äußerungen von Aufsichtsratsvorsitzenden bezieht sich schwerpunktmäßig auf die externe Kommunikation im Rahmen von Hauptversammlungen und bei Interviews (Abschnitt 7.1.1). Dabei werden die Vielfalt der internen Kommunikation von Aufsichtsratsvorsitzenden und vor allem die zugrunde liegenden Strukturen nicht berücksichtigt.

Für die Verantwortlichen der Investor-Relations- und Public-Relations-Abteilungen ist jedoch insbesondere die Betrachtung der Strukturen sinnvoll. Alle Handlungen der Akteure basieren auf den Strukturen, die sich gleichzeitig rekursiv durch die Handlungen verändern. Daher wäre eine umfassende Situationsanalyse der internen Strukturen sowie externen Einflussfaktoren auf die Kommunikation von Aufsichtsratsvorsitzenden sinnvoll.

Eine zentrale Erkenntnis der Arbeit ist, dass es klare Verantwortlichkeiten innerhalb der Kommunikationsfunktionen für die ARV-Kommunikation braucht. Sie zeigen auch, dass aus der personellen Unterstützung der Kommunikationsfunktionen nicht zwingend eine aktivere externe Kommunikation von Aufsichtsratsvorsitzenden entsteht, vielmehr können die Aufsichtsratsvorsitzende besser informierte Entscheidungen bezüglich einer Kommunikation fällen. Für eine professionelle

ARV-Kommunikation sowie die Verortung der Kommunikation im Kommunikationsmanagement braucht es daher klare Verantwortlichkeiten – auch um interne Interessenkonflikte vorzubeugen. Daher werden zwei Optionen für die Verantwortlichkeit für die ARV-Kommunikation vorgeschlagen (Abschnitt 8.2.1):

- Feste Ansprechpartner in Kommunikationsfunktionen mit dezidierten Kapazitäten für die ARV-Kommunikation
- Eigene Sprecher für die ARV-Kommunikation

Dabei ist in Bezug auf die Aufbauorganisation zu klären, an wen die Verantwortlichen berichten bzw. wie der Akteur im Organigramm des Unternehmens zu verorten ist.

Sobald dies definiert wurde, sollte ein Blick auf die Zusammenarbeit des Verantwortlichen mit den Kommunikationsfunktionen geworfen werden. So werden die Publizitätspflichten bereits seit langem im Rahmen der Regelkommunikation umgesetzt. Dieses Vorgehen kann, unter der Einbeziehung des ARV-Kommunikationsverantwortlichen, weiterhin sinnvoll sein, jedoch sollte überprüft werden, ob noch Verbesserungspotenzial besteht. Zudem sollten die grundsätzlichen Möglichkeiten und Abläufe in Bezug auf den Investorendialog ebenso geklärt werden wie die Frage, wie mit Anfragen von anderen Stakeholdern umgegangen wird. Die Aspekte zur Überprüfung der organisatorischen Aufstellung der Kommunikationsfunktionen finden sich in Tabelle 9.1.

Die Analyse der Strukturen der ARV-Kommunikation hat gezeigt, dass einige Ressourcen tausch- und übereigenbar sind, da sie an das Amt von Aufsichtsratsvorsitzenden gebunden sind. Dazu gehören u. a. der Zugang zu Informationen oder die Entscheidungskompetenz. Neben der gesetzlich festgehaltenen Informationsversorgung des Aufsichtsratsgremiums durch den Vorstand, zeigen die Erkenntnisse, dass auch die beiden Kommunikationsfunktionen zu einer optimalen Informationsbasis für den Aufsichtsratsvorsitzenden beitragen (Abschnitt 8.1.1).

Zur Analyse der Strukturen sollte daher, in Abstimmung mit dem Vorstand und sofern vorhanden dem Aufsichtsratsbüro, das Informationsangebot der Kommunikationsfunktionen an den Aufsichtsrat überprüft werden (Tabelle 9.2):

Eine Analyse des Informationsangebots lohnt sich sowohl in Bezug auf die bestehenden Strukturen als auch bei einem Wechsel im Aufsichtsratsvorsitz, der ggf. mit erweiterten Informationsbedürfnissen des neuen Aufsichtsratsvorsitzenden einhergeht.

Schließlich gibt es Ressourcen, die an den Akteur gebunden sind, wie das Image und die Glaubwürdigkeit von Aufsichtsratsvorsitzenden in der Öffentlichkeit, die Fähigkeit zur Öffentlichkeitsmobilisierung und die Beziehungen zu Stakeholdern.

Tabelle 9.1 Punkte zur Überprüfung der Verantwortlichkeit und organisatorischen Aufstellung der Kommunikationsfunktionen

Organisatorische Aufstellung der Kommunikationsfunktionen	
Verantwortung für ARV-Kommunikation	+ Gibt es einen eigenen Sprecher für die ARV-Kommunikation oder einen festen Verantwortlichen in beiden Kommunikationsfunktionen mit dezidierten Kapazitäten für die ARV-Kommunikation? + An wen berichtet der Verantwortliche für die ARV-Kommunikation? Wie ist der Verantwortliche in der Aufbauorganisation bzw. dem Organigramm verortet?
Zusammenarbeit der Kommunikationsfunktionen bei aufsichtsratsspezifischen Themen	+ Wie sind die Abläufe bei der Vorbereitung der Pflichtpublikationen des Aufsichtsrats durch die Kommunikationsfunktionen organisiert? Gibt es Verbesserungspotenzial? + Sind grundlegende Fragen und Optionen in Bezug auf den Investorendialog zwischen Aufsichtsratsvorsitzenden, Kommunikationsverantwortlichen und Investor-Relations-Abteilung geklärt? + Wie wird mit Anfragen von Investoren und Stimmrechtsberatern an den Aufsichtsratsvorsitzenden umgegangen? + Wie sind die Abläufe bei Anfragen von Journalisten zu aufsichtsratsspezifischen Themen? + Inwiefern werden Aufsichtsratsvorsitzende bei einem Dialog mit politischen Stakeholdern involviert?

Tabelle 9.2 Punkte zur Überprüfung des Informationsangebots durch die Kommunikationsfunktionen

Informationsangebot an den Aufsichtsrat durch die Kommunikationsfunktionen	
Täglicher Pressespiegel	+ Erhalten die Aufsichtsratsvorsitzenden bzw. das gesamte Gremium den Pressespiegel?
Briefings zu Quartalszahlen	+ Welche Informationen werden nach den Quartalszahlen von den Kommunikationsfunktionen bereitgestellt? + Inwiefern werden die Informationen auch eingeordnet bzw. bewertet?
Informationen zu Aufsichtsratssitzungen	+ Werden für die Aufsichtsratssitzungen regelmäßig Informationen in Bezug auf die Kapitalmarktsicht bzw. öffentlichkeitsrelevanten Themen aufbereitet?
Formalisiertes Reporting an den Aufsichtsrat	+ Sollte ein ergänzendes, regelmäßiges Informationsangebot für die Aufsichtsratsvorsitzenden durch die Kommunikationsfunktionen etabliert werden, um weitere Informationsbedürfnisse abzudecken?
Briefings im Vorfeld der Hauptversammlung	+ Enthält das Briefing bzw. der Fragenkatalog zur Hauptversammlung alle relevanten Informationen aus Kapitalmarktsicht bzw. zu öffentlichkeitsrelevanten Themen? + Welche Situationen erfordern ein spezifisches Briefing der Kommunikationsfunktionen?
Weiteres	+ Gibt es eventuell zusätzliche Informationen, die zur Verfügung gestellt werden können, um das Informationsbedürfnis der Aufsichtsratsvorsitzenden abzudecken?

Die Strukturelemente können von den Aufsichtsratsvorsitzenden im bestehenden Amt genutzt werden, aber auch in ein neues Amt eingebracht werden. Daher ist es gerade bei einem Wechsel des Aufsichtsratsvorsitzes interessant, sich gemeinsam in Bezug auf die Einschätzung zur Relevanz von Kommunikation (Interpretationsmuster) auszutauschen, um darauf basierend Entscheidungen hinsichtlich einer freiwilligen ARV-Kommunikation rationalisieren zu können.

Erfolgsfaktoren

In den Interviews wurden sowohl die Unternehmensexperten als auch die Anspruchsgruppen nach ihren Empfehlungen für eine erfolgreiche Kommunikation von Aufsichtsratsvorsitzenden gefragt. Die Aussagen dazu werden in diesem Kapitel mit den empirischen Erkenntnissen in Bezug auf die Anforderungen, Strukturen, Maßnahmen und des Kommunikationsmanagements miteinander verbunden und zu zehn Erfolgsfaktoren aus praktischer Sicht abstrahiert.

(1) *Bewusstsein für steigende Aufmerksamkeit von Corporate-Governance-Themen*

Verschiedene Entwicklungen haben dazu geführt, dass Corporate-Governance-Themen sowohl am Kapitalmarkt als auch in der medialen Öffentlichkeit eine steigende Aufmerksamkeit erhalten. Der Aufsichtsrat ist im dualistischen System der Unternehmensführung sowohl Repräsentant als auch Adressat guter Corporate Governance. Aufsichtsratsvorsitzende müssen sich dieser Aufmerksamkeit bewusst sein. Ob es zu einer freiwilligen Kommunikation außerhalb der Publizitätspflichten kommt, hängt von den unternehmerischen Rahmenbedingungen und Anforderungen der Anspruchsgruppen ab. Eine strikte Verweigerung gegenüber einem Austausch, insbesondere in Bezug auf den Investorendialog, ist heute jedoch nicht mehr zeitgemäß.

(2) *Definition und Einführung einer Kommunikationsordnung des Aufsichtsratsgremiums*

Das Aktiengesetz definiert Publizitätspflichten des Aufsichtsrats und die Aufgabentrennung von Vorstand und Aufsichtsrat. Darüber hinaus sollte sich ein modernes, professionelles Überwachungsgremium grundsätzlich mit seiner Kommunikation auseinandersetzen. Im Sinne der Selbstorganisation des Gremiums könnte eine Kommunikationsordnung als strukturbildendes formales Element eingeführt werden, die die Kommunikation des Gremiums mit Investoren und weiteren Anspruchsgruppen sowie die dafür notwendigen Ressourcen umfassend regelt (Abschnitt 8.2.4).

(3) *Klare Verantwortlichkeiten bzw. Kapazitäten für die ARV-Kommunikation in den Kommunikationsfunktionen*

Klare Verantwortlichkeiten bzw. dezidierte Kapazitäten von Kommunikationsverantwortlichen für die ARV-Kommunikation sind die Grundlage für eine professionelle ARV-Kommunikation sowie dessen Verortung im Kommunikationsmanagement. Den Kommunikationsverantwortlichen kommt dann sowohl eine ermöglichende als auch beratende Rolle zu, die auch die Abstimmung mit der weiteren Unternehmenskommunikation sicherstellen.

(4) *Einbindung der ARV-Kommunikation in ein Kommunikationsmanagement*

Seit langem werden die Publizitätspflichten des Aufsichtsrats als Teil der Regelkommunikation von Unternehmen umgesetzt, sind jedoch nicht Teil eines Kommunikationsmanagements. Durch die Definition eines Kommunikationsverantwortlichen für die ARV-Kommunikation trägt ein Akteur die Verantwortung dafür, die Publizitätspflichten als auch die freiwillige Kommunikation von Aufsichtsratsvorsitzenden im Kommunikationsmanagement zu verorten. Basierend auf einer Situationsanalyse können sowohl Strukturen als auch die Anforderungen an die Kommunikation betrachtet und Rückschlüsse für Planung, Umsetzung und Evaluation der Kommunikation gezogen werden. Transparenz hinsichtlich der Überwachungstätigkeit sowie die Beziehungspflege mit internen und externen Anspruchsgruppen stellen dabei wichtige Ziele der ARV-Kommunikation dar.

(5) *Interne Kommunikation ist mehr als Informationsversorgung*

Die Kommunikation im Aufsichtsratsgremium und mit dem Vorstand wird als zentrale Aufgabe von Aufsichtsratsvorsitzenden angesehen. Die Arbeit des Aufsichtsrats basiert auf der Informationsversorgung durch den Vorstand. Durch die Rolle als Sparringspartner und Sounding Board des Vorstands setzt das Gremium die Rahmenbedingungen für das Handeln und in diesem Zusammenhang einen positiven Beitrag für die Unternehmensentwicklung. Interne Kommunikation bietet aber weitere Ansatzpunkte: Indem Führungskräfte ihre Bereiche in Aufsichtsratssitzungen repräsentieren, können fachspezifische Fragen geklärt und Talente für die Nachfolgeregelung identifiziert werden. Durch informelle Formate, wie Abendessen, kann aber auch die Wertschätzung des Gremiums an die Führungskräfte vermittelt werden, gleichzeitig erhalten die Aufsichtsräte einen Einblick in die Unternehmenskultur.

(6) *Sicherstellung von Transparenz und Aktualität der Publizitätspflichten*

Die Anforderungen der Anspruchsgruppen an die Kommunikation von Aufsichtsratsvorsitzenden können zum großen Teil durch die Publizitätspflichten des Unternehmens abgedeckt werden. Der Aufsichtsratsbericht und die Investor-Relations-Website sind dabei die zentralen Instrumente der

Aufsichtsratskommunikation. Daher ist wichtig, dass Corporate-Governance-Informationen stets transparent, umfangreich und aktuell aufbereitet sind. Der Investorendialog nach DCGK stellt dabei eine Herausforderung dar: Wann und in welchem Umfang informiert das Unternehmen die weiteren Investoren über die Gespräche? Ob dies im jährlichen Aufsichtsratsbericht ausreichend ist oder sich die Anforderungen an die Nachinformation verändern, sollte beobachtet werden.

(7) *Definition und Weiterentwicklung des Modus Operandi für den Investorendialog*

Die Handlungsmuster der Kommunikation von Aufsichtsratsvorsitzenden zeigen, dass alle Unternehmen einen Modus Operandi für den Investorendialog nach dem DCGK definieren – auch diejenige, die bisher keine Anfragen von Investoren erhalten haben. Es ist sinnvoll, Grundsätze für den Dialog ebenso wie interne Abläufe und Prozesse zu definieren. Dabei ist es jedoch auch wichtig, die Anforderungen der Kapitalmarktakteure zu kennen: Schon heute wünschen sich Investoren einen stärker strukturierten Dialog, z. B. anhand einer Präsentation, um die Schwerpunkte der Aufsichtsratstätigkeit besser zu verstehen.

(8) *Auch Aufsichtsratsvorsitzende brauchen Vorbereitung*

Die Entscheidungskompetenz des Aufsichtsrats ist eine wesentliche Voraussetzung, um Vertrauen auf der Sachebene zu erreichen. Kommunikative bzw. Vermittlungskompetenz beinhaltet auch das Eingehen auf die Erwartungshaltungen und Spezifika der Anspruchsgruppen. Auch erfahrene Aufsichtsratsvorsitzende profitieren davon, wenn sie durch die Kommunikationsverantwortlichen einen Einblick in die aktuellen Anforderungen und Einschätzungen der Stakeholder erhalten.

(9) *Beziehungen mit Anspruchsgruppen durch Listening pflegen*

Aufsichtsratsvorsitzende haben Entscheidungskompetenzen und sollten daher im Dialog mit Anspruchsgruppen ihre Äußerungen sorgfältig wählen. Das Ziel von Beziehungsaufbau und -pflege wird in der bisherigen medialen und akademischen Diskussion zur Kommunikation von Aufsichtsratsvorsitzenden noch nicht betrachtet. Dabei ist es eine wichtige Erwartung von allen befragten Stakeholdern, durch einen Dialog nicht nur Informationen zu erhalten, sondern auch dem Gremium die jeweils eigene Perspektive auf Corporate-Governance-Themen mitzuteilen und die handelnden Akteure einschätzen zu können. Aus vorherigen Positionen bringen Aufsichtsratsvorsitzende bereits Beziehungen zu Stakeholdern mit, durch Zuhören und Nachfragen bei relevanten Stakeholdern kann das Aufsichtsratsgremium neue, ungefilterte Impulse für seine Arbeit erhalten.

(10) *Authentizität als Kernvoraussetzung für die Kommunikation*
In jedem Expertengespräch wurde auf den Einfluss der Persönlichkeit von
Aufsichtsratsvorsitzenden auf deren Kommunikation verwiesen. Die Sprecherrolle gehört zur Aufgabe von Aufsichtsratsvorsitzenden dazu und wird
in Zukunft sowohl intern als auch extern an Relevanz gewinnen. Unabhängig vom Kommunikationsstil geht es inhaltlich um die Vermittlung von
Corporate-Governance-Informationen. Daher ist es wichtig, sowohl in den
Publizitätspflichten als auch im freiwilligen Dialog mit den Anspruchsgruppen authentisch zu bleiben. Denn eine authentische Kommunikation kann zu
einer Zuschreibung von Glaubwürdigkeit und Vertrauen in den Akteur, aber
auch das Unternehmen führen.

Anhand dieser Erfolgsfaktoren können sowohl Aufsichtsratsvorsitzende als auch
Kommunikationsverantwortliche in den Unternehmen die Kommunikation analy-
sieren und diskutieren. Sie schaffen einen Mehrwert für die interne Diskussion der
Strukturen und Maßnahmen.

Ausblick: Social-Media-Kanäle als zukünftige Herausforderung
Die Nutzung von persönlichen Social-Media-Accounts durch Vorstandsvorsitzende
stellt für die Kommunikationspraxis eine neue Entwicklung und Herausforderung dar. So nutzen einige CEOs sowie anderen Vorstandsmitglieder z. B. den
Kurznachrichtendienst Twitter, um sowohl unternehmensrelevante Themen zu kommunizieren, aber auch um sich zu gesellschaftspolitischen Themen zu äußern. Die
Akteure nutzen dabei selbst den Account und die Kommunikationsabteilungen entscheiden von Fall zu Fall, ob sie sich bei Kommentaren einmischen, falls Korrekturen
notwendig erscheinen (Neuen, 2018).
    In Abschnitt 8.1.2.3 wurde gezeigt, dass auch wenige Aufsichtsratsvorsit-
zende bereits persönlich Social-Media-Kanäle nutzen. Seit der Durchführung
der Interviews konnten vermehrt freiwillige Äußerungen über Social Media von
Aufsichtsratsvorsitzenden identifiziert werden, entweder im Rahmen der Social-
Media-Aktivitäten der Unternehmen, z. B. durch eine Kommentierung der Hauptversammlung (Deutsche Börse AG, 2020b), oder auf persönlichen Social-Media-
Kanälen, in denen die Kommunikation des Unternehmens zur Hauptversammlung
(Hagemann Snabe, 2020b) oder Quartalszahlen (Hagemann Snabe, 2020a) geteilt
und kommentiert wurde.
    Diese Entwicklung zeigt, dass die Nutzung von Social Media zukünftig eine
steigende Bedeutung und damit eine Herausforderung für das Kommunikationsmanagement darstellt. Die Nutzung von Social Media kann eine autoritative
Ressource (Fähigkeit zur Öffentlichkeitsmobilisierung) von Aufsichtsratsvorsitzenden darstellen. Bisher gibt es jedoch keine systematische Beobachtung der

Social-Media-Aktivitäten der Aufsichtsratsmitglieder des Unternehmens. Demnach ist unklar, inwiefern die Stakeholder diese Äußerungen rezipieren und sich daraus ggf. neue Anforderungen an die Kommunikation ergeben.

Die Kommunikationsverantwortlichen sollten sich zukünftig nicht nur mit den verschiedenen Social-Media-Kanälen des Unternehmens und der Vorstandsmitglieder auseinandersetzen. Auch die Nutzung der Kanäle durch Aufsichtsratsvorsitzende sowie ggf. Aufsichtsratsmitglieder stellt eine Herausforderung dar, die einmal grundsätzlich besprochen werden sollte. Dabei geht es nicht um eine personelle Unterstützung, sondern um eine beratende Rolle in Hinblick auf Themen des Unternehmens, die Wahrnehmung der Stakeholder, ein gemeinsames Verständnis der Relevanz etc., da diese Aspekte schließlich wieder zu Veränderungen in den internen Strukturen führen können.

9.4 Limitationen und Desiderate

Der Aufsichtsrat ist ein Teil des dualistischen Systems der Unternehmensführung, das neben Deutschland auch in Österreich, den Niederlanden, einer Minderheit der französischen Unternehmen sowie in einigen osteuropäischen Staaten angewendet wird. Es wurde gezeigt, dass die institutionelle Trennung von Führung und Kontrolle eines Unternehmens einen Gegensatz zum monistischen Corporate-Governance-System darstellt, die Anspruchsgruppen ihre Anforderungen an Transparenz und Dialog jedoch unabhängig von den Systemen stellen. Abschließend soll daher diskutiert werden, auf welche Bereiche sich die gewonnenen Erkenntnisse übertragen sowie welche Desiderate sich aus dieser Arbeit ergeben.

In Abschnitt 6.4 wurden bereits die Gütekriterien von qualitativer Forschung und deren Anwendung im Rahmen dieser Arbeit erörtert. Die Meinungen, welchen Gültigkeitsbereich qualitative Forschung hat, gehen jedoch weit auseinander. Lewis & Ritchie (2003) schlagen drei miteinander verbundene, aber separat analysierbare Arten der Generalisierbarkeit von qualitativer Forschung vor: Bei der „representational generalization" (Lewis & Ritchie, 2003, S. 265) stellt sich die Frage, ob die Ergebnisse auf die gesamte Fallpopulation ausgedehnt werden können. Dies umfasst (1) ob die Phänomene bei den ausgewählten Fällen auch in der Grundgesamtheit zu finden sind und (2) ob andere oder zusätzliche Phänomene in der Grundgesamtheit auftreten, aber nicht im Sample.

Aufgrund der fehlenden wissenschaftlichen Erkenntnisse im Forschungsfeld wurde im Rahmen der institutionellen Analyse zunächst eine Inhaltsanalyse von Medienberichterstattung und Analystenreports durchgeführt. Dabei konnten in Abschnitt 7.1.2 fünf ereignisbezogene Typen der Kommunikation von

Aufsichtsratsvorsitzenden in der Grundgesamtheit identifiziert werden. Diese Typen repräsentieren typische Fälle in der Grundgesamtheit und wurden für die Fallauswahl der Experteninterviews genutzt. Die Auswahl der Fälle basiert demnach auf einer möglichst großen Bandbreite an Merkmalen.

Zudem kann davon ausgegangen werden, dass die Rahmenbedingungen für das Phänomen der Kommunikation von Aufsichtsratsvorsitzenden bei DAX- und MDAX-Unternehmen relativ konstant sind. Dies betrifft u. a. die Publizitätspflichten, die aus der Börsennotierung resultieren, die Aktionärsstrukturen, die mediale Aufmerksamkeit sowie die Professionalität des Kommunikationsmanagements. Unterschiede oder zusätzliche Einflussfaktoren bspw. anhand von einer Branchenzugehörigkeit waren nicht zu erwarten und in den Ergebnissen nicht erkennbar. Eine gute Generalisierbarkeit konnte dabei durch eine Bandbreite an untersuchten Ausprägungen sowie Einflussfaktoren sichergestellt werden.

Im Rahmen der „inferential generalization" (Lewis & Ritchie, 2003, S. 264) wird betrachtet, ob eine Generalisierung auf Fälle möglich ist, die nicht zur Grundgesamtheit zählen. Dies wären z. B. Unternehmen mit einem monistischen System der Unternehmensführung, kleineren börsennotierten Unternehmen oder Unternehmen, die nicht börsennotiert sind. In diesen Fällen führen unterschiedliche Gründen dazu, dass nicht von den gleichen Rahmenbedingungen ausgegangen werden kann, was die Generalisierung der Ergebnisse erschwert.

Bei Unternehmen mit einem one-tier-board sind wie in Abschnitt 3.1 beschrieben, die Leitungs- und Kontrollaufgabe im Board of Directors institutionell nicht getrennt. Dementsprechend unterscheiden sich die internen Strukturen im Direktorium und für die Kommunikation im Unternehmen. Dennoch kann davon ausgegangen werden, dass die äußeren Rahmenbedingungen, die öffentliche Aufmerksamkeit und die Anforderungen der Stakeholder an die Kommunikation, vergleichbar sind. Weder in der Corporate-Governance- noch in der kommunikationswissenschaftlichen Forschung wurde die Kommunikation des Chairman of the Board beim monistischen System der Unternehmensführung systematisch untersucht. Die vorliegenden Erkenntnisse können demnach nicht auf diese Unternehmen generalisiert werden, bieten aber gleichzeitig Ansatzpunkte für die Kommunikation in diesem Corporate-Governance-System. Dies wäre insofern relevant, da eine Annäherung des dualistischen Modells an das monistische System erwartet wird (Witt, 2000).

Bei kleineren börsennotierten Unternehmen kann davon ausgegangen werden, dass sie weniger mediale Aufmerksamkeit erhalten und möglicherweise über weniger professionelle Kommunikationsfunktionen verfügen als bspw. DAX-Unternehmen. Dennoch könnten die Erkenntnisse in Bezug auf die Strukturen auf diese Unternehmen angewandt werden.

Weiterhin gibt es Aufsichtsrats- und Beiratsgremien bei nichtbörsennotierten Unternehmen. Hier unterscheiden sich die Rahmenbedingungen insofern, da die Publizitätspflichten aus der Börsennotierung nicht gegeben sind. Demnach ist die gesetzlich vorgeschriebene Publizität stark zurückgestellt, dennoch kann es zu einer Bandbreite an internen und externen Kommunikationsmaßnahmen kommen. Die vorliegenden Erkenntnisse können auf diese Beispiele ebenfalls nicht übertragen werden, bieten aber analytische Ansatzpunkte.

Die Kriterien für die Auswahl der Grundgesamtheit sowie des Samplings der Unternehmensvertreter wurden in Abschnitt 6.3 dargestellt und erörtert. Sollten Inferenzschlüsse auf andere Unternehmensformen vorgenommen werden, sollten diese bis zu ihrer Bestätigung oder Widerlegung lediglich in Form von Hypothesen vorgenommen werden (Lewis & Ritchie, 2003, S. 269). Schließlich stellt die „theoretical generalization" (Lewis & Ritchie, 2003, S. 267) die breiteste Form der Anwendung des Gültigkeitsbereichs dar. Sie liegt vor, wenn die Erkenntnisse zur Entwicklung oder Verfeinerung der bestehenden theoretischen Konzepte dienen. Im Rahmen der Arbeit wurden die Strukturen und Grundlagen der Kommunikation von Aufsichtsratsvorsitzenden konsequent aus der Strukturationstheorie sowie den Theorien zu Kommunikationsmanagement, Kommunikatorforschung und Corporate Governance abgeleitet. So sollte die Anschlussfähigkeit an bestehende sozialwissenschaftliche und insbesondere kommunikationswissenschaftliche Theorien gewährleistet warden.

Desiderate und Ausblick

Die Kommunikation von Aufsichtsratsvorsitzenden ist ein interdisziplinäres empirisches Phänomen, sodass zukünftig von einer stärkeren Verbindung der juristischen und wirtschaftswissenschaftlichen Corporate-Governance- und kommunikationswissenschaftlichen Ansätzen ausgegangen werden kann. Die Forschungsperspektiven werden anhand des Analyserahmens, des Kommunikationsmanagements und dem Forschungsprojekt übergreifend dargestellt.

Diese Arbeit wurde konsequent aus der strukturationstheoretischen Perspektive konzeptioniert und umgesetzt. Der Analyserahmen der Dualität der Strukturen bietet die Ausgangsbasis, spezifische Aspekte der Kommunikation von Aufsichtsratsvorsitzenden tiefergehend zu analysieren. So könnten bspw. die Strukturen und das Verhältnis von Vorstandsvorsitzenden und Aufsichtsratsvorsitzenden detaillierter betrachtet werden, da diese einen bedeutenden Einfluss auf die Kommunikation nehmen. Auch der Einfluss der Persönlichkeit von Aufsichtsratsvorsitzenden auf die Strukturen könnte weitergehend untersucht werden. Darüber hinaus bietet der Analyserahmen auch Ansatzpunkte, um die bisher wissenschaftlich nicht untersuchte Kommunikation des Chairman of the Board im monistischen System der Unternehmensführung zu betrachten. Dabei müsste der Analyserahmen entsprechend auf die dabei vorliegenden formalen Strukturen übertragen werden.

Die vorliegenden Ergebnisse beschreiben sowohl die Relevanz der internen Kommunikation von Aufsichtsratsvorsitzenden als auch das neue Phänomen des Investorendialogs und der freiwilligen öffentlichen Kommunikation. In Bezug auf die interne Kommunikation wären die Anforderungen der internen Anspruchsgruppen, also Vorstände, Führungskräfte aber auch Mitarbeitende, von Interesse. Da sich die Erwartungen der externen Anspruchsgruppen insbesondere bei Sondersituationen, wie Krisen, verändern, könnte dies ein Ansatzpunkt darstellen, um die Erwartungen von internen Stakeholdern an die ARV-Kommunikation zu betrachten.

Im Rahmen der Ergebnisse wurde auch deutlich, dass es einen Austausch mit politischen Stakeholdern gibt. Dabei handelt es sich um eine personelle, nicht öffentliche Kommunikation, die an der Schnittstelle zur politischen Kommunikationsforschung weiter beachtet werden könnte. Auch hier scheinen es insbesondere Sondersituationen, wie Krisen oder Übernahmen, zu sein, die ein Anlass für den Dialog sind. Insgesamt bieten Sondersituationen, aufgrund der dargestellten Relevanz und höheren Intensität, zukünftig einen Anlass für die fallbezogene Beschäftigung mit der Kommunikation von Aufsichtsratsvorsitzenden.

Für die Forschung zum Kommunikationsmanagement konnte aufgezeigt werden, dass Verantwortlichkeiten geschaffen und Prozesse entsprechend angepasst werden müssen, wenn sich ein neuer Kommunikator etabliert. Da das Kommunikationsmanagement für Aufsichtsratsvorsitzende noch am Anfang steht, wäre es interessant die Umsetzung zu einem späteren Zeitpunkt erneut zu betrachten. Dabei wären zwei Aspekte besonders hervorzuheben: Erstens die Frage, inwiefern eine konkrete Verantwortlichkeit für die ARV-Kommunikation zu einer (besseren) Verortung im Kommunikationsmanagement führt. Dabei wäre es interessant zu sehen, wie die Kommunikationsfunktionen sich aufgrund eines neuen Kommunikators hinsichtlich Strukturen, Prozesse etc. verändern. In dieser Arbeit wird auf den Aufsichtsratsvorsitzenden als Kommunikator fokussiert, weitergehend könnte diese Perspektive auch auf die Kommunikationsverantwortlichen übertragen werden. Zweitens könnte ein detaillierter Blick auf die Inhalte der Kommunikation von Aufsichtsratsvorsitzenden geworfen werden. Die Analyse der Medienberichte und Analystenreports bietet erste Ansatzpunkte aus der Rezeptionsperspektive.

Die Rolle des (neuen) Kommunikators von Aufsichtsratsvorsitzenden kann darüber hinaus aus weiteren Perspektiven betrachtet werden. Einerseits wäre es interessant einen Blick auf die systematische Gestaltung dieser Rolle und eventuellen Personalisierungstendenzen zu werfen. Andererseits könnte die Position aus Sicht des viel rezipierten Polyphonie-Ansatzes von Christensen, Morsing & Cheney (2008) betrachtet werden, der davon ausgeht, dass nicht alle Einzelstimmen, die aus einer Organisation kommen, gleich sein können und müssen. Vielmehr ergeben sich aus einer Vielstimmigkeit Chancen für das Unternehmen. Nicht nur Kommunikationsexperten, sondern alle Führungskräfte und Mitarbeitende des Unternehmens werden dabei als Kommunikatoren des Unternehmens angesehen.

Ziel einer polyphonen Kommunikation ist es, Vielfalt zu ermöglichen und gleichzeitig Einheitlichkeit anzustreben. Daher könnte betrachtet werden, wie sich die Kommunikation des Unternehmens durch den Aufsichtsratsvorsitzenden verändert. Zusammenfassend kann festgehalten werden, dass das empirische Phänomen der Kommunikation von Aufsichtsratsvorsitzenden vielfältige Ansatzpunkte für theoretische als auch empirische Forschungsarbeiten für beide zugrunde liegenden Forschungstraditionen bereithält.

Literatur- und Rechtsquellenverzeichnis

Literaturverzeichnis

Achleitner, A.-K., & Bassen, A. (Hrsg.). (2001). *Investor Relations am Neuen Markt: Zielgruppen, Instrumente, rechtliche Rahmenbedingungen und Kommunikationsinhalte.* Stuttgart: Schäffer-Poeschel.

Achleitner, A.-K., Bassen, A., & Fieseler, C. (2008). Finanzkommunikation: Die Grundlagen der Investor Relations. In M. Meckel & B. F. Schmid (Hrsg.), *Unternehmenskommunikation: Kommunikationsmanagement aus Sicht der Unternehmensführung* (2. Aufl., S. 261–288). Wiesbaden: Gabler.

Albright Stiftung (April 2019). *Die Macht hinter den Kulissen: Warum Aufsichtsräte keine Frauen in die Vorstände bringen.* Berlin. https://www.allbright-stiftung.de/allbright-ber ichte. Zugegriffen am 12.06.2021.

Aldrich, H., & Herker, D. (1977). Boundary Spanning Roles and Organization Structure. *The Academy of Management Review, 2*(2), 217–230.

An, S.-K., & Cheng, I.-H. (2010). Crisis Communication Research in Public Relations Journals: Tracking Research Trends Over Thirty Years. In W. T. Coombs & S. J. Holladay (Hrsg.), *The Handbook of Crisis Communication* (S. 65–90). Chichester: Wiley-Blackwell.

Arthur W. Page Society (2007). The authentic enterprise. https://awpagesociety.com/thought-leadership/authentic-enterprise-report. Zugegriffen am 12.06.2021.

Arthur W. Page Society. (2016). *The new CCO: Transforming enterprises in a changing world.* New York: Arthur W. Page Society. https://page.org/thought-leadership. Zugegriffen am 12.06.2021.

Baerns, B. (1992). Öffentlichkeitsarbeit als Thema der Publizistik- und Kommunikationswissenschaft: Rückblick und Rahmen aktueller Annäherung. In H. Avenarius & W. Armbrecht (Hrsg.), *Ist Public Relations eine Wissenschaft? Eine Einführung* (S. 133–150). Opladen: Westdeutscher Verlag.

Bamberger, I., & Wrona, T. (2012). *Strategische Unternehmensführung: Strategien, Systeme, Methoden, Prozesse* (2., vollst. überarb. und erw. Aufl.). München: Vahlen.

Barley, S. R., & Tolbert, P. S. (1997). Institutionalization and Structuration: Studying the Links between Action and Institution. *Organization Studies, 18*(1), 93–117.

© Der/die Herausgeber bzw. der/die Autor(en) 2022
S. Binder-Tietz, *Kommunikation von Aufsichtsratsvorsitzenden,*
https://doi.org/10.1007/978-3-658-37717-5

BASF SE (2017, Dezember 21). *Führungswechsel: BASF regelt Nachfolgen* [Pressemitteilung]. https://www.basf.com/global/de/media/news-releases/2017/12/p-17-401.html. Zugegriffen am 12.06.2021.

Baskin, O., Hahn, J., Seaman, S., & Reines, D. (2010). Perceived effectiveness and implementation of public relations measurement and evaluation tools among European providers and consumers of PR services. *Public Relations Review, 36*(2), 105–111.

Baums, T., & Scott, K. E. (2003). *Taking Shareholder Protection Seriously? Corporate Governance in the United States and Germany.* Frankfurt am Main: Johann-Wolfgang-Goethe-Universität.

BCG (2018). *Herausforderungen der Aufsichtsratsarbeit: Ergebnisse der BCG-Aufsichtsratsbefragung 2018.* https://www.bcg.com/Images/BCG-Report-Herausforderungen-AR-Arbeit_tcm108-210871.pdf. Zugegriffen am 12.06.2021.

Becker, A. (1996). *Rationalität strategischer Entscheidungsprozesse: Ein strukturationstheoretisches Konzept.* Wiesbaden: Deutscher Univ. Verlag.

Bentele, G. (1997). Massenkommunikation und Public Relations: Der Kommunikatorbegriff und die Rolle der PR in der Kommunikationswissenschaft. In H. Fünfgeld & C. Mast (Hrsg.), *Massenkommunikation: Ergebnisse und Perspektiven* (S. 169–191). Opladen: Westdeutscher Verlag.

Bentele, G. (2008). Öffentlichkeit. In G. Bentele, R. Fröhlich, & P. Szyszka (Hrsg.), *Handbuch der Public Relations* (2. Aufl., S. 610–611). Wiesbaden: Verlag für Sozialwissenschaften.

Bentele, G., & Fähnrich, B. (2010). Personalisierung als sozialer Mechanismus in Medien und gesellschaftlichen Organisationen. In M. Eisenegger & S. Wehmeier (Hrsg.), *Personalisierung der Organisationskommunikation: Theoretische Zugänge, Empirie und Praxis* (S. 51–75). Wiesbaden: VS Verlag für Sozialwissenschaften.

Bentele, G., & Nothhaft, H. (2010). Strategic Communication and the Public Sphere from a European Perspective. *International Journal of Strategic Communication, 4*(2), 93–116.

Bentele, G., & Nothhaft, H. (2014). Konzeption von Kommunikationsprogrammen. In A. Zerfaß & M. Piwinger (Hrsg.). *Handbuch Unternehmenskommunikation. Strategie – Management – Wertschöpfung.* (S. 607–632). Wiesbaden: Springer Gabler.

Berger, B. K., & Meng, J. (2014). *Public relations leaders as sense makers: A global study of leadership in public relations and communication management.* New York: Routledge.

Bethkenhagen, E. (2010). Das Schweigen der Räte hat ein Ende. *Werben & Verkaufen, 1,* 64–65.

Biehl, B. (2007). *Business is Showbusiness: Wie Topmanager sich vor Publikum inszenieren.* Frankfurt am Main: Campus Verlag.

Binder-Tietz, S. & Frank, R. (2021). Analysten und Institutionelle Investoren als Zielgruppen der Investor Relations und Finanzkommunikation. In C. P. Hoffmann, D. Schiereck & A. Zerfaß (Hrsg.), *Handbuch Investor Relations und Finanzkommunikation.* Wiesbaden: Springer Gabler. Online first: https://link.springer.com/referenceworkentry/10.1007%2F978-3-658-23389-1_12-1.

Bleicher, K., Leberl, D. G., & Paul, H. (1989). *Unternehmungsverfassung und Spitzenorganisation: Führung und Überwachung von Aktiengesellschaften im internationalen Vergleich.* Wiesbaden: Gabler Verlag.

Blessin, B., & Wick, A. (2014). *Führen und führen lassen: Ansätze, Ergebnisse und Kritik der Führungsforschung* (7., vollst. überarb. Aufl.). Konstanz: UVK Verlag.

BMFSFJ (2017). *Quote für mehr Frauen in Führungspositionen: Privatwirtschaft.* https://www.bmfsfj.de/bmfsfj/themen/gleichstellung/frauen-und-arbeitswelt/quote-privatwitsch aft/quote-fuer-mehr-frauen-in-fuehrungspositionen--privatwirtschaft/78562. Zugegriffen am 12.06.2021.

Böckelmann, F. (1993). *Journalismus als Beruf: Bilanz der Kommunikatorforschung im deutschsprachigen Raum von 1945 bis 1990.* Konstanz: Univ.-Verlag.

Böckli, P. (2009). Konvergenz: Annäherung des monistischen und des dualistischen Führungs- und Aufsichtssystems. In P. Hommelhoff, K. J. Hopt, & A. von Werder (Hrsg.), *Handbuch Corporate Governance: Leitung und Überwachung börsennotierter Unternehmen in der Rechts- und Wirtschaftspraxis* (2. Aufl., S. 255–276). Stuttgart: Schäffer-Poeschel Verlag.

Bogner, A., Littig, B., & Menz, W. (Hrsg.). (2009). *Experteninterviews: Theorien, Methoden, Anwendungsfelder* (3., überarb. Aufl.). Wiesbaden: Verlag für Sozialwissenschaften.

Bogner, A., & Menz, W. (2009). Das theoriegenerierende Experteninterview: Erkenntnisinteresse, Wissensformen, Interaktion. In A. Bogner, B. Littig, & W. Menz (Hrsg.), *Experteninterviews: Theorien, Methoden, Anwendungsfelder* (3. Aufl., S. 61–98). Wiesbaden: Verlag für Sozialwissenschaften.

Braun, S., & Ruhwedel, P. (2019). Verankerung von ESG im Aufsichtsrat: Relevanz und Handlungsempfehlungen aus der Praxis. *Der Aufsichtsrat, 10,* 141–143.

Brønn, P. (2014). How others see us: leaders' perceptions of communication and communication managers. *Journal of Communication Management, 18*(1), 58–79.

Brønn, P. S. (2014). Communication management. In W. Donsbach (Hrsg.), *The international encyclopedia of communication* (2. Aufl., S. 753–757). Malden: Blackwell.

Broom, G. M. (1982). A Comparison of Sex Roles in Public Relations. *Public Relations Review, 8*(3), 17–22.

Broom, G. M., & Dozier, D. M. (1986). Advancement for public relations role models. *Public Relations Review, 12*(1), 37–56.

Broom, G. M., & Smith, G. D. (1979). Testing the Practitioner's Impact on Clients. *Public Relations Review, 5*(3), 47–59.

Brors, P., Flauger, J., & Koenen, J. (2017, November 21). Keine Staatskrise. *Handelsblatt,* S. 8.

Brors, P., & Koenen, J. (2020, Juli 3). Karl Ludwig Kley: In einem veganen Restaurant können Sie keine Steaks erwarten. *Handelsblatt,* S. 49–51.

Brosius, H.-B., Haas, A., & Koschel, F. (2016). *Methoden der empirischen Kommunikationsforschung: Eine Einführung* (7., überarb. und aktual. Aufl.). Wiesbaden: VS Verlag für Sozialwissenschaften.

Brühl, K. (2009). *Corporate Governance, Strategie und Unternehmenserfolg: Ein Beitrag zum Wettbewerb alternativer Corporate-Governance-Systeme.* Wiesbaden: Gabler Verlag.

Brugger, F. (2010). *Nachhaltigkeit in der Unternehmenskommunikation.* Wiesbaden: Springer Gabler.

Bruhn, M. (2009). *Integrierte Unternehmens- und Markenkommunikation: strategische Planung und operative Umsetzung* (5., überarb. und aktual. Aufl.). Stuttgart: Schäffer-Poeschel.

Bruhn, M., & Reichwald, R. (2005). Führung, Organisation und Kommunikation: Bestandsaufnahme der Schnittstellen, Problemstellungen und Lösungsansätze. *Zeitschrift Führung + Organisation, 74*(3), 132–138.

Bryant, C. G. A., & Jary, D. (2001). *The Contemporary Giddens: Social Theory in a Globalizing Age*. Basingstoke: Palgrave.

Buhmann, A., & Likely, F. (2018). Evaluation and measurement in strategic communication. In R. L. Heath & W. Johansen (Hrsg.), *The International Encyclopedia of Strategic Communication* (S. 652–640). Malden, MA: Wiley-Blackwell.

Buhmann, A., Likely, F., & Geddes, D. (2018). Communication evaluation and measurement: connecting research to practice, *Journal of Communication Management, 22*(1), 113–119.

Buhmann, A., Macnamara, J., & Zerfaß, A. (2019). Reviewing the 'march to standards' in public relations: a comparative analysis of four seminal measurement and evaluation initiatives, *Public Relations Review, 45*(4), Online first: https://doi.org/10.1016/j.pubrev.2019.101825 .

Bünder, H. (2017, November 22). Uniper sucht Brückenschlag zu Fortum. *Frankfurter Allgemeine Zeitung*, S. 21.

Bundesbank (2018). *Die wachsende Bedeutung von Exchange Traded Funds an den Finanzmärkten* (Monatsbericht Oktober 2018). https://www.bundesbank.de/resource/blob/764 422/c63b415bc2325ab7168daa099f561a6b/mL/2018-10-exchange-traded-funds-data. pdf. Zugegriffen am 12.06.2021.

Burkart, R. (2003). Kommunikationstheorien. In G. Bentele (Hrsg.), *Öffentliche Kommunikation: Handbuch Kommunikations- und Medienwissenschaft* (S. 169–192). Wiesbaden: Westdeutscher Verlag.

Buschmeier, A. (2011). *Ratingagenturen: Wettbewerb und Transparenz auf dem Ratingmarkt*. Wiesbaden: Gabler Verlag.

Bütschi, G. (2018). Communication Planning. In R. L. Heath & W. Johansen (Hrsg.), *The international encyclopedia of strategic communication* (S. 1–11). Hoboken: John Wiley & Sons. Online first: https://doi.org/10.1002/9781119010722.iesc0033.

Callinicos, A. (1985). Anthony Giddens: A Contemporary Critique. *Theory and Society, 14*(2), 133–166.

Carroll, A. B. (1991). The pyramid of corporate social responsibility: Toward the moral management of organizational stakeholders. *Business Horizons, 34*(4), 39–48.

Charkham, J. P. (1994). *Keeping good company: A study of corporate governance in five countries*. Oxford: Clarendon Press.

Cheney, G., & Christensen, L. T. (2008). Organizational identity linkages between internal and external communication. In F. M. Jablin & L. L. Putnam (Hrsg.), *The new handbook of organizational communication: Advances in theory, research, and methods* (S. 231–269). Thousand Oaks: Sage.

Christensen, L. T., Morsing, M., & Cheney, G. (Hrsg.). (2008). *Corporate communications. Convention, complexity, and critique*. Los Angeles: Sage.

Clampitt, P. G. (2017). *Communicating for Managerial Effectiveness: Challenges – Strategies – Solutions* (6. Aufl.). Thousand Oaks: Sage.

Clark, J., Modgil, C., & Modgil, S. (Hrsg.). (1990). *Anthony Giddens: Consensus and Controversy*. London u. a.: The Falmer Press.

Clausen, S. (2016, September 23). Zweiklassengesellschaft. *Manager Magazin*, S. 26.

CNC (2015). *Plea for Strategic IR: The IRO role – mouthpiece or strategic advisor?* http://www.cnc-communications.com/wp-content/uploads/2015/07/CNC-Plea-for-Strategic-Investor-Relations-June-2015.pdf. Zugegriffen am 12.06.2021.

Cohen, I. J. (1989). *Structuration theory: Anthony Giddens and the constitution of social life.* New York: St. Martin's Press.

Collins, R. (1992). The Romanticism of Agency/Structure Versus the Analysis of Micro/Macro. *Current Sociology, 40*(1), 77–97.

Coombs, W. T., & Holladay, S. J. (2012). The paracrisis: The challenges created by publicly managing crisis prevention. *Public Relations Review, 38*(3), 408–415.

Cromme, G., & Jürgen, C. (2009). Unternehmenskommunikation als Element der Corporate Governance. In P. Hommelhoff, K. J. Hopt & A. von Werder (Hrsg.), *Handbuch Corporate Governance: Leitung und Überwachung börsennotierter Unternehmen in der Rechts- und Wirtschaftspraxis* (2. Aufl., S. 603–625). Stuttgart: Schäffer-Poeschel Verlag.

DAI (2020). *Aktionärszahlen des Deutschen Aktieninstituts 2019.* https://www.dai.de/files/dai_usercontent/dokumente/Statistiken/Deutsches%20Aktieninstitut_Aktionaerszah len%202019.pdf. Zugegriffen am 12.06.2021.

Davis, J. H., Schoorman, F. D., & Donaldson, L. (1997). Toward a Stewardship Theory of Management. *The Academy of Management Review, 22*(1), 2–47.

Deekeling, E., & Arndt, O. (2006). *CEO-Kommunikation: Strategien für Spitzenmanager.* Frankfurt am Main: Campus Verlag.

Deekeling, E., & Arndt, O. (2014). CEO-Kommunikation: Aufgaben und Strategien für Vorstände und Geschäftsführer. In A. Zerfaß & M. Piwinger (Hrsg.), *Handbuch Unternehmenskommunikation: Strategie – Management – Wertschöpfung* (2. Aufl., S. 1237–1251). Wiesbaden: Springer Gabler.

Degenhart, M. (2017). Handlungsempfehlungen für die Kapitalmarktkommunikation des Aufsichtsrats. *Der Aufsichtsrat, 07–08,* 100–101.

Deutsche Börse AG (2017, Oktober 26). *Carsten Kengeter tritt zum 31.12.2017 als Vorstandsvorsitzender der Deutsche Börse AG zurück* [Pressemitteilung]. https://www.deu tsche-boerse.com/dbg-de/investor-relations/news-und-services/pressemitteilungen/Car sten-Kengeter-tritt-zum-31.12.2017-als-Vorstandsvorsitzender-der-Deutsche-B-rse-AG-zur-ck-166442. Zugegriffen am 12.06.2021.

Deutsche Börse AG (2020a). *Prime Standard: Das Premiumsegment für die Eigenkapitalaufnahme.* https://www.deutsche-boerse-cash-market.com/dbcm-de/primary-market/mar ktstruktur/segmente/prime-standard. Zugegriffen am 12.06.2021.

Deutsche Börse AG (2020b). *It's a wrap – Joachim Faber, Chairman of our Supervisory Board, recaps our #DB1AGM.* https://twitter.com/DeutscheBoerse/status/126276658579 1385602. Zugegriffen am 12.06.2021.

Diederichs, M., & Kißler, M. (2008). *Aufsichtsratreporting: Corporate Governance, Compliance und Controlling.* München: Verlag Franz Vahlen.

Dietlmaier, P. (2015). Aufsichtsräte im Blickpunkt der Medien: Geändertes Aufgabenprofil führt zu verstärkter Beobachtung. *Board, 5,* 181–183.

DIRK (2020). *Investor Relations – Definition und Leitbild.* https://www.dirk.org/gremien/think-tank/ir-2020. Zugegriffen am 12.06.2021.

Donaldson, L. (1990). The Ethereal Hand: Organizational Economics and Management Theory. *The Academy of Management Review, 15*(3), 369–381.

Donaldson, L., & Davis, J. H. (1991). Stewardship Theory or Agency Theory: CEO Governance and Shareholder Returns. *Australian Journal of Management, 16*(1), 49–64.

Donges, P. (2005). Medialisierung der Politik – Vorschlag einer Differenzierung. In P. Rössler & F. Krotz (Hrsg.), *Mythen der Mediengesellschaft – The Media Society and its Myths* (S. 321–339). Konstanz: UVK Verlag.

Donges, P., & Imhof, K. (2010). Öffentlichkeit im Wandel. In H. Bonfadelli, O. Jarren & G. Siegert (Hrsg.), *Einführung in die Publizistikwissenschaft* (3. Aufl., S. 183–212). Bern: Haupt Verlag.

Döring, C., Olsen, P., & Steevens, C. (2016, Oktober 7). Wir sind nicht die Herren des Timings. *Börsen-Zeitung*, S. 11.

Döring, F. (2018). Bedeutung von Wertschätzungskultur und Ethik für die Aufsichtsratsagenda. *Der Aufsichtsrat, 3*, 38–40.

Dorstert, E. (2017, Dezember 22). Kurt Bock lässt sich bitten. *Süddeutsche Zeitung*, S. 17.

Dozier, D. M. (1984). Program evaluation and the roles of practitioners. *Public Relations Review, 10*(2), 13–21.

Dozier, D. M., & Broom, G. M. (1995). Evolution of the manager role in public relations practice. *Journal of Public Relations Research, 7*(1), 3–26.

DPRG, & ICV (2011). *Positionspapier Kommunikations-Controlling*. Bonn: DPRG & ICV. www.communicationcontrolling.de/fileadmin/communicationcontrolling/sonst_files/Positionspapier_DPRG_ICV.pdf. Zugegriffen am 12.06.2021.

Dressing, T., & Pehl, T. (2018). *Interview. Transkription & Analyse: Anleitungen und Regelsysteme für qualitativ Forschende*. www.audiotranskription.de/praxisbuch. Zugegriffen am 12.06.2021.

DVFA (2018). *Deutsche Grundsätze für Finanzresearch*. https://www.dvfa.de/der-berufsverband/standards.html. Zugegriffen am 12.06.2021.

Dyllick, T., & Meyer, A. (2004). Kommunikationsmanagement. In R. Dubs, D. Euler, J. Rüegg-Stürm & C. Wyss (Hrsg.), *Einführung in die Managementlehre* (4. Aufl., S. 117–145). Bern: Haupt Verlag.

Einwiller, S., Klöfer, F., & Nies, U. (2008). Mitarbeiterkommunikation. In M. Meckel & B. F. Schmid (Hrsg.), *Unternehmenskommunikation: Kommunikationsmanagement aus Sicht der Unternehmensführung* (2. Aufl., S. 221–260). Wiesbaden: Gabler Verlag.

Eisenegger, M. (2005). *Reputation in der Mediengesellschaft: Konstitution, Issues-Monitoring, Issues-Management*. Wiesbaden: VS Verlag für Sozialwissenschaften.

Eisenegger, M. (2010). Eine Phänomenologie der Personalisierung. In M. Eisenegger & S. Wehmeier (Hrsg.), *Personalisierung der Organisationskommunikation: Theoretische Zugänge, Empirie und Praxis* (S. 11–26). Wiesbaden: VS Verlag für Sozialwissenschaften.

Eisenegger, M., & Schranz, M. (2011). CSR – Moralisierung des Reputationsmanagements. In J. Raupp, S. Jarolimek & F. Schultz (Hrsg.), *Handbuch CSR: Kommunikationswissenschaftliche Grundlagen, disziplinäre Zugänge und methodische Herausforderungen* (S. 71–96). Wiesbaden: VS Verlag für Sozialwissenschaften.

Empter, S. (1988). *Handeln, Macht und Organisation: Zur interaktionistischen Grundlegung sozialer Systeme*. Augsburg: MaroVerlag.

Engert, A. (2019). *Shareholder Activism in Germany* (No. Law Working Paper No. 470/2019). https://ssrn.com/abstract=3433337. Zugegriffen am 12.06.2021.

EU-Kommission (2011). *Eine neue EU-Strategie (2011–14) für die soziale Verantwortung der Unternehmen (CSR)*. https://ec.europa.eu/transparency/regdoc/rep/1/2011/DE/1-2011-681-DE-F1-1.Pdf. Zugegriffen am 12.06.2021.

Evercore ISI (2017, Dezember 21). *Unexpected CEO change: evolution not revolution* [Analyst report].

EY (2019). *Wem gehört der DAX? Analyse der Aktionärsstruktur der DAX Unternehmen im Jahr 2018.* https://www.ey.com/de_de/news/2019/06/immer-mehr-dax-aktien-in-auslaendischer-hand. Zugegriffen am 12.06.2021.

Faber, J. (2009). Institutionelle Investoren (einschließlich Hedgefonds und Private Equity). In P. Hommelhoff, K. J. Hopt, & A. von Werder (Hrsg.), *Handbuch Corporate Governance: Leitung und Überwachung börsennotierter Unternehmen in der Rechts- und Wirtschaftspraxis* (2. Aufl., S. 219–230). Stuttgart: Schäffer-Poeschel Verlag.

Falkheimer, J. (2007). Anthony Giddens and public relations: A third way perspective. *Public Relations Review, 33*(3), 287–293.

Falkheimer, J., Heide, M., Nothhaft, H., Platen, S. von, Simonsson, C., & Andersson, R. (2017). Is Strategic Communication too important to be left to Communication Professionals? *Public Relations Review, 43*(1), 91–101.

Falkheimer, J., Heide, M., Simonsson, C., Zerfaß, A., & Verhoeven, P. (2016). Doing the right things or doing things right? Paradoxes and Swedish Communication Professionals' Roles and Challenges. *Corporate Communications: An International Journal, 2*(2), 142–159.

Fama, E. F. (1980). Agency problems and the theory of the firm. *Journal of Political Economy, 88*(2), 288–307.

Fasse, M. (2017, März 22). Krügers Angriffsplan. *Handelsblatt,* S. 4–5.

Fieseler, C. (2008). *Die Kommunikation von Nachhaltigkeit: Gesellschaftliche Verantwortung als Inhalt der Kapitalmarktkommunikation.* Wiesbaden: VS Verlag für Sozialwissenschaften.

Fieseler, C., Hoffmann, C. P., & Meckel, M. (2008). Herausforderungen der Kapitalmarktkommunikation in einem dynamischen Umfeld. In M. Meckel & B. Schmid (Hrsg.), *Kommunikationsmanagement im Wandel* (S. 325–337). Wiesbaden: Gabler Verlag.

Fieseler, C., Lutz, C., & Meckel, M. (2015). An inquiry into the transformation of the PR roles' concept. *Corporate Communications: An International Journal, 20*(1), 76–89.

Financial Experts Association (2016). *FEA-Leitlinie zur Praxis des Dialogs zwischen Investoren und Aufsichtsrat.* https://financialexperts.eu/Infothek/Dialog-Leitlinie. Zugegriffen am 12.06.2021.

Fink, L. (2018). *Larry Fink's annual letter to CEOs: A sense of purpose.* http://www.corporance.es/wp-content/uploads/2018/01/Larry-Fink-letter-to-CEOs-2018-1.pdf. Zugegriffen am 12.06.2021.

Fink, L. (2020). *Eine grundlegende Umgestaltung der Finanzwelt.* https://www.blackrock.com/ch/privatanleger/de/larry-fink-ceo-letter. Zugegriffen am 12.06.2021.

FitzPatrick, L. (2012). Internal communications. In A. Theaker (Hrsg.), *The public relations handbook* (4. Aufl., S. 273–310). London: Routledge.

Flegelskamp, J. (2018). Aufsichtsratskommunikation: Textsorten und Kommunikationschancen. In A. Schach & C. Christoph (Hrsg.), *Handbuch Sprache in den Public Relations: Theoretische Ansätze – Handlungsfelder – Textsorten* (S. 467–483). Wiesbaden: Springer VS.

Fleischer, H. (2012). Zur Rolle und Regulierung von Stimmrechtsberatern im deutschen und europäischen Aktien- und Kapitalmarktrecht. *Die Aktiengesellschaft, 57*(1), 2–11.

Flick, U. (2011). *Triangulation: Eine Einführung* (3., akt. Aufl.). Wiesbaden: VS Verlag für Sozialwissenschaften.

Flick, U. (2017). *Qualitative Sozialforschung: Eine Einführung* (8. Aufl.). Reinbek bei Hamburg: Rowohlt-Taschenbuch-Verlag.

Franck, G. (1998). *Ökonomie der Aufmerksamkeit: Ein Entwurf. Edition Akzente.* München: Carl Hanser Verlag.

Freeman, R. E. (1984). *Strategic Management: A Stakeholder Approach.* Boston: Pitman.

Freytag, B. (2017, Dezember 22). Der John Wayne der BASF: Martin Brudermüller übernimmt den Vorstandsvorsitz. Kurt Bock soll abkühlen und dann Aufsichtsratschef werden. *Frankfurter Allgemeine Zeitung*, S. 24.

Friedrich, N. (2007). *Die Rolle von Analysten bei der Bewertung von Unternehmen am Kapitalmarkt: Das Beispiel Telekommunikationsindustrie.* Lohmar: Josef Eul Verlag.

Fröhlich, R. (2015). Zur Problematik der PR-Definition(en). In R. Fröhlich, P. Szyszka & G. Bentele (Hrsg.), *Handbuch der Public Relations: Wissenschaftliche Grundlagen und berufliches Handeln. Mit Lexikon* (3. Aufl., S. 103–120). Wiesbaden: Springer VS.

Früh, W. (2017). *Inhaltsanalyse: Theorie und Praxis* (9., überarb. Aufl.). Konstanz: UVK Verlag.

Fuß, S., & Karbach, U. (2019). *Grundlagen der Transkription: Eine praktische Einführung* (2. Aufl.). Stuttgart: UTB.

Gälweiler, A. (2005). *Strategische Unternehmensführung* (3. Aufl.). Frankfurt am Main: Campus Verlag.

Gane, M. (1983). Anthony Giddens and the crisis of social theory. *Economy and Society, 12*(3), 368–398.

Gercke, M., Laschet, C., & Schweinsberg, K. (2013). Der Aufsichtsrat, die Öffentlichkeit und das Geheimhaltungsverbot: Ein Beitrag zu aktuellen Entwicklungen medialer Darstellung. *Board, 2*, 67–71.

Gerhards, J., & Neidhardt, F. (1991). Strukturen und Funktionen moderner Öffentlichkeit. Fragestellungen und Ansätze. In S. Müller-Doohm & K. Neumann-Braun (Hrsg.), *Studien zur Soziologie und Politikwissenschaft. Öffentlichkeit, Kultur, Massenkommunikation: Beiträge zur Medien- und Kommunikationssoziologie* (S. 31–89). Oldenburg: Bibliotheks- u. Informationssystem der Universität Oldenburg.

Gerke, W., Mager, F., & Förstemann, T. (2009). Die Rolle von Finanzintermediären bei der Corporate Governance im Wandel. In P. Hommelhoff, K. J. Hopt & A. von Werder (Hrsg.), *Handbuch Corporate Governance: Leitung und Überwachung börsennotierter Unternehmen in der Rechts- und Wirtschaftspraxis* (2. Aufl., S. 503–529). Stuttgart: Schäffer-Poeschel Verlag.

Gerum, E. (1998). Organisation der Unternehmensführung im internationalen Vergleich – insbesondere Deutschland, USA und Japan. In H. Glaser, E. Schröder & A. von Werder (Hrsg.), *Organisation im Wandel der Märkte* (S. 135–153). Wiesbaden: Gabler Verlag.

Gerum, E. (2007). *Das deutsche Corporate Governance-System: Eine empirische Untersuchung.* Stuttgart: Schäffer-Poeschel Verlag.u

Giddens, A. (1984). *The constitution of society. Outline of the theory of structuration.* Cambridge: Polity Press.

Giddens, A. (1995). Strukturation und sozialer Wandel. In H.-P. Müller & M. Schmid (Hrsg.), *Sozialer Wandel: Modellbildung und theoretische Ansätze* (S. 151–191). Frankfurt am Main: Suhrkamp.

Giddens, A. (1997). *Die Konstitution der Gesellschaft: Grundzüge einer Theorie der Strukturierung* (3. Aufl.). Frankfurt am Main u. a.: Campus Verlag.

Gläser, J., & Laudel, G. (2010). *Experteninterviews und qualitative Inhaltsanalyse als Instrumente rekonstruierender Untersuchungen* (4. Aufl.). Wiesbaden: VS Verlag für Sozialwissenschaften.

Godulla, A. (2017). *Öffentliche Kommunikation im digitalen Zeitalter: Grundlagen und Perspektiven einer integrativen Modellbildung.* Wiesbaden: Springer VS.

Goffman, E. (1961). *Encounters: Two studies in the sociology of interaction.* Indianapolis: Bobbs-Merrill.

Gomez, I. (2016, Juni 16). Großaktionär steht zu Hugo Boss. *Börsen-Zeitung*, S. 13.

Gregory, A., & Watson, T. (2008). Defining the gap between research and practice in public relations program evaluation – towards a new research agenda. *Journal of Marketing Communications, 14*(5), 337–350.

Gregory, A. (2018). Communication management. In R. L. Heath & W. Johansen (Hrsg.), *The international encyclopedia of strategic communication* (S. 216–229). Hoboken: John Wiley & Sons.

GRI (2016). GRI 101: Grundlagen. https://www.globalreporting.org/how-to-use-the-gri-standards/resource-center/?g=d04ef7e8-6862-49e9-978d-657da0d081a8. Zugegriffen am 12.06.2021.

Groth, T. (2005). *Analystenempfehlungen in der Wirtschaftspresse: Eine empirische Untersuchung für den deutschen Kapitalmarkt* (Dissertation). TU München.

Grothe, P. (2006). *Unternehmensüberwachung durch den Aufsichtsrat: Ein Beitrag zur Corporate Governance-Diskussion in Deutschland.* Frankfurt am Main: Lang.

Grünbuch EU (2011, April 5). *Europäischer Corporate Governance-Rahmen.* http://ec.europa.eu/transparency/regdoc/rep/1/2011/DE/1-2011-164-DE-F1-1.Pdf. Zugegriffen am 12.06.2021.

Grundei, J., & Graumann, M. (2012). Zusammenwirken von Vorstand und Aufsichtsrat bei strategischen Entscheidungen. In J. Grundei & P. Zaumseil (Hrsg.), *Der Aufsichtsrat im System der Corporate Governance: Betriebswirtschaftliche und juristische Perspektiven* (S. 279–310). Wiesbaden: Gabler Verlag.

Grundei, J., & Zaumseil, P. (Hrsg.). (2012). *Der Aufsichtsrat im System der Corporate Governance: Betriebswirtschaftliche und juristische Perspektiven.* Wiesbaden: Gabler Verlag.

Grunig, J. E. (1983). Basic research provides knowledge that makes evaluation possible, *Public Relations Quarterly, 28*(3), 28-32.

Grunig, J. E., & Hunt, T. (1984). *Managing public relations.* Forth Worth: Harcourt Brace Jovanovich.

Grunig, L. A., Grunig, J. E., & Dozier, D. M. (2002). *Excellent public relations and effective organizations: A study of communication management in three countries.* Mahwah: Lawrence Erlbaum Associates.

Habermas, J. (1990). *Strukturwandel der Öffentlichkeit: Untersuchungen zu einer Kategorie der bürgerlichen Gesellschaft.* Frankfurt am Main: Suhrkamp.

Habermas, J. (1992). *Faktizität und Geltung: Beiträge zur Diskurstheorie des Rechts und des demokratischen Rechtsstaats* (2. Aufl.). Frankfurt am Main: Suhrkamp.

Hagemann Snabe, J. (2020a). *@Siemens Q2 results show a strong company helping the world to fight #Covid19 & ready to drive economic recovery with leading #sustainable technologies.* https://twitter.com/jhsnabe/status/1258638252766121989. Zugegriffen am 12.06.2021.

Hagemann Snabe, J. (2020b). *Proud of the @siemens team for preparing a fact based Shareholder meeting where our efforts towards a sustainable future became clear. #sustainability #leadership #facts.* https://twitter.com/jhsnabe/status/122514170071001 4978. Zugegriffen am 12.06.2021.

Hahne, A. (1998). *Kommunikation in der Organisation: Grundlagen und Analyse – ein kritischer Überblick.* Opladen: Westdeutscher Verlag.

Hallahan, K. (2013). Communication management. In R. L. Heath (Hrsg.), *Encyclopedia of public relations* (2. Aufl., Band 1, S. 161–164). Los Angeles: Sage.

Hallahan, K., Holtzhausen, D., Van Ruler, B., Verčič, D., & Sriramesh, K. (2007). Defining Strategic Communication. *International Journal of Strategic Communication, 1*(1), 3–35.

Hambrecht, J. (2016, Januar 22). Gastbeitrag: Mehr Macht für Europa – jetzt! *Manager Magazin,* S. 88.

Hank, R., & Meck, G. (2017, Januar 1). Warum kam die Deutsche Bank unter die Räder, Herr Achleitner? *Frankfurter Allgemeine Sonntagszeitung,* S. 20–21.

Harlow, R. F. (1976). Building a public relations definition. *Public Relations Review, 2*(4), 34–42.

Hasselbach, K. (2012). Überwachungs- und Beratungspflichten des Aufsichtsrats in der Krise. *NZG – Neue Zeitschrift für Gesellschaftsrecht, 15*(2), 41–48.

Henkel AG & Co. KGaA (2016, April 11). *Höhere Dividendenzahlung beschlossen* [Pressemitteilung]. https://www.henkel.de/resource/blob/666018/9342c563ef04c13b864cf 2c390a5ed2a/data/2016-04-11-presseinformation-henkel-hv-ii.pdf. Zugegriffen am 12.06.2021.

Henning, P. (2014). Relevanz des Aufsichtsratsbüros: Corporate Secretaries als Bindeglied zwischen Vorstand und Aufsichtsrat. In C. Orth, R. X. Ruter & B. Schichold (Hrsg.), *Der unabhängige Finanzexperte im Aufsichtsrat: Überwachungstätigkeit, Qualifikation, Besetzung, Vergütung, Haftung* (S. 157–170). Stuttgart: Schäffer-Poeschel Verlag.

Hiesserich, J. (2013). *Der CEO-Navigator: Rollenbestimmung und -kommunikation für Topmanager.* Frankfurt am Main: Campus Verlag.

Hilgartner, S., & Bosk, C. L. (1988). The Rise and Fall of Social Problems: A Public Arenas Model. *American Journal of Sociology, 94*(1), 53–78.

Hillman, A. J., & Dalziel, T. (2003). Boards of Directors and Firm Performance: Integrating Agency and Resource Dependence Perspectives. *The Academy of Management Review, 28*(3), 383–396.

Hirt, H.-C., Hopt, K. J., & Mattheus, D. (2016). Dialog zwischen dem Aufsichtsrat und Investoren: Rechtsvergleichende und rechtsdogmatische Überlegungen zur Investorenkommunikation in Deutschland. *Die Aktiengesellschaft, 61*(20), 725–739.

Hocker, U. (2016). Der Aufsichtsrat als Treiber des Kulturwandels. *Der Aufsichtsrat, 4,* 58.

Hoffjann, O. (2014). Presse- und Medienarbeit in der Unternehmenskommunikation. In A. Zerfaß & M. Piwinger (Hrsg.), *Handbuch Unternehmenskommunikation: Strategie – Management – Wertschöpfung* (2. Aufl., S. 671–706). Wiesbaden: Springer Gabler.

Hoffmann, C. P. (2018). Investor Relations Communication. In R. L. Heath & W. Johansen (Hrsg.), *The international encyclopedia of strategic communication* (Band 2, S. 794–804). Hoboken: John Wiley & Sons.

Hoffmann, C. P., Binder-Tietz, S., & Van Poele, M. (2020). *CEO und CFO in der Kapitalmarktkommunikation: Vorstandskommunikation, Positionierungsstrategien und Herausforderungen für das Kommunikationsmanagement.* Leipzig: Center for Research in Financial Communication, Universität Leipzig.

Hoffmann, C. P., & Fieseler, C. (2012). Investor relations beyond financials. *Corporate Communications: An International Journal, 17*(2), 138–155.

Hoffmann, C. P., & Tietz, S. (2018). *Strategien in der Investor Relations und Finanzkommunikation.* Leipzig: Center for Research in Financial Communication, Universität Leipzig.

Hoffmann, C. P., & Tietz, S. (2019). *Integrierte Finanzkommunikation: Eine Analyse der Zusammenarbeit von Corporate Communications und Investor Relations bei Themen der Finanzkommunikation.* Leipzig: Center for Research in Financial Communication, Universität Leipzig.

Hoffmann, C. P., Tietz, S., Fetzer, M., & Winter, J. (2018). *Digital Leadership in Investor Relations: Wie digital ist die Investor Relations in Deutschland?* DIRK-Forschungsreihe, Band 23. Frankfurt am Main: DIRK – Deutscher Investor Relations Verband.

Hoffmann, C. P., Tietz, S., & Hammann, K. (2018). Investor Relations – a systematic literature review. *Corporate Communications: An International Journal, 23*(3), 294–311.

Hollstein, B., Maas, M., & Bassen, A. (2015). *Karrierepfade.* DIRK-Forschungsreihe, Band 19. Frankfurt am Main: DIRK – Deutscher Investor Relations Verband.

Hölscher, L. (1979). *Öffentlichkeit und Geheimnis: Eine begriffsgeschichtliche Untersuchung zur Entstehung der Öffentlichkeit in der frühen Neuzeit* (4. Aufl.). Stuttgart: Klett-Cotta.

Homann, K. (2006). *Gesellschaftliche Verantwortung von Unternehmen in der globalisierten Welt: Handlungsverantwortung – Ordnungsverantwortung – Diskursverantwortung* (Diskussionspapier Nr. 2006–1). Lutherstadt Wittenberg.

Hommelhoff, P., Hopt, K. J., & Werder, A. von (Hrsg.) (2009). *Handbuch Corporate Governance: Leitung und Überwachung börsennotierter Unternehmen in der Rechts- und Wirtschaftspraxis* (2., überarb. Aufl.). Stuttgart: Schäffer-Poeschel Verlag.

Hommelhoff, P., & Schwab, M. (2009). Regelungsquellen und Regelungsebenen der Corporate Governance: Gesetz, Satzung, Codices, unternehmensinterne Grundsätze. In P. Hommelhoff, K. J. Hopt & A. von Werder (Hrsg.), *Handbuch Corporate Governance: Leitung und Überwachung börsennotierter Unternehmen in der Rechts- und Wirtschaftspraxis* (2. Aufl., S. 71–122). Stuttgart: Schäffer-Poeschel Verlag.

Höpner, A., & Thomas, T. (2017, Dezember 1). Der Kampf ist existenziell geworden. *Handelsblatt*, S. 8–10.

Hopt, K. J. (2000). Gemeinsame Grundsätze der Corporate Governance in Europa? *Zeitschrift für Unternehmens- und Gesellschaftsrecht, 29*(6), 779–818.

Hornung, K. (2008, March 7). CFO – vom obersten Buchhalter zum Finanzstrategen. *Börsen-Zeitung*, S. 8.

Huck-Sandhu, S. (2013). Orientierung von Mitarbeitern – ein mikrotheoretischer Ansatz für die interne Kommunikation. In A. Zerfaß, L. Rademacher & S. Wehmeier (Hrsg.), *Organisationskommunikation und Public Relations: Forschungsparadigmen und neue Perspektiven* (S. 223–245). Wiesbaden: Springer.

Huck-Sandhu, S. (2014). Corporate Messages entwickeln und steuern: Agenda Setting, Framing, Storytelling. In A. Zerfaß & M. Piwinger (Hrsg.), *Handbuch Unternehmenskommunikation: Strategie – Management – Wertschöpfung* (2. Aufl., S. 651–668). Wiesbaden: Springer Gabler.

Huck-Sandhu, S. (2016). Interne Kommunikation im Wandel: Entwicklungslinien, Status Quo und Ansatzpunkte für die Forschung. In S. Huck-Sandhu (Hrsg.), *Interne Kommunikation im Wandel: Theoretische Konzepte und empirische Befunde* (S. 1–22). Wiesbaden: Springer.

Hüffer, U. (2016). *Aktiengesetz* (12. Aufl., Band 53). München: C.H. Beck.

Hutzschenreuter, T., Metten, M., & Weigand, J. (2012). Wie unabhängig sind deutsche Aufsichtsräte? Eine empirische Analyse von 527 DAX-Aufsichtsratsmitgliedern. *Zeitschrift für Betriebswirtschaft, 82*, 717–744.

Imhof, K. (2003). Öffentlichkeitstheorien. In G. Bentele (Hrsg.), *Öffentliche Kommunikation: Handbuch Kommunikations- und Medienwissenschaft* (S. 193–209). Wiesbaden: Westdeutscher Verlag.

Imhof, K. (2006). Mediengesellschaft und Medialisierung. *Medien & Kommunikationswissenschaft, 54*(2), 191–215.

Imhof, K. (2008). Theorien der Öffentlichkeit als Theorien der Moderne. In C. Winter, A. Hepp, & F. Krotz (Hrsg.), *Theorien der Kommunikations- und Medienwissenschaft* (S. 65–89). Wiesbaden: VS Verlag für Sozialwissenschaften.

Immerschitt, W. (2009). *Profil durch PR: Strategische Unternehmenskommunikation – vom Konzept zur CEO-Positionierung.* Wiesbaden: Gabler Verlag.

Initiative Developing Shareholder Communication (2016). *Leitsätze für den Dialog zwischen Investor und Aufsichtsrat.* https://www.dirk.org/ir-wissen/neuigkeiten/idx/1239. Zugegriffen am 12.06.2021.

J.P. Morgan (2017, November 21). *Supervisory and Management Boards reject Fortum bid* [Analyst report].

Jansen, T. (2013). *Mitbestimmung in Aufsichtsräten.* Wiesbaden: Springer VS.

Jarren, O., & Donges, P. (2011). *Politische Kommunikation in der Mediengesellschaft.* Wiesbaden: VS Verlag für Sozialwissenschaften.

Jarren, O., & Röttger, U. (2015). Public Relations aus kommunikationswissenschaftlicher Sicht. In R. Fröhlich, P. Szyszka & G. Bentele (Hrsg.), *Handbuch der Public Relations: Wissenschaftliche Grundlagen und berufliches Handeln. Mit Lexikon* (3. Aufl., S. 29–46). Wiesbaden: Springer VS.

Jarren, O., & Röttger, U. (2009). Steuerung, Reflexierung und Interpenetration: Kernelemente einer strukturationstheoretisch begründeten PR-Theorie. In U. Röttger (Hrsg.) *Theorien der Public Relations. Grundlagen und Perspektiven der PR-Forschung* (2., akt. und erw. Aufl., S. 29–50). Wiesbaden: VS Verlag für Sozialwissenschaften.

Jensen, M. C. (1983). Organization Theory and Methodology. *The Accounting Review, 58*(2), 319–339.

Jensen, M. C., & Meckling, W. H. (1976). Theory of the firm: Managerial behavior, agency costs and ownership structure. *Journal of Financial Economics, 3*(4), 305–360.

Johnson, G., Langley, A., Melin, L., & Whittington, R. (2007*). Strategy as practice: Research directions and resources.* Cambridge, MA: Cambridge University Press.

Jost, P.-J. (2001). Die Prinzipal-Agenten-Theorie im Unternehmenskontext. In P.-J. Jost (Hrsg.), *Die Prinzipal-Agenten-Theorie in der Betriebswirtschaftslehre* (S. 11–43). Stuttgart: Schäffer-Poeschel Verlag.

Kalla, H. K. (2005). Integrated internal communications: a multidisciplinary perspective. *Corporate Communications: An International Journal, 10*(4), 302–314.

Kaspersen, L. B. (2000). *Anthony Giddens: an introduction to a social theorist.* Oxford: Blackwell.

Kelle, U., & Kluge, S. (2010). *Vom Einzelfall zum Typus: Fallvergleich und Fallkontrastierung in der qualitativen Sozialforschung* (2., überarb. Aufl.). Wiesbaden: VS Verlag für Sozialwissenschaften.

Kelly, K. S., Laskin, A. V., & Rosenstein, G. A. (2010). Investor relations: two-way symmetrical practice. *Journal of Public Relations Research, 22*(2), 182–208.

Kepler Cheuvreux (2016, August 29). *The AGM and its implications* [Analyst report].

Kepler Cheuvreux (2017, April 07). *Recent events at Linde* [Analyst report].

Kepplinger, H. M. (2008). Was unterscheidet die Mediatisierungsforschung von der Medienwirkungsforschung? *Publizistik, 53*(3), 326–338.

Kepplinger, H. M. (2009). *Publizistische Konflikte und Skandale.* Wiesbaden: VS Verlag für Sozialwissenschaften.

Kienbaum (2018, April 12). *Anforderungen an Aufsichtsräte steigen auch im Mittelstand, Vergütung hinkt hinterher.* https://www.kienbaum.com/de/news/presse/anforderungen-an-aufsichtsraete-steigen-auch-im-mittelstand. Zugegriffen am 12.06.2021.

Kiesenbauer, J. (2018). *Kompetenzmanagement für die Unternehmenskommunikation: Grundlagen der Professionalisierung und Personalentwicklung im Kommunikationsmanagement.* Wiesbaden: Springer VS.

Kießling, B. (1988a). *Kritik der Giddensschen Sozialtheorie: Ein Beitrag zur theoretisch-methodischen Grundlegung der Sozialwissenschaften.* Frankfurt am Main: Verlag Peter Lang.

Kießling, B. (1988b). Die „Theorie der Strukturierung": Ein Interview mit Anthony Giddens. *Zeitschrift für Soziologie, 17*(4), 286–295.

Kinter, A., Ott, U., & Malogagas, E. (2009). *Führungskräftekommunikation: Grundlagen, Instrumente, Erfolgsfaktoren.* Frankfurt am Main: Frankfurter Allgemeine Buch.

Kirchhoff, K. R., & Piwinger, M. (2014). Kommunikation mit Kapitalgebern: Grundlagen der Investor Relations. In A. Zerfaß & M. Piwinger (Hrsg.), *Handbuch Unternehmenskommunikation: Strategie – Management – Wertschöpfung* (2. Aufl., S. 1079–1098). Wiesbaden: Springer Gabler.

Kiser, E. (1999). Comparing Varieties of Agency Theory in Economics, Political Science, and Sociology: An Illustration from State Policy Implementation. *Sociological Theory, 17*(2), 146–170.

Klusmann, S., & Werle, K. (2016, August 19). Das ergibt keinen Sinn: Henkel-Aufseherin Simone Bagel-Trah über ihren Absturz im Diversity-Ranking. *Manager Magazin*, S. 22.

Köhler, K. (2015). *Investor Relations in Deutschland: Institutionalisierung – Professionalisierung – Kapitalmarktentwicklung – Perspektiven.* Wiesbaden: Springer Gabler.

Kriesi, H. (2001). *Die Rolle der Öffentlichkeit im politischen Entscheidungsprozess.* (Paper P 01–701). Berlin: Wissenschaftszentrum Berlin für Sozialforschung.

Krotz, F. (2007). *Mediatisierung: Fallstudien zum Wandel von Kommunikation.* Wiesbaden: VS Verlag für Sozialwissenschaften.

Kuck, D. (2006). *Aufsichtsräte und Beiräte in Deutschland: Rahmenbedingungen, Anforderungen, professionelle Auswahl.* Wiesbaden: Gabler Verlag.

Kuckartz, U. (2018). *Qualitative Inhaltsanalyse: Methoden, Praxis, Computerunterstützung* (4. Aufl.). Weinheim: Beltz Juventa.

Kuperman, J. C. (2003). Using cognitive schema theory in the development of public relations strategy: Exploring the case of firms and financial analysts following acquisition announcements. *Journal of Public Relations Research, 15*(2), 117–150.

Lamla, J. (2003). *Anthony Giddens. Campus Einführungen.* Frankfurt am Main: Campus Verlag.

Lamnek, S., & Krell, C. (2016). *Qualitative Sozialforschung* (6., überarb. Aufl.). Weinheim: Beltz.

Landsittel, J. (2019). *Investorenkommunikation: Unter besonderer Berücksichtigung der persönlichen Investorenkommunikation des Aufsichtsrats und seines Vorsitzenden.* Berlin: Duncker & Humblot.

Langenbucher, W. R. (1974). Kommunikation als Beruf: Ansätze und Konsequenzen kommunikationswissenschaftlicher Berufsforschung. *Publizistik, 19*(3–4), 256–277.

Laskin, A. V. (2014). Investor Relations as a Public Relations Function: A State of the Profession in the United States. *Journal of Public Relations Research, 26*(3), 200–214.

Lasswell, H. D. (1948). The Structure and Function of Communication in Society. In L. Bryson (Hrsg.), *The Communication of Idea* (S. 37–51). New York: Cooper Square Publishers.

Lazard (2020). *2019 Review of Shareholder Activism.* https://www.lazard.com/media/451 141/lazards-2019-review-of-shareholder-activism-vf.pdf. Zugegriffen am 12.06.2021.

LAE (2019). *LAE 2019.* https://www.m-cloud.de/LAE2019/. Zugegriffen am 12.06.2021.

Learmount, S. (2002). *Theorizing Corporate Governance: New Organizational Alternatives.* ESRC Centre for Business Research: University of Cambridge.

Ledingham, J. A., & Bruning, S. D. (1998). Relationship management in public relations: dimensions of an organization-public relationship. *Public Relations Review, 24*(1), 55–65.

Leichty, G., & Springston, J. (1996). Elaborating Public Relations Roles. *Journalism and Mass Communication Quarterly, 73*(2), 467–477.

Len-Ríos, M. (2011). Public relations. In P. Moy (Hrsg.), *Oxford Bibliographies in Communication.* New York: Oxford University.

Lentfer, T. (2005). *Einflüsse der internationalen Corporate-Governance-Diskussion auf die Überwachung der Geschäftsführung: Eine kritische Analyse des deutschen Aufsichtsratssystems.* Wiesbaden: Deutscher Univ. Verlag.

L'Etang, J. (2008). *Public relations: Concepts, practice, and critique.* Los Angeles: Sage.

Lewin, K. (1947). Channel of Group Life, Social Planning and Action Research. *Human Relations, 1,* 143–153.

Lewis, J., & Ritchie, J. (2003). Generalising from qualitative research. In J. Ritchie & J. Lewis (Hrsg.), *Qualitative research practice: A guide for social science students and researchers* (S. 263–286). London: Sage.

Leyens, P. C. (2006). *Information des Aufsichtsrats: Ökonomisch-funktionale Analyse und Rechtsvergleich zum englischen Board.* Tübingen: Mohr Siebeck.

Liebold, R., & Trinczek, R. (2009). Experteninterviews. In S. Kühl, P. Strodtholz & A. Taffertshofer (Hrsg.), *Handbuch Methoden der Organisationsforschung: Quantitative und Qualitative Methoden* (S. 32–56). Wiesbaden: VS Verlag für Sozialwissenschaften.

Lieder, J. (2006). *Der Aufsichtsrat im Wandel der Zeit: Leitlinien der geschichtlichen Entwicklung sowie der Fortentwicklung des deutschen Aufsichtsratssystems.* Jenaer Studien zum deutschen, europäischen und internationalen Wirtschaftsrecht (Band 9). Jena: Jenaer Wissenschaftliche Verlagsgesellschaft.

Likely, F. & Watson, T. (2013). Measuring the edifice: public relations measurement and evaluation practice over the course of 40 years. In K. Sriramesh, A. Zerfaß & J. Kim (Hrsg.). *Public Relations and Communication Management: Current Trends and Emerging Topics* (S. 143–162). New York: Routledge.

Linden, K. von der (2019). Deutscher Corporate Governance Kodex 2019 – Alles neu macht der Mai. *Deutsches Steuerrecht, 29,* 1528–1532.

Linnartz, A. (2015). Ist Reden Silber und Schweigen Gold? Vom Umgang mit Stimmrechtsberatern im Vorfeld der ordentlichen Hauptversammlung. *Going-Public-Magazin,* S. 24–26.

Löffelholz, M. (1997). Kommunikatorforschung: Journalistik. In H. Fünfgeld & C. Mast (Hrsg.), *Massenkommunikation: Ergebnisse und Perspektiven* (S. 28–53). Opladen: Westdeutscher Verlag.

Löffelholz, M. (2000). Ein privilegiertes Verhältnis: Inter-Relationen von Journalismus und Öffentlichkeitsarbeit. In M. Löffelholz (Hrsg.), *Theorien des Journalismus: Ein diskursives Handbuch* (S. 185–208). Wiesbaden: VS Verlag für Sozialwissenschaften.

Luhmann, N. (1986). *Ökologische Kommunikation: Kann die moderne Gesellschaft sich auf ökologische Gefährdungen einstellen?* Opladen: Westdeutscher Verlag.

Luhmann, N. (1992). Die Beobachtung der Beobachter im politischen System: Zur Theorie der Öffentlichen Meinung. In J. Wilke (Hrsg.), *Öffentliche Meinung: Theorie, Methoden, Befunde. Beiträge zu Ehren von Elisabeth Noelle-Neumann* (S. 77–86). Freiburg: Karl Alber.

Luhmann, N. (1993). *Konstruktivistische Perspektiven* (2. Aufl.). Soziologische Aufklärung 5. Opladen: Westdeutscher Verlag.

Lurati, F., & Zamparini, A. (2018). Communication SWOT analysis. In R. L. Heath & W. Johansen (Hrsg.), *The international encyclopedia of strategic communication* (S. 272–280). Hoboken, NJ: John Wiley & Sons.

Lütge, C., & Uhl, M. (2017). *Wirtschaftsethik.* München: Verlag Franz Vahlen.

Lutter, M. (1995). Das dualistische System der Unternehmensverwaltung. In E. Scheffler (Hrsg.), *Schriften zur Unternehmensführung: Band 56. Corporate Governance* (S. 5–26). Wiesbaden: Gabler Verlag.

Lutter, M., Krieger, G., & Verse, D. A. (2014). *Rechte und Pflichten des Aufsichtsrats.* Köln: Verlag Dr. Otto Schmidt.

Macnamara, J. (2015). Breaking the measurement and evaluation deadlock: a new approach and model. *Journal of Communication Management, 19*(4), 371–387.

Macnamara, J. (2016). *Organizational Listening: The missing essential in public communication.* New York: Peter Lang.

Macnamara, J., & Zerfaß, A. (2017). Evaluation stasis continues in PR and corporate communication: Asia-Pacific insights into causes. *Communication Research and Practice, 3*(4), 319–334.

Mahlert, A. (2014). Wer kontrolliert die Aufsichtsräte? – Effizienzprüfung, aber richtig! *Der Aufsichtsrat, 11*(07-08), 106–107.

Maletzke, G. (1963). *Psychologie der Massenkommunikation: Theorie und Systematik.* Hamburg: Verlag Hans-Bredow-Institut.

Maletzke, G. (1976). *Ziele und Wirkungen der Massenkommunikation: Grundlagen und Probleme einer zielorientierten Mediennutzung.* Hamburg: Verlag Hans-Bredow-Institut.

Marcinkowski, F. (1993). *Publizistik als autopoietisches System: Politik und Massenmedien. Eine systemtheoretische Analyse.* Opladen: Westdeutscher Verlag.

Marston, C., & Straker, M. (2001). Investor relations: a European survey. *Corporate Communications: An International Journal, 6*(2), 82–93.

Mast, C. (2012). *Neuorientierung im Wirtschaftsjournalismus: Redaktionelle Strategien und Publikumserwartungen.* Wiesbaden: VS Verlag für Sozialwissenschaften.

Mast, C. (2014). Interne Unternehmenskommunikation: Mitarbeiter führen und motivieren. In A. Zerfaß & M. Piwinger (Hrsg.), *Handbuch Unternehmenskommunikation: Strategie – Management – Wertschöpfung* (2. Aufl., S. 1121–1140). Wiesbaden: Springer Gabler.

Mast, C., & Huck-Sandhu, S. (2019). *Unternehmenskommunikation: ein Leitfaden* (7., überarb. und erw. Aufl.). München: UVK Verlag.

Matthes, S. (2021, Februar 03). Einer wie Kaeser wird fehlen. *Handelsblatt.* S. 28.

Mattheus, D. (2018). Aufsichtsratsagenda 2018: Disruption – Nachhaltigkeit – Corporate Purpose – Transparenz. *Der Aufsichtsrat, 1,* 2–4.

Mayr, S. (2017, 11. Mai). 49,51 Prozent Gegenstimmen. *Süddeutsche Zeitung.* S. 20.

Mayring, P. (2015). *Qualitative Inhaltsanalyse: Grundlagen und Techniken* (12., überarb. Aufl.). Weinheim: Beltz.

Mayring, P. (2016). *Einführung in die qualitative Sozialforschung: Eine Anleitung zu qualitativem Denken* (6., überarb. Aufl.). Weinheim: Beltz.

Mazzola, P., Ravasi, D., & Gabbioneta, C. (2006). How to build reputation in financial markets. *Long Range Planning, 39*(4), 385–407.

Mazzoleni, G. (2014). Mediatization of Society. In W. Donsbach (Hrsg.), *The international encyclopedia of communication* (Band 12, S. 3052–3055). Malden: Blackwell.

McKinney, D. B. (2018). Communication Departments. In R. L. Heath & W. Johansen (Hrsg.), *The international encyclopedia of strategic communication* (S. 1–5). Hoboken: John Wiley & Sons. DOI: https://doi.org/10.1002/9781119010722.iesc0027

Meck, G. (2016, Februar 28). Wo bleiben die Frauen? *Frankfurter Allgemeine Sonntagszeitung,* S. 25.

Meck, G. (2017, Oktober 29). Bis 1. Januar haben wir einen Nachfolger: Die Deutsche Börse macht Tempo bei der Suche nach einem neuen Chef. *Frankfurter Allgemeine Sonntagszeitung,* S. 25.

Merkens, H. (1997). Stichproben bei qualitativen Studien. In B. Friebertshäuser & A. Prengel (Hrsg.), *Handbuch Qualitative Forschungsmethoden in der Erziehungswissenschaft* (S. 97–106). Weinheim/München: Juventa.

Merten, K. (2000). Zur Konzeption von Konzeptionen. *PR-Magazin, 31*(3), 33–42.

Metten, M. (2010). *Corporate Governance: Eine aktienrechtliche und institutionenökonomische Analyse der Leitungsmaxime von Aktiengesellschaften.* Wiesbaden: Gabler Verlag.

Meuser, M., & Nagel, U. (2009a). Experteninterviews und der Wandel der Wissensproduktion. In A. Bogner, B. Littig & W. Menz (Hrsg.), *Experteninterviews: Theorien, Methoden, Anwendungsfelder* (3. Aufl., S. 35–60). Wiesbaden: Verlag für Sozialwissenschaften.

Meuser M., & Nagel U. (2009b). Das Experteninterview — konzeptionelle Grundlagen und methodische Anlage. In S. Pickel, G. Pickel, H. J. Lauth & D. Jahn (Hrsg.), *Methoden der vergleichenden Politik- und Sozialwissenschaft* (S. 465–480). Wiesbaden: Verlag für Sozialwissenschaften.

Meuser, M., & Nagel, U. (2013). Experteninterviews – wissenssoziologische Voraussetzungen und methodische Durchführung. In B. Friebertshäuser, A. Langer & A. Prengel (Hrsg.), *Handbuch Qualitative Forschungsmethoden in der Erziehungswissenschaft* (4. Aufl., S. 457–471). Weinheim: Beltz Verlagsgruppe.

Meyen, M. (2009). Medialisierung. *Medien & Kommunikationswissenschaft, 57*(1), 23–38.

Meyer, J. P., & Allen, N. J. (1997). *Commitment in the Workplace: Theory, Research and Application.* Thousand Oaks: Sage.

Meyermann, A., & Porzelt, M. (2014). Hinweise zur Anonymisierung von qualitativen Daten. In Deutsches Institut für Internationale Pädagogische Forschung (Hrsg.), *forschungsdaten bildung informiert.* Nr. 1. www.forschungsdaten-bildung.de. Zugegriffen am 12.06.2021.

Michaelson, D., & Stacks, D. W. (2011). Standardisation in public relations measurement and evaluation, *Public Relations Journal, 5*(2), 1–22.

Miebach, B. (2014). *Soziologische Handlungstheorie: Eine Einführung* (4., überarb. und erw. Aufl.). Wiesbaden: Springer VS.

Mintzberg, H., & Waters, J. (1985). Of strategies, deliberate and emergent. *Strategic Management Journal, 6*(3), 257–272.

Mintzberg, H., Ahlstrad, B., & Lampel, J. (1998). *Strategy safari: a guided tour through the wilds of strategic management.* New York: Free Press.

Mohr, D. (2017, Oktober 27). Börsenchef Kengeter tritt zurück. *Frankfurter Allgemeine Zeitung*, S. 17.

Monks, R. A. G., & Minow, N. (2015). *Corporate Governance* (5. Aufl.). Chichester: John Wiley & Sons.

Moss, D., Likely, F., Sriramesh, K., & Ferrari, M. A. (2017). Structure of the public relations/communication department: Key findings from a global study. *Public Relations Review, 43*(1), 80–90.

Müller-Stewens, G., & Brauer, M. (2009). *Corporate Strategy & Governance: Wege zur nachhaltigen Wertsteigerung im diversifizierten Unternehmen.* Stuttgart: Schäffer-Poeschel.

Mündemann, T., & Martin, A. (2013). Aufsichtsräte in der Öffentlichkeit – ungenutzte Chancen. *Der Aufsichtsrat, 3*, 42–43.

Mustaghni, B. (2012). *Einfluss von Corporate Governance auf den Erfolg von Unternehmen.* Frankfurt am Main: Verlag Peter Lang.

Neidhardt, F. (1994). Öffentlichkeit, öffentliche Meinung, soziale Bewegungen. In F. Neidhardt (Hrsg.), *Öffentlichkeit, öffentliche Meinung, soziale Bewegungen* (S. 7–41). Opladen: Kölner Zeitschrift für Soziologie und Sozialpsychologie.

Neuberger, C. (2000). Renaissance oder Niedergang des Journalismus? Ein Forschungsüberblick zum Online-Journalismus. In K.-D. Altmeppen, H.-J. Bucher & M. Löffelholz (Hrsg.), *Online-Journalismus: Perspektiven für Wissenschaft und Praxis* (S. 15–48). Wiesbaden: Westdeutscher Verlag.

Neuberger, O. (1995). *Mikropolitik: Der alltägliche Aufbau und Einsatz von Macht in Organisationen.* Stuttgart: Enke.

Neuen, D. (2018). *Social CEO: Wie Siemens-Chef Joe Kaeser twittert, was das bringt und wie das die Rolle der Kommunikation verändert.* https://www.prreport.de/singlenews/uid-885386/social-ceo/. Zugegriffen am 12.06.2021.

Nieber, M. (2017). *Die neue Rolle des Aufsichtsrates in der Kapitalmarktkommunikation.* DIRK-Forschungsreihe, Band 20. Frankfurt am Main: DIRK – Deutscher Investor Relations Verband.

NIRI (2003). *Definition of investor relations.* https://www.niri.org/about-niri. Zugegriffen am 12.06.2021.

Noelle-Neumann, E. (2001). *Die Schweigespirale: Öffentliche Meinung – unsere soziale Haut* (6., erw. Neuauflage). München: Langen Müller.

Nolop, B. P. (2012). *The Essential CFO: A Corporate Finance Playbook.* Hoboken: Wiley-Blackwell.

Northouse, P. G. (2016). *Leadership: Theory and practice* (7. Aufl.). Los Angeles: Sage.

Nothhaft, H. (2011). *Kommunikationsmanagement als professionelle Organisationspraxis: Theoretische Annäherung auf Grundlage einer teilnehmenden Beobachtungsstudie.* Wiesbaden: VS Verlag für Sozialwissenschaften.

OECD (2015). *G20/OECD Principles of Corporate Governance.* http://dx.doi.org/10.1787/9789264236882-en. Zugegriffen am 12.06.2021.

Ortmann, G., Sydow, J., & Windeler, A. (2000). Organisation als reflexive Strukturation. In G. Ortmann, J. Sydow & K. Türk (Hrsg.), *Organisation und Gesellschaft. Theorien der Organisation: Die Rückkehr der Gesellschaft* (2. Aufl., S. 315–354). Opladen: Westdeutscher Verlag.

Ortmann, G. (1995). Management und Mikropolitik: Ein strukturationstheoretischer Ansatz. In G. Ortmann (Hrsg.), *Formen der Produktion: Organisation und Rekursivität* (S. 43-80). Opladen: Westdeutscher Verlag.

Ortmann, G., & Sydow, J. (Hrsg.) (2001a). *Strategie und Strukturation: Strategisches Management von Unternehmen, Netzwerken und Konzernen.* Wiesbaden: Gabler Verlag.

Ortmann, G., & Sydow, J. (2001b). Strukturationstheorie als Metatheorie des strategischen Managements – Zur losen Integration der Paradigmenvielfalt. In G. Ortmann & J. Sydow (Hrsg.), *Strategie und Strukturation: Strategisches Management von Unternehmen, Netzwerken und Konzernen* (S. 421–447). Wiesbaden: Gabler Verlag.

Perrow, C. (1986). Economic theories of organization. *Theory and Society, 15*(1–2), 11–45.

Peters, B. (1994). Der Sinn von Öffentlichkeit. In F. Neidhardt (Hrsg.), *Öffentlichkeit, öffentliche Meinung, soziale Bewegungen* (S. 42–76). Opladen: Kölner Zeitschrift für Soziologie und Sozialpsychologie.

Peus, E. A. (1983). *Der Aufsichtsratsvorsitzende: Seine Rechtsstellung nach dem Aktiengesetz und dem Mitbestimmungsgesetz 1976.* Köln: Carl Heymann Verlag.

Pfetsch, B., & Bossert, R. (2013). Öffentliche Meinung. In G. Bentele, H.-B. Brosius & O. Jarren (Hrsg.), *Lexikon Kommunikations- und Medienwissenschaft* (2. Aufl., S. 249–250). Wiesbaden: Springer VS.

Polanyi, M. (1985). *Implizites Wissen.* Frankfurt am Main: Suhrkamp.

Pöttker, H. (2013). Öffentlichkeit. In G. Bentele, H.-B. Brosius & O. Jarren (Hrsg.), *Lexikon Kommunikations- und Medienwissenschaft* (2. Aufl., S. 252). Wiesbaden: Springer VS.

Pozzebon, M. (2004). The Influence of a Structurationist View on Strategic Management Research. *Journal of Management Studies, 41*(2), 247–272.

Pratt, J. W., & Zeckhauser, R. J. (1985). *Principles and Agents: The Structure of Business.* Boston: Harvard Business School Press.

Prime Research (2012, Juni 13). *Corporate Governance: Zunehmender Imagefaktor für Unternehmen* [Pressemitteilung]. https://www.dcgk.de/de/presse/deteilansicht/presseinf ormation.html. Zugegriffen am 12.06.2021.

Przyborski, A., & Wohlrab-Sahr, M. (2014). *Qualitative Sozialforschung: Ein Arbeitsbuch* (4., erw. Aufl.). München: Oldenbourg.

Pürer, H. (1997). Zwischen Tradition und Wandel: Zum Stand der Kommunikatorforschung in Deutschland. In H. Fünfgeld & C. Mast (Hrsg.), *Massenkommunikation: Ergebnisse und Perspektiven* (S. 89–123). Opladen: Westdeutscher Verlag.

Pürer, H. (2014). *Publizistik- und Kommunikationswissenschaft* (2., völlig überarb. und erw. Aufl.). Konstanz: UVK Verlag.

Quirke, B. (2008). *Making the Connections: Using internal communication to turn strategy into action* (2. Aufl.). Aldershot: Gower.

Ragas, M. W., & Laskin, A. V. (2014). Mixed-methods: measurement and evaluation among investor relations officers. *Corporate Communications: An International Journal, 19*(2), 166–181.

Ragas, M. W., Laskin, A. V., & Brusch, M. (2014). Investor relations measurement: an industry survey. *Journal of Communication Management, 18*(2), 176–192.

Rao, H., & Sivakumar, K. (1999). Institutional sources of boundary-spanning structures: The establishment of investor relations departments in the Fortune 500 industrials. *Organiza-tion Science, 10*(1), 27–42.

Rappaport, A. (1998). *Creating Shareholder Value* (2. Aufl.). New York: Free Press.

Raupp, J. (1999). Zwischen Akteur und System: Akteure, Rollen und Strukturen von Öffent-lichkeit. In P. Szyszka (Hrsg.), *Öffentlichkeit: Diskurs zu einem Schlüsselbegriff der Organisationskommunikation* (S. 113–130). Opladen: Westdeutscher Verlag.

Raupp, J. (2011). Die Legitimation von Unternehmen in öffentlichen Diskursen. In J. Raupp, S. Jarolimek & F. Schultz (Hrsg.), *Handbuch CSR: Kommunikationswissenschaftliche Grundlagen, disziplinäre Zugänge und methodische Herausforderungen* (S. 97–114). Wiesbaden: VS Verlag für Sozialwissenschaften.

Raupp, J., & Wimmer, J. (2013). PR und Öffentlichkeit: ein Theorie-Import/Export. In O. Hoffjann & S. Huck-Sandhu (Hrsg.), *UnVergessene Diskurse: 20 Jahre PR- und Organi-sationskommunikationsforschung* (S. 297–314). Wiesbaden: Springer VS.

Regierungskommission Deutscher Corporate Governance Kodex (2016). *Stellungnahmen im Konsultationsverfahren.* https://www.dcgk.de/de/konsultationen/archiv/konsultation-2016.html. Zugegriffen am 12.06.2021.

Regierungskommission Deutscher Corporate Governance Kodex (2017, Februar 14). *Beschlüsse für Kodexänderungen 2017 veröffentlicht* [Pressemitteilung]. https://www. dcgk.de/de/kommission/die-kommission-im-dialog/deteilansicht/kodexaenderungen-2017-beschlossen-vorsitzwechsel-zum-1-maerz.html. Zugegriffen am 12.06.2021.

Reutersberg, B. (2017). *Uniper Pressekonferenz zum Übernahmeangebot von Fortum am 21.11.2017. Ausführungen Dr. Bernhard Reutersberg, Vorsitzender des Aufsichts-rats Uniper SE.* https://www.youtube.com/watch?v=1E7qmO81L_E&feature=youtu.be. Zugegriffen am 12.06.2021.

Reutershahn, L. (2019). *Unternehmensbezogene Außenkommunikation des Aufsichtsratsvor-sitzenden.* Baden-Baden: Nomos Verlag.

Robinson, G. J. (1973). Fünfundzwanzig Jahre „Gatekeeper"-Forschung: Eine kritische Rückschau und Bewertung. In J. Aufermann, H. Bohrmann & R. Sülzer (Hrsg.), *Gesellschaftliche Kommunikation und Information: Forschungsrichtungen und Problemstellungen – Ein Arbeitsbuch zur Massenkommunikation I* (S. 344–355). Frankfurt am Main: Athenäum Fischer Taschenbuch Verlag.

Röttger, U. (2010). *Public Relations – Organisation und Profession: Öffentlichkeitsarbeit als Organisationsfunktion. Eine Berufsfeldstudie* (2. Aufl.). Wiesbaden: VS Verlag für Sozialwissenschaften.

Röttger, U., Donges, P., & Zerfaß, A. (2020a). Public Affairs: Strategische Kommunikation an der Schnittstelle von Wirtschaft, Politik und Gesellschaft. In U. Röttger, P. Donges & A. Zerfaß (Hrsg.), *Handbuch Public Affairs. Politische Kommunikation für Unternehmen und Organisationen*. Wiesbaden: Springer Gabler. Online first: https://doi.org/10.1007/978-3-658-23391-4_1-1

Röttger, U., Donges, P., & Zerfaß, A. (Hrsg.) (2020b). *Handbuch Public Affairs. Politische Kommunikation für Unternehmen und Organisationen*. Wiesbaden: Springer Gabler. Online first: https://doi.org/10.1007/978-3-658-23391-4_1-1

Röttger, U., Preuße, J., & Kobusch, J. (2018). *Grundlagen der Public Relations: Eine kommunikationswissenschaftliche Einführung* (3. Aufl.). Wiesbaden: Springer VS.

Röttger, U., & Voss, A. (2008). Internal Communication as Management of Trust Relations: A Theoretical Framework. In A. Zerfaß, B. Van Ruler & K. Sriramesh (Hrsg.), *Public relations research: European and international perspectives and innovations* (S. 163–177). Wiesbaden: VS Verlag.

Rottwilm, C. (2017, November 14). Goldman Sachs prophezeit ETF-Boom. *Manager Magazin Online*. https://www.manager-magazin.de/finanzen/artikel/goldman-sachs-erwartet-etf-boom-riskanter-run-auf-indexfonds-a-1037858.html. Zugegriffen am 12.06.2021.

Ruhwedel, P. (2012). Eine Roadmap für den Aufsichtsrat. In J. Grundei & P. Zaumseil (Hrsg.), *Der Aufsichtsrat im System der Corporate Governance: Betriebswirtschaftliche und juristische Perspektiven* (S. 185–199). Wiesbaden: Gabler Verlag.

Ruhwedel, P., & Weitzel, T. M. (2018). Investorendialoge des Aufsichtsrats: Analyse der DAX30-Gesellschaften zum Geschäftsjahr 2017. *Der Aufsichtsrat, 5*, 69–71.

Rüegg-Stürm, J. & Grand, S. (2020). Das St. Galler Management-Modell: Management in einer komplexen Welt (2. Aufl.). Stuttgart: UTB.

Rumelt, R. P. (2011). *Good strategy / bad strategy: The difference and why it matters*. London: Profile.

Salzberger, W. (2004). Board of Directors. In G. Schreyögg & A. von Werder (Hrsg.), *Handwörterbuch Unternehmensführung und Organisation* (4. Aufl., S. 99–105). Stuttgart: Schäffer-Poeschel Verlag.

Sandhu, S. (2012). *Public Relations und Legitimität: Der Beitrag des organisationalen Neo-Institutionalismus für die PR-Forschung*. Wiesbaden: Springer.

Sandhu, S., & Zielmann, S. (2010). CEO-Kommunikation. Die Kommunikation des Top-Managements aus Sicht der Kommunikationsverantwortlichen in deutschen Unternehmen. In M. Eisenegger & S. Wehmeier (Hrsg.), *Personalisierung der Organisationskommunikation: Theoretische Zugänge, Empirie und Praxis* (S. 211–236). Wiesbaden: VS Verlag für Sozialwissenschaften.

Sautner, Z., & Villalonga, B. (2010). *Corporate Governance and Internal Capital Markets.* AFA 2011 Denver Meetings Paper. Harvard Business School Finance Working Paper No. 1530565: https://ssrn.com/abstract=1530565. Zugegriffen am 12.06.2021.

Saxer, U. (1997). Kommunikationsforschung und Kommunikatoren: Konstitutionsprobleme einer publizistikwissenschaftlichen Teildisziplin. In G. Bentele & M. Haller (Hrsg.), *Aktuelle Entstehung von Öffentlichkeit: Akteure, Strukturen, Veränderungen* (S. 39–54). Konstanz: UVK Verlag.

Saxer, U. (1998). Mediengesellschaft: Verständnisse und Mißverständnisse. In U. Sarcinelli (Hrsg.), *Politikvermittlung und Demokratie in der Mediengesellschaft* (S. 52–73). Wiesbaden: Opladen.

Schauber, D. (2017, April 04). Reitzle geht mit der Brechstange vor. *Börsen-Zeitung,* S. 1.

Schach, A., & Lommatzsch, T. (Hrsg.). (2018). *Influencer Relations: Marketing und PR mit digitalen Meinungsführern.* Wiesbaden: Springer Gabler.

Schenck, K. von (2013). *Arbeitshandbuch für Aufsichtsratsmitglieder.* München: Verlag Franz Vahlen.

Scherb-Da Col, J. H. (2018). *Die Ausstattung des Aufsichtsrats: Beschaffung und Finanzierung.* Baden-Baden: Nomos Verlag.

Scherer, M. (2014). Der Aufsichtsrat als Kommunikator: Fallstricke moderner Unternehmensaufsicht. In P. H. Dehnen (Hrsg.), *Der professionelle Aufsichtsrat: Basiswissen für die Praxis. Ein 360°-Überblick* (S. 148–160). Frankfurt am Main: Frankfurter Allgemeine Buch.

Schewe, G. (2010). *Unternehmensverfassung: Corporate Governance im Spannungsfeld von Leitung, Kontrolle und Interessenvertretung* (2., akt. und erw. Aufl.). Heidelberg: Springer.

Schichold, B. (2014). Informations- und Kommunikationsprozesse des Aufsichtsrats. In C. Orth, R. X. Ruter & B. Schichold (Hrsg.), *Der unabhängige Finanzexperte im Aufsichtsrat: Überwachungstätigkeit, Qualifikation, Besetzung, Vergütung, Haftung* (S. 171–187). Stuttgart: Schäffer-Poeschel Verlag.

Schilha, R., Theusinger, I., Manikowsky, D. von, & Werder, A. von (2018). *Die Rolle des Aufsichtsrats in der Krisenkommunikation: Interdisziplinäre Studie.* https://www.noerr.com/de/newsroom/news/krisenkommunikation-was-kann-soll-und-darf-der-aufsichtsrat. Zugegriffen am 12.06.2021.

Schmidt, H. (2019). Nachhaltigkeit im Aufsichtsrat – Verantwortung und Verantwortlichkeiten. *Board,* 2, 76–79.

Schmittmann, J. M. (2012). Aufsichtsratstätigkeit in der Unternehmenskrise. In J. Grundei & P. Zaumseil (Hrsg.), *Der Aufsichtsrat im System der Corporate Governance: Betriebswirtschaftliche und juristische Perspektiven* (S. 163–183). Wiesbaden: Gabler Verlag.

Schneider, J. (2000). *Erfolgsfaktoren der Unternehmensüberwachung: Corporate Governance aktienrechtlicher Aufsichtsorgane im internationalen Vergleich.* Berlin: Erich Schmidt Verlag.

Schneider, U. H. (1995). Wettbewerbsverbot für Aufsichtsratsmitglieder einer Aktiengesellschaft? 12 Thesen zu einer rechtspolitischen Diskussion. *Betriebs-Berater,* 50, 365–370.

Schneidewind, U. (1998). *Die Unternehmung als strukturpolitischer Akteur: Kooperatives Schnittmengenmanagement im ökologischen Kontext.* Marburg: Metropolis-Verlag.

Schnorrenberg, T. (2008). *Investor Relations Management: Praxisleitfaden für erfolgreiche Finanzkommunikation.* Wiesbaden: Gabler Verlag.

Schockenhoff, M., & Nußbaum, A. (2019). Die neuen Transparenzvorschriften für Stimmrechtsberater. *Zeitschrift für Unternehmens- und Gesellschaftsrecht, 48*(1), 163–190.

Schultz, F., & Wehmeier, S. (2010). Institutionalization of corporate social responsibility within corporate communications: Combining institutional, sensemaking and communication perspectives. *Corporate Communications: An International Journal, 15*(1), 9–29.

Schulz, W. (1976). *Die Konstruktion von Realität in den Nachrichtenmedien: Analyse der aktuellen Berichterstattung.* Freiburg: Karl Alber.

Schulz, W. (2004). Reconstructing mediatization as an analytical concept. *European Journal of Communication, 19*(1), 87–101.

Schwarz, A., & Löffelholz, M. (2014). Krisenkommunikation: Vorbereitung, Umsetzung, Erfolgsfaktoren. In A. Zerfaß & M. Piwinger (Hrsg.), *Handbuch Unternehmenskommunikation: Strategie – Management – Wertschöpfung* (2. Aufl., S. 1303–1319). Wiesbaden: Springer Gabler.

Schwarz, P. (2013). *Institutionelle Stimmrechtsberatung: Rechtstatsachen, Rechtsökonomik, rechtliche Rahmenbedingungen und Regulierungsstrategien.* Berlin: Duncker & Humblot.

Seibt, C. H. (2009). Informationsfluss zwischen Vorstand und Aufsichtsrat (dualistisches Leitungssystem) bzw. innerhalb des Verwaltungsrats (monistisches System). In P. Hommelhoff, K. J. Hopt & A. von Werder (Hrsg.), *Handbuch Corporate Governance: Leitung und Überwachung börsennotierter Unternehmen in der Rechts- und Wirtschaftspraxis* (2. Aufl., S. 391–422). Stuttgart: Schäffer-Poeschel Verlag.

Shleifer, A., & Vishny, R. W. (1997). A Survey of Corporate Governance. *The Journal of Finance, 52*(2), 737–783.

Sparrow, P. R., & Cooper, C. L. (2003). *The Employment Relationship.* Oxford: Butterworth Heinemann.

Spencer Stuart (2016a). *Spencer Stuart Board Index 2016.* https://www.spencerstuart.com/~/media/pdf%20files/research%20and%20insight%20pdfs/spencer-stuart-us-board-index-2016.pdf. Zugegriffen am 12.06.2021.

Spencer Stuart (2016b). *UK Board Index 2016b.* https://www.spencerstuart.com/-/media/2018/december/ukbi2018_8b.pdf. Zugegriffen am 12.06.2021.

Spitzer, J., Binder-Tietz, S., Biberacher, L., & Hoffmann, C. P. (2019). *Erfolgs- und Wertbeitragsmessung der Investor Relations. Ein Überblick über Methoden und Herausforderungen.* Leipzig: Center for Research in Financial Communication, Universität Leipzig.

Stada Arzneimittel AG (2016, August 27). *STADA-Hauptversammlung* [Pressemitteilung]. https://www.stada.com/de/blog/posts/2016/august/stada-hauptversammlung. Zugegriffen am 12.06.2021.

Stahl, C. (2018, Juli 9). Bedarfsfälle. *PR-Magazin,* S. 32–37.

Stehle, H. (2015). *Unternehmenskommunikation in Geschäftsbeziehungen: Business-to-Business-Kommunikation als Teil der funktionalen PR-Forschung.* Wiesbaden: Springer VS.

Steingart, Gabor (2020, Oktober 1). Conti-AR-Chef Wolfgang Reitzle im Interview. *Steingarts Morning Briefing – Der Podcast.* https://www.thepioneer.de/originals/steingarts-morning-briefing/briefings/conti-ar-chef-wolfgang-reitzle-im-interview. Zugegriffen am 12.06.2021.

Steinke, I. (2008). Gütekriterien qualitativer Forschung. In U. Flick, E. von Kardorff & I. Steinke (Hrsg.), *Qualitative Forschung: Ein Handbuch* (6. Aufl., S. 319–331). Reinbek bei Hamburg: Rowohlt-Taschenbuch-Verlag.

Stichweh, R. (1988). Inklusion in Funktionssysteme der modernen Gesellschaft. In R. Mayntz, B. Rosewitz, U. Schimank & R. Stichweh (Hrsg.), *Differenzierung und Verselbständigung: Zur Entwicklung gesellschaftlicher Teilsysteme* (S. 261–293). Frankfurt am Main: Campus Verlag.

Streeck, W. (2004). Mitbestimmung, unternehmerische. In G. Schreyögg & A. von Werder (Hrsg.), *Handwörterbuch Unternehmensführung und Organisation* (4. Aufl., S. 879–888). Stuttgart: Schäffer-Poeschel Verlag.

Strübing, J., Hirschauer, S., Ayaß, R., Krähnke, U., & Scheffer, T. (2018). Gütekriterien qualitativer Sozialforschung. Ein Diskussionsanstoß. *Zeitschrift für Soziologie, 47*(2), 83–100.

Sundaramurthy, C., & Lewis, M. (2003). Control and collaboration: Paradoxes of governance. *Academy of Management Review, 28*(3), 397–415.

Szyszka, P. (2008). Organisation und Organisationsinteresse. In G. Bentele, R. Fröhlich & P. Szyszka (Hrsg.), *Handbuch der Public Relations* (2. Aufl., S. 309–320). Wiesbaden: Verlag für Sozialwissenschaften.

Szyszka, P. (2010). Personalisierung und CEO-Positionierung: Theoretische Reflexion eines Praxisproblems. In M. Eisenegger & S. Wehmeier (Hrsg.), *Personalisierung der Organisationskommunikation: Theoretische Zugänge, Empirie und Praxis* (S. 91–113). Wiesbaden: VS Verlag für Sozialwissenschaften.

Szyszka, P., & Malczok, M. (2016). Interne Kommunikation – ein Begriff revisited. In S. Huck-Sandhu (Hrsg.), *Interne Kommunikation im Wandel: Theoretische Konzepte und empirische Befunde* (S. 23–40). Wiesbaden: Springer.

Tench, R., Verčič, D., Zerfaß, A., Moreno, Á., & Verhoeven, P. (2017). *Communication excellence: How to develop, manage and lead exceptional communications.* London: Palgrave Macmillan.

Theis-Berglmair, A. M. (2003). *Organisationskommunikation: Theoretische Grundlagen und empirische Forschungen* (2. Aufl.). Münster: LIT.

Theisen, M. R. (2005). Was hat eine gute Corporate Governance mit Erfolg zu tun? *Die Betriebswirtschaft, 65*(6), 531–534.

Theisen, M. R. (2007). *Information und Berichterstattung des Aufsichtsrats* (4., neu bearb. und erw. Aufl.). Stuttgart: Schäffer-Poeschel Verlag.

Theisen, M. R., & Wenz, M. (2005). *Die Europäische Aktiengesellschaft: Recht, Steuern und Betriebswirtschaft der Societas Europaea (SE)* (2., überarb. und erw. Aufl.). Stuttgart: Schäffer-Poeschel Verlag.

Thiel, M. (2010). Werkzeugkiste: 24. Soziale Netzwerkanalyse. *Organisations-Entwicklung, 29*(3), 78–85.

Thompson, J. B. (1989). The theory of structuration. In D. Held & J. B. Thompson (Hrsg.), *Social Theory of Modern Societies: Anthony Giddens and his Critics* (S. 56–76). Cambridge: Cambridge University Press.

Thümmel, R. (2015). Der Aufsichtsrat im Wandel der Zeit. *Der Aufsichtsrat, 9*, 126–128.

Tietz, S., Hammann, K., & Hoffmann, C. P. (2019). Investoren und Aufsichtsrat im Dialog. *Der Aufsichtsrat, 5*, 69–71.

Tobler, S. (2004). Aufstieg und Fall der New Economy: Zur Medialisierung der Börsena-
rena. In K. Imhof, R. Blum, H. Bonfadelli & O. Jarren (Hrsg.), *Mediengesellschaft:
Strukturen, Merkmale, Entwicklungsdynamiken* (S. 231–261). Wiesbaden: VS Verlag für
Sozialwissenschaften.

Tobler, S. (2010). *Transnationalisierung nationaler Öffentlichkeit: Konfliktinduzierte Kom-
munikationsverdichtungen und kollektive Identitätsbildung in Europa.* Wiesbaden: VS
Verlag für Sozialwissenschaften.

Trinczek, R. (2009). Wie befrage ich Manager? Methodische und methodologische Aspekte
des Experteninterviews als qualitativer Methode empirischer Sozialforschung. In A.
Bogner, B. Littig & W. Menz (Hrsg.), *Experteninterviews: Theorien, Methoden, Anwendungsfelder* (3. Aufl., S. 225–238). Wiesbaden: Verlag für Sozialwissenschaften.

Ulrich, P. (2014). Corporate Governance und Strategie: Gibt es erfolgreiche Muster für Stra-
tegiewechsel? *Zeitschrift für Corporate Governance, 4,* 157–162.

Uniper SE (2017, November 7). *Gemeinsame begründete Stellungnahme des Vorstands und
des Aufsichtsrats* [Pressemitteilung]. https://www.uniper.energy/de/uebernahmeangebot.
Zugegriffen am 12.06.2021.

Van Ruler, B. (2015). Agile public relations planning: The reflective communication scrum.
Public Relations Review, 41(2), 187–194.

Velte, P. (2010). Stewardship-Theorie. *Zeitschrift für Planung & Unternehmenssteuerung,
20,* 285–293.

Verstraeten, H. (2004). The transformation of politics: Implications for media assessment and
accountability. *Communications, 29*(1), 43–58.

Vetter, E. (2014). Kapitalmarktkommunikation, Kapitalmarktdruck und Corporate Governance: Wider die Erosion der aktienrechtlichen Kompetenzordnung. *Die Aktiengesellschaft, 11,* 387–393.

Vetter, E. (2016). Shareholders Communication – Wer spricht mit den institutionellen Investoren? *Die Aktiengesellschaft, 61*(24), 873–877.

Voß, A., & Röttger, U. (2014). Führungskräftekommunikation: Herausforderungen und
Umsetzung. In A. Zerfaß & M. Piwinger (Hrsg.), *Handbuch Unternehmenskommunika-
tion: Strategie – Management – Wertschöpfung* (2. Aufl., S. 1141–1159). Wiesbaden:
Springer Gabler.

Voeth, M., Herbst, U., & Goeser, S. (2014). Das Image von Aufsichtsräten in der deutschen
Bevölkerung. *Der Aufsichtsrat, 07–08,* 110–112.

Volk, S. C. (2016), A systematic review of 40 years of public relations evaluation and measurement research: looking into the past, the present, and future. *Public Relations Review,
42*(5), 962–977.

Volk, S. C., & Zerfaß, A. (2018). Alignment: Explicating a Key Concept in Strategic Communication. *International Journal of Strategic Communication, 12*(4), 433–451.

Werder, A. von (2009a). Ökonomische Grundfragen der Corporate Governance. In P. Hommelhoff, K. J. Hopt & A. von Werder (Hrsg.), *Handbuch Corporate Governance: Leitung
und Überwachung börsennotierter Unternehmen in der Rechts- und Wirtschaftspraxis* (2.
Aufl., S. 3–37). Stuttgart: Schäffer-Poeschel Verlag.

Werder, A. von (2009b). Qualifikation und Auswahl von Aufsichtsratsmitgliedern aus
betriebswirtschaftlicher Sicht. In P. Hommelhoff, K. J. Hopt & A. von Werder (Hrsg.),

Handbuch Corporate Governance: Leitung und Überwachung börsennotierter Unternehmen in der Rechts- und Wirtschaftspraxis (2. Aufl., S. 331–347). Stuttgart: Schäffer-Poeschel Verlag.

Werder, A. von (2015). *Führungsorganisation: Grundlagen der Corporate Governance, Spitzen- und Leitungsorganisation* (3., akt. und erw. Aufl.). Wiesbaden: Springer Gabler.

Wadewitz, S. (2016, August 30). Stada zaubert Aufsichtsratschef aus dem Hut. *Börsen-Zeitung*, S. 12.

Walgenbach, P. (2006). Strukturationstheorie. In A. Kieser & M. Ebers (Hrsg.), *Organisationstheorien* (6. Aufl., S. 403–426). Stuttgart: Kohlhammer.

Warburg Research (2016, October 7). *First Glance: Pötsch emphasises solid financial position and focus on future* [Analyst report].

Waterman, R. W., & Meier, K. J. (1998). Principal-Agent Models: An Expansion? *Journal of Public Administration Research and Theory, 8*(2), 173–202.

Watson, T. (2012). The evolution of public relations measurement and evaluation. *Public Relations Review, 38*(3), 390–398.

Watson, T., & Noble, P. (2014). *Evaluating public relations. A guide to planning, research and measurement* (3. Aufl.). London: Kogan Page.

Weber, S. C., Lentfer, T., & Köster, M. (2007). Einfluss der Corporate Governance auf die Kapitalkosten einer Unternehmung. *Zeitschrift für Corporate Governance, 2,* 51–63.

Weber-Rey, D. (2014). Gesamtverantwortung und Sonderzuständigkeiten: Der Finanzexperte im Spannungsfeld Corporate Governance. In C. Orth, R. X. Ruter & B. Schichold (Hrsg.), *Der unabhängige Finanzexperte im Aufsichtsrat: Überwachungstätigkeit, Qualifikation, Besetzung, Vergütung, Haftung* (S. 3–18). Stuttgart: Schäffer-Poeschel Verlag.

Wehmeier, S. (2008). Communication Management, Organizational Communication and Public Relations: Developments and Future Directions from a German Perspective. In A. Zerfaß, B. Van Ruler & K. Sriramesh (Hrsg.), *Public relations research: European and international perspectives and innovations* (S. 219–231). Wiesbaden: VS Verlag.

Welch, M., & Jackson, P. R. (2007). Rethinking internal communication: a stakeholder approach. *Corporate Communications: An International Journal, 12*(2), 177–198.

Welge, M. K., & Eulerich, M. (2014). *Corporate-Governance-Management: Theorie und Praxis der guten Unternehmensführung* (2. Aufl.). Wiesbaden: Springer Gabler.

Werder, K. P., & Holtzhausen, D. (2009). An analysis of the influence of public relations department leadership style on public relations strategy use and effectiveness. *Journal of Public Relations Research, 21*(4), 404–427.

White, D. M. (1950). The "Gate Keeper": A Case Study in the Selection of News. *Journalism Bulletin, 27*(4), 383–390.

Whittington, R. (1992). Putting Giddens into action: social systems and managerial agency. *Journal of Management Studies, 29*(6), 693–712.

Whittington, R. (2006). Completing the Practice Turn in Strategy Research. *Organizational Studies, 27*(5), 613–634.

Wilbers, K. (2004). Die Unternehmung und ihr Umgang mit Anspruchsgruppen. In R. Dubs, D. Euler, J. Rüegg-Stürm & C. Wyss (Hrsg.), *Einführung in die Managementlehre* (S. 323–378). Bern: Haupt Verlag.

Wilke, J. (2009). Historische und intermediale Entwicklungen von Leitmedien: Journalistische Leitmedien in Konkurrenz zu anderen. In D. Müller, A. Ligensa & P. Gendolla

(Hrsg.), *Medienumbrüche. Leitmedien: Konzepte – Relevanz – Geschichte* (S. 29–52). Bielefeld: transcript Verlag.

Will, M. (2007). *Wertorientiertes Kommunikationsmanagement*. Stuttgart: Schäffer-Poeschel Verlag.

Will, M., Fleischmann, P. J., & Fritton, M. (2011). *Kommunikation aus Sicht von Vorstandsvorsitzenden: eine unterschätzte Herausforderung?* Düsseldorf. http://www.egonzehnder. com/files/kommunikation_vorstandsvorsitzende.pdf. Zugegriffen am 12.06.2021.

Winter, M., & Harbarth, S. (2009). Corporate Governance und Unternehmensübernahmen: Anforderungen an das Verhalten von Vorstand und Aufsichtsrat des Bieters und der Zielgesellschaft. In P. Hommelhoff, K. J. Hopt & A. von Werder (Hrsg.), *Handbuch Corporate Governance: Leitung und Überwachung börsennotierter Unternehmen in der Rechts- und Wirtschaftspraxis* (2. Aufl., S. 463–502). Stuttgart: Schäffer-Poeschel Verlag.

Witt, P. (2000). Corporate Governance im Wandel: Auswirkungen des Systemwettbewerbs auf deutsche Aktiengesellschaften. *Zeitschrift Führung und Organisation, 69*(3), 159–163.

Witte, N. N. (2016). Die Überwachungsaufgabe des Aufsichtsrats in der Unternehmenskrise. *Die Wirtschaftsprüfung, 69*, 1246–1253.

Wittmann, U. (2016). Interne Kommunikation innerhalb österreichischer Aufsichtsräte. In R. Nowak & M. Roither (Hrsg.), *Interne Organisationskommunikation: Theoretische Fundierungen und praktische Anwendungsfelder* (S. 125–138). Wiesbaden: Springer VS.

Yukl, G. A. (2013). *Leadership in organizations* (8. Aufl.). Boston: Pearson.

Zerfaß, A. (2010). *Unternehmensführung und Öffentlichkeitsarbeit: Grundlegung einer Theorie der Unternehmenskommunikation und Public Relations* (3., akt. Aufl.). Wiesbaden: VS Verlag für Sozialwissenschaften.

Zerfaß, A. (2014). Unternehmenskommunikation und Kommunikationsmanagement: Strategie, Management und Controlling. In A. Zerfaß & M. Piwinger (Hrsg.), *Handbuch Unternehmenskommunikation: Strategie – Management – Wertschöpfung* (2. Aufl., S. 21–80). Wiesbaden: Springer Gabler.

Zerfaß, A., & Dühring, L. (2014). Kommunikationsmanagement als Profession: Strukturen, Handlungsfelder, empirische Befunde. In A. Zerfaß & M. Piwinger (Hrsg.), *Handbuch Unternehmenskommunikation: Strategie – Management – Wertschöpfung* (2. Aufl., S. 163–189). Wiesbaden: Springer Gabler.

Zerfaß, A., & Dühring, L. (2016). Strategische Kommunikation – Zentrale Fragestellungen aus Sicht der Unternehmenskommunikation. In M. Bruhn, F.-R. Esch & T. Langner (Hrsg.), *Handbuch Strategische Kommunikation: Grundlagen – Innovative Ansätze – Praktische Umsetzungen* (2. Aufl., S. 49–74). Wiesbaden: Springer Gabler.

Zerfaß, A., Ehrhart, C. E., & Lautenbach, C. (2014). Organisation der Kommunikationsfunktion: Strukturen, Prozesse und Leistungen für die Unternehmensführung. In A. Zerfaß & M. Piwinger (Hrsg.), *Handbuch Unternehmenskommunikation: Strategie – Management – Wertschöpfung* (2. Aufl., S. 987–1010). Wiesbaden: Springer Gabler.

Zerfaß, A., & Franke, N. (2013). Enabling, Advising, Supporting, Executing: A theoretical framework for internal communication consulting within organizations. *International Journal of Strategic Communication, 7*(2), 118–135.

Zerfaß, A., & Huck, S. (2007). Innovation, communication, and leadership: New developments in strategic communication. *International Journal of Strategic Communication, 1*(2), 107–122.

Zerfaß, A., & Piwinger, P. (Hrsg.). (2014). *Handbuch Unternehmenskommunikation: Strategie – Management – Wertschöpfung* (2., vollst. überarb. Aufl.). Wiesbaden: Springer Gabler.

Zerfaß, A., & Sandhu, S. (2006). Personalisierung der CEO-Kommunikation als Herausforderung für die Unternehmensführung. In A. Picot & T. Fischer (Hrsg.), *Weblogs professionell: Grundlagen, Konzept und Praxis im unternehmerischen Umfeld* (S. 51–75). Heidelberg: dpunkt.

Zerfaß, A., Verčič, D., Moreno, A., Verhoeven, P., Tench, R., & Klewes, J. (2013). *European Chief Communications Officers Survey 2013: Managing CEO positioning and international communication: Insights from interviews with corporate communication leaders*. London and Brussels: Ketchum / EUPRERA.

Zerfaß, A., Verčič, D., Nothhaft, H., & Werder, K. P. (2018). Strategic communication: Defining the field and its contribution to research and practice. *International Journal of Strategic Communication, 12*(4), 487–505.

Zerfaß, A., Verčič, D., & Wiesenberg, M. (2016). Managing CEO communication and positioning: A cross-national study among corporate communication leaders. *Journal of Communication Management, 20*(1), 37–55.

Zerfaß, A., Verčič, D. & Volk, S. C. (2017). Communication evaluation and measurement: skills, practices and utilisation in European organisations. *Corporate Communications: An International Journal, 22*(1), 2–18.

Zerfaß, A., & Viertmann, C. (2017). Creating business value through corporate communication: A theory-based framework and its practical application. *Journal of Communication Management, 21*(1), 68–81.

Zerfaß, A., & Volk, S. C. (2018). How communication departments contribute to corporate success: The communications contributions framework. *Journal of Communication Management, 22*(4), 397–415.

Zerfaß, A., & Volk, S. C. (2019). *Toolbox Kommunikationsmanagement: Denkwerkzeuge und Methoden für die Steuerung der Unternehmenskommunikation*. Wiesbaden: Springer Gabler.

Zerfaß, A., & Volk, S. C. (2020). Communication management. In P. Moy (Ed.), *Oxford Bibliographies in Communication*. New York: Oxford University Press. Online first: https://www.oxfordbibliographies.com/view/document/obo-9780199756841/obo-978 0199756841-0244.xml

Zipperling, M. (2012). Das deutsche Modell der Corporate Governance im Vergleich zum monistischen System und zur SE. In J. Grundei & P. Zaumseil (Hrsg.), *Der Aufsichtsrat im System der Corporate Governance: Betriebswirtschaftliche und juristische Perspektiven* (S. 27–55). Wiesbaden: Gabler Verlag.

Zühlsdorf, A. (2002). *Gesellschaftsorientierte Public Relations: Eine strukturationstheoretische Analyse der Interaktion von Unternehmen und kritischer Öffentlichkeit*. Wiesbaden: Westdeutscher Verlag.

Rechtsquellenverzeichnis

AktG Aktiengesetz. 06. September 1965 (BGBl. I S. 1089). Letzte Änderung vom 17. Juli 2017 (BGBI. I S. 2446).

ARUG II Gesetz zur Umsetzung der zweiten Aktionärsrechterichtlinie. 12. Dezember 2019. (BGBI. I S. 2637).

BetrVG Betriebsverfassungsgesetz vom 25. September 2001 (BGBI. I S. 2518). Letzte Änderung vom 20. Mai 2020 (BGBI. I S. 1044).

CSR-RUG CSR-Richtlinie-Umsetzungsgesetz. 11. April 2017 (BGBI. I S. 802).

DCGK 2019 Deutscher Corporate Governance Kodex. 20. August 2002. Letzte Änderung vom 16. Dezember 2019.

DCGK 2017 Deutscher Corporate Governance Kodex. 20. August 2002. Änderung vom 07. Februar 2017.

DrittelbG Drittelbeteiligungsgesetz vom 18. Mai 2004 (BGBI. I S. 974). Letzte Änderung vom 24. April 2015 (BGBI. I S. 642).

GG Grundgesetz für die Bundesrepublik Deutschland (BGBI III, Gliederungsnummer 100–1), Letzte Änderung vom 29. September 2020 (BGBI. I S. 2048).

HGB Handelsgesetzbuch. 10. Mai 1897. Letzte Änderung vom 12. Dezember 2019 (BGBI. I S. 2637).

MitbestG Mitbestimmungsgesetz. 4. Mai 1976 (BGBI. I S. 1153). Letzte Änderung vom 24. April 2015 (BGBI. I S. 642).

MMVO Marktmissbrauchsverordnung. 16. April 2014 (Verordnung (EU) Nr. 596/2014).

MontanMitbestG Gesetz über die Mitbestimmung der Arbeitnehmer in den Aufsichtsräten und Vorständen der Unternehmendes Bergbaus und der Eisen und Stahl erzeugenden Industrie. 21. Mai 1951. Letzte Änderung vom 24. April 2015 (BGBI. I S. 642).

SEAG SE-Ausführungsgesetz. 22. Dezember 2004 (BGBI. I S. 3675). Letzte Änderung vom 10. Mai 2016 (BGBI. I S. 1142).

WpÜG Wertpapiererwerbs- und Übernahmegesetz. 20. Dezember 2001 (BGBI. I S. 3822). Letzte Änderung vom 19. März 2020 (BGBI. I S. 529).

Printed by Books on Demand, Germany